▶ 交通运输类“十三五”创新教材
▶ 中华人民共和国内河船舶船员适任考试培训教材

U0827471

船舶机械设备操作与管理

（二、三类）

中国海事服务中心组织编审
主编 ◎ 谭显坤 朱永祥 王宏明

大连海事大学出版社

图书在版编目(CIP)数据

船舶机械设备操作与管理：二、三类／谭显坤，朱永祥，王宏明主编. — 大连：大连海事大学出版社，2020. 12(2024. 12 重印)
中华人民共和国内河船舶船员适任考试培训教材
ISBN 978-7-5632-4038-8

Ⅰ. ①船…　Ⅱ. ①谭… ②朱… ③王…　Ⅲ. ①船舶机械—机械设备—操作—技术培训—教材 ②船舶机械—机械设备—设备管理—技术培训—教材　Ⅳ. ①U664

中国版本图书馆 CIP 数据核字(2020)第 242793 号

大连海事大学出版社出版
地址:大连市黄浦路523号　邮编:116026　电话:0411-84729665(营销部)　84729480(总编室)
http://press. dlmu. edu. cn　E-mail:dmupress@ dlmu. edu. cn
大连金华光彩色印刷有限公司印装　　大连海事大学出版社发行

2020 年 12 月第 1 版　　2024 年 12 月第 4 次印刷
幅面尺寸:184 mm×260 mm　　印张:25. 75　　字数:620 千

出版人:刘明凯

责任编辑:张　华　　责任校对:刘若实
封面设计:解瑶瑶　　版式设计:解瑶瑶

ISBN 978-7-5632-4038-8　　定价:72. 00 元

中华人民共和国内河船舶船员适任考试培训教材
编委会

前　言

根据《内河船舶船员适任培训和考试大纲(2019 版)》,中国海事服务中心组织在内河船舶运输领域有着丰富教学和培训经验的专家在 2016 年培训教材的基础上重新编写了"中华人民共和国内河船舶船员适任考试培训教材",并组织实践经验丰富的海事管理机构专家和船公司的指导船长、轮机长对教材进行了审定。

在本套教材编写前,中国海事服务中心组织参编专家对内河船舶运输现状进行了广泛的调研和深入的讨论,确保教材内容符合船上实际,反映最新航运技术和与航运相关的最新法律、法规、规范与标准,并在表达方式上通俗易懂,符合内河船舶船员业务学习和技能培训的需要。

本系列教材分驾驶专业和轮机专业两类:驾驶专业包括《船舶操纵》《船舶值班与避碰》《船舶引航》《船舶管理(驾驶专业一类)》《船舶操纵与引航(二、三类)》《船舶管理(驾驶专业二、三类)》;轮机专业包括《主推进动力装置》《船舶辅机》《船舶电气设备》《船舶管理(轮机专业一类)》《船舶机械设备操作与管理(二、三类)》《船舶电气设备操作与管理(二、三类)》《船舶管理(轮机专业二、三类)》。

《船舶机械设备操作与管理(二、三类)》由重庆交通大学谭显坤、江苏航运职业技术学院朱永祥、江苏海事职业技术学院王宏明主编,重庆交通大学刘德宽、民生轮船股份有限公司张平、重庆市合川航道管理处谭周平参编。全书由谭显坤负责统稿,江苏航运职业技术学院邹俊杰、中国海事服务中心张彦辉主审。

《船舶机械设备操作与管理(二、三类)》全书内容共分十八章。第一章为船舶柴油机原理,第二章为柴油机主要部件的结构与功能,第三章为柴油机增压装置,第四章为柴油机动力系统,第五章为柴油机的燃烧,第六章为柴油机运行管理,第七章为船舶轴系,第八章为船舶推进器——螺旋桨,第九章为活塞式空气压缩机操作与管理,第十章为船用泵的操作与管理,第十一章为船舶管系的操作与管理,第十二章为舵机的操作与管理,第十三章为锚缆机械的操作与管理,第十四章为制冷装置的操作与管理,第十五章为空调装置的操作与管理,第十六章为含油污水处理装置的操作与管理,第十七章为生活污水处理装置的操作与管理,第十八章为机舱辅助设备检修。本书适用于内河船舶轮机专业二、三类证书船员适任考试培训,也可供航运企业内部培训使用,还可作为大、中专院校内河船舶轮机专业或同类专业的教学参考书。

在教材编写过程中得到了各海事机构、航运院校、船员培训机构、航运企业等相关单位的关心和大力支持，特致谢意！由于时间仓促，书中难免存在错误和疏漏，欢迎广大读者和专家批评指正。

中国海事服务中心

2020 年 7 月

扫码学习《深入学习贯彻党的二十大精神　加快建设交通强国　当好中国式现代化开路先锋》

目　录

第一章 船舶柴油机原理

第一节 柴油机简介

一、热力发动机

将热能转变为机械能的动力机械称为热力发动机,简称热机。

在热机中,热能主要通过燃烧燃料获得。若燃烧产生热能,发生在转变机械能的机器外部,称为外燃机;若燃烧产生热能发生在转变机械能的机器内部,称为内燃机。属于内燃机的热力发动机有柴油机、汽油机和煤气机等。

二、柴油机

柴油机是一种以柴油为燃料的压燃式往复运动内燃机。柴油机利用压缩产生的高温引燃燃油,是区别于其他内燃机的本质特征。

三、柴油机的优缺点

由于采用压缩发火,柴油机具有以下优点:

(1)经济性好。有效热效率可达 50%以上,可使用廉价的重油,燃油费用低。

(2)功率范围大,单机功率在 1~100 000 kW 范围内,适应领域广。

(3)机动性好,起动迅速,加速性能好,具有较宽的转速和负荷范围,可适应船舶航行的各种要求,且操作简便。

(4)尺寸小、重量轻，利于船舶机舱的布置。

(5)可靠性高、寿命长，维修方便。

同时，柴油机具有以下缺点：

(1)存在机身振动、轴系扭转振动和噪声。

(2)某些部件的工作条件恶劣，承受高温、高压及冲击性负荷。

四、柴油机在船舶中的应用

由于上述优点，柴油机在船用发动机中取得了绝对的优势地位。

1. 用作主机

利用柴油机输出的机械能，驱动螺旋桨旋转使其产生推力，推进船舶前进或者后退，如图1-1 所示。

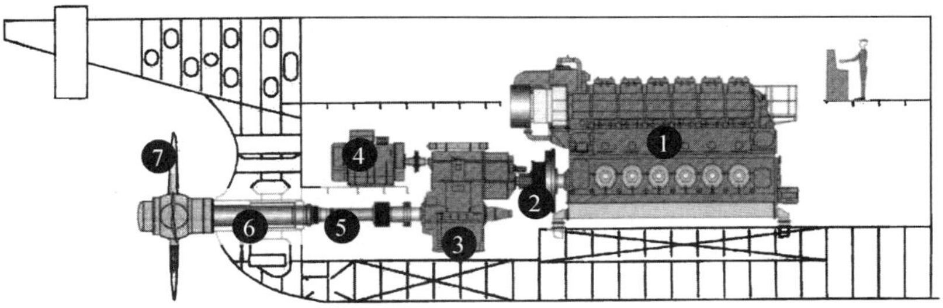

图 1-1　柴油机用作主机

1—柴油机；2—输出轴；3—齿轮箱；4—轴带发电机；5—中间轴；6—艉轴管；7—螺旋桨

使用中、高速柴油机时，由于转速较高，难以保障螺旋桨的推进效率，因此柴油机必须通过减速齿轮箱与螺旋桨相连。螺旋桨的正反转亦可由齿轮箱来实现换向。

2. 用作副机（发电柴油机）

利用中、高速柴油机，驱动发电机，为全船提供电能，如图 1-2 所示。

图 1-2　柴油机用作副机

五、柴油机常用几何名词

柴油机常用结构参数如图 1-3 所示。

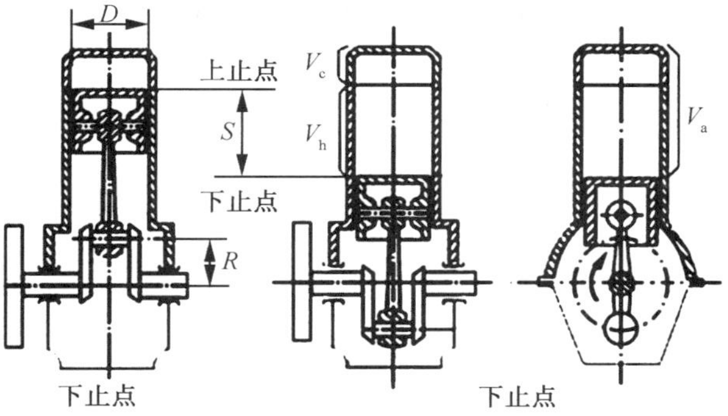

图 1-3　柴油机常用结构参数

1. 气缸直径

气缸套的名义内径,通常用 D 表示,单位 mm。

2. 曲柄半径

曲轴的曲柄销轴线与主轴颈轴线之间的距离,用 R 表示。

3. 上止点

直列式柴油机活塞在气缸中运动的最上端位置,或者活塞离曲轴旋转中心最远的极限位置。

4. 下止点

立式柴油机活塞在气缸中运动的最下端位置,或者活塞离曲轴旋转中心最近的极限位置。

5. 冲程

上、下止点之间的距离,用 S 表示,单位 mm。活塞运动一个冲程,曲柄回转 180°CA(曲柄转角),所以冲程 S 等于曲柄半径 R 的两倍,即 $S=2R$。

6. 压缩容积(燃烧室容积)

活塞位于上止点时,活塞顶与气缸盖底面之间的气缸空间,用 V_c 表示。

7. 气缸工作容积(活塞排量或冲程容积)

活塞从上止点到下止点所扫过的气缸空间,用 V_h 表示。

$$V_h = \frac{\pi}{4}D^2S$$

8. 柴油机排量

多缸柴油机各气缸工作容积的总和,称为柴油机的排量,用 V_L 表示。

$$V_L = V_h \times i$$

式中,i——柴油机缸数。

柴油机工作容积的大小,一定程度上决定柴油机动力输出能力的大小。

9. 气缸总容积

活塞在下止点时,活塞顶部与气缸盖之间的容积称为气缸总容积,用 V_a 表示。显而易见,气缸总容积就是气缸工作容积与燃烧室容积之和,即:

$$V_a = V_c + V_h$$

10. 压缩比

气缸总容积与压缩容积的比值，称为几何压缩比，用 ε 表示。

$$\varepsilon = \frac{V_a}{V_c} = \frac{V_c + V_h}{V_c} = 1 + \frac{V_h}{V_c}$$

压缩比表明了气缸内空气被活塞压缩的程度，是影响柴油机气缸中压缩终了新鲜空气温度与压力的最主要因素。压缩比越大，压缩终点时气缸内空气的压力和温度就越高，燃油便越容易燃烧。反之，压缩比越小，压缩终点的压力和温度就越低，燃油便不易燃烧，柴油机起动较困难。压缩比下限应能保证冷车起动可靠与低负荷运转稳定。

空气被压缩前最大体积与被压缩后最小体积之比，是柴油机的实际压缩比。考虑二冲程机缸套气口及四冲程机进气阀延后关闭对压缩有效行程的影响，通常柴油机实际压缩比小于几何压缩比。

第二节 四冲程柴油机工作原理与特点

一、柴油机的工作过程

柴油机工作时，柴油在燃烧室内部燃烧，产生的热量使气缸内燃气的温度和压力急剧升高，燃气膨胀推动活塞，并通过曲柄-连杆机构输出机械功。

（一）能量转换

在柴油机中，燃油从燃烧到输出机械功，在气缸内完成了两次能量转换，如图 1-4 所示。

图 1-4 柴油的能量转换

船舶使用柴油机，就是利用其输出的机械能。若柴油机输出的机械能大，就称其动力性好；若输出机械能时消耗的燃油少，则认为其经济性佳。

为了使日益昂贵的柴油尽可能多地转换为机械能，关键是使喷入气缸内的柴油在柴油机气缸内快速、充分、完全地燃烧，使其产生充足的热能。只有充足的热能加热燃气使之膨胀，柴油机输出动力才强劲，经济性才好。

（二）燃烧条件

从燃烧知识可知，燃烧必须具备助燃物、可燃物和着火源三个要素，且三要素必须充分结合并达到一定条件时才能发生，如图 1-5 所示。

柴油机气缸内部发生的燃烧，同样需要满足上述三个条件，并且使三者达到最佳的配合。气缸内燃烧的要求如下：

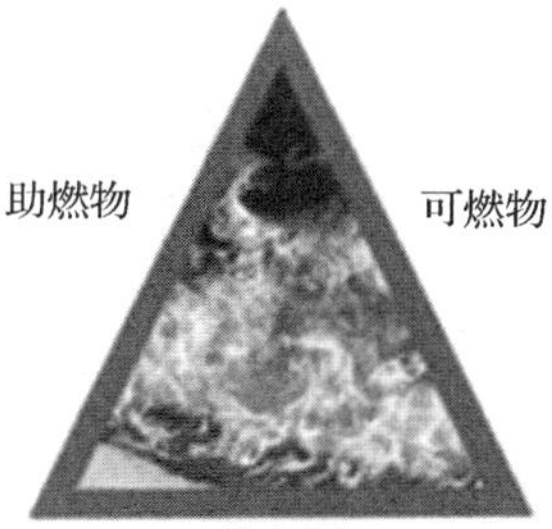

图 1-5　燃烧三要素示意图

1. **助燃物（空气）**

充足的新鲜空气量是柴油在气缸内燃烧的基本条件。柴油机是一种内燃机，其燃烧发生在其气缸内部，因此必须将新鲜空气引入柴油机气缸内，并确保进入气缸内的空气量充足。若进入气缸的空气量不足，过量的燃油由于没有空气助燃就不能燃烧，也不能完全转化为热能。此时，多余的燃油会以黑烟的形式通过烟囱排出，不仅浪费燃油，使柴油机的动力性、经济性下降，而且还会污染大气环境。

2. **可燃物（柴油）**

可燃物与助燃物充分地混合是快速燃烧的必要条件。柴油机工作时，其燃烧过程的时间非常短暂（仅为几毫秒），只有当可燃物（柴油）与助燃物（空气）均匀混合、充分接触，燃烧才会快速、完全进行。因此，为了提高进入气缸的柴油完全燃烧的速度，柴油机通常采用高压喷射的方式，将柴油以雾化状态喷入气缸。柴油喷入气缸的雾化质量越好，颗粒越细小，则与空气的混合质量越高，燃烧速度就越快。

3. **着火源（压缩终点温度）**

柴油机是压燃式内燃机，它依靠活塞压缩进入气缸内的新鲜空气，使其产生高温把雾化状的燃油点燃，如图 1-6 所示。若柴油机压缩压力不足（比如气缸漏气等），其燃烧的质量便会下降，严重时柴油机甚至不能工作。因此应确保进入柴油机气缸内的空气，经压缩后的温度（压力）符合说明书的规定值。

（三）工作过程

柴油机完整的一个工作循环必须包含以下工作过程：

1. **进气过程**

将空气引入气缸内，为燃烧提供助燃物的过程。

2. **压缩过程**

将进入气缸内的空气压缩，形成高压、高温的气体，为引燃柴油做准备的过程。

3. **燃烧与膨胀过程**

将柴油以雾化状态喷入气缸与气缸内的空气混合，被高温气体引燃，燃油燃烧后形成高温、高压的燃气，燃气膨胀推动活塞做功的过程。

4. **排气过程**

将膨胀做功完毕的废气排出气缸外，为下一次引入新鲜空气腾出空间的过程。

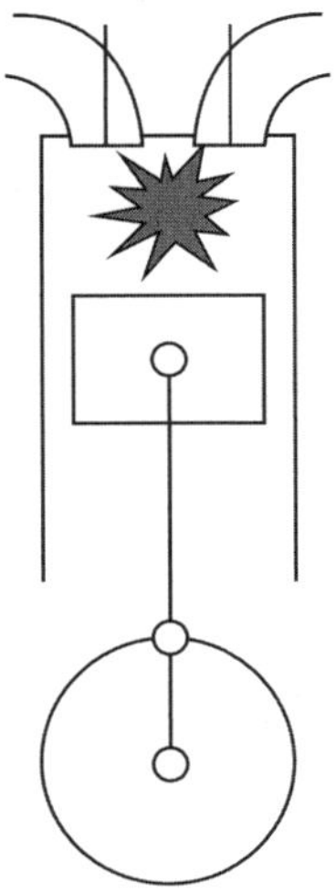

图 1-6　柴油机着火示意图

综上所述：

（1）柴油机的工作，必须按照“进气”→“压缩”→“喷油燃烧”→“膨胀”→“排气”五个工作过程的顺序，循环往复进行；

（2）柴油机的每个工作过程都在为下一个工作过程做准备；换句话说，任何一个工作过程出现问题，都将直接影响柴油机的正常工作；

（3）柴油机由停车状态进入工作状态，必须借助外部能源的驱动使其起动运转，对进入气缸内的空气进行压缩，使其温度达到喷入气缸的燃油能够自行发火燃烧时，柴油机才能自行运转。

二、四冲程柴油机的工作原理

用进气、压缩、燃烧与膨胀和排气四个行程［曲轴回转两圈（720°CA）］完成一个工作循环的柴油机，称为四冲程柴油机。

图 1-7 是四冲程柴油机的工作原理简图，表示了四个行程中活塞、连杆、曲柄及气阀（进、排）的相对位置。

1. 进气行程（1—2）：空气进入气缸时相应的活塞行程

曲轴旋转时带动活塞从上止点向下止点运动，此时进气阀打开，排气阀关闭。由于活塞下行的抽吸作用，当气缸内压力低于外界大气压力时，新鲜空气经过进气阀充入气缸。

为了能充入更多的空气，进气阀一般在活塞到达上止点之前提前开启（曲柄位于点 1），到下止点后延迟关闭（曲柄位于点 2），气阀开启的延续角（图中阴影线部分）约为 220°～250°曲柄转角（CA）。

2. 压缩行程（2—3）：空气在气缸内被压缩时相应的活塞行程

曲轴继续旋转，活塞从下止点向上止点运动，待进气阀关闭后，气缸内成为封闭空间，活塞开始对缸内空气进行压缩，直到上止点（图中点 3）结束。

活塞上行压缩缸内空气，使其温度和压力均不断升高，压缩终点即活塞行至上止点位置

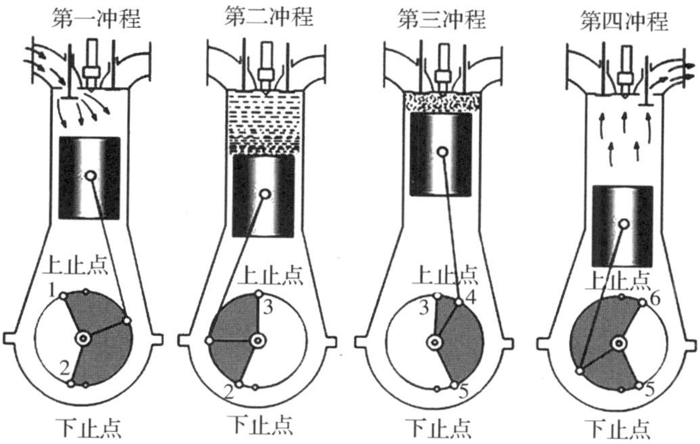

图 1-7 四冲程柴油机工作原理简图

时，压力 p_c 约为 3~6 MPa；温度 t_c 可达 500~700 ℃，该温度足以使喷入气缸内的燃油自燃（燃油自燃温度为 210~270 ℃）。压缩终点的压力与温度可由压缩比 ε 控制，ε 越大，压缩终了时气缸内的压力和温度越高，则燃烧速度越快，发动机功率也越大。但 ε 过高，容易引起爆燃，一般压缩比控制在 16~22。

在接近压缩终点时（上止点前），燃油经喷油器以雾化的状态喷入燃烧室与空气混合，并在高温高压空气的作用下，开始发火燃烧。

3. 燃烧与膨胀行程（3—4—5）：包括燃油在气缸中燃烧、燃气膨胀时相应的活塞行程

（1）燃烧过程（3—4）

燃油与空气的混合气在压缩终点空气的高温作用下，被引燃后猛烈燃烧，缸内的压力和温度急剧升高，活塞越过上止点时缸内达到最高压力 p_z（亦称爆发压力，可达 5~8 MPa），活塞在上止点后某一时刻（图中点 4）之后，缸内最高温度可达 1 500~2 000 ℃，燃烧基本结束。

（2）膨胀过程（4—5）

缸内的燃气在高温作用下，迅速膨胀形成高压。高温、高压的燃气膨胀推动活塞下行，带动曲柄转动，输出机械功。当活塞到达下止点前某一时刻（图中点 5），排气阀开启时，膨胀行程结束。此时，气缸内的压力 p_b 降至 0.3~0.6 MPa，温度 t_b 约为 600~700 ℃。

4. 排气行程（5—6）：燃烧后的废气从气缸中排出时，相应的活塞行程

排气阀开启，活塞仍在下行，废气依靠气缸内外压力差经排气阀排出，废气压力迅速下降；当活塞由下止点上行时，废气被活塞强行推挤出气缸。

为了尽可能将废气排除干净，排气阀一直延迟到上止点后（图中点 6）才关闭。利用排气阀延迟关闭和排气的流动惯性，可以实现惯性排气（过后排气）。排气阀开启的延续角度（5—6）约为 230°~260°曲柄转角（CA）。

三、四冲程柴油机工作特点

从工作原理可以看出四冲程柴油机工作有以下特点：

（1）四冲程柴油机每完成一个工作循环，活塞运行了四个行程（上↑→下↓→上↑→下↓），此时曲轴回转了两圈（720°CA）。当活塞继续运动时，另一个新循环按同样顺序重复

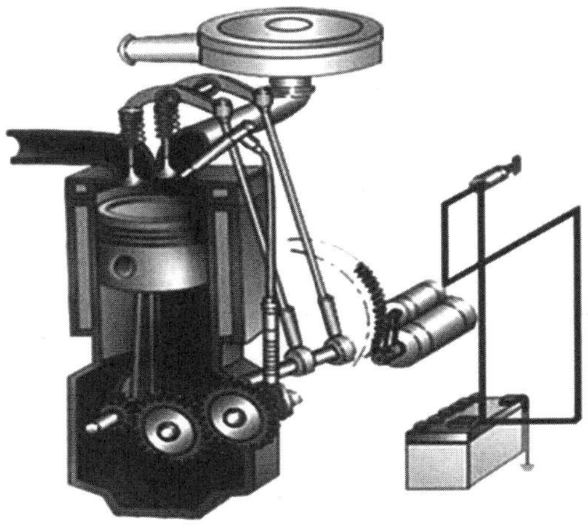

图 1-8　四冲程柴油机结构图

进行。

(2)四个行程中，只有膨胀行程才对外做功，其余三个行程都在消耗功。因此，单缸柴油机，需较大的飞轮(储能)来供给其余三个行程所需的能量；而多缸柴油机，可借助于其他气缸的膨胀做功来提供能量，所以飞轮尺寸可小些。

(3)四冲程柴油机完成一个工作循环，进、排气阀和喷油泵只需动作一次，所以与之有关的配气凸轮和喷油凸轮在一个循环中只转一圈(360°CA)。曲轴与凸轮轴的转速比为 2∶1。

(4)柴油机由停车状态进入工作状态，必须借助外力驱动使其起动运转，直至达到一定转速，使压缩终点压力和温度达到一定值后，喷入气缸的燃油才能发火燃烧，柴油机才能自行运转。

第三节　四冲程柴油机定时图及其应用

一、四冲程柴油机的定时图

为了提高柴油机的进、排气量，减小进、排气过程的耗功，柴油机进、排气阀的开启和关闭都不在上、下止点，而是在上、下止点前后某个时刻。

1. 柴油机定时图

将气阀开启或关闭时曲柄所在的位置，依旋转角度依次绘在一个圆图上，则可得到“气阀定时圆图”，如图 1-9 所示。

2. 进气提前角 φ_1

从图中可见，进气阀刚开启时的曲柄位置 1，与上止点位置之间的曲柄转角，称为进气提前角 φ_1。

3. 进气滞后角 φ_2

进气阀刚关闭时的曲柄位置 2，与下止点之间的曲柄转角，称为进气滞后角 φ_2。

4. 气阀持续角

整个进气冲程进气阀打开的持续角为 $\varphi_1+180°+\varphi_2$。以此类推，排气提前角为 φ_3；排气滞后角 φ_4；则排气阀打开的持续角为 $\varphi_3+180°+\varphi_4$。显然，在柴油机转两圈的四个冲程中，进、排气行程超过了一圈（一般为 450°～500°CA）；而压缩与膨胀行程所占的曲轴转角则不足一圈（一般为 220°～270°CA）。

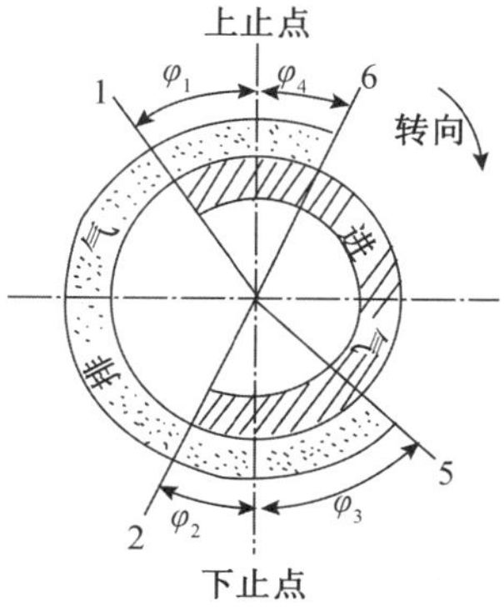

图 1-9 柴油机定时图

5. 气阀重叠角

由于排气阀在上止点后 φ_4 才关闭，而进气阀在上止点前 φ_1 就打开，因此在上止点前后，进、排气阀有一个同时打开的角度（$\varphi_1+\varphi_4$），该角度称为气阀重叠角。在气阀重叠打开期间，虽然进、排气管相通，但由于排气接近结束，气缸内废气压力较小，且废气在排往排气管的过程中有一定的惯性，因此不但不会引起废气倒灌进入进气管，而且还可利用其惯性抽吸新鲜空气，增加进气量，利于燃烧。

二、定时图的应用

柴油机各工作过程开始和结束的时刻，进、排气阀的开启与关闭时刻、喷油泵开始供油等等，统称为柴油机的定时（正时）。气阀启、闭时刻称为配气定时，喷油器开启时刻称为喷油定时，气缸气动阀启、闭时刻称为起动定时等。

将上述时刻，依旋转方向、角度依次绘在一个圆图上，便得到柴油机的定时图。定时图可以直观、明了、全面地表示柴油机各工作过程开始和结束的时刻，因此柴油机说明书中均以定时图来表示其定时，用以指导管理人员操作、管理、拆检、调试柴油机。

第四节 内河船舶常用柴油机的类型

一、柴油机的分类

根据柴油机的工作方式及特点,柴油机有不同的分类方法。

(一)按工作循环分类

1. 四冲程柴油机

活塞运动四个冲程[曲轴转两圈(720°CA)]完成一个工作循环。

2. 二冲程柴油机

活塞运动二个冲程[曲轴转一圈(360°CA)]完成一个工作循环。

(二)按曲轴转速和活塞平均速度分类

柴油机的转速可以用曲轴转速 n(r/min)或活塞平均速度 C_m 来表示。

活塞的平均速度

$$C_m = S \cdot n/30(\mathrm{m/s})$$

其中,S——冲程。

现有内河船舶柴油机的转速范围是:

(1)中速柴油机 $300<n\leqslant 1\ 000$ r/min　$C_m=7.0\sim9.4$ m/s;

(2)高速柴油机 $n>1\ 000$ r/min　$C_m=9.0\sim14.2$ m/s。

(三)按结构特点分类

1. 筒形活塞式柴油机

图 1-10(a)为筒形活塞式柴油机的构造简图,活塞 1 通过活塞销直接与连杆 4 相连。该结构的优点是,结构简单、重量轻,运动时惯性力小;缺点是,工作时存在侧推力 N,活塞与气缸在侧推力方向上磨损较大。

目前内河船舶用中、高速柴油机通常采用此种结构。

2. 十字头式柴油机

图 1-10(b)为十字头式柴油机构造简图,活塞 1 和活塞杆 2,通过十字头 3 与连杆 4 连接,气缸下部设中隔板 6 将气缸与曲轴箱隔开。该结构的优点是,侧推力 N 通过十字头 3 传给导板 5 承受,活塞与缸套的磨损均匀,工作可靠、使用寿命长;缺点是,结构复杂、重量和高度大。

目前海船用大型低速二冲程柴油机都采用此种结构。

(四)按进气方式分类

1. 增压柴油机

采用增加进气压力来提高柴油机输出功率的方法称为柴油机的增压。根据其增压比 π_k

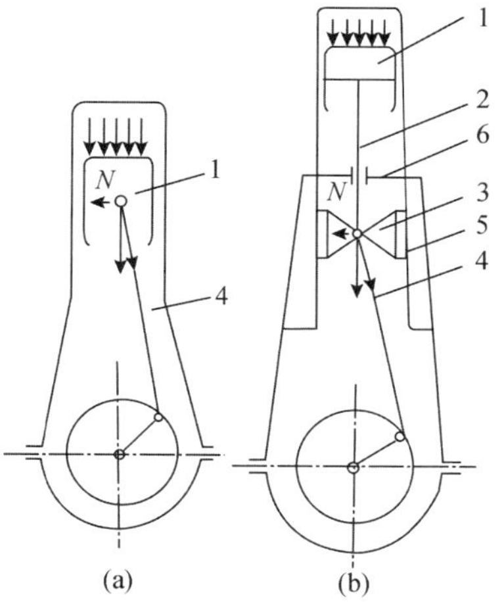

图 1-10　筒形活塞式与十字头式柴油机的构造简图

1—活塞;2—活塞杆;3—十字头;4—连杆;5—导板;6—中隔板

(π_k=增压压力 p_k/大气压力 p_0)不同,增压柴油机又分为:

(1)低增压柴油机:增压比 π_k<1.7 的增压柴油机。

(2)中增压柴油机:增压比 π_k=1.7~2.5 的增压柴油机。

(3)高增压柴油机:增压比 π_k>2.5 的增压柴油机。

2. 非增压柴油机

进气采用自然吸气的方式。

增压柴油机与非增压柴油机的主要区别在于进气压力的不同。

(五)按气缸排列分类

内河船用柴油机通常采用多缸机,多缸柴油机按气缸排列型式的不同分为直列型(单列式)与 V 型柴油机。

1. 直列型(单列式)柴油机

柴油机的气缸直列分布。

2. V 型柴油机

V 型柴油机的气缸中心线夹角通常为 90°、60°和 45°。V 型柴油机主要用于中、高速机。

(六)按柴油机转向分类

1. 左旋机

柴油机的转向从飞轮端向自由端看,逆时针旋转为左旋机。

2. 右旋机

柴油机的转向从飞轮端向自由端看,顺时针旋转为右旋机。

3. 能否逆转柴油机

(1)可逆转式

曲轴直接可逆转的柴油机为可逆转柴油机,它可以直接带动螺旋桨。

(2)不可逆转式

曲轴不能逆转的柴油机称为不可逆转柴油机。作为主机使用时,需配置倒顺车离合器、倒顺车齿轮箱或可变螺距螺旋桨装置。

(七)按动力装置的布置分类

船舶主柴油机设置两台,布置成双(主)机双(螺旋)桨式。

1. 左机

布置在机舱左舷的柴油机称为左机。

2. 右机

布置在机舱右舷的柴油机称为右机。

二、柴油机的型号

每种柴油机都有自己特定的代号,称为柴油机的型号。

(一)常见国产船用柴油机型号

柴油机型号由以下四部分组成:

首部:产品系列符号和换代标志符号,由制造厂根据需要自选相应字母表示,但需主管部门核准。

中部:由缸数符号、冲程符号、气缸排列形式符号和缸径符号等组成。

后部:结构特征和用途特征符号,以字母表示。

尾部:区分符号。同一系列产品因改进等原因需要区分时,由制造厂选用适当符号表示。

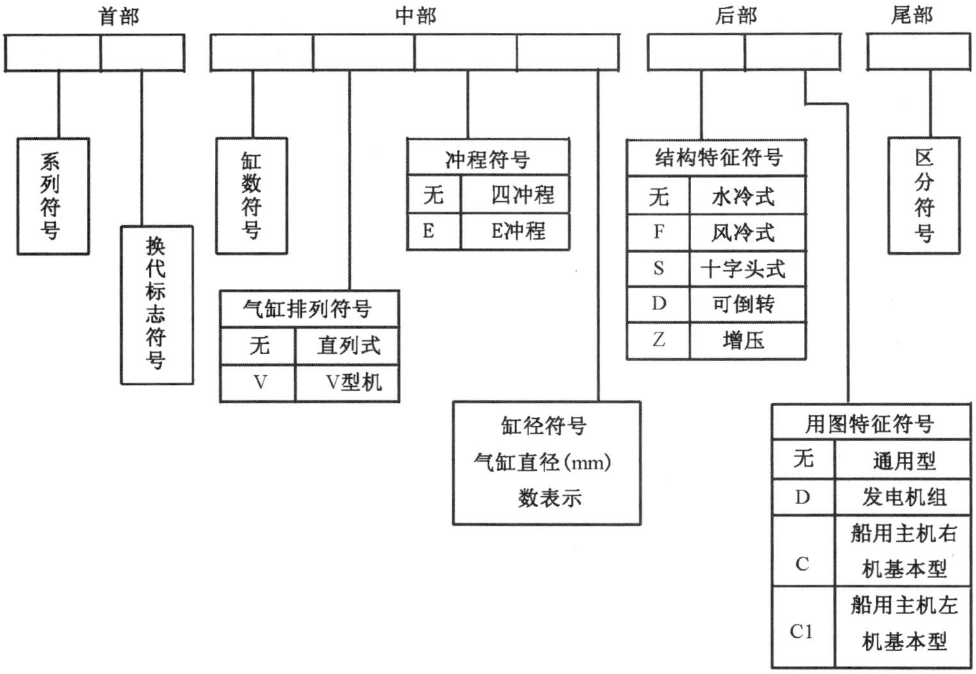

(二)举例说明

例一:6135Z

6—为缸数;135—为缸径(mm);Z—表示增压。

例二:6300C

6—缸数;300—缸径(mm);C—船用右旋机型。

例三:8E350zDC

8—缸数;E—二冲程;350—缸径(mm);z—表示增压;D—可倒转;C—船用右旋机型。

三、柴油机的基本组成

柴油机种类较多,但其基本结构可分为主要固定件、主要运动件和主要工作系统三大部分,如图 1-11 所示。

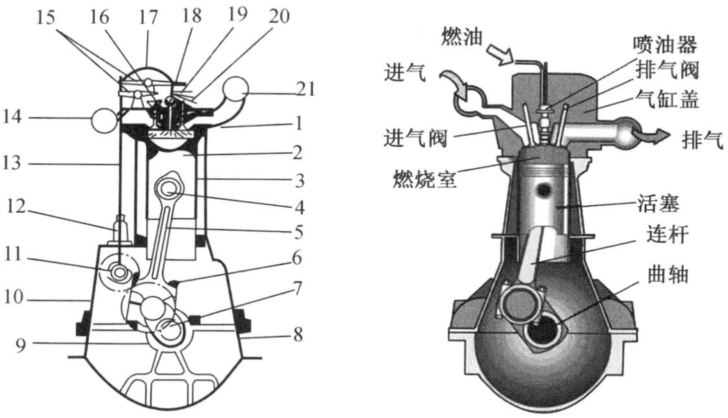

图 1-11 柴油机的基本结构组成

1—气缸盖;2—活塞;3—气缸套;4—活塞销;5—连杆;6—连杆螺栓;7—曲轴;8—机座;9—主轴承;10—机体;11—凸轮轴;12—喷油泵;13—顶杆;14—进气管;15—摇臂;16—进气阀;17—高压油管;18—喷油器;19—排气阀;20—气阀弹簧;21—排气管

(一)主要固定机件

主要固定机件包括气缸盖、机体、气缸套、机座(油底壳)、主轴承等。气缸盖、气缸套和活塞顶部形成的封闭空间为“燃烧室”;机座与机体包围的空间称为“曲柄箱”。

(二)主要运动机件

主要运动机件包括活塞组(活塞本体、活塞环)、连杆组件和曲轴。它们共同组成“曲柄—连杆”机构,将活塞的往复运动转变为曲轴的回转运动。

(三)主要工作系统

柴油机主要系统包括以下五大系统:

1. 配气机构及换气系统

配气机构由进气阀、排气阀、凸轮轴及传动机构等组成。该机构定时向气缸内供应充足、清洁的新鲜空气，并将燃烧后的废气排出气缸。

换气系统由空气滤器、进排气管、消声器、增压器及空冷器等组成。

2. 燃油系统

燃油系统由燃油供应系统和燃油喷射系统组成。燃油供应系统的作用是，把燃油畅通无阻地输送到喷油泵入口端；燃油喷射系统的作用是，定时、定量地向燃烧室内喷入雾化良好的燃油。主要的部件有喷油泵、凸轮轴组、喷油器等。

3. 润滑系统

中小型柴油机称曲轴箱油系统，或称之为机油系统。该系统的作用是将清洁的润滑油送至柴油机的各运动件摩擦表面，以减少摩擦力和零件的磨损并带走因摩擦产生的部分热量。主要的部件有润滑油泵、滑油冷却器、滤器等。

4. 冷却系统

对燃烧室周围承受高温的零部件，用冷却液进行冷却，防止因温度过高而损坏。

5. 操纵系统

由起动装置（使柴油机从停车状态进入工作状态）、调速装置（控制和调节柴油机的转速）、换向装置（实现柴油机的正、反转）以及操纵机构等组成。

第五节 柴油机新技术

电子技术的发展，尤其是微型电子计算机的广泛运用，传统柴油机的控制方式逐步被电子控制方式所代替，如燃油电子喷射（位置控制、时间控制、蓄压共轨时间控制方式）取代“泵—管—嘴”传统的机械传动式燃油喷射；电子调速器取代机械式、液压式调速器等。

电子控制柴油机又称智能柴油机。智能柴油机取消了传统柴油机的凸轮轴以及相关的机械控制零部件，将燃油喷射、气阀启闭以及柴油机的起动、调速、换向、停车和润滑等功能全部由电子控制实现。它可以通过对相关参数的设定和修改，调整柴油机的运行状态和工作参数，达到使柴油机保持在最佳工况下稳定工作的目的。此外，还可对柴油机的运行情况及零部件的状况进行实时在线监测，并与船舶的控制系统、报警系统等相连接，对柴油机进行全方位、实时的控制。

一、电子控制柴油机的原理

通过电子控制技术，柴油机管理系统的核心功能由电控单元来实现。传感器为电控单元提供柴油机的当前工况信息，电控单元对传感器的信号进行分析、比较后，根据预定的控制策略对执行器发出控制信号，以控制喷油量、喷油时刻、喷油压力，增压压力，进排气阀正时，电子调速等，对柴油机进行闭环控制，使其燃烧更精确，更节能、减排，控制更精准。

二、电子控制柴油机的特点

船用电子控制柴油机在2000年后正式装船使用，与传统机械控制式柴油机相比，有很强的运转适应性、足够的可靠性、多种操作模式、完善的状态监测和控制系统等特点。

1. 表现在燃油喷射系统上有很强的运转适应性

(1)能够自由地选择喷射压力。

根据不同工况可确定所需的最佳喷射压力，从而优化柴油机综合性能，降低了柴油机在部分负荷时的油耗，提高营运经济性。

(2)精确地控制燃油喷射量。

柴油机由电磁阀控制喷油，其控制精度高，高压油管压力稳定，在柴油机运转范围内，循环喷油量变动小，各缸供油均匀，柴油机工作稳定。

(3)可独立地控制喷油正时和喷油速率变化。

实现预喷射和多次喷射，达到理想的喷油规律，配合高的燃油喷射压力，既可降低柴油机的振动，又能保证良好的动力性和经济性，同时还能将柴油机的氮氧化物(NO_x)和微粒(PM)排放控制在较小的数值范围内，以满足排放要求。

(4)燃料适应性好。

对于不同的燃油，特别是劣质燃料油，可根据燃烧需要改变喷油正时和气阀定时，并且在任何负荷条件下工作均无可见排烟。这些对于凸轮驱动的机械机构几乎是不可能实现的。此外，冷却系统、增压系统和润滑系统也具有很强的运转适应性。

2. 足够的可靠性

足够的可靠性是指柴油机具有更长的寿命和维修周期，在整个柴油机使用过程中具有很低的故障率和良好的维修性能，并且在整个使用期间柴油机的性能维持不变。

3. 多种操作模式

多种操作模式是指可以根据不同的要求由操作者选择柴油机的运转模式，如经济性模式、排放控制模式、低负荷运转模式等，并保证柴油机一直处于最优化状态运转。

4. 完善的状态监测和控制系统

状态监测和控制系统主要包括一体化的速度控制设备、在线的柴油机故障诊断系统、活塞工作和燃烧可靠性的监测及对气缸润滑的优化等。能够在线监测柴油机的运转状况，确保各缸的负荷均匀分布，防止柴油机超负荷，在故障发生前能够早期报警并起动处理程序。

目前，智能柴油机在无限航区船舶已广泛应用。

第六节 实际操作与训练

项目一 认知柴油机工作循环

(一)四冲程柴油机基本结构

(1)了解并认知固定部件。

(2)了解并认知运动部件。

(3)了解并认知动力系统。

(二)起动柴油机

(1)柴油机起动前的准备。

(2)监测工作状态(转速、润滑油压力、温度等参数)。

(3)观察柴油机运转过程中的进气、排气、声响等。

项目二 绘制柴油机定时图

(1)依据据柴油机使用说明书,仔细了解各定时参数。

(2)确定柴油机的转向。

(3)根据柴油机工作过程,确定上、下止点。

(4)绘制柴油机(进气、喷油、排气、起动等)定时图。

项目三 压缩压力和爆炸压力测量

(1)一般情况下,应选择在柴油机负荷变化较小的时段,用爆压表测量柴油机压缩压力和最高燃烧压力。

(2)测量前,应对爆压表进行检查,指针应处在"0"位。

(3)测量前,调整柴油机的转速和冷却水、润滑油的温度,使其达到正常值并处于稳定状态。

(4)打开示功阀,将接管内的炭渣等吹出(防止燃气、炭渣伤人),以免进入爆压表,造成测量不准。

(5)安装爆压表,使表面朝向便于读数的方向。

(6)测量气缸压缩压力时,停止该缸供油。

(7)按顺序记录缸号及相应的爆压表读数,同时记录柴油机的转速和油、水、排气温度等。

第二章

柴油机主要部件的结构与功能

柴油机主要部件包括固定部件和运动部件。固定部件:机座和主轴承、机体(四冲程)、气缸套、气缸盖等,它们构成柴油机的工作循环空间并支承柴油机所有其他附件和附属设备;筒形活塞柴油机运动部件:曲轴、连杆组件和活塞组件等。

第一节 机座、机体、主轴承

一、机座

(一)机座的功用和安装要求

柴油机依靠机座安装到船体的基座上,如图 2-1 所示。图中机座 1 中央圆孔为主轴承座孔,机座横梁上的主轴承座支撑曲轴,是主轴承及曲轴安装的基础。机体 2 的上部圆孔用以安装气缸套,称为气缸体部分。

1. 机座的功用

(1)作为柴油机安装基础

机座位于柴油机所有部件的底部,其上平面为固定部件的安装基础;主轴承座孔安装主轴承,是曲轴等运动部件的安装基础。

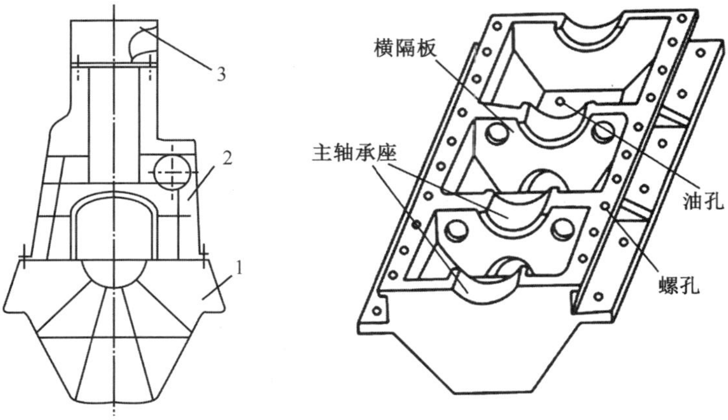

图 2-1　中小型柴油机机体与机座示意图

1—机座；2—机体；3—气缸盖

（2）承担柴油机重力和额外作用力

机座除承受机件重力、气体力及惯性力作用外，还直接受到风浪等因素使船体变形所带来拉伸、弯曲及扭转等额外应力作用。为此机座必须具有足够的刚性和强度，以免机座变形造成曲轴挠曲变形以及活塞、曲柄连杆机构与气缸的位置精度变坏而发生机件异常等事故。

（3）收集或储存润滑油

机座和它上面的机体共同组成曲轴箱，底部集中储存润滑油（湿式曲轴箱）并形成密闭空间。

2. 机座的安装及要求

（1）机座的安装

如图 2-2 所示，柴油机机座的位置经校中定位后，采用地脚螺栓 4 将机座 3 和底座 1 以及其间的固定垫块和活动垫块 2 一并牢牢地固定在船体基座上。

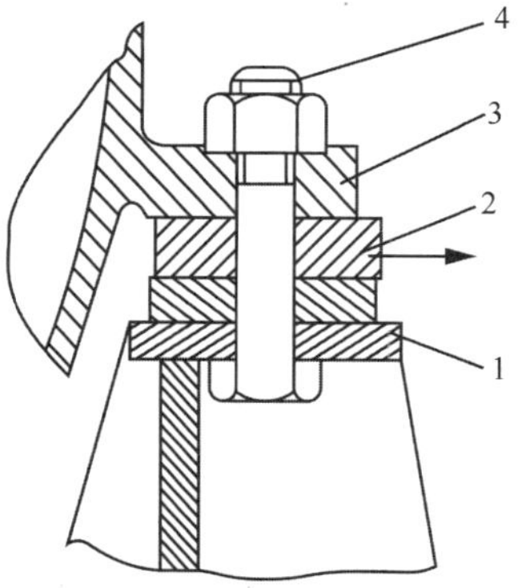

图 2-2　机座垫铁

1—底座；2—垫块；3—机座；4—地脚螺栓

（2）机座安装要求

①确保机座上平面水平

由于机座和底座之间两垫块的一面都制成倾斜度≤100：1 的楔形体，通过调整垫块不同楔入深度，即可调整机座垫块处的高度，从而调整机座上平面的水平。

垫块常为铸铁或铸钢,其厚度应在 12~75 mm 之间,以保证刚度和强度。

②确保机座下平面结合紧密、牢固

安装时垫块之间以及垫块与机座或底座之间必须紧密接触,各接触面必须经刨铲、拂刮、研磨等精密加工,使相互接触面积大于 60%,并且接触斑点均匀。要求垫块装入后,在自由状态下(地脚螺栓紧固前)接触面间用 0.05 mm 的塞尺不能插入。

③为了防止紧固的柴油机在运转时产生位移,安装时应对机座全部地脚螺栓孔数的 15% 进行铰孔,配制不可互换的紧配螺栓,且紧配螺栓不得少于 4 个。为了给柴油机工作时受热膨胀留出余地,紧配螺栓通常安装在柴油机机座后端(飞轮端)。

④螺栓的紧固,应采用手动工具或液压拉伸器,并按照说明书规定的预紧力和上紧顺序将螺栓上紧。上紧后,用小锤敲击检查螺栓上紧程度,以敲击声清脆为合格。

⑤机座垫块和地脚螺栓安装质量,直接决定机座主轴承孔(即曲轴主轴颈)的同轴度等重要技术状态,故检修、管理中必须十分重视。

⑥机体与机座以平面贴合,并用短螺栓及贯穿螺栓连接紧固。中小型柴油机采用机体与机座为整体的结构型式,并采用倒置主轴承配以轻便的油底壳(湿式曲轴箱)。

(二)机座常见故障检查和处理

(1)机座安装在船体基座上时,应保证支承面紧密贴合,防止受力后机座变形过大,影响运动部件的对中。

(2)定期检查地脚螺栓上紧度,以防垫铁磨损、螺丝松动而造成事故。及时清除附近的污油水,以免影响地脚螺栓的紧固性。

(3)如果在检查时发现地脚螺栓松动,应进一步检查垫铁配合是否正确,螺栓和螺纹的支撑面是否完好。

(4)保持机座内清洁,油底壳排油口的过滤网必须畅通,以防油底壳滑油堵塞。若积油过多,将引起曲柄及连杆大端击打油面,造成润滑油快速变质,严重时会造成油底壳破裂等事故。

(5)机座及油底壳大修时,应清洁、检查有无裂纹和泄漏现象。发现有裂纹时,应予以修补。在拆掉排油口过滤网时,必须封堵油口,以防异物落入润滑油管路,造成油路堵塞。

(6)检修完毕后,还应检查有无工具等遗留在机座内。

二、机体

(一)机体的功用

机体安装在机座的上平面上,用来支承气缸组以及与机座一起组成曲柄箱。机体内部安装凸轮轴等,顶面安装气缸盖,外侧还装有高压油泵等机件设备。

对于中小型柴油机,一般多采用箱型结构;若主轴承采用滚柱轴承则为轴隧型结构。

(二)机体的结构及安装要求

图 2-3 为中型柴油机机体机座结构实例。该机体为整体铸造的箱形结构,上部圆孔为缸套安装空间,顶面置有缸盖螺栓 8,中部右侧为凸轮轴箱,圆孔中安装凸轮轴承,轴箱板面安装高压油泵,箱体外侧有检修道门。在机体中部左侧有防爆道门 5,当曲轴箱内油气压力升高超过规定时小盖板 4 自动打开,释放油气后又迅速关闭,防止曲轴箱爆炸,并警示轮机人员柴油

机运行有异常。弹簧 3 一端被防爆门 5 中心环板限制,另一端压在薄钢片上,并通过固置于薄钢片螺母中的螺钉将弹力传给小盖板 4,使小盖板盖住防爆门与外界的通口。旋紧螺钉时小盖板压紧力变大,此压紧力应符合规定,保证曲轴箱内压力不大于 0.02 MPa。机体下平面与机座上平面精密贴合,并垫有密封垫片。机体与机座除用短螺栓连接外,还依靠贯穿螺栓 6 紧固。在机体上侧面设有进水口 O,并设有检查冷却水腔结垢情况的盖板 12,盖板内侧设有保护机体和缸套的防腐蚀锌板 11。

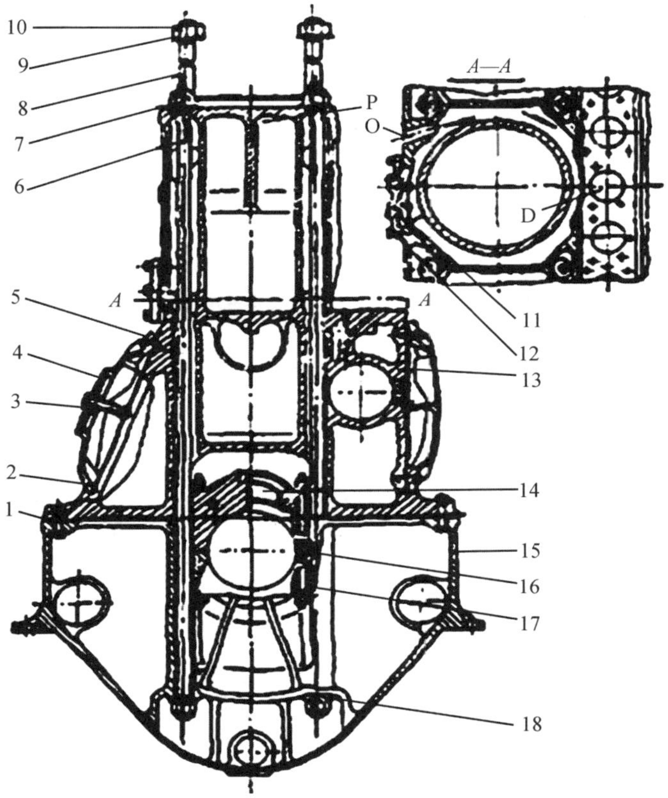

图 2-3　中型柴油机机体机座实例

1—连接螺栓;2—薄钢片;3—弹簧;4—小盖板;5—防爆道门;6—贯穿螺栓;7—螺母;8、9、10—缸盖螺栓、垫圈、螺母;11—锌板;12—盖板;13—凸轮轴箱;14—主轴承盖;15—机座;16—定位销;17—主轴承螺栓;18—贯穿螺栓垫床;D—挺杆孔;O—进水孔;P—气缸体

(三)机体的常见故障的检查和处理

1. 曲轴箱爆炸

曲轴箱爆炸是指柴油机曲轴箱发生剧烈的燃烧并伴随高压的现象,是一种危害极大的事故。不仅导致机件损坏,而且还可能引起机舱失火,甚至人员伤亡。

(1)曲轴箱爆炸的原因

曲轴箱爆炸的主要原因是,曲轴箱内油雾与空气的浓度达到了可爆燃的混合比(100∶1~7∶1),并且与此同时曲轴箱内出现了高温热源。

(2)预防措施

①避免曲轴箱出现热源。

管理中保持正常的轴承间隙及良好的润滑，防止轴承过热和烧熔；防止气缸燃气下窜和拉缸事故。

②装设油雾浓度检测器，连续监测箱内油雾浓度。当浓度接近爆炸浓度时发出警报。

③保证曲轴箱透气装置正常。

曲轴箱上装有透气管或抽风机，用以将曲轴箱的油气及时引出，防止油气积聚。应经常检查油气孔，防止污堵。

④保证曲轴箱防爆门启闭灵活（开启压力：我国规范为 0.02 MPa），需定期进行功能性检查。

（3）应急处理

①发现曲轴箱有爆炸迹象，如曲轴箱过热、透气管冒大量油气和嗅到油焦味，或油雾检测器发出警报，说明有爆炸危险。应立即降速，并加强气缸润滑。此时不能停车和停滑油泵和冷却水泵。

②有爆炸危险时，人员不得在装有防爆门一侧停留，以免造成人身伤害。

③爆炸发生并将防爆门冲开后，应立即加强通风，盘车，准备灭火，但不可马上打开曲轴箱道门或检查孔。

④因曲轴箱内某些机件发热而停车，至少停车 15 min 后再开道门检查，以免新鲜空气进入而引起爆炸。

⑤曲轴箱着火，采用 CO_2 扑灭。

2. 机体裂纹

柴油机机体通常为铸铁材料，发现有裂纹时，可采用金属扣合法或黄铜钎焊予以修补。

3. 机体冷却水腔漏水

发现机体冷却水腔漏水，应该及时更换缸套外的密封胶圈。

此外，注意定期打开冷却水腔检查盖板，检查水腔内结垢情况和盖板内侧防蚀锌板状况，并及时清理水垢、更换锌板。

三、主轴承

（一）功用

（1）支承曲轴，保证曲轴正确的工作轴线。

（2）减少曲轴转动时的摩擦、磨损。

（3）小型机最后一道主轴承具有止推、定位作用（推力轴承），用来防止曲轴因柴油机振动时的轴向窜动。

（二）型式

（1）滑动轴承：船舶柴油机主轴承几乎都为该型式，滑动式主轴承由轴承座、轴承盖、轴瓦以及将它们连接在一起的紧固螺栓等组成。分正置式和倒挂式两类，如图 2-4、图 2-5 所示，其倒挂式结构可省去机座，配以油底壳代替贮油。

（2）滚动轴承：仅某些小型高速机采用。

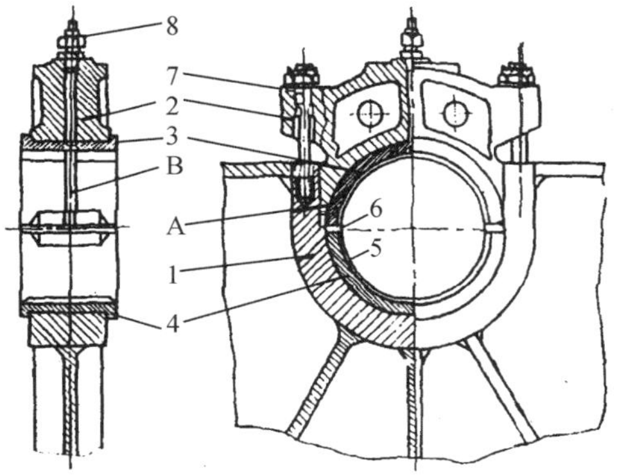

图 2-4　正置式主轴承

1—轴承座;2—轴承盖;3—上轴瓦;4—下轴瓦;5—减磨合金;6—垫片;7—螺栓;8—滑油管

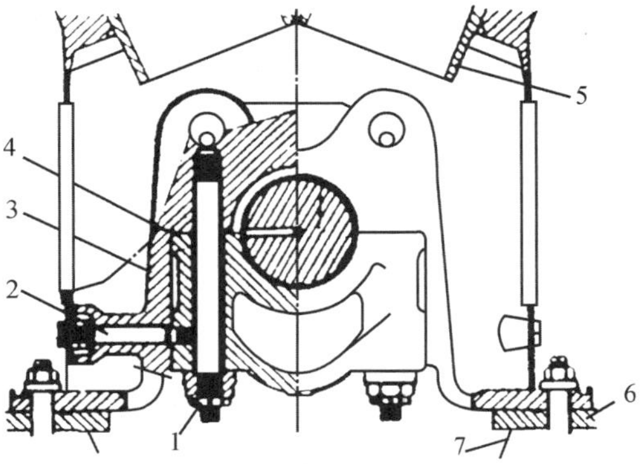

图 2-5　倒挂式主轴承

1—倒挂螺栓;2—横向螺栓;3—机架;4—轴承盖;5—气缸套;6—机座;7—油底壳

(三)主轴承的间隙测量

正确的轴承间隙,是确保滑动轴承正常工作的必要条件。轴承工作时,若间隙小于安装间隙,容易导致轴承发热、烧瓦甚至咬黏;若间隙大于其极限间隙,则会使轴与轴承的冲击负荷加大,且滑油也容易流失,难以形成润滑油膜。因此柴油机使用期间,应确保其轴承间隙在说明书规定的安装间隙和极限间隙之间。常见的测量方法有:

1. 塞尺测量法

每运转 3 000 h 检测一次。该方法不必拆掉主轴承盖,使用专用塞尺直接测量出主轴承的间隙,由于轴承间隙为圆弧形,测量值小于实际值间隙,因此应在实测值的基础上,应再加上 0. 05 mm 的误差。该方法适合于初步检查。

2. 压铅丝测量法

该方法需要拆掉主轴承盖。在主轴颈表面沿周向横放 2~3 根软铅丝,铅丝长度以包住主轴颈 150°角为宜,铅丝直径一般为标准间隙的 1. 5~2 倍,并用油脂粘住,如图 2-6 所示;最后按规定上紧轴承盖,再拆开,并用外径千分尺测量中间软铅丝的厚度,即为轴承的间隙。

测量两侧铅丝厚度。正常情况下两侧铅丝厚度应小于轴承间隙，且两侧铅丝的厚度差值应小于等于 0.05 mm。

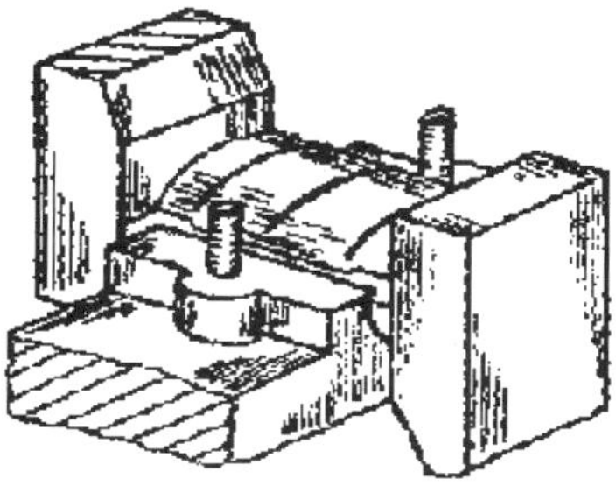

图 2-6　压铅丝测量法铅丝敷设

3. 比较法测量

采用内、外径千分尺，分别测量轴承孔的内径和曲轴主轴颈的外径，然后用孔的内径减去轴颈的外径即可得到轴承间隙。此种方法常为柴油机制造厂所采用。

（四）主轴承常见故障及维护管理

1. 常见故障

主轴承在工作中常见的缺陷主要有：过度磨损、咬黏烧熔、合金层产生裂纹、腐蚀和划伤等。

（1）过度磨损

曲轴在主轴承中旋转，为了减少轴的磨损，通常轴承中轴瓦采用较软的材料，容易被磨损，因此轴瓦是易损件。但是如果轴承工作时摩擦面若发生了黏着磨损、磨粒磨损和腐蚀磨损，则磨损速度将大大加快，这种超过正常磨损速度的磨损称为过度磨损。过度磨损需要在管理维护中予以避免。凡是引起黏着磨损、磨粒磨损和腐蚀磨损的因素，都是导致过度磨损的原因。

（2）咬黏烧熔

咬黏烧熔又称熔着磨损，是轴承恶性事故。其主要原因是轴承工作时严重发热，致使减磨合金层软化甚至熔化，在轴颈压力下被拖动，轴表面被撕成不规则形状（合金熔化铺开痕迹，在油孔、油槽及轴瓦边缘明显出现）。严重时，熔化合金甚至黏结在轴颈表面，最终抱住轴颈。

产生这种恶性损伤事故的原因：

①柴油机长期超负荷，轴承比压或摩擦速度过大，使摩擦温度升高；

②润滑油供应不足，甚至中断；

③轴承与轴颈间隙过小，润滑油在间隙中流量过小；或轴承与轴颈间隙太大，润滑油流失过多，油膜难以建立，使轴承工作温度异常升高；

④润滑油黏度过低，难以在轴颈与轴承之间形成液体润滑油膜；

⑤轴瓦与座孔贴合不良，甚至轴瓦在座孔中转动，不仅不能散发摩擦热量，甚至切断进油口；

⑥润滑油中杂质过多，使磨粒磨损太剧烈，摩擦产生热量增大。

（3）合金层产生裂纹

该缺陷是合金材料在脉动压力下发生的疲劳破坏。疲劳裂纹若向深度发展并在合金层和瓦背结合面发展，裂纹彼此交接，则会产生合金材料片状剥落。

产生裂纹或剥落的原因，除了合金材料本身疲劳强度低以外，主要是柴油机爆发压力太高，或轴颈与轴承配合不良，局部负荷峰值过高，或者轴承与轴颈间隙太大等原因造成轴承冲击负荷过重。另外，轴承合金与瓦背黏结性能或工艺质量较差时，轴承合金的龟裂剥落发生会更快。

（4）腐蚀

腐蚀是由于润滑油中含有有机酸或强酸引起的（烧劣质燃油时）。滑油过期会产生有机酸；而燃烧产物混入滑油会导致滑油出现强酸物质。酸性物质使轴承合金产生化学腐蚀和电化学腐蚀，酸性成分与减磨合金中游离铅作用使其松脆，脱离本体，使轴瓦表面出现麻点。

（5）划伤

划伤是轴瓦表面有沿转动方向的粗细纹痕。它是由润滑油中杂质造成的。大颗粒的硬质异粒会机械式刻划轴承表面，而留下数道较深划痕。如果润滑油中有细及硬质异粒，则会在局部区域划出细密划痕、划伤，使轴承承压面积减小，引起轴承发热或烧熔。

2. 维护管理措施

为确保轴承正常工作，并提高其使用寿命，主轴承在维护管理方面应做好以下工作：

（1）确保润滑油的供给状况良好

柴油机起动时，若润滑油系统压力过低，应立即停车，查明原因并及时消除。润滑油压力过低，会使轴承间隙处单位时间流过的油量不足，摩擦热散减少使轴承温度异常升高；润滑油中若含有杂质，轴承会拉毛甚至发热；若润滑油变质，其酸值会升高，将引起轴瓦腐蚀损坏。所以润滑油的压力，净化以及限制酸值都必须达到规定要求。

（2）柴油机操作中，应尽量减少停车、起动的频繁程度

一次起动中的磨损量往往是正常运转几小时的磨损量。若起动时燃油量过大，轴瓦受冲击负荷严重，更容易产生裂纹。轴瓦许多缺陷都与柴油机负荷过大——尤其是爆炸压力过高有关，所以应避免柴油机长期超负荷运转。

（3）注意检查轴承的工作状态

运行中，定期检查各轴承处油流的情况，确保油路通畅，各轴承处润滑油外流不应太大；每次起动前，应预注油（压油）润滑并监视系统油压是否在规定范围；柴油机运转中，应监视主轴承的声响和温度。在曲轴箱下部，若听到较大响声则大多是因为主轴承间隙太大，松动引起的；若曲轴箱壁温度升高，曲轴箱冒烟，很大可能是主轴承磨损异常，则应立即降低柴油机负荷、转速后停车，待降温后检查主轴承。

（4）定期检查调整轴承间隙

检查曲轴箱时可用撬拨连杆的方式检查，从大端前后移动情况判别连杆大端与曲柄销是否卡阻。每工作 1 200~2 000 h，检查测量一次主轴承间隙，并在间隙值达到磨损极限之前，调整间隙或更换轴瓦。停止柴油机运转后，在可能的情况下，不要停止润滑油的供应。

（5）更换轴瓦时，保证安装、磨合质量

换新瓦后，应经充分的低负荷下的磨合运转，才能增大负荷，投入正常运行。

①滑油滤清效果、温度、压力和流量，装配时的清洁质量。

②避免长时间过载或频繁起动。

③提高轴颈和轴承孔几何精度，保证轴承间隙。

④采用疲劳强度高的合金材料、薄壁轴瓦。

⑤保证滑油黏度，采用抗泡性较好的滑油。

⑥防止燃烧产物混入滑油，经常检查滑油质量。

第二节 气缸套、气缸盖

一、气缸套

气缸套呈圆筒形，安装于机体的气缸体孔中，并由气缸盖压紧固定，是构成柴油机燃烧室的机件之一。气缸套型式有干式和湿式两种，如图 2-7 所示。

图 2-7(a)湿式气缸套的外表面直接与冷却水接触。冷却效果良好，制造也方便；但其壁厚较大，而且必须有可靠的冷却水密封措施，是应用最广泛的一种形式。

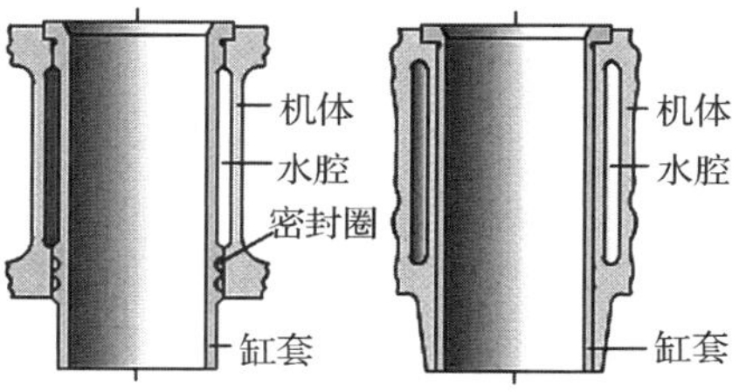

(a)湿式气缸套　(b)干式气缸套

图 2-7　气缸套的型式

图 2-7(b)干式气缸套的外表面不与冷却水接触，气缸体内布置有冷却水腔。因此，气缸套可以做得很薄，有利于节约合金材料。但加工要求较高，气缸体内孔和气缸套外表面均需要精密加工，以保证气缸与气缸体紧密贴合和良好的散热。因此，只适用于大批量生产的小型柴油机。

(一)气缸套的功用

(1)与气缸盖、活塞组件共同构成密闭的燃烧室；

(2)作为活塞组的导向面，引导活塞组往复运动，并承受侧推力；

(3)将活塞组件及本身的热量通过外部冷却水腔传递给冷却水。

(二)气缸套的维护与保养

柴油机工作时，气缸套内表面不仅受高温高压燃气的反复作用，而且还承受侧推力作用，活塞在其中的相对运动中产生摩擦、磨损；外表面受冷却水的冲刷和腐蚀，因此缸套的工作条件比较恶劣。

在维护方面应当确保其合适的冷却和良好的润滑，保证缸套可靠的密封。具体措施如下：

(1)运转时，各缸冷却水阀应全开，保证合适的冷却温度。既要避免因水温过高而增加气缸的热负荷，也要避免因水温过低而造成的低温腐蚀和热损失。

(2)柴油机工作时，缸套工作表面必须保持良好的润滑，并且要求气缸润滑油有一定的碱性。

(3)经过长期的运转后，气缸套内表面会出现磨损。应定期测量缸套的圆度和圆柱度，必要时予以修理或更换备件。

(三)气缸套的拆装要求

(1)气缸套只有当有必要或船检机构要求时才进行拆卸。一般应根据柴油机说明书要求或运行 8 000 h 后，对气缸套进行一次检修。

(2)拆卸前，准备好拆卸工具和安全、稳妥的存放地点，以利于缸套的拆卸、放置、清洗和检查。

(3)为了清除冷却水腔内的泥沙和水垢，更换气缸套橡胶密封圈，应采用专用工具将缸套拉出，如图 2-8 所示。拆卸方法可参照图 2-9 进行操作。

(4)安装时，缸套下部橡胶密封圈，无论磨损情况如何，应按原规格全部换新。

(5)缸套顶部的紫铜垫片，应进行回火处理，保证其密封效果。必要时，可以改变紫铜垫片的厚度来调整柴油机的压缩比。

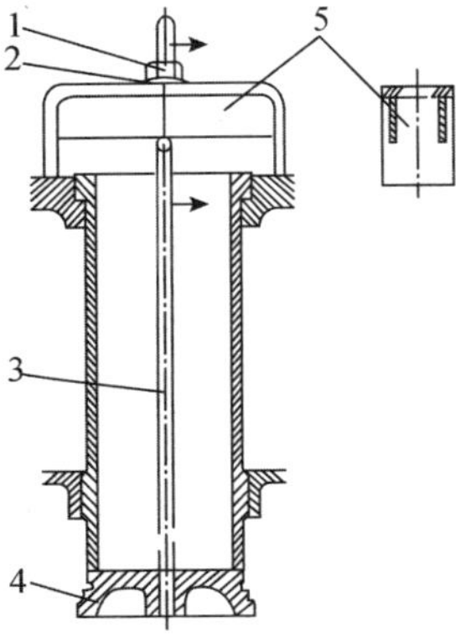

图 2-8　拆缸套工具

1—活动螺母；2—上起吊板；3—吊杆螺栓；4—宝塔形压板；5—U 形固定块

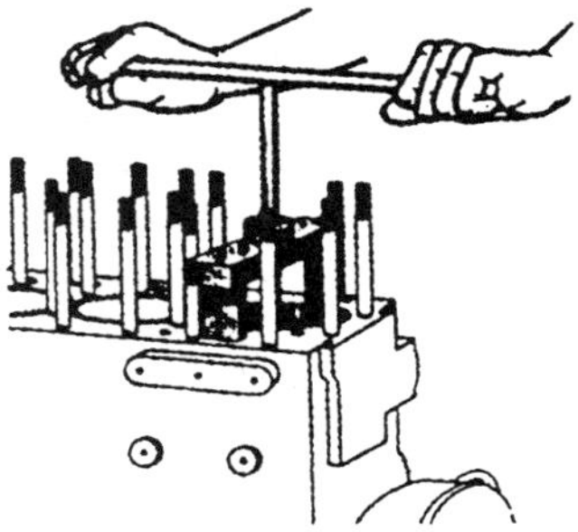

图 2-9　气缸套拆装示意图

(四)气缸套的检测方法、常见故障检查与处理

1. 气缸套的检测方法

气缸套的检测主要包括检查与测量。

(1)检查

船舶上通常采用观察法检查气缸套的缺陷，即利用肉眼、手摸或借助放大镜，检查气缸套内外表面是否存在缺陷。

若发现缸套摩擦内表面出现蓝色或红色，则说明缸套工作时温度过高，发生了熔着磨损；若摩擦表面出现纵向拉痕，则表明缸套发生过磨粒磨损；若工作表面粗糙，表明发生了腐蚀磨损；若缸套外表面出现蜂窝状小孔群，则说明出现了穴蚀。此外应着重检查外形突变和其他应力集中处，观察是否有裂纹出现。

(2)测量

检修或吊缸时，应测量气缸套的内径，以了解缸套的磨损情况。

①测量工具

采用内径百分表或随机专用内径百分表(量缸表),如图 2-10 所示。

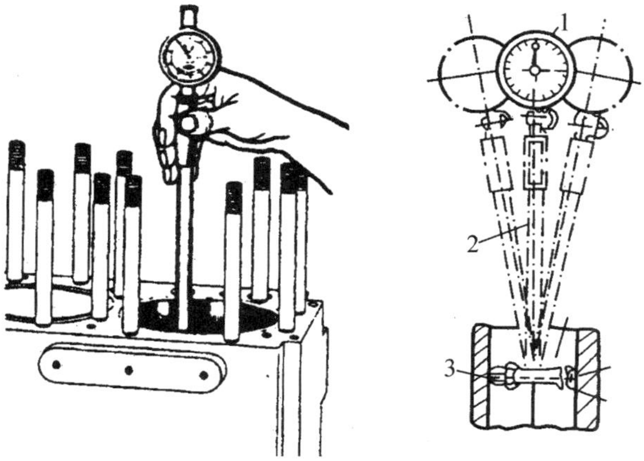

图 2-10 气缸套内径测量

1—百分表;2—杆身;3—伸缩触头

②测量部位

柴油机缸套的测量部位每次应该是固定的,以便与前次测量结果进行比较,从而了解磨损情况,掌握磨损规律。通常制作有测量定位样板,如图 2-11 所示。

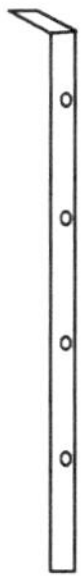

图 2-11 测量定位样板

若无样板又无说明书等资料时,应按规定测量以下四个位置:如图 2-12 所示。

活塞位于上止点时,第一道环对应的位置;

活塞位于行程中点时,第一道环对应的位置;

活塞位于行程中点时,末道刮油环对应的位置;

活塞位于下止点时,末道刮油环对应的位置。

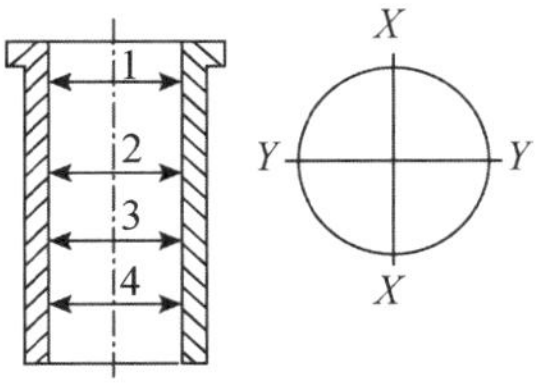

图 2-12 气缸套测量部位

③测量注意事项

测量前,缸套内注意表面的清洁,以确保测量精度;

注意调校测量量具,确保其读数准确;

测量在缸套内圆确定的部位上,在同一截面的纵向(Y—Y)与横向(X—X)的缸径,如图2-12所示;

读取读数,计算缸套的圆度和圆柱度,与磨损极限对照(见表2-1),超过极限应予以维修或换新。

表2-1　气缸套内孔磨损极限(mm)

气缸套内径	内径增量	圆度、圆柱度
85~200	0.60	0.10
200~300	1.00	0.15
300~400	1.50	0.23
400~500	2.00	0.28
500~600	3.00	0.35
600~700	4.00	0.45

2. 气缸套常见故障与处理

气缸套常见故障有磨损、穴蚀、裂纹和泄漏等。

(1)缸套磨损

在正常情况下,铸铁缸套的磨损速度较小,不大于0.1 mm/kh。若磨损速度过快,则说明缸套内发生了异常磨损。柴油机使用时,主要应设法避免异常磨损。

根据磨损原理,异常磨损可分为熔着磨损、磨料磨损、腐蚀磨损三种。

①熔着磨损(黏着磨损)

摩擦表面之间的润滑丧失,两摩擦表面发生直接接触产生的磨损,称为熔着磨损。该磨损多发生在换新缸套或活塞组件后的磨合期或接近缸套使用寿命的时期。熔着磨损发展严重时,会导致柴油机的拉缸甚至咬缸等严重事故。

避免熔着磨损的措施是,严禁在缺失滑油的情况下运行;严禁柴油机长期超负荷运转;定期检查滑油质量并确保柴油机运动部件有良好的对中质量。

②磨粒磨损

磨粒磨损主要是由于摩擦表面存在硬质颗粒所造成的。而硬质颗粒的来源,既可能从外部进入,也可能由内部产生。从外部进入气缸内的硬质颗粒,主要是从进气管随空气带入,或由进入气缸的燃油或滑油中带入;内部产生则是由于燃烧不良产生的积炭或因磨损形成的磨屑所引起。

减少磨粒磨损的措施是,提高"三滤"(空气过滤器、滑油过滤器、燃油过滤器)的过滤质量、及时清洗滤器;利用分油机对滑油和燃油中的杂质和水分进行分离;组织好燃烧过程,避免燃烧室形成积炭。

③腐蚀磨损

腐蚀磨损与柴油机使用燃油的硫分含量关系密切,并且容易在柴油机温度较低的情况下发生。

减少腐蚀磨损的措施是,尽可能使用含硫量比较低的燃油;适当提高冷却水的温度,避免酸性物质附着在气缸套表面;采用适当碱度和数量的润滑油,以中和燃烧产物所造成的酸腐。

(2)气缸套的穴蚀

穴蚀主要发生在缸套的外表面,由冷却水中的空泡腐蚀和电化学腐蚀的共同作用造成。穴蚀严重时,孔穴会由外向内击穿缸套而导致漏气、漏水,直接影响柴油机运转的可靠性和使用寿命。

避免穴蚀的措施是,在冷却水中加入缓蚀剂和防锈油;当活塞与缸套过度磨损导致活塞与缸套的间隙增加过大时,及时修复或换新。

(3)气缸套的裂纹

中小型柴油机缸套发生裂纹故障很少,但若在柴油机全负荷的工况下缺乏冷却水而突然供给大量低温冷却水时,容易导致气缸套的裂纹,因此在管理中应予以特别注意。

二、气缸盖

(一)气缸盖的功用

(1)封闭气缸套顶部,与活塞组件、气缸套共同组成密闭的燃烧室空间。

(2)将气缸套压紧于机体正确位置上,使活塞组在气缸套中运动正常。

图 2-13 气缸盖外形

(3)安装柴油机各种附件,如喷油器,进、排气阀装置,气缸起动阀,示功阀,安全阀以及气阀摇臂装置等。

(4)布置进、排气道和冷却水道等。在小型高速机的气缸盖中,还布置涡流室或预燃室等。

因此,气缸盖结构的孔腔、通道繁多,形状比较复杂,如图 2-14 所示。

(二)拆装要求

(1)拆卸气缸盖前,应在每个螺栓、螺母上做好标记(使用工具不一样,所做的标志也有区别,详细情况按说明书操作)。

(2)拆出气缸盖时,应该彻底清除底部积炭、仔细检查有无裂纹。

对细小裂纹可用锉刀锉去,避免裂纹发展;裂纹较大时,可采用焊补法,因缸盖为铸铁材

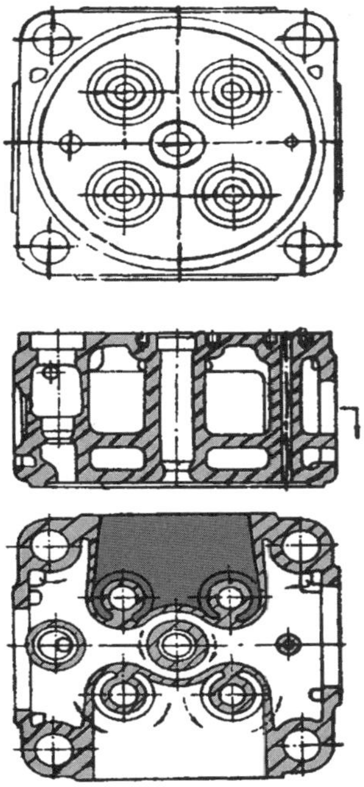

图 2-14 柴油机气缸盖

料,焊补时需谨慎操作,防止因温度不均使裂纹扩展;临时措施可以采用金属扣合法修补;在条件允许的情况下,送厂修理或更换备件。

(3)安装前,对冷却水腔进行水压试验,试验压力为 0.7 MPa;采用压铅法测量燃烧室的压缩高度(压缩终了时活塞顶与气缸盖底平面之高度)。

(4)安装时,仔细清洁缸盖底部与缸套顶部的结合面、螺栓和螺母的接触面以及缸盖与缸盖附件的接触面,以保证燃烧室良好的密封。最好涂一层润滑油脂,既保证密封,又便于下一次拆卸。

(5)缸盖螺栓的预紧,对单体式缸盖,按十字形交叉逐步均匀上紧;对整体式缸盖(一个缸盖盖住多个气缸),按从内向外顺序十字形交叉逐步均匀上紧。

(三)缸盖的保养与维护

(1)柴油机运行前,保证冷却水路畅通。

(2)柴油机运行时,要注意调节气缸盖的冷却水的温度,不使水温过高或过低。

(3)定期检查冷却水的水质,水处理剂用量要适当。

(4)定期检查冷却水腔和防腐锌块,清除水垢和铁锈。

(5)柴油机停车后,不过早地停止冷却水循环。

(四)气缸盖的常见故障检查与处理

气缸盖在长期工作中常见缺陷有:裂纹和翘曲等。

1. 气缸盖裂纹

(1)裂纹的原因

气缸盖裂纹最易发生在底板上各阀座孔与喷油器座孔之间(“鼻梁区”)。其主要原因是,柴油机长期在过高负荷下工作,或者工作状态由冷态突然变热,或者从热态突然变冷时,缸盖都容易产生裂纹。

在柴油机操作管理和维护保养方面,下列行为最可能导致裂纹:

①柴油机冷车起动或起动后加速过快;

②频繁起动、停车,或长时间超负荷运转;

③冷却水腔结水垢、冷却不良或中断或向过热的气缸盖内突加冷却水;

④冷却水未投药处理或处理不当;

⑤安装气缸盖时,螺栓预紧力不符合说明书要求或各螺栓受力不均匀等。

当然,气缸盖产生裂纹还与其结构性、工艺性等其他因素有关。

(2)裂纹的检查方法

换新或修理后的气缸盖需经过船检部门的检验,合格后方可使用;使用中若怀疑缸盖有裂纹,可用借助放大镜用观察法进行初步检查,此时应着重查看气缸盖各座孔之间的薄弱区域(鼻梁区)是否出现裂纹;必要时对缸盖进行无损探伤或水压试验,以准确判断是否出现裂纹。

在营运管理中,若出现下列现象,便可以判断缸盖可能存在穿透性裂纹。

①气缸或活塞冷却水压力表指针波动或膨胀水箱水位上下波动;

②冷却水温升高,淡水消耗量增加;

③膨胀水箱的透气管有气泡冒出和冷却水有油星;

④起动前进行转车和冲车时,打开示功阀有水气或水珠喷出;

⑤曲柄箱或滑油循环柜中滑油量不正常增多,滑油迅速乳化变质;

⑥吊缸时,活塞、气缸套、气缸盖工作表面有锈痕,或活塞顶部积水等。

(3)处理方法

①发现缸盖存在穿透性裂纹或其他部位有严重裂纹,应该立即更换。在无备件的情况下,应采取"减缸"的方式运行;

②对微小裂纹,可用锉刀、油石等工具打磨消除裂纹,经无损探伤或水压试验检验合格后继续使用;否则,继续打磨、检验。若裂纹较深达壁厚的3%以上,应报废换新。

2. 气缸盖翘曲变形

气缸盖翘曲是指其本身发生了塑性变形,使气缸盖各表面失去正确形状。严重时气缸盖底面与缸套或机体贴合面不平,造成密封失效,引起漏气、漏水,严重时柴油机甚至无法工作。

(1)造成气缸盖翘曲的主要原因

①气缸盖螺栓预紧力过大或严重不均;

②柴油机长期超负荷或最高爆发压力过大;

③制造加工时存在较大的残余应力,气缸盖在应力作用下变形。

(2)检查方法

检查气缸盖底部安装面的变形,对平底板可用直尺和塞尺进行;对环形安装面,可在标准平台(板)上,用色油法和塞尺法进行。

(3)处理方法

若气缸盖底板安装面因翘曲产生凹陷深度在0.3 mm以下时,可用刮削方法修正,直至安装平面与平板拖研后色油斑点均匀。如果平面度误差超过0.5 mm或者用色油法平板拖研后接触斑点很少时,则要用铣削加工修正平面,再用平板拖研、修刮至平直良好。铣削加工量应尽可能少,以免影响强度。在全长上翘曲量超过 0.4 mm 时,应予以报废换新。

3. 气缸盖贴合面漏气

少量漏气时,冷却水中会出现气泡。由于密封垫片材料不断硬化,气缸盖螺栓不断被加热伸长,泄漏会逐渐严重而引起漏气、漏水和漏油。严重时燃气吹破密封垫片、大量漏气,迫使柴油机停止工作。

造成气缸盖贴合面漏气的原因通常有:

(1)气缸盖螺栓预紧力不足或严重不均;

(2)密封垫片装反、老化或损坏;

(3)贴合面有杂质在局部梗垫,或贴合面本身有损伤伤痕;

(4)气缸盖底面或机体支承面变形,平面度误差严重;

(5)柴油机若负荷过重或工作粗暴,也易造成气缸盖贴合面漏气。

发现漏气应针对不同的原因加以处理。

(五)气阀的拆装、研磨与检修

柴油机工作时,进、排气阀在冷却和润滑条件都极恶劣的情况下,受气体压力、气阀弹簧力的作用,不断与阀座相撞击、磨损,容易导致气阀密封不严。因此需要定期对气阀进行检修、研磨,确保气缸的气密性。研磨周期取决于柴油机的使用情况,以说明书规定期限进行。若无规定,建议运行 2 000 h 拆开检查。

1. 气阀的拆装

气阀采用专用工具拆装,如图 2-15 所示。若气阀卡得很紧,可采用木块或铜棒轻敲阀杆使之松动后,取出气阀。取出的气阀应放入轻柴油或煤油中浸泡一段时间,并按原配顺序将各缸各阀对应放置,以备检查、研磨。

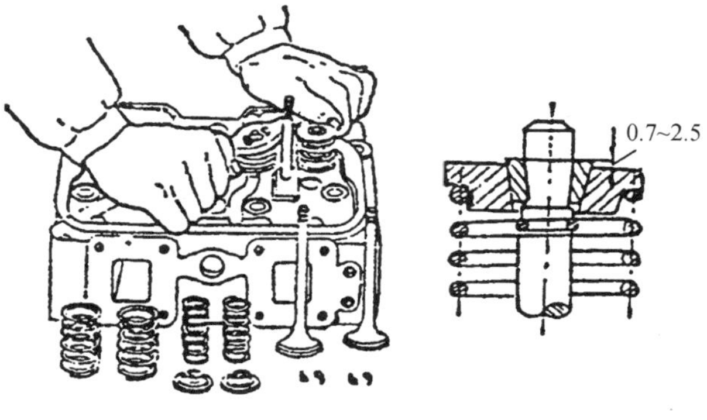

图 2-15　气阀的拆卸

2. 气阀与阀座的研磨与检修

气阀与阀座在拆卸、清洗后,若发现因磨损导致的轻微的局部剥落、灼伤、斑点或积炭等缺陷,则可以采用研磨进行修复;若气阀与阀座磨损、腐蚀严重,则必须更换新件。

(1)研磨工艺

①若表面麻点较深,可将砂布垫在气阀下,用手按住转动气阀,以磨去麻点。

②在气阀密封锥面涂抹少量一层经机油稀释的研磨膏(凡尔砂),用带木柄的橡皮碗吸住阀盘底平面,将阀杆装入导管内,采用拍打与转动相结合的动作进行研磨,直至气阀锥面出现

一条连续、整齐的呈暗灰色的环带为止，再经密封性检查合格后完成，如图 2-16 所示。

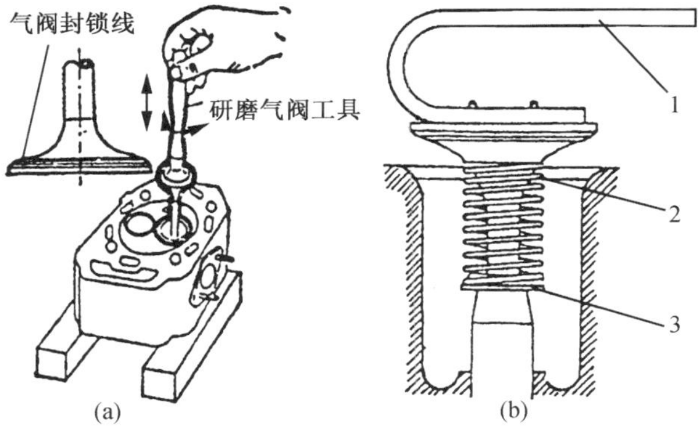

图 2-16 气阀的研磨

1—加力杆；2—气阀；3—气阀弹簧

为保证研磨质量并提高研磨效率，上述研磨工艺一般先采用 200 目的粗砂进行粗研，以纠正粗糙度不良，然后擦净粗砂残留物；再用 600 目的细砂精研约 30 min；最后擦净细砂残留物，再用机油，继续研磨数分钟即可。

（2）气阀气密性的检查

①画线法：在气阀锥面上沿圆周方向每隔 3～5 mm 用铅笔画一线条，如图 2-17（a）所示。将气阀装入阀座，轻拍数下并转 1/4 圈，取出气阀观察，若所画线条全部中断，表示气阀密封性好。否则，继续研磨。

②查漏法

i. 将气阀装入阀座，在阀座坑与阀盘接合面倒入煤油，5 min 后擦净煤油并迅速提出气阀观察，若无油渗入，则表示气密性好。

ii. 将气阀和气阀弹簧装复，从进气道和排气道注入煤油，如图 2-17（b）所示，3～5 min 无渗漏现象，则气密性良好。

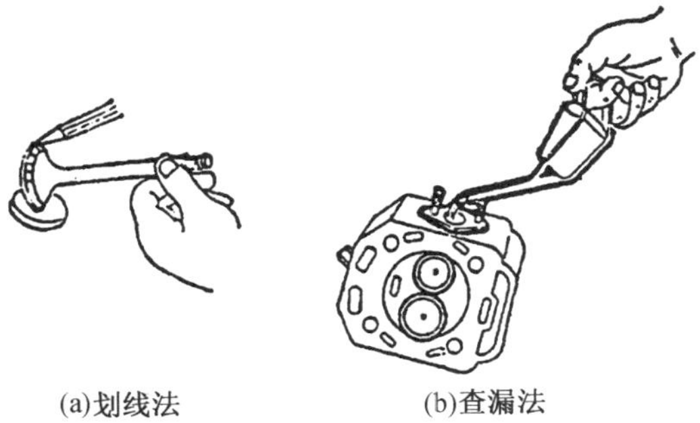

图 2-17 气阀密封性检查

（3）研磨注意事项

①研磨前，应将缸盖倒置在研磨架或方木上，确认稳妥；将气缸盖清洗干净，将气道、气阀导管、阀座等处积炭刮洗干净；当进、排气阀阀盘直径相同时，拆卸前应对气阀做好标记，避免混淆弄错。

②研磨过程中，注意用力不过大，避免气阀与阀座的大力撞击，使密封锥面接触宽度变大

或磨成凹形（正常宽度约为 1.5~2 mm）；注意研磨膏不要涂过量，避免凡尔砂进入阀杆和气阀导管之间，破坏正常配合间隙。

③研磨后，注意将气阀、阀座、导管及进、排气道用柴油清洗干净，不允许有任何残留。

第三节 活塞组件

活塞组件由活塞本体、活塞销和活塞环等组成，如图 2-18 所示。

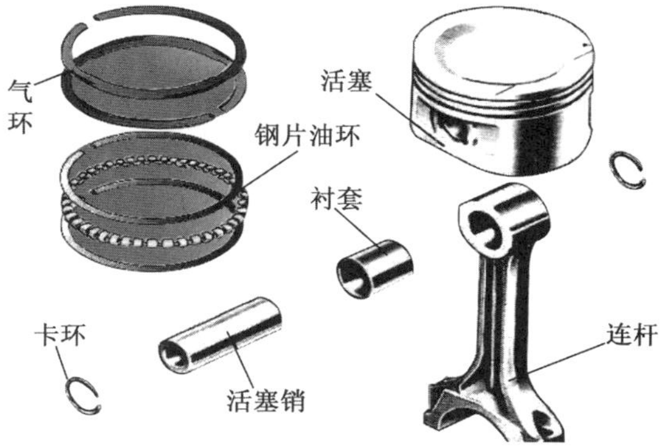

图 2-18　活塞组件

一、活塞组各部件的功用

（一）筒形活塞的作用

（1）活塞顶部（凹陷形）与气缸套、气缸盖共同构成密闭的柴油机燃烧室空间。

（2）承受气缸内的气体作用力，并将其传递给连杆，与连杆和曲轴组成运动机构。

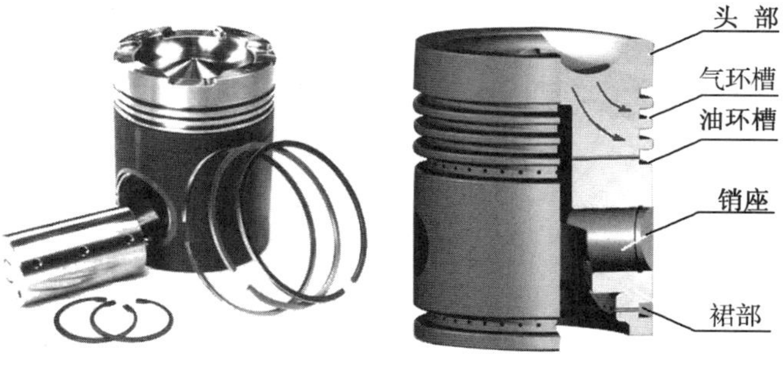

图 2-19　非冷却式活塞

（3）活塞裙部承受侧推力，起滑块的作用。

（4）活塞头部的作用除了用来安装活塞环外，还有密封和传热作用，与活塞环一起密封气缸，防止燃气漏入曲轴箱内，同时还将部分热量通过活塞环传给气缸壁。

活塞有冷却式和非冷却式两种形式。非冷却式活塞，如图 2-19 所示，主要用于小缸径低功率柴油机，其热量沿径向传给活塞环，再传给气缸套，由缸套外侧的冷却水散出，属于径向散热。冷却式活塞又包括整体式（图 2-20）和组合式（如图 2-21 所示）两类，主要用于大功率中高速柴油机。其活塞的热量的传递路径如图 2-22 所示，属于轴向散热。

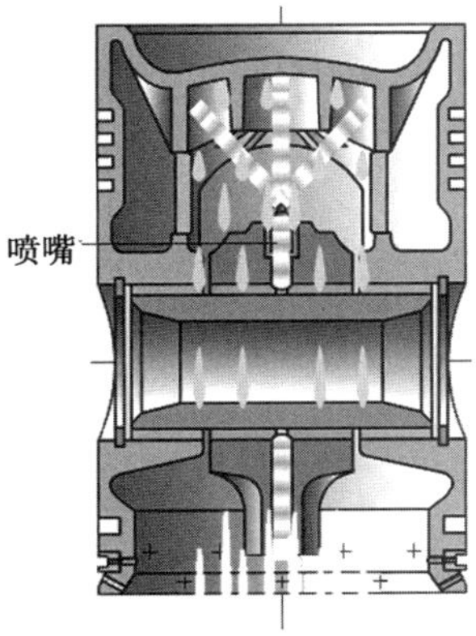

图 2-20　整体冷却式活塞

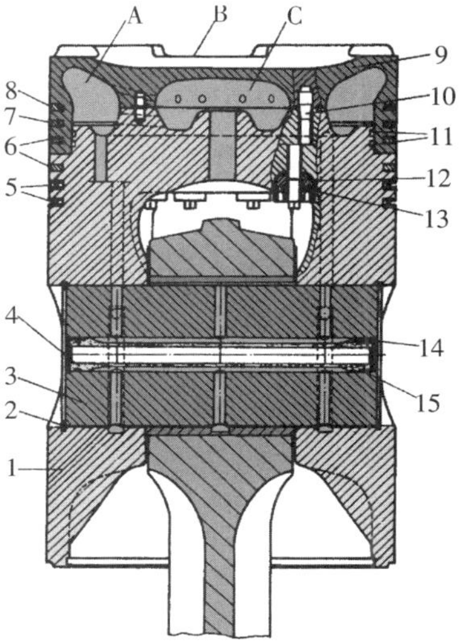

图 2-21　组合式活塞

1—活塞裙；2—卡簧；3—活塞销；4—衬管；5—刮油环；6、7、8—压缩环；9—活塞头；10—柔性螺栓；11、15—密封圈；12—垫块；13—螺母；14—衬管端盖；A、C—冷却腔；B—避让坑

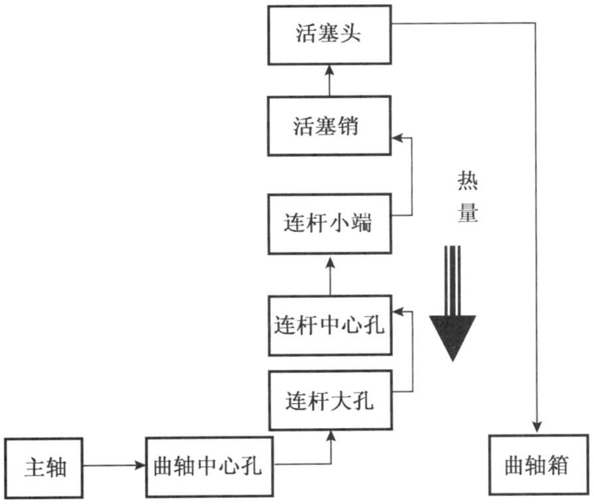

图 2-22　活塞散热路径

（二）活塞销的作用

在筒形活塞式柴油机中，活塞销起连接活塞与连杆并将作用于活塞上的燃气作用力通过连杆传给曲轴的作用，它是连杆的摆动轴。

由于活塞销的尺寸受活塞的限制，并且活塞销与销座、活塞销与连杆小端的润滑条件较差，使得活塞销的工作条件恶劣。活塞销与其相配的轴承是柴油机中工作条件最恶劣的摩擦副之一。

(三)活塞环的作用

活塞环是开有切口的扁形金属圆环,如图 2-23 所示。因有切口,圆周方向产生弹力、装入活塞环槽后,端面与环槽存在轴向间隙(称天地间隙)。随活塞装入缸套后,仍存在切口开度(称搭口间隙)。同时在径向方向上,环的内圆与环槽底圆间也存在间隙(称背隙)。这些间隙作为热膨胀预留量,其大小直接影响活塞环的运动状态和工作性能,故有严格规定。

筒形活塞的环槽内通常安装有密封环(气环)和刮油环(油环)。密封环装在活塞头部上端部位,刮油环装在下端部面及裙部下方。

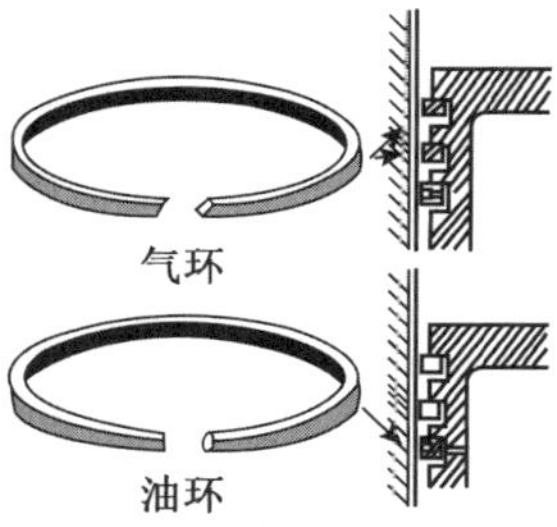

图 2-23　活塞环

1. 密封环的功用

密封环的作用是保证气缸与活塞间的密封性,防止漏气,并且要把活塞顶部吸收的部分热量传给气缸壁,由冷却水带走。其中密封作用是主要的,因为密封是传热的前提。如果密封性不好,高温燃气将直接从气缸表面流入曲轴箱。这样不但由于环面和气缸壁面贴合不严而不能很好散热,而且由于外圆表面吸收附加热量而导致活塞和气环烧损。

密封作用主要依靠密封环本身的弹性以及气缸内的气体压力的作用力来实现。为加强密封作用,活塞上通常装有 3~5 道密封环。多道密封环,对下窜气体可形成曲径式密封,使切口处泄漏气体的下窜量大大降低。安装时各密封环的切口应在圆周方向应错开 120°或 180°。

2. 刮油环(油环)的作用

在筒形活塞柴油机中,缸套与活塞裙部和活塞环的相互摩擦面主要依靠飞溅润滑方式,即运动中的曲柄连杆将润滑油甩到缸套内下部进行润滑。

刮油环主要起布油和刮油的作用。下行时将气缸壁上多余的滑油刮回到曲轴箱,上行时在气缸壁上铺涂一层均匀的油膜。这样既可以防止机油窜入气缸燃烧掉,又可以减少活塞、活塞环与气缸壁的摩擦阻力,此外,油环还能起到封气的辅助作用。

二、活塞组件的常见故障、测量检查

(一)活塞的常见故障、测量检查

1. 活塞裂纹

首先,活塞裂纹多出现在活塞顶面、环槽、销孔和冷却侧加强筋等处。其次是顶和圆筒的结合部,第一环槽附近。活塞的裂纹可用目测法、煤油白粉法和水压试验法进行检查。应急修理时对钢质活塞可实行焊补,但需预热和退火;铝质活塞发现裂纹应更换备件。航行中,若无备件，则需减缸航行。

2. 活塞的磨损

磨损部位多发生在活塞裙部、活塞环槽和销座上。

活塞裙部磨损的测量，应该在活塞裙上、中、下三个环带上进行。每个环带分别测得纵、横方向直径，如图 2-24 所示。根据测量计算圆度和圆柱度，对照说明书决定处理方法。

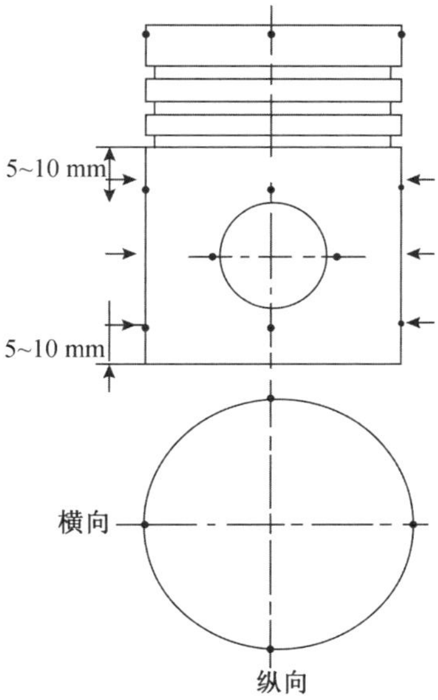

图 2-24　活塞测量示意图

活塞环槽的磨损，多发生在铝质活塞上。磨损后将导致环槽形状由矩形变为梯形，如图 2-25 所示。测量采用标准样板或新活塞环，在图示位置测取环与环槽的端面间隙（称天地间隙）予以检查。超过规定值者予以换新或修理。

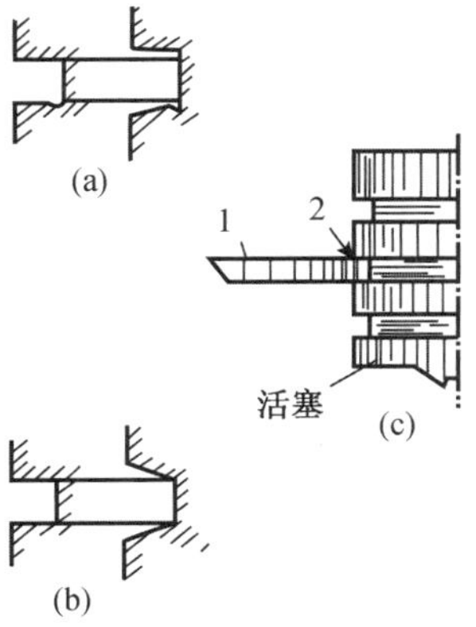

图 2-25　活塞环槽磨损及测量

1—测量样板；2—测量部位

3. 活塞与缸套的间隙的测量

可用尺寸比较法和直接测量法求得。尺寸比较法是用缸套中、下部横向的最大直径减去活塞裙部横向的最小直径得到。直接测量法是用塞尺直接测量两者的间隙，但很少使用。活塞与缸套间隙增大,会导致机械敲缸,使缸套穴蚀加重。

(二)活塞销常见故障、测量检查

1. 活塞销座的磨损

活塞销座磨损后,会使销孔上下方向直径增大,呈椭圆形。此外沿销轴线方向还可能会出现锥度,使销轴中心线发生倾斜。测量部位在活塞销长度方向左、中、右三个位置,在每个位置的垂直、水平方向测得两个直径值。当活塞销的圆度和圆柱度误差超过规定值时,即应更换。

2. 活塞销的裂纹

活塞销在冲击性的弯曲载荷长期作用下,会产生长度方向的弯曲疲劳和径向圆的变形疲劳。前者表现为横向裂纹(垂直于销轴线),后者表现为纵向裂纹。裂纹的检查通常采用磁力探伤的方法检查,若肉眼发现裂纹(尤其是横向裂纹),则无论数量及方向应立即更换。

3. 销与销座配合失效

活塞销在活塞销座孔内可能出现配合失效。轻则两者配合表面拉毛,重则销在销座孔内咬阻或卡阻,使活塞销与连杆小端轴承摩擦恶化加剧。主要原因是,销与销座间隙过小;气体爆发力过大使销与销座变形而局部接触或接触比压太大而油膜破坏等。应针对不同的原因,对症加以处理。

(三)活塞环的常见故障

1. 常见故障

主要有异常磨损、黏着和折断。

(1)异常磨损

环的正常磨损率为 0.1~0.5 mm/kh,使用寿命通常为 8 000~10 000 h,若磨损速度加快,则称为异常磨损。环严重磨损后,会使搭口间隙增大、弹力下降、密封不严而导致气环漏气。

(2)黏着

黏着主要由于活塞或气缸过热、滑油过多或滑油不干净、燃烧不良导致积炭所造成。活塞环黏着将会引起气缸漏气、活塞环断裂,甚至会造成拉缸等严重事故。

解决措施是,取出黏着的环,更换新环。取环应使用煤油浸泡使积炭松软,用木棒敲击使环松动,再用专用工具取下。避免采取扁铲、凿子等损伤环槽的工具取黏着的活塞环。

(3)折断

活塞环的折断多出现在第一、二道活塞环中。发生折断的原因除材料缺陷和加工质量外,主要有搭口间隙过小、环槽积炭、缸套出现磨台、环槽过度磨损、环径向张缩疲劳等,如图 2-26 所示。环断后,不但影响燃烧时的密封性,而且碎块进入增压器废气端,容易引发增压器涡轮叶片损伤等更大的故障。

2. 活塞环的测量检查

(1)活塞环搭口间隙的测量

将清洁干净的活塞环,平放在气缸下部磨损最小的部位,利用塞尺直接量取搭口间隙或在搭口处涂些滑油等,用白纸印上搭口痕迹,再用直尺测量搭口痕迹的距离即可。应确保测量的活塞环搭口间隙大于或等于安装间隙,小于极限间隙值。

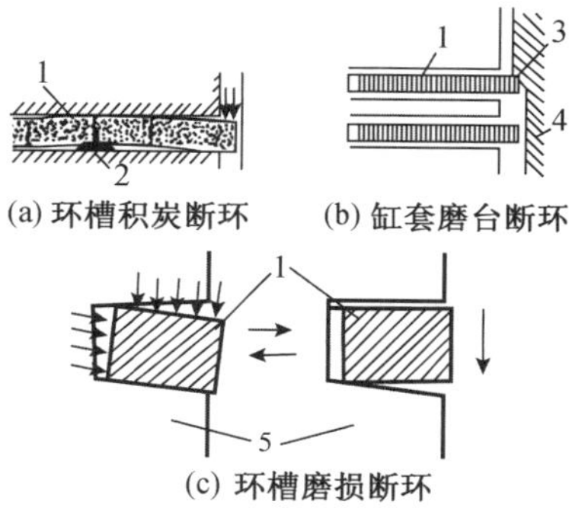

图 2-26 活塞环折断

1—活塞环;2—积炭;3—磨台;4—气缸;5—活塞

(2)活塞环天地间隙的测量

清洁密封环及环槽,将活塞环放入活塞环槽中,用塞尺在环与环槽的端面测量一圈,测量出环与环槽的天地间隙。

(3)活塞环密封性检查(漏光检查)

将清洁的环放在标准的缸套中,用光照射检查环与缸套的贴合情况,如图 2-27 所示。合格的要求是,每处漏光弧长不得超过 30°,整个漏光弧长相加不得超过 90°,在环搭口附近 30°范围内不得漏光,且所有漏光处用 0.02~0.03 mm 塞尺不能插入。

其他检查还包括环的径向厚度测量、环的弹力检查、表面损伤检查。

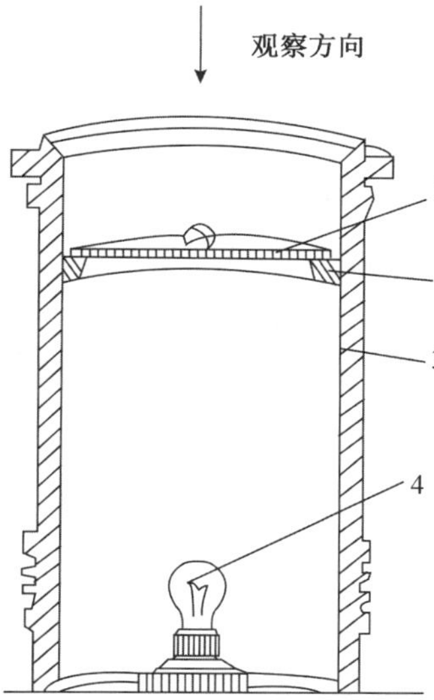

图 2-27 活塞环漏光检查

1—盖板;2—活塞环;3—缸套;4—光源

三、活塞组件安装注意事项

(1)安装前注意清洁、检测所有零件,确保合格后方可安装。

(2)在中、高速柴油机中,活塞销与销座和连杆小端轴承多采用浮动式连接,为了防止全浮式活塞销轴向窜动刮伤气缸壁,在活塞销两端装有挡圈,进行轴向定位,如图 2-28 所示。

铝质活塞与活塞销装配时,由于活塞销为钢质材料,铝的热膨胀系数较钢大,为保证在受热状态下两者有合适的间隙,冷态安装时活塞销与活塞销座孔应有一定的过盈。拆装时应将铝质活塞在滑油中加热至 90~100 ℃,然后将活塞销轻轻地推入或退出销座。切忌强硬敲击,以免擦伤销和销座。

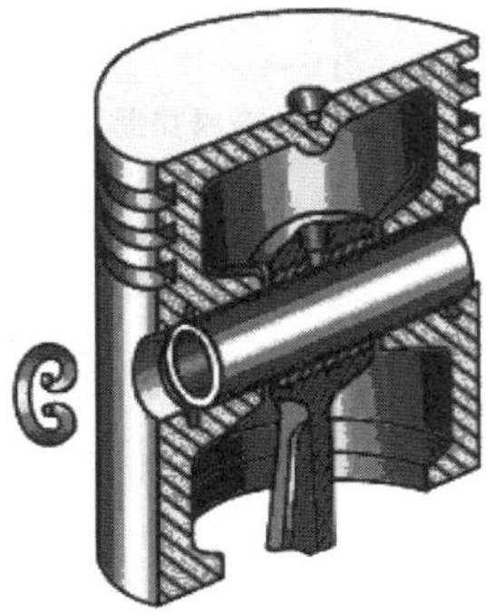

图 2-28　活塞销连接示意图

(3)密封环安装时,注意各环的切口应在圆周方向应错开 120°或 180°。

(4)安装刮油环刮刃为锥状表面时,注意刮刃的尖端应该向下,如图 2-29 所示。若方向装反,刮油环将把滑油刮向燃烧室,不仅增加了润滑油的消耗量,而且大量润滑油窜入高温区会形成积炭,不但影响气环的正常工作,还会损伤燃烧室部件。

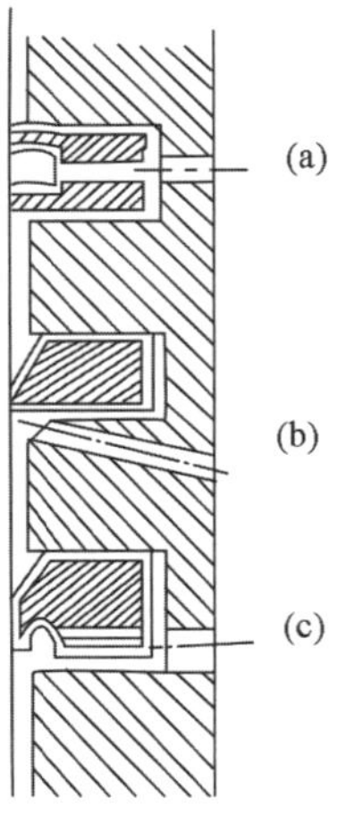

图 2-29　刮油环截面形状

为了减少活塞组可能出现的故障,提高工作的可靠性,在维护管理中应着重注意以下几个方面:

(1)换新件后充分磨合。在柴油制造完工或换新缸套或换新活塞环时,在运转初期,应严格按照规定程序充分磨合。磨合时气缸润滑使用纯矿物油或低碱性气缸油,磨合过程中应增加气缸的润滑油供应量。

(2)严格控制柴油机的运行参数在规定的范围内,避免长期超负荷运行。

(3)保证活塞组与气缸之间的良好润滑,保证滑油的品质和供给量。

(4)定期吊缸检修,仔细观察活塞组的状况并测量有关的数据。

第四节 连杆组件

连杆组件主要由连杆本体、连杆盖、连杆螺栓和大端和小端轴承等组成,如图 2-30 所示。

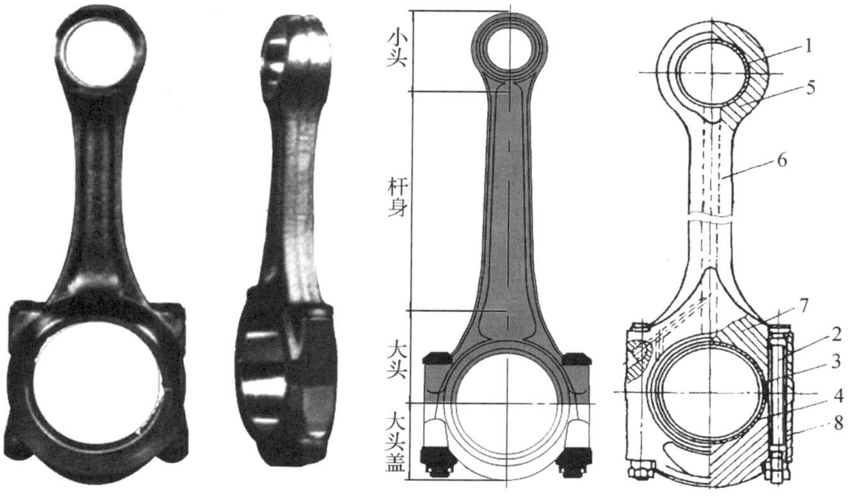

图 2-30 连杆组件

1—小端轴套;2—连杆螺栓;3—大端上轴瓦;4—大端下轴瓦;5—小端;6—杆身;7—大端轴承座;8—大端轴承盖

一、连杆的功用

1. 连接作用

连杆是活塞与曲轴之间的连接件。连杆小端通过活塞销与活塞相连,大端直接与曲轴曲柄销连接。

连杆小端做直线运动,大端做回转运动,杆身做平面运动,其杆身中心不断相对缸中心左右摆动。

2. 传递作用

将作用于活塞上的燃气压力传递给曲轴,并把活塞的往复运动转变为曲轴的旋转运动。

二、连杆的检查

连杆受气体压力、往复惯性力以及摆动惯性力作用,并且上述各力大小和方向不断变化,容易引起连杆的变形和产生疲劳裂纹。此外,连杆小端压入的衬套与活塞销和连杆大端的轴瓦与曲柄销还会产生磨损。因此在工作中,应重点针对连杆的变形、裂纹、大端和小端的磨损以及连杆螺栓的变形情况进行检查,以确保其工作的可靠性。

(一)连杆杆身的变形检查

在压应力及摆动附加弯矩长期作用下,连杆杆身犹如压杆会产生弯曲塑性变形。杆身弯曲变形在最高爆发压力过大或缸内积水发生液击现象时更易发生。

图 2-31 所示连杆弯曲的三种变形形式。图 2-31(a)为连杆大小端轴线平面内弯曲。它使大小端轴承孔轴线不平行,造成活塞在气缸内歪斜使轴承局部负荷过重;图 2-31(c)为摆动平

面的弯曲。它使连杆长度缩短,压缩比减小。

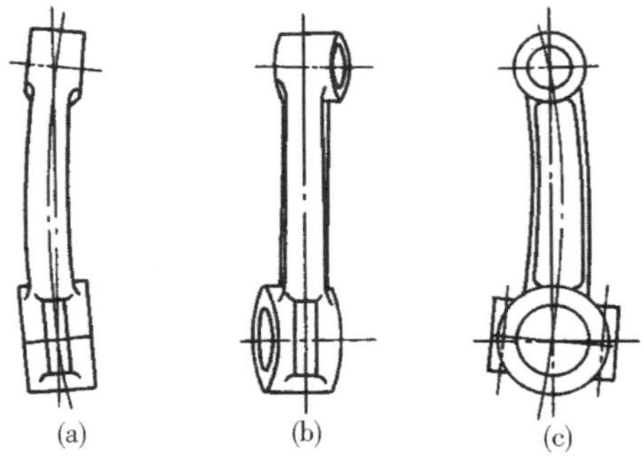

图 2-31　连杆变形

连杆弯曲塑性变形用检查连杆长度和大小端轴承座孔中心线平行度来确定。可采用冷态或热态机械反变形校直法来校正。

(二)连杆杆身裂纹检查

连杆杆身裂纹是脉冲负荷反复作用造成的疲劳破坏。当连杆受到冲击力过大以及杆身材料强度不足或出现应力集中严重时都会产生裂纹。

小型高速机的连杆比较容易产生裂纹。连杆在使用中或修理中,若碰伤杆身表面,会在碰伤处形成疲劳裂纹源,因此,平时检修对杆身造成的伤痕应采用油石等修整光洁。此外检查时,应重点检查杆身与大端和小端过渡圆角或其他应力集中处是否存在裂纹。

检修时,对怀疑有裂纹的连杆应彻底清洁干净,利用色油法并借助放大镜检查裂纹。厂修时,可用磁力探伤等方法来仔细检查连杆的裂纹。一旦发现连杆裂纹,则应报废换新。

(三)连杆螺栓的检查

连杆螺栓(见图 2-32)是连接连杆大端与轴承盖的至关重要的连接螺栓,一旦断裂损坏,将会导致机毁的严重事故,因此应予以充分的重视。对换新或使用中的连杆螺栓应注意检查以下内容:

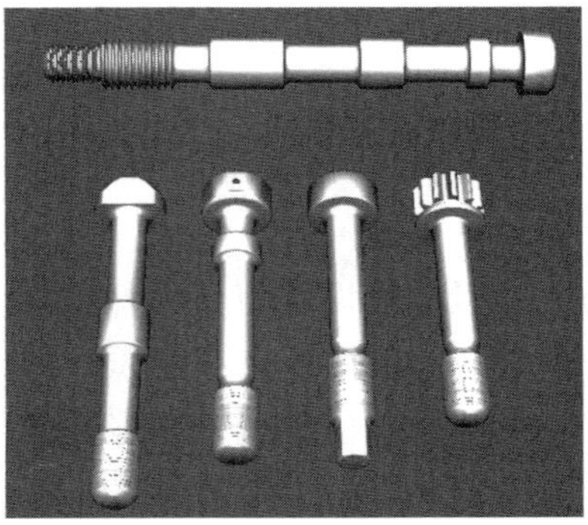

图 2-32　连杆螺栓

(1)使用放大镜或肉眼检查有无缺陷,特别注意检查螺栓的头部、螺纹和螺纹根部等应力集中处。

(2)用牙规和直尺检查螺纹的螺距和弯曲情况。

(3)检查连杆螺栓与螺栓孔的配合间隙,应无卡阻和松动现象。

(4)装上螺母,检查螺纹的磨损情况,尤其注意检查螺帽与螺栓头部与接触面是否均匀接触,贴合是否完好。

(5)使用中首先测量并记录连杆螺栓的原始长度以及测量使用后的长度,以判断其塑性伸长量。当塑性伸长量超过原长度的 2%或累计使用时间超过 15 000~20 000 h,则应报废换新。

三、连杆组件拆装注意事项

(一)连杆小端衬套拆装注意事项

对全浮式活塞销,由于工作时连杆小端与活塞销之间有相对运动,所以常常在连杆小端孔中压入减磨的青铜衬套,如图 2-33 所示。为了润滑活塞销与衬套,在小头和衬套上铣有油槽或钻有油孔以收集发动机运转时飞溅上来的润滑油并用以润滑。有的柴油机连杆小端采用压力润滑,在连杆杆身内钻有纵向的压力油通道。安装时应确保衬套与小端座孔的过盈量,避免因衬套转动将油孔堵住。

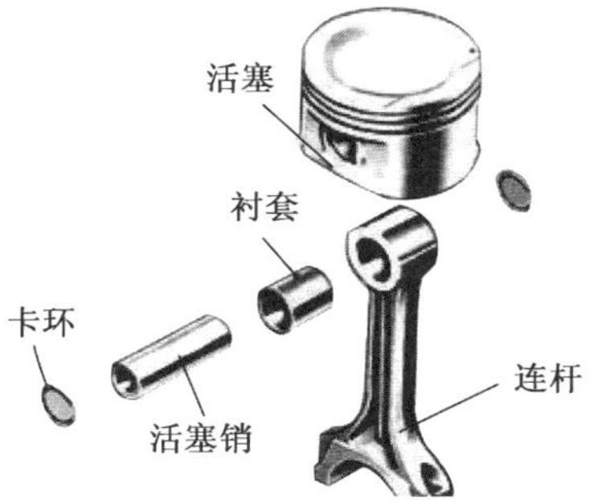

图 2-33　连杆小端安装示意图

(二)连杆大端拆装注意事项

(1)连杆与连杆盖通常配对加工,加工后,在它们同一侧配有记号,如图 2-34 所示,安装时注意不得互相调换或变更方向。

(2)大端轴瓦一般采用薄壁轴瓦,壁厚为(0.02~0.05)D(D 为轴承直径)。薄壁轴瓦常用定位唇定位(见图 2-35)(在尺寸较大的轴瓦中也有用定位销定位),以防止轴瓦在座孔中转动。安装时注意嵌入连杆大头和连杆盖的定位槽中。

(3)轴瓦装入大端和连杆盖是利用其自由状态时瓦口的弹张量(见图 2-36)和轴瓦周长的过盈量(又称压瓦余高,见图 2-37)使瓦背紧贴于座孔表面,以保证良好的导热性能和防止相对移动。部分轴瓦上还制有油孔,安装时应注意与连杆上相应的油孔对齐。

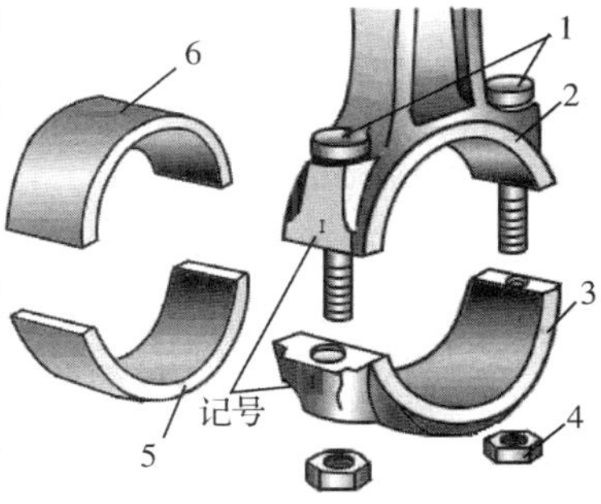

图 2-34　连杆大端安装示意图

1—连杆螺栓;2—大端;3—连杆盖;4—螺母;5—下瓦;6—上瓦

(4)薄壁瓦装配时不允许刮削,也不允许加装调整垫片。轴承配合间隙磨损超差后,只能用更换轴瓦的办法予以恢复。

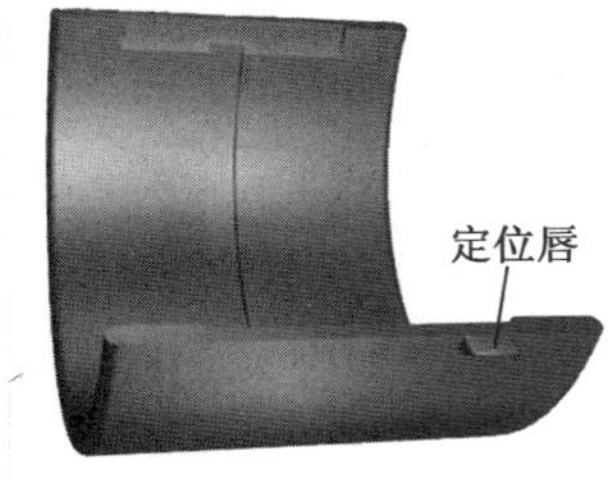

图 2-35　轴瓦定位唇

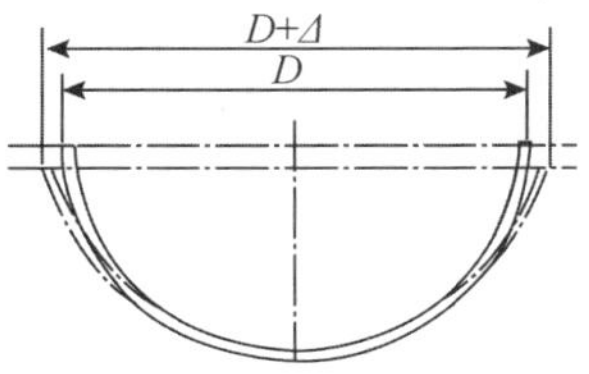

图 2-36　瓦口弹张量

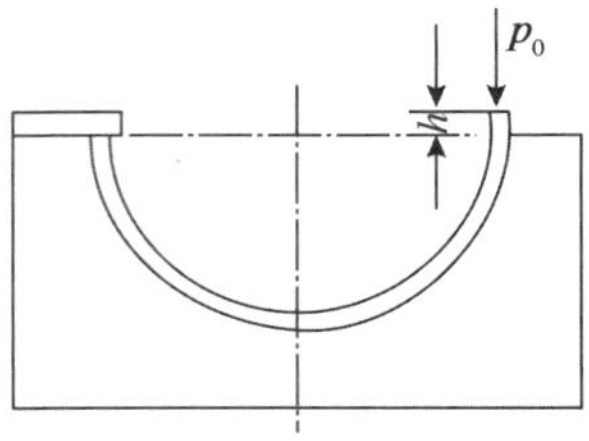

图 2-37　压瓦余高

（三）连杆螺栓拆装时的注意事项

连杆盖和连杆大端用连杆螺栓连在一起，连杆螺栓在工作中承受很大的冲击力，若折断或松脱，将造成严重事故。为此，连杆螺栓都采用优质合金钢，并经精加工和热处理特制而成。安装时注意以下事项：

（1）必须保持连杆大端轴承上、下接合面的清洁，确保其完全接触。

（2）上紧螺栓的方法和预紧力的大小，应严格按说明书的规定进行。

（3）必须使用专用工具或扭力扳手，两侧连杆螺栓必须交替上紧，用力均匀，在无资料的情况下，将螺帽拧入贴合后，再旋紧 50°左右即可。

（4）拆卸时，可在螺帽原来位置上做一记号，以便安装时参考。

（5）安装后，应按规定对螺帽进行锁紧防松。

（6）连杆螺栓损坏后绝不能用其他螺栓来代替。

第五节　曲轴的功用、工作条件及要求

一、曲轴的功用及型式

曲轴的主要运动部件如图 2-38 所示。

（一）曲轴的功用

（1）把活塞的往复运动通过连杆变成回转运动；

（2）把各缸所做的功汇集起来向外输出；

（3）带动柴油机的附属设备，如凸轮轴、气阀机构和各种泵等。

在中、小型柴油机中，曲轴的自由端通常装有驱动冷却水泵、润滑油泵等辅助设备的传动齿轮。曲轴飞轮端常装有驱动凸轮轴的“定时”齿轮，以及连接飞轮的法兰或锥形轴段。

（二）曲轴的型式

1. 曲轴的构成

多缸机的曲轴由多个单位曲柄构成，每个单位曲柄包括两个主轴颈和曲柄臂、一个曲柄

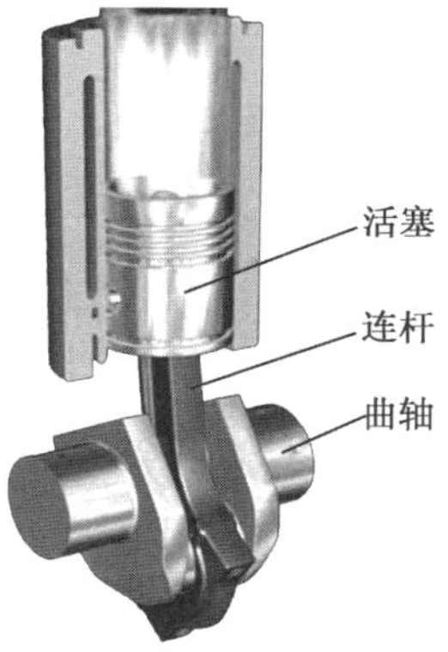

图 2-38 曲轴的主要运动部件示意图

销。曲轴具有前后两个端头。前端(自由端)用来安装配气机构和各种辅助机构的传动齿轮;后端(输出端、飞轮端),通常带有凸缘,用来安装飞轮,如图 2-39 所示。

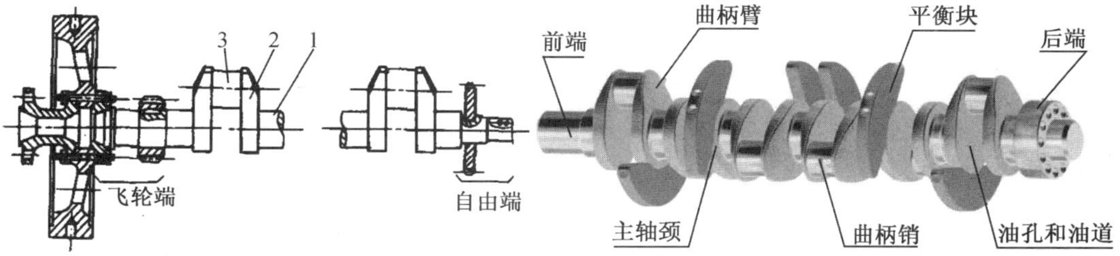

图 2-39 曲轴组件

1—主轴颈;2—曲柄臂;3—曲柄销

中小型柴油机多采用整体式曲轴,如图 2-40(a)所示,或圆盘式曲轴(如 135 柴油机),如图 2-40(b)所示。

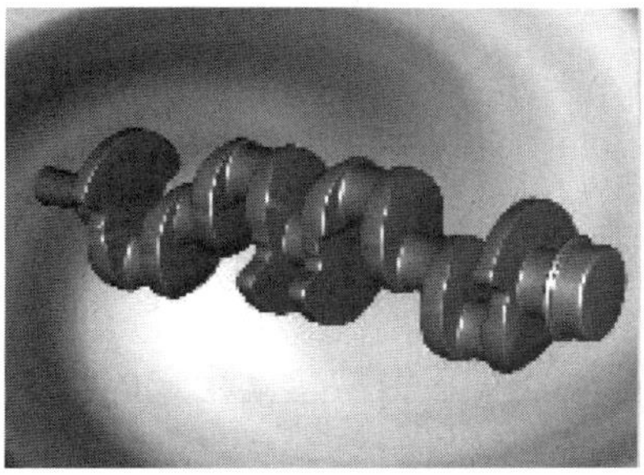

(a)整体式曲轴

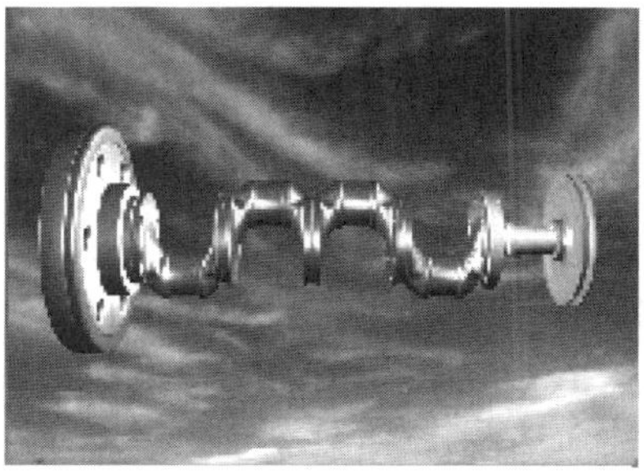

(b)圆盘式曲轴

图 2-40 曲轴的型式

2. 曲柄排列

各单位曲柄在曲轴上的相互位置,称为曲柄排列。

多缸柴油机曲轴中各曲柄的排列,与柴油机的冲程数、气缸数和发火顺序有关。通常柴油机曲柄排列按下列原则进行:

(1)为了使柴油机输出的扭矩均匀,各缸间的发火间隔角应相等。如果有 i 只气缸,则单列式四冲程柴油机的发火间隔角 $\varphi=720°/i$,二冲程柴油机的发火间隔角 $\varphi=360°/i$。

以6缸柴油机为例，四冲程柴油机发火间隔角应为720°/6=120°CA，如图2-41所示。

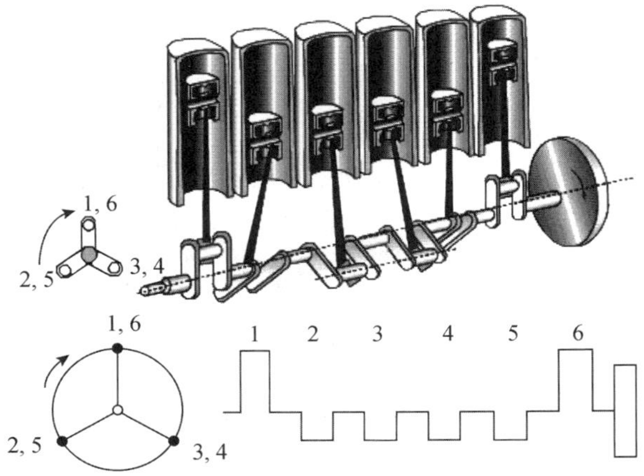

图2-41　曲轴排列示意图

(2)为了减轻主轴承的负荷，改善曲轴的受力状态，应尽量避免相邻气缸连续发火。例如6缸机发火顺序为1—5—3—6—2—4，其相邻各缸都避免了连续发火。

(3)柴油机的平衡性好，或者最容易采取平衡措施予以平衡。此外，还应考虑发火顺序对曲轴扭转振动的影响，以及有利于排气系统的布置和制造加工等要求。

二、曲轴的工作条件及要求

(一)曲轴的工作条件

1. 受力复杂

曲轴承受气体压力，往复质量惯性力，回转离心力，容易产生很大的交变弯曲应力和扭曲应力。

2. 形状复杂

曲轴本身形状复杂，截面变化大，应力集中严重，容易产生裂纹。

3. 润滑困难

曲轴轴颈表面在高比压下高速运动，而且载荷时冲击的，不容易建立稳定的油膜。容易引起轴颈和轴承的严重磨损。

4. 容易变形

曲轴为细长轴，若刚度不足，容易产生变形和扭振。

(二)曲轴的维护管理要求

(1)避免曲轴发生过度磨损

长期工作后的曲轴轴颈必然发生磨损，使轴颈尺寸、形状发生改变。通常情况下轴颈会产生不均匀磨损，而不均匀磨损使曲轴颈产生圆度误差、圆柱度误差及直径减小等缺陷，并会造成轴颈与轴承油膜间隙增大、接触不良、冲击性加剧等不良后果。

检查曲轴轴颈磨损，通过测量轴颈不同方向直径可知，轴颈测量应在长度方向的三个截面进行,每个截面均应测量垂直和水平两个方向直径。同一截面两直径差为圆度,不同截面的同一方向直径差为圆柱度。当轴颈形状误差超过规定值,则进厂修理。

(2)检查轴颈特别是圆角及油孔附近有无裂纹,必要时应用有效的方法进行探伤。

曲轴上常见裂纹形式和部位如图 2-42 所示。图中 1、2 类裂纹主要是由弯曲应力引起,4、5 类裂纹主要是由扭曲应力引起的。许多裂纹往往是两种应力复合作用破坏的结果。由于曲轴圆角处存在弯曲应力集中,所以弯曲疲劳裂纹更多见。

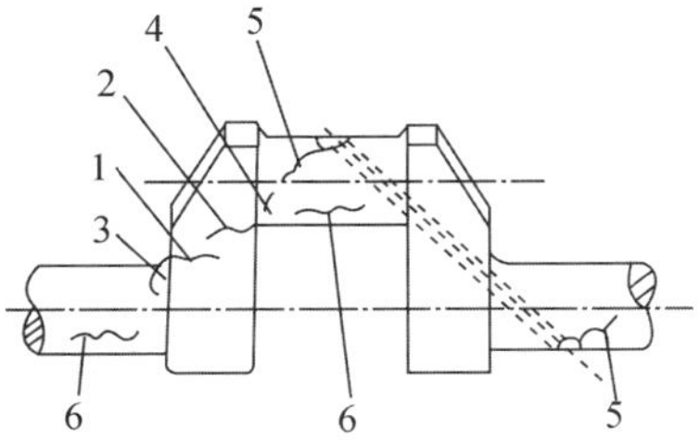

图 2-42 曲轴裂纹

裂纹如若不及时发现、修正,则很快会发展成截面断裂。因此应及时或定期对曲轴进行探伤裂纹检查,求得明确结论。对表面浅微裂纹应用磨削消除,较深裂纹者予以报废处理。

(3)在检修时应随时注意检查曲轴轴颈与轴瓦的贴合情况;注意检查、化验润滑油的品质,避免因滑油变质产生的酸性物质对轴颈的腐蚀;在操车时尽快越过临界转速区,避免过大的扭转振动对曲轴的伤害。

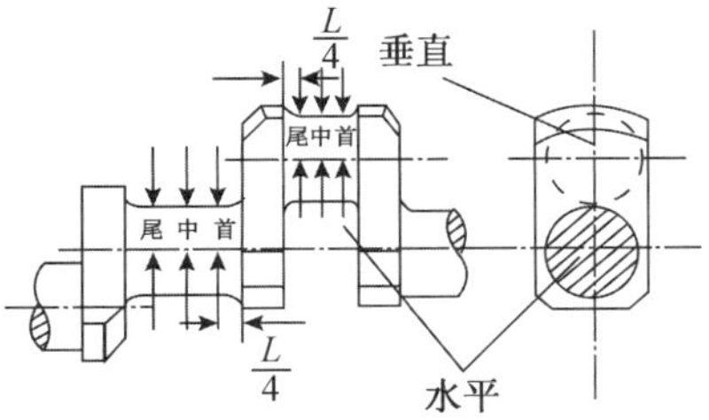

图 2-43 曲轴轴颈测量

第六节 飞轮的功用与安装要求

由于单缸四冲程柴油机每转两转做一次功,输出一个力矩,所以输出力矩是周期变化的。多缸柴油机采用均匀间隔发火工作,输出力矩的变化间隔较短,但工作时仍会出现转速波动的现象。若柴油机转速时快时慢,将造成曲轴的传动件撞击、噪声以及磨损加剧;造成曲轴扭转振动加大;出现定时不准等危害柴油机性能、降低柴油机使用寿命的状况。因此在柴油机曲轴的输出端都配有飞轮

飞轮是一个轮辐薄、轮缘厚的大圆轮,具有较大的转动惯量,如图 2-44 所示。

图 2-44　飞轮示意图

一、飞轮的功用

（1）用来贮存做功行程的能量，用于克服进气、压缩和排气行程的阻力和其他阻力，使曲轴能均匀地旋转。当曲轴转速加快时，飞轮吸收、储存能量；曲轴转速变慢时，飞轮释放能量，从而减弱曲轴转动的不均匀性。

（2）确保柴油机空车运转时的稳定性。

（3）协助缸数较少的柴油机起动。

（4）协助调速器在柴油机负荷急剧变化时，阻止速度过大的变化。

（5）飞轮轮缘外圆表面刻有各缸上、下止点的标记，刻有 360°圆心角的角度等分标志线，与机体后端安装的固定指针配合使用（安装时应确保飞轮“0”刻度对准指针时，柴油机第 1 缸曲柄或活塞在上止点位置），用来检查和校正柴油机的定时。

（6）飞轮外缘配有齿圈或盘车孔，以便电起动时与起动齿轮啮合，或直接用盘车杆盘车。

二、飞轮的安装要求

飞轮是一个较重的铸铁圆盘，用螺栓固定在曲轴后端的接盘上，并且是高速旋转件，具有很大的转动惯量。在制造时飞轮与曲轴一起进行过动平衡实验，因此在拆装时为了不破坏它们之间的平衡关系，飞轮与曲轴之间应有严格不变的相对位置，通常采用安装定位销严格保证飞轮在曲轴圆周上的相对位置。

安装时，安装端面的端面跳动与外缘的径向跳动应符合安装工艺规范要求。

第七节 实际操作与训练

项目一 柴油机主要部件识别

(一)固定部件

1. 气缸盖

气缸盖是组成柴油机重要的部件,其构造、工作条件和受力复杂。气缸盖通常采用合金铸铁、球墨铸铁等材料铸造而成。气缸盖按其类型分为:单体式气缸盖、合铸式气缸盖和组合式气缸盖。内河小型或微型柴油机很多采用单体式或合铸式气缸盖。

2. 机体

小型柴油机的机体,为了结构紧凑,减小重量和外形尺寸,提高刚性,简化加工手续,大多数将气缸体与机架制成一体,常称为机体,一般多采用箱形结构。大型柴油机将气缸体和曲轴箱加工成一体。

3. 气缸套

气缸套是一个圆筒形零件,置于机体的气缸体孔中,上由气缸盖压紧固定。活塞在其内孔做往复运动。气缸套应有足够的强度、刚度和耐热性能,还应具有较好的耐磨性能。工作中应有良好润滑和冷却功能。

4. 机座

机座位于柴油机的下部,是所有机件安装的基础,柴油机也靠它安装到船体的基座上。它是主轴承及曲轴安装的依据,机座受力大且较复杂,要求机座必须具有足够的刚性及强度,以免机座变形造成曲轴挠曲变形以及活塞、曲柄连杆机构与气缸的位置精度变不而发生机件异常等事故。

5. 主轴承

柴油机中相对转动的机件间都设有轴承,其中用于支撑柴油机曲轴的轴承称为主轴承。主轴承按其结构型式分为滚动轴承和滑动轴承;按功用分为普通主轴承和止推主轴承;按主轴承盖布置的情况可分为正置式和倒置式两种。

(二)运动部件

柴油机的运动部件是将热能变为机械能,使活塞往复运动变为曲轴回转运动的机构。运动部件主要包括活塞组件、连杆组件和曲轴组件等。

1. 活塞组件

筒形活塞组件主要包括:活塞本体、活塞环(气环和油环)及活塞销等。

2. 连杆组件

连杆组件包括连杆和连杆螺栓。连杆是活塞(或十字头)与曲轴的连接件,它将活塞的往复运动转变为曲轴的回转运动。连杆由大端、小端和杆身三部分组成。连杆大端与曲轴的曲柄销相连,小端通过活塞销与活塞相接。

3. 曲轴组件

柴油机曲轴组件由曲轴和飞轮组成。曲轴是柴油机最重要和贵重部件;形状复杂,制造工艺高;造价占柴油机总造价的20%左右。曲轴的结构型式有整体式、套合式和分段式等种类。

4. 传动齿轮系

(1)柴油机自由端确定

(2)主动齿轮

与曲轴刚性连接,依靠中间齿轮驱动柴油机各定时机构及辅助机械(自带的空气压缩机、冷却水泵、润滑油泵、燃油输送泵等)。

(3)配气定时齿轮

保证柴油机进、排气过程的定时及稳定运行。

(4)喷油定时齿轮

保证柴油机燃油过程的定时及连续运行。

(5)起动定时齿轮

保证柴油机能顺利完成起动。

项目二　气缸盖及附件的拆检

(一)气缸盖的拆卸

(1)拆下各缸的气缸盖罩,并按各缸顺序摆放好,同时标识记号,使各缸拆下的附件放在一起,以免混乱。

(2)拆卸燃油回油管、摇臂润滑油管、高压油管、冷却水管接头、进气管、排气管、起动空气支管的连接法兰螺栓等。并将拆下的各管、接头、螺栓、螺帽等附件放到各缸相应的位置,同时将各接头用干净的布包扎或堵住,以免异物掉进油管、水管、气管等内部。

(3)按规定顺序,从外到里对角交叉逐步松下缸盖螺母。

(4)仔细检查是否还有影响缸盖吊起的附件没有拆下或者没有脱开,装上专用的起吊工具(注意所有起吊工具的螺丝必须拧紧到位),然后缓慢起吊。起吊过程中,为防止卡阻,可轻轻晃动,在确保没有阻碍起吊的连接件等存在的情况下方可加快起吊,但必须保证平稳,吊离缸头螺栓后严禁晃动,以免伤人伤物。

(5)将缸盖平稳地放在事先准备好的垫木上,以便后续工作的进行。

(二)气阀阀座的拆卸

若气缸盖上采用可更换的阀座结构,长期工作后在修理中需要更换阀座。由于阀座和气缸盖之间是紧配合的,需用专用工具(拉马)进行拆卸。

对于某些气阀阀座在结构上无法使用专用拉马来拆卸的,当需更换时,只有采用錾子破坏性拆除。在錾时要特别注意,不允许錾伤气缸盖阀孔内圈表面,否则将影响新气阀阀座装上后的可靠性。

(三)气阀导管的拆卸

(1)首先把气缸盖稳妥地平放在木板上,不能有摇晃的感觉。

(2)用专门拆装气阀导管的专用“打头”,将气阀导管打出导管孔,如图 2-45 所示。

(四)新气阀导管的装配

(1)清洗导管孔内的积炭,并用压缩空气吹扫干净。

(2)清洗新导管上的蜡(黄油)封后,用外径千分尺测量待装导管的外径,并用游标卡尺测量导管的内径,做出相应判断后方可进行装配。

(3)对清洁后的导管与管孔分别涂抹洁净滑油,以便装入时顺滑。

(4)用专门拆装气阀导管的打头,将气阀导管放正后小心打入管孔,如图 2-46 所示。

(5)新导管装入后,应用该缸气阀检验一下气阀阀杆在导管中有无卡阻现象。

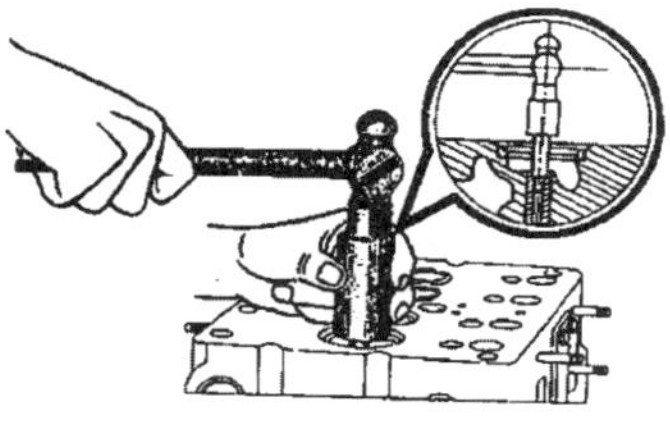

图 2-45 气阀导管的拆卸

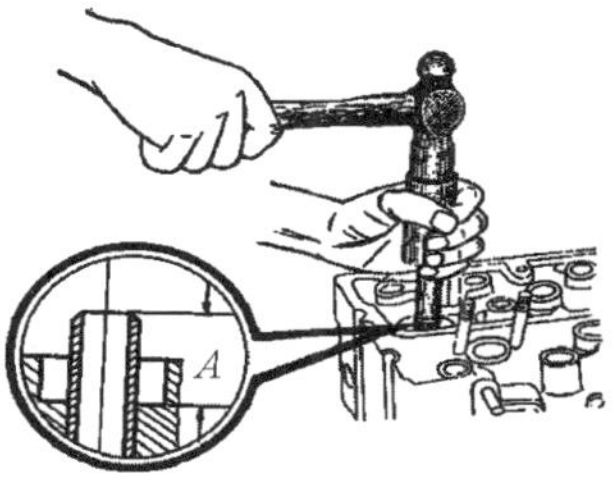

图 2-46 气阀导管的安装

(五)气缸盖的检查

1. 气缸盖底部烧蚀检查

气缸盖底部烧蚀将使其强度降低。气缸盖底部烧蚀时,底面会出现金属层层剥落而逐渐变薄,并且出现麻点,其大小、深浅及分布各异。检修人员可凭肉眼或放大镜进行观察检查,也可以用样板,通过塞尺进行烧蚀测量,判断气缸盖底部的烧蚀程度。

2. 气缸盖裂纹检查

(1)目测法

检查者直接用肉眼或凭借放大镜来观察和判断气缸盖裂纹的方法。特别注意底面上应力集中较严重的孔与孔之间及孔的圆角处。这种方法的准确度完全依赖于检验人员的经验,只适用于有明显缺陷的零件检查。

(2)液压试验法

在试验前,先将气缸盖所有冷却水洞堵塞好,连接试验工具,然后向气缸盖冷却水腔注入液体(一般用清水),注意排除冷却水腔中的空气,按规范要求加压到 0.7 MPa 或不小于 1.5 倍冷却水压力,并保持 15 min 后,观察零件表面有无渗漏现象。如果有渗漏现象,说明气缸盖有裂纹,不能继续使用。

(3)探伤剂法(着色探伤)

①将气缸盖清洁干净,用压缩空气吹干,在怀疑有裂纹的地方,用煤油白粉进行探伤,煤油蒸发后,白色粉末显示缺陷痕迹。

②先用清洗剂清洁零件待检表面,然后喷涂一层红色渗透剂并保持一定渗透时间,清洗表面(去除渗透剂),再喷涂一层白色显像剂,晾干后在白色衬底上显示出红色缺陷痕迹。

渗透剂渗透时间对检验效果影响很大;时间短,小缺陷难以发现,大缺陷显示不完全;时间长,难以清洗,且检验效率低。

3. 气缸盖密封面与垫片（垫床）的检查

气缸盖与气缸套密封面应保持完整、平滑，没有划痕、凸台和凹陷。如果有轻微缺陷，可以用刮刀或锉刀、油石等修复，然后用砂纸磨平。如有研磨专用工具，也可对缸盖及缸套密封面进行研磨，从而获得良好的密封面。

一般情况下，气缸垫片在使用后会出现变形、变硬、折断，甚至烧损等情形而无法使用。如果紫铜垫片只是变硬而无损坏，则可以在安装前对其进行退火，使其变软后继续使用。一般情况下，建议气缸盖垫片使用一次后予以换新。

项目三　活塞组件的拆检与装配

（一）活塞环的拆卸

（1）中、大型柴油机活塞环的拆卸必须使用随船配备的拆装专用工具来进行。

（2）如没有专用工具，一般中、小型柴油机采用麻绳或铁丝等物料弯成环形套在拇指上，分别挂在活塞环开口两端，缓慢地用力使活塞环张开后进行拆装。

（3）张开活塞环时，在其能够移出环槽的情况下尽量开口小些，否则容易拆断或使活塞环受到内伤，使之疲劳断裂。

（4）拆下的活塞环一定要按顺序依次放置以备清洁检查，不得随意乱放。

（二）活塞环弹性的检查

1. 测量自由开口法

活塞环取下清洁后，测量自由状态下的开口大小，通常新环在自由状态下的开口尺寸为（0. 10~0. 13）D（D 为缸径）。旧环自由开口小于新环自由开口值，说明环的弹性下降。

2. 永久变形量法

旧环取下清洁后，人为将自由开口闭合或将其扩大一倍再松开，其永久变形量大于自由开口值的 10%，表明环的弹力下降。

3. 对比法

用新、旧环进行对比，将旧环压在新环上，从上加力于活塞环，用塞尺测量新、旧环的搭口间隙，旧环搭口小于新环搭口，说明旧环弹力不足。

（三）活塞环与气缸套密封性检验

1. 漏光度的检验

将环平置气缸中某处，将环用盖罩住，用灯放在被罩住环的下方，要求：一处漏光弧度不超过 30°，各处漏光总数相加不超过 90°，且近搭口端面 30°范围内不允许漏光。漏光间隙要求 0. 03 mm 塞尺检查不应通过。不能满足要求者，则应换新。

2. 环平面挠曲度的检验

将活塞环平放在平板上做扭曲变形检查，如某处与平板接触不良，说明该环已扭曲，应换新环。

（四）活塞销的检查

（1）检查活塞销时常见的缺陷有磨损、变形、裂纹及腐蚀麻点等。

（2）活塞销工作表面容易产生疲劳裂纹，一般肉眼不易发现，通常可以采用磁力探伤的方法检查。

（3）若发现用肉眼能看见的明显裂纹，不论其裂纹的长度和裂纹的条数多与少，均应报废，更换新件。

项目四 连杆组件的拆检与装配

（一）连杆大端轴承盖拆卸

（1）盘车转动曲轴，使准备要拆卸的缸的活塞位于气缸内的上止点位置。

（2）拔掉连杆大端螺母开口销（或其他锁紧装置），认清连杆大端上下盖的配对号码数字或其他编码，并记录以备安装时确认。用专用扳手（一般是扭力扳手）从曲柄箱道门两边拧松连杆大端螺栓的固定螺母（注意不可一次将一只螺栓的螺母松解出来）。

（3）为了避免连杆螺母拆下后，连杆大端轴承盖猛然跌落于曲轴箱内，造成机件损坏，在螺母拆下之前应用木方垫在连杆大端轴承盖下方，然后均匀拧松两边的连杆螺栓，让连杆大端轴承盖平稳地落在木方上，再由曲轴箱道门取出并同连杆螺栓、螺母配对存放。

（二）连杆大端轴承盖装配

（1）准备好工具、量具，滑油等物品。

（2）正确选用螺栓，以用手把螺母旋上时觉得既吃力又能旋进去为好。螺栓换新时，螺栓、螺母应成套换新。

（3）在正确装配好活塞组件的前提下，按该缸连杆组件拆卸时记录的数据和与之配对、配合的记号对号入座装入轴承盖。连杆螺栓放进螺栓孔应当紧密配合，但不能猛敲击进去，否则，说明螺杆已弯曲变形。

（4）螺栓头、螺母与连杆上的支撑面应贴合紧密，否则螺栓会承受超过原有应力几倍的压力。禁止在螺栓头和螺母支撑面之间添加垫片来增加厚度或使接触面变为平整的做法。

（5）对于用垫片调节连杆大端间隙者，应注意其厚度及垫片数目不要相互弄错。

（6）安装时，在轴承瓦面与曲柄销两摩擦配合面上涂上适量洁净的润滑油。

（7）盖上连杆大端轴承盖，装上螺栓后旋上螺母，同时注意螺栓的定位销和边位。拧紧连杆螺栓螺母时，应按厂家说明书规定的扭力均匀多次上紧，避免螺栓紧度不一。

（8）盘车数转，检查连杆大端轴承盖上紧后的转动是否灵活。

（9）如合乎要求，装上保险开口销（或其他保险装置）。锁紧螺栓的铁丝或开口销应仔细检查，确认正确套好，不可有松动的情况。

（10）检查一切都完好后，清理曲轴箱内部，然后装上曲轴箱导门。

（三）连杆螺栓的检查

（1）有裂纹的螺栓应予以换新。检查时可用五倍放大镜观察，还可用着色探伤或者磁粉探伤法检查。

（2）检查螺栓有无残余变形。测量螺栓的长度与标准螺栓长度相比较，其长度不得超过原长度的0.3%。通过伸长量检验后超过长度规定值的应换新，经过用螺距规检查超过标准值或者螺母拧在螺栓上松动的也要换新。

（3）螺纹不许有损伤，杆身不允许有碰、刮、拉伤情形，轻微细小的伤痕应打磨修光，稍重者应换新。

(4)螺栓头和螺母不能歪斜地贴紧在连杆支撑面上,支撑面间的间隙不得大于0.04 mm,否则应换新。配合面接触不良时可用色油检查,并可刮研螺栓孔的支撑面,但不可修锉螺栓或螺母的支撑面。

项目五　柴油机主轴承的拆检与主轴承间隙的测量

(一)主轴承的拆卸

(1)准备好拆卸所需的工具及物料。

(2)打开曲轴箱导门,检查测量曲轴的轴向间隙,并做好记录(拆卸主轴承前后均应检测其间隙)。

(3)拆卸主轴承的润滑油管。

(4)拧下锁紧螺母,拆下轴承盖。

(5)盘出下轴瓦:下瓦可通过转动曲轴盘出,一般中、小型柴油机利用在主轴颈上的润滑油孔中插入专用工具进行(盘出过程中不得反向盘车)。

(6)把主轴承的锁紧螺母、垫片、轴承盖、轴瓦等按顺序做好记录。

(二)主轴承的检查

在轴承外观检查时,发现下列情况之一应予报废:

(1)轴承合金层烧熔。

(2)轴承合金表面磨损起线较严重,发生咬伤。

(3)铅青铜合金层出现剥落现象以及白合金层中有大片剥落现象。

(4)轴承合金层表面发现裂纹或用敲击法检查声音沙哑者。

(5)轴瓦定位销与定位孔损伤严重。

(6)轴承外圆遭受磨损。

(三)主轴承间隙测量

1. 塞尺测量法

在柴油机主轴承端面与轴颈过渡圆角之间的空隙允许插入塞尺时,可以采用塞尺法来测量轴承的配合间隙。把两面涂以薄层机油的塞尺插入轴颈和轴承间的适当位置,插入距离为轴承宽度的一半以上,紧度合适(塞尺拖动时有阻滞力,但阻力不能太大)的塞尺厚度即为该轴承的配合间隙。但考虑到轴颈与轴承之间的间隙为圆弧形,而塞尺为平直的,两者不能完全贴合,其真正配合间隙应为插进去的塞尺厚度再加上0.05 mm的修正值。

2. 压铅测量法

(1)拆去主轴承上盖和上瓦。

(2)选用直径为1.5~2.0倍轴承装配间隙,长度为120°~150°轴颈弧长的铅丝2~3条,沿轴颈首、中、尾位置用黄油脂粘住放置在轴颈上(注意避开油孔位置放置)。

(3)装上轴承上瓦及上盖,按规定扭矩分几次均匀上紧螺栓,此时切勿盘车。

(4)拆下轴承盖,取出铅丝进行测量和记录,并注意铅丝对应的测量位置,切勿弄混。用千分尺测量铅丝的两端及中间位置的厚度。中间厚度为轴承径向间隙,两端厚度为轴承两侧间隙，通常应小于径向间隙。两侧向间隙差不超过 0.05 mm。记录并用上次检测结果比较分析。压铅法精度高，但操作麻烦，且易损伤轴承合金，仅用于厚壁轴瓦轴承间隙的检测。

3. 用桥规法测量主轴承的磨损量

桥规一般在柴油机出厂时随机配备，在其上面标有各道主轴承的桥规值，以作为日后检查主轴承磨损的依据。测量时依据桥规上标明的测量条件，将曲轴转到规定的位置。如未标明，则应将第一缸曲柄转至上止点（即飞轮刻度为零时）进行测量，拆去主轴承上盖和上轴瓦，将桥规紧贴于机座上平面，用塞尺测量桥规基准面与主轴颈之间的间隙值，一般取首尾两个数值的平均值为该道主轴承此次测量的桥规值，并做好记录。用该测量值与上次测量值相比较，就可以知道主轴颈的下沉量，也就是两次间隔时间的磨损量；将测量值与桥规铭牌上的数值比较，就得到主轴承下瓦的总磨损量。

4. 用外径千分尺测量主轴承下瓦的厚度（主轴承磨损量）

用外径千分尺或者在外径千分尺的固定测量面上加一个锥形帽，并测量锥形帽的实际尺寸，也可加一个尺寸适当的钢球替代。将锥形帽或者钢球与轴瓦的内圆弧面相接触（避免损坏轴瓦），用外径千分尺测量轴瓦的厚度，将此测量值减去锥形帽的厚度或钢球的直径就得到轴瓦的实际厚度值。将该测量值与上次测量值相比较，就得到了两次间隔时间轴瓦的磨损量。

（四）主轴承的安装

（1）将轴承盖、轴承座、轴瓦、螺栓等清洗干净。

（2）安装下轴瓦。首先清洁轴颈，用压缩空气把下瓦轴承座清洁干净，在轴瓦内侧抹上润滑油，采用柴油机出厂配备的专用工具压住轴瓦，注意舌口的正确方向，按盘出的相反方向盘入下轴瓦。切记：千万别在轴瓦的瓦背、轴承座孔中抹润滑油。

（3）安装上轴瓦。对于中、小型柴油机，上轴瓦同轴承盖一起安装，需注意正确的定位，同时有调整垫片的，应按拆卸前一样的片数装入或按照轴承间隙测量时的要求装入调整垫片。

（4）安装主轴承盖。

（5）使用扭力扳手按规定的扭矩拧紧主轴承螺母。若不是用扭力扳手上紧的，必须根据螺母的配对记号来上紧。并装上开口销等锁紧装置，最后装上主轴承润滑油管。

（6）盘车，注意有无卡阻现象，若正常，则清理曲轴箱，盖上导门，清洁整理工具。

项目六　气缸套的拆卸和装配

（一）拆装前的准备

（1）预先准备好拆卸工具以及所需用到的专用工具。

（2）检查拆卸缸套所需用到的液压千斤顶，起吊设备正常，吊索具长度适宜。

（3）存放地点安全稳妥，并不影响其他工作的正常开展，有利于缸套本身的清洁与检查。

（二）气缸套拆卸步骤

（1）中、小型柴油机气缸套的拆卸，如图 2-47 所示：

①将气缸套拆卸专用工具的上压盖 1 置于气缸体（机体）上平面，螺杆 4 放入气缸中、加装垫片 2、旋上上螺母 3。

②打开曲轴箱导门，将下盖板 5 从曲轴箱导门放入气缸下口，旋上下螺母 6。

③用扳手紧六角螺母3和6，直至缸套外圆上下两个配合凸肩与上、下气缸孔脱开。

④用手提出气缸套或套上吊索将其吊出。

（2）大、中型柴油机气缸套可利用液压千斤顶和吊索具等专用工具相配合进行拆卸：把两只液压千斤顶对称安装在气缸套下边，操纵千斤顶将气缸套顶出来，一旦缸套松脱，就可拆除千斤顶，用吊索具将其吊出。

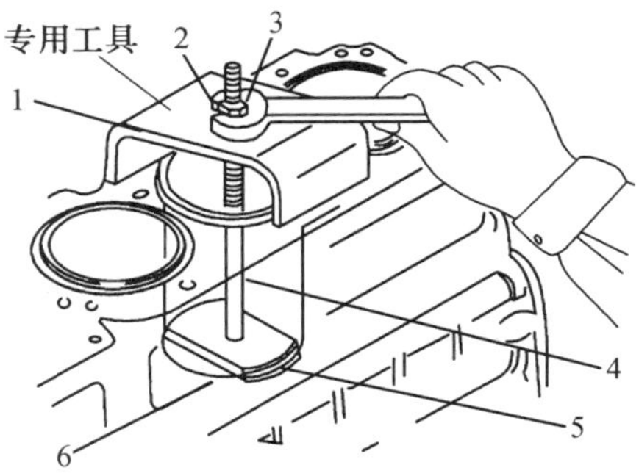

图2-47　气缸套拆卸工具

1—上压盖；2—垫片；3—上螺母；4—螺杆；5—下盖板；6—下螺母

（三）气缸套的磨损与腐蚀检查

（1）气缸套磨损的规律大致是：上部磨损比较严重，下部较小，沿着气缸套轴向呈一个上大下小的锥形体；而沿着气缸套径向的任何截面都呈椭圆形，即与曲轴中心线平行方向的磨损量要比垂直于曲轴中心线方向的磨损量小，其原因是在与曲轴轴线垂直的方向上受到活塞的侧推力作用。

（2）气缸套内壁的磨损量可以通过量缸表来测量，磨损后的偏差情况包括三个内容：直径最大增量、最大圆柱度（锥度）与最大椭圆度（圆度）。如三项偏差值中有一项超过了极限，就应进行修理或换新。

（3）气缸套外表面的腐蚀主要包括：空泡腐蚀和电化学腐蚀。空泡腐蚀的部位是在连杆摆动方向的气缸套外表面的上部到中部（即左右舷方向上），在进水和水流转弯处以及支承密封凸肩处，也有空泡腐蚀产生。

（4）安装气缸套水密橡胶圈时应注意事项：

①每次吊出缸套，原用水密橡胶圈不论好坏，一律换新；

②仔细做好圈槽内的清洁；

③新橡胶圈应粗细合适，一般在装入后应凸出槽口1~2 mm（随机器大小而有所不同）；

④橡胶圈在槽中不得打绞；

⑤缸套安装落位前应检查机体内有无毛刺，防止割伤橡胶圈；

⑥为使缸套顺利落位，可在橡胶圈及槽口上涂些肥皂水；

⑦如缸套落位困难，可能是橡胶圈太粗，应吊出缸套重新更换，禁止将缸套强力压入。

（四）水压试验

缸套装好后，要注入冷却水，检查水密橡胶圈处有无渗漏现象。必要时进行水压密封性试验，以检验是否因装配不当致使缸套产生裂纹。试验水压力应为该机冷却水压力的1.5~2倍，并保持5 min后检查缸套内、外表面是否有渗漏现象。一般认为缸套压入后缸径缩小量为0.01 mm左右。若缸径无变化，说明配合太松，有可能漏水；若缸径缩减太多，则说明配合太紧，必须重新安装。

第三章 柴油机增压装置

第一节 柴油机增压的目的及分类

增压技术是提高柴油机功率最有效的措施之一，目前已广泛应用于船用柴油机上。所谓增压，就是用提高气缸进气压力的方法，使进入气缸的空气密度增加，进气量增加，从而可以增加喷入气缸的燃油量，以有效地提高柴油机功率。

由于空气在增压器中被压缩时，温度随压力也在升高，而温度的升高将影响空气密度的降低和增压的效果。因此，在增压器后一般设有中冷器以降低空气温度，提高空气密度。通常中冷器都是用舷外水来冷却。中冷的另一个作用是降低柴油机的循环平均温度。

按照驱动增压器所用能量来源的不同，基本的增压方法可分为三类：机械增压系统、废气涡轮增压系统和复合增压系统。除了利用上述三种方法来提高气缸的空气压力外，还有利用进排气管内的气体动力效应来提高气缸充气效率的惯性增压系统，以及利用进排气的压力交换来提高气缸空气压力的气波增压器。

一、机械增压系统

机械增压系统增压器（压气机）由柴油机直接驱动的增压方式称为机械增压系统。它由柴油机的曲轴通过齿轮、皮带或链条等传动装置带动增压器旋转。增压器通常采用离心式压气机或罗茨压气机，空气经压缩提高其压力后，再送入气缸，如图 3-1 所示。

由于机械增压系统压气机所消耗的功率是由曲轴提供的，当增压压力较高时，所耗的驱动功率也会很大，使整机的机械效率下降。因此，机械增压系统通常只适用于增压压力不超，过 160~170 kPa 的低增压小功率柴油机。

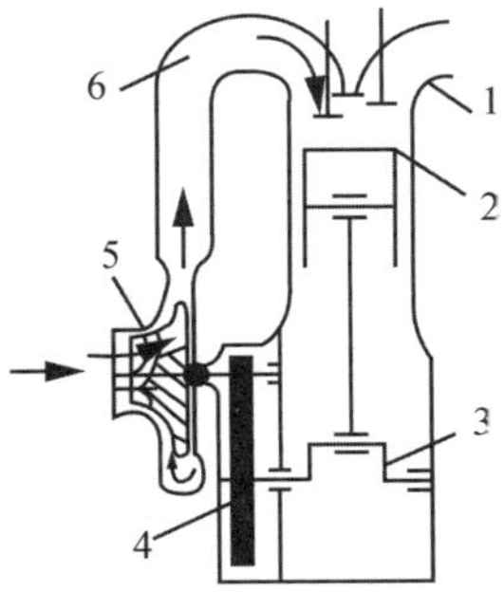

图 3-1　机械增压系统

1—排气管;2—气缸;3—曲轴;4—齿轮;5—压气机;6—进气管

二、废气涡轮增压系统

废气涡轮增压系统是利用柴油机排出的废气能量来驱动增压器,将空气压缩后再送入气缸的一种增压方法。柴油机采用废气涡轮增压后,可提高输出功率 30%~100%以上,同时还可减少单位功率的质量,缩小外形尺寸,节省原材料,降低燃油消耗率,增大柴油机扭矩,提高载荷能力以及减少排气对大气的污染等优点,因而得到广泛应用。尤其在高原地区因气压低、空气稀薄,导致输出功率下降。一般海拔每升高 1 000 m,功率将下降 8%~10%。若装设涡轮增压器后,可以恢复原输出功率,其经济效果尤为显著。

柴油机废气涡轮增压系统如图 3-2 所示。将柴油机排气管接到增压器的蜗壳上,柴油机排出的具有 500~650 ℃高温和一定压力的废气经蜗壳进入喷嘴环,喷嘴环的通道面积由大逐渐变小,因而可以做到虽然废气的压力和温度在下降,但其流速在不断提高,高速的废气流,按一定的方向冲击涡轮,使涡轮高速旋转,废气的压力、温度和速度越高,涡轮的转速就越快。

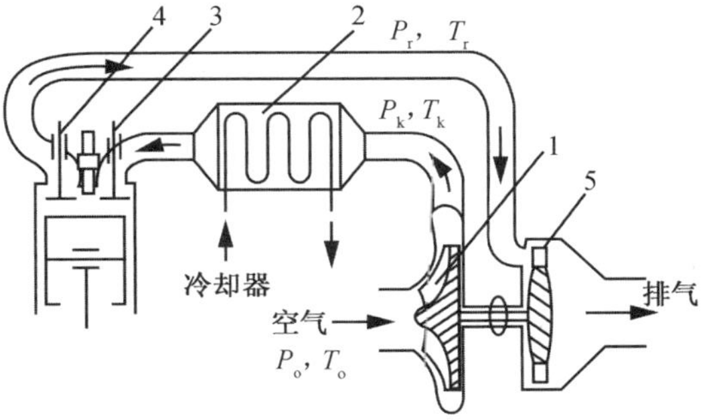

图 3-2　废气涡轮增压系统

1—压气机;2—中冷器;3—进气阀;4—排气阀;5—涡轮

废气涡轮增压器按进入涡轮的气流方向,可分为轴流式和径流式两种。

(一)径流式涡轮增压器

径流式涡轮增压器的结构如图 3-3 所示。它主要是由蜗壳、喷嘴环、涡轮和转子轴等组成。径流式涡轮增压器工作时,柴油机排出的废气进入增压器的蜗壳后,沿增压器转子轴的轴线垂直平面(即径向)流动。这是由于当气流通过喷嘴时,一部分压能和热能转换为动能,由此获得高速气流。由喷嘴环出来的高速气流按一定方向流入叶轮,在叶轮中被迫沿着弯曲通道改变流动方向，在离心力的作用下，气流质点投向叶片凹面，压力增加而相对速度降低，叶片凸面上则相对速度提高而压力降低，因此，作用在叶片凹凸面上的气流合力（即压力差）在涡轮轴上形成推动叶片旋转的力矩，因而从叶轮流出的废气经由涡轮中心沿轴排出。中型柴油机大多采用径流式涡轮增压器。

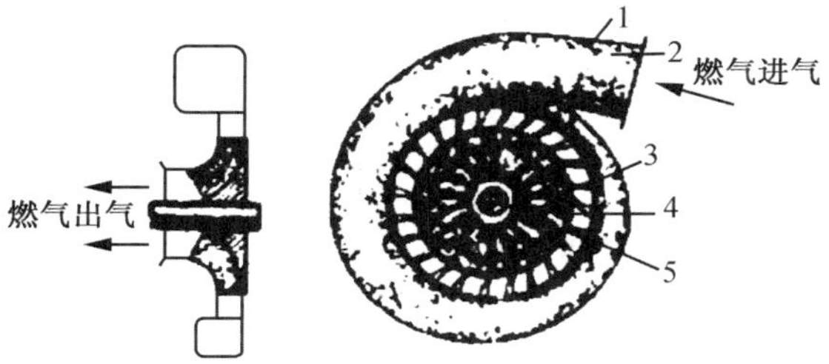

图 3-3 径流式涡轮增压器

1—蜗壳；2—废气进中；3—喷嘴环；4—涡轮；5—转子轴

（二）轴流式涡轮增压器

轴流式涡轮增压器工作时，柴油机排出的废气进入增压器的蜗壳之后，气流沿着增压器的转子轴的轴线方向流动，故称轴流式，大型柴油发动机大多采用这种形式的增压器。

废气涡轮增压器按是否利用柴油发动机排气管内废气的脉冲能量，可分为恒压式和脉冲式两种增压器。

（1）恒压式废气涡轮增压器是将多缸柴油机全部气缸的排气歧管接到一根排气总管内，再与增压器蜗壳相连接，而废气以一平均压力顺着一个单一的蜗壳进气道通向整个喷嘴环，这种增压器常用于大功率高增压柴油机中。

（2）脉冲式废气涡轮增压器的排气系统示意图如图 3-4 所示。以六缸柴油发动机为例来说明，其发火次序为 1—5—3—6—2—4，通常将 1、2、3 缸的排气道连接到一根排气歧管上，沿蜗壳上的一条进气道通向半圈喷嘴环，而将 4、5、6 缸的排气道连接到另一根排气歧管，沿蜗壳上的另一条进气道，通向另半圈喷嘴环，这样各缸排气互不干扰，这种结构可以充分利用废气的脉冲能量，并能利用压力高峰后的瞬间真空扫气，防止某缸排气压力波高峰倒流到正在吸气的另一缸中，因此，在同一根排气歧管的各气缸发火间隔应大于 180°曲轴转角。目前，中型柴油机废气涡轮增压均采用脉冲式增压器。

三、复合增压系统

复合增压系统在一些柴油机上，除了应用废气涡轮增压器外，同时还应用机械增压器，这种增压系统称为复合增压系统，如图 3-4 所示。大型二冲程柴油机，常采用复合式增压系统。该系统中的机械驱动增压器用于协助废气涡轮增压器工作，以使在低负荷、低转速时获得较高的进气压力，从而保证二冲程柴油机在起动、低速和低负荷时所必需的扫气压力。有时，对排气背压较高的水下运行的柴油机，要得到较高的增压压力也常采用这种系统。

如图 3-5 所示，复合增压系统有两种形式：一种是串联增压系统，柴油机的废气进入废气涡轮带动离心式压气机，以提高空气压力，然后送入机械增压器中再增压，进一步提高空气压力后进入柴油机燃烧室中；另一种是并联增压系统，废气涡轮增压器和机械增压器分别将空气

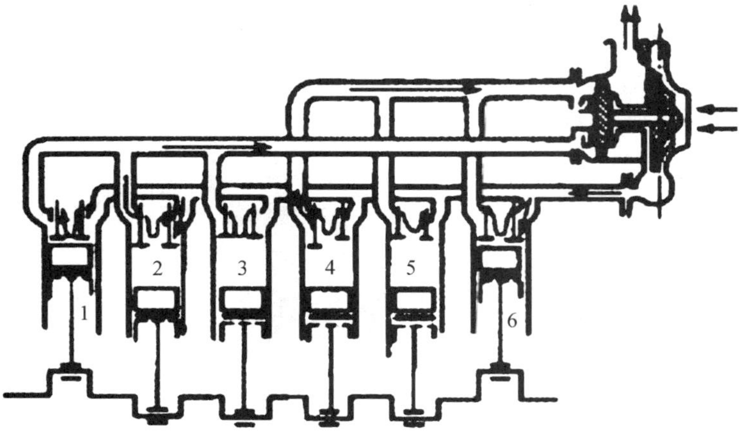

图 3-4　脉冲式废气涡轮增压器排气系统示意图

压力提高后，进入柴油机燃烧室中。

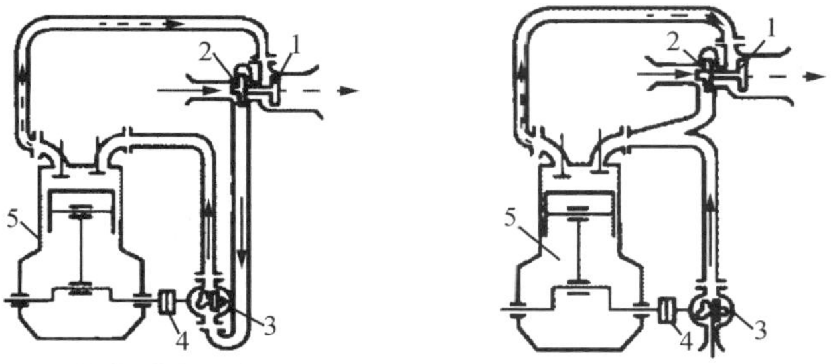

(a) 串联增压系统　　(b) 并联增压系统

图 3-5　复合增压系统的两种基本形式

1—涡轮增压器的涡轮；2—涡轮增压器的压气机；3—机械驱动增压器的压气机

四、其他增压方法

（一）惯性增压系统

这种增压方式是利用进气和排气管内的气体，由于进排气过程中会产生一定的动力效应—气体的惯性效应和波动效应，以改善柴油机的换气过程和提高气缸的充气效率，图 3-6 为惯性增压系统示意图，系统中仅适当加长进气管，再加一个稳压箱，不需专门的增压设备和改变发动机结构尺寸。因此，惯性增压系统易于在原机上安装实现。这种增压方法常用于小型高速柴油机上，尤其适用于负荷及转速变化范围不大的柴油机，可增加功率 20%，降低燃油消耗 10%左右，并可降低排气温度和改善尾气排放。

（二）气波增压器

气波增压器是将柴油发动机排出的高压废气直接与低压进气接触，在相互不混合的情况下，利用气波（压缩波和膨胀波）原理，高压废气的能量通过压力波传递给低压进气，使低压进

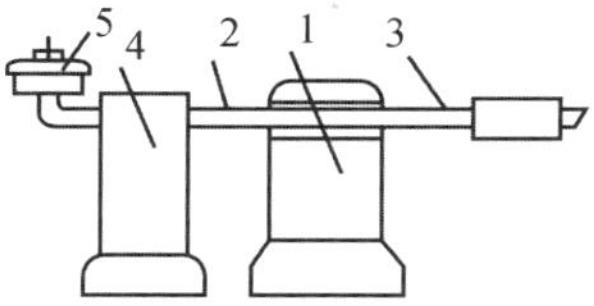

图 3-6 惯性增压系统

1—内燃机气缸;2—进气管;3—排气管;4—稳压箱;5—空气滤清器

气压缩,进气压力提高。实际上它是一个压力转换器。气波增压器的结构及其与柴油发动机的配置如图 3-7 所示。

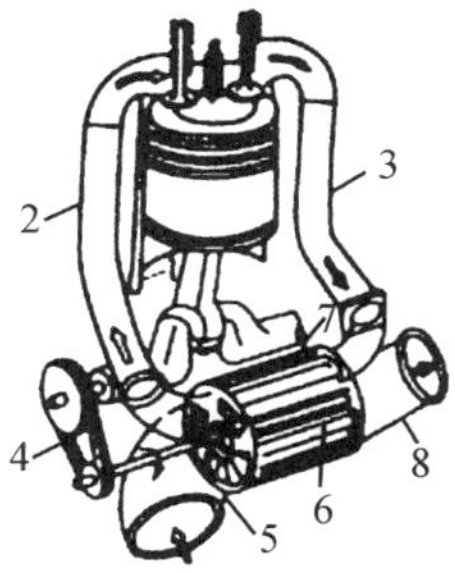

图 3-7 气波增压器结构及其与柴油发动机的配置

1—柴油机气缸;2—进气管;3—排气管;4—V 带传动;5—空气定子;6—转子;7—转子外壳;8—燃气定子

气波增压器主要由空气定子 5、转子 6、转子外壳 7 和燃气定子 8 等组成。在空气定子 5 上设有低压空气入口及高压空气出口,在燃气定子 8 上设有高压燃气入口和低压燃气出口,转子 6 上装有许多直叶片,构成了狭长的通道;转子外壳 7 将转子 6 包在里面。当转子由曲轴通过 V 带传动 4 旋转时,大气中的低压空气进入转子通道的左端,柴油机排出的高压燃气进入转子通道的右端。高压燃气对低压空气产生一个压力波进行压缩,使空气压力增加,得到增压的空气,经出口进入柴油机的进气管 2 充入气缸,降低了压力的燃气经出口进入柴油机排气消声器排放到大气中。

气波增压器的结构简单、制造方便、不需要耐热合金材料,具有良好的工作适应性,低速扭矩高,加速性能好,最高转速较高,而且还具有环境污染小等优点。适用于中小型柴油机,尤其是车用柴油机上,气波增压器的缺点是:其本身是一个噪声源,噪声较大;它需要曲轴来驱动,安装位置受限制,其质量和体积较大。

第二节 ◉ 废气涡轮增压器的结构及原理

中、小型四冲程柴油机通常采用单独的废气涡轮增压技术。在废气涡轮增压器中,压气机与涡轮机同轴相连,如图 3-8 所示。

当排气阀打开后,气缸内具有较高压力和温度的废气(有一定的能量),经排气管进入涡轮机。废气首先经过涡轮机中流道逐渐缩小的喷嘴环后,废气的压力和温度下降,流速大大提

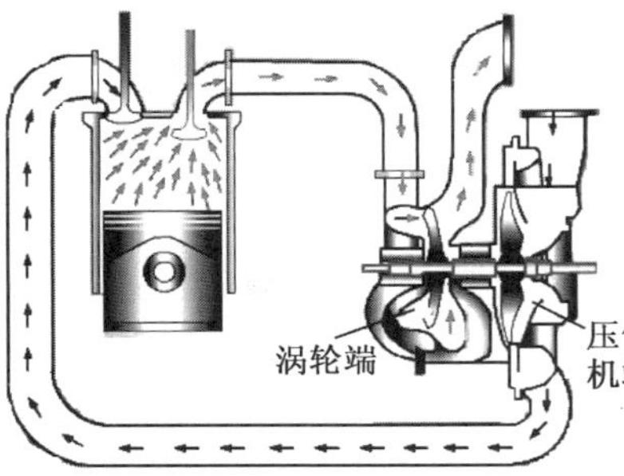

图 3-8　废气涡轮增压原理图

高(压力能转换为速度能),高速气流吹动涡轮机叶片,如图 3-9 所示,带动涡轮高速旋转(转速最高可达 40 000~50 000 r/min),此后,废气随后经烟囱排出。

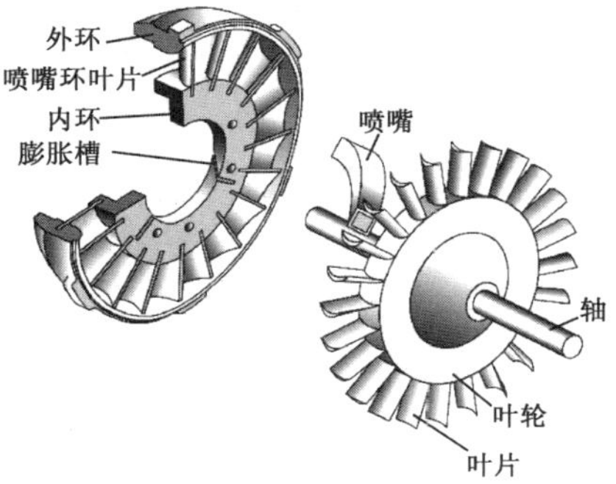

图 3-9　涡轮机喷嘴环与涡轮

涡轮高速转动,带动同轴的压气机叶轮高速转动,如图 3-10 所示。压气机叶片中的空气在叶轮中获取能量并依靠离心力甩出(空气的压力、温度和速度都升高),甩出的空气经过压气机中流道逐渐增大的扩压器后,其流速下降,压力大大提高(速度能转换为压力能),压缩空气再经压气机集气蜗壳,从进气管经进气阀压入气缸。

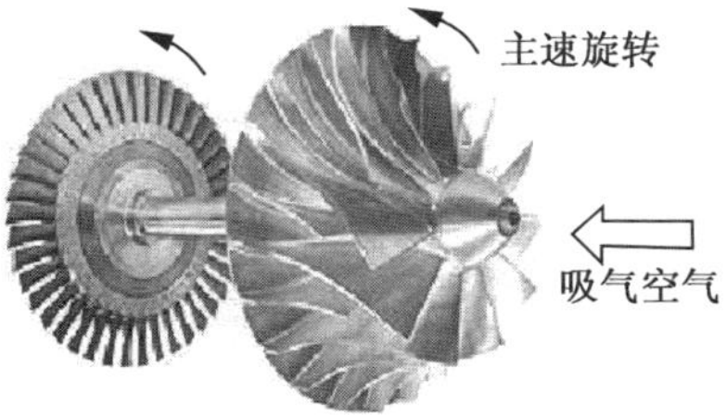

图 3-10　压气机叶轮

叶轮中空气甩出后,中心位置形成真空,外界空气在大气压力作用下进入叶轮,空气在叶轮中获取能量又压入气缸。

为了充分利用废气的能量,中小型柴油机通常采用脉冲增压的方式为柴油机增压。

脉冲涡轮增压系统的布置原理如图 3-11 所示,其特点是各缸通过短而细的排气支管与容积很小的排气管相连接,而后再接到涡轮机进口。

增压器工作时,一方面由于排气管容积较小,排气阀开启后,排气管中废气压力迅速升高,形成排气脉冲波将直接作用在废气涡轮上,涡轮获得的能量较多,能量利用率较高,所以柴油机的加速性和低负荷性能较好。另一方面，正是由于高温、高腐蚀性的废气直接作用于涡轮机喷嘴和叶片上，容易引发故障，因此在管理上应予以注意。此外由于排气管中压力波动较大，涡轮前的压力波动也较大，使涡轮转动不稳定，涡轮机效率也不太高。

为了避免多缸柴油机各缸排气的干扰，通常将相邻发火顺序的各缸采用不同的排气管分开。例如发火顺序为 1—5—3—6—2—4 的四冲程柴油机，将 1、2、3 缸接入一根排气管，4、5、6 缸接入另一根排气管，如图 3-11 所示。

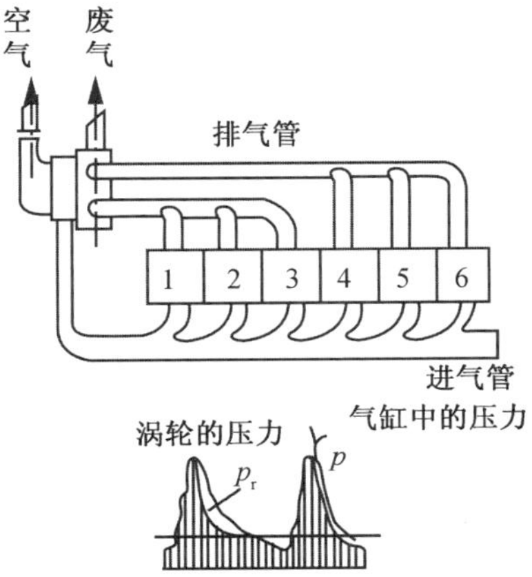

图 3-11　脉冲增压系统布置示意图

第三节 废气涡轮增压的特点

一、废气涡轮增压的优点

废气涡轮增压的最大优点是可提高发动机的功率和扭矩。利用发动机燃烧后产生的废气带动进气口的涡轮对进入的空气加压，提高了柴油机相应的进气效率，也就是提高了柴油的燃烧率，即提高了经济性。

废气涡轮增压的优点是显而易见的，它可在不增加发动机排量的基础上，大幅度提高功率和扭矩。一台发动机装上涡轮增压器后，其输出的最大功率与未装增压器的相比，可增加大约10%甚至更多。这意味着一台尺寸和重量相同的发动机经增压后可以产生较多的功率，或者说，一台小排量的发动机经增压后，可以产生较大排量发动机相同的功率。

二、废气涡轮增压的缺点

采用废气增压之后，发动机在工作时的压力和温度都大大升高，因此发动机寿命会比同样排量没有经过增压的发动机要短，而且机械性能、润滑性能都会受到影响。

第四节 实际操作与训练

项目一 废气涡轮增压器日常维护管理

（一）首次使用时的管理

首次使用包括增压器出厂第一次装船和经修理后装船时的试运转。

（1）向增压器油池注入规定品牌的润滑油，并使油位达到油尺中间记号以上0~4 mm。

（2）起动柴油机运转约2 min。检查转子部件的转动情况，要求平稳无杂音。然后停车，观察转子惰转情况，要求平稳转动约0.5 min后才停止。上述情况正常，方可开车使用。

（3）在全负荷时，调节气封空气调节螺钉开度，使涡轮端平衡室无废气漏出。

（4）在全负荷时保持冷却水出水温度在60~70 ℃之间。

（5）分别在空车、半负荷、全负荷时测定：涡轮机前、后废气温度，压气机前、后空气温度，压力及增压器转速等。所测数据与出厂时实验记录对照，若有差异应分析原因。该组数据必须记入“轮机日志”。

（二）运转管理要点

1. 认真监视主要运行参数

按说明书规定随时观察并定期记录增压空气压力、增压器转速、滑油压力（油位）、滑油温度、冷却水压力、冷却水出水温度、涡轮前废气温度等重要参数，以便随时掌握增压器所处的技术状态。废气涡轮增压器的涡轮进口废气温度一般不应超过450~500 ℃。柴油机停车后，废气涡轮增压器的转轴应有惰转（惯性转动），其时间一般为1 min以上。

2. 注意监视油位

若油位不足，要及时补充并查明原因。因为油位过低（或油压过低），将造成轴承烧毁甚至整台增压器报废的严重事故，在管理中必须高度重视。

3. 及时发现异常响声

可用金属棒或其他专用工具细心倾听增压器有无异响，发现异响必须及时查找原因并予修复。

4. 尽量避免突然停车

无特殊情况不要突然停车，否则轴承容易咬轴，并可能发生喘振。

（三）应急处理

运行中增压器损坏，船上又无备件更换时，可采用停增压器运行的措施。

1. 及时停车

增压器损坏时，首先要及时停车，以防事故继续扩大。条件不允许时，亦应大大降低柴油机转速，且只能短时间运行。

2. 锁定转轴后运行

用专用工具锁住转轴，一般只需拆下压气机端油室盖板，装上专用工具即可。但对于脉冲增压器，还须在涡轮端加装专用锁紧工具。此时柴油机应降负荷运行。

这种方法适用于时间紧迫，要求尽快恢复柴油机运转的场合。

3. 拆除转子，安装封闭设备

这种方法适用于时间充裕的场合。

采用上述两项措施后，仍应保持冷却水的畅通，但对单独润滑系统，应切断油的供应。

采用停增压器运行的方法，对于不同的增压系统和增压器台数，具体做法略有不同，尚需参阅有关说明书。

(四)一般维护工作

(1)经常清洁进风滤网和进气管，使流道畅通，以利于吸排和消除噪声。

(2)定期清洁冷却水腔，清除水垢，并及时更换防蚀锌板，确保冷却效果，保证油温正常。

(3)定期更换规定品牌的润滑油，以确保油质。在更换滑油时，用手拨动转子。检查转子转动是否轻快，平稳无杂音，以便发现和消除隐患。

(4)长时间停车时(1个月以上)，为防止转子轴弯曲变形，应经常手转转子，并用压缩空气冲车以使增压器转动，同时用金属棒触听转子运转情况。

(5)定期拆检及间隙调整

涡轮增压器要定期拆下转子，以便检查和清洗叶片，消除积垢和脏污，并调整其主要间隙。

第四章 柴油机动力系统

第一节 配气系统

一、配气系统的功用和组成

(一)配气系统的功用

在规定的时间内,向气缸内供给足够和清洁的空气,并将做功后的废气尽可能干净地排出气缸。

(二)配气系统的组成

配气系统包括进气系统和排气系统。

非增压四冲程柴油机的进气系统由空气过滤器、进气总管和支管、气缸盖内的进气道以及控制进气过程的气阀式配气机构组成;排气系统由控制排气过程的气阀式配气机构、气缸盖内的排气道、排气支管和总管以及消声器等组成。

废气涡轮增压柴油机配气系统是在非增压柴油机基础上增设了废气涡轮增压器,有的还设置有空气冷却器。

换气系统工作得好坏,直接影响换气质量,进而影响柴油机的燃烧过程质量和做功能力。而在配气系统中,配气机构起着非常重要的作用,因此应对配气机构给予特别关注。

(三)配气机构的工作原理

不同形式的柴油机,配气机构的形式也不相同。四冲程柴油机主要采用气阀式配气机构。

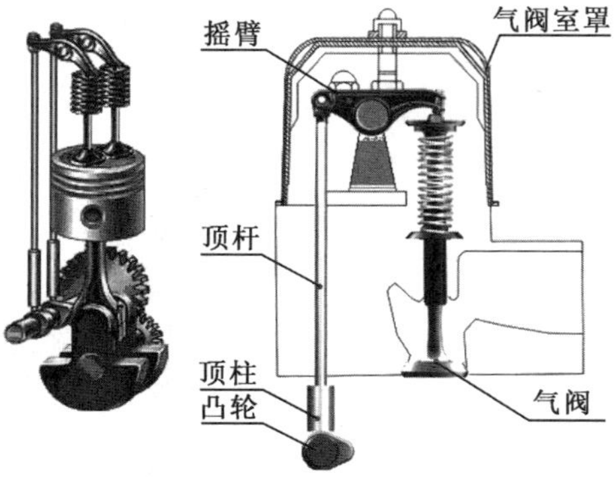

图 4-1　气阀式配气机构

控制柴油机进、排气过程的机构,称为换气机构(或称“配气机构”)。其功用是,按气缸的发火顺序和气缸中的工作过程,适时开启和关闭进气阀及排气阀,使新鲜空气进入气缸,废气排出气缸,以保证柴油机工作过程连续、完善地进行。

气阀式配气机构主要由气阀机构、气阀传动机构,凸轮和凸轮轴及凸轮轴传动机构四部分组成,如图 4-1 所示。

气阀式配气机构的基本动作原理是,曲轴转动时带动凸轮轴传动机构使凸轮轴转动,凸轮轴上的凸轮转动时,驱动顶柱、顶杆,继而推动摇臂克服气阀弹簧的弹力,将气阀开启。凸轮继续转动回到基圆位置时,气阀在弹簧作用下关闭。

1. 气阀机构

气阀机构包括:气阀 1、气阀导管 2、气阀弹簧 3、阀座 4、弹簧座及其阀杆连接件等,如图 4-2 所示。这种形式的气阀机构结构简单,但是检修时必须拆下气缸盖。此外,由于阀座与气缸盖为一体,当阀座损坏无法修复时会导致气缸盖报废,因此多装有可更换的阀座。

图 4-2　气阀机构

1—气阀;2—气阀导管;3—气阀弹簧;4—阀座

(1)气阀

气阀由阀盘和阀杆整体锻造加工而成,用来控制气流通道,如图 4-3 所示。通常进气阀采用普通合金钢或铬钢或镍钢,而排气阀用耐热合金钢。有些气阀的密封锥面堆焊有耐高温、耐磨的特种合金。由于进、排气阀的材料不同,使用时不可弄错。

如图 4-4 所示,气阀的密封锥面的锥角一般有 30°~45°,进气阀常采用 30°锥角(锥角较小,在相同开度下,气流通过截面大),排气阀常用 45°锥角(锥角大,阀盘边缘厚,对中性、密封

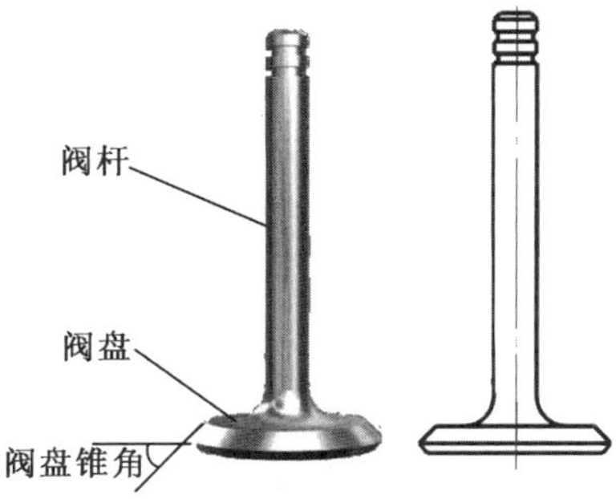

图 4-3　气阀

性及导热性好)。气阀与阀座接触的环带宽度为 1~2 mm。

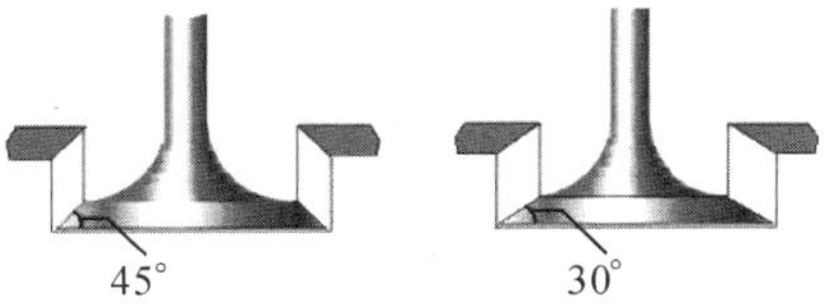

图 4-4　气阀锥角

气阀上部是圆柱形的阀杆,其外圆以气阀导管为导程,使阀盘沿阀座锥孔的中心线运动,同时将气阀的部分热量传递给导管和缸盖。阀杆上部用连接卡块(锁夹)与弹簧座连接。顶端承受摇臂冲击性的顶动。为保证气阀与阀座的对中性,阀杆与阀盘必须同心而且垂直。阀杆与阀盘一体制造,并在阀杆顶端进行硬化淬火处理或堆焊硬质合金或加装硬质盖帽。

(2)气阀导管

气阀导管用来引导气阀做往复直线运动,是气阀的导承,并承担着气阀散热的作用。由于导管承受着摇臂压阀时产生的侧推力,和承担经导管散发的热量(约占总散热量的 25%)。所以导管的工作温度较高(约 250~300 ℃),阀杆与导管之间的润滑条件差,磨损比较严重。

为了便于选用耐磨材料和磨损后易于更换,一般把导管单独制造,然后把它压入气缸盖的导管座孔中,如图 4-5 所示。检修时,应注意检查气阀与导管之间的间隙。若间隙过小,气阀的动作迟滞,甚至咬死;间隙过大,则气阀散热不良,横向振动、漏气加剧,若排气的烟灰进入间隙中,也会使气阀卡死。

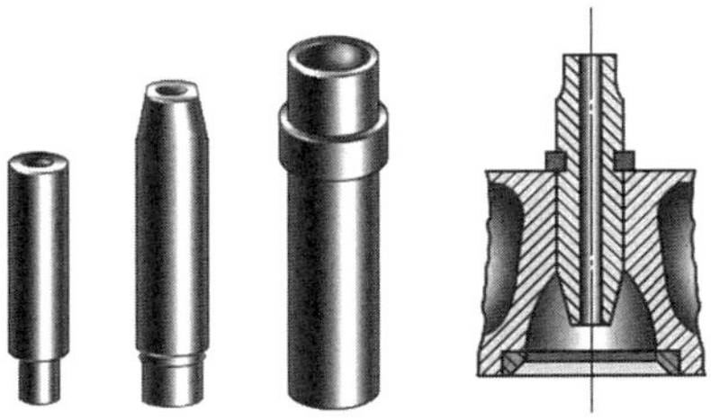

图 4-5　气阀导管

(3)阀座

阀座的工作条件与气阀类似,受到高温高压和具有腐蚀性的气体作用,并承受冲击负荷和干摩擦。为了防止因阀座座面损坏而导致气缸盖报废,通常装有可以更换的耐热、耐磨材料制造的座圈。

(4)气阀弹簧

气阀弹簧的作用是当摇臂抬起时,使气阀关闭并保持阀盘与阀座紧密贴合不漏气。

多数柴油机采用同心布置的不等直径的内外两根弹簧。其目的是在不降低应有弹力的条件下,每根弹簧的负荷减小,应力降低,以提高其抗疲劳;由于两根弹簧的自振频率不同,相互干扰,可避免弹簧发生共振;当一根弹簧折断时,防止气阀落入气缸,增加了工作的可靠性。为了防止弹簧移动或折断时互相夹插,两弹簧的旋向应当相反。旋向相反的弹簧还可以减少阀在开闭时由于弹簧的扭转而发生阀与阀座的自动研磨。

2. 气阀传动机构

凸轮和气阀机构之间的传动机构称气阀传动机构,由顶柱、顶杆和摇臂等零件组成。图4-6所示为中、小型柴油机常见的气阀传动机构。

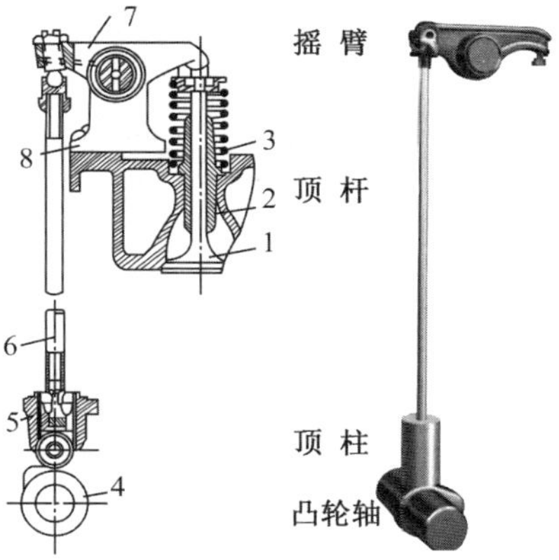

图4-6 气阀传动机构

1—气阀;2—气阀导管;3—气阀弹簧;4—配气凸轮;5—滚动体;6—挺杆;7—气阀摇臂;8—气阀摇臂座 1—气阀;2—气阀导管;3—气阀弹簧;4—配气凸轮;5—滚动体;6—挺杆;7—气阀摇臂;8—气阀摇臂座

气阀传动机构的作用,是将凸轮的运动传给气阀。当凸轮顶起气阀传动机构时,气阀及时开启。凸轮转过之后,气阀在弹簧的作用下及时关闭。因此气阀的启闭时刻和动作规律,由凸轮在凸轮轴上的安装位置和凸轮的形状控制。换句话说,凸轮通过传动机构控制了气阀的启闭。

(1)顶柱

顶柱是位于顶杆下端被凸轮直接驱动的传动件。它的功用是将凸轮的回转运动变为往复运动,把凸轮的推力传给顶杆,并承受凸轮的侧推力,顶柱的柱面和与凸轮接触的底面工作中会产生耐磨。

(2)顶杆

顶杆是直接顶动摇臂的杆件,两端铆接或焊接经硬化处理的钢质端塞。端塞的顶面常制成凸、凹球面形和顶头及摇臂形成关节连接。上端凹面和调节螺钉的凸面形成球绞式滑配,使顶杆在倾斜状态下能正常工作。

(3)摇臂装置

摇臂的作用是将顶杆的往复运动改变方向传给气阀。如图4-6所示,它的摇臂轴安装在摇臂座内,摇臂座固定在气缸盖上。

摇臂和顶杆接触的一端(后臂端)则装有调节螺钉和锁紧螺母,用来调节摇臂与阀杆顶端之间的气阀间隙。为实现用较小的凸轮升程使气阀获得足够开度,摇臂的前臂较后臂长。摇臂和摇臂轴上钻有油孔,来自机身的压力润滑油由油管通入摇臂轴,润滑摇臂轴承后流向摇臂两端润滑。摇臂两端的工作面易于磨损,故端面常进行硬化处理并磨光。摇臂顶动气阀时,前臂端圆弧面相对于气阀顶端面做既滚且滑的移动,产生严重的摩擦和磨损,使气阀承受偏心负荷,加剧了阀杆和导管之间的磨损。为减小这种相对运动带来的危害,气阀关闭时,阀杆顶端位置应比摇臂轴线高出气阀升程的1/3~1/2。

3. 凸轮轴及其传动机构

(1)凸轮轴

凸轮轴通过气阀传动机构控制气阀的开启与关闭,是柴油机上非常重要的传动轴,如图4-7所示。它由轴和凸轮等组成。在四冲程柴油机中,凸轮轴上安装有各缸的进、排气凸轮和燃油凸轮,有的还装有空气分配器凸轮。这些凸轮按照一定的顺序和角度排列,其作用是准确地控制气阀和喷油泵等的定时,保证柴油机的正常工作。

图4-7 凸轮轴

凸轮与顶头之间的接触为线接触,工作中凸轮要承受气阀的冲击性负荷作用,在凸轮工作表面上产生很大的接触应力,因此凸轮的工作表面必须具有较高的耐磨性和抗疲劳强度;凸轮轴要求具有足够的韧性和刚度,以便能承受冲击负荷,受力后变形较小。

(2)凸轮轴传动机构

凸轮轴传动机构是位于曲轴与凸轮轴之间,用以使曲轴按一定转速比和定时关系驱动凸轮轴回转的机构。在柴油机工作过程中,进、排气阀、喷油泵等每一工作循环动作一次。因此,四冲程柴油机的曲轴与凸轮轴的传动比为2∶1,如图4-8所示。

凸轮轴传动机构的结构型式与凸轮轴的安装位置及所驱动的附件等因素有关。常见的有齿轮式、链式和混合式三种型式。

二、气阀间隙的检查与调整

(一)气阀间隙

柴油机冷态下,气阀关闭时阀杆顶端与摇臂之间的间隙,称为气阀间隙。留此间隙的目的是,为气阀工作时受热膨胀留出余地,防止气阀受热膨胀后关闭不严而漏气,如图4-9所示。

柴油机的气阀间隙对气阀的开闭时刻、密封性能以及摇臂顶头与气阀阀杆顶端的接触面磨损都有着重要影响。若气阀间隙过小,气阀及阀杆在工作时受热膨胀伸长,会使气阀关闭不严,造成燃气外窜或倒灌,高温燃气还会烧损气阀密封面;此外,气阀关闭不严,将导致气缸密

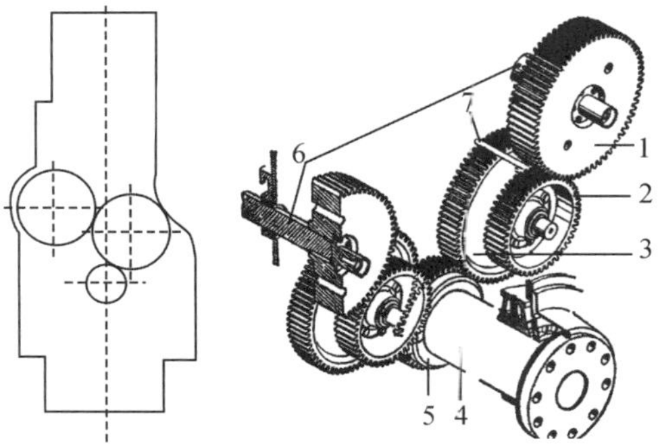

图 4-8　凸轮轴传动机构

1、5—定时齿轮；2、3—中间齿轮；4—曲轴；6—凸轮轴；7—滑油喷嘴

封性下降，柴油机压缩压力不足、功率下降、起动困难等故障。若气阀间隙太大，不但使气阀开度减小，还会导致气阀开启时刻延迟、关闭时刻提前（迟开早关），使进、排气过程缩短，造成的换气质量变差。此外间隙过大会使摇臂与阀杆撞击加重、磨损加快、噪声增大。因此，必须保证适当的气阀间隙。在柴油机使用说明书中对气阀间隙值都有规定，应以此作为检查与调整的依据。

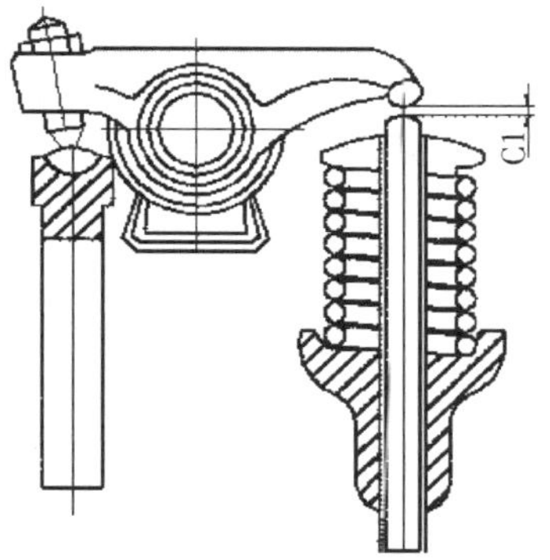

图 4-9　气阀间隙

（二）气阀间隙的检查与调整

在柴油机拆装修理或长期使用磨损后都应重新测量与调整气阀间隙。检查、调整气阀间隙应在柴油机冷态下并且气阀处于关闭状态下进行。

在检查调整之前，首先应排除顶杆弯曲、摇臂轴承松动等缺陷，并且将缸盖安装正确，摇臂座紧固，最后用人力将气阀向下压开，上下活动几次，以免因其动作卡滞造成测量误差。

检查气阀间隙的方法如图 4-10 所示。首先盘车使滚轮与凸轮基圆相接触，使准备检查调整的进、排气阀处于关闭状态，然后选择厚度适当的塞尺测量摇臂气阀端与气阀杆顶之间的间隙，当塞尺在其间既能通过又有阻滞感时，读取塞尺的厚度值便是气阀间隙的大小。若测取的间隙值与说明书规定值不相符时，应松开调节螺钉上的锁紧螺母，转动调节螺钉直至间隙符合规定为止，然后紧固好锁紧螺母。

测量气阀间隙的关键是使气阀处于关闭状态。对单缸柴油机，当盘车至工作上止点时，由于进、排气阀都是关闭状态，所以可同时检查、调整好进、排气阀的气阀间隙。对多缸柴油机也

图 4-10 气阀间隙调整

可采用上述方法，即根据柴油机发火顺序逐缸将每缸盘车至工作上止点，检查、调整气阀间隙。但该方法需多次盘车，费时费力。为此对于多缸柴油机，可根据各缸的发火顺序、曲柄排列和配气定时，分析出各缸在某一时刻的热力过程和气阀状态，在此基础上对所有处于关闭状态气阀，进行气阀间隙的检查与调整。该方法只需盘车两次即能把全部气阀间隙检查调整完毕，实现气阀间隙的“快速调整”。

例如：某 6 缸四冲程柴油机，正车转向为右旋，发火顺序为 1—5—3—6—2—4。则发火间隔角为 720°/6 = 120°，曲柄排列如图 4-11 所示。

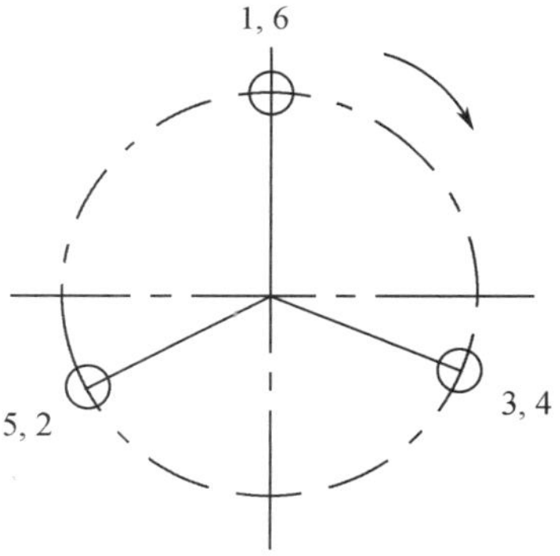

图 4-11 曲柄排列图

盘车至飞轮 0 刻度对准固定指针，即 1、6 缸同时到达上止点位置。通过观察 1、6 缸高压油泵是否在供油状态或气阀顶杆能否转动等，判断 1、6 缸的工作状态。若 1 缸位于工作上止点，那么 6 缸就位于换气上止点（进排气阀同时打开的上止点）。

此时，由于 2、5 缸将向上运动，且 5 缸在 1 缸后 120° 曲柄转角准备发火，即可判断 5 缸处于压缩过程的前期，2 缸则处于排气过程；由于 3、4 缸将向下运动，且 4 缸在 1 缸之前，则可判断 4 缸处于膨胀过程后期，3 缸处于进气过程。各缸工作过程及气阀状态，如表 4-1 所示。

表 4-1 1 缸位于工作上止点时，各缸工作过程及气阀状态

发火顺序	1		5		3		6		2		4	
工作状态	工作上止点		压缩过程		进气过程		换气上止点		排气过程		膨胀过程	
气阀状态	进气阀	排气阀	进气阀	排气阀	进气阀	排气阀	进气阀	排气阀	进气阀	排气阀	进气阀	排气阀
	关	关	关?	关	开	关	开	开	关	开	关	关?
能否检查	√	√	√?	√	×	√	×	×	√	×	√	√?

注：5 缸进气阀和 4 缸排气阀的开闭状态，之所以打上“?”，是因为进气阀在下止点后才关闭，5 缸所处位置进气阀是否关闭，与进气滞后角的大小有关；同理，排气阀在下止点前打开，4 缸所处位置排气阀是否打开与排

气提前角的大小有关,需配合气阀定时综合判断。

检查调整所有关闭气阀的气阀间隙后,盘车 360°,将 6 缸转到工作上止点,此时各缸工作过程及气阀状态如表 4-2 所示。

表 4-2　6 缸位于工作上止点时,各缸工作过程及气阀状态

发火顺序	1		5		3		6		2		4	
工作状态	换气上止点		排气过程		膨胀过程		工作上止点		压缩过程		进气过程	
气阀状态	进气阀	排气阀	进气阀	排气阀	进气阀	排气阀	进气阀	排气阀	进气阀	排气阀	进气阀	排气阀
	开	开	关	开	关	关?	关	关	关?	关	开	关
能否检查	×	×	√	×	√	√?	√	√	√?	√	×	√

至此,柴油机在首次盘车后仅再次盘车 360°,便将所有气阀检查、调整完毕。

一般情况,在调整缸数为偶数的多缸四冲程柴油机气阀间隙时,可根据柴油机的发火顺序,依照“先进后排”原则,迅速而准确地完成调整操作。其方法是:

先将某缸盘车至工作上止点,则该缸进、排气阀间隙均可调整;然后按照发火顺序,在该缸之前发火的气缸,调整进气阀间隙;在该缸之后发火的气缸,调整排气阀间隙;同时到达上止点的缸,进、排气阀都不调整。如前例中,发火顺序为 1—5—3—6—2—4,当 1 缸在工作上止点时,1 缸进排气阀间隙都可检查;在 1 缸之前发火的是 2、4 缸,检查其进气阀间隙;在 1 缸之后发火的是 5、3 缸,检查其排气阀间隙;与 1 缸同时到达上止点的 6 缸,则不调整。盘车 360°后,使 6 缸到达工作上止点,利用上述原则,便可查完所有未查的气阀间隙。

三、配气定时的检查与调整

(一)气阀定时检查调整的意义

在正常情况下,当气阀间隙符合要求,传动系统相对位置正确,气阀定时便可保证在规定范围之内。但经过长期运转后,由于定时传动齿轮的磨损使齿隙增大、凸轮和气阀传动机构的磨损使气阀间隙增大等因素,会使气阀定时发生变化。此外,检修后的柴油机,由于经过拆检,传动齿轮之间相位有可能变化,会造成气阀定时不正确。而气阀定时不准,会引起柴油机换气质量下降、功率不足、冒黑烟、排气温度升高、柴油机热负荷加大等缺陷,严重的甚至会发生活塞顶面与气阀相碰撞和柴油机难以起动等故障。因此应按时对气阀定时进行检查与调整。

(二)配气定时检查方法

只有当气阀间隙符合要求的情况下,才能检查、调整气阀定时。检查方法是:

1. 转动顶杆法

初步检查气阀定时转动顶杆法。盘车使第一缸进(排)气阀处于关闭状态,此时顶杆处于放松状态,用手便可以是其转动;缓慢正向盘车,同时用手不断转动顶杆,一旦顶杆转不动,说明凸轮已顶起压住顶杆,立即停止盘车,此时飞轮上该缸上止点位置与固定指针之间的相应角度,即为气阀开启的提前角。继续盘车,当某一瞬间顶杆由转不动变为能转动时,飞轮上该缸下止点位置与固定指针之间的相应角度,即为气阀关闭的滞后角。将实测角度与说明书中配气定时比较,即可判断定时的正确与否。

2. 百分表测量法

较精确地检查配气定时采用百分表测量。将百分表的磁性表座落在缸盖的平整光洁平面,如图 4-12 所示;盘车使气阀处于关闭状态,将表触头抵在气阀的弹簧座上,并使表针具有一定的初始压缩量;正向盘车,当百分表指针开始摆动,立即停止盘车,此时飞轮上相应的角度即为气阀开启角;继续缓慢盘车,使气阀升程逐渐增大至最高后又逐渐减小,当百分表读数又回复到原来初始读数时,飞轮上相应的角度即为气阀关闭滞后角。

(三)定时的调整

在气阀定时检查过程中,若发现同一缸进、排气阀的开启和关闭时刻同时都过早或过迟,而气阀开启的持续时间正确,原因可能是飞轮固定指针的位置有偏差,或者凸轮轴和曲轴的安装相位不正确。因此,应首先校对飞轮指针位置是否正确,然后检查传动齿轮装配位置是否正确。若传动齿轮装配位置有误,则可盘车至气阀刚开启的时刻,拆下传动齿轮中的中间齿轮,再将飞轮盘车至说明书规定的定时位置,装复中间齿轮即可。

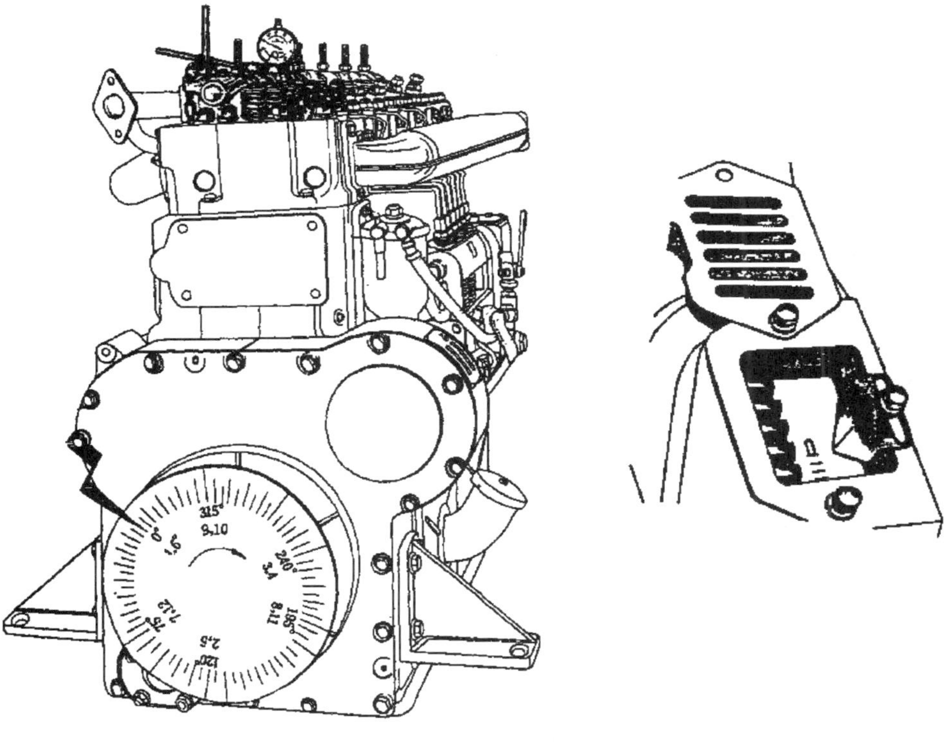

图 4-12 气阀定时检查

四、配气系统的日常维护要点

配气系统主要包括空气滤器、进排气管、配气机构、增压器及空冷器等,其工作的目的是将废气排出气缸,把新鲜空气吸入气缸,以实现气缸的工质更换过程。为此在管理中应确保其正常发挥作用,使排气尽可能干净,进气尽可能充分,在整个换气过程中尽可能实现消耗功少。因此维护管理中应该注意以下问题:

(一)减少进气与排气阻力

柴油机工作时,空气经空气滤器、进气管、进气阀等进入气缸,工作完后又经排气阀、排气管、烟囱等排出,上述任何一个环节气道的污阻,都将直接影响柴油机的换气质量。因此,在管理中应及时清洗进气滤器,避免因滤器阻塞导致进气量下降;及时清除排气管及烟囱内的积炭和污垢,避免因污垢引起排气阻力增加而使废气排不干净。

(二)注意燃油中腐蚀物含量

应特别注意燃油中钒、钠的含量。若燃油钒、钠含量高,应降低负荷运行。否则会因高负荷导致的高温钒、钠腐蚀,使燃烧室检修期和气阀寿命明显缩短。

(三)注意检查气阀与阀座密封情况

研磨后的气阀与阀座的实际接触密封带宽度应符合要求,阀线过宽会降低阀面的密封锥面比压,气密性较差;不利于挤碎阀锥面的沉积物,妨碍气阀的密封。但阀线过窄密封面磨损加快,且不利于热量传出。

气阀座圈磨损后及时更换。阀座修理时,不能改变阀座材料;安装时,严格采用推荐的过盈量,确保适度过盈,并采用冷冻气阀座法装入,严禁采用敲击法安装阀座。

(四)注意检查导管磨损的磨损情况,超差应及时更换

若气阀阀杆与导管配合间隙过大,会使气阀横向振动加剧,阀盘与阀座密封面滑移量增大,磨损增大,造成阀杆处漏气。严重的还可能造成气阀单边落座,造成阀盘与阀杆过渡圆角处断裂。此外间隙大还会引起散热不良,造成滑油结焦使阀卡死。但若间隙过小,会导致气阀卡阻。

(五)对准记号

重装凸轮轴传动机构,注意对准其啮合记号(见图 4-13),确保气阀定时准确。此外在调整定时过程中,应注意定时未调校合格的情况下,禁止盘车,防止因定时错误导致活塞顶撞开启的气阀,造成气阀或活塞损坏。

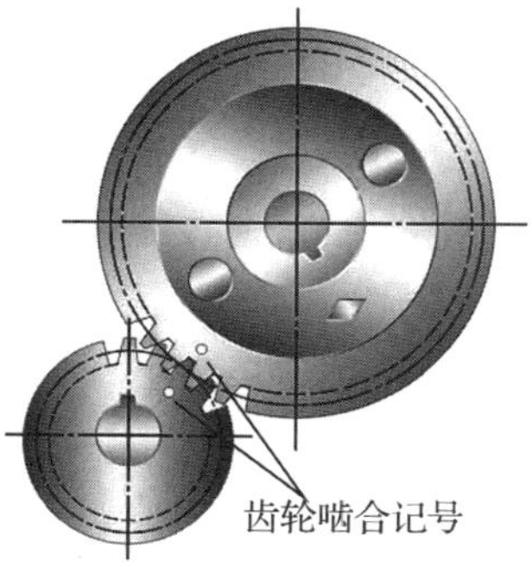

图 4-13　齿轮啮合记号

（六）检查润滑情况

经常检查凸轮及其传动机构润滑情况，确保油路、喷嘴畅通。

五、配气系统的常见故障处理

在换气系统中，因气阀装置在高温、高压以及具有腐蚀性的燃气作用下，工作条件最为恶劣，常常容易出现各种故障，在日常管理及维修中应密切注意。

（一）阀盘与阀座的磨损

该故障表现为阀盘和阀座的密封面上有伤痕和麻点。伤痕是由燃气中的碳粒或其他杂质的冲刷或落到密封面上时，阀与阀座撞击所造成的。麻点则是由于燃油中的硫和钒腐蚀所造成的。上述故障使气阀的密封性变差，引起气缸漏气，使柴油机功率下降，甚至不发火，起动困难。在日常管理中，可通过压缩压力、排气温度以及其他参数的变化来判断气阀的密封情况。发现漏气时应及时研磨、修复。

（二）阀断裂

气阀断裂通常发生在阀盘与阀杆的过渡圆弧区或阀杆端部的卡块槽处。断裂的气阀会坠入气缸，造成活塞发生顶缸等严重事故。气阀断裂的原因是由于气阀上温度分布不均匀所导致热应力过大，或阀盘（阀座）翘曲，使其承受了较大的弯曲应力所致。因此在使用维护中应严格保证阀杆与导管间的配合间隙，保证气阀落座准确，使其具有正常的散热条件。拆装时，注意仔细检查气阀有无翘曲变形和裂纹。

（三）阀杆卡死及阀杆与导管的磨损

阀杆卡死主要是由于阀杆与导管的配合间隙不当所致。间隙过大，阀杆温度升高，导管内滑油因高温作用而积炭，燃烧产物也易在间隙中沉积，使阀杆卡死；间隙过小，气阀工作热膨胀后也易卡死；也可能是中心线不正确所造成。无论什么原因引起，当发现气阀动作迟缓时，都要及时检修，否则一旦咬死撞坏活塞顶，会造成大事故。

阀杆与导管的磨损，直接影响其配合间隙，故应对其磨损情况进行检查。装配时，阀杆在导管中若能在自身重力作用下徐徐下降为好。长期工作磨损后，用手从侧面推动阀杆，若有摇晃松动感觉，即可判断已超出磨损极限，应予以更换。

（四）阀面和阀座面烧损

阀座扭曲、偏移、倾斜和失圆都会造成大面积烧损；阀盘翘曲时关闭不严处会被严重烧伤；气阀与导管之间间隙不当引起的阀杆卡阻和阀杆弯曲会使阀盘不能落座，密封面发生均匀烧损。此外，阀面和阀座也会因麻点、伤痕处漏气而发展到烧损。在维修管理中，要保证有正确的间隙以及阀盘与阀座间良好的密封。

（五）气阀和阀座的腐蚀

气阀阀杆会因温度过低发生低温硫酸腐蚀；阀盘和阀座会因温度过高而发生严重的钒、钠生成物的高温腐蚀，致使阀盘和阀座上产生麻点。在管理上，要严格控制冷却水的温度。

（六）气阀弹簧断裂

气阀弹簧断裂多因振动造成，也可能因为材质、热处理不符合要求或锈蚀而产生。检修时应注意对表面裂纹、锈蚀、自由高度、弹簧歪斜等情况的检查。有裂纹的应报废，锈蚀斑点应用砂布修磨光洁，以免应力集中。

第二节 燃油系统

一、燃油系统的功用与组成

燃油系统是柴油机重要的动力系统之一，其作用是将符合使用要求的燃油送入气缸。该系统包括燃油供应和燃油喷射两个系统。

燃油供应系统由日用油柜、输油泵、燃油滤清器和低压管路等组成，用来向喷射系统提供充足、清洁的燃油。

燃油喷射系统由喷油泵、高压油管和喷油器组成，用来按照柴油机燃烧过程的要求，定时、定量、定压、定规地向气缸喷入雾化良好的燃油，与空气混合形成均匀的可燃混合气，使燃油燃烧，将燃油的化学能转变为热能。

图 4-14 是 6250C 型柴油机燃油系统，供应系统包括轻柴油和重油两个系统。使用轻柴油时，关闭重油供给阀 A，开启轻柴油供给阀 B，由输油泵从轻柴油日用柜吸出轻柴油，经燃油滤器过滤后供给喷油泵。改用重油时，开启阀 A 关闭阀 B，输油泵从重油日用柜将加热后黏度降低、并已净化的重油吸出压送至喷油泵。

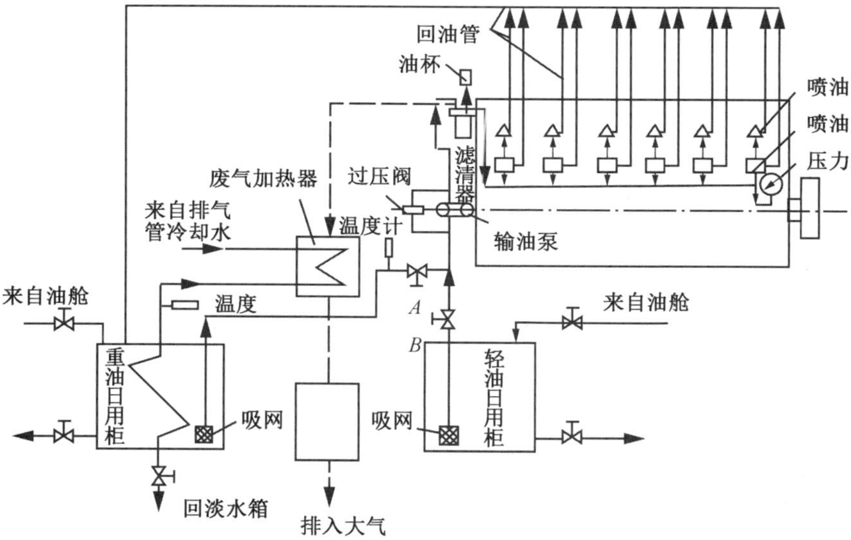

图 4-14 6250C 型柴油机燃油系统

燃油在喷油泵中建立高压后经喷油器以雾状喷入气缸。供给喷油泵多余的燃油流回输油泵进口端。从喷油器泄漏的燃油沿回油管流回日用柜。

日用燃油柜（见图 4-15）只供柴油机日常用油。按所装燃油品种不同，可分为重油日用柜和柴油日用柜。一般设置在机舱内较高位置，保证燃油重力作用下向柴油机喷射系统供油。

此外，日用燃油柜还有加热保温、重力沉淀的作用。

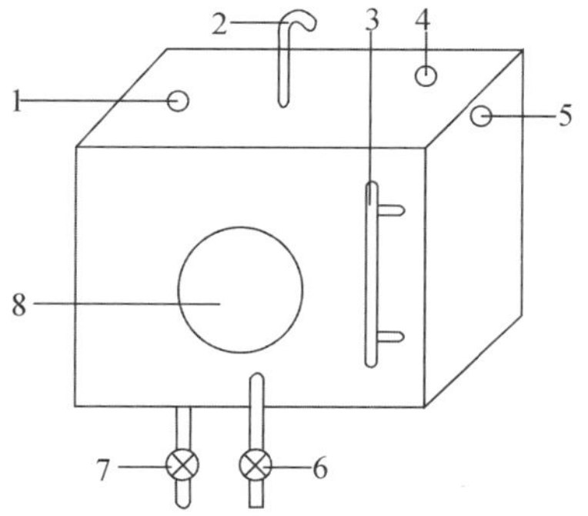

图 4-15　日用燃油柜

1—进油管口；2—空气管；3—液面管；4—柴油机回油管口；5—溢流管；6—出油阀；7—放油阀；8—清洁孔

输油泵的作用，是将日用油柜中的燃油以一定的压力和流量输送给喷油泵。应保证燃油能克服管路、滤器、阀门等的阻力以及输油泵和喷油泵之间的位差，并以一定的压力送入喷油泵，使各缸喷油泵入口处有足够的油压。

一般输油泵供油量为柴油机全负荷需油量的 2～4 倍，以免喷油泵吸油时引起低压油路中的压力波动。大、中型柴油机的输油泵常用齿轮泵和叶片泵，小型柴油机则用活塞泵。中、小型柴油机的输油泵则常由柴油机直接驱动。

燃油滤清器用来滤除燃油中的杂质。实践证明，燃油系统的很多故障是由于燃油不清洁所引起的。燃油的清洁程度对燃油系统各部件的使用寿命和工作可靠性有直接关系，因此，燃油必须经过精细的过滤。滤清器有多种型式，按其过滤能力不同分为粗滤器、细滤器和高压滤器三种，粗、细滤器的区别在于滤芯。常用的滤芯形式有表面式和缝隙式两种。船舶柴油机的滤清器要求能在不中断供油的情况下清洗或更换滤清器元件。因此，滤清器多做成双联式，用三通旋塞控制交替使用。

对供应系统的基本要求是：以可靠的工作、适当的压力向喷油泵提供清洁、足量的燃油。

二、回油孔式喷油泵的结构和工作原理

回油孔式喷油泵又称波希泵（Bosch），在柴油机工作时使燃油产生高压，并按照发火顺序和负荷大小，将燃油定时、定量地送到喷油器喷入气缸。喷油泵都采用柱塞式的结构，产生高压，其流量不受压力的影响。在内河船舶各类中小型柴油机上，主要使用回油孔调节式喷油泵，如图 4-16 所示。

根据其结构可分为单体式高压油泵和组合式高压油泵两种。前者用于大、中型柴油机，后者用于小型柴油机。

（一）单体式高压油泵的结构

1. 柱塞与套筒

如图 4-17 所示，套筒 2 置于泵体 4 内，由排油阀座 3 和出油管接头 5 压紧定位。套筒上部对径方向钻有两个孔，左侧的圆形孔为进油孔，右侧的孔为回油孔。进、回油孔使套筒外部的

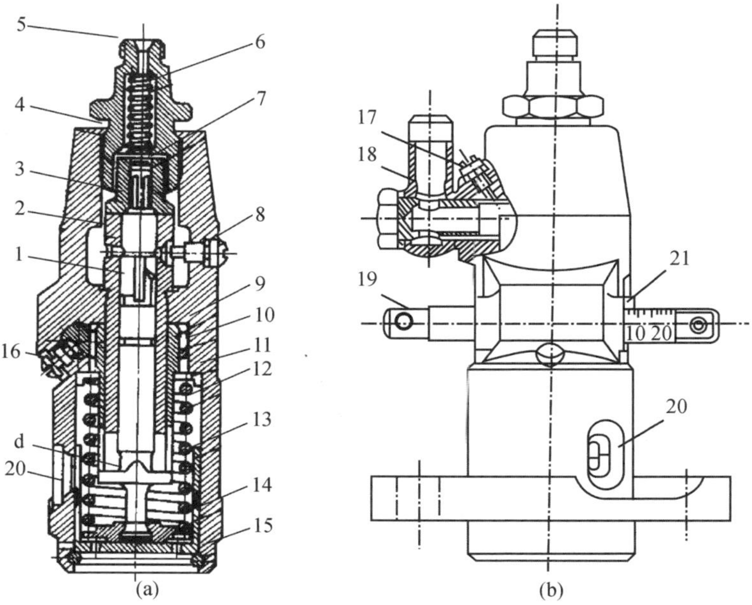

图 4-16　回油孔调节式喷油泵

1—柱塞;2—套筒;3—排油阀座;4—喷油泵本体;5—出油管接头;6—排油阀弹簧;7—排油阀;8—定位螺钉;9—调节齿套;10—小齿轮;11—弹簧上座;12—弹簧;13—导程筒;14—弹簧下座;15—卡簧;16—导销;17—放气螺钉;18—进油管接头;19—调节齿条;20—观察窗孔;21—指示片

低压贮油室与套筒内腔连通。回油孔外表面呈腰圆形,由定位螺钉 8 周向定位。定位后回油孔仍能进回油,但套筒不能转动,以防套筒转动时引起混乱。安装时,切记不能将两孔装反,若螺钉堵住圆形进油孔,会造成油量调节机构失效。

柱塞的上部柱面开有直槽 a、斜槽 b 和环形槽 c,如图 4-17 所示。这些槽道与套筒上回油孔相配合,用来控制柱塞的有效行程,以获得不同的供油量。

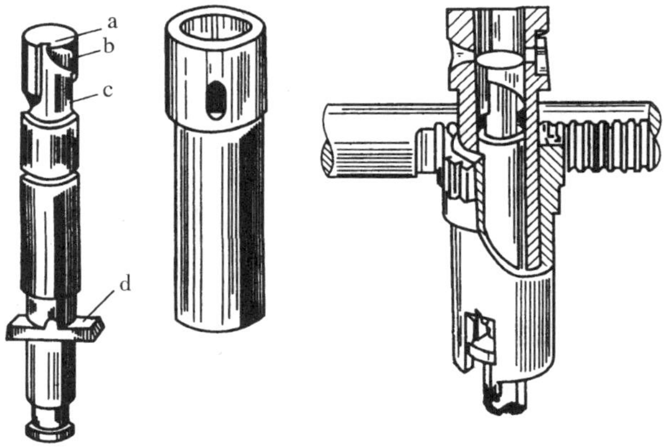

图 4-17　柱塞、套筒与齿条式油量调节机构

2. 油量调节机构

组成:齿套和调节齿条。齿套滑套在套筒的下部,齿套下部对径方向开有切槽,柱塞中下部的横销 d 按对中记号滑嵌其中并能上下移动(见图 4-18)。调节齿套的上部紧固着小齿轮

10(又称齿圈)与调节齿条相啮合。导销 16 插入齿条背部的长槽内起导向作用,以防止齿条歪斜与齿圈卡住。拉动齿条,调节齿套随之转动并带动柱塞相对于套筒转动。当齿条位置一定时,柱塞斜槽边与回油的相对位置也就确定,即柱塞的有效行程和供油量也就确定了。安装时,应确保齿套上的齿圈与齿条按标记对正啮合,否则会造成各缸供油量不一致。

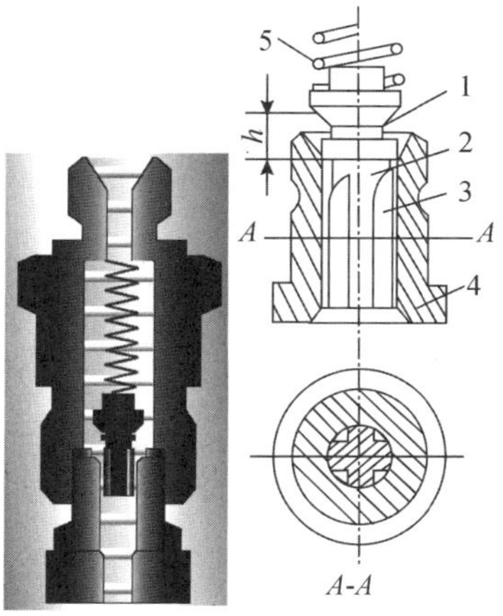

图 4-18　等容卸载排油阀

1—排油阀;2—导向柱面;3—排油阀;
4—排油阀座;5—排油阀弹簧

3. 导筒弹簧组件

组成:弹簧上、下座 11、14、弹簧 12、导程筒 13 和卡簧 15。弹簧上座滑套在齿套上,带有切槽的弹簧下座装于柱塞下端凸圆台上。弹簧上、下座应能保持柱塞弹簧的轴线正确,弹簧张力使弹簧上座紧靠本体,并通过弹簧下座使柱塞下行。导程筒 13 从柱塞下端向上装入本体 4 内,与下弹簧座相接触。并与柱塞下端凸圆台间留有间隙,以保证柱塞能在上下运动的同时,可按油量调节的需要灵活转动。导程筒对柱塞和弹簧起导向持中作用。其下端的两个孔在安装时插入销子,防止柱塞转动,使柱塞横销容易按标记装入齿套切槽。卡簧 15 对导程筒起限位作用,使整个油泵形成一个独立的组件,可防止拆卸或搬运喷油泵时柱塞和弹簧组件脱落。

4. 排油阀（出油阀）偶件

(1)排油阀的作用

①蓄压作用:柱塞上行泵油时供油压力逐渐升高,因出油阀减压凸缘和弹簧作用,油泵供油时刻延迟到出油阀上升至 h 后才开始供油,所以初始压力高。

②止回作用:防止高压油管中燃油的倒流,能缩短喷射延迟阶段,并有利于排除喷油系统的空气。

③卸载容积的作用:控制喷射过程结束后高压油管中的残余压力,卸载有助于消除高压油管残余压力过高引起的重复喷射和燃油滴油现象。

(2)排油阀的型式

①等容卸载排油阀

如图 4-18 所示,当排油阀下降减压凸缘高度 h 时,给高压油管让出了 $1/4\pi \cdot d^2 \cdot h$ 容积,即相当于高压油管增大了一个“卸载容积”,使管中燃油压力因容积增大而迅速降低,加速喷油器针阀的关闭。

等容卸载式排油阀的特点是，在柴油机任何转速工况下，其卸载容积都不变。

中、小型柴油机多使用等容卸载排油阀，但该型式排油阀易在颈部断裂，如果导向孔间隙夹有杂质，减压凸缘易被卡在导向孔内，排油阀落座过程中，高压油管中空出的卸载容积会使燃油压力急剧下降，导致喷油器针阀下降速度过大。

图 4-19 所示的是一种为避免上述缺点的改进型杯式等容卸载排油阀。排油阀下降一个距离 E 后落座，为高压油管让出了 $1/4\pi \cdot d^2 \cdot E$ 的等容卸载容积，使高压油管内膨胀卸载，避免了喷油器出现重复喷射及滴油等现象。

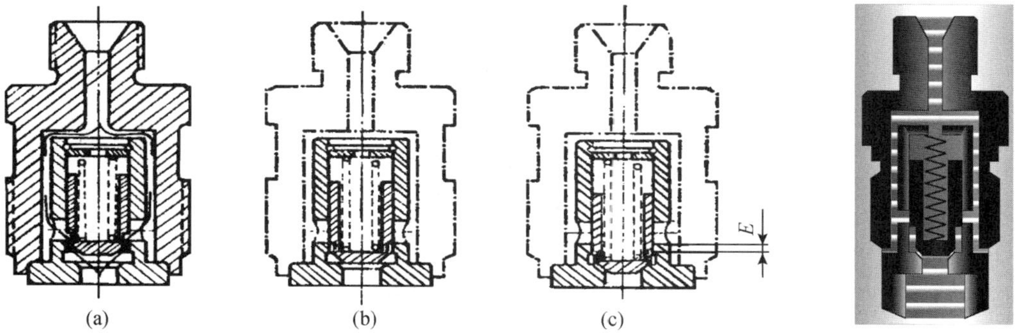

图 4-19　杯式等容卸载排油阀

（2）等压卸载排油阀

由于等容卸载式排油阀在柴油机任何转速工况下，卸载容积不变。当柴油机在低负荷时，由于供油量较小，等容卸载易导致高压油管内压力过低而产生穴蚀。因此在增压中、高速大功率柴油机上较多使用等压卸载排油阀，如图 4-20 所示。

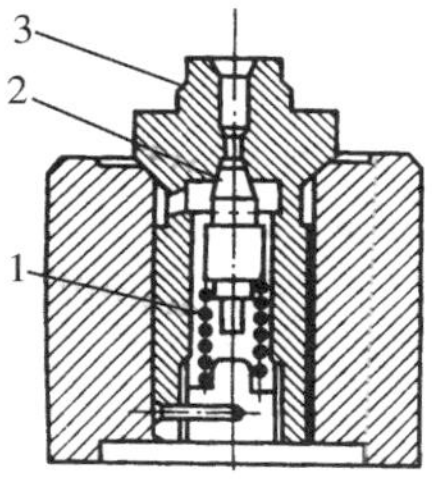

图 4-20　等压卸载排油阀

1—卸载弹簧；2—卸载阀；3—排油阀

在喷油泵供油期间，燃油压力将排油阀顶起，燃油进入高压油管。当供油结束排油阀落座后，如果高压油管中残余压力过高，卸载阀将在高压油管残余压力的作用下克服卸载弹簧的张力和泵油腔燃油压力的共同作用而下行开启，使燃油流回泵油腔，至一定残余压力后，由卸载阀弹簧将卸载关闭，使高压油管中保持了一定的残余压力，可以避免高压油管内产生空泡和穴蚀以及重复喷射。

等压卸载排油阀的特点是，当负荷发生改变时高压油管的剩余压力基本保持不变，但其结构较复杂。

还有一种球形等压卸载排油阀。其不同之处在于这种阀的卸载阀为球形。

5. 喷油泵传动机构

喷油泵传动机构由凸轮轴、凸轮、滚轮、顶头、顶头调节螺钉和锁紧螺母等组成(见图4-21)。其作用是,驱动柱塞上行压油。柱塞下行吸油依靠柱塞弹簧弹力完成。

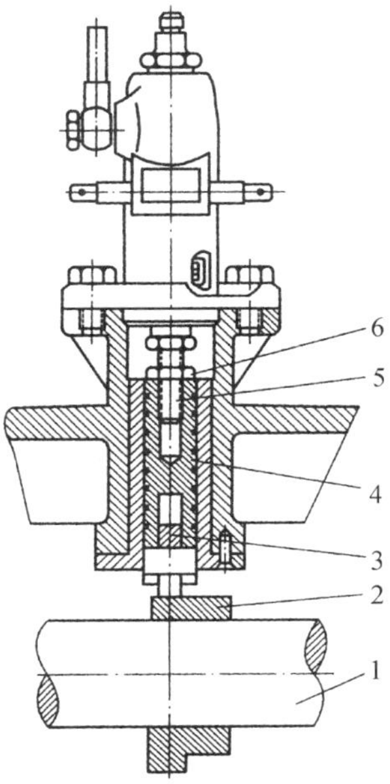

图 4-21 喷油泵传动机构

1—凸轮轴;2—凸轮;3—滚轮;4—挺柱;5—调节螺钉;6—锁紧螺母

喷油泵的供油提前角:当柱塞上行关闭回油孔开始供油时,该缸曲柄距上止点的相应转角,称为供油提前角。该角度的大小,主要取决于凸轮在凸轮轴圆周方向的安装位置、传动齿轮(或链条链轮)的安装情况、泵座垫片厚度和调节螺钉的旋出高度等。此外,柱塞下端与导程筒之间的间隙,弹簧下座与柱塞下端面之间、导程筒与调节螺钉之间、凸轮与顶头滚轮之间、凸轮轴与轴瓦之间的磨损等也都影响供油提前角。

调节螺钉主要用来调整柱塞前导程,也可用以微量调节供油提前角,以补偿喷油泵各零件在制造、安装及磨损造成的差异,确保供油提前角相同。但应注意,切勿使顶头的高度增加过大,否则柱塞上行时会撞击到排油阀座造成损坏。

(二)组合式高压油泵的结构

组合式喷油泵是将各缸的单体泵集中安装在一个泵体内,其喷油凸轮也安装在一根凸轮轴上,如图 4-22 所示。各分泵按编号用高压油管与对应缸的喷油器相连。组合泵多用于小型多缸柴油机上。其结构和工作原理与单体泵基本相同。

泵体由上体和下体通过双头螺栓连接构成。油泵上体有一贮油室与各分泵套筒的进回油孔相通。其左端进油管螺钉与输油泵输出管路相连;右端装有溢油阀部件。油量调节机构采用拨叉式,当供油量及各缸供油量不均匀时,可以用改变调节叉在拉杆上的位置进行调整。下泵体内装有凸轮轴和滚轮体部件。

组合泵的供油提前角由传动齿轮的安装啮合标记和可调联轴器来保证。若各分泵供油定时不合规定,则可以选择适当厚度的垫块来给予适当调节。

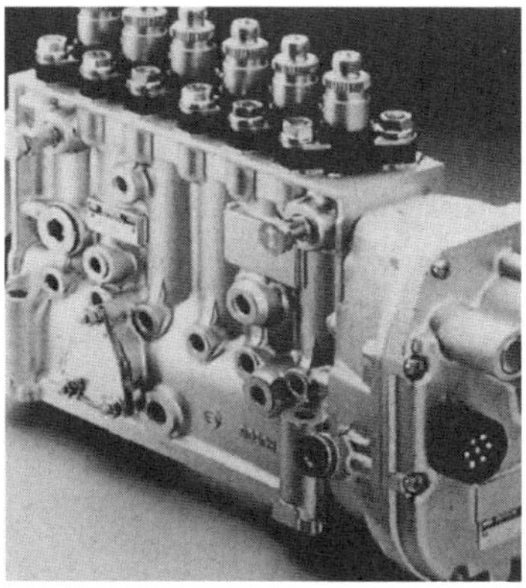

图 4-22　组合式高压油泵

(三)回油孔调节式喷油泵工作原理

1. 吸排原理(见图 4-23)

(1)进油:由下止点到关闭回油孔——前导程,由图 4-23(a)到图 4-23(b);

(2)供油:由关闭进回油孔到回油孔开启——有效导程,由图 4-23(b)到图 4-23(c);

(3)回油:由回油孔开启到上止点——后导程,由图 4-23(c)到图 4-23(d);

(4)停油:直槽对回油孔,如图 4-23(e)所示;

(5)中间供油:柱塞左旋供油量增大,右旋油量下降直到停油,调节范围小于 180°,如图 4-23(f)所示;

(6)最大供油量:直槽不对进油孔,最长边对进油孔——直槽稍过进油孔,如图 4-23(g)所示。

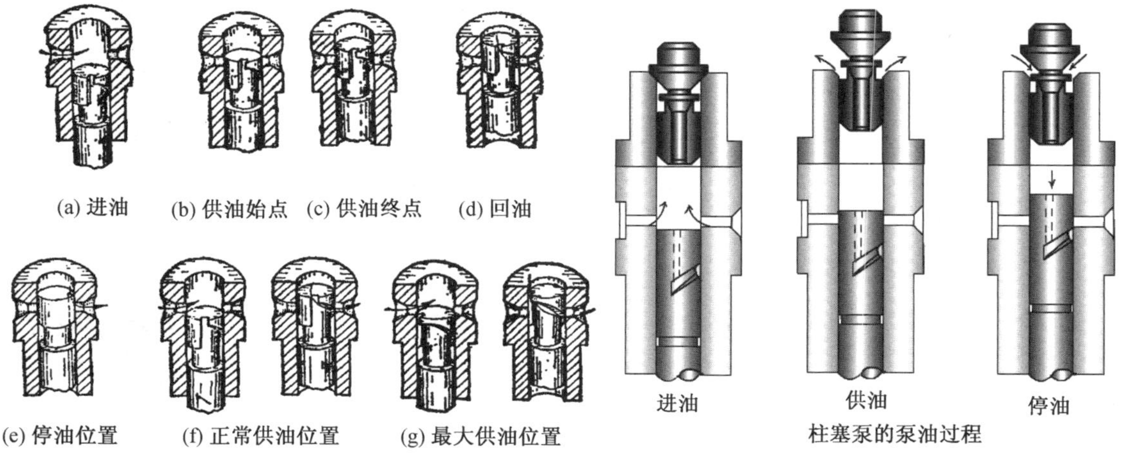

图 4-23　回油孔式喷油泵工作原理

2. 供油过程的调节原理

柱塞的斜槽边与套筒回油孔的相对位置,决定着柱塞有效行程的长短,即决定着喷油泵的供油量。转动柱塞就改变了柱塞斜槽边和回油孔的相对位置,也就改变了柱塞的有效行程,即决定了供油始点及时间,其有效行程大,供油量大。供油时间取决于柱塞上下关闭进回油孔时间。

归纳:供油量大小调节为转动柱塞——齿条和拨叉式调节;正时调节移动柱塞相对套筒上下位置或曲轴与凸轮相对位置。

3. 三种油量调节方式

油泵的供油量大小取决于供油的始、终点。供油始点取决于柱塞上端面遮闭回油孔的时刻;终点则取决于柱塞斜槽边开启回油孔的时刻。

(1)终点调节式:终点调节式喷油泵柱塞头部为平顶,斜槽在下面。柱塞无论怎样转动,其供油始点不变,而供油终点则随供油量增加而延后。这种调节方式适用于转速不变的发电柴油机,如图4-24所示。

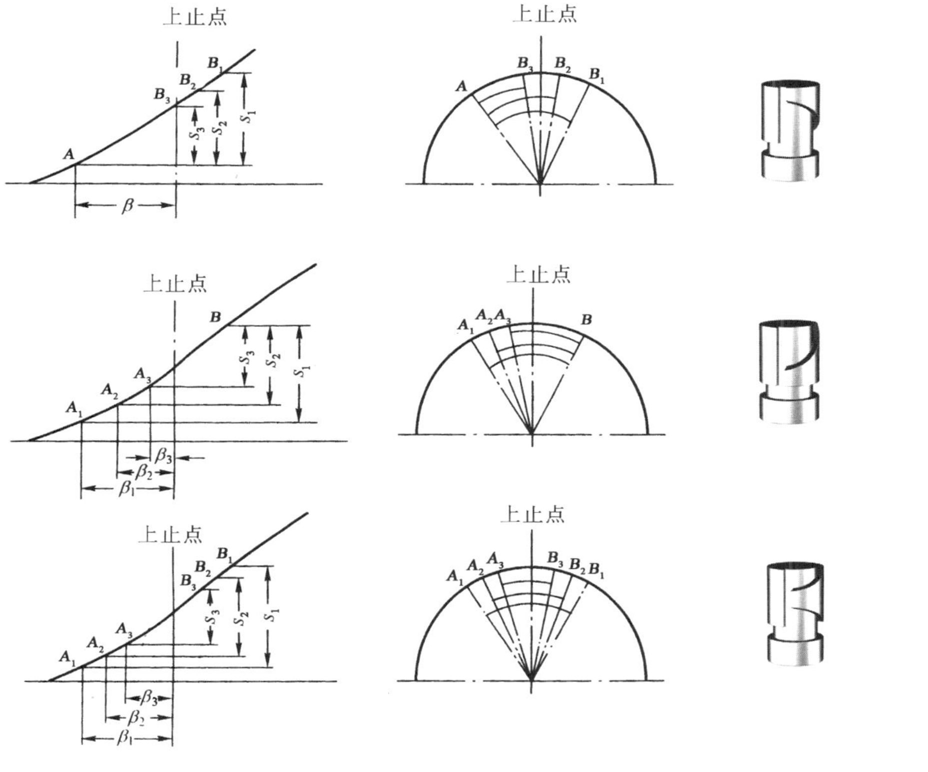

(a) 凸轮升程曲线　(b) 供油曲柄转角　(c) 柱塞头部

图4-24　三种油量调节方式及其柱塞头部结构

(2)始点调节式:柱塞斜槽在上。供油始点随供油量的增加而提前,即供油提前角增大,但供油终点不变。这种调节方式适用于转速经常变化的船舶主机。

(3)始终点调节式:柱塞头部上、下各有一个螺旋斜槽。始点和终点都随供油量的变化而改变。供油量减小,始点迟后、终点提前;供油量增大,始点提前,终点迟后。这种调节方式适用于高增压船舶主机。

归纳:三种不同的调节方式取决于柱塞结构——斜槽上下的差异。

三、回油孔式喷油泵的检查与调整

回油孔式喷油泵的检查调整包括喷油泵及出油阀的密封性检查、供油定时、供油零位和各缸供油量均匀性的检查与调整。

(一)密封性检查与要求

喷油泵密封性检查包括柱塞偶件、出油阀偶件的密封性检查。其中之一的密封不良,就会影响喷油泵的高压供油性能及供油量。通常密封性检查可按以下顺序进行。

1. 喷油泵密封性检查

方法1:在喷油泵出油管接头装上压力表,用手撬动柱塞泵油。当油压达到说明书规定压力时,停止泵油,压住泵油手柄使柱塞处于1/2以上有效行程位置不动,观看压力表。若压力在规定时间(一般不少于30 s)内压力保持不降,则可判定该喷油泵密封性良好。

方法2:若无压力表,可用闷头将喷油泵出油口闷死,然后撬动柱塞泵油,燃油没有出路致使压力升高。如果柱塞不能上行或上行极缓慢,说明喷油泵不漏油,密封性良好。

2. 排油阀与阀座的密封性

操作方法同上,压动泵油杠杆泵油,当油压达到规定值后停止泵油,此时与上的区别是,停止泵油时放松泵油手柄使柱塞下行,出油阀的阀体应落座,从而封闭出油阀与压力表之间的空间。这时若压力表读数基本保持不变,说明排油阀密封良好,否则说明密封不良。

(二)精密偶件滑动性检查

将精密偶件在清洁的柴油中清洗后,用手指拿住柱塞套筒倾斜45°,轻轻地抽出柱塞约1/3,放手后,柱塞应能依靠其本身的自重自由、均匀、缓慢地下滑,而没有卡阻现象,则认为其滑动性良好。如果柱塞下滑速度太快,说明柱塞与套筒的间隙太大;若柱塞下滑速度太慢,则说明柱塞或套筒内径已产生椭圆形磨损;如果柱塞下滑至某一位置卡住,则需检查原因,是否零件变形。

(三)供油定时的检查与调整

1. 供油定时检查方法

供油定时的检查方法因机型而异,在柴油机说明书中有专门说明。以下介绍几种在船舶上使用的方法。

(1)油面波动法

首先将柴油机盘车至喷油泵供油点附近,拆下喷油泵上的高压油管,接上有助于观察液面变化的玻璃管接头,然后将油量手柄置于标定供油位置,人工撬动柱塞驱气后再使燃油上升到玻璃管的某一高度,缓慢盘车并注视玻璃管内液面位置。当液面刚开始上升的时刻,立即停止盘车,此时即为实际开始供油时刻。根据飞轮上的刻度,即能读出供油提前角度值。对多缸柴油机可按照发火次序依次检查。

(2)光照法

对大型回油孔终点调节式喷油泵,若套筒上进、回油孔在同一高度,可用光照法检查供油定时。如图4-25所示,把喷油泵体上与套筒上进、回油孔相对的螺钉拆下,缓慢盘车,从油孔中观察柱塞的运动,并在对侧螺孔处用手电筒照射。当柱塞上行到刚好将回油孔遮住看不到光线时立刻停止盘车,从此时飞轮上的刻度即可读出该泵的供油提前角值。

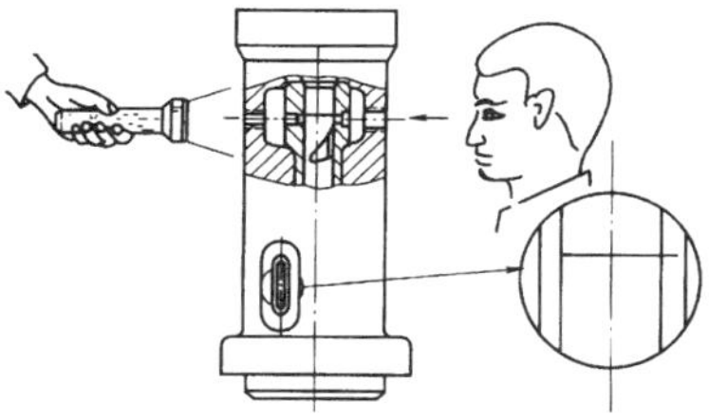

图 4-25 用光照法检查定时

(3)标记法

组合式高压油泵在泵体和转轴上标记有刻度线,如图 4-26 所示,部分单体式喷油泵在泵体下部设有观察窗孔,在观察窗孔上和导程筒外表面也分别刻有刻度线,如图 4-27 所示。盘车时,两刻度线正对平齐的瞬间,即为该泵的供油始点。这时从飞轮上可得到该泵的供油提前角。

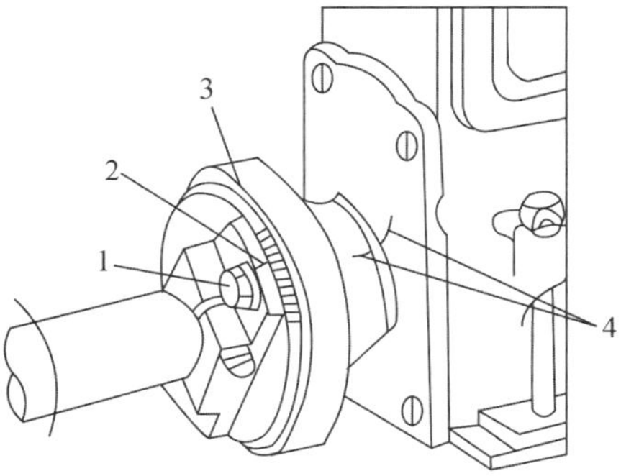

图 4-26 组合式喷油泵定时刻度线

1—锁紧螺钉;2—基准线;3—分度线(每格 3°);4—定时刻度线

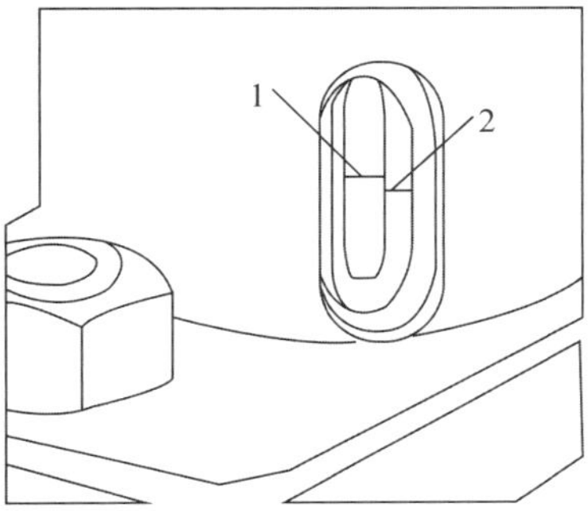

图 4-27 单体泵供油定时刻度线

1—导程筒上定时线;2—泵体上定时线

2. 供油定时的调整方法

根据喷油泵的工作原理和喷油泵的传动结构,中小型柴油机喷油泵供油定时的调整方法

一般有下列两种:

(1)转动凸轮法

大、中型柴油机的燃油凸轮都是单独制造的,然后通过键连接或液压紧固定位方式固定在凸轮轴上。

图 4-28 所示为凸轮在凸轮轴上的安装图。在凸轮轴上装有连接油管工具 3,高压机油经手摇泵压入凸轮环形沟槽 A,涨开凸轮内孔,从凸轮的两侧边缘渗出,在配合面形成油膜,凸轮便可在凸轮轴上转动。

另一种机型,凸轮与凸轮轴依靠端面铣有的 360 个齿(每个牙齿占 1°圆心角)啮合连接,并依靠固定螺母固紧。当需要转动调整供油提前角时,只需要松开固定销和锁紧螺母,即可沿轴向脱开凸轮进行调整。顺着凸轮轴转向转动凸轮,供油提前角增大,反之则减小。

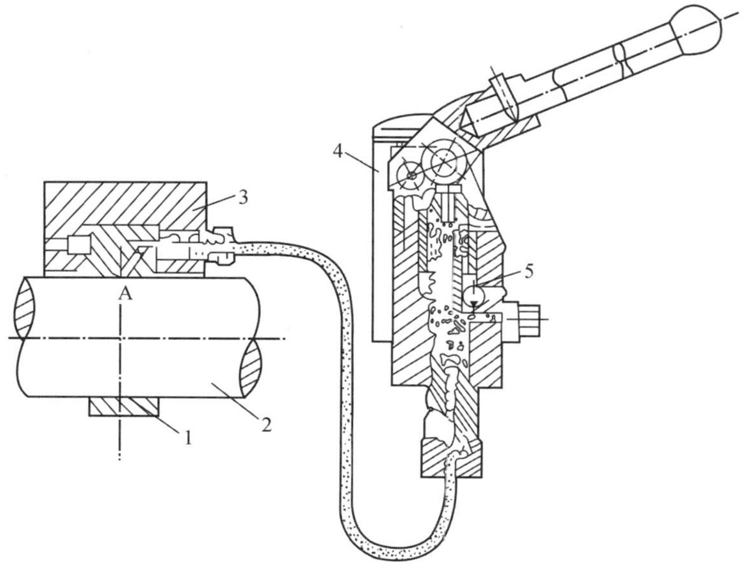

图 4-28　供油凸轮在凸轮轴上的安装

1—喷油凸轮;2—凸轮轴;3—连接油管工具;4—油箱;5—液压油泵

对于小型柴油机采用的整体式凸轮轴,转动凸轮法只能调节整机的供油定时,不能进行单缸调节。调整时可松脱油泵凸轮轴连接法兰盘,凸轮轴相对曲轴沿正车方向朝前转动供油提前;朝后转动,供油滞后。调整好后,重新紧固法兰盘即可。

必须指出,转动凸轮法是凸轮相对于该缸曲柄转动一个 α 角。所以转动凸轮法,燃油凸轮的有效工作段没有改变。因此,用转动凸轮法调整定时时供油规律也没有改变。

(2)升(降)柱塞法

该方法多用于中、小型柴油机柱塞-回油孔式喷油泵。这种方法是改变柱塞在套筒内的相对高度,实际上也就是改变柱塞上端面和套筒上回油孔之间的相对高度。

升(降)柱塞法的具体方法如图 4-21 所示,松开锁紧螺母 6,将调节螺钉 5 旋出,则柱塞上升定时提前;将调节螺钉旋入,柱塞下降定时滞后。调整好后,旋紧锁紧螺母即可。

(四)喷油泵供油量的检查与调整

1. 喷油泵供油量的检查

喷油泵供油量的检查包括:零油位的检查;各缸供油均匀性的检查。

(1)零油位的检查

当回油孔式喷油泵柱塞直槽正对回油孔时柱塞的有效行程为零,这个位置称为"零油位"。检查零油位的目的是,确保当油量手柄置于停车位置时,使各喷油泵立即停止供油,柴油机能迅速停车。检查方法为:

①对线法:泵体上的指示针与齿条零位对齐。

②对孔法:柱塞直槽应对准套筒回油孔。

③压油法:拆下高压油管,将油量手柄置于停车位置,应无油面上升现象。

(2)各缸供油量均匀性的检查

目的:保证当油量手柄位于标定供油位置时各喷油泵柱塞的有效行程相等。通常规定在标定工况下,多缸柴油机各缸供油量的不均匀度不得超过2%~3%。

①量杯法:常用于在油泵试验台上进行的油量调整。用此法检查供油量均匀性时,应把喷油器拆卸下来安装在量杯上,然后盘车(或人工泵油)使喷油泵工作,柴油经喷油器喷入量杯。盘车到一定转数(如100转)后,比较各量杯中的油量,求出供油量的不均匀度。不均匀度可用下式计算:

$$H = \frac{2(b - m)}{b + m}\%$$

式中,H——不均匀度;

b——最大供油量,mL;

m——最小供油量,mL。

②单缸断油测转速降法

柴油机运转时,当某缸断油后,柴油机转速显著降低,说明该缸供油量大;若转速降低很少或不变,说明该缸供油量小或不供油。试验时应用手短时间直接固定住喷油量拉杆,不让调速器起作用,否则不易判断。

③测各缸最大爆发压力。

④测各缸排气温度。

说明:一般以量杯法为准。后三种方法检查供油不均匀性,应对供油定时等项目进行检查和调整。因为转速的变化、最大爆压的大小和排气温度的高低,不只与供油量的大小有关,而且还与供油定时、喷射压力、燃油雾化程度、配气定时、压缩比、气缸密封状态以及润滑和冷却等各种情况有关。

2. 喷油泵供油量的调整

在采用单体式喷油泵的多缸柴油机上,各喷油泵的油量调节齿条都连接在一根共同的油量调节杆上,通过操纵台上的油量手柄控制供油量。拉动油量手柄,各缸喷油泵的供油量同时改变,实现了柴油机的油量总调。为保证各缸喷油泵的供油量相同,一般在各喷油泵调节齿条和油量调节杆的连接处装有调节螺钉,旋转调节螺钉就能对某缸的供油量进行单独的增减调节,如图4-29所示。组合泵则调节齿圈位置或拨叉在调油杆上的位置。

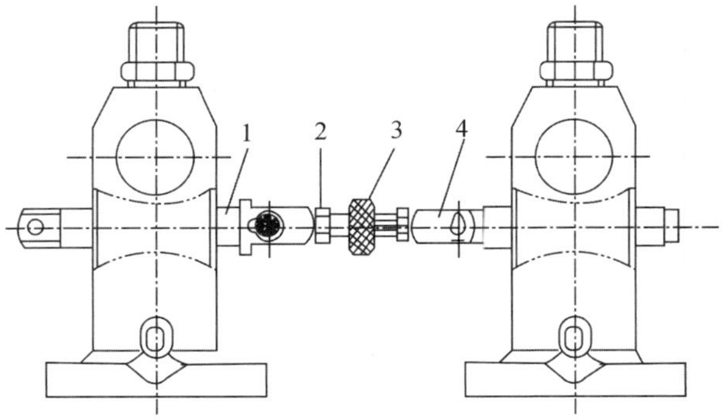

图 4-29 油量的调节

1、4—齿条;2—锁紧螺母;3—调节螺钉

(1)零油位的调整

一般地只要喷油泵是按照安装标记装配的,就可以保证零油位正确。误差不大时,可通过旋转油量调节杆与齿条连接处的调节螺钉来调节。

(2)各缸供油量均匀性调整方法

随油量调节机构的型式和与油量调节拉杆的连接方式而异。对单体式喷油泵供油量均匀性的调整,按上述方法初步调节后,还需要起动柴油机,根据各缸热力参数如排气温度、燃烧压力等以及测取的示功图对供油量进行最后的调整。对组合式喷油泵供油量均匀性的调整按前面所述方法调整。

四、回油孔式喷油泵的常见故障及排除方法

(一)穴蚀

(1)现象

零件表面出现的麻点或蜂窝状的孔群。

(2)位置

最容易发生在排油阀与阀座的密封处、柱塞斜槽上面宽度为回油孔直径的区域并与回油孔相对的泵体上。

(3)原因

空泡腐蚀。当某处油压下降到低于或等于该温度下燃油汽化压力时,该处燃油开始汽化产生气泡,随后气泡在正压力波的作用下破裂,激发出很强的冲击力作用在金属表面上。这样周而复始,使该处的金属表面不断剥落,形成穴蚀。

(4)排除方法

在高压系统中,可通过选择具有合适型式和参数的排油阀来解决穴蚀问题。

(二)柱塞和套筒过度磨损、拉毛、卡紧和咬死

柱塞和柱塞套如图 4-30(a)所示。

1. 柱塞和套筒过度磨损与拉毛

(1)影响

①密封性下降,造成柱塞偶件漏油,喷油提前角减小,喷射压力下降,雾化不良,燃烧恶化。

②若各缸喷油泵柱塞套筒磨损不均匀，将使各缸喷油量不均匀，引起柴油机低速运转不稳定。

（2）原因

柱塞与套筒的过度磨损除与材料和制造质量，还与燃油质量如黏度、含硫量和机械杂质等有关。

（3）位置

最容易发生在柱塞的头部，特别是在柱塞斜槽上面的配油部位以及套筒的进、回油孔上面部位。

2. **柱塞卡紧和咬死**

（1）影响

导致喷油泵不能正常工作。

（2）原因

大多是燃油净化不良，燃油中仍有机械杂质颗粒。在个别情况下，也可能是安装不正确或间隙过小所致。

（三）出油阀和阀座的磨损

柱塞和柱塞套、出油阀和出油阀座如图 4-30 所示。

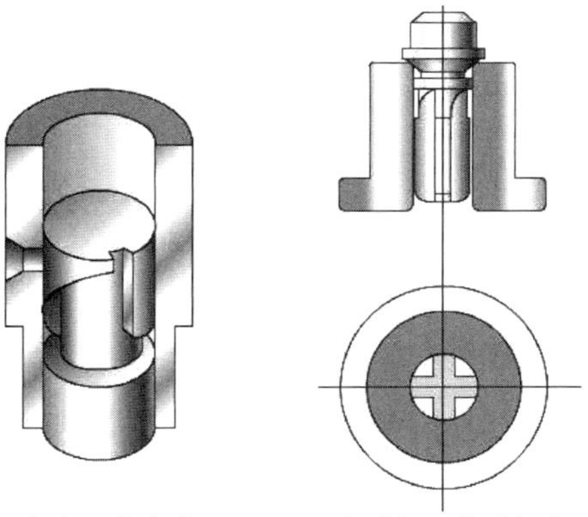

图 4-30　柱塞和柱塞套、出油阀和出油阀座

（1）影响

关闭不严时，在柱塞下行吸油过程中，高压油管中的燃油会吸回泵油腔，引起下一循环供油量减少和喷油定时延迟。

（2）原因

燃油中含有杂质以及具有酸性腐蚀作用、撞击或阀面扭曲变形。若只是阀面上有横、直细痕存在，这可能是燃油中杂质冲刷的结果。若发现阀和阀座的密封面或阀的其他部位有不规则的凹痕和斑点，则是由于燃油的酸性腐蚀所造成的。若阀的密封面被打磨得十分光亮并有轻微变形，则是阀的升程过大、撞击过重或阀面因多次研磨变薄而扭曲所致。

（3）处理措施

当发生上述故障时，应立即查明原因，酌情处理，或换新，或研磨后继续适用。

（四）其他

喷油泵还容易产生弹簧折断、泵体裂纹等故障。弹簧折断一般是由于外来硬物夹入弹簧中或安装有缺陷引起的。泵体裂纹除由于材料、加工不好外，还往往是由于高压油管堵死、特别是喷油孔堵塞或针阀咬死在阀座上使泵体内形成过高的压力而引起的。

五、喷油器的结构和工作原理

（一）闭式喷油器结构及工作原理

如图 4-31 所示，喷油器由本体 4、精密偶件针阀 1 和针阀体 2、推杆 13、弹簧下座 12、针阀弹簧 11、弹簧上座 9、调节螺钉 8、锁紧螺母 10 以及高压滤芯 15、进油管接头 5 等组成。

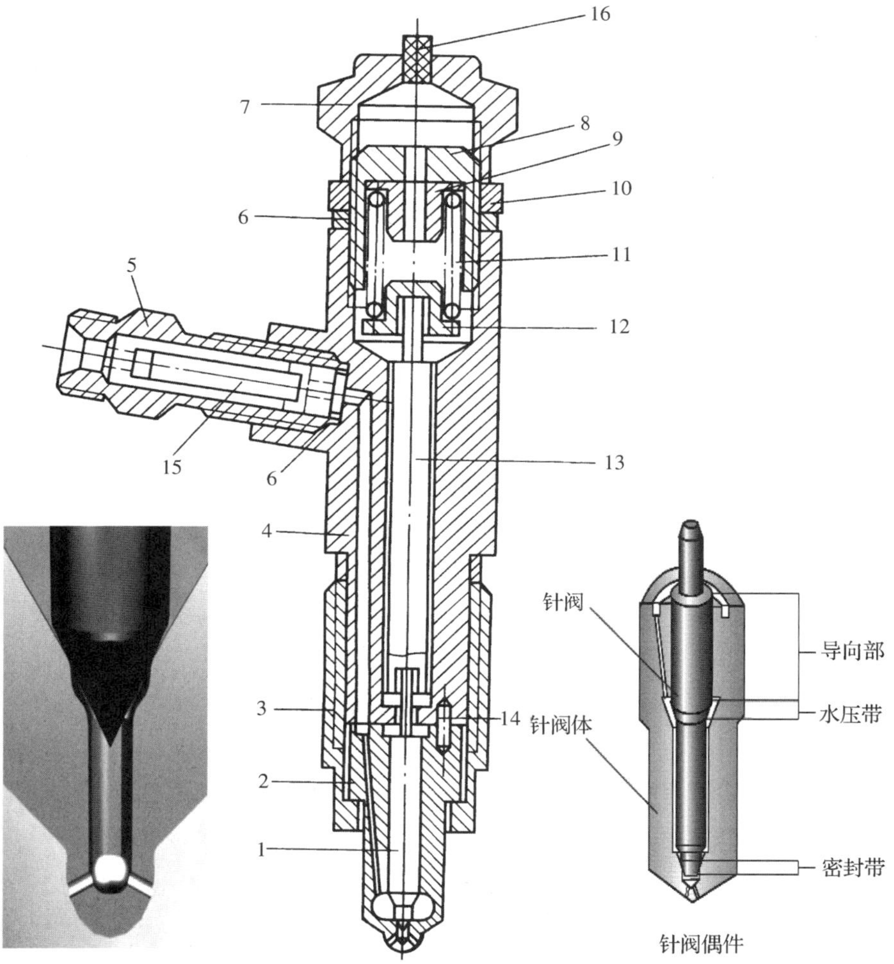

图 4-31　135 型柴油机喷油器

1—针阀；2—针阀体；3—紧固螺母；4—本体；5—进油管接头；6—垫片；7—保护帽；8—调节螺钉；9—弹簧上座；10—锁紧螺母；11—针阀弹簧；12—弹簧下座；13—推杆；14—定位销；15—高压滤芯

针阀体中空部分为贮油腔，喷油嘴均布着 4 个直径为 0. 35 mm 的喷孔，喷射锥角 150°。针阀体顶部有环形槽，为保证密封，此面与本体下端面精细研磨配合。针阀体内有斜孔将环形槽与贮油腔相通。针阀与针阀体精密配合,允许有少量燃油经针阀体的导向部间隙回流,以润滑和冷却针阀偶件。调压弹簧通过推杆将预紧力传至针阀,将针阀紧压在阀座上。弹簧的弹力可由调压螺钉控制,并用锁紧螺母锁紧。针阀尾柄插入推杆底部中孔,针阀升程受到本体端面限制,正常值为 0.45 mm。

高压燃油自进油管接头经本体内孔进入贮油腔作用在针阀的锥面上,克服弹簧的预紧力将针阀抬起。当针阀一离开阀座,其承压面突然增大,使针阀快速升起,减小了节流损失,使燃油果断地经喷孔喷入气缸。喷油泵停止供油后,贮油腔油压突然降低,针阀在弹簧的作用下迅速关闭,喷油便断然停止。此时,针阀把高压油空间与燃烧室隔开,所以把这种喷油器称为闭式喷油器。

燃油抬起针阀的最低压力叫启阀压力。

(二)喷油嘴结构形式

1. 单孔式喷油嘴

如图 4-32(a)所示,喷孔在喷油嘴中央,孔径最小为 0.2 mm,供油量大的孔径也增加。孔内座面与针阀的密封锥角为 50°~60°。燃油雾化锥角随孔的直径及长度而变化通常在 5°~15°之间。这种喷油嘴由于孔径大不易堵塞,喷出的油束穿透力强,雾化油粒较大。这种喷油嘴多用于采用分隔式燃烧室的小型柴油机。

2. 多孔式喷油嘴

如图 4-32(b)所示,喷孔数目 4~12 个,孔径 0.15~1.0 mm。雾化油粒匀细,分布较均匀,因孔径较小喷孔容易堵塞,适用于直接喷射式燃烧室。

3. 轴针式喷油嘴

如图 4-32(c)所示,在针阀下端有一小轴针,插入喷孔中,轴针有圆柱形和锥形两种。喷出的油束成空心柱状或空心锥状。这种喷油嘴不易产生积炭堵塞等故障。常应用于采用分隔式燃烧室。

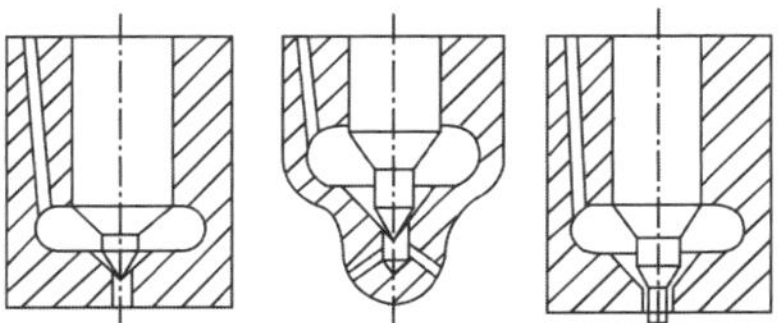
(a)单孔式　(b)多孔式　(c)轴针式

图 4-32　喷油嘴的基本形式

六、喷油器的试验和调整方法

喷油器的试验与调整,包括启阀压力、雾化质量和针阀偶件密封性三项。正常情况一般应每月一次,以确保喷油器始终处于最佳状态。检查与调整是在喷油器试验装置上进行的。

(一)启阀压力的检查与调整

检查时,先排除喷油器油路中的空气,然后缓慢泵油,从压力表观察开始喷油时的压力,此即为启阀压力。若此值与规定不符,则可拧动调节螺钉进行调节,直到满意为止。

（二）密封性的检查

检查时，泵油使油压保持在略低于启阀压力的一定数值上，然后停止泵油，观察该油压降落的速度。通常，以在规定时间内压力降不超过规定范围为标准。若超过规定标准，则说明针阀与针套、针阀与阀座锥面的密封性不良，应设法修复或换新。

检查针阀和针阀座的同时，可检查针阀与针阀体锥面的密封性，重复上步，后使油压缓慢上升直至启阀前，仔细检查喷孔周围表面燃油附着的情况。正常情况允许有轻微湿润但不得有油液积聚现象。

（三）雾化质量检查

检查时压动杠杆泵油，通过观察喷出的燃油雾花形状、数目和分布情况来判断雾化质量。雾化质量好时，油粒匀细，油束分布均匀，没有局部密集现象或油滴涌出，且油束的长度和锥角符合要求。每次喷油的开始和终了干脆利落，有清脆的“嘎嘎”声。在连续几次后，喷油嘴顶端应无油滴。

还应注意检查缓慢泵油时喷油器的雾化质量。若在缓慢泵油时，在压力增至启阀压力之前或油滴从喷孔漏出，这表明针阀与针阀体的密封锥面密封不良。

当发现雾化质量较差时，应检查原因并修复；若无法修复时则应及时更新。

七、喷油器的常见故障及排除方法

（一）针阀和针阀座密封面磨损

针阀与阀座严重磨损将使燃油漏入气缸，造成燃烧不良。此外，油滴还将附着在喷油嘴下端并在高温下积炭，这种现象叫喷油嘴滴漏。当阀座因过度磨损而下沉（下沉量为 S），如图 4-33 所示时，燃油须在针阀上升 S 距离后才能通畅喷出。在针阀上升 S 的过程中，少量燃油经阶梯形狭缝流出。这时因节流损失太大，油压很低会造成燃油雾化不良，引起燃烧不良和积炭。再者由于针阀下沉，针阀升程过大，针阀与阀座的撞击加剧。因此要限制针阀升程的增加量。一般规定不得超过 0. 15~0. 2 mm。针阀磨损的主要原因是燃油中机械杂质的冲刷、燃油的酸性腐蚀和针阀与阀座的撞击作用产生的。严重时应换新。

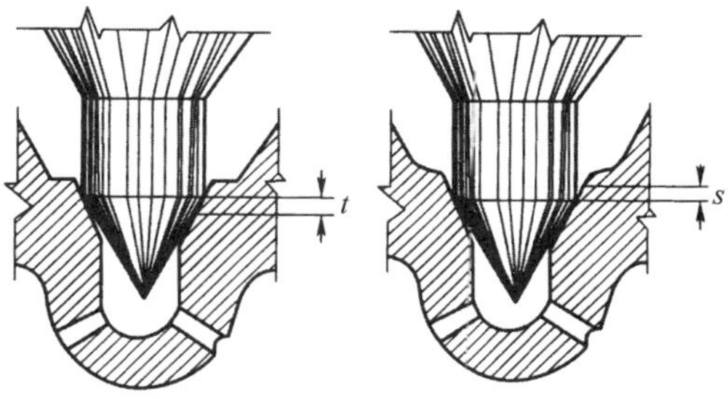

(a) 正确阀座密封面　(b) 不正确阀座密封面

图 4-33　针阀与阀座配合状态

（二）针阀偶件导向部磨损

针阀偶件导向部的磨损是由于两者的相对运动产生的。磨损导致两者间隙增大，漏油量增加,引起喷油压力下降和雾化不良。当各喷油器针阀偶件磨损不相同时,各缸喷油量便不均匀。这种现象在低负荷时尤为明显,因而影响柴油机低负荷运行时的稳定性。严重时应换新。

(三)针阀体与本体配合端面渗漏

此配合端面的渗漏主要是由于腐蚀或安装时不洁净造成的。这种渗漏会引起雾化不良和燃烧变差。发生渗漏时,会在水冷式喷油器的冷却水循环箱中发现燃油;非冷却喷油器将有燃油从紧帽螺纹间隙渗出。检修时应仔细研磨两端面,使其接触贴合恢复良好。

(四)针阀在针阀体中卡阻或咬死

针阀在针阀体中卡阻会造成针阀不能按时启闭,使整个喷射过程滞后和延长,造成雾化不良、燃烧恶化。此时高压油管脉动减弱,甚至无脉动(针阀完全卡紧时)。

当针阀在针阀体中咬死时,针阀根本不能正常启闭,喷油器不能工作,咬死在关闭位置会造成该缸停油熄火,柴油机转速降低;喷射系统中的油压迅速升高,高压油管脉动强烈,油管接头处会发生漏油或破裂,导致高压油管和喷油泵发热。咬死在开启位置则会造成雾化不良,燃烧恶化,后燃严重,排气冒黑烟。高压油管脉动减弱。

产生卡阻或咬死的主要原因是燃油中的机械杂质进入针阀偶件导向部的间隙中、喷油器冷却不良、针阀偶件在高温时发生变形以及安装不正等。发现这种情况必须换新。

(五)喷孔磨损、阻塞、积炭和裂纹

喷孔的磨损是由于燃油高速冲刷作用致使喷孔直径增大,当燃油中含有杂质和酸时会加速喷孔磨损。喷油器喷孔因受液体磨损,孔径扩大10%以上应更换。

喷孔阻塞主要是由于燃油中含有杂质以及积炭所致。喷孔的磨损和阻塞使燃油雾化不良,破坏了油束与燃烧室形状的正常配合,导致燃烧恶化。若喷孔严重阻塞时,各缸喷油量将不均匀,柴油机低速运行不稳定,高压油管脉动增强、喷油时间延长,后燃加剧。

喷孔内部或外周积炭主要是由于喷油嘴过热所致。若喷油器冷却不良或燃油燃烧距喷油嘴太近,则喷油嘴温度升高。燃油流经喷孔时,喷孔内可能形成一层积炭,使喷孔直径减小,造成喷射距离缩短,使燃烧更靠近喷油嘴,形成恶性循环,导致喷孔堵塞。喷孔外周积炭则主要是由于针阀密封不良或关闭不及时所致。因为附着在喷油嘴外面的油膜或油滴会在高温下焦化形成积炭。在燃用重油时,积炭质地坚硬,不易破碎,堆积在喷油嘴外表面,阻碍着燃油的喷射,使燃油油束失去正确的形状和方向,严重地影响了燃烧过程。

喷油嘴的裂纹主要是长期高温作用产生的,必须换新。喷嘴积炭或堵塞可用积炭清洗剂浸泡并用探针清通。

(六)喷油器弹簧折断

喷油器弹簧经长期使用后可能因疲劳或腐蚀而折断,新弹簧也可能因调整不当而折断。当喷油器弹簧折断时,启阀压力降低,雾化不良,喷油提前,燃烧粗暴,需换新弹簧。

八、燃油系统的日常管理与维护

(一)定期装油,驳油和分油

装油量要根据柴油机的耗油量、船舶续航时间等原则来确定。装油时每个油舱的存油量

不应大于该舱容积的95%,以防风浪中或温度升高时发生溢油。在柴油机运行过程中,应定期进行驳油和分油,保证日用油柜有足够的清洁燃油供应使用,防止燃油不洁净或无油供应而发生事故。驳油时要注意各油柜的油位变化,把日用油柜的油位控制在限定刻度之内(装满后难以区别柜内有无燃油),并通过溢油管上的观察镜监视是否溢油。利用分油机时,应注意防止净油从分油机排水管中跑出。

(二)油柜定期放水排污

燃油在运输和贮存过程中要严防机械杂质和水分混入。在沉淀油柜和日用油柜的底部都设有排污阀。应定期开启此阀,把沉积在油柜底部的杂质和水分排出,防止沉积的杂质和水分进入燃油管系造成停车。此外,还应定期清洗油柜,除去污垢。燃油在注入日用油柜前至少要经过12 h以上的沉淀。

(三)定期清洗燃油滤清器

燃油通过滤器时,燃油中的杂质将被滤出残留在滤网上。为防止杂质过多堵塞滤器,需要定期清洗滤清器(特别是燃用重油时)。一般在滤器的进出口两端装有压力表,可以根据燃油流经滤器进出口两端时的压力差来判断滤器的工作情况。若压力差超过规定值,说明滤器堵塞严重,需要立即清洗;若无压力差或压力差过低,则说明滤网破损或滤芯安装错误,也须立即拆检。在喷油器进油管脉动突然增强,且喷油泵有“砰砰”声响,则很可能是由于高压滤器堵塞使油管内压力骤增所引起的,应立即拆检清洗。

(四)注意喷射系统的充油驱气

系统中存有空气将使柴油机起动困难或在运转中突然停车。在喷油泵、喷油器或高压油管经过拆卸或检修以及燃油滤器经过清洗重新装复时均需要充油驱气。

喷射系统的充油驱气方法视设备和有无气缸检爆阀而定。一般按如下程序进行。

首先,旋开滤器放气螺钉,利用燃油重力或手动泵进行充油排出滤器前的气体。然后,通过喷油泵放气螺钉或排油阀,利用燃油重力或手动泵向泵内泵油排出泵内的空气。为将套筒内气体排净,充油排气时应将柱塞停于压油零行程的位置。最后,通过喷油器放气螺钉并撬动喷油泵柱塞向高压油管内供油来驱出高压油管和喷油器内的气体。放气时,应使放气口溢出燃油,且油中不带气泡时为止。然后将放气螺钉关闭。

若柴油机有气缸检爆阀,则此部分放气不必单独进行,可在冲车过程中同时完成。

(五)严防喷油泵柱塞在套筒内卡紧

在起动前,应逐个检查各柱塞的活动情况,以防在停车期间,特别是长期停车和套筒内燃油流尽时柱塞在套筒内发生呆滞和卡紧或引起磨损加剧。

喷油泵更新后,为防止新偶件因配合过紧发生卡死现象,应先在低负荷下工作一段时间后再转入高负荷工作。

在柴油机工作中需暂时中断某缸供油时,不应关闭喷油泵进、出口阀,而应该用专门提升机构抬起柱塞;或打开该缸喷油器上的回油阀,使燃油回流。防止因缺乏燃油的润滑和冷却使柱塞过热而卡死。重油改轻油时,应注意防止油温的突然变化,以免柱塞和针阀因油温突变而咬死。

(六)注意高压油管的脉动情况

在柴油机运行期间,应经常检查高压油管的脉动情况。若发现高压油管脉动突然增强,且喷油泵有“砰砰”的响声,多数原因是喷孔或高压滤器堵塞所致。若高压油管脉动无力且排气冒黑烟,则可能是喷油器启阀压力过低或弹簧折断,喷孔直径过大,针阀卡死或关闭不严,针阀导向部过度磨损;柱塞与套筒严重磨损或排油阀座与套筒结合面不密封,排油阀关闭不严及减压凸缘过度磨损等原因所引起的。若脉动时强时弱,则可能是柱塞卡滞所致。遇到上述不正常情况应立即停车检修。

(七)经常注意燃烧情况的变化

在柴油机运行期间,应注意气缸内燃烧情况的变化。通常可通过排气温度、排气颜色、爆发压力和转速的变化以及测取示功图等进行综合分析。排气温度是一个十分重要的参数。若排气温度升高,排气冒黑烟,可能是燃油雾化不良,供油提前角过小,喷油量过多等原因所引起燃烧不良的结果。这会使柴油机和增压器的热负荷增大,耗油率增加。在任何情况下,排气温度均不许超过规定限度。

若排气温度和功率下降,转速波动大,可能是某缸喷油量过少,甚至为零,造成各缸供油不均匀所致。其原因大致有:喷油器喷孔堵塞、针阀卡住、高压滤器堵塞、喷油泵柱塞卡住、排油阀不密封、弹簧折断或卡住等;高压油管严重漏油或喷射系统进入空气等。对此,可用前述单缸断油法加以判断。在未查明喷油量下降原因之前,不可盲目增大喷油泵供油量。在查明并排除了故障之后,排气温度仍不正常时,才可调整喷油泵供油量。否则若是因空气汇集或阀面被细小杂物卡住所致,而喷油泵由于燃油将空气或杂物带走而自行恢复原供油后,会使该缸严重超负荷。

爆发压力也是一个重要参数,也反映了缸内燃烧情况,应定期测量。若爆发压力过高、排气温度正常、缸内有过大而不规则的敲击声,当停止该缸泵油后敲击声减小或消失,则说明该缸供油提前角太大;若爆发压力偏高,排气温度偏高,说明该缸供油量过多;爆发过低,排气温度正常,说明供油提前角过小;爆发压力偏低,排气温度偏低,通常是供油量过小;若爆发压力偏低,排气温度偏高,属燃烧不良后燃严重,应检查喷油泵和喷油器。

(八)注意控制最低稳定转速

在多缸柴油机中,由于各缸喷油泵柱塞偶件、喷油器针阀偶件的间隙和喷孔孔径间的差别,以及喷油泵调节杆安装间隙的不同,使得柴油机在低速(低负荷)运转时,各缸供油量显著不均。严重时个别缸不能发火而使转速不稳定,甚至自动停车。因而任何柴油机都有一个各缸能够均匀发火的最低转速,称为最低(工作)稳定转速。

按我国有关规定,船用低速主柴油机的最低稳定转速不高于标定转速的30%,中速柴油机不高于40%,高速柴油机不高于45%。

第三节 润滑系统

一、润滑系统的功用、润滑方式及系统组成

(一)功用

润滑系统的主要功用是,向柴油机各运动部件输送足量的,温度适宜的清洁滑油,保证运动件间的液体摩擦,减少零件的磨损和摩擦功的消耗。在柴油机中,润滑的作用有:

(1)减磨作用:在相互运动表面保持一层油膜以减小摩擦,这是润滑的主要作用。

(2)冷却作用:带走两运动表面因摩擦而产生的热量以及外界传来的热量,保证工作表面的适当温度。

(3)清洁作用:冲洗运动表面的污物和金属磨粒以保持工作表面清洁。

(4)密封作用:产生的油膜同时可起到密封作用。如活塞与缸套间的油膜除起到润滑作用外,还有助于密封燃烧室空间。

(5)防腐作用:形成的油膜覆盖在金属表面使空气不能与金属表面接触,防止金属锈蚀。

(6)减轻噪声作用:形成的油膜可起到缓冲作用,避免两表面直接接触,减轻振动与噪声。

(7)传递动力作用:如推力轴承中推力环与推力块之间的动力油压。

(二)润滑方式

如图 4-34 所示,由于柴油机各运动零件的工作条件不同,对润滑强度的要求也不同,因而要相应地采取不同的润滑方式。

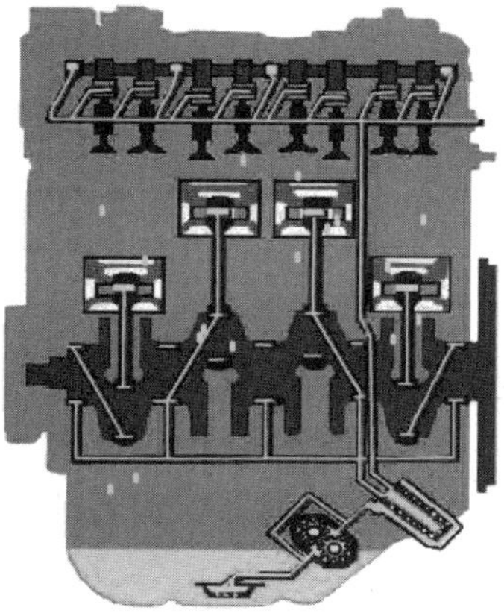

图 4-34 润滑方式

1. 压力润滑

利用滑油泵,将具有一定压力的润滑油源源不断地送往摩擦表面。例如,曲轴主轴承、连杆轴承及凸轮轴轴承等处承受的载荷及相对运动速度较大,需要以一定压力将滑油输送到摩

擦面的间隙中，方能形成油膜以保证润滑。这种润滑方式称为压力润滑。

2. 飞溅润滑

利用柴油机工作时运动零件飞溅起来的油滴或油雾来润滑摩擦表面的润滑方式称为飞溅润滑。这种润滑方式可使裸露在外面承受载荷较轻的气缸壁，相对滑动速度较小的活塞销，以及配气机构的凸轮表面、挺柱等得到润滑。

3. 定期润滑

柴油机辅助系统中有些零件则只需定期加注润滑脂（黄油）进行润滑，例如水泵及发电机轴承就是采用这种方式定期润滑。近年来在柴油机机上采用含有耐磨润滑材料（如尼龙、二硫化钼等）的轴承来代替加注润滑脂的轴承。

（三）润滑系统的组成

润滑系统按照润滑油贮存的位置不同，可分为湿曲轴箱式（湿油底壳式）润滑系统和干曲轴箱式（干油底壳式）润滑系统两大类。

1. 湿曲轴箱式润滑系统

润滑系统没有专门的润滑油箱，油底壳起着循环油柜的作用。润滑油泵直接从油底壳中把滑油输送到各摩擦表面，经过润滑后的滑油全部流回油底壳中。这类润滑系统比较简单，但润滑油与漏到曲轴箱中的燃气接触机会增多，容易使滑油变质；在强化柴油机中，油底壳中的润滑油会形成很多泡沫，滑油泵吸入泡沫就不能保证良好的润滑和工作的可靠性；在船舶摇摆较大时，滑油泵有时吸不上油，影响到润滑油供给的连续性。另外，清洗和检查油底壳很不方便。因此，这种润滑系统在小型柴油机用得比较普通。

以图 4-35 所示的 135 系列柴油机的湿式油底壳润滑系统为例，滑油的流动路线如下：

滑油泵从油底壳经粗滤和吸入管将滑油吸入，再压送到滑油滤器底座，在此分为两路：一路滑油进入离心式精滤器 6 滤清杂质后流回油底壳；另一路则经金属刮片式或绕线式粗滤器、滑油冷却器后进入柴油机。

进入柴油机的滑油分三路：

第一路滑油进入曲轴内油道去润滑连杆大端轴承，然后从轴承两侧流出，借离心力飞溅至缸套与活塞配合面。刮油环从缸壁刮下的滑油又滴入连杆小端两油孔内，以润滑连杆小端轴承和活塞销轴承。主轴承则靠油雾和飞溅润滑。

第二路滑油去润滑气阀配气机构。进入凸轮轴内油道的滑油润滑凸轮轴承后，再经缸盖内工作面，工作过的润滑油流回至油底壳。油道和缸头滑油管去润滑摇臂轴承和气阀导管。从缸头泄回的滑油再润滑气阀顶杆挺柱和凸轮工作面，工作过的润滑油流回至油底壳。

第三路滑油经盖板上的一个喷嘴喷到各传动齿轮的工作面润滑各齿轮，随后也流回油底壳。

在滑油滤清器底座中装有调压阀和旁通阀。调压阀用来限制和调节滑油最高压力。当柴油机刚起动时，因滑油黏度过高或排油管道阻塞，造成滑油压力过高时，调压阀被滑油顶开，使一部分滑油流回油底壳，以保护润滑系统不致因受高压作用而损坏。旁通阀在粗滤器阻塞而滑油压力增高时自行开启，使滑油不经粗滤器两旁通到冷却器，由此可以避免因粗滤器堵塞而造成柴油机中断滑油的危险。

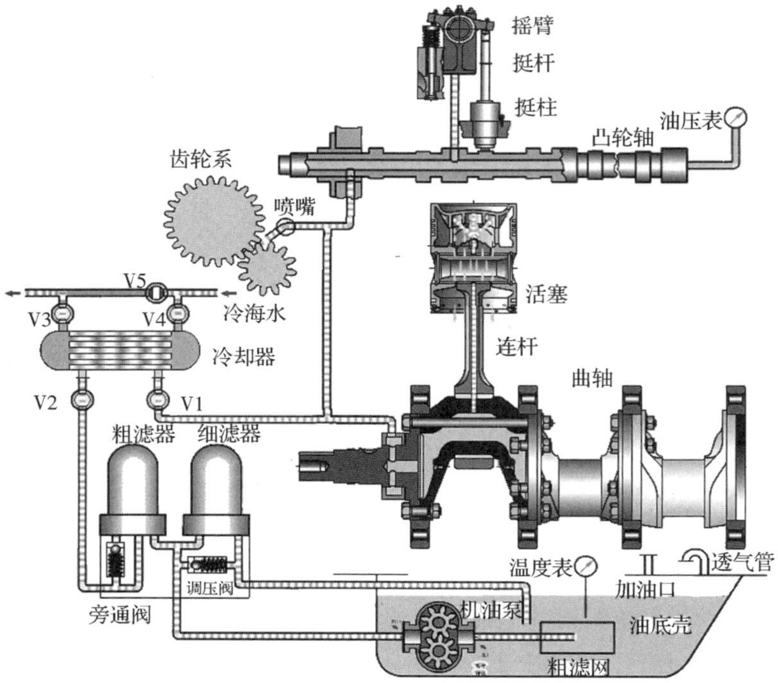

图 4-35　135 系列柴油机湿式油底壳润滑系统

精滤器与粗滤器并联的优点是:始终有部分滑油经过精滤而保持洁净,而使润滑系统的阻力增加不多;当粗滤器堵塞时,一部分滑油仍受到过滤,可保证柴油机继续工作。

2. 干曲轴箱(干式油底壳)式润滑系统

如图 4-36 所示,这种型式的润滑系统设有专门的滑油箱储存滑油,由油底壳或机座收集的滑油经循环油泵不断地抽出(或依靠重力)送至滑油箱;再由压力油泵把滑油箱中的滑油送到各摩擦表面。这种系统能减少滑油与燃气的接触机会,防止滑油变质;曲轴箱的容积和高度可以减小;滑油积集于单独的循环油箱中,保证船舶摇摆倾斜时不会中断供油,同时便于滑油的检查和更换,放出滑油中的气泡;对于大型柴油机来说,便于工作人员进入曲轴箱内拆装或检查零件。大、中型船舶柴油机广泛采用干曲轴箱式润滑系统。

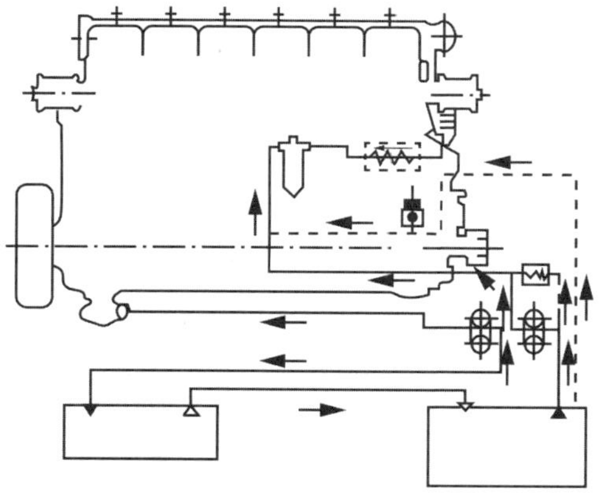

图 4-36　6160A 柴油机润滑系统简图

二、润滑系统的日常维护管理

(一)正确选择润滑油

根据要求合理选择润滑油,并将质量合格的润滑油输送到各需要润滑的部件,保证其正常运转。

(二)确保滑油压力在正常范围

滑油压力按说明书规定值在滑油泵的旁通阀处进行调节,一般保持在 0.15~0.4 MPa。滑油压力应高于冷却器内冷却水的压力,以防冷却器漏泄时冷却水漏入滑油中。

滑油压力过高,接合面易漏油向四处飞溅,容易受热变质,致使滑油耗量增加;滑油压力过低,供油不足,会使机件磨损增强,严重时会发生重大机损事故。

(三)确保滑油温度在规定范围内

滑油进口温度应保持在 40~55 ℃之间(取上限),最高温度不允许超过 65 ℃,冷却器进、出口温差一般为 10~15 ℃。滑油温度可通过冷却器旁通阀进行调节。

温度过低,滑油黏度增大,摩擦阻力变大,使滑油泵耗功增加;温度过高,滑油黏度过低,润滑性能变差,零部件磨损增加,此外过高的温度,会使滑油加速变质。

(四)保证正常的工作油位

经常检查循环柜油位,保证正常油位。油位过低,滑油温度将会升高加速氧化变质,油中杂质无法在循环油柜中得到充分沉淀,严重情况下将有断油危险;油位过高将可能造成溢油危险。运转中,油位突然降低可能由油底壳或管系漏油引起;油位突然升高可能由冷却系统漏水所致。均必须查明原因,加以排除。

(五)确保滑油质量

(1)保持滑油清洁

轮机管理人员在航行过程中应定期用分油机进行连续旁通分离;定期取油样化验分析,以便于找出滑油变质规律,正确确定滑油使用期限;定期检查清洗滑油滤清器、冷却器。若柴油机或滑油系统经过解体拆修,柴油机工作几个小时后就应拆洗滤清器一次。

(2)防止燃油漏入曲轴箱,并保证曲轴箱通风良好。

(3)严防冷却水和柴油漏入滑油中。

(六)备车暖机

备车时应对滑油柜加温,使滑油预热到 38 ℃左右,以便于杂质的分离和防止油泥沉淀在管壁上,并可减轻滑油泵负荷。加热后即可开动滑油泵,使滑油在系统中循环,防止柴油机起动时干摩擦。

三、润滑系统的常见故障及处理

(一)滑油压力不正常

1. 滑油压力的缓慢变化

柴油机起动之初,滑油压力很高,但随着滑油温度的升高,压力逐渐下降;滑油滤器滤芯逐渐变脏,滑油进机压力便逐渐下降;滑油使用期较长后,黏度和压力都逐渐下降;摩擦件工作时间较长后随着油膜间隙的逐渐增加,滑油压力也逐渐下降。上述现象是自然而正常的,无须处理。

2. 滑油压力的急剧变化

发现滑油压力急剧变化后应立即检查,必要时立即停车。找出原因并针对不同的情况尽快予以排除。其主要原因有:

(1)滑油从冷却器漏入冷却水中,或从破裂的油底壳等处外泄,造成循环油量不足而引起滑油压力急剧下降。

(2)滑油泵工作不正常或失灵,如吸入端滤网堵塞、吸入管道泄漏而吸入空气、吸入阀损坏,使吸油量减少甚至吸不进油;排出端泄漏严重,如油泵装配的端面间隙太大、安全阀或调压阀失灵,滑油压力表管道堵塞等。所有这些都会引起滑油泵出口压力急剧下降,甚至压力表指示不出油压。

(3)油泵排出端油道或滤器堵塞,引起滑油压力急剧升高。

(二)滑油温度过高

滑油温度偏高,可从以下几个方面进行检查,并根据具体情况予以解决。

(1)柴油机本身负荷过大,使油温过高。此时应降低负荷。

(2)进入摩擦面的滑油量过少,使滑油温度升高。因此应检查滑油泵工作情况、系统是否堵塞、泄漏等;若旁通阀开启过大或失灵而造成进入冷却器的滑油流量不足,也会使油温升高。

(3)滑油冷却器冷却效率降低,使滑油温度升高。应检查滑油冷却器的水腔和油腔积垢或堵塞情况。

(4)进入滑油冷却器的冷却水量不足,冷却效果下降导致油温升高。此时应检查冷却水泵工作是否正常和冷却系统是否漏泄。

第四节 冷却系统

一、冷却系统的功用与冷却方式

(一)冷却系统的功用

柴油机工作时燃气温度高达 1 800 ℃左右,与燃气直接接触的气缸盖、气缸套、活塞、气阀、喷油器等零部件严重受热。零部件严重受热后的后果是：

(1)材料的机械性能下降，产生较大的热应力与变形，导致上述部件产生疲劳裂纹或塑性变形；

(2)破坏运动部件之间的正常间隙，引起过度磨损，甚至发生相互咬死或损坏事故；

(3)燃烧室周围部件温度过高，使进气温度升高，密度降低，从而减少进气量，增压后的空气温度也会升高，并影响进气量；

(4)润滑油的温度也逐渐升高，黏度下降，不利于摩擦表面油膜的形成，甚至失去润滑作用。

因此，必须对柴油机受热机件加以冷却。

但是，若柴油机过分冷却也会带来负面影响：

①冷却液带走大量热量，会使柴油机做功能力下降；

②过分冷却导致燃油滞燃期延长，产生爆燃和燃烧不完全，增加能量损失；

③机件内外温度差过大，以致热应力超过材料本身的强度而产生裂纹；

④润滑油黏度变大而增加摩擦功的消耗；

⑤在燃用含硫量较高的重油时，缸套将产生严重的低温腐蚀等。

因此，在管理中应既不使柴油机因缺乏冷却而导致机件过热，也不使柴油机因过分冷却而造成不良后果，应有所兼顾。

冷却系统的主要任务：保证柴油机在最适宜的温度状态下工作，既能避免零件的损坏和减小其磨损，又能充分发出它的有效功率。

(二)冷却方式

目前，柴油机的冷却方式分为强制液体冷却和风冷两种。船用柴油机几乎全部采用强制液体冷却，液体冷却介质通常有淡水、海水和滑油三种。

对冷却系统的基本要求是，向柴油机冷却空间输送连续、足量、规定压力和适宜温度的冷却水。

(三)柴油机冷却系统

柴油机冷却系统一般采用淡水强制冷却柴油机，然后再用舷外水强制冷却淡水和其他载热流体(如滑油、增压空气等)。在系统布置上，前者属闭式循环，后者属开式系统，两者组成的冷却系统称闭式冷却系统。

1. 缸套冷却水闭式冷却系统

如图 4-37 所示，淡水泵供应的淡水→柴油机缸套外水腔→气缸盖→淡水冷却器→淡水泵，实行闭式循环。

温度自动调节阀感应冷却水出口温度。若水温低，则自动调大调节阀，大量冷却水经过旁通管(不经冷却器)→水泵；若水温高，则自动调小调节阀，大量冷却水经过冷却器→水泵。以实现进入柴油机的水温控制。

置于高位的膨胀水箱的作用有：

(1)膨胀，使系统中的淡水受热后有膨胀的余地。

(2)补水，补充系统中因蒸发和泄漏而损失的水量并保持淡水泵有足够的压头。

(3)排气，排除系统中的蒸汽或漏入的空气。

(4)投药,可在此投放化学药剂,对冷却水进行化学处理。

(5)加热,在其中设置加热装置,对冷却水加热以暖缸。此外,还可以观察水位的变化,水位不足及时补水。

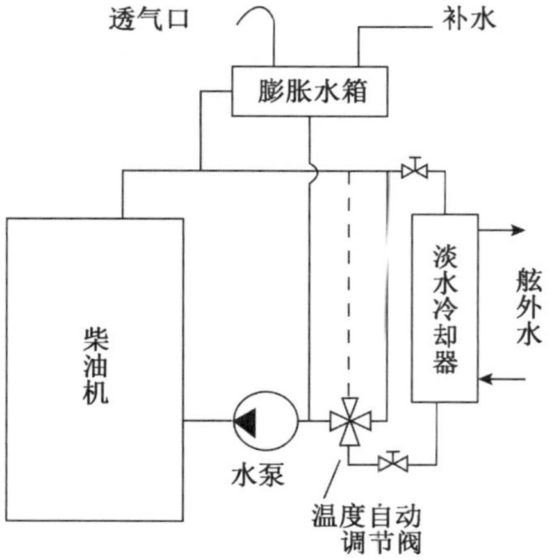

图 4-37 闭式冷却系统

2. 开式海水系统

开式海水系统是用舷外水作为冷却剂,以冷却淡水、滑油、增压空气和空气压缩机等。系统的基本组成是海底阀和大排量海水泵,其系统如图 4-38 所示,使用过的海水排至舷外。在系统中装设感温元件 6 和自动温度调节阀 10,使部分使用过的海水回流至海水泵进口,保证进冷却器的舷外水温度不低于 25 ℃。

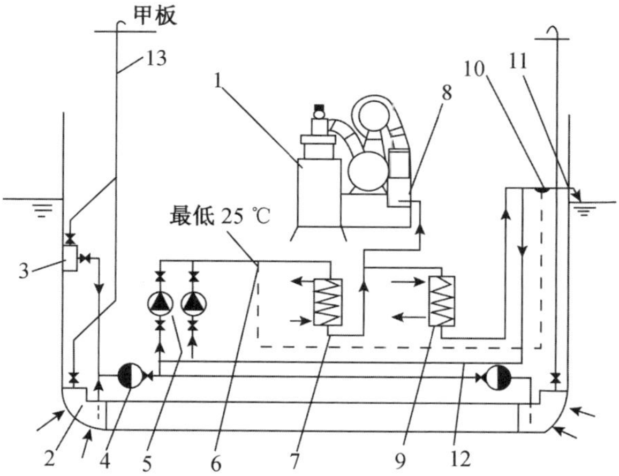

图 4-38 开式海水系统图

1—主机;2—低位海底阀;3—高位海底阀;4—滤器;5—海水泵;6—感温元件;7—滑油冷却器;8—增压空气冷却器;9—缸套水冷却器;10—自动温度调节阀;11—出海阀;12—温海水回行管;13—通气管

一般设两个以上海底阀,分高位和低位,分设在船舶的两舷。船舶进港后,由于船底下泥沙污物较多,多用高位海底阀。航行时,为防止因风浪造成空吸,多使用低位海底阀。当船舶在码头停靠时,一般停止使用靠近码头一侧的海底阀,而改用外侧海底阀,以防污物阻塞。

海水泵一般设两台，一台备用。有些船上把备用泵兼作备用淡水泵。海水泵排量很大，通常在吸入管接一应急舱底吸口，以备机舱进水时应急排水之用。海水泵一般均采用大排量离心泵。

通常，船上的柴油副机有独立的淡水冷却系统。

二、冷却系统的日常维护管理

柴油机工作中，只有确保冷却系统各设备、管路正常工作，才能使柴油机处于良好的工作状态。冷却系统在使用中必须注意以下几点：

（1）淡水泵出口压力应调整在正常工作范围

淡水压力应高于海水压力，防止冷却器泄漏时海水漏入淡水中，引起其变质。流量的大小一般是通过水压来反映的。从水压的变化情况往往可判断系统某些设备发生了故障。如压力下降表示吸入口堵塞或漏入空气，或者水泵效率降低。压力逐步上升则表示内部水垢增厚而使通路狭窄，或者是由于循环路线上的阀门未开足，使得管路阻力增加。

（2）淡水温度应根据说明书的规定调整至正常工作范围

勿使淡水出口温度过低（造成热损失增加、热应力增大、低温腐蚀）或过高（使缸壁润滑油膜蒸发，缸壁磨损加剧，冷却腔内发生汽化，缸套密封圈套迅速老化）。对于中、高速柴油机，一般出口温度可控制在 70~80 ℃，低速机可控制在 60~70 ℃，进出口温差不大于 12 ℃。一般淡水出口温度以接近允许上限为宜。

在管理维护中，当个别气缸出现水温不正常时，首先应结合排烟温度判明该缸的热负荷情况是否正常，当断定供油量和喷油器正常后，可调整该缸的出水调节阀，改变其循环水量使水温达到正常。当柴油机已出现过热时，应先减小或卸掉负荷，使水温逐渐下降，切不可立刻停止运转，更不得将热水放掉加入冷水，以免机件骤冷收缩而将活塞咬住，甚至引起炸缸事故。

（3）检查各缸冷却水的流动情况，如需调整冷却水流量，应调整淡水泵的出口阀，调节速度应尽量缓慢。淡水泵的进口阀应始终处于全开位置。

（4）注意膨胀水箱和淡水循环柜的水位变化。如水位降低过快应迅速查明原因，加以排除。

（5）在进、出港机动航行时，可关掉海水泵或控制其流量以保证淡水温度不致波动过大。主机完车后不应立即关闭淡水泵，应使淡水泵继续运转一段时间（如 30 min）以带走缸内残留的热量，防止缸壁表面滑油膜蒸发。

（6）在备车时应开动淡水泵进行冷却系统驱气，一般使淡水在系统内循环 15~30 min。在需要时，还应同时进行暖缸，使水温达到 45 ℃左右。暖缸有利于缸内发火，易于起动，还可使滑油均匀布散，防止缸套严重磨损，并可降低缸壁的热应力。

（7）平时应注意检查海底阀是否被杂物堵塞。在寒冷地区航行时应注意海水管系的管理，防止海底阀被冰块卡死。

此外，应定期对水泵加注滑油，检查其水封；定期清洗冷却系统的杂物、水垢；定期检查调温器等。

三、冷却系统的常见故障及处理

(一)冷却液充足但柴油机水温高

1. 主要原因有两个方面

首先是柴油机冷却系统的散热能力下降,其次是柴油机的发热量增加。

(1)冷却系统本身的原因

①舷外水泵损坏;

②节温器失效或拆除后运转柴油机使冷却液大循环受阻;

③水套水垢沉积过多,或分水管堵塞分水不畅;

④气缸垫烧蚀,或缸体、缸盖出现裂缝,使高温高压气体进入冷却系统;

⑤冷却系统匹配不当。

(2)其他原因

①严重超载或长时间超负荷工作;

②供油时间过迟;

③燃烧室积炭过多;

④润滑油量不足或机油冷却器工作不良。

2. 故障诊断及排除方法

(1)先检查舷外水供应是否正常。

(2)若舷外水供应正常,再用手分别感觉水箱和柴油机的温度。若水箱温度低,而柴油机温度高,说明冷却液循环不良。

(3)若水箱出水管路良好,再检查水箱进水管路.起动柴油机,冷却液应能有力地排出。否则,说明水泵或节温器有故障。进一步拆下节温器,起动柴油机,若水箱仍不排水,则说明水泵有故障。若拆下节温器后,水箱的进水管路变得排水有力了,则故障出在节温器,应更换节温器。

(4)若以上检查正常,在水温过高的同时柴油机动力明显下降,则应检查气缸垫是否烧蚀。若从水箱的加水口处涌出大量高温冷却液或气体,则说明柴油机或空气压缩机(水冷式)出现裂缝,使高温高压气体进入冷却系统。

(5)对于长期未清洗水垢的柴油机,若出现过热无法排除时,应考虑是否水套内积垢太多。检查时,可先把冷却液放空,再加满冷却液,并计量注入的体积,若比规定值明显减少,则说明水套内水垢较多,可采用化学溶剂清洗水垢。

(6)若柴油机及冷却液温度正常,冷却液液位也正常,而水温表指示水温过高,或水温过高报警灯亮,则为水温表、报警灯电路或传感器的故障。

(二)冷却液温度过低

(1)原因

柴油机上未装有节温器或节温器失效,低温时冷却液仍通过大循环冷却水温表及其传感器损坏。

(2)故障诊断及排除方法

①若冷却液温度低,可打开水箱盖,如仍看到冷却液进入水箱进行大循环,则为节温器失灵或漏装节温器。应换装节温器并使小循环的旁通水道畅通。

②若水温表指示温度低,而用手触试水箱时感觉冷却液温度并不低,则说明水温表及其传感器或线路有故障。

第五节 操纵系统

一、起动系统

柴油机本身无自行起动能力,必须在外力作用下才能起动。柴油机在外力作用下从开始转动到自行运转的全过程称为柴油机的起动。保证柴油机具备自行发火条件的最低转速称为起动转速,起动转速是评价柴油机起动性能的重要参数,通常起动转速的范围是:高速机为80~150 r/min;中速机为60~70 r/min;低速机为25~30 r/min,起动转速高,则起动性能差。

(一)起动方式及要求

1. 起动方式

(1)人力起动

利用人力通过起动摇把直接转动曲轴和飞轮,当达到起动转速后即自行发火燃烧。人力起动方式最简便,但人的体力有限,它只适用于20 kW以下的小型柴油机。船上的救生艇和应急消防泵使用的柴油机常采用人力起动。

(2)电力起动(见图4-39)

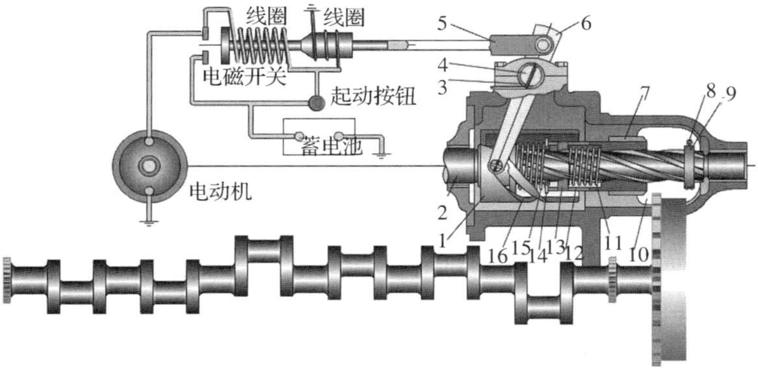

图4-39 6135柴油机电力起动装置组成及原理

1—套筒;2—轴;3—扭力弹簧;4—支点;5—传动杆;6—杠杆;7—齿轮;8—开尾销;9—挡圈;10—缺口;11—弹簧;12—直销;13—转动滑块;14—圆环;15—弹簧;16—螺旋槽

电力起动的基本原理是:用蓄电池向装在飞轮端的起动电动机供电,电动机再通过同轴上的小齿轮7带动轮缘上装有齿轮圈的飞轮,使曲轴转动来起动柴油机。因为起动电机的电路由电磁开关控制，只有当小齿轮与飞轮齿圈正确啮合上时，电磁开关才闭合，此时，电机便带动着柴油机曲轴旋转。柴油机发火后，其转速逐渐升高，当飞轮变成主动轮而带动电机轴上的小齿轮转动时，小齿轮的转速刚一超过电枢轴的转速，就迫使小齿轮沿电枢轴上的齿槽退下方，而与飞轮脱离啮合关系。传动装置是在电磁开关的作用下，起动电机尚未运转时，使小齿轮与飞轮齿圈正确的啮合。这样可以避免小齿轮与飞轮齿圈相互碰撞及由此而引起这些轮齿的损伤或折断。

电力起动装置简单、紧凑、起动方便，广泛用于高速小型柴油机。但起动能量受蓄电池容量的限制，故只适用于 300 kW 以下的柴油机。船上小型电站和救生艇的柴油机，大多数采用电力起动。电力起动时，每次持续起动时间一般不允许超过 10 ~ 15 s，起动失败若再次起动时，两次之间的间隔时间应大于 1 min。起动时间过长或频繁起动，电动机会发热烧损。

（3）压缩空气起动（见图 4-40）

压缩空气起动的基本原理是：将压力为 1.5 ~ 3.5 MPa 的压缩空气，按柴油机的起动顺序和规定的起动定时在气缸处于膨胀冲程时引入气缸，以压缩空气代替燃气推动活塞运动，带动曲轴旋转，当达到起动转速后自行发火燃烧，完成起动过程。

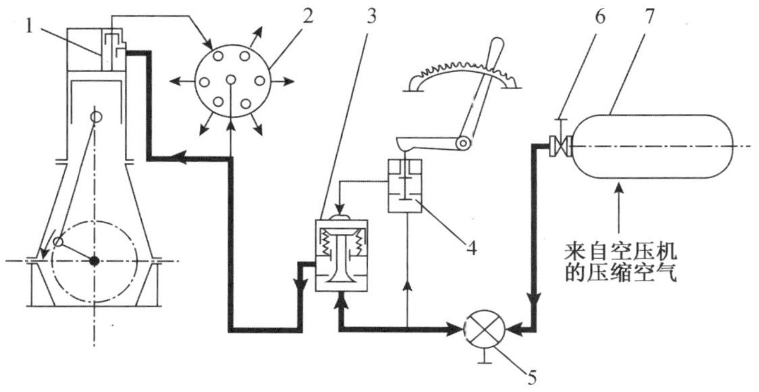

图 4-40　气压控制式起动系统

1—起动阀；2—空气分配器；3—主起动阀；4—起动控制阀；5—截止阀；6—出气阀；7—空气瓶

压缩空气起动可提供很大的起动能量。起动迅速，正倒车均可起动。有时还能用于柴油机的紧急制动，帮助主机刹车。压缩空气起动普遍用于大、中型柴油机，船用可直接倒转的柴油机毫无例外地采用这种方式起动。

2. 对起动系统的要求

要求柴油机在各种环境状态下都能可靠起动迅速、消耗功率小，且能确保在短时间内多次起动。此外，还希望起动系统操作简便、维修保养方便且易于实现遥控。对于船舶主机，要求曲轴处于任何转角位置和机舱温度低达 5 ~ 8 ℃的条件下不需暖机，就能迅速和可靠地起动。

（二）起动装置的常见故障及处理

1. 电力起动常见故障及处理（见图 4-39）

（1）起动按钮放松后，小齿轮仍不退回（齿轮发出尖锐噪声）

原因：电磁开关接触片烧熔、粘牢，电磁开关复位弹簧失灵；螺旋套管与起动机轴之间油污过多、卡牢；拨叉复位弹簧折断或啮合的一对轮齿上有毛刺。

处理:此时不可再按起动按钮,否则相当于重载起动,蓄电池会冒烟,摩擦片吱吱响。应先敲打电磁开关外壳,或脱开附近一根电线,停车后再检修。

(2)起动机不转

若蓄电池、连线均无问题,故障就在起动机或电磁开关。用粗导线将电磁开关两个接线柱短路,若起动机此时运转正常,则故障在电磁开关。若此时起动机仍不转,则应拆开检查。若在短路两接线柱时有强烈火花,但起动机不转,说明起动机内部线圈有短路或接铁,因此不能限制电流了。此外应检查电刷架是否接铁而造成短路。

(3)起动机空载时可运转,但无力起动柴油机

可能由于轴承过松而使电枢和磁极碰擦;电刷磨损过多,电刷弹簧压力不足,换向器过于脏污使电刷接触电阻过大;励磁或电枢绕组有局部短路;摩擦片打滑;电磁开关接触不良;起动机轴弯曲;蓄电池容量不足等。应查明原因后排除。

(4)小齿轮与飞轮齿圈不啮合且有撞击声

电磁开关行程不对,闭合过早,此时小齿轮与飞轮齿圈尚未啮合,电枢已经高速回转。应调整偏心螺钉。当轮齿打坏或由于起动机轴与曲轴中心线不平行亦可引起此故障。

(5)啮合后起动机空转

一般因摩擦片严重打滑引起。

2. 压缩空气起动系统常见故障及排除

(1)柴油机不能起动

①盘车机未脱开:只要脱开盘车机,即能起动。

②空气压力不足:检查空气瓶压力及出气阀,主停气阀的开启情况,根据检查情况补充空气和开足有关阀件。

③起动控制阀芯咬死或磨损:可清洗或换新。

④主起动阀卡阻在关闭位置,起动空气不能进入气缸:可改为手动进行应急起动。停车后再停气拆检使阀能灵活动作。

⑤起动空气分配器滑阀咬阻和磨损漏气或定时不准.不能使相应气缸起动阀开启:应查明因予以排除。

⑥气缸起动阀卡阻或严重漏气:可用专用手柄将阀压动或更换阀芯。

(2)起动时曲轴能转动,但达不到发火所需的转速。

①起动空气压力太低:应补充空气和将阀开足。

②环境温度较低,柴油机暖缸不足、润滑油黏度太大,应暖缸提高气缸温度。

③起动操纵动作过快:应重新起动。

④空气分配器、个别气缸的气缸起动阀咬死或动作不灵活:应拆检清洗。

二、调速器的功用与种类

(一)调速器的功用

柴油机运转的转速,与其输出的功率(燃烧的油量)和它所带动的负荷大小有关。若负荷不变,柴油机加大燃油量,输出的功率大于负荷消耗的功率,就可实现加速;若柴油机减少燃油量,发出的功率小于外界负荷消耗的功率,就可实现减速;柴油机只有在输出功率与外界负荷

相适应时,才可实现转速的稳定。

船用柴油机在使用时,外界负荷是经常变动的。为了使柴油机在设定的转速下稳定运行,必须装设调速装置。柴油机调速装置的功用,就是根据其带动的负荷变化自动地调节循环供油量,使其转速稳定在一定范围的装置,该装置简称为调速器。简单地说,调速器的作用就是维持柴油机转速的稳定。

船用柴油机,主要是作为船舶主机驱动螺旋桨和作为副机驱动发电机。发电柴油机要求在外界负荷(用电量)变化时能保持恒定的转速,以保证发电机输出的电压和频率恒定,满足并车及供电需要。所以发电柴油机必须装设定速调速器,确保外界负荷变化时,柴油机的转速基本不变。

用作主机的柴油机,因船舶受装载、风力、波浪及水流等影响,外负荷(船舶阻力)会忽大忽小。为了保证主机在特殊航行条件下(风浪中螺旋桨露出水面、断轴、掉桨)的安全,根据我国有关规定必须装"极限调速器"(简称限速器),当主机转速增至115%标定转速时自动切断燃油供给。另外,为了避免外界负荷变化造成的主机转速上下波动,提高柴油机的工作可靠性和工作寿命,通常在主机上都装设"全制式调速器",使转速不随外界负荷变化而产生波动。

(二)调速器的种类

1. 按转速调节范围分

(1)极限调速器(限速器)

极限调速器(限速器)用以限制柴油机的最高转速,以防止柴油机发生事故,只有当转速超过某一规定值时才起作用。柴油机正常运转范围内不起调节作用。按船舶规范要求台架试验时,当转速增至103%标定转速时,它自动减油,当转速增至115%标定转速时,它能自动切断燃油供给。这种调速器只用于船舶主机,但目前已很少使用。

(2)定速调速器(单制式调速器)

定速调速器(单制式调速器)可以使柴油机保持在所规定的转速范围内稳定运转。这种调速器通常用于发电柴油机上,在调节系统中,通过调节手轮可在规定转速上下调节5%以满足并车操作要求。

(3)全制式调速器

全制式调速器可在柴油机全部转速范围内任意选定不同的转速,并能自动调节燃油量保持选定的转速稳定不变。这种调速器广泛用于船舶主机和发电柴油机上。

(4)双制式调速器

它有高、低两个转速控制点,用以限制最高转速及改善柴油机怠速工况的稳定性。其中间的转速工况由人工直接控制。它用在带有离合器(船用齿轮箱)或对低速性能要求较高的船舶柴油机上。

2. 按作用原理分

(1)机械调速器(直接作用式)

机械调速器(直接作用式)直接利用飞铁(飞重)产生的离心力与调速弹簧张力之间的不平衡力去移动油量调节机构来稳定柴油机的转速。其结构简单、工作可靠、维修方便,广泛用于中、小型柴油机。其缺点是工作能力较小,不能实现恒速调节。

(2)液压调速器(间接作用式)

液压调速器(间接作用式)利用飞铁产生的离心力与调速弹簧张力之间的不平衡力去操纵液压伺服器(油压放大器),利用液压作用产生更大的动力去移动油量调节机构来调节柴油机的转速。液压调速器转速调节范围广、调节精度高、稳定性好、通用性强,但其结构复杂、调试及维护所要求的技术较高,它广泛用于大、中型柴油机。

(3)电子调速器

信号监测或执行机构采用电气方式的调速器称电子调速器。

此外,船用柴油机除按规定和使用要求安装上述的调速器外,为了确保柴油机运转安全,防止在调速器损坏时造成柴油机的超速损坏,按我国有关规定,凡标定功率大于 220 kW 的船用主机和船用发电柴油机还应分别装设超速保护装置,以防主机超过 120%标定转速和发电柴油机超过 115%标定转速。

超速保护装置与调速器不同,它只能限制柴油机的转速,本身无调速能力,在柴油机正常运转范围内不起作用,只在转速达到规定值时才动作使柴油机立即停车或降速,故它是一种运转安全装置。按规定,超速保护装置必须与调速器分开而独立运行工作,其保护动作必须迅速可靠。

三、换向系统

(一)液压齿轮箱的功用、工作原理及日常管理

1. 船用齿轮箱的功用

(1)传递扭矩

柴油机输出的扭矩与转速成反比,通过齿轮箱减速后,驱动螺旋桨的扭矩将得以增大。

(2)匹配转速

通过齿轮箱减速后,可提高螺旋桨的推进效率。

(3)实现换向

通过变换齿轮箱内不同啮合的齿轮,以改变输出轴的转向。

(4)功率分支与节能

通过增加齿轮箱动力输出端口,以驱动轴带发电机,可使柴油机始终工作在高效率区域,从而实现节能减排。

2. 液压齿轮箱的工作原理

图 4-41 为输入轴与输出轴同心的 GWC 型船用齿轮箱示意图,其中离合器的结合与脱离依靠带有手动应急装置的气动操纵阀 28 来实现。

换向操作程序:(柴油机从全速正车—全速倒车;或从全速倒车—全速正车)

当气动操纵阀 28 置于"停车"位置时,虽然柴油机带动输入轴 1 转动,斜齿轮 2 旋转带动斜齿轮 3、10、11 转动。但由于正倒车离合器都处于脱开状态,空心齿轮轴 6、14 不转动,此时输出轴 8 没有动力输出,螺旋桨轴处于停车位置。

当气动操纵阀 28 置于正车位置时,液压油进入正车离合器 5 使其摩擦片结合(倒车离合器 13 脱开),空心齿轮轴 6 由摩擦片带动,驱动输出齿轮 7,从而驱动输出轴 8 沿输入轴旋转方向正向转动。

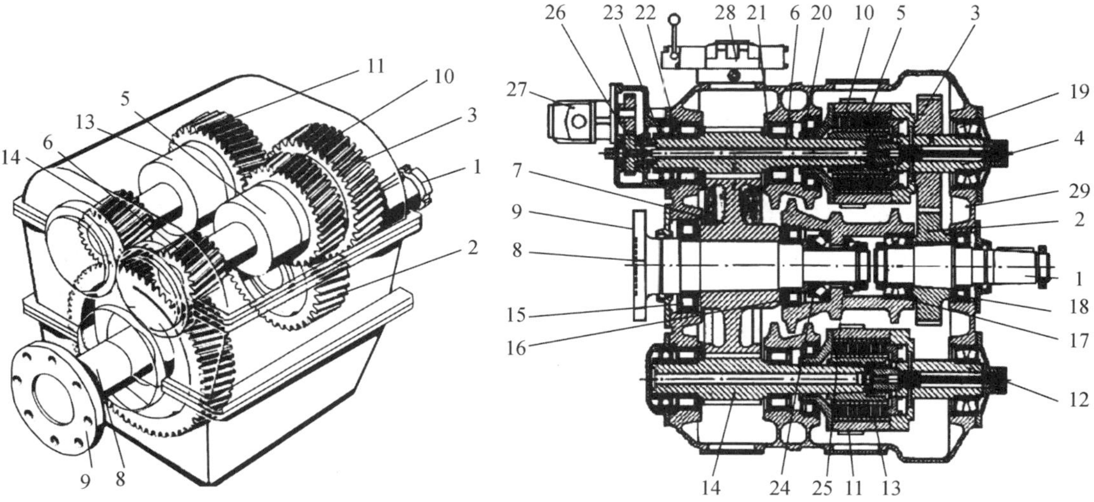

图 4-41　GWC 型船用齿轮箱展开图

1—输入轴；2、3、7、10、11—斜齿轮；4、12—中间轴；5—正车离合器；13—倒车多片离合器；6、14—空心齿轮轴；8—输出轴；9—输出法兰；15～23 滚动轴承；24、25—推力轴承；26—油泵传动部件；27—齿轮泵；28—气动操纵阀；29—箱体

当气动操纵阀 28 置于倒车位置时，液压油进入倒车离合器 13 使其摩擦片结合（正车离合器 5 脱开），空心齿轮轴 14 由摩擦片带动，驱动输出齿轮 7，从而驱动输出轴 8 沿输出轴反向旋转方向转动。

齿轮箱旋转方向如图 4-42 所示。

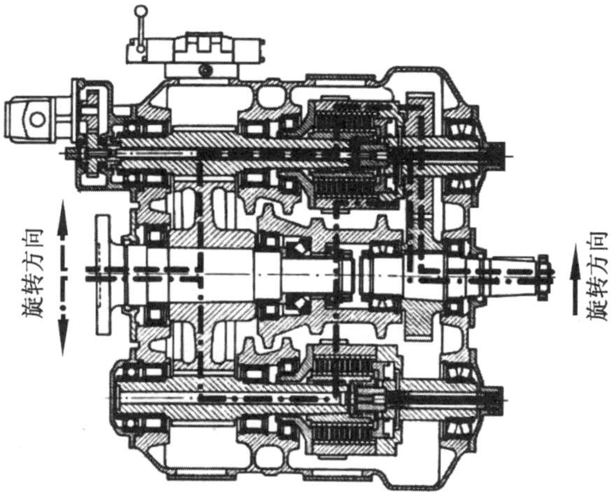

图 4-42　GWC 型船用齿轮箱换向示意图

3. 液压齿轮箱的日常管理

（1）换向操作程序

齿轮箱必须在柴油机低速运转下进行换向。当柴油机从全速正车—全速倒车；或从全速倒车—全速正车时，为了使柴油机调速器与齿轮箱离合器以及制动器相互之间协调动作，应按下列步骤进行操作：

①首先减少柴油机供油，使柴油机减速，待推进器轴转速下降到 60%标定转速以下时，脱

开离合器;

②采用制动器,制动推进器轴。待推进器轴停转后,脱开制动器(未装设制动器的装置,应在离合器脱开位置停留 2~3 s)。

③接合另一离合器,待离合器接合 1 s 后,再加油提升转速。

(2)维护管理

液压齿轮箱的使用与保养,应注意以下几点:

①动车前检查

将齿轮箱换向阀操作手柄推到"停止"位置进行盘车,检查主机和螺旋桨轴确保能够自由相对转动;起动主机,在主机怠速情况下,正、倒车各运转 5 min。停车后检查齿轮箱润滑油油位,必要时应补充滑油。

②运转中检查

每天检查:

i. 齿轮箱润滑油油位,确保停转时处于"静满";运转时处于"动满";

ii. 过滤器前后压差,确保压差小于 0. 2 MPa;压差大于 0. 2 MPa 或运行 200~300 h 应停车清洗滤器,以免滤油芯破裂;

iii. 检查齿轮箱的泄漏;

iv. 检查油压和油温。

每周应该:

i. 检查遥控操纵系统;

ii. 检查冷却水中是否存在渗油。

每年应该:

i. 检查所有外部紧固螺栓;

ii. 检查冷却器防腐锌块。

更换滑油:正常运转 250 h 后,进行第一次换油;以后约 2 000 h 换油一次,最多不超过 12 个月换油一次。

(二)液压齿轮箱的常见故障及处理

表 4-3 齿轮箱常见故障及处理方法

序号	故障现象	原因	排除方法
1	齿轮箱过热	齿轮箱油位过高	调整油位高度
		滑油压力过低	调整滑油压力,检查油泵出口安全阀
		齿轮箱过载	降低输入功率
		轴承缺油或损坏	清洗滑油滤器,或更换轴承
		冷却器阻塞	检查和清洗滑油冷却器
2	油压不足	转向相反	改变主机转向或齿轮箱转向
		滤油器阻塞	清洗滤器
		齿轮箱油位过低	查出漏油原因并加油
		油泵磨损	更换新泵

续表

序号	故障现象	原因	排除方法
3	螺旋桨达不到相应转速	操作手柄不能准确到位	调整遥控操纵系统
		螺旋桨轴轴承损坏	更换磨损轴承
		离合器摩擦片损坏	更换损坏摩擦片
		离合器摩擦片安装错误	正确装配摩擦片
		离合器花键损坏	修理或更换新零件
		工作油压过低	清洗滤器并调整油压
4	停车位置螺旋桨轴不能停转	船舶滑行水流驱动螺旋桨	
		离合器返回弹簧失效，摩擦片不能脱开	清洗离合器，必要时更换弹簧
		离合器摩擦片翘曲变形	更换摩擦片
		离合器工作油路失控	更换齿轮箱操作阀
5	齿轮箱噪声	柴油机工作在临界转速	避开临界转速
		输入轴、输出轴法兰松动	拧紧松动的法兰或更换损坏的法兰
		滑油油位过低，泵吸入空气	注油驱气
		油泵齿轮损坏或松动	修复或更换受损件
		柴油机与齿轮箱严重失中	重新找正
		轴承、螺旋桨、齿轮损坏	修复或换新
6	换向时柴油机熄火	工作油压过高，离合速度过快	降低油压至标定值
		离合器摩擦片损坏	更换
		操作阀故障	更换

第六节 实际操作与训练

项目一 柴油机各动力系统识别

（一）配气系统

（1）空气滤清器→进气总管→进气支管→进气阀（机构）。

（2）排气阀（机构）→排气支管→（增压器）→排气总管→消声器。

（二）燃油系统

（1）低压输送油路：日用油柜（注油管、溢流管、透气管、示油管、放残阀、油温表）→燃油输送管路（阀件）→输油泵→滤器。

(2)高压油路:高压油泵→高压油管→喷油器。

(三)润滑油系统

循环油柜(曲轴箱油底壳)→输油管路→滤器→润滑油泵→输油管路→进机润滑部位→滑油冷却器→滤器。

(四)冷却系统

(1)舷外水(江水)系统:海底门→海底阀箱→滤器→江水泵→冷却器→舷外。

(2)淡水系统:膨胀水箱(补水管、溢水管、示液管)→冷却水总管→淡水泵→各缸进水支管→总管→冷却器→润滑油冷却器。

(五)操纵系统

(1)高压空气瓶→管路(阀件)→空气分配器→气缸起动阀。

(2)电路:电源、控制电气设备、执行机构。

(3)液压油路及变速齿轮箱。

项目二　配气系统常见故障

(一)进气不足

(1)空气滤器脏堵;

(2)气阀开度不够;

(3)配气定时有误;

(4)进气阀间隙调整不当;

(5)增压器故障。

(二)排气温度过高

(1)排气阀关闭不严;

(2)排气阀间隙调整不当;

(3)配气定时有误;

(4)排气管积炭、烟灰严重,背压高。

项目三　气阀机构的拆装与检查

(一)气阀的拆卸步骤

(1)拆下摇臂座。

(2)用拆装气阀组件的专用工具进行拆卸,如图 4-43 所示。转动专用工具的螺杆手柄压下气阀弹簧,直至能顺利取出气阀两半锁夹。

(3)取出两半锁夹。取出弹簧上承座、弹簧及弹簧下承座。

(4)将气缸盖侧置或倒置,如果气阀很紧,用硬木块或铜棒轻轻敲击阀杆使之松动,并取出气阀,并按顺序放好。

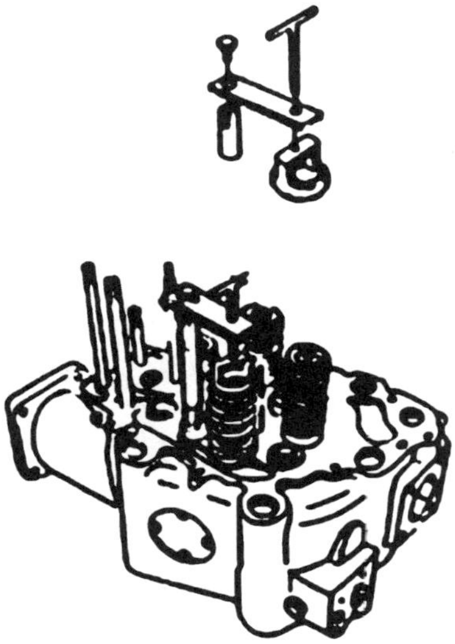

图 4-43　气阀拆卸

（二）气阀与气阀座的检查

1. 清洁

气阀拆卸下来后，若积炭不严重，可直接用钢丝刷清洁；若积炭严重，则应先将其放在轻柴油或煤油里浸泡一段时间，然后将其清洗干净，并按顺序将其放好，以备检查和研磨。

2. 检查

主要检查阀盘、阀座及阀面有无过度烧蚀现象；检查阀线是否光亮连续、阀线宽度和阀面锥角等是否符合要求；检查阀杆及导套有无裂纹及过度磨损现象；检查气阀弹簧是否歪斜、弹力是否足够。

（三）气阀组件的安装要求

（1）清洗并用压缩空气吹扫气阀座与气道，特别是气阀导管一定要注意清洁干净。

（2）安装气阀前，对气阀导管应加注适量润滑油润滑。安装气阀时，要保证各部位准确到位，如果进、排气阀不能互换时，千万不可装错。

（3）检查气阀导管与阀杆之间有无卡滞及松动的情况，并查明原因。阀杆与导管应上下活动自如。

（4）要防止阀杆上的锥形锁夹错位，气阀装上后要试压一下弹簧，观察气阀的回位情况。

项目四　气阀的研磨与密封检查

（一）气阀与气阀座正常磨损后的缺陷

（1）气阀与阀座密封锥面上产生凹陷，局部剥落、灼伤、斑点和积炭。

（2）气阀座烧蚀磨损严重，阀线过宽。

（二）研磨前的注意事项

（1）准备好研磨台架，研磨工具和研磨膏；

(2)将气缸盖底面朝上放置在研磨台架上,并确认已放稳妥;

(3)将气缸盖清洗干净、气道、气阀导管、阀杆、阀座处的积炭刮洗干净;

(4)进、排气阀不能弄错(特别是进、排气阀阀面直径相当时),将气阀阀面和阀座配对做好记号。

(三)研磨操作

(1)在气阀密封锥面上涂一层薄薄的研磨砂(又称凡尔砂,一般用机油稀释研磨膏的方法得到)。最好先用200目粗砂进行粗研,因研磨开始阶段,研磨砂的磨粒锋利,微切削作用强,零件研磨表面的几何形状误差和粗糙度能较快得到纠正,气阀与阀座的缺陷也较快被磨掉。

(2)擦净阀座和阀面上的残余粗砂后再用600目砂进行精磨。大约用时30 min,具体视情况而定。

(3)最后涂上一层机油、研磨数分钟后检查磨合情况,直到气阀锥面出现一条十分整齐的灰暗色环带为止。

(4)研磨时,注意用力不要太大,且确保阀线宽度:进气阀应为1.5~2 mm,排气阀应为2~3 mm。阀线过宽密封性不好,过窄工作寿命不长。

(5)注意不要将研磨砂涂得太多,以免进入气阀导管内,造成阀杆和导管的磨损拉毛和正常的间隙被破坏。

(6)阀座工作面凹痕太深或角度不对时,可用手工铰刀修铰或用车床光车的办法解决。

(四)气阀密封性的检查

(1)画线法:在气阀密封锥面上沿圆周方向均匀画出8~12道铅笔线痕(或者每隔3~5 mm画一条线),将气阀放在气阀座上,上下轻轻地拍打几下,如果铅笔痕迹在环带上部分中断,说明密封性差;如果铅笔划痕全部中断,说明密封性良好。

(2)将气阀和气阀弹簧装复后,在进、排气道中注入煤油或轻柴油。历时3~5 min无渗漏,说明密封性良好。

(3)将气缸盖倒置放平,密封面朝上,在气阀阀窝内注入煤油,历时5~10 min后将煤油擦净并迅速提起气阀,观察配合面上有无渗入的煤油,若无则说明密封性良好。

项目五 气阀间隙的测量与调整

(一)逐缸测量调整法

(1)检查、调整气阀间隙应在柴油机冷态下并且气阀处于关闭状态下进行。

(2)在检查调整之前,首先应排除顶杆弯曲、摇臂轴承松动等缺陷,并且将缸盖安装正确,摇臂座紧固,最后用人力将气阀向下压开,上下活动几次,以免因其动作卡滞造成测量误差。

(3)盘车使1#缸至压缩上止点,使准备检查调整的进、排气阀处于关闭状态(此时飞轮指针指向"0";该缸高压油泵柱塞刚开始上升;该缸配气机构滚轮与凸轮基圆相接触),然后选择厚度适当的塞尺(厚薄规,下同)测量摇臂气阀端与气阀阀杆顶端面之间的间隙,当塞尺在其间既能通过又有阻滞感时,读取塞尺的厚度值便是气阀间隙的大小。

(4)若测取的间隙值与说明书规定值不相符时,应松开调节螺钉上的锁紧螺母,转动调节螺钉直至间隙符合规定为止,然后紧固好锁紧螺母,再复查一次。

(5)按发火顺序,依次把其他缸盘车至压缩上止点,分别测量调整各缸进、排气阀间隙。

（二）快速测量调整法

（1）对于缸数为偶数的多缸四冲程柴油机，先将某缸盘车至压缩上止点，则该缸进、排气阀间隙均可调整；然后按照发火顺序，在该缸之前发火的气缸，调整进气阀间隙；在该缸之后发火的气缸，调整排气阀间隙；同时到达上止点的缸，进、排气阀间隙都不调整。

（2）盘车 360°曲柄转角（CA），把盘车前未调整的气阀间隙进行全部测量调整，从而实现气阀间隙的“快速调整”。

项目六　配气定时检查与调整

（一）配气定时检查方法

1. 转动顶杆法

初步检查气阀定时转动顶杆法。盘车使第一缸进（排）气阀处于关闭状态，此时顶杆处于放松状态，用手便可以使其转动；缓慢正向盘车，同时用手不断转动顶杆，一旦顶杆转不动，说明凸轮已顶起压住顶杆，立即停止盘车，此时飞轮上该缸上止点位置与固定指针之间的相应角度，即为气阀开启的提前角。继续盘车，当某一瞬间顶杆由转不动变为能转动时，飞轮上该缸下止点位置与固定指针之间的相应角度，即为气阀关闭的滞后角。将实测角度与说明书中配气定时比较，即可判断定时的正确与否。

2. 百分表测量法

较精确地检查配气定时采用百分表测量。将百分表的磁性表座落在缸盖的平整光洁平面；盘车使气阀处于关闭状态，将表触头抵在气阀的弹簧座上，并使表针具有一定的初始压缩量；正向盘车，当百分表指针开始摆动，立即停止盘车，此时飞轮上相应的角度即为气阀开启角；继续缓慢盘车，使气阀升程逐渐增大至最高后又逐渐减小，当百分表读数又回复到原来初始读数时，飞轮上相应的角度即为气阀关闭滞后角。

（二）定时的调整

在气阀定时检查过程中，若发现同一缸进、排气阀的开启和关闭时刻同时都过早或过迟，而气阀开启的持续时间正确，原因可能是飞轮固定指针的位置有偏差，或者凸轮轴和曲轴的安装相位不正确。因此，应首先校对飞轮指针位置是否正确，然后检查传动齿轮装配位置是否正确。若传动齿轮装配位置有误，则可盘车至气阀刚开启的时刻，拆下传动齿轮中的中间齿轮，再将飞轮盘车至说明书规定的定时位置，装复中间齿轮即可。

项目七　燃油系统常见故障

（一）柴油机各缸排气温度不均匀

（1）各缸喷油量调节不均匀。

（2）各缸喷油定时调节不一致。

（3）喷油泵齿条有卡阻现象。

（4）各喷油器或喷油泵弹簧软硬松紧不一。

（5）某缸喷油泵失灵或不喷油。

(6)排气定时不正确。

(7)温度表或热电偶不准确。

(二)柴油机排气温度过高

(1)喷油提前角过小,后燃严重。调整喷油定时。

(2)排气阀阀面烧损。检查修理或换新。

(3)排气管背压过大。清洁排气管及消声器。

(4)负荷过大。查明原因或降低负荷。

(三)柴油机排气温度过低

(1)喷油泵出油阀关闭不严或高压油管漏油。检查或换新出油阀偶件及高压油管。

(2)喷油泵柱塞弹簧失效。换新弹簧。

(3)喷油器针阀卡死或喷油孔严重堵塞。换新喷油嘴。

(四)柴油机排烟异常(柴油机正常排烟烟色应为淡灰色)

(1)排气冒白烟,主要是因为油中含水或燃烧室漏水而引起的。加强燃油净化;检查缸套、缸盖是否有裂纹。

(2)排气冒蓝烟,主要是大量滑油窜入燃烧室所造成的,滑油耗量激增。检查活塞与缸套间隙;检查活塞环间隙;检查活塞环是否装反。

(3)排气冒黑烟,主要是由于燃烧不完全所引起的。

①燃用劣质燃油;

②气缸漏气,压缩压力过低;

③喷油泵供油定时太迟而产生后燃;

④喷油器启阀压力太低,喷油器漏油;

⑤喷孔部分堵塞或喷油器弹簧折断等;

⑥超负荷运行或由于负荷分配不均而造成某些缸超负荷;

⑦气缸进气量不足。

(五)柴油机工作时,排气管冒火星

(1)排气阀关闭不严。研磨排气阀。

(2)喷油时间过迟。重新调整喷油定时。

(3)喷油雾化质量不好。检查拆洗喷油器及喷油泵,必要时换新件。

(4)排气管道积炭过多。清洁排气管道。

(六)柴油机爆发压力下降,排气温度升高,耗油量增加,但压缩压力无明显变化

(1)供油定时不正确,喷油提前角过小,燃烧太迟。

(2)喷油泵或喷油器经长期工作后,喷油质量变差,产生滴漏、雾化不良和延迟喷射等。

项目八　船舶主柴油机冷却水温检查

(1)淡水压力过低,冷却水量不足。

(2)淡水冷却器管束堵塞或冷却面结垢过脏,冷却效果下降。

(3)冷却水旁通阀松动开大或温度调节阀失灵。

(4)江水压力过低或过滤器堵塞。

(5)柴油机超负荷运转。

项目九　柴油机运转中滑油压力检查

(1)循环油量严重不足。

(2)滑油泵工作失常。

(3)润滑油系统有严重内漏或外漏现象。

(4)调压阀失常。

(5)油温过高。

(6)滑油中混入大量柴油或水分。

第五章 柴油机的燃烧

第一节 燃油的雾化和燃烧

柴油机燃油的燃烧过程从燃油喷入气缸时开始，至膨胀冲程某一时刻为止。此过程的作用就是把燃油的化学能释放出来，转变为热能，在工作循环中起着加热工质的作用。

一、着火的条件与燃烧过程

（一）着火的条件

从燃烧的三要素可知，喷入气缸中的燃油能够燃烧，必须满足两个条件，一是可燃物（油）和助燃物（空气）的混合达到合适的浓度，二是具有足够高的着火温度点。

喷入气缸中的燃油首先进行雾化，然后在气缸中的高温、高压空气作用下被加热、蒸发、扩散并与空气混合。由于燃油喷射的局限性，喷入气缸的燃油不可能在燃烧室内形成完全均匀的混合气，而仅是在局部区域首先形成符合着火浓度的混合气，并自行发火燃烧。该着火点既不在浓度较高油滴表面，也不在远离油滴表面的区域，而是在距油滴表面一定距离、浓度适当、温度足够的位置，并且缸内符合此要求的部位不止一处。因此着火的特点是，不同部位多点首先着火，且各循环的着火点不尽相同。着火点形成后，火焰即向四周传播，最后才能形成稳定的燃烧。

（二）燃烧过程

尽管燃烧过程十分短暂，为分析问题方便起见，根据气缸内压力和温度的变化特点，可人为地将燃烧过程分为滞燃期、速燃期、缓燃期和后燃期四个阶段。

1. 滞燃期

从燃油喷入气缸到燃油刚开始自行着火的时间段，称为滞燃期。

分析可知，喷入气缸的燃油并不能立即燃烧，而是存在短暂的时间间隔，该时间可用滞燃时间 τ_i（秒）或曲柄旋转的滞燃角 φ_i（度）表示。

在滞燃期中，由于喷入气缸中的油未燃烧，若滞燃期过长，则气缸中未燃烧的燃油累计量就会过多，一旦燃烧，气缸内的压力就会突然升高，使柴油机工作粗暴，严重时会造成敲缸和机件损坏。因此，应尽可能缩短滞燃期。

2. 速燃期

从燃油开始发火燃烧到气缸内出现最高压力为止的时期称为速燃期，速燃期一般在柴油机上止点前几度到上止点后 10°~15°发生。在速燃期内不但烧掉了滞燃期的燃油，而且还烧掉了速燃期喷入气缸的部分燃油，加之此时活塞位于上止点附近，气缸容积较小，活塞运动速度几乎为零，便可以认为近似等容燃烧，其表现形式为，缸内压力急剧升高至最高点。

速燃期内的燃烧速度主要由滞燃期内的燃油累计油量决定。若滞燃期累计的油量多，燃烧速度则加快。

3. 缓燃期

从气缸内出现最高压力点到气缸内温度达最高点为止的时期称为缓燃期。缓燃期中燃烧速度仍较快，一般出现在上止点后 20°~35°，其最高温度可达 1 700~2 000 ℃。虽然燃烧燃油量较多，但由于活塞已离开上止点下行，气缸容积迅速增大，所以缸内压力缓慢下降（接近于定压燃烧）。

由于该阶段燃烧室内的废气和燃烧中间产物逐渐增多而氧分子逐渐变少，所以燃油容易发生在得不到氧气或氧气不充分的情况下燃烧，产生黑烟，从而影响燃油燃烧的经济性和排烟的净化。该阶段的长短，主要由负荷的大小加以控制。负荷大喷油量多，则缓燃期就长。

速燃期和缓燃期构成了燃油明显的燃烧时期，故称为主燃期。

4. 后燃期

后燃是燃烧过程在膨胀冲程中的延续。后燃的原因，是由于在缓燃期内部分燃油未遇到氧气来不及燃烧或燃烧不完全的物质以及部分燃烧产物在高温下裂解出的可燃物质，在活塞下行、气缸内温度下降后继续燃烧形成的。后燃期的终点难以确定，一般随柴油机负荷和燃烧过程的进展情况而异，在上止点后 80°~100°CA 左右。

后燃期因发生在活塞下行，气缸温度下降，膨胀比减小的阶段，燃烧的热效率较低。另外，后燃还将导致排气温度升高，使柴油机部件热负荷增加。因此应力求缩短后燃期。

（三）理想燃烧过程的特点

从上述对燃烧过程的分析可知，理想的燃烧过程应具有以下特点：

（1）滞燃期内的喷油量较少，以保证柴油机燃烧柔和；

（2）燃烧在上止点附近发生，燃烧压力上升速度不过快，最高爆发压力不过高；

（3）燃烧持续时间不过长（燃烧持续期一般不超过 40°CA）；

（4）主燃期燃烧完全，后燃期最少。

第二节 影响燃烧的主要因素

一、影响燃烧的主要因素

柴油机是一种内燃机,其燃烧的质量对柴油机的功能发挥关系密切,因此在管理上应予以特别关注。从上述对燃烧过程的分析并结合燃烧三要素的相关知识,可以分析出影响燃烧过程的主要因素是:

(一)可燃物(燃油)的品质

一般情况下,若燃油的挥发性好、容易燃烧,我们便称为燃油的品质好。在表征燃油品质好坏的性能指标中,评定燃油自燃性能的指标是十六烷值,该指标对燃烧过程影响最大。十六烷值高的燃油,喷入气缸后容易燃烧,滞燃时间短,燃烧平稳;反之,若十六烷值低,滞燃期长,燃烧过程就粗暴。其次,燃油的挥发性差,滞燃时间会增长;黏度高,雾化质量差,滞燃阶段也会增长。

(二)燃油的雾化作用

燃油雾化质量高,燃油与空气混合充分,将缩短燃烧前的准备时间,亦即滞燃时间 τ_i 缩短。此外雾化质量高,也容易实现完全燃烧。对于船用中、小型柴油机,燃油雾化质量主要依靠于喷油设备的技术状态和燃烧室内空气的扰动。

(三)气缸内工质热状态

气缸热状态是指在活塞接近压缩终点时气缸内工质的温度和压力状态。若气缸内压缩终点温度 T_c 和压力 p_c 等于给定数值,对于既定柴油机在使用燃料一定的情况下发动机的工作将是平稳的。若气缸内工质热状态下降(比如气缸漏气),则滞燃时间 τ_i 将增长,而使柴油机燃烧恶化。

(四)喷油定时

若喷油提前角太大,喷油过早,燃油喷入气缸时,因缸内压力和温度较低,而使 τ_i 增长,柴油机工作粗暴。若喷油提前角过小,喷油过迟,则燃烧也将推迟,引起后燃,造成排气温度过高,柴油机做功能力下降。

(五)换气质量

换气质量完善将使进入气缸的新鲜空气量增多,燃油燃烧时有足够的氧气与之混合而发生完全燃烧。

(六)柴油机运转工况

柴油机的转速和负荷是反映柴油机运转情况的两个重要参数。

一方面,转速升高,气缸漏气的散热损失减小,压缩终点的压力和温度升高;与此同时,喷油压力提高,气缸内空气扰动加强,这些因素使滞燃期 τ_i 缩短,对燃烧有利。另一方面,由于转速的加快,会使燃烧时间进一步缩短,燃油在主燃烧期来不及完全燃烧,导致后燃加剧。

当负荷增加时,由于喷油量增加,气缸内发热量增加,使缸壁温度增加,滞燃期 τ_i 缩短。另一方面,由于喷油量的增加,使燃烧的持续过程增加,导致爆发压力和后燃都增加。

因此应避免柴油机长期超负荷和超速运转。

二、运转管理要点

(一)确保换气质量良好

减小进、排气系统的阻力、检查调整好气阀间隙和气阀定时等,确保气缸中有足够的新鲜空气量。

(二)确保气缸压缩终点温度

确保气缸的密封性(活塞环、气阀及缸盖的密封)、检查调整好压缩比、注意气缸的冷却温度合适等。通过测取压缩压力,可以判断各缸的压缩状态。

(三)注意燃油品质

燃油的质量应满足使用要求。燃用劣质燃油时,应重视燃油使用前的预处理(预热与净化)的质量。

(四)确保燃油喷射系统正常工作

喷油泵应有正确的供油定时和均匀的供油量;喷油器有正确的启阀压力和良好的雾化质量,避免不正常喷射的出现。

(五)日常例行管理

1. 注意观察排烟颜色

柴油机排烟正常颜色应是隐约可见的淡灰色。若发现冒黑烟,则表示燃烧不正常。此时应进一步检查各缸排气温度,若某缸排气温度偏高,便可以初步判断该缸燃烧不正常。若排气冒蓝烟,则说明气缸中润滑油进入了燃烧室参与了燃烧;若排气冒白烟,则说明燃烧室内有水分浸入。

2. 重视各缸排气温度和爆发压力的测量与分析

若某缸排气温度和爆发压力均低于平均值,可能的原因是该缸的喷油量较小;反之,某缸排气温度和爆发压力均高于平均值,则可能的原因是该缸的喷油量较大。若某缸排气温度较高,而爆发压力不高,则可能的原因一是由于喷油设备发生故障,致使燃油雾化不良,后燃严重引起;二是喷油提前角过小,喷油过迟所造成。若爆发压力过高,而排气温度不高,则可能是油泵供油提前角过大造成的。

上述不正常的现象都应在管理中经过综合分析并加以处理。

第三节 实际操作与训练

项目一 观察柴油机运转情况

(1)观察柴油机运转时的冷却水温度(单缸、总管)及变化。

(2)倾听柴油机运转时的声响及振动。

(3)观察排气温度(单缸、总管),排气烟色。

第六章 柴油机运行管理

船舶柴油机的使用寿命不仅取决于制造和安装质量，还取决于管理人员的管理水平。因此掌握在各种航行条件下主推进动力装置（主机）的运行管理是非常重要的。柴油机运行管理包括：备车、起动、机动操纵、定速后管理、停车、完车操作等。柴油机备车和机动操纵是指船舶在开航前和开航后尚未定速航行前，使主机及其一切辅助设备处于能随时起动、停止及各种运行状态，准备执行驾驶台的各种指令。备车和机动操纵是轮机技术管理工作中最重要的环节之一，它对柴油机动力装置的可靠性、经济性、维修性和使用寿命有直接的影响。

第一节 柴油机备车

一、柴油机备车准备

柴油机长时间停用或短期停车后，开航前应进行备车，当船舶在特殊水域或特殊气象条件航行时，根据船长的指令也需要进行备车，目的是使船舶动力装置处于随时可起动、停车和运转状态调整。基本内容有供电准备；校对船钟、车钟；对舵；暖机；各动力系统的准备；转车（盘车）、冲车和试车。

（一）供电准备

备车时，起动大功率的设备较多，如空压机、水泵、油泵等，用电负荷迅速增加，因此，应视需要起动备用发电机组，进行合闸并电准备等。

（二）暖机

暖机是指对柴油机冷却、润滑系统进行预热，并起动冷却水循环泵、滑油循环泵，实现机体各部件缓慢加温，并向各摩擦表面提供润滑油。暖机的目的是通过对气缸各部件的预热，减小起动后由于温度突变产生的热应力；改善起动性能和发火性能；减少气缸内的低温腐蚀。主机气缸的预热可以用发电副机的冷却水循环加热，也可以用蒸汽或电加热装置直接对淡水系统进行加温。主机滑油系统常用滑油分油机分油时加温，也可用蒸汽直接对滑油循环油柜加温。

（三）动力系统准备

1. 润滑系统的准备

检查曲轴箱滑油（循环柜），透平油柜，齿轮箱、轴系中间轴承和艉轴承的油位。起动滑油泵，调压至规定值，以便将滑油送到各摩擦面间，使滑油中的杂质在开车前就有时间汇集到滤器中，减少起动及低速运转的摩擦和磨损。部分船舶柴油机在转车前应手动向各摩擦部位注油，使各摩擦表面形成油膜减少起动摩擦。

2. 冷却系统的准备

检查膨胀水箱水位和系统中各阀门的位置是否正常；检查海底阀门及滤器，并起动淡水泵，让淡水在系统中循环驱逐其内部的空气，同时可进行暖机。若水冷却活塞，则需检查各缸冷却水是否均匀和水柜水位。

3. 燃油系统的准备

检查日用轻柴油柜和重油柜的油温和油位，油位较低时应补油至规定油位，放残水，并对其加热至规定温度。起动低压燃油泵，驱除系统中的空气，调至规定压力，并使燃油在日用油柜和高压油泵间循环，并对高压油泵预热。

4. 压缩空气系统的准备

按规定将所有空气瓶（包括杂用气瓶）充气至规定压力，并泄放气瓶内的残水、残油，打开空气瓶出口阀、主停气阀或使自动主起动阀处于“自动”位置上，以备随时使用。

二、柴油机转车（盘车）、冲车、试车

（一）转车

滑油预注油，暖机后，利用盘车机（或人力）带动主机转动至少两圈（四冲程机）。其目的是检查各运动部件和轴系的回转情况及气缸内有无大量积水、残油（示功阀观察）。

（二）冲车

在转车确认正常后脱开盘车机（或取下撬车棒），利用压缩空气使主机转动。其目的是利用压缩空气将气缸内微小杂质、积水和残油从示功阀冲出，并检查起动系统工作是否正常；冲车过程中，若有油或水等从示功阀冲出，则应查明原因并排除后才能进行试车。冲车情况正常后，关闭示功阀。

（三）试车

冲车正常后，正、倒车交替起动柴油机，供油发火，进行试车运转。试车的目的是检查柴油

机的起动、换向、燃油系统、油量调节机构及调速器等的工作是否正常。还应检查各缸发火是否正常和运转中有无异常声响。试车时，先将车钟推至运转位置，待驾驶台回车令后进行主机正车（或倒车）起动，给油发火后在低速下运转数秒后停车。然后换向，再进行倒车（或正车）起动，给油发火后低速运转数秒后停车。在起动和换向过程中，应注意起动装置、换向装置、调速器及油量调节机构等动作是否灵活正常。检查各缸发火是否正常和运转中是否有异常声音。试车过程中若发现不正常情况，应及时查明原因予以消除。

试车完毕后将车钟手柄置于“停车”位置，各设备均处于随时可起动状态，等待驾驶台的指令。

对采用驾驶台遥控方式的设备，试车完毕后，将操纵手柄转至”驾控"位置。此后值班轮机员不能远离操纵台。

三、机动操纵时柴油机起动及安全事项

船舶在进出港、靠离码头，港内航行时运动状态变化频繁、不稳定。轮机管理人员应严格执行车令，正确操纵并及时对各系统的压力、温度、流量等热力参数进行监测、调整，以确保柴油机的安全运转。

（一）机动操纵时的要求

（1）起动空气瓶、控制空气瓶应随时补足空气。

（2）使用轻质燃油，以提高机动性和操纵可靠性。

（3）冷却水和滑油温度保持稳定，减少空冷器（增压柴油机）冷却水量。

（4）在港内或浅水区航行时，为防止吸入船舷外的泥沙污物，堵塞冷却水系统，应换用高位海底阀。

（5）起动时，如给油过大会导致柴油机爆缸，增加油门时应随油格增大而减慢加油速度。

（6）起动有油气（起动空气）并进和油气分进两种方式，油气并进有利于起动。油气并进缸内发火后切断起动空气；油气分进达到起动转速后切断起动空气。

（二）机动操纵时的安全事项

（1）主机起动操作时，应尽量做到一次起动成功，油门不能给得过大、过快，防止柴油机发生冷爆，损伤机件和造成不必要的磨损。

（2）在船舶起航和加速过程中，不应加速太快，以防柴油机热负荷、机械负荷过大。

（3）应快速越过转速禁区，防止柴油机发生剧烈振动。

（4）在进行倒车操纵时，应控制油门，避免柴油机超负荷。

（三）机动操纵管理

（1）机动操纵所设定的车速应当是机动操纵转速或港速或系泊试验转速。

（2）当值轮机员除处理紧急故障外，不得远离操纵台或离开集控室。

（3）轮机长应监督轮机员进行各种操作，监控各设备运行状态，及时与驾驶台取得联系并处理各种突发事件。

（4）机动操纵期间，船舶航行状态多变，要随时注意配电板各仪表的工作情况。注意观察和调节冷却水、滑油的温度和压力，保持空气瓶压力在允许范围。注意各缸排气温度值的变

化，注意各主要设备的工作状态。

（5）机动航行期间，轮机长必须在集控室监督和监控机动操纵整个过程，直至机动操纵结束方可离开集控室。

第二节 柴油机运转中的管理

船舶定速航行后，评定柴油机运转性能和技术状态的主要依据是燃料在气缸中燃烧的好坏和各缸负荷分配的均匀程度。轮机人员应精心操作、严格管理，按时进行各运行工况的巡回检测，使柴油机及其装置的各种技术参数处于正常范围之内。运行管理的目的在于控制柴油机的热负荷和机械负荷在规定的范围内，使柴油机可靠而经济地运行。为了保证柴油机及其装置始终处于正常技术状态，柴油机运转中轮机员应做好以下工作。

一、航行值班的交接工作

1. 交班人员职责

交班前当值人员应做好运转设备的清洁工作，对运转设备做全面仔细的检测，并将主要技术参数、本班所发生的问题、处理方法、处理结果、轮机长的命令和特定指示、记入轮机日志；将油舱、油柜的预热加温、驳运、净化分离，以及舱底水水位、污油水舱（柜）液位和防污染设备的使用情况向接班人详细交代。

2. 接班人员职责

接班人员在进入机舱之前，首先观察排气颜色、舷外水的排出和江面情况，进入舵机间检查舵机及其附属设备。进入机舱后按最合理的巡检路线检测设备及系统状态。最后查看轮机日志、听取交班人员的情况介绍。

3. 经接班人签字同意后，交班人员方可离开机舱。

二、柴油机热力检查

热力检查的目的是检查和确定柴油机各缸燃烧情况及负荷分配均匀程度。这是柴油机正常运转、可靠工作的必要保证，也是衡量柴油机运转性能和技术状态的主要内容之一。

热力检查主要指热负荷和机械负荷的检查。

（一）热负荷

主要体现在冷却水温度，滑油温度和排气温度上。热负荷可以通过直观的手段掌握。对喷油泵、喷油器的工作状态则可通过检查排气温度，观察排气颜色以及打开示功阀观看火焰的喷射情况等方法来检查，从而判断喷油设备的技术状态。

（二）机械负荷

主要体现在最高燃烧压力和平均指示压力上。机械负荷可以通过测取柴油机各缸示功图来确定最大燃烧压力和平均指示压力。并用以分析、判断各缸负荷的大小和分配情况。各缸平均指示压力的大小是判断各缸负荷分配是否均匀的主要依据。测取 $p-V$ 示功图可求得平均指示压力来判断各缸负荷的大小和分配情况;另外还可通过测取手拉示功图和手拉展开示功图来确定压缩压力、燃烧发火点、最高爆炸压力和燃烧过程。

(三)燃烧情况

(1)燃烧不正常,应结合其他参数(如排气温度、冷却液温度等)综合分析。

通常应首先校查高压油泵和喷油器。它们往往是引起不正常燃烧的根源。排气温度能大致反映出各缸内燃烧的情况和喷射设备的技术状态。排气温度的数值应不超过说明书的规定值,各缸排气温度的不均匀率应不超过规定值,同时应检查各缸冷却水和活塞冷却液(水冷却活塞)的出口温度以及废气涡轮增压器的冷却水温度。这些温度都应符合规定值,而且应各缸基本一致,温差不得超过 5 ℃。

(2)喷油器性能的下降。常引起燃烧恶化和各缸负荷变化。若某缸喷油器工作性能下降而欲继续维持柴油机原来的转速,则需要加大油门,这样必然将引起其他气缸超负荷。

(3)为了保证热力检查准确可靠,应定期检查和校正各测试仪表。

(4)进、排气阀及气道、增压器等状态对气缸内工作过程也有很大影响,运行管理中应予以重视。

(四)最高爆发压力

影响最高爆发压力的因素很多,如喷油泵、喷油器的技术状态、压缩终点压力的高低、供油量的大小、喷油定时的早晚等。当柴油机燃烧系统技术状态良好、燃烧质量符合要求、气缸气密良好、进、排气正常的情况下,若爆发压力偏离正常值,则基本上可从喷油定时和供油量上来考虑。

它们的关系:

(1)爆压偏高,而排温不高,供油提前角过大。

(2)爆压偏低,而排温偏高,供油提前角过小。

(3)爆压偏高,排温也偏高,供油量太大。

(4)爆压偏低,排温也偏低,供油量太小。

为了能更可靠地了解柴油机的热力过程,最好在测示功图的同时测量油耗,此项经济性指标常作为衡量柴油机维护管理的依据之一。

三、柴油机机械检查

机械检查的目的是保证柴油机各机件及系统始终处于正常的技术状态。听、看、摸是轮机管理人员最直接、简便的检查手段。轮机员应根据现象予以判断并及时有效处理。

(1)听

不正常的运转声响可能来自零件的松动或系统的故障而导致机损。

(2)看

应检查油、水系统的压力、温度等参数(仪表显示)是否正常,系统管路及连接处有无泄漏之处。应注意气缸盖与气缸套密封处、喷油器四周和附设在气缸盖上的各阀件有无漏气。少量漏气旋紧螺母即可消除。若继续漏气,在未查明原因前,不得盲目旋紧螺母。

(3)摸

运行中应经常用手触摸各曲轴箱道门、机架外壁等处,以检查是否有显著的温差。异常的温差往往反映出系统或机器内部存在的问题。

在航行中应注意对柴油机动力系统进行有效的管理。

(一)冷却系统的管理

(1)在柴油机运转中应注意膨胀水箱水位及海、淡水泵的压力波动。若发现水位的下降速度超出了正常消耗量,必须查明泄漏的原因并予以消除。

淡水进、出口温差及出口温度应满足说明书要求,且各缸应基本一致。水温调得过低不但使热效率下降,还会加剧低温腐蚀、受热部件因内外温差太大产生应力而导致裂纹。水温也不能太高;否则会使橡皮圈因过热而老化、失效,发生水腔泄漏;水温高还会破坏润滑油膜、加剧气缸运动部件的磨损,严重的会导致拉缸、咬缸;高水温还可能引起水腔冷却水汽化,使冷却效果下降。

导致冷却水温过低的原因:总体水温都低是因柴油机负荷太低,冷却水阀自控失灵;个别缸水温低可能是由于燃烧系统故障,负荷太低,操作失误等。

导致冷却水温过高的原因:总体水温都高是柴油机超负荷工作,冷却水压力低。水量不足,冷却水阀自控失灵;个别缸水温高是单缸超负荷或燃烧不良,活塞、缸套润滑不良干摩擦,操作失误。

若某缸冷却水温度和排气温度都有相应的变化,而喷油设备和燃烧情况正常,则说明该缸超负荷或负荷过低。如某一缸由于冷却水量供应不足或中断供应而引起过热时,首先应降速运行,并切断该缸燃油,缓慢增加冷却水量,绝不可骤然增加,以免气缸碎裂。各冷却器的冷却水出口温度不应超过 45~50 ℃,以避免结垢;淡水冷却水应按规定定期做好投药处理和化验。

(2)定期清洗淡水和滑油冷却器,保证管路畅通。

(3)经常检查调温阀工作状态,能及时调节柴油机冷却水流量,保证冷却效果。

(二)润滑系统的管理

滑油泵的出口压力、进出机温度、循环柜油量应保持正常。

(1)冷却器前的滑油温度为 50~55 ℃;应定时检查循环油柜的油位以及油泵与滤器前后压差的变化。若油位降低过快、则表明有漏泄处。若油位反而升高,则表明有水或燃油漏入曲轴箱,可减速或停车检查并予以消除。如果滤器前后压差过大,则表明滤器被脏物堵塞,应立即将管路旁通使滤器与管路脱离,以便进行清洗。清洗后将油充满,排净空气,重新接入系统恢复工作。

(2)检查柴油机各注油点的工作情况,各部位油量应处于正常。如果油量不足甚至中断,都可能导致活塞烧融、拉缸、咬缸、轴承过热等现象的发生。当发现注油量很小或中断时,应立即减速或停车设法消除。

(3)导致滑油温度过高的原因有:滑油供量不足或中断;机件配合间隙太小,润滑油本身冷却效果不佳或油温调节阀失灵;柴油机长时间超负荷工作;活塞环漏气、燃气下窜至曲轴箱等。过滤和分离净化是滑油净化最有效的方法。应加强滑油净化,保证滑油质量,并定期取样化验。滑油的处理和更换,可采用驳入污油柜加温沉淀、一次性分离处理、连续分离处理等方法。

(4)应定期检查轴系中各轴承的温度和油位。对人工注油的进、排气阀阀杆应按时注油。排气阀杆应用柴油(30%)与滑油(70%)的混合油润滑,以减轻积炭。对不采取压力循环润滑的各活动部件的油杯和加油孔也应按时加油。

(三)燃油系统的管理

(1)注意油舱、油柜的加温和沉淀,在运行中要保证净化质量,控制日用油柜的油位、油温,并定时放残水。

(2)应定期清洗燃油滤器,清洗后要充满燃油,将空气排出。船舶在大风浪中航行时由于船舶摇摆,沉淀的脏物又重新被搅起,燃油滤器容易被堵塞,故应特别注意燃油滤器前后的压差。当压差过大时,应更换或清洗滤器。

(3)注意检查喷油泵、喷油器工作状态和高压油管脉动情况。

综合考虑泵体发热,油管脉动无力或过激及排温变化等情况,分析喷油泵和喷油器的工作状态。若油泵泵体或高压油管发热,则表明喷油器的喷孔堵塞。若高压油管脉动微弱,且排气温度和燃烧爆炸压力均较低,则可能是喷油泵密封不良而供油太少引起。若高压油管脉动虽微弱,但排气温度增高,则可能是喷油器针阀与阀座密封性不良、弹簧断裂或针阀在开启位置卡死所造成。这时,应进一步检查针阀的跳动情况。如果高压油管无脉动、气缸不发火、排气温度很低,则可能是由于喷油泵柱塞在最高位置卡死所致。

(4)排气温度能综合反映气缸热负荷情况,正确调整喷油定时和供油量,使其各缸负荷均匀,是柴油机可靠而经济运行的重要条件。

(四)配气系统的管理

(1)定期清洗空气滤清器,检查进、排气道的脏污情况并及时清洁。

(2)增压柴油机应监测中冷器、进气温度、压力参数。

(3)监测各缸排气温度是否均匀,排气总管温度是否符合说明书要求。

排气温度过高的原因主要有:供油定时过晚,后燃严重;燃油雾化质量差,滞燃期过长;排气阀开启过早或漏气;中冷器堵塞,进气压力低;供油量太多;柴油机超负荷;柴油机在低转速大负荷下运行。

排温过低的原因主要有:喷油定时太早;喷油器油孔堵塞、高压油泵漏泄、弹簧断裂等故障,使供油不足;柴油机负荷太低。

(4)检查进、排气阀及机构的工作状态。

(5)定期检查进、排气阀间隙,配气定时并调整。

(五)增压系统的管理

在运行中应检查增压器的运转是否平稳,有无异响;油池的油位变化和油质情况;检查增压器的转速、增压压力是否正常以及润滑和冷却情况。定期清洗压气机和废气通道,防止喘振的发生。

增压器的润滑分为独立的滑油润滑和滑油来自主机滑油系统的润滑,统称为强制循环润滑系统。应注意其油柜的油位、循环油泵的运行情况、滤器前后的压差、观察镜中油流的情况及滑油的压力和温度,并注意油质的检验与更换。对自带油泵式涡轮增压器,其滑油存在轴承箱油池内,由自带泵供油润滑。运行中要经常注意油位、油质和油泵排出管的射流情况。应及时加油，滑油变质时要及时更换。

空气冷却器水腔和气腔通道都很小，很容易堵塞。尤其是气腔，经常会因空气滤器效果欠佳，在管壁上附着一层油膜，一些类似棉线的物质极易黏着，既影响冷却效果又使空气流量下降，导致燃烧恶化。化学剂冲洗与浸泡对清洗空冷器脏堵是行之有效的。

空气通道脏堵的征兆：经空冷器的空气温差减小，压差升高；进气温度提高；排气温度升高。水腔堵塞冷却液流量减小，除会使冷却水温度升高，也同样会产生上述现象。因此当出现上述现象，轻者用清水和清洗剂交替喷射的方法冲洗（按说明书的操作程序），严重者须解体清洗。

四、柴油机的停车

（1）到港前应确定主机是否需要换轻油。换油操作一般应在机动操作用车前 1 h 进行。

（2）到港前应进行主机换向操作试验，以确定起动系统和换向机构工作正常。

（3）在机动操作前放掉起动空气和控制空气系统中的凝水。

（4）主机带有轴带发电机时，到港前应从电网解除轴带发电机并与主机脱开。

第三节 船舶柴油机完车的工作程序

一、船舶柴油机完车

船舶进入停泊状态后，当值轮机员接到驾驶台“完车”指令时，表明主机不再动车，应按“完车”程序做好如下工作：

（1）停止运行主机的辅助鼓风机。

（2）关闭起动空气系统的主停气阀、主起动阀、空气瓶出口阀，并将空气瓶补气至规定压力。

（3）打开各缸示功阀、合上转车机进行转车 15～30 min，并人工或电动驱动润滑油泵向各摩擦表面注油。

（4）关闭控制空气系统，并泄放系统中空气。

（5）关闭海水泵进出口阀及冷却器进口阀。

（6）停燃油输送泵、关闭进出口阀及日用柜出口阀。如重油停车，循环油泵继续运行，并对燃油加热保温，温度可低于正常使用温度 20 ℃。如轻油停车，关停循环泵。

（7）继续运转滑油泵、淡水泵 15～20 min，充分带走运动表面的热量并使机体各部件均匀散热，避免因应力过大而发生故障，同时可以避免活塞头积炭。待温度降下来后再停泵，关闭进、出口阀。

（8）对采用副机循环冷却水暖机的主机，应在水温未降下来之前及时换接副机淡水管系，使主机与发电柴油机淡水组成循环回路对主机暖机。

（9）如需长期停车，应定期转车，寒冷天气注意保暖防冻。

二、停车期间的日常检查

1. 油流检查

停车后滑油没冷却，滑油泵没停的情况下，打开曲轴箱道门，检查滑油是否正常曲柄销轴承、主轴承流出。检查滑油是否从链传动装置的轴承喷管喷嘴正常流出。通过活塞冷却油出口观察镜查看冷却油的供应情况。检查推力轴承和凸轮轴的滑油供应情况。

2. 油底壳和轴承间隙的检查

检查油底壳内是否有轴承合金碎片；用厚薄规检查曲柄销轴承、主轴承以及推力轴承等各轴承间隙。

3. 滑油系统滤器检查

打开滤器检查滤芯是否有损坏及滤器内是否有外来物，特别是金属碎屑。外来物表示柴油机内某处发生了故障。

4. 排气管检查（按照要求；如果认为有必要或发现异常情况）

打开排气管，检查堆积物和金属碎块，如有金属碎块表明可能有故障发生，应及时查明原因；检查废气进入涡轮的格栅是否脏堵和损坏，若有，应及时查明原因并修复或更换。

5. 曲轴检查

测量曲轴臂距差。

6. 润滑油质检查

取滑油油样，送到实验室化验分析。

7. 增压器检查

打开增压器壳体下部以及上部烟道泄水管上的泄放阀防止雨水汇集腐蚀烟道，同时防止雨水冲掉涡轮部分积炭而造成转子转动不平衡；打开涡轮侧的检查盖（如安装）或废气进气管，检查涡轮叶片和喷嘴上的积炭情况。

8. 控制系统

检查系统的灵活性；脱开调速器与油门拉杆的连接，用手活动油门拉杆，检查活动是否正常；定期润滑系统轴承和拉杆连接部位。

第四节 实际操作与训练

项目一 船舶主柴油机备车及起动操作

1. 主柴油机起动前的准备和检查（备车）

备车的目的是使船舶动力装置处于可随时起动和运转状态。在开航前应提前备车，备车时间一般在 10~30 min 之间,备车应按系统进行。

(1)正确开关各系统阀门。

(2)暖机。通过发电柴油机的冷却水加热柴油机冷却水和利用加热器加热润滑油,以提高柴油机温度。

(3)检查燃油日用柜油位,放残水,排除燃油系统中的空气,同时对重油系统加温。备车及开航时先使用轻柴油。

(4)检查滑油循环柜(或油底壳)油位,用备用油泵压油至规定压力,以保证各运动部位充满润滑油,并对人工注油点注油。

(5)检查膨胀水箱水位。

(6)排放空气瓶残水并保持规定压力。

(7)艉轴管压油至有回油为止。

(8)打开示功阀,盘车检查轴系有无卡阻现象。

(9)脱开盘车机,打开空气起动阀,冲车,确信运转自如后,并观察从示功阀内有无水分或燃油冲出,若有水分或燃油冲出,必须找出原因并消除之。冲车后关闭示功阀,试车。

(10)试车完毕一切正常后,接通遥控,向驾驶台回车钟,表示机舱已进入能随时开航的待命状态。

2. 主柴油机起动操作步骤

(1)机舱应按驾驶台的指令起动主机,主机起动必须由值班轮机员操作。

(2)主机起动前应将油量操纵手柄置于小油量位置,避免起动后即进入高速运转。

(3)打开压缩空气起动阀,将操纵手柄推向起动位置以起动主机;如系电力起动,合上闸刀接通电源,按动起动电钮开关以起动主机,但必须注意每次起动时间不得过长,以防起动电动机过热烧损,起动成功后应即时切断电源。电力起动如果失败,应间隔 10 s 以上,再尝试重新起动。

(4)起动操作要熟练迅速,以免过多消耗起动空气或蓄电池电量,并防止飞车。起动完成后即将手柄推向运转位置。

项目二　船舶主柴油机起动后的状态监测与调整

(1)主机起动后,立即检查各仪表指示参数是否符合柴油机说明书的有关规定,特别应首先检查润滑油压力表,如在 15 s 内尚未起压,应立即停车检查,排除故障后再行起动。

(2)必须特别注意观察、倾听经检修或更换过的机件运转是否正常。

(3)主机起动后必须经过低速运转,再按车钟指令逐步过渡到常用转速。

项目三　船舶主柴油机运行中的管理

柴油机定速运转后,轮机人员通过能充分反应柴油机工作状态和运转性能好坏的监视点和监视参数来操纵、管理柴油机,以使其安全、可靠、高效运行。

1. 运转中的监视点

(1)燃油日用柜的存油量;燃用重质燃油时的残水量。

(2)滑油循环柜(或油底壳)的润滑油存量。

(3)膨胀水箱的水位。

(4)排气烟色(正常:无色或淡灰色;含有机油:蓝色;含有水分:白色;后燃严重;黑色)。

(5)管系(是否有泄漏;连接和紧固装置有无松动)。

(6)轴系(润滑油位、轴承温度,有无异常噪声等)。

2. 运转中的监视参数

(1)压力参数:滑油压力、燃油压力、冷却水压力、起动空气压力、增压压力等。

(2)温度参数:滑油温度、冷却水温度、单缸排气温度、排气总管温度等。

(3)转速参数:主机转速、增压器转速、传动轴转速等。

3. 运转中燃油系统的监测和调整

(1)注意检查燃油的压力,当压力不符合规定值时,可通过调压阀来调节。

(2)定期对燃油沉淀柜、燃油日用柜放残水,随时注意并补充燃油日用柜的燃油。

(3)经常检查喷油泵的温度,检查高压油管的脉动情况。

(4)对于燃用重质燃油的柴油主机,要注意保证油柜的加热温度,在换用重油时要严格按轻、重油的转换操作程序进行。

4. 运转中润滑系统的监测和调整

(1)应特别注意检查主机润滑油的压力,当滑油压力偏低时,可通过调压阀来调节。

运转中的柴油机的滑油压力应高于冷却水压力,以防止冷却水漏入滑油系统。

对于大、中型柴油机,还应注意滤器前后的压差是否正常。如果滤器前后的压差过小或无压差,则说明滤器损坏;若压差过大则说明滤器堵塞,应立即转换滤器并注意放气。

(2)注意监视主机润滑油的温度。柴油机运转中,滑油进机温度一般应保持为30~50 ℃,不允许超过65 ℃,进出滑油冷却器的温差为10~15 ℃。滑油温度可通过滑油冷却器的旁通阀来进行调节,开大旁通阀油温就升高,反之则降低。

(3)注意监视主机滑油循环柜(或油底壳)的油位。如发现油位下降很快,则说明有漏泄之处;反之如油位升高,则说明水或燃油漏入曲柄箱,此时应结合膨胀水箱的水量消耗情况加以判断,尽快查明原因并加以消除。

(4)柴油机运行中,应经常用手触摸曲轴箱道门温度,从而判断轴承等工作是否正常,油路是否堵塞。

5. 运转中冷却水系统的监测和调整

(1)冷却水的温度:冷却淡水的出机温度应为65~80 ℃,进、出口温差应不大于13 ℃;海水或江水(舷外水,下同)出口温度不应超过45 ℃。

(2)注意监视主机膨胀水箱的水位是否在规定范围内,不足则及时补水;若水消耗过大,水位下降速度过快,必须立即查找冷却水泄漏的原因并予以消除。

(3)注意监视主机膨胀水箱的透气管是否有大量气体溢出,气体是否有烟气味道;经常观察冷却水的回水有否气泡,否则说明气缸盖、气缸套可能有裂纹,或气缸盖垫片有损坏,应立即查找原因,采取相应措施。

(4)注意监视冷却淡水的压力,并要求其压力稍高于冷却海水的压力。

6. 主柴油机定速运转后的巡回检查

(1)检查主机运行的各仪表参数如压力、温度、转速值等,必要时进行调整。

(2)检查主机滑油循环柜的油位，必要时进行补充。并注意油量的消耗和油质的检查。

(3)检查膨胀水箱的水位，并注意水量的消耗。

(4)注意倾听各运动部件有无异常的响声，经常用手触摸曲轴箱道门和各外露轴承的温度，以检查运动机件有无异常的过热现象。

(5)倾听增压器运转有无异常噪声；触摸高压油管的脉动情况；查看各缸排气温度及各缸排气温差是否符合说明书的规定。

(6)检查调速器的工作温度和油位。

(7)检查主机附属设备如水泵、油泵、滤器、冷却器等的工作情况。

(8)必要时打开示功阀，观察各缸燃烧情况。

(9)每隔2 h，将重要运行参数和事项记入轮机日志备查。

项目四　船舶主柴油机停车操作

船舶在航行中，当值轮机员接到驾驶台“停车”指令时，表明主机要停车，应按“停车”程序做好如下工作：

(1)到港前应确定主机是否需要换轻油。换油操作一般应在机动操作用车前1 h进行。

(2)到港前应进行主机换向操作试验，以确定起动系统和换向机构工作正常。

(3)在机动操作前放掉起动空气和控制空气系统凝水。

(4)主机带有轴带发电机时，到港前应从电网解除轴带发电机并与主机脱开。

(5)将操纵手轮转至“停车”位置，使柴油机停止运转。

(6)保持主机滑油泵、冷却水泵继续运行。

(7)空气瓶补满空气，随时准备动车。

(8)值班轮机员要留守主机操纵台，不得离开。

项目五　柴油机完车操作

(1)船舶在进港停泊前，主机应换用轻柴油，以清除燃油系统中凝点较高的重质燃油。

(2)停车时应缓慢降低车速，直至停车。若柴油机处于过热情况下，应慢速运转数分钟待温度逐渐下降后再停车。

(3)打开示功阀，冲车驱出气缸中的废气。

(4)关闭燃油供给阀、起动空气阀等(各船应根据具体情况将常开和常关的阀做出统一规定，并严格执行)。

(5)若气候寒冷，气温降至5 ℃以下时，应放出冷却水或进行加热保温。

(6)做好柴油机及周围各处清洁。

(7)关好机舱门窗，做好安全布置工作。

第七章 船舶轴系

第一节 船舶轴系组成及功用

一、轴系的组成

在船舶主动力推进装置中,从主机曲轴输出法兰到螺旋桨,其间以传动轴为主体的用于传递扭矩的一整套设备或系统称为轴系,如图 7-1 所示。

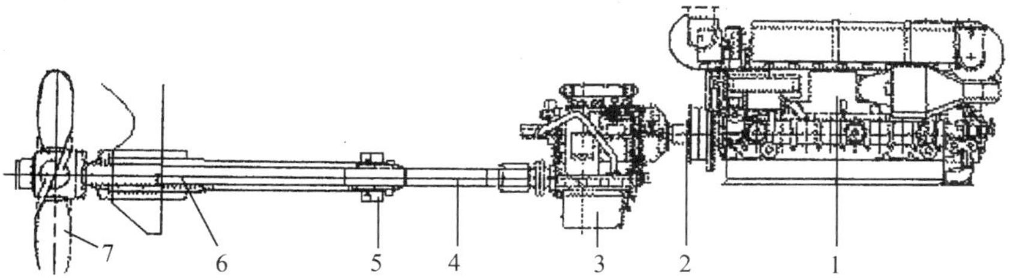

图 7-1 推进装置简图

1—主机;2—离合器;3—减速齿轮箱;4—中间轴;5—轴承座;6—螺旋桨轴;7—螺旋桨

二、轴系的功用

轴系是主机和螺旋桨之间不可缺少的中间传动机构,其作用是将主机的输出功率传递给螺旋桨,以克服螺旋桨在水中转动时所消耗的功率。同时,又把螺旋桨在水中旋转产生的轴向推力通过推力轴承传递给船体,以克服船舶航行的阻力。

船舶轴系的结构较为简单,但作用十分重大,维护和管理好轴系,对保证船舶的安全航行至关重要。

第二节 推力轴承

推力轴承的作用是承受轴系的轴向载荷。船舶上的主推力轴承是用来承受螺旋桨所产生的推力或拉力,使船舶前进或倒航。

推力轴承也有滑动式和滚动式两类型式。对于大型船舶目前均采用滑动式推力轴承,而滚动式推力轴承只采用在中、小型船舶上。

一、滑动式推力轴承

(一)滑动式推力轴承结构

对于大型船舶,螺旋桨产生巨大的推力。甚至有些船舶轴系还要产生振动,这些推力和振动将造成推力轴承中的推力环和轴承座与船体的矫形。加上轴承不可避免的磨损和安装误差等因素,使推力轴承在十分不利的工况下工作。为了解决这个问题,目前除尽量增加轴承座和推力环的刚性外,大多数推力轴承都采用单环扇形浮动块的结构,以便把推力环上产生的巨大推力均匀地分布在推力轴承上。

(二)滑动式推力轴承的工作原理

这种结构的工作原理图如图 7-2 所示。推力环 3 与轴锻成整体,推力块 1 制成浮动的扇形块,它背面的锁子抵在固紧于轴承座 4 的销子 2 上。推力环按箭头方向旋转时,滑油由推力

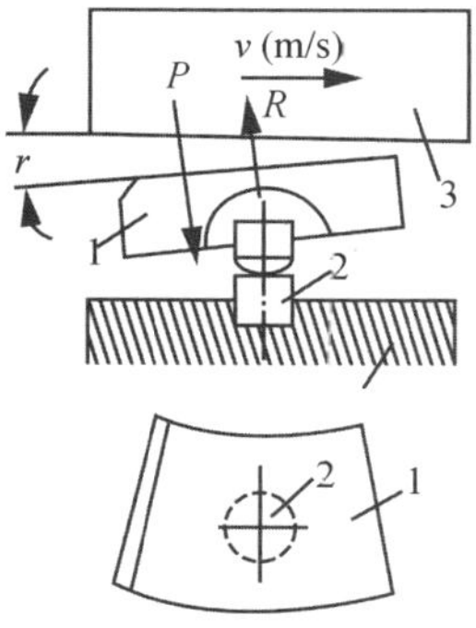

图 7-2 推力轴承工作原理

1—推力块;2—销子;3—推力环;4—轴承座

环引到推力块上。滑油对推力块的压力中心与支承点是不重合的,因而使推力块自行调整到一定的倾斜度,形成楔形油膜,从而得到液体润滑。这时每一个推力块都能自行调整形成油楔,故使轴承的承载能力大大增加。

当推力很大,使轴承座与推力环变形时,还可在推力块背面再加平衡垫块,使推力能均匀

分布在所有推力块上。图 7-3 所示是这种推力轴承的典型结构图。这种结构中的每个推力块支持在两个平衡垫块上,并沿圆周安装。当一个推力块受力增大时,立即后退,使其距推力环的距离增大,因而相邻的推力块与推力环间距将减小,负荷增大,从而使所有推力块负荷提高,为了简化结构,对于工作条件比较好的推力轴承,常使用平衡垫块的结构。这种结构轴承的承载能力比上述结构低。

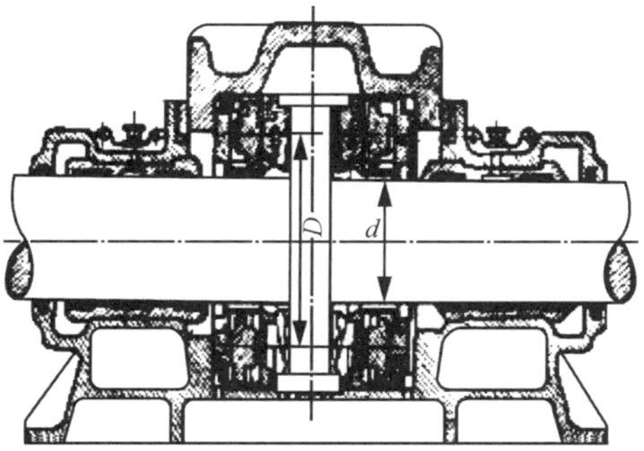

图 7-3 推力轴承

(三)滑动式推力轴承的润滑

滑动推力轴承的润滑方式一般有两种,一种是压力润滑,即系用单独的或主机的滑油泵将滑油打入推力轴承,工作后受热的滑油再被抽出送至冷却器冷却回至循环油柜。另一种是单独润滑,滑油不做压力循环,而靠飞溅和油雾进行润滑,用蛇形管以舷外水进行冷却。

二、滚动式推力轴承

滚动式推力轴承只采用在中、小型船舶上,如图 7-4 所示。滚动式推力轴承具有以下特点:

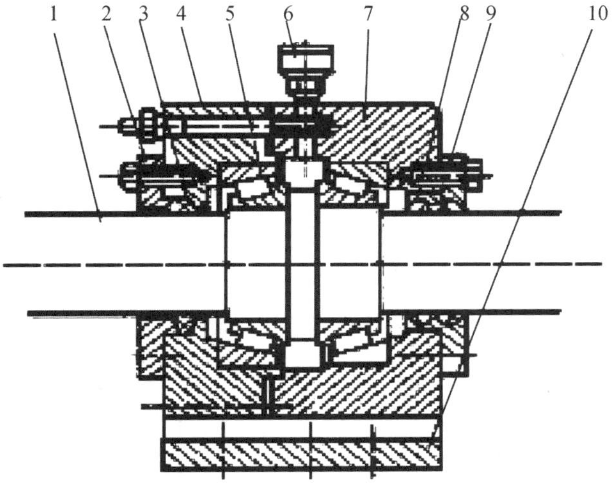

图 7-4 滚动式推力轴承

1—推力轴;2—轴承盖锁紧螺钉;3—轴承端盖;4—轴承体;5—轴承滚动体;
6—油杯;7—轴承体;8—轴承端盖;9—轴承盖锁紧螺钉;10—推力轴承基座

优点:摩擦损失小、传动效率高、结构紧凑、滑油消耗量少、管理方便。

缺点:承受推力小,而且推力轴的两端要用可拆联轴器,否则无法装卸轴承。

第三节 联轴节

一、联轴节的分类

轴系的联轴节结构型式很多,分为可拆联轴节和不可拆联轴节,如图 7-5 所示。不可拆联轴节主要是法兰不可拆联轴节。可拆联轴节的结构型式很多,常见的有:法兰可拆联轴节、液压联轴节、夹壳联轴节、挠性联轴节等。而挠性联轴节又有弹性圆柱销联轴节、轮胎联轴节、圆筒橡皮联轴节及十字头滑块联轴节等。

图 7-5 常见的联轴节

中小型船舶通常使用有键可拆法兰式联轴节和液压联轴节,此类结构复杂,但使用效果好。有键法兰式联轴节把紧余量如图 7-6 所示。

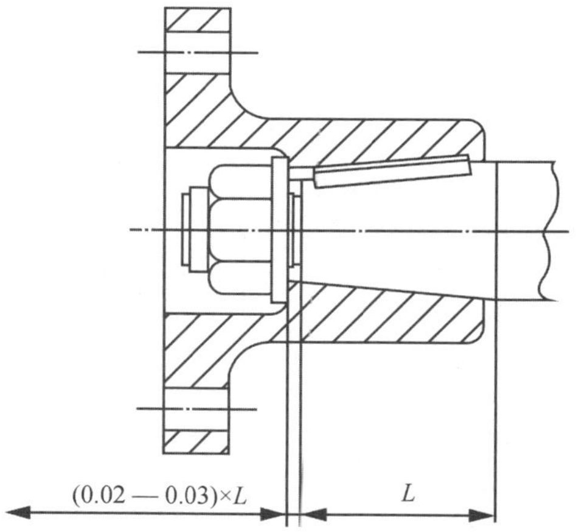

图 7-6 有键法兰式联轴节把紧余量

二、常见联轴节

(一)有键可拆法兰式联轴节

拆卸前应在联轴节与轴的轴向安装位置及轴与螺帽径向相对位置做好标记。

(1)联轴节与轴上的锥体应接触良好,接触面积在 75%以上,且每 25 mm×25 mm 面积内不得少于 3 个色点,塞尺检查大端时,0.03 mm 插入深度不得超过 3 mm,否则应研磨达到。

(2)安装时应按拆卸前的轴向标记把紧,把紧后用 0.05 mm 塞尺检查螺帽与联轴节的接触面,在周长的 90%不应插入,并应有可靠的防松装置。

(二)液压法兰式联轴节

如图 7-7 所示,液压联轴节在拆前应首先在轴和联轴节上做好轴向和径向的安装位置的记号。

(1)液压拆卸时要做好安全保护,防止液压时弹出太多造成伤人。

(2)如果液压拆卸时,当锥体接触面产生渗油但不能拆掉联轴节时,可径向加压,另外可在轴向加压拆卸。

(3)联轴节与轴配合的过盈量按下式计算:

$$\delta=(1.4/1\ 000-18/1\ 000)d$$

式中:δ——过盈量(mm);

d——配合处的轴径(如果是锥形轴按平均直径,mm)。

(4)联轴节的锥孔与轴的锥径应配合良好,使 85%以上面积均匀接触,25 mm×25 mm 面积内不得少于 4 个色点,且在两端油线以外,不得有贯通性不贴合部位。

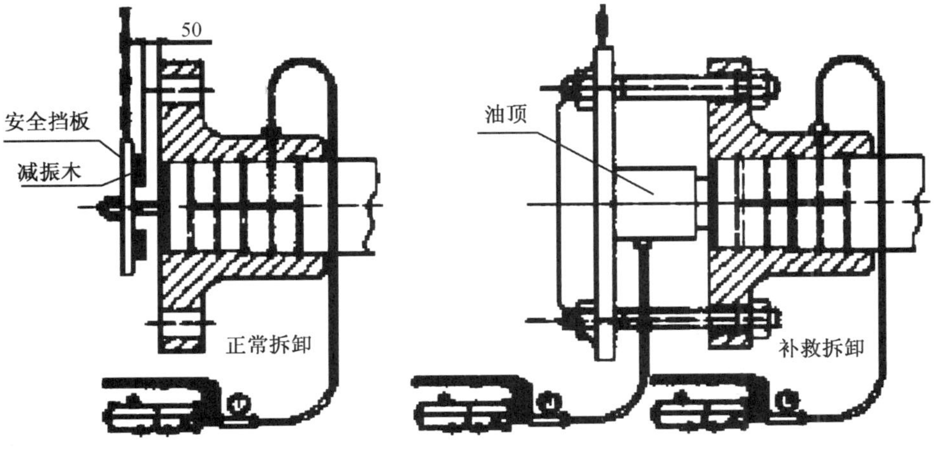

图 7-7 液压法兰式联轴节拆卸

(三)OK-HB 联轴节

如图 7-8 所示,OK-HB 联轴节主要是由两只高强度优质钢的套子组成,一个薄壁的内套和一个厚壁的外套。薄壁内套的外表面有轻微的锥度,其锥度与外套内孔的锥度一致。内套的内孔直径比轴的直径稍大一点,可以在拆装时使轴能容易地通过。另外螺在内套小端的大螺母及油封和内外套组成一个密封腔室。

密封腔室如果压进液压油,将推动外套与内套做相对运动,由于内外套的配合面的锥形所以它们轴向相对移动产生了径向的相互作用,使内套直径缩小(受压缩),外套直径变大,内套直径缩小结果使其与轴产生过盈,同样内外套的配合也产生了过盈。

在装配过程中为了减少内外套轴向相对移动时的摩擦阻力,利用高压油作用到内外套的配合锥面上,使配合面产生了一层薄油膜克服摩擦作用,当外套直径达到正确的位置时,径向油泵减压泄油,使得内外套之间保持正常的摩擦作用。外套接触面的锥度在 1∶80 左右,远远小于它们之间静摩擦角,加上安装至设计位置,内、外套之间、内套与轴之间有很大的过盈应力作用,在轴系运转时,产生的摩擦力足以用来传递扭矩或克服拉力作用,而不产生滑动,使联轴节实现其功能。

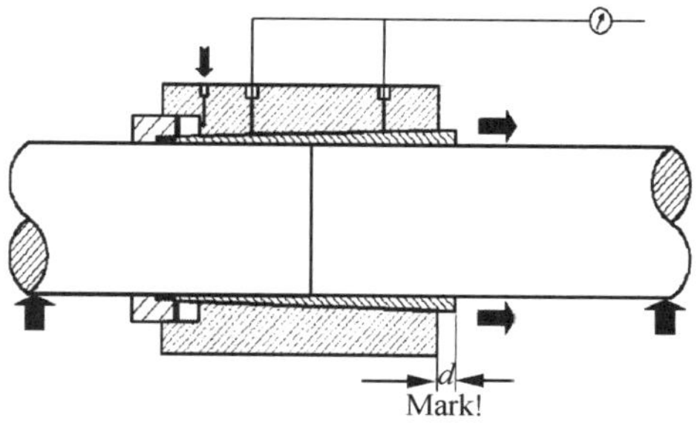

图 7-8　OK-HB 联轴节

拆 OK-HB 联轴节很简单,如图 7-9 所示。高压油注压进联轴节内外套之间,减少了摩擦作用,且由于锥面的因素,高压油作用在外套上有一个轴向分力,导致外套从锥面下滑;而轴向液压单元产生的作用力是上面轴向分力的平衡力,通过控制油腔放油速度,来控制外套的下滑速度,防止其滑得过快。

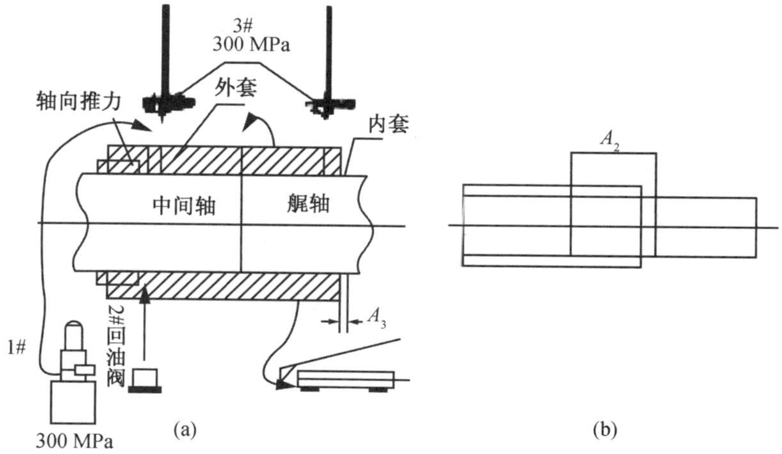

图 7-9　K-HB 联轴节拆卸原理图

准备油泵:一台低压大流量的泵(300 kg/cm^2),根据说明书要求准备几台 SKF 油泵或高压大流量的风(电)动泵(2 500 kg/cm^2),适当的油管、接头,了解锥形内套与外套的安装距离

A_3[见图7-9(a)],锥形内套与艉轴的安装距离 A_2[见图7-9(b)]及安装后的外径膨胀量 Δ 值。

(1)先将联轴节的油孔转向上面,然后将中间轴与艉轴支撑起来。

(2)用压缩空气向轴向推力油缸内充气,使油缸内密封板复位。

(3)按图1将1#轴向推力油泵,和2台3#径向扩张油泵,分别用相配套的油泵连接起来,在轴向油缸另一侧安装好2#回油阀及回油管,并准备器皿接住回油。

(4)打开联轴节中间油孔丝堵,分别用每台3#油泵向油道内冲油,直到中间油孔油大量的油溢出为止,再将丝堵堵死。

(5)起动1#轴向油泵,向轴向推力油缸内压油,当2#回油阀有油溢出时,关2#回油阀,轴向油缸继续加压到20 MPa停止,之后用2台3#油泵对联轴节径向加压扩张,直到锥形内套大端外径有油渗出时,迅速地打开2#回油阀,此时外套将缓缓地从内套上滑下来。

第四节 艉轴管轴承

艉轴管轴承是用来支承艉轴的。单轴系的艉轴管内一般装有前后两个轴承;双轴系的船舶艉轴内除装有两个轴承外,在人字架内也装有轴承。

艉轴管轴承按其润滑型式可分为油润滑轴承和水润滑轴承两种。油润滑轴承与转轴接触处的材料常采用白合金、青铜;水润滑轴承采用铁梨木、橡胶、桦木层压板和合成材料等。青铜和合成材料轴承一般不设衬套。

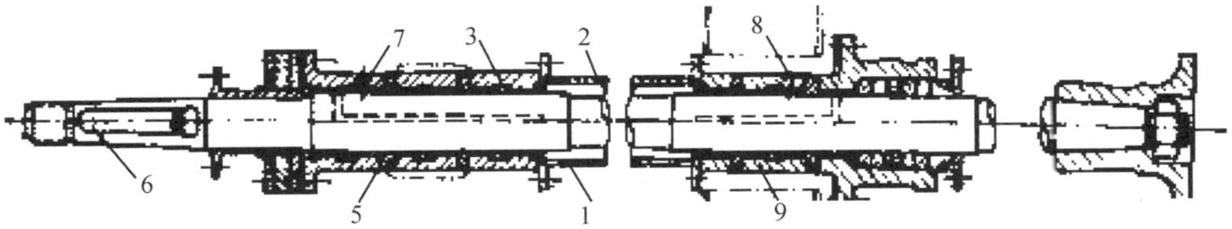

图7-10 艉轴管装置

1—前艉管;2—中艉管;3—后艉管;4—艉管支架;5—人字架;6—配数油塞;7—回油口;8—送油管;9—艉轴

艉轴管轴承使用的材料很多,可分为金属材料型和非金属材料型两大类。金属材料主要有青铜、白合金。非金属材料主要有铁梨木、橡胶、夹布胶木、胶合板,尼龙、塑料等。用金属材料制造的艉轴管轴承一般用油润滑来冷却,因在艉轴管的前端及尾端均装有密封装置,称为闭式润滑;而采用非金属材料制成的轴承,一般用舷外水进行润滑和冷却,只在艉轴管的首端装有密封装置,舷外水可以自由流入轴承内,故称开式润滑。

一、艉轴管轴承的类型

(一)白合金艉轴承

1. 结构

内河船舶的衬套材料常用青铜或黄铜,较少采用钢、铸铁或球墨铸铁。若采用铸铁或球墨铸铁材料时,应先将衬套的内表面进行电化学阳极腐蚀特殊处理(去石墨处理),然后浇铸白合金。为了不使白合金脱落,在轴承衬套上开有纵向和横向的燕尾槽。沿轴线方向开有油槽,使滑油能够均匀分布。滑油孔开在衬套不受压力的一边,供半圆形油槽注油,并与轴向油槽相通。

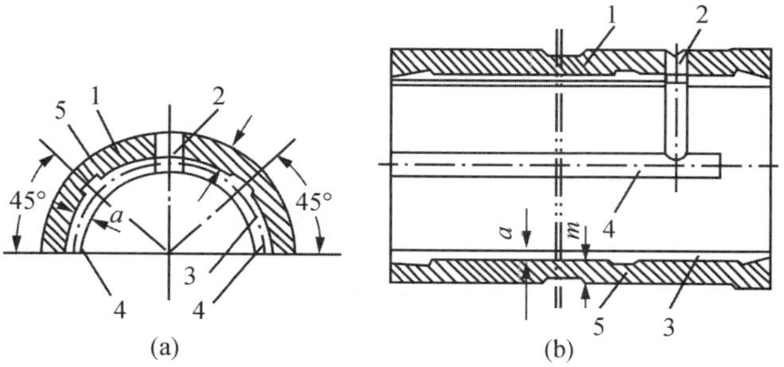

图 7-11 白合金艉轴承的断面结构

1—轴承衬套;2—油孔;3—百合金;4—燕尾槽

2. 特点

白合金艉轴承耐磨性很好,不伤轴颈;抗压强度相当高;散热好,极少发生因摩擦发热而烧轴的事故,寿命长,锡基合金的使用寿命相对较长。白合金艉轴承的缺点是制造、修理复杂,而且价格昂贵。

3. 白合金艉轴承的要求

(1)白合金艉轴承衬套的外圆在安装时应与艉管紧密配合;前衬套的前端做成凸肩,使其与艉管紧密配合并用止动螺钉与艉管紧固;套的后端往往具有法兰,以螺柱紧固于艉管上,否则衬套可能会随轴转动,发热甚至烧毁。

(2)白合金轴承长度应满足有关要求。

(3)白合金艉轴承的安装间隙与允许极限间隙可参照表 7-1,也可按经验公式计算:

$$\Delta=0.001d+0.50\ \text{mm}$$

式中,d——轴颈直径,mm。

(4)轴承衬套厚度用下式计算:

$$m=(0.06\sim0.11)d\ \text{mm}$$

式中,d——轴颈直径,mm。

(二)橡胶艉轴承

橡胶艉轴承有条式和整体式两种类型。

条式橡胶轴承的橡皮衬条用沉头螺钉从衬套外面旋入衬条中的金属衬板上,以便把橡皮衬条拉紧于衬套上,并要求金属衬板和衬套及理头螺钉之间的材料不应有显著的电位差。这种条式橡皮轴承,主要用于中大型船舶。

整体式橡胶轴承是将橡胶通过模具直接硫化于衬套之内,衬套的材料多采用青铜。内孔开有纵向均匀布置的流水槽,以便对橡胶进行散热及冲走泥沙。

整体式因其结构较条式简单,故在中小型船舶上得到广泛应用。

橡胶艉轴承的特点:

(1)橡胶轴承具有一定的弹性,由于橡胶有弹性,比其他木质轴承接触面积大,且负荷分布比较合理。而且能吸收振动,故对轴系的安装误差及其冲击的敏感性较小,轴系的安装和找正比较容易,工作噪声小。

(2)采用水润滑,营运成本低,无尾封,结构较简单,管理方便,且避免了这部分摩擦功的损失。

(3)橡胶轴承对水中的泥沙有一定的适应能力。

(4)制造比较麻烦,橡胶成型需要硫化工艺,这就要有刚性强且加工较精确的模具。

(5)橡胶含硫,对轴有一定腐蚀性,要求轴与橡胶的接触表面上用不锈钢或用其他防腐蚀材料进行包覆。长时间停船时要定期转动艉轴。

(6)橡胶的传热性差,且温度超过 65~70 ℃时,就容易老化失效,这就需要有可靠的冷却。

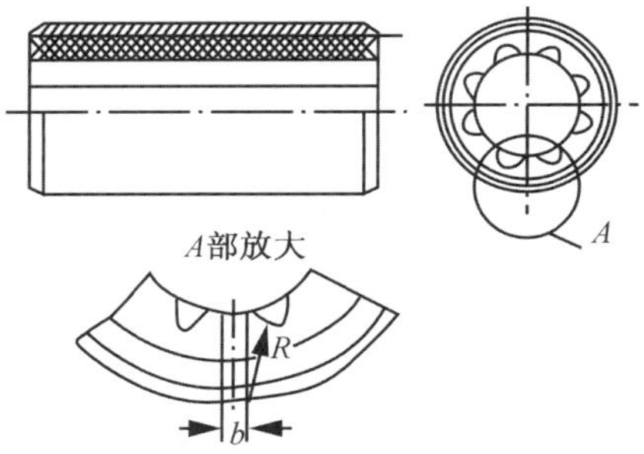

图 7-12　整体式橡胶轴承

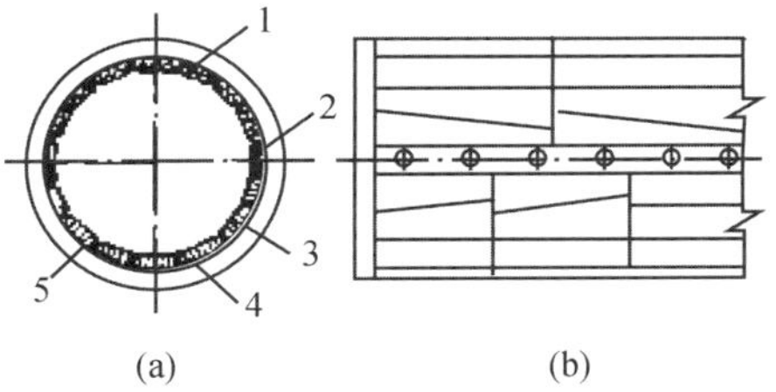

图 7-13　铁梨木轴承

1—裂纹板条(上);2—止动条;3—主纹板条;4—冷却水槽;5—艉管衬套

(三)铁梨木艉轴承

铁梨木也是海船上最广泛的一种艉轴承材料。它组织紧密,含有丰富的树脂,抗腐性能好,其精汁与水能形成乳状液体,具有良好的润滑作用。铁梨木与艉轴青铜套在水中配合摩擦具有良好的抗磨性。铁梨木主要产于南美洲热带之中,我国西双版纳也有种植。性质不耐干,加工安装时应加水浸泡以防干裂。它的密度为水的 1.2 倍。铁梨木木质坚韧,耐海水腐蚀,在海水中与铜合金之间的摩擦系数很小,不伤铜套,但价格昂贵。其次,当在轴承与轴套间进入砂粒时,磨损速度显著增加,因此不适用于近海工作。

铁梨木在艉管衬套中的布置多采用桶形排列,板条厚度为 15~25 mm,宽度为 60~80 mm。板条宽度基本相同,镶嵌紧密。纵向接缝在一条直线上,在 85%的板条长度应插不进 0.10 mm 塞尺。板条背面与衬套内孔也应紧密贴合,其不贴合区不可超过总面积的 20%,且不应集中一处。板条间应装有青铜或黄铜止动条(2~3 根)。止动条长度等于轴承全长,径向厚度约为铁梨木厚度的 60%,且不应大于铁梨木允许极限间隙时的板条厚度。铁梨木板条之间开有冷却水槽（除轴承下部 60°范围内）。板条总长度应使板条在轴向留有 2～8 mm 的膨胀间隙。在加工、安装和修理过程中应使铁梨木处于湿润状态，以免干裂。

（四）桦木层压板艉轴承

桦木是铁梨木的代用材料。用酚醛树脂浸泡过的厚度为 0.4～0.5 mm 的桦树板在 16～20 MPa 的压力和 145～160 ℃的温度下胶合起来的材料，耐磨、耐腐蚀。它在海水中能与青铜配成良好的摩擦副。层压板的端面耐磨性能更好些，故板条的纤维方向应与轴颈表面垂直。

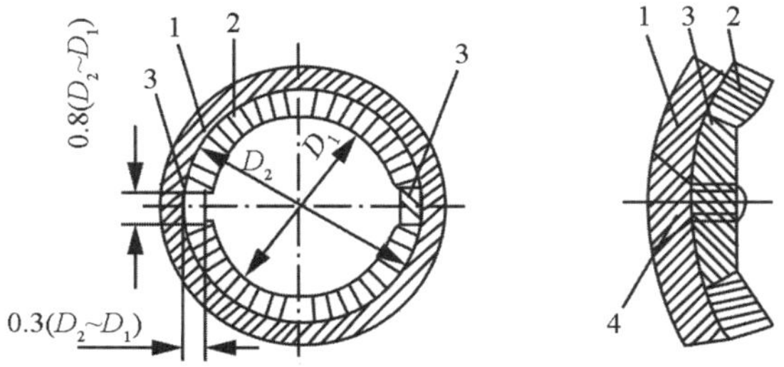

图 7-14　桦木层压板艉轴承

1—艉管；2—板条；3—管制止动条；4—埋头螺钉

轴承下部层压板的木层方向与轴中心线垂直，上半部则可与轴中心线平行。轴承支承表面包角在 100°～110°之间。层压板艉轴承的冷却水槽设在止动条附近，采用压力水润滑和冷却。

板条加工最小厚度为非设计厚度，此值仅为船舶在修理加工艉管轴承时的要求标准。其设计厚度应放厚 50%左右，根据轴颈大小，板条设计厚度应为 15～30 mm。

与铁梨木轴承相比，采用层压板有以下优点：

（1）桦木层压板比铁梨木加工工艺简便，取材方便，成材率高，可达 85%以上，而铁梨木成材率只有 20%左右。且可预制成半成品（轴套式或板条式）以待成品车削使用。

（2）装船前后不需要浸沉在水中（要求干态）水胀性比铁梨木小，对船舶下水与进出坞的保养和检修周期都相应的缩短。而铁梨木艉管轴承在坞内需要冲水湿润，以防干裂和导致因镶条过度磨损而发生掉光的事故，造成轴系严重跳动，影响正常航行。

二、艉轴承安装要点

因桨重量较大，使其回旋和横向振动的临界转速会有所降低，加之桨在运行时悬臂动载荷的影响，故艉轴承的间距不宜增加太大。

一般桨比较重，该重量悬臂作用在轴承上，艉轴不可能均匀接触而不倾斜，故后侧局部负荷较严重，支承点位置后移。

为改善此状况，使艉轴管中线与船体基线倾斜一定角度的做法，即所谓“斜镗艉轴管”，使轴承处于最佳受力状态。

三、维护管理要点

为了避免发生故障，在管理中应注意以下几点：

(1)轴承换新后,要经过 2 h 的磨合进行,亦可投入正常运转。对有些现代轴承新材料通常不需要磨合期。

(2)要定期对轴系进行检查,检查包括轴承间隙、推力面之间的间隙等;还要检查紧固螺栓是否松动;判断润滑油的油流快慢及旋转情况来辨别轴承的工作状态。

(3)认真监视滑油压力和温度,定期化验滑油质量,定期对滑油进行分离处理。

(4)轴承在工作中要注意其温度情况和倾听运转声音,温度升高和声响异常往往是事故前兆。

第五节 船舶轴系检查

一、轴系对中的目的

轴系对中的目的,就是使轴系的实际中心线与理论中心线尽量保持一致,以保证船舶主推进装置正常运行。

轴系理论中心线是船舶设计时所确定的轴系中心线。船厂通常根据轴系理论中心线确定主机、轴系各传动轴和轴承的安装位置,所以轴系理论中心线不仅是轴系和主机安装时的安装基准,也是船舶修理时的重要依据。

船舶轴系轴线的对中质量,对轴系和主机的正常运转以及船舶振动均有很大影响,特别是对轴径大、轴承间距小、刚性强的轴系影响更为显著。若轴系对中质量差,可能造成的危害是:

(1)运转时引起轴承的负荷急剧增加,导致轴承发热和迅速磨损甚至咬死;

(2)艉轴管密封装置迅速磨损产生漏泄,引起滑油泄漏造成污染事故;

(3)主机曲轴臂距差超过规定值,导致曲轴裂纹甚至断裂;

(4)破坏减速齿轮的正常啮合和支承轴的正常工作;

(5)引起船体振动,严重的甚至导致轴系断裂等严重机损事故。

新造或修理后船舶的轴系需要进行良好的对中,但船舶经过一段时间营运后,由于各道轴承、轴颈运转中存在不同程度的磨损和船体变形或者发生海损事故等原因,轴系原对中状态会发生变化,所以应定期检验、调整。

二、轴系对中的技术要求

(一)轴系中心线的状态的检验

轴系的技术状态主要取决于中心线的状态,而中心线的状态是通过轴系中心线弯曲程度和艉轴与柴油机曲轴中心线同轴度来确定的。

1. 轴系中线弯曲度的检验

轴系实际中心线与理论中心线的偏差大小即为轴线的弯曲度。相邻轴连接法兰的偏移值 δ 和曲折值 φ 来表示轴系的弯曲度,一般有四种情形,如图 7-15 所示。

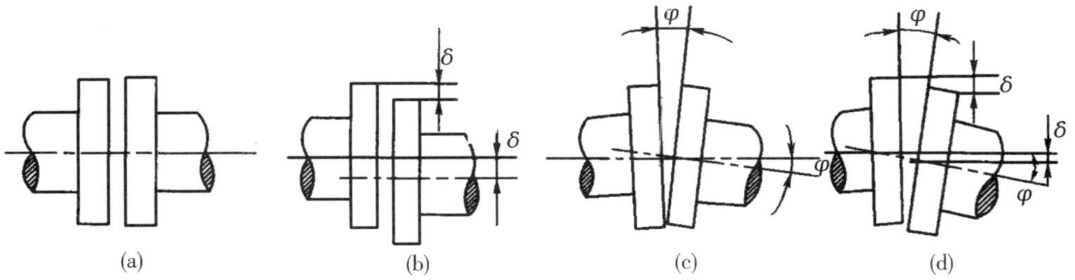

图 7-15　相邻两轴连接法兰的偏移与曲折

图 7-15(a)相邻轴中心线在一条直线上,连接法兰处的偏移值 δ 和曲折值 φ 均为零;

图 7-15(b)相邻两法兰连接处,轴线不重合(φ 为零),但平行(δ 不为零),称偏移,俗称“外圆差”;

图 7-15(c)相邻两法兰连接处,轴线相交成一定角度(φ 不为零,δ 为零),称曲折,俗称“开口”;

图 7-15(d)相邻两法兰连接处,轴线既不同轴,又相交成一定角度,δ 和 φ 均不为零,即同时发生偏移和曲折。一般情况下,轴系同时存在着偏移和曲折。

为了正确掌握轴系的技术状态,在修理前应对轴系中心线进行检验。轴系中心线弯曲度的检验方法,一种是测量每对连接法兰上的偏移值 δ 和曲折值 φ,另一种是采用光学仪器检验。此处仅介绍前一种方法。

为了减少测量误差,检验时应在夜间或阴雨天进行,并且要求船舶排水量不小于船舶空载排水量的 85%,水舱压载要均匀,船上无集中负荷的迁移,停止敲打和振动性作业。

测量前,在距法兰端面 $l/5$ 处(l 为每段中间轴的长度)设置临时支撑,拆去法兰连接螺栓,并在两法兰端面留出 0.5~1.0 mm 的间隙,以便于测量。

将直尺依次地贴附在一个法兰外圆表面的上、下、左、右四个轴向位置上,用塞尺测量直尺与另一法兰外圆的间隙,可得 $Z_{上}$、$Z_{下}$、$Z_{左}$、$Z_{右}$ 四个数值,如图 7-16 所示。则在垂直方向和水平方向的偏移值为:

$$\delta_{垂直} = \frac{Z_{上} + Z_{下}}{2} \ (\mathrm{mm})$$

$$\delta_{水平} = \frac{Z_{左} + Z_{右}}{2} \ (\mathrm{mm})$$

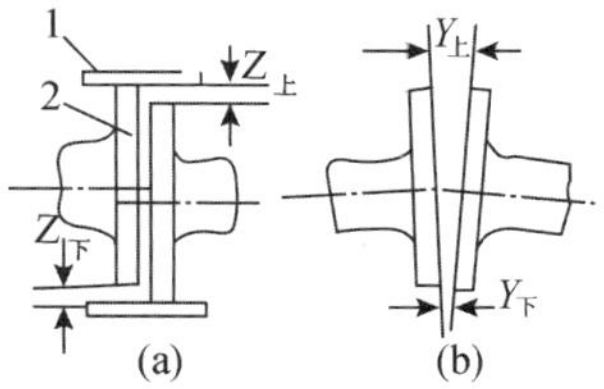

图 7-16　偏移与曲折的测量

用塞尺在法兰上、下、左、右四个位置,测量两法兰的端面间隙,可得 $Y_{上}$、$Y_{下}$、$Y_{左}$、$Y_{右}$ 四个数值,则在垂直和水平方向的曲折值为:

$$\varphi_{垂直}=\frac{Y_{上}+Y_{下}}{S}\ (\mathrm{mm/m})$$

$$\varphi_{水平}=\frac{Y_{左}+Y_{右}}{S}\ (\mathrm{mm/m})$$

式中，S——法兰直径（m）。

对中时：常采用“开口”代替曲折，若 $Y_{上}>Y_{下}$，称为上开口；$Y_{上}<Y_{下}$，称为下开口；$Y_{左}>Y_{右}$，称为左舷开口；$Y_{左}<Y_{右}$，称为右舷开口。

表 7-1 为轴系各法兰的偏移和曲折的修船标准许用值，测量所得的偏移和曲折值应符合船舶轴系修理技术标准。

表 7-1　轴系各法兰的偏移和曲折值

分类	要求对中部位	修理船舶		新造船舶	
		偏移 δ（mm）	曲折 φ（mm/m）	偏移 δ（mm）	曲折 φ（mm/m）
长轴系	推力轴与相邻中间轴法兰	≤0.15	≤0.20	≤0.10	≤0.15
	艉轴与相邻中间轴法兰	艉轴安装间隙的 25%	$\delta=0$ 时 上开口≤0.25 下开口≤0.50	艉轴安装间隙的 20%	$\delta=0$ 时 上开口≤0.15 下开口≤0.30
	中间轴相邻法兰	按表下说明原则，合理分配 δ 和 φ 值			
短轴系	推力轴后各法兰	≤0.25	≤0.25	≤0.20	≤0.20
	牙嵌式离合器	≤0.20	≤0.30		
	气胀式离合器	≤0.60	≤2.00		
	齿形离合器	≤0.40	≤1.00		
主机曲轴与推力轴（或齿轮轴）法兰		按曲轴最后一道臂距差的允许范围调整 δ，使曲轴轴心偏高 0.05~0.10 mm			
			≤0.15		≤0.10

说明：①长轴系：指具有两根或以上中间轴的轴系。短轴系：指有一根中间轴或无中间轴的轴系。

②中间轴相邻法兰的偏移和曲折值，均可按艉轴与相邻中间轴法兰的要求稍许降低。各中间轴法兰的 δ 和 φ 值基本上是平均分配，对靠近轴系中间部分的法兰要求还可降低些，但当 $\delta=0$ 时，$\varphi_{max}\leq0.60$（mm/m）。

2. 艉轴和曲轴的同轴度检验

艉轴和主机曲轴（或减速器轴）位于轴系的两端，称为端轴，艉轴与曲轴同轴度也称为端轴同轴度。端轴同轴度检验，实际上就是检验两端轴轴心线的相对位置情况，即测量总偏移值 $\delta_{总}$ 和总曲折值 $\varphi_{总}$。目前检验端轴同轴度的方法主要有平轴法、平轴计算法、拉线法和照光法等。此处仅介绍平轴法。

用平轴法测量两端轴的不同轴度时，以艉轴（或曲轴）的法兰为基准，由尾向首（或相反方向），调节临时支承的上、下及左、右位置，使每对连接法兰上的移偏和曲折为零。此时，最后一对法兰即推力轴或最后一根中间轴与柴油机曲轴法兰处的偏移和曲折值，就是两端轴不同轴的偏移量 $\delta_{总}$ 和倾斜度 $\varphi_{总}$，如图 7-17 所示。

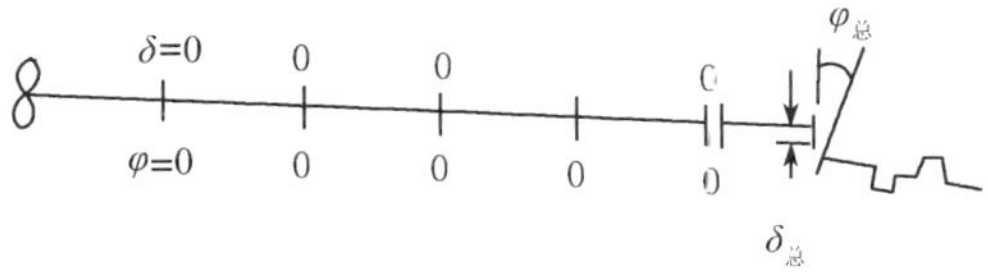

图 7-17　平轴法测量两端轴同轴度

表 7-2 所列为两端轴之间轴的允许偏移和曲折值。表中 $L_{计算}$ 为轴系受偏中连接影响后弯曲部分的长度。$L_{计算}$ 依主机与轴系连接形式选取,可参见有关船舶轴系、螺旋桨和舵系修理技术标准。

表 7-2　两端轴允许的偏移和曲折

$L_{计算}$(m)	总偏移 $\delta_{总}$($\varphi=0$)(mm)						总曲折 $\varphi_{总}$($\delta=0$)(mm/m)					
	轴的最小直径(mm)											
	100	150	200	300	400	500	100	150	200	300	400	500
5												
										0.14		
10			0.65	0.42	1.30				0.21		0.20	
		0.85				2.30		0.28		0.26		0.22
15	1.25		2.60	1.70	2.90		0.42		0.39		0.29	
		3.50				4.20		0.51		0.39		0.31
20	5.2		5.80	3.90	5.20		0.78		0.58		0.39	
		7.80				4.90		0.78		0.52		0.47
30	11.7		10.4	15.6	11.7		1.17		0.72		0.58	
		13.9				16.6		1.04		0.78		0.62
40	20.8		23.4	27.7	20.8		1.56		1.17		0.78	
		31.2				26.0		1.56		1.04		0.78
50	46.8		41.6	43.3	32.5		2.34		1.56		0.97	
		55.5				37.4		2.07		1.30		0.94
60	83.2		65.0	62.4	46.8		3.12		1.95		1.17	
		86.7				51.0		2.59		1.56		1.09
70			93.6	84.9	63.7				2.34		1.36	
						66.6				1.82		1.26
80					83.2						1.56	

对于新造或轴系修理后,进行轴系安装时,可利用拉线法或照光法等先确定轴承的高度及左右位置,再将各中间轴装入,然后将轴线的总偏移和总曲折平均分配到各中间轴法兰上,使每对法兰上的偏移和曲折不超过规定范围,但最末端中间轴的尾法兰与艉轴首法兰及最前端中间轴的首法兰与推力轴尾法兰不允许借线。考虑到主机飞轮端轴承磨损及飞轮下垂的影响,一般应使曲轴轴心线偏高 0.05~0.10 mm,但柴油机止推轴承邻近挡主轴承下轴瓦不能托空。

(二)轴系状态的调整

通过对轴系状态的检验,即轴系中心弯曲度和两端轴同轴度的检测,并与标准比较,其结果可能有以下几种情况:

(1)轴系偏差度和同轴度分别符合要求,即表明轴系状态良好;

(2)轴系同轴度符合要求,但偏差度检测发现轴系有的法兰上的 δ、φ 不符合要求,则应采用调节相关中间轴承和中间轴位置的方法,使法兰上超过标准的 δ、φ 调整到许可范围内;

(3)轴系同轴度不符合要求,即轴系的 $\delta_{总}$ 和 $\varphi_{总}$ 超过规定值。与轴系的同轴度误差较大时,表明轴系的偏差度也不符合要求。

为了使轴系同轴度符合要求,必须改变两端轴的相对位置来调整轴系的状态。具体的修理方案有三种：

①偏心镗削艉轴承或艉轴管，通过改变艉轴中心线的位置，达到与曲轴同轴，但应保证艉轴承工艉轴管偏心镗销后艉轴承或艉轴管最薄处的壁厚尺寸，以满足强度要求。

②当同轴度误差过大，偏心镗销的方法不能使轴线修正时，则应改变主机的位置，使曲轴中心线与艉轴中心线对准，从而使 $\delta_{总}$、$\varphi_{总}$ 符合要求。但是改变主机位置的工程量较大，并且也受机舱空间位置的限制。

③同时采用偏心镗销艉轴承或艉轴管和改变主机位置的两个措施，即通过改变两端轴的轴线位置来达到同轴的目的。但是此方法工程量更大，制约的因素更多。

在船舶轴系的实际运转中，一般轴系的同轴度误差均在允许范围内，仅偏差度容易出现不符合要求的情况，但当个别法兰上的 δ、φ 超过标准时，对轴系的运转无较大影响，一般不需调整。轴系产生过大的同轴度误差通常是在发生海损事故，使船体受到较大破坏时，例如船舶搁浅使机舱或船尾遭创伤。

第六节 船舶轴系扭转振动的概念及减振措施

一、轴系产生扭振的原因及影响因素

（一）扭振的基本概念

柴油机的曲轴和轴系，在周期性交变力矩作用下，一方面传递输出扭矩，另一方面机件内部还会发生扭转振动。为了掌握扭振的特点和规律，以便进行防范，首先应了解一些有关扭振的基本概念。

1. 扭摆现象与简谐振动三要素

最简单的扭振系统如图 7-18 所示。轴的一端固定，另一端与一个圆盘连接，并假定圆轴只有弹性而无转动惯量，圆盘只有转动惯量而无弹性。这种轴盘称为扭摆。也称单质量系统。

若在扭摆的圆盘上加一扭矩使轴扭转一个角度，并设圆盘转角为 A，然后突然去掉此力矩，则圆盘就在圆轴的弹性力矩及圆盘的惯性力矩作用下，以轴线为中心来回摆动，这就是扭转振动。

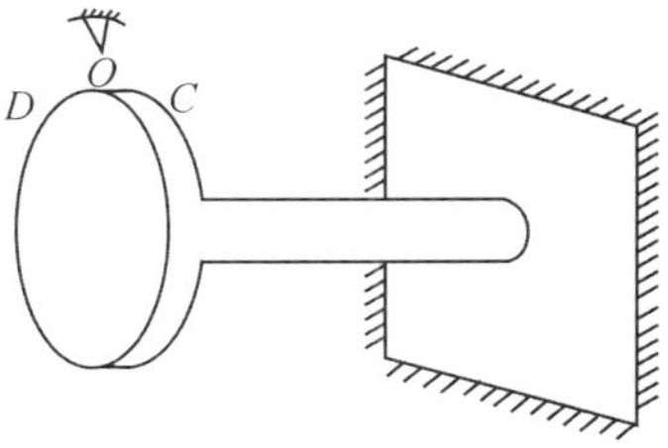

图 7-18 扭摆的扭振简图

扭转振动通常用质点位移的运动方程来描述，它是一种随时间按正弦规律变化的简谐振动，其振动质点的位移 y 的方程式为：

$$y = A \cdot \sin(\omega t + \varepsilon)$$

式中：A——振幅，表示振动质点离开平衡位置的最大距离，m 或 rad；

ω——角速度，也称圆频率，单位为 rad/s（弧度/秒）；

ε——初相位，表示振动质点起振的位置，m 或 rad。

柴油机轴系的振动是一种复杂的运动形态，其振动方程式也是一种复杂的周期函数，但任何复杂的周期函数都可以理解为由若干个简谐函数所组成，因而在振动的研究中通常多以研究简谐振动（A、ω、e）为基础。

2. 自由扭转振动

上述在不变外力（矩）作用下，仅由轴系的弹性（恢复）力矩与惯性力矩作用产生的扭转振动，称为自由扭转振动。

自由扭转振动又分两种情况。

（1）无阻尼自由扭转振动：在无任何阻尼（内、外摩擦阻力）的情况下，当外力矩停止作用后，轴系的扭振将一直保持下去。称为无阻尼扭转振动。

（2）有阻尼自由扭转振动：实际上，由于空气阻力、摩擦阻力以及材料内阻力矩的存在，每一振动系统，都会受到内、外部摩擦力（阻尼）的影响，在外力矩停止作用后，轴系自由振动的振幅都会逐渐减小以致等于零即停止振动。这种振动称为有阻尼自由扭转振动。

3. 自由扭振频率

轴系自由扭振频率即自振频率f_e（又叫固有频率），其大小与轴的刚度成正比，而与系统的转动惯量成反比。

f_e表示每秒钟振动的循环数，是振动的“秒频率”，单位为周/秒或次/秒。另外，也可用振动时沿圆周回转的角速度ω_e来表示，叫振动的“圆频率”，单位为 rad/s。

（二）轴系强制扭转振动的原因和影响因素

柴油机轴系的扭转振动是有阻尼前提下的强制扭转振动。轴系在工作时，它的曲轴和螺旋桨（或发电机）上，作用着周期性变化的外力矩。轴系在周期性变化的外力矩作用下产生的扭振叫作强制扭转振动。其中轴系的自振频率是固有特性，是产生扭转振动的内因；而外界施加的外力矩，是产生扭转振动的外部条件。轴系在周期性变化的外力矩作用下，从微观看，轴系是在不均匀地，忽快忽慢地旋转着，即它一面在旋转，一面在扭摆。轴系在旋转过程中的扭摆现象，就是一种强制扭转振动。

1. 激振力矩和激振力矩频率

引起轴系扭转振动的外力矩称为激振力矩（又称干扰力矩）。在柴油机推进装置中，能导致强制扭转振动的激振力矩有：

（1）气缸中气体力产生的周期性变化力矩 M_g；

（2）曲柄连杆机构重力和惯性力的周期性变化力矩 M_j；

（3）螺旋桨周期性变化的阻力矩 M_p。

其中气体力产生的激振力矩 M_g 是引起轴系强制扭转振动的主要因素。

2. 扭转振动的阻尼

柴油机推进轴系在扭振中的阻尼主要有：

（1）柴油机阻尼——主要包括柴油机运动部件的摩擦阻尼，曲轴变形产生的分子内摩擦阻尼等。

（2）轴段阻尼——包括轴段扭转变形时在材料内部之间产生的摩擦阻尼。

（3）螺旋桨阻尼——螺旋桨在水中旋转时桨叶与水摩擦的阻尼。

这些阻尼是使轴系扭转振动的振幅减小、扭振减弱、减慢、滞后的因素，是使扭振衰减的力矩。

二、轴系扭振产生共振的条件及危害

1. 轴系共振

共振是激振力矩的频率等于轴系的自振频率时所产生的扭转振动。共振时，振幅会急剧加大，但由于阻尼存在，其振幅不会是无穷大，当产生的扭振附加应力超过材料的许可限度时，有可能造成轴系扭断。

自振频率是轴系固有的，与柴油机转速无关，而各次简谐力矩的变化频率与柴油机转速成正比，当自振频率和激振（简谐）力矩频率相等时，轴系将发生扭转共振。所对应的转速为轴系扭转共振转速，称为临界转速（或共振转速）。轴系在柴油机运行转速范围内有多个临界转速。

2. 危险临界转速及转速禁区

当轴系发生扭转共振时，均会出现扭振振幅的增大，从而使轴系承受较大的扭振附加应力。当扭振附加应力超过轴系许用的扭振应力时，就可能引起轴系破坏，这时的临界转速就称为危险临界转速 n_c。

所谓“转速禁区”，是指危险临界转速 n_c 所对应的转速区段。根据我国《钢质海船建造和入级规范》规定，如果扭振应力（或扭矩）超过持续运转的许用值时，或当扭振引起齿轮齿击及弹性元件的交变扭矩大于持续运转的许用交变扭矩时，则应在这个共振转速 n_c 附近设置“转速禁区”，在此禁区内柴油机不应持续运转，但允许快速通过。而在常用转速（80%～105%）n_b 范围内不允许存在“转速禁区”。

“转速禁区”一般是在转速表上用红色标示，并应在操纵台前设告示牌，以引起轮机管理人员的注意！

3. 轴系共振的危害

（1）引起轴系裂纹和断裂；

（2）引起传动齿轮和链轮打击，齿面点触及断齿；

（3）引起柴油机零部件发生故障，加快磨损；

（4）引起柴油机运行不稳定，如柴油发电机组输出电压产生不允许的波动；

（5）激发相关设备（如机架等）和船体振动，并引起异常噪声；

（6）引起轴系扭转纵向偶合振动（当扭转振动的自振频率与纵向振动的自振频率相等或相近时发生的振动现象）。

有资料介绍我国南方某航运单位所属三艘 400 t 货船（主机标定转速为 400 r/min）投入营运 2 年中，曾造成中间轴、螺旋桨叶片先后八次断裂的重大机损事故。分析其主要原因是：该三艘货船的柴油主机在运转到 392 r/min 时，存在着危险临界转速。由于该机未安装减振器，也未采用避开临界转速的相应措施，造成轴系共振，使中间轴和螺旋桨的扭转应力均超过材料的许用限度所致。这些经验教训，应引起轮机人员的高度重视。

三、轴系扭转振动的减振措施

柴油机轴系在传递回转力矩时通常会发生扭转振动现象，从而在轴系内产生相应的扭振附加应力。如果此附加应力值不超过规范所规定的许用应力，则该轴系可以安全运转，不需要采取减振措施。如果此附加应力值(或其变形)超过了许用应力，则必须采取各种避振或减振措施。

(一)轴系的减振措施

1. 转速禁区回避法

在柴油机运行转速范围内设置“转速禁区”，实质上是在运转中使用回避措施，避免在有害的转速区段持续运转。

此法主要应用于大型低速船舶主机。因为这类主机一是由于它的转速低而部件大，使用减振器效果很不理想；其次是它的工作转速范围较大，因而想把所有比较危险的临界转速都移出工作转速范围，不太容易达到。

2. 频率调整法

改变轴系的自振频率，将轴系较危险的临界转速移到柴油机工作转速范围之外。可通过改变系统上各部件的惯量和柔度(弹性)来调整轴系自振频率而实现。如加大轴颈或长度，装设高弹性联轴器，改变飞轮惯量或加装副飞轮等。

3. 减小激振能法

减小输入系统的激振能量，可直接减小扭振振幅，从而使有害共振变成无害扭振。如改变发火顺序，安装副飞轮，调整主机飞轮惯量等。

4. 加装扭振减振器

通过加大扭振系统的阻尼以消耗振能或产生平衡激振力矩的反力矩，如加装减振器，加装高弹性联轴器等。

5. 应急状态下的措施

当轴系发生强烈扭振时，应迅速降低车速，在远离“转速禁区”处运行，直到扭振减轻或消失为止。并应尽快分析和判明发生扭振的原因，以便有针对性地采取纠正措施。

(二)常用减振器的结构和工作原理

1. 阻尼型减振器

加装减振器首先在轴系中增加了一个质量和一段弹性轴，所以它可以改变振型、节点位置和自振频率；其次能在发生扭振时产生一个附加阻尼作用，以消耗输入轴系的能量，限止振幅增大。

减振器的结构很多，按基本原理可分为阻尼型、动力型和阻尼动力型三种。

阻尼型减振器用阻尼来消耗激振能量以达到减振目的。如硅油减振器，在固定于柴油机自由端的减振器壳体内密封一个大惯性盘，壳体与惯性盘之间充满硅油，在发生扭振时，惯性盘与壳体间产生相对角位移，利用硅油产生阻尼来衰减振动的能量，以达到减小振幅的目的。

如图 7-19 所示为利用硅油作为摩擦元件的一种摩擦式阻尼减振器。密封的外壳 1 中装有浮动减振体 2,二者之间具有很小的间隙,其中充满着特种黏液——有机硅油,它黏度高,并且随温度变化很小。环形端盖 4 与外壳 1 采用紧密压合以防止漏油。硅油注入后,用螺塞 5 加铅锡密封。为了减少减振体与外壳产生相对运动时的摩擦,并在安装时更好地对中,在外壳上压有锡磷青铜衬套 3(减摩环)。当柴油机正常工作时,与曲轴联接在一起的外壳作均匀的旋转运动,减振体也跟着做同步转动。当柴油机的转速进入共振区而产生强烈的扭振时,减振体由于很大的惯性作用,基本上仍作均匀的转动,于是外壳与减振体之间发生相对滑动,使硅油受剪切,产生滑移,摩擦生热,从而消耗了振动的能量,减小了振幅,有效地防止了共振,因而装置可以在整个工作转速范围内工作。

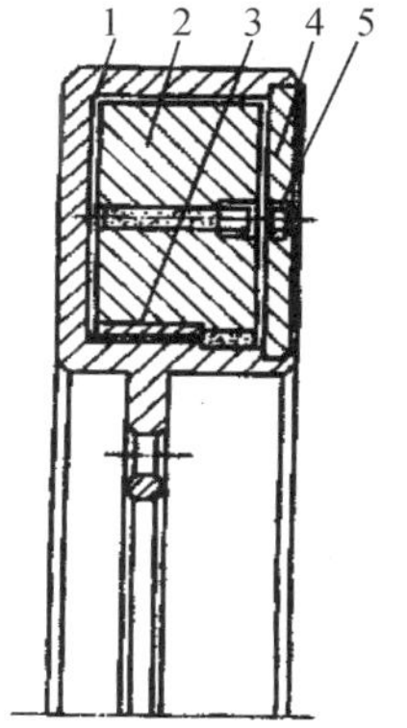

图 7-19 黏液摩擦式阻尼减振器

1—外壳;2—浮动减振体;3—衬套;4—端盖;5—螺塞

2. 动力型减振器

动力型减振器与曲轴用弹簧或短轴连接,利用共振时的动力效应产生一个与激振力矩方向相反的反抗力矩来达到减振的目的。图 7-20 是一种套筒弹簧式动力型减振器。减振器安装在曲轴自由端的法兰上,它由轮毂 1、飞轮圈 2、套筒弹簧 3、限制销 4 和盖板 5 组成,轮毂用螺栓紧固到法兰上。首端齿轮 7 与轮毂紧固传动辅助装置。飞轮圈滑套在轮毂上,两者之间采用套筒弹簧性连接。由多层筒形卷簧组成的套筒弹簧共有 8 组,分别装在套筒弹簧座孔轮毂槽内,以保护套筒免受过大的变形和应力,限制飞轮圈与轮毂之间的相对运动,并防止套筒在座孔中转动。盖板用于防止飞轮圈和套筒弹簧轴向移动。减振器与柴油机的滑油系统接通,在柴油机运转时,减振器内充满滑油。当曲轴均匀转动时,飞轮圈由套筒弹簧带动均匀转动。当曲轴在临界转速附近运转时,曲轴带动与之刚性连接的轮毂发生激烈扭振,而飞轮圈由于与轮毂弹性连接以及自身的惯性,虽然也有扭振,但滞后一定相位。使飞轮圈相对于轮毂产生扭动,压迫套筒弹簧。一方面因弹簧片之间的摩擦而产生摩擦阻尼;另一方面因弹簧片挤压滑油而产生液体摩擦阻尼。因此将曲轴扭振的振幅减小到允许范围内。

动力阻尼型减振器同时具有阻尼型与动力型两种减振器的作用。

3. 弹性联轴器

弹性联轴器与一般轴系上附加的减振器不同,它是输出功率的一个传动部件。弹性联轴器种类繁多,常用的有橡胶弹性联轴器和金属板簧联轴器,具体结构可参见有关说明书。在轴系中安装了弹性联轴器后还起到如下作用:

弹性联轴器可大大降低轴系的自振频率,因而可使临界转速远低于柴油机的最低稳定转速,达到避振目的。另外,由于它同时具有阻尼作用,因而可限制共振振幅和共振应力,具有减振作用。由此,可使柴油机无"转速禁区"。

在齿轮传动装置中,弹性联轴器可吸收脉动冲击扭矩,防止齿轮打击,减轻噪音;减弱轴系横向振动,纵向振动,减低机架与船舶的各种振动;吸收螺旋桨处传来的局部冲击;降低轴系对中性要求。

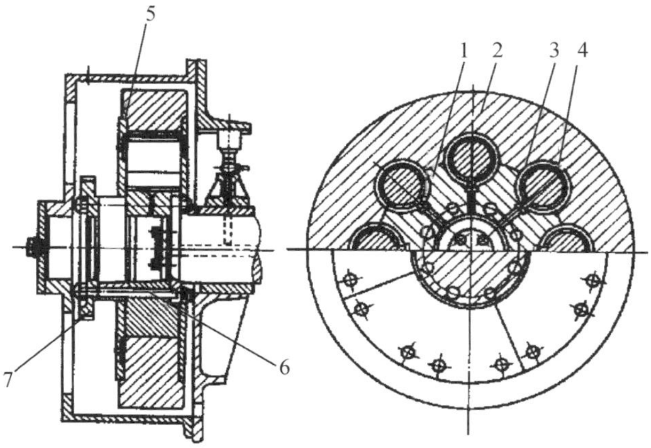

图 7-20　套筒弹簧式减振器

1—轮毂;2—飞轮圈;3—套筒弹簧;4—限制销;5—盖板;6—螺栓;7—齿轮

第七节　主机功率的传递及其效率

一、主机功率和转速

(一)主机的连续最大运转工况

船舶柴油主机在额定转速下,在主机的规定正常维修周期内按标准环境条件连续运转的最大功率,为连续最大功率 MCR,或称连续功率或额定功率。如采用 ISO 3046/1 标准环境条件,则称为 ISO 连续功率或 ISO 连续最大功率。ISO 标准环境条件为气压 100 kPa,气温 27 ℃,冷却水温 27 ℃,湿度 60%。实际装船运行时,主机功率将随环境条件而变,特别是对于配备中间冷却器的增压高速柴油机。

在主机的特性曲线图上,连续最大功率和额定转速的交点代表主机的连续最大运转工况 MCR(Maximum Continuous Rating),通过这个点的推进特性曲线,为 MCR 推进特性线。通常应用 MCR 作为确定推进器设计工况的基准点。从推进主机实际运行条件及其性能特点出发,考虑燃料的经济性和与推进特性的配合,对一些船用柴油机常提供一个可以选择的低于标准 MCR 的最大连续工况选择范围,由此选定的 MCR,称为减额最大连续工况 DMCR 或指定(合同)MCR,即 SMCR(或 CMCR),并以此设计主机的运转限制(设定油泵和调速器)。这种重新设定的减额 MCR,即为推进器设计时所用的 MCR。

(二)主机的运转裕度和常用工况

从动力装置设计的角度出发,考虑主机的经济性和维修保养,常对主机的功率扣除一个裕度,以便主机适应长期运转。主机所扣除的这个裕度,称为运转裕度 *EM*(Engine Margin),对于一般运输船舶,其范围为 0~15%,习惯上常取 10%的 EM,渔船和拖船等负载变动较大的船舶,则常取 15%的 *EM*。扣除 *EM* 后的主机功率,为常用功率,在 MCR 转速下的常用功率 *NO*

(Normal Output)或连续运转功率 *CSO*(Continuous Service Output)运转的工况为连续运转工况 *CSR*(Continuous Service Rating)或常用运转工况 *NOR*(Normal Operating Rating)。用汽轮机驱动时,由于汽轮机的低速高转矩特性,可以取用较小的 *EM*。

1. 主机的转速裕度

在预期的使用年限以内,为了避免主机过载,避免在驱动固定螺旋桨时发生过转矩导致主机冒黑烟的现象,使船机桨在整个使用年限内均保持比较良好的配合,如果在设计螺旋桨时按试航状态的平静海面和深水时的航速以及额定功率设计,则应提高设计转速。所提高的裕度称为螺旋桨转速裕度 *RRM*(Right Running Margin)。*RRM* 的数值的确定与主机的增压方式、冷却方式、排气系统的设计等有一定关系,可按照主机制造厂的推荐值确定,通常取 3.0%~7.0%,渔船主机因多具备高转矩性能,多取为 1.5%~3%,汽轮机因具有低速高转矩性能,可取 2%的 *RRM*。

螺旋桨设计时转速裕度的选取,见"推进器设计工况的确定"。如果设计时不采用新船状态作为设计状态,即已经考虑了主机的经年变化,则不采用转速裕度。

2. 航海裕度

在相同的航海速率下,考虑污底和风浪的影响所引起的船舶所需有效功率的增加和推进性能的下降,航行时所需主机功率的增加率通常用航海裕度 *SM*(Sea Margin)表示,其定义式为(相同航海速率和排水量下):

$$SM = \left(\frac{\text{实际状态所需功率}}{\text{清洁船体和推进器、平静深水中所需功率}} - 1\right) \times 100\%$$

航海裕度通常按照船舶的航行区域或航线、船舶类型、主机型式,航速高低,由船东或设计者确定,通常在 0%~25%之间。采用可控螺距螺旋桨时,可采用 0%的 *SM*。在确定 *SM* 时,还应考虑主机制造厂根据主机特性并考虑船机桨配合所提出的 *SM* 推荐值。

航海裕度还可以采用增加主机(推进轴)转速的百分数表示,由于推进特性曲线的功率和转速在低速运输船舶有近于三次幂函数的关系,而航速和转速之间有线性关系,故转速裕度与等效功率裕度之间的关系为:

$$(1+\text{转速裕度})^3 = 1+\text{功率裕度}$$

注:螺旋桨定律:螺旋桨所需功率与其转速的三次方成正比。

二、主机功率的传递

推进器的收到功率要从主机功率中扣除主机外带驱动的各种装置的功率损耗、减速装置的功率损耗以及推进轴系的功率损耗。主机功率的传递过程如图 7-21 所示。

柴油机的标称功率通常是制动功率 P_B,即其指示功率扣除主机内部机械损失,亦即由制动测功器在主机输出端测得的功率。

制动功率扣除主机驱动的附连泵、发电机、空气压缩机和减速装置的消耗以后的功率,为轴功率 P_s。船用汽轮机用 P_s 表示其输出功率。

在艉轴尾端与推进器连接处测得的功率称为收到功率 P_D 或推进器功率 P_p。

减速齿轮箱的功率损耗,用减速装置效率 η_G 表达,其一般数值如表 7-3 所示。

轴系的传送损耗由轴系传送效率 η_s 表达,$\eta_s = P_D/P_B$ 或 P_p/P_s,其数值范围如表 7-3 所示。

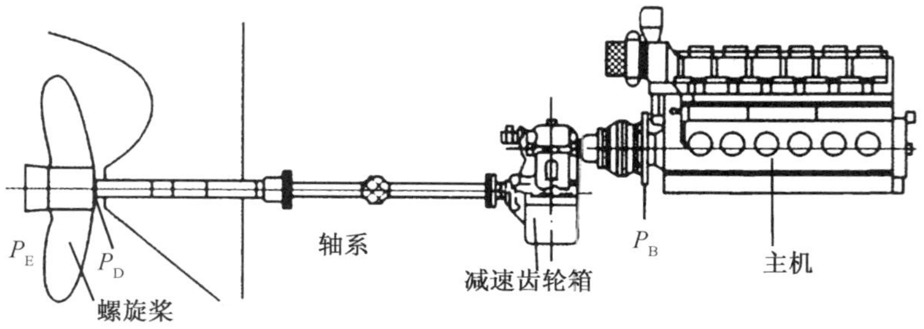

图 7-21　主机功率的传递

表 7-3　数值范围

减速装置效率		轴系传送效率	
减速装置部件型式	部件的 η_G	轴系部件型式	部件的 η_s
单级齿轮减速	0.975	中间轴承(每只)(往复式发动机)	0.997~0.9975
双级齿轮减速	0.95	中间轴承(每只)(电动机及汽轮机)	0.998
液力销合器	0.975	推力轴承(普通型)	0.985
电磁离合器	0.975	推力轴承(密契尔型)	0.995
		艉轴管	0.990

考虑整个轴系的转送损耗,还可以采用下列近似式计算 P_D:

主机位于舯部:$P_p=P_s/1.03$ 或 $P_p=P_B/1.05$。

主机位于艉部:$P_p=P_s/1.02$ 或 $P_p=P_B/1.03$。

三、推进效率

船体有效功率 P_E 或阻力功率 P_R 与收到功率 P_D 或推进器功率 P_p 之比称为推进效率(或似是推进系数)η_B:

$$\eta_B=P_R/P_D=P_R/P_p$$

推力功率 $P_T(P_T=TV_A)$ 与收到功率 P_D 或推进器功率 P_p 之比为船后推进器效率 η_B:

$$\eta_B=P_R/P_D=P_R/P_p$$

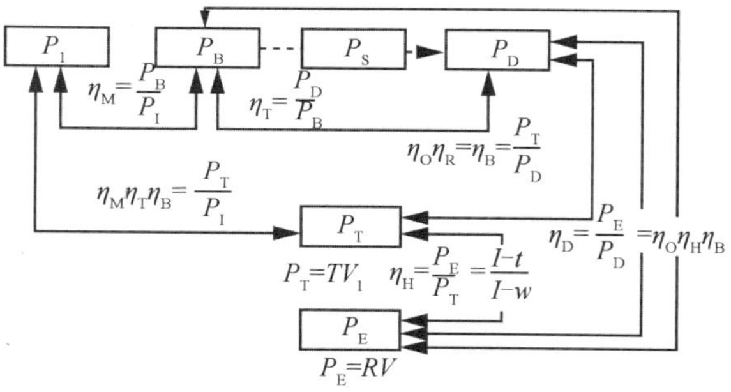

图 7-22　船后推进器的功率和效率

船体有效功率 P_E 或阻力功率 P_R 与推力功率 P_T 之比为船身效率 η_H;

$$\eta_H=P_E/P_T=P_R/P_T=(1-t)/(1-w)$$

船后推进器效率与敞水推进器效率之比为相对旋转效率 η_R:

$$\eta_R=\eta_B/\eta_O$$

上述各项功率和效率的关系如图 7-22 所示。

在推进器设计时除了准确计算敞水效率 η_O 外,必须先行正确选定 η_H 和 η_R 的数值,以求正确反映推进系统的功率匹配和推进器在实船船后运行条件下的效能,必要时应在设计时采取提高 η_H 和 η_R 的措施。

第八章

船舶推进器——螺旋桨

第一节 螺旋桨功用、结构及各部分名称

一、螺旋桨作用

推动船舶前进的各种机构统称为船舶推进器。船舶推进器有螺旋桨、喷水推进器、平旋推进器、明轮和Z型推进器等。由于螺旋桨的结构简单、重量轻、效率高、工作可靠，是目前船舶应用最广泛的推进器。

螺旋桨是一种反作用式推进装置。螺旋桨旋转时，桨向后（或向前）推水并受到水的反作用力而产生向前（或向后）的推力，从而将主机发出的功率转变为船舶前进（或后退）的动力。

螺旋桨常用的材料有铸铁、球墨铸铁、铸钢、锰铁、黄铜、镍铝青铜和不锈钢。对螺旋桨材料的要求除应满足强度条件外，还应考虑它的耐腐蚀性。铸铁和铸钢螺旋桨耐腐蚀性较差，使用年限较短。铜质和不锈钢螺旋桨的使用年限超过铸钢的十倍，但价格较贵。现代船舶也采用玻璃钢作为螺旋桨材料。

二、螺旋桨的结构组成

船用螺旋桨由桨叶和桨毂两部分组成，如图8-1所示。桨叶常由三叶和四叶组成，也有由二叶或五、六叶组成的。桨叶是螺旋桨产生推力的构件，桨毂是桨叶与桨轴的连接构件；有些螺旋桨还安装有流线型桨帽，目的是光顺螺旋桨尾部的线形，降低螺旋桨工作的阻力。

螺旋桨的各部位名称：

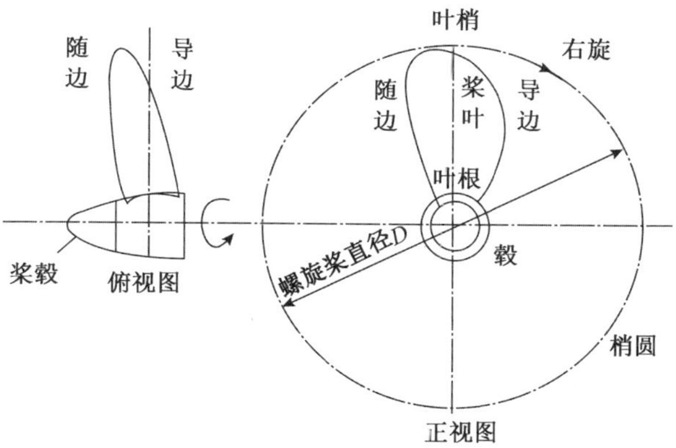

图 8-1　螺旋桨的组成

（1）叶面、叶背：从船尾向船首看到的桨叶的一面称为叶面，另一面称为叶背。

（2）导边、随边：螺旋桨正转时桨叶先入水的一边称为导边，后入水的一边称为随边。

（3）叶根、叶梢：桨叶与桨毂相连处为叶根，远离桨毂的一端称为叶梢。通常叶根较厚而叶梢较薄。

（4）左右旋：螺旋桨正转旋向为顺时针的螺旋桨叫右旋桨，正转旋向为逆时针的螺旋桨叫左旋桨。

（5）内外旋：对双桨船而言，左桨左旋，右桨右旋叫外旋；左桨右旋，右桨左旋叫内旋。为避免夹带漂浮物而损坏桨叶，船舶一般多采用外旋桨。

第二节 ◉ 螺旋桨的主要技术参数及工作原理

一、螺旋桨的主要几何参数

螺旋桨的直径、叶数、转速、螺距、盘面比为螺旋桨主要的几何参数。

1. 直径

螺旋桨旋转时，叶梢的轨迹形成一个圆，称为梢圆。梢圆直径称螺旋桨直径，用 D 表示，其半径用 R 表示。梢圆的面积称为盘面积，如图 8-1 所示。

2. 螺距和螺距比

如图 8-2 所示，以直线母线 ab（通常称为母线）与定轴 OO_1 成一定角度，并使母线 ab 以等速度绕定轴旋转，同时以等速沿 OO_1 向上移动，则母线 ab 在空间走过的轨迹所形成的曲面就是一个螺旋面。母线绕行一周所上升的距离称螺距，常用 H 表示。螺旋桨的叶面就是一个螺旋面，螺旋桨的螺距就是指螺旋面的螺距 H。把螺距与直径的比值叫螺距比。

3. 盘面积和盘面比

用圆柱面（其中线与桨轴中线重合）去剖切螺旋桨桨叶，切得的截面，称桨叶切面。桨叶

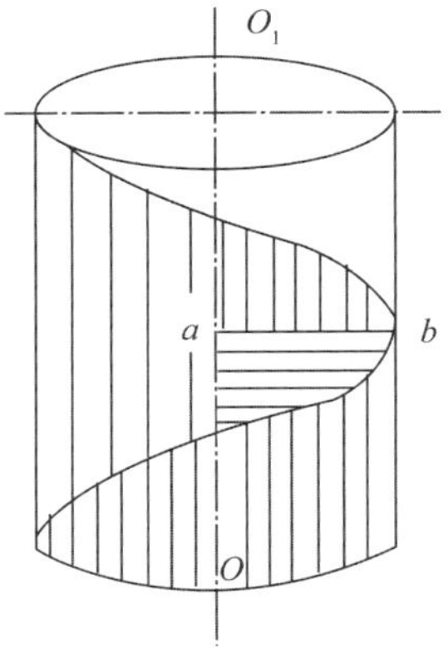

图 8-2 螺旋面的形成

切面一般有机翼型和弓型两类，如图 8-3 所示。弓型叶切面叶面比较平直，导边与随边对称；机翼型叶切面通常导边较厚，随边较薄。螺旋桨工作时，弓型叶切面不易产生空泡，但效率较低，所以叶稍部分的叶切面常采用弓型。机翼型叶切面易产生空泡，但效率较高，所以叶根部分的叶切面常采用机翼型。

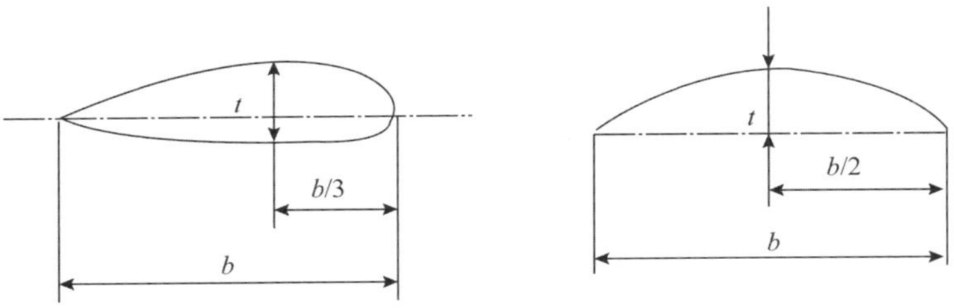

(a)机翼形叶切面　　(b)弓形叶切面

图 8-3 螺旋桨桨叶切面

将各叶切面的曲线形弦线（叶切面导边与随边端点的连线）各伸张成直线，然后连接各弦长端点所得的桨叶轮廓称为伸张轮廓。螺旋桨各桨叶的伸张轮廓内面积之和称为伸张面积。伸张面积与盘面积之比称为盘面比。在相同叶数下，盘面比越大的螺旋桨，说明其桨叶越宽。

4. 螺旋桨的转速

螺旋桨工作时在水中转动的速度叫螺旋桨的转速，常用 n_p 表示，其单位为 r/min，螺旋桨的转速为主机转速的 1/ i ，i 为传动比。

二、螺旋桨的工作原理

若取一与桨毂共轴的圆筒形刀切割桨叶，将切得的断面展开后所得的面称为叶素断面。半径为 r 和 $r+A_r$ 的两个叶素断面间的这部分桨叶称为叶素（或叶原体）。整个桨叶的作用可以看成是无数叶素作用的总和。螺旋桨在水中同时参与两种运动，即绕桨毂轴线的回转运动和沿桨毂轴线的轴向运动。设螺旋桨的转速为 n，则在半径 r 处的叶素一方面以 $2\pi r \cdot n$ 绕轴心回转，另一方面又以进速 v_p 前进，它相对于水的速度 w，即为这种速度的合成。如把叶素视为不动，根据运动转换原理，则各种速度的方向如图 8-4 所示。水流速度 w 与弦线间的夹角称为冲角。由于叶素断面的形状与机翼断面相似，因此可以利用机翼在空气中运. 动时产生的升力来说明螺旋桨的受力情况。

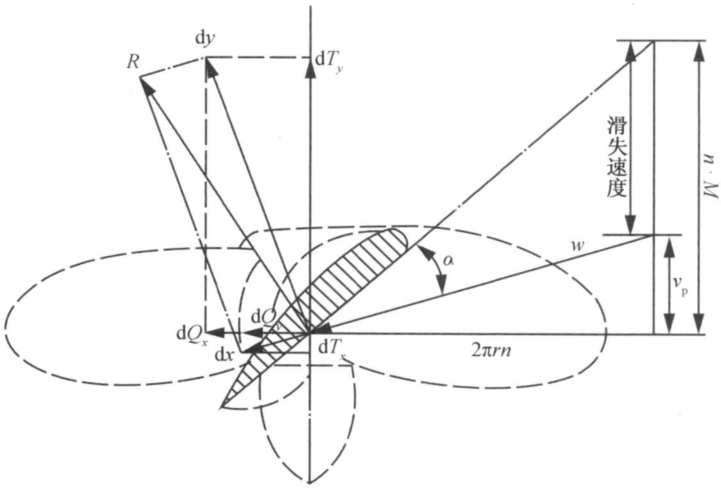

图 8-4　螺旋桨工作原理图

根据机翼工作的原理,在叶素上将产生升力 dy 和阻力 dx。升力 dy 垂直于 w,阻力 dx 则沿着 w 的方向。把升力 dy 和阻力 dx 各自分解成轴向和回转方向的分力,于是,在叶素上产生的推力 dT,在回转方向产生阻力 dQ。此阻力作用在距轴心半径 r 的叶素上,它对螺旋桨产生一个阻力矩 $dM=rdQ$。螺旋桨桨叶是由无数叶素合成的,各桨叶所有叶素上产生的推力 dT 的总和即为螺旋桨的推力 T。各桨叶所有叶素上产生的阻力矩 dM 的总和即为螺旋桨的阻力矩 M。因此,为了使螺旋桨产生推力,必须由主机发出功率克服螺旋桨的阻力矩。

第三节　影响螺旋桨推进、转矩及效率的主要因素

一、滑失与滑失率

当螺旋桨在水中运动时,水被它推向后移,由于螺旋桨和水之间存在轴向方向的相对滑动,因此螺旋桨前进的距离比螺距要小,这种现象称为滑失现象,螺旋桨旋转一周在轴向前进的距离称为进程 h_p,进程与桨直径的比值称为进程比 $\lambda_p=h_p/D$。螺距 H 与进程的差值($H-h_p$)称为滑失。$H-h_p/H$ 称为滑失比(率),即:

$$S=(H-h_p)/H=(H\times n-v_p)/H\times n$$

二、螺旋桨的工作特性

1. **螺旋桨的推力**

$$T=K_1\rho n^2D(\text{N})=C_1n^2$$

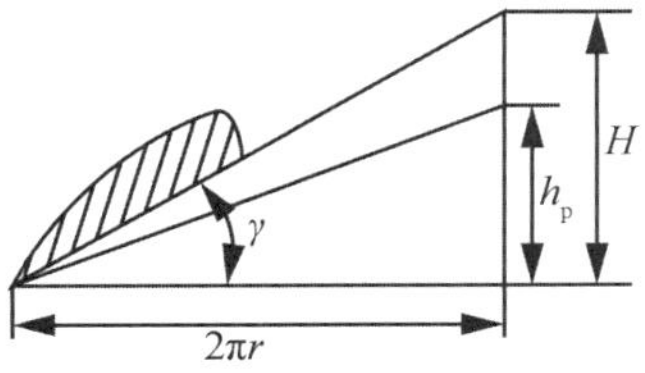

图 8-5 螺旋桨的进程与滑失率

2. 螺旋桨的阻力矩

$$M = K_2 \rho n^2 D(\mathrm{N \cdot m}) = C_2 n^2$$

3. 螺旋桨的效率

$$\eta_p = K_1 \lambda_p / 2\pi K_2 = C_o$$

4. 螺旋桨的功率

$$P_p = 2\pi n M = C n^3$$

对于几何形状一定的螺旋桨，推力系数 K_1 和扭矩系数 K_2 都取决于进程比，其随进程比的变化规律如图 8-6 所示。

$$\lambda_p = h_p / D = v_p / nD$$

对于一定的螺旋桨，进程比取决于船舶的航行工况。

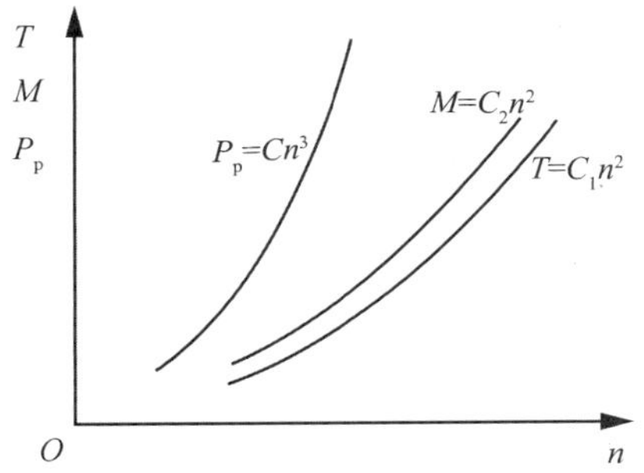

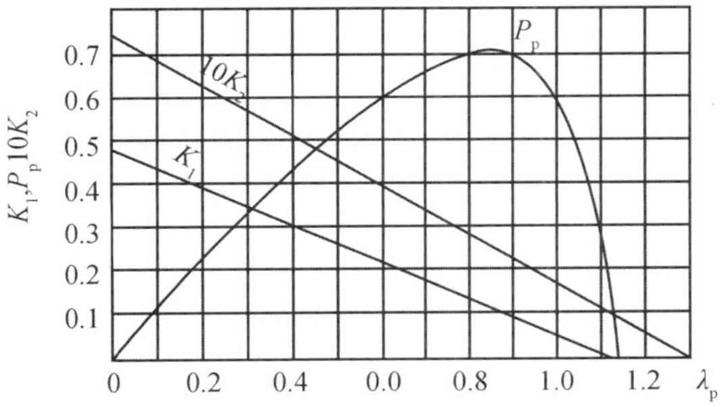

图 8-6 螺旋桨特性曲线

（1）螺旋桨结构参数桨的结构参数主要有直径 D、螺距比 H/D。直径 D 对螺旋桨产生的推力和吸收的扭矩影响很大，分别为四次方和五次方的关系，所需要的功率也是五次方的关系。对于同一直径的螺旋桨，其螺距越大即 H/D 越大，所需的功率也越大，因此螺旋桨的特性曲线越陡。对于一定功率的主机，必须选配合适的螺旋桨。若直径 D 和螺距 H/D 过大，则螺旋桨会过重，主机带不动，它在高转速下运转时，就会造成超负荷。若 D 或 H/D 选得过小，则螺旋桨会过轻，主机就不能充分发挥它的做功能力。

（2）船舶航行工况的变化，既包括航行的自然条件变化，如风浪大小、水深的变化，也包括各种机动操纵时的过渡过程，如船舶的加速、减速、倒航等。当船体污底、载重量增加、顶风、浪大和转弯等时，λ_p 减小，表明船体阻力增加，此时航速变慢，K_1、K_2 都增加，推力和阻力矩也都增大，应注意防止主机超负荷；当船舶空载、轻载或顺风时，λ_p 增大，表明船体阻力减小，此时航速变快，K_1、K_2 都减小，推力和阻力矩也都减小，应注意减小油门防止主机超速。

第九章
活塞式空气压缩机操作与管理

第一节 压缩空气的用途

一、压缩空气的用途

空气经空气压缩机压缩后，其压力高于大气压力一定值的空气称为压缩空气，储存于空气瓶中，船员称“冷气”。压缩空气在船舶上主要用于以下几个方面：

（1）起动主机。在船上，压缩空气最主要的用途就是用来起动主机，其压力一般在2.5~3.0 MPa之间。

（2）操纵控制。在主机遥控操作的船上，压缩空气可用于遥控系统的操作、换向操作、离合器操作等。其压力为0.7 MPa左右。

（3）其他用途。压缩空气在船上，还可用于填充压力水柜、鸣放气笛、吹洗机件、冲洗海底阀、吹干滤网等。其压力一般为0.4 MPa左右。

大、中型柴油机船舶上，通常配备2~3台排气压力为3.0 MPa电动空压机；某些中、小型船舶上，可采用轴带式空压机；有的小型船舶上，则采用柴油机某缸停止喷油的方法产生压缩空气。现在，在船舶上，基本上均是采用电动空压机产生压缩空气。

二、活塞式空压机的分类

1. 按额定排气压力分

（1）低压空压机（0.2~1.0 MPa）；

(2)中压空压机(1.0~10 MPa);

(3)高压空压机(10~100 MPa)。

2. 按排气量分

(1)微型空压机(小于 1 m^3/min);

(2)小型空压机(1~10 m^3/min);

(2)中型空压机(10~100 m^3/min);

(4)大型空压机(大于 100 m^3/min)。

3. 按冷却方式分

(1)风冷;

(2)水冷。

4. 按常用结构分

如图 9-1 所示:

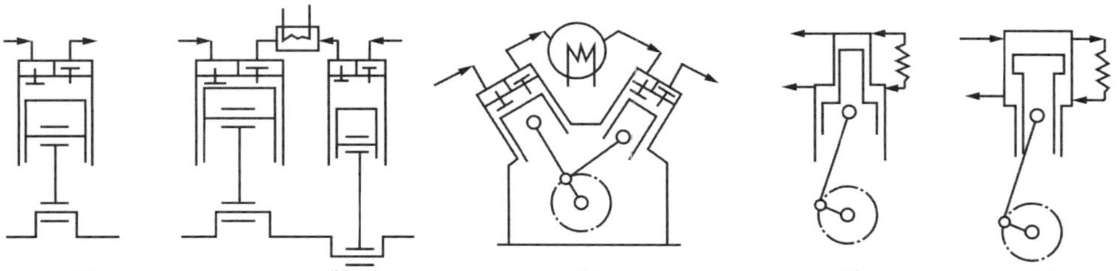

图 9-1　活塞式空压机结构分类图

(a)立式、单缸、单作用;(b)立式、双缸、单作用、二级;
(c)V 形、双缸、二级;(d)单列、串缸、串叠式;(e)单列、串缸、差动式

第二节 活塞式空压机的工作原理

一、活塞式空压机的工作循环

(一)活塞式空压机的理想工作循环

图 9-2 为单级活塞式空压机的理想工作循环图。所谓理想工作循环,是指空压机压缩的是理想气体,在工作过程中,既无能量损失,又无容积损失,且压缩过程为等温压缩。空压机的压缩过程包括等温压缩、多变压缩和绝热压缩三种形式,其中等温压缩耗功最小。

如图 9-2 所示。其工作循环过程,为当活塞从左端止点位置向右端运动时,吸气阀 3 打开、排气阀 4 关闭,气缸容积增大,压力降低而吸入空气,直至活塞运动到右端止点位置;当活塞反向运动时,吸、排气阀均关闭,缸内气体被压缩,压缩至压力达到一定数值时,排气阀被顶开而开始排气,排气至活塞运动至左端止点位置结束,这样空压机完成一个工作循环。只要空

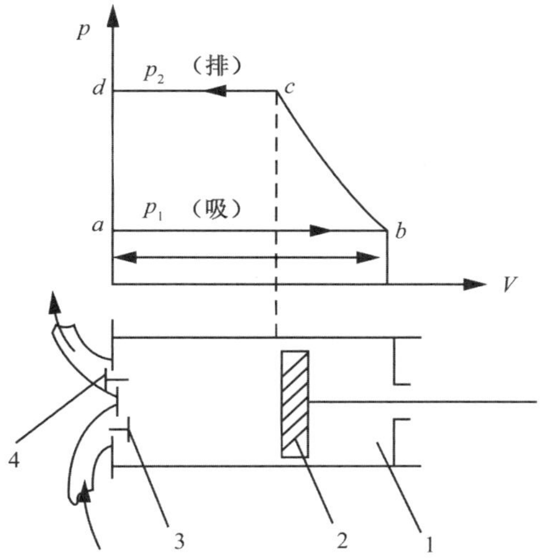

图 9-2 活塞式空压机理想工作循环

1—气缸；2—活塞；3—吸气阀；4—排气阀

压机在原动机带动下不停地运转，空气就会不断地被吸入、压缩和排出，储存于空气瓶内。

从以上分析可知，空压机理想工作循环为：吸气→压缩→排气→吸气三个循环过程。空压机理想工作循环是耗功最小而排气量最大的工作循环。

（二）活塞式空压机的实际工作循环

活塞式空压机的实际工作循环与理想工作循环存在非常大的差别，实际工作循环不但有能量损失和容积损失，而且压缩过程不是等温压缩。如图 9-3 所示，实际工作循环与理想工作循环的主要差别在于：

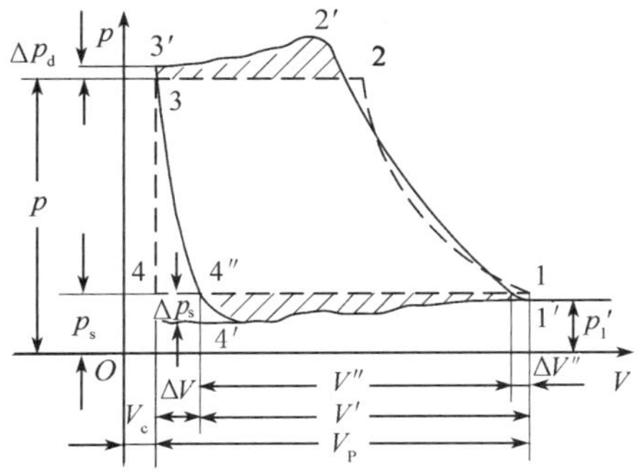

图 9-3 活塞式空压机实际工作循环

1. 存在余隙容积

所谓余隙容积，是指空压机的活塞到达上止点时，第一道活塞环和活塞顶部以上、气缸盖底部以下的所有容积。活塞式空压机必须要留有一定余隙容积，其原因有以下两点：

（1）空压机在工作中，由于活塞、连杆等部件受热会膨胀，连杆轴承松动等因素，引起活塞撞击气缸盖底部。

（2）由于空压机过度冷却，空气中的水蒸气被压缩而凝结成水，缸内产生“液击”而造成机损事故。

在吸气过程刚开始时，由于余隙容积的存在，气缸内被压缩了的空气首先要膨胀，膨胀至气缸内压力低于大气压力，空压机才开始进气，使空压机吸气过程缩短，吸气量减少。减小的吸气量与余隙容积大小和排气压力高低有关，余隙容积越大或缸内压力越高，其膨胀过程越长，吸、排气量越少。

在工作中，空压机的余隙容积会因轴承的磨损、连杆弯曲变形或更换厚度较大的气缸垫床而变大。

余隙容积对空压机工作的影响很大，为了便于余隙容积的测检，将余隙容积的测量转换为余隙高度的测量。余隙高度是指活塞位于气缸中上止点位置时，活塞顶至气缸盖底部的距离。船用小排量空压机余隙容积高度一般为0.5~1.8 mm。

2. 存在阻力损失

空气在流经吸入滤器，吸、排气阀和管路时均存在阻力损失，并且与气流速度的平方成正比。由于阻力损失的存在，就会造成空压机吸、排气量减少和压缩功增加。

3. 存在热交换

在吸气过程中，由于进入气缸的空气与气缸壁存在着温差，空气与气缸壁就会发生热交换，进入气缸的新鲜空气因吸热而膨胀，比容增大，造成空压机吸气量减小，使排气量降低，这部分损失称为预热损失。

4. 存在泄漏

在气阀的阀片与阀座之间，在气缸与活塞环之间，管路连接处等，均会由于密封不良而造成泄漏，造成空压机排气量减少。对空压机来讲，泄漏是不可避免的，作为轮机管理人员讲，只有从维护管理的角度，尽可能减少泄漏，提高空压机的排气量。

5. 压缩过程不等温

如图9-4所示。等温压缩过程空压机的功耗最小，绝热压缩过程空压机的功耗最大，然而空压机在实际工作过程中，压缩过程是介于等温压缩和绝热压缩之间的多变压缩。若空压机冷却效果越好，压缩过程越接近于等温压缩，其压缩功越小；若冷却效果越差，压缩过程越接近于绝热压缩，其压缩功越大。所以，为了减小空压机耗功，提高空压机的效率，空压机需要加强冷却。其冷却的方法包括空气冷却和水冷却。

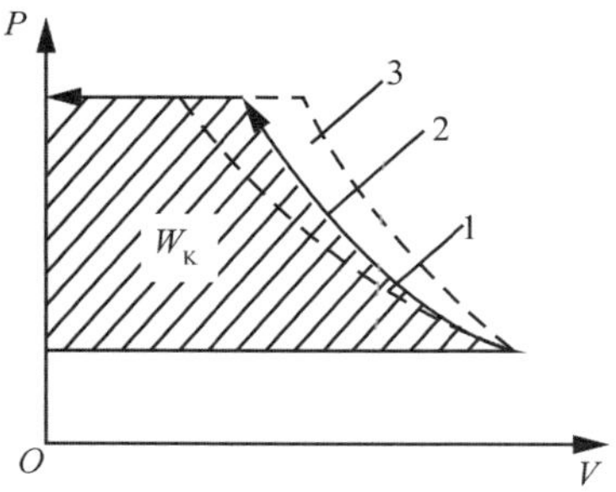

图9-4　三种压缩过程示功图

从以上分析可知，空压机的实际排量总是小于理论排量；实际压缩耗功总是大于理论耗功。空压机实际工作循环包括膨胀、吸气、压缩和排气四个过程。空压机排气压力与吸气压力之比，称为压缩比（或压力比）。

二、多级压缩与中间冷却

多级压缩和中间冷却是指空气在低压级气缸中压缩到某一压力后，排至空气冷却器中冷却，然后再进入下一级气缸中继续压缩，如此反复，直至压缩空气排至空气瓶。压缩空气的排出压力经一级压缩达到的，称一级压缩；经二级压缩达到的，称二级压缩，以此类推。空气的级间冷却称为中间冷却。

（一）采用多级压缩和中间冷却的原因

1. 降低排气温度

单级压缩的压力比一般是在 6~7 范围，否则对空压机润滑不利。因压缩过程不可能是等温的，故排气温度必然随排气压力的升高而升高。当排气压力达一定值时，排气温度就会接近或超过润滑油的闪点温度（215~240 ℃）使润滑条件恶化，润滑油变质、裂化和结焦，不但加剧了气缸和活塞的磨损，而且还会使吸、排气阀发生故障，严重时还可能引起爆炸事故。为了保证空压机安全可靠地工作，每一级压缩压力就不应过高，以排气温度不超过 200 ℃为宜。降低排气温度的最有效措施是采用多级压缩和中间冷却，以降低单级压缩比和次级吸气温度。

2. 提高输气系数

单级压缩时，随压力比的升高，膨胀过程就增长，吸气容积减小，输气系数迅速下降。采用多级压缩，使单级压缩比降低，余隙容积的影响减小，从而使输气系数提高。如图 9-5 所示，采用单级压缩的示功图为 *padf*，采用双级压缩的示功图为 *oabn* 和 *mcef* 两部分，空压机由单级压缩改为双级压缩后，吸气容积由 *pa* 增大为 *oa*，这就说明空压机采用双级压缩比单级压缩显著提高了排气量（即输气系数）。

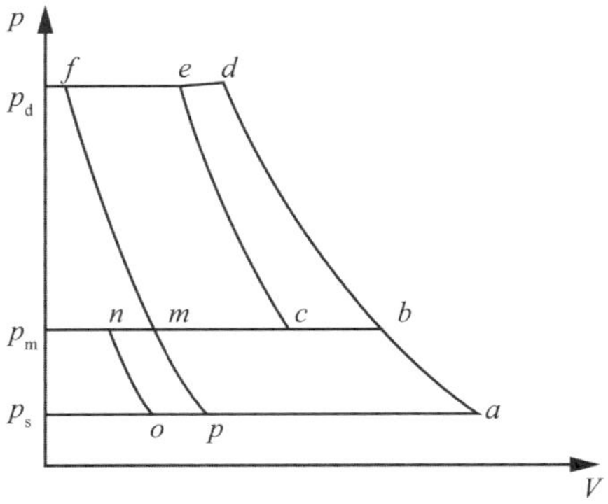

图 9-5　单级与双级压缩理论工作循环图

3. 节省压缩机耗功

采用多级压缩和中间冷却，使实际压缩过程更有效地接近等温过程，因此减少了压缩耗功。如图 9-5 所示，单级改为双级加中间冷却后，理论上省功为面积 *cbde* 与 *opmn* 之差。多级压缩之所以省功，主要在于中间冷却。理论分析表明，冷却不完善，空气冷却后的温度比原始温度每升高 3 ℃，下一级的压缩耗功约增加 1%。

4. 减小活塞上的作用力

单级压缩要达到很高排气压力，势必使活塞受力很大，运动部件就会做得笨重，机器的运行和维修均不便。

空压机采用多级压缩和中间冷却最主要的原因是为了降低排气温度，保证润滑，防止滑油结焦。所以，工作压力为 3.0 MPa 的船用空压机，通常都采用双级压缩。采用双级压缩的空压机，理论上要求每一级的压缩比相同，但为了使耗功最省，实际上后一级比前一级的压缩比选得略小一些。

（二）空压机的冷却方式及其目

1. 气缸冷却

其主要目的在于移出压缩过程中空气传给缸壁及摩擦产生的热量，使压缩过程趋于等温，以节约压缩耗功和改善气缸的润滑条件。

2. 中间冷却

其主要目的是降低下一级的吸气温度、减少压缩耗功和减小下一级气缸的缸径。

3. 压后冷却

其目的是缩小压缩空气的容积，提高空气瓶的储气量；并可以通过气液分离器把油和水从压缩空气中分离出来，从而提高压缩空气的品质。

第三节 压缩空气系统的组成

如图 9-6 所示，压缩空气系统的组成主要由空压机 1、主空气瓶 2、低压空气瓶 6、空气减压阀 5、气液分离器等组成。经空压机压缩后的空气，储存在主空气中，随时为主机起动准备充足的压缩空气；主空气瓶内的压缩空气，经减压阀减压后，储存在低压空气瓶中，为其他的低压用气设备提供动力。下面对构成压缩空气系统的各种主要设备进行介绍。

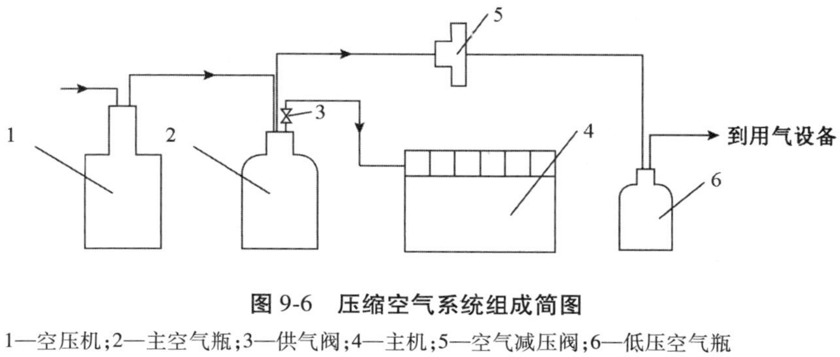

图 9-6　压缩空气系统组成简图

1—空压机；2—主空气瓶；3—供气阀；4—主机；5—空气减压阀；6—低压空气瓶

一、气液分离器

空压机排出的压缩空气含有油分和水蒸气，经冷却后就会凝结成液滴。油滴和水滴若随空气进入下一级气缸，就会黏附在气阀上，使气阀工作失常，寿命缩短；水滴黏附于缸壁上，会使润滑恶化；管路中油滴的大量积聚，则有引起爆炸的危险。若冷却后的压缩空气直接充入储气瓶，则会减小空气瓶的储气量，降低压缩空气的品质。为此，各级冷却器之后一般都设有气液分离器，以分离压缩空气中的油和水。

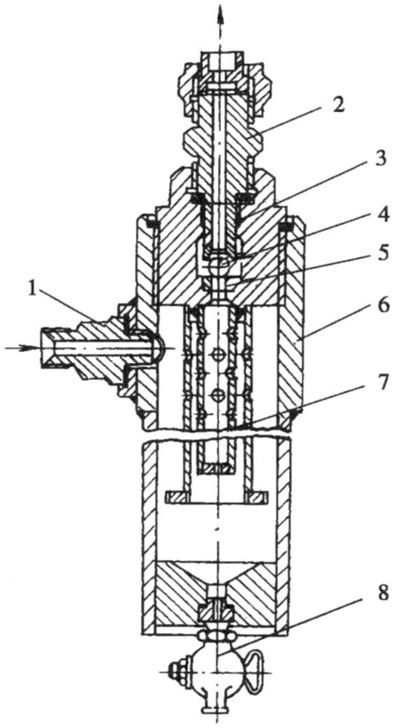

图 9-7 气液分离器

1—进口接头；2—出口接头；3—限制器；4—球阀；5—阀座；6—壳体；7—芯子；8—泄放阀

如图 9-7 所示，是一种撞击式气液分离器的结构。当被冷却后的压缩空气从气液分离器的进口接头 1 进入壳体 6 内时，由于容积突然增大，流速突然降低，为空气与液粒的分离提供了较充裕的时间，颗粒较大的液粒直接掉到分离器底部。靠重力不能掉下的液粒，跟随气流一起流动，在流动过程中，随流向的不断改变，反复多次折转与芯子 7 的壁面碰撞，由于液粒的黏附性强，绝大多数的液粒就会黏附于壁面上，随着液粒的积聚，并在重力作用下，下落而汇聚在分离器的底部。被分离后的压缩空气，则经球阀 4 和出口接头 2 充入下一级气缸或空气瓶。为了提高气液分离器的分离效果，在运行中的空压机，若是手动泄放的，应每间隔 2 h 左右，将泄放阀 8 打开排放一次油污水。泄放阀 8 除可用于排放油污水外，还可在空压机起动时，将其打开实现释载起动。球阀 4 实际上是一个单向阀（止回阀），其作用是只让空压机排出的气体进入空气瓶，不让空气瓶中气体倒流。

二、空气减压阀

在船上，空压机是向主空气瓶供气，主要是用于起动主机。除起动主机需要压力较高的空气外，还有许多设备需要压力较低的空气。那么，低压空气怎么得到，从哪里来。其通常是从主空气瓶中空气,经减压阀减压后获得。

减压阀的结构和工作原理,如图 9-8 所示。主空气瓶中的高压空气从左侧进入减压阀的下部空间 A,经活门 8 减压后,低压缩空气从减压阀的右侧流出,进入低压储气瓶。活门是怎样控制空气流量,控制阀后低压压力稳定的? 这就得分析活门上的受力情况。作用于活门向上的力包括:活门上、下空气压差的作用力、活门弹簧 9 的作用力和低压室 7 空气压力;作用于活门向下的力是调节弹簧 5 的弹簧力。当向上与向下的作用力平衡时,活门关闭;当低压侧空气压力降低时,活门向上的力减小而开启,高压空气充入低压侧,随着低压压力的回升,活门开度因向上作用力增大而逐渐关小,直至低压压力达到调定值时,活门向上与向下的作用力相等而关闭,这样以维持阀后压力基本稳定。

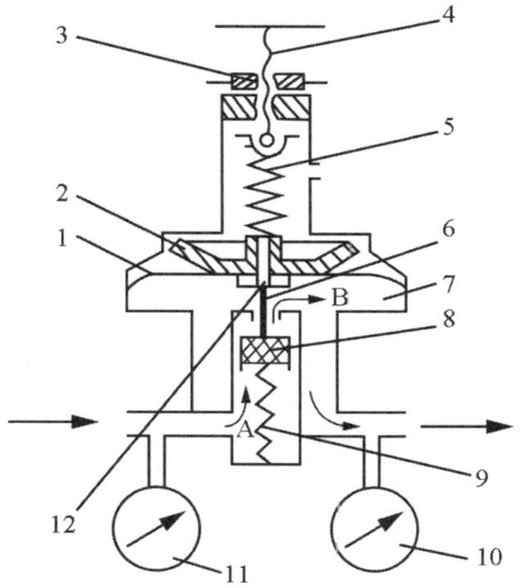

图 9-8　空气减压阀

1—薄膜;2—弹簧垫块;3—螺母;4—调节螺杆;5—调节弹簧;6—顶杆;7—低压室;8—活门;9—活门弹簧;10—低压压力表;11—高压压力表;12—安全装置

减压阀的减压压力是可以根据需要进行调节的,调节时只要改变调节弹簧 5 的弹力,就可以改变阀输出压力,其具体调节方法是:顺时针转动调节螺杆 4,弹簧 5 张力增大,即活门向下的作用力增大;此时,活门弹簧力和高压空气压力基本保持不变,为保持活门受力平衡,只有增大低压空气压力,故低压空气瓶中的压力升高。反之,低压空气瓶中的压力降低。

调整好的减压阀,在阀处于关闭状态时,由于活门 8 密封不好,低压室 B 空间的压力会逐渐升高而使膜片上拱,当低压压力升高到一定值时,膜片上拱至一定程度,顶杆 6 的顶端即与安全装置 12 的小孔脱开,低压空气经小孔和上部排气孔排出,从而防止发生输出压力过高的现象。

减压阀常见的故障包括:一是活门 8 关闭不严,造成低压室压力不断上升,致使外壳上盖小孔有气体排出;二是由于薄膜 1 的破裂而使减压阀失去作用。

三、安全阀

为了防止空压机的排气压力超过额定工作压力而发生机损或安全事故,空压机一般在一、二级排气管路上均设置有安全阀，有的小型空压机只在二级排气管路上设置安全阀。

如图 9-9 所示，安全阀的结构主要由阀座 11、阀盘 1、顶杆 3、弹簧 8、调整螺钉 4、锁紧螺母 5、调整环 10 等部件构成。弹簧弹力通过顶杆将阀盘紧压在阀座上，弹簧弹力通过调整螺钉 4 来调节；调整环 10 用于调节安全阀的启闭压差；锁紧螺母 5 用于锁紧调整螺钉 4，即弹簧弹力调定后就不能改变。

弹簧力通过顶杆 3 作用于阀盘将其紧压在阀座上，空气压力作用于阀盘 1 将其推离阀盘。当作用于阀盘上的空气压力超过作用于阀盘上的弹簧弹力（开启压力）时，阀盘 1 被顶开，将部分高压空气经阀体 9 上的排气口排至大气；当作用于阀盘上的空气压力小于作用于阀盘上的弹簧弹力时，阀盘 1 下落而关闭，从而保证压缩空气系统的安全。

安全阀弹簧弹力的大小，决定了安全开启压力，弹簧弹力可由调整螺钉 4 调节，也就是说调节调整螺钉 4 就可以调节安全阀的开启压力。具体调整方法是，顺时针转动调整螺钉 4，弹簧弹力增大，安全阀的开启压力升高；反之，安全阀开启压力降低。

安全阀的启闭压差由调整环 10 来调节，具体调节方法是逆时针转动调整环 10，安全阀启闭压差增大。反之，安全启闭压差减小。所谓启闭压差是指安全阀开启与关闭时空气的压力差。

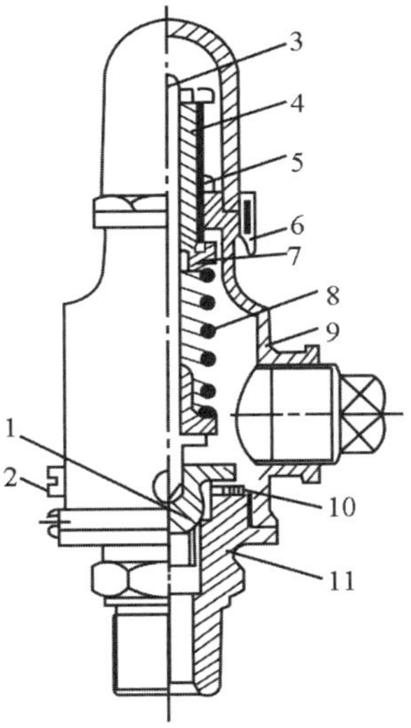

图 9-9 安全阀

1—阀盘；2—止动螺钉；3—顶杆；4—调整螺钉；5—锁紧螺母；6—铅封；7—弹簧座；8—弹簧；9—阀体；10—调整环；11—阀座

安全阀的开启压力，高压级比额定工作压力一般高 10%，低压级比额定工作压力一般高 15%。空压机出厂时，其开启压力已调整好，并已铅封，只要校验一下即可，安全阀不能随便启封调整。修理后的安全阀，必须进行泵压试验，以确保安全。

四、空气瓶

空气瓶又称冷气瓶或储气瓶，是一个圆筒形的压力容器，一般用钢板卷压焊接而成。空气瓶瓶头上设有主停气阀、充气阀、供气阀、安全阀、易熔塞、压力表、排污阀等阀件。其中易熔塞是为防止机舱发生火灾引起空气瓶爆炸事故而设置的。易熔塞熔点为 100 ℃左右,易熔塞受热熔化,把瓶内压缩空气放至大气,从而避免受热气压剧增而发生爆炸事故,其尺寸应保持失火时有效放出空气。

船舶航行中,应定期开启空气瓶排污阀排除积存于瓶底的污油和污水,以保证空气瓶的储气量和压缩空气质量。空气瓶的容量应保证可逆转柴油机能连续起动 12 次以上。防止污物被空气带至柴油机的操纵系统而影响阀件的动作。为了确保船舶的操纵性能,严禁在船舶靠离码头或编解队时,开启排污阀快速和大量排污。

为了确保安全,新空气瓶或使用若干年后的空气瓶,应进行水压试验,试验压力为 1.5 倍额定工作压力。检修空气瓶或有关装置时,应先将空气瓶中空气放净,才能动手拆卸有关零件。否则,会在气压作用下使零件飞出伤人或损坏机件。

第四节 活塞式空压机的结构与控制

一、0.34/30B 型空压机

0.34/30B 型空压机是目前内河船舶上使用最多,应用最广泛的机型之一。0.34/30B 型为直立、双缸、二级压缩、风冷式电动空压机,采用甩油环飞溅润滑,转速为 600 r/min,排量为 0.34 m^3/min,额定工作压力为 3.0 MPa,轴功率为 3.679 kW。

如图 9-10 所示,其结构由气缸盖、缸体、曲轴、皮带轮 1 和中间冷却器 2 等部件组成。气缸盖为组合式即两个气缸共用一个气缸盖,在气缸盖的阀窝中装有一级吸气阀 7 和一级排气阀 8,二级吸气阀 9 和二级排气阀 5。在一级(低压)气缸 6 中装大活塞,二级气缸 4 中装小活塞,其活塞通过连杆均与曲轴相连。曲轴装于曲轴箱中,在曲轴上左、右两端靠近主轴承旁,各悬挂有一个甩油环 11,靠近甩油环左、右两侧曲柄臂上各有一个储油圈 13。储油圈收集从缸套滴下的润滑油用以润滑连杆大端轴承。曲轴伸出曲轴箱端装有皮带轮 1,传动空压机工作。一级气缸排气经中间冷却器 2 进入二级气缸 4,在第二级排气管上装有二级安全阀 3。

气阀为单环的环片阀,阀片的升程为 1.5 mm。一、二级连杆小端均用一个止头螺钉固定于活塞销上,空压机工作时,小端与活塞销一起在销座内摆动。空压机的中间冷却器 2 由三根带鳍片的 U 形管组成,在一级气缸排气阀的上部装有一个手动释载阀(图上未画出),若自动起动释载装置损坏,需起动空压机时,可提起该阀上的钢圈,并转过 90°,此时一级气缸的排气空间即通过手动释载阀与大气沟通,从而降低空压机的起动负荷。空压机起动后,再提起钢圈,反转 90°,使释载阀复原,空压机即恢复正常工作。在二级排出管路上装有一个安全阀 3。

润滑是借助于悬挂于曲轴两端甩油环飞溅滑油,气缸和活塞靠飞溅的油和油雾润滑。溅落于箱壁上的一部分油则沿箱壁流下润滑主轴承。有些连杆大小头上开有导油孔,以便把溅落的油引至大小头轴承。采用甩油环溅油时,甩油环旁的曲臂上往往设有储油槽或储油圈,借助于离心力的作用和曲轴上的油道,可把溅入并积聚于储油槽(或圈)内的油引入连杆大头轴承。

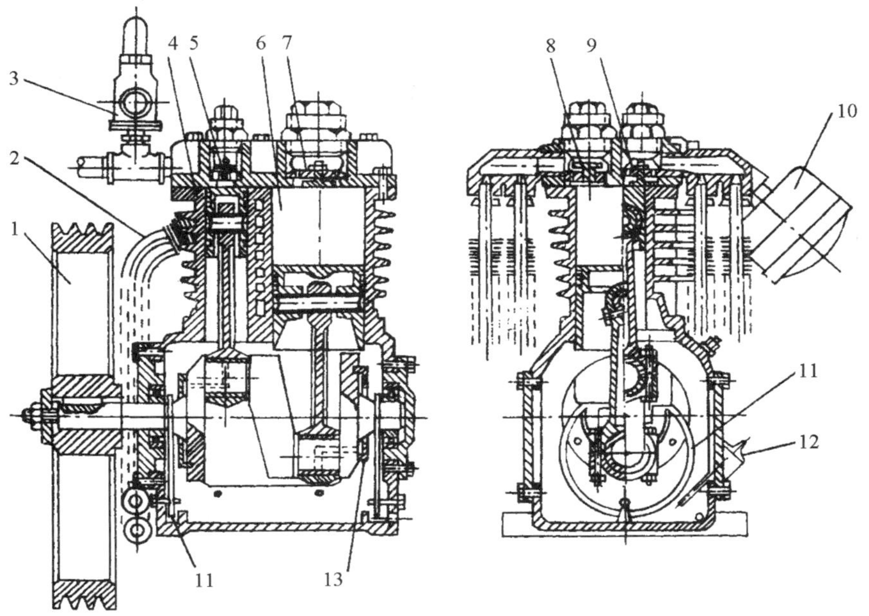

图 9-10 0.34/30B 型空压机

1—皮带轮;2—中间冷却器;3—二级安全阀;4—二级气缸;5—二级排气阀;6——级气缸;7——级吸气阀;8——级排气阀;9—二级吸气阀;10—空气滤清器;11—甩油环;12—油尺;13—储油圈

空压机的气缸盖与机体间装有垫片,垫片用调节空压机余隙容积和密封,增、减气缸体与气缸盖之间的垫片就能调节空压机余隙容积。

二、CZ 型空压机

CZ 型空压机常用的有 CZ20/30 型和 CZ60/30 型,两者均为单列、串叠式、二级、风冷或水冷,采用油勺飞溅润滑和滴油杯滴油润滑。一级工作压力为 0.637 MPa,二级工作压力为 3.0 MPa,前者的排量为 20 m^3/h,后者的排量为 60 m^3/h。

这两种空压机的结构基本相同,只是 CZ20/30 型空压机采用的是球面碟形阀,而 CZ60/30 型空压机采用的是单环和双环的环片阀。

如图 9-11 所示为水冷式 CZ60/30 型空压机的结构图。曲轴的输入端装有兼作联轴器的飞轮,电动机通过弹性联轴器带动曲轴旋转。上大下小的差动活塞用铝合金铸造。活塞顶为一级的工作面,不同直径段之间的过渡锥面为二级的工作面。活塞的上端无刮油环,下端有一道刮油环。活塞销与连杆的连接为浮动式。但在冷态时,活塞销与销座过盈配合。

气缸体与曲轴箱为组合式。气缸体内孔与活塞一样,具有两个不同的直径段,它与活塞相配合构成两个密闭的工作空间:活塞顶上部为一级气缸的工作空间,活塞不同直径段过渡锥面以下的环形空间为二级气缸的工作空间。在二级的吸、排气阀室上分别装有一级和二级的安全阀。

连杆大端的轴承盖上装有击油勺,空压机工作时,靠油勺击溅曲轴箱中滑油对各摩擦面进行润滑。上部大直径段的气缸(低压级气缸),借助于第一级吸气管上的油杯,以每分钟 4~6 滴的速率对气缸进行润滑。曲轴箱的底部有螺旋管式的润滑油冷却器。

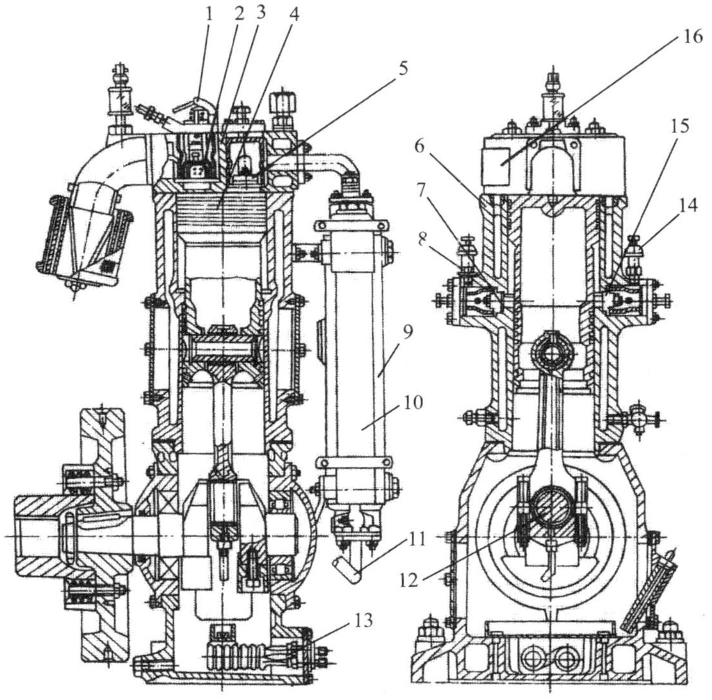

图 9-11　CZ60/30 型空压机

1—释载阀；2——一级吸气阀；3——一级气缸盖；4—活塞与连杆；5——一级排气阀；6—气缸与曲轴箱；7—二级吸气阀；8——一级安全阀；9—冷却器；10—气液分离器；11—管系；12—曲轴与飞轮；13—润滑油冷却器；14—二级安全阀；15—二级排气阀；16—铭牌

气缸盖上装有释载阀，用来减轻空压机的起动负荷和调节空压机的排气量。图 9-12 所示为释载阀的结构图。提起偏心轮的手柄 2，顶杆 3 便向下移动，通过活塞 5、弹簧 6、导筒 7 和导顶爪 9 等，强行顶开一级吸气阀的阀片，使吸气阀处于常开状态，空压机即可在无载荷的情况下起动，放下偏心轮的手柄 2，在弹簧力的作用下，释载阀和一级吸气阀均复原，空压机即开始正常运转。如果通过控制机构将二级排出的高压空气，从接头 1 引到活塞 5 的上部空间，通过活塞 5 和导顶爪 9 等，同样可以将一级吸气阀强行顶开，使空压机释载空转，停止排气；当储气瓶压力下降到一定值时，由于活塞 5 上部空间的压缩空气通过控制机构排至大气，在弹簧力的作用下，一级吸气阀复原，空压机又恢复供气。这样，通过控制机构和释载阀，就能自动调节空压机的排气量。使用中，应注意孔 a 的畅通，否则活塞 5 的下移就会迟缓或受阻。空压机的自由端设有壳管式中间冷却器和压后冷却器以及气液分离器。

在气缸体与曲轴箱连接处，设置有垫片，此垫片用以调节空压机第二级的余隙容积大小，此垫片厚度增加，第二级气缸的余隙容积减小；反之增大。在此处调节第二级余隙容积时，第一级气缸的余隙容积跟随变化。第一级余隙容积的调节，用增减气缸体与气缸盖之间垫片即可，增加此处垫片，第一级余隙容积增大，反之减小。因此该空压机余隙容积的调节应先调第二级后调第一级。

由于该空压机的活塞采用差动结构，二级的压缩空气除了从活塞下端的活塞环漏入曲轴箱外，还会从活塞上端的活塞环漏至一级气缸。所以，若活塞上端的活塞环因磨损或装配不当引起较大泄漏，一级气缸的吸气量就会大幅度下降，这是使用管理中应该特别注意的。

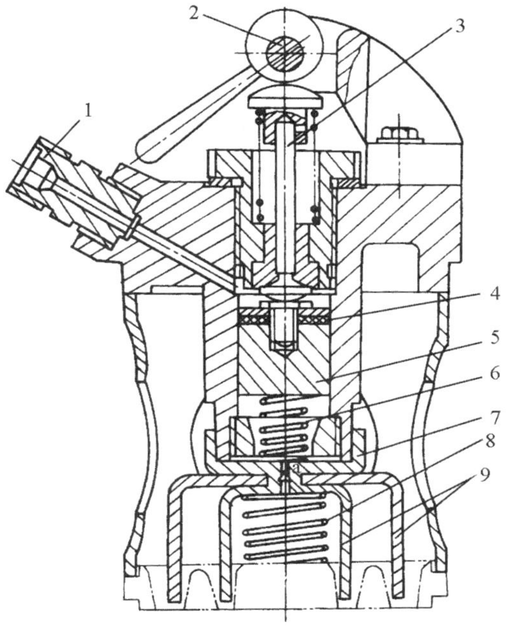

图 9-12　释载阀

1—接头；2—偏心手柄；3—顶杆；4—橡皮圈；5—活塞；6—弹簧；7—导筒；8—弹簧；9—导顶爪

三、空压机气阀

空压机的主要零部件的结构与柴油机类似，在此主要介绍在结构差异较大的空压机气阀。

(一)空压机气阀的分类

气阀是空压机最重要的部件之一。活塞式空压机一般均采用弹簧压载的自动阀，气阀的启闭靠气缸内与吸、排气腔的压差实现。气阀按阀片的形状可分为环状阀、网状阀、碟状阀、条状阀、舌簧阀等。最常用的空压机气阀主要有环片阀、球面碟形阀等。

(二)空压机气阀的结构

如图 9-13、图 9-14 所示，气阀主要由阀座 1、阀片 2、弹簧 3 和升程限制器 4 等组成。气阀弹簧装于升程限制器上，弹簧将阀片紧压在阀座的密封面上，用连接螺栓将升程限制器与阀座连接成为一体。阀座用于支承阀片，其上开有由阀片控制开关的气流通道。阀片用于开、关气流通，它是空压机最重要的零件和易损件，其厚度一般为 0.8~3.0 mm。气阀弹簧的主要作用是使气阀关闭及时，阀关闭后使阀片与阀座贴合更紧密，使阀片与升程限制器的冲击减缓。升程限制器的作用是限制阀片的升程，并兼作阀片的导向和弹簧承座。要求气阀阀片的升程要适中，一般为 2~4 mm。升程过大，阀关闭时的冲击就大，且关闭延迟；升程过小，气流流经阀时的阻力损失就大。所以，使用管理中不要随便改变气阀的升程。

(三)空压机吸、排气阀的判别

对空压机气阀进行拆装、检修，或需要更换备件时，要求对进、排气阀进行区分和判别，否则就会造成一些意外事故的发生。下面就进、排气阀的判别方法加以说明。

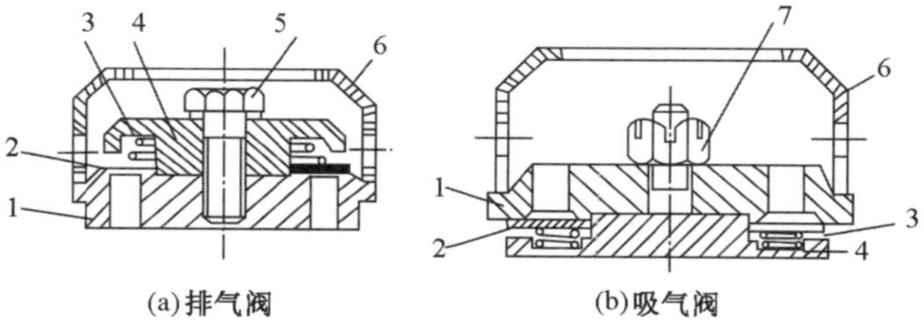

图 9-13 环片阀

1—阀座;2—阀片;3—弹簧;4—升程限制器;5—螺钉;6—阀罩;7—螺母

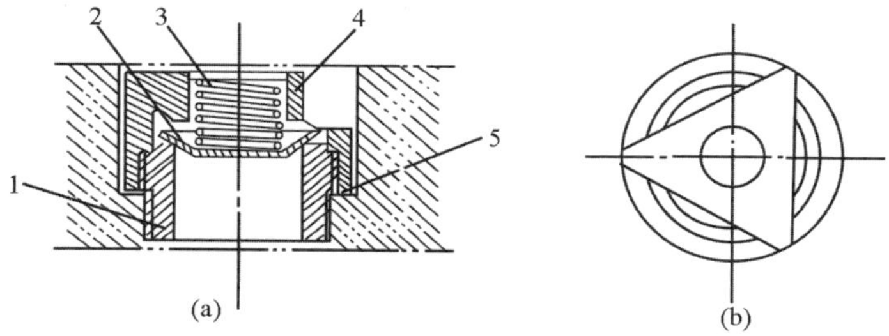

图 9-14 球面碟形阀

1—阀座;2—碟形阀片;3—弹簧;4—升程限制器;5—垫片

1. 用“止回原则”进行判别

止回原则:不允许空气流出气缸的气阀为进气阀;不允许空气进入气缸的气阀为排气阀。其具体判断的方法是:阀片位于阀座下方的气阀为吸气阀;阀片位于阀座上方的气阀为排气阀。

2. 同级吸、排气阀的判别

对于同一级气缸的气阀,体积大者为吸气阀,体积小者为排气阀。

四、空压机的自动控制

空压机的自动控制内容主要包括空压机的自动起、停;自动卸载;自动泄放;冷却水、润滑油的自动控制;自动安全保护等。下面以 CZ60/30 型船用空压机的系统说明其自动控制内容。

(一)空压机的自动起、停控制

船用空压机一般至少设置两台,一台为优先工作空压机,其工作压力为 2.5~3.0 MPa;另一台为备用空压机,其工作压力为 2.4~2.9 MPa。如图 9-15 所示,空压机的起、停自动控制是以空气瓶实际工作压力为信号,通过压力继电器 8 实现的。

当空气瓶内压力降至 2.5 MPa,优先工作空压机起动向气瓶供气;当空气瓶压力达到 3.0 MPa 时,优先工作空压机停机,停止向空气瓶内供气。

当空气瓶内压力降至 2.5 MPa,优先工作空压机起动向气瓶供气,若此时船舶用气量大于供气量,空气瓶压力会继续下降,当气瓶压力降至 2.4 MPa 及以下时,备用空压机起动工作,两台空压机同时向空气瓶供气,以保证空气瓶压力继续降低,当气瓶压力达到 2.9 MPa 时,备

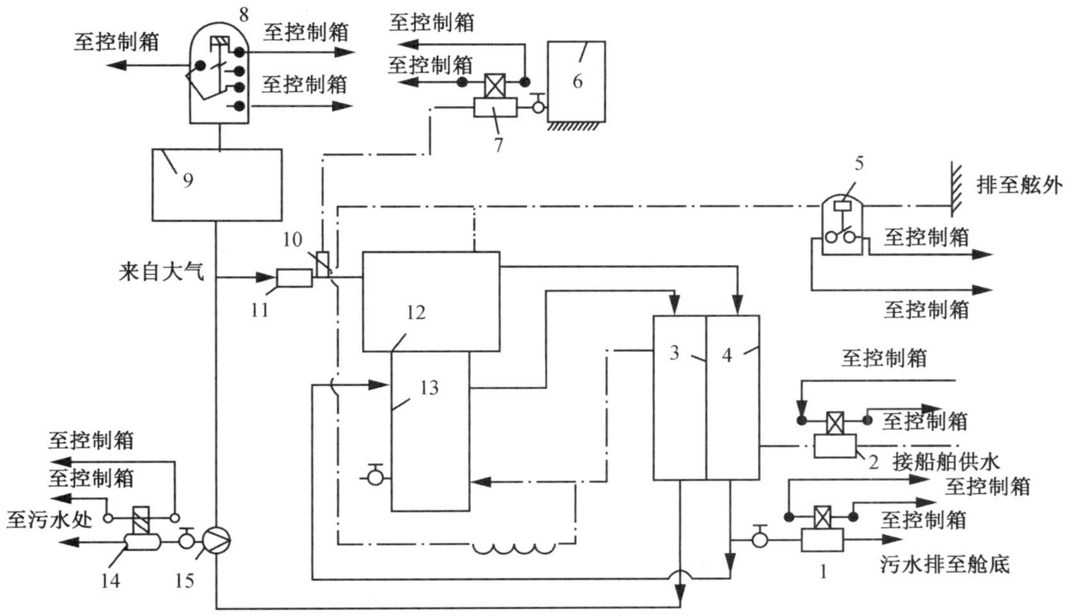

图 9-15　CZ60/30 型船用空压机自动控制原理图

1—3JF 电磁阀;2—2JF 电磁阀;3—后冷却器;4—中间冷却器;5—液流信号器;6—滑油储油箱;7、14—JF 电磁阀;8—YP 压力继电器;9—储气瓶;10—滴油杯;11—空气滤清器;12—压缩机第Ⅰ级;13—压缩机第Ⅱ级;15—气液分离器

用空压机停止工作,优先工作空压机继续工作至 3.0 MPa 停机。这样就保证了空气瓶内压力始终维持在 2.5~3.0 MPa 之间。应注意的是两台空压机须定期交换使用。

(二)空压机气液分离器自动泄放

空压机排出的压缩空气含有油分和水蒸气,经冷却后就会凝结成液滴,经气液分离器 15 分离出来的污水需要定期进行排放。其排放有两种方式,一种方式是人工排放,另一种方式是自动排放。手动排放是间隔一定时间,一般为间隔 2 h,人工打开泄放阀,将气液分离器 15 内的污水放掉即可。下面以气液分离器自动排放说明其排放过程和原理。

首先设定好气液分离器排放的间隔时间,调整好时间继电器。如图 9-15 所示,空压机工作过程中,当工作时间达到时间继电器的调定值时,JF 电磁阀 14 开启,气液分离器 15 内污水排出,达到设定排放时间后,电磁阀放气阀关闭,气液分离器恢复工作并向气瓶供气。

(三)空压机冷却水的控制

如图 9-15 所示,空压机起动时,3JF 电磁阀 1 关闭,2JF 电磁阀 2 打开,一路冷却水经 2JF 电磁阀 2→中间冷却器 4→空压机第Ⅱ级气缸 13→空压机第Ⅰ级气缸 12→液流信号器 5→舷外;另一路冷却水经 2JF 电磁阀 2→后冷却器 3→滑油冷却器→舷外。

空压机工作中,液流信号器 5 用以检测冷却水的流量大小,当检测到冷却水流量未达到要求的流量时,发送控制信号至控制箱,控制箱再发出信号,强制停止空压机的工作并发出声光报警。

空压机停止后,2JF 电磁阀 2 关闭,3JF 电磁阀开启(JF 电磁阀 14 开启),将空压机冷却水放掉以防冻结(放残)。

(四)空压机润滑的自动控制

CZ 型空压机的高压级是采用油勺飞溅润滑的，低压级是采用油杯滴油润滑、油气润滑或注油润滑等几种润滑方式，下面以贮油箱滴油润滑为例说明其控制原理。

如图 9-15 所示，JF 电磁阀 7 与空压机是联动的，即空压机通电起动时 JF 电磁阀 7 也通电开启，润滑油经贮油箱 6→JF 电磁阀 7→滴油杯 10→进入空压机第Ⅰ级气缸 12 中进行润滑。空压机停机时 JF 电磁阀 7 也断电而关闭，切断贮油箱润滑油进入空压机第Ⅰ级气缸，以防空压机停机后，润滑油继续进行第Ⅰ级气缸，使其缸内积聚过多的润滑油，在下次起动工作时发生液击。

(五)空压机的自动卸载

在船上常用的自动卸载方式主要有电磁式和离心式两种。下面以电磁式自动卸载方式为例，说明空压机起动自动卸载原理。

图 9-16 所示为电磁阀式自动起动释载装置，它由一个电磁阀式放气阀和气动式放气阀等部件组成。

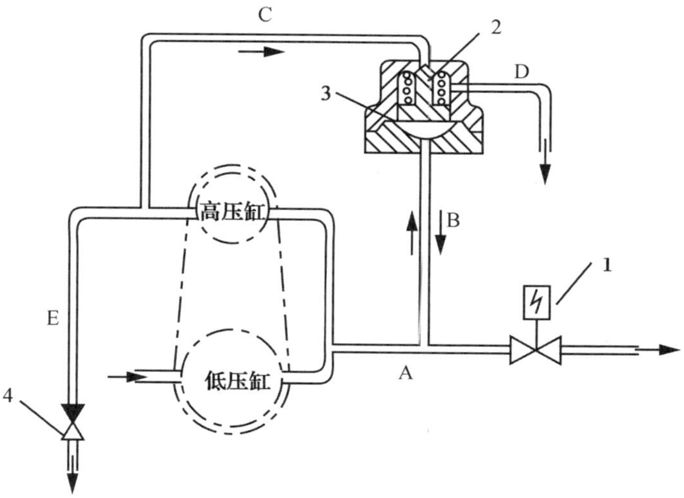

图 9-16　电磁阀式自动起动释载装置

1—电磁阀;2—放气阀;3—橡皮膜;4—止回阀

其释载过程为，当空压机断电停车时，电磁阀 1 断电开启，将中间冷却器、一级气缸中的低压空气、放气阀 2 下部空间的压缩空气，经 A 路和电磁阀 l 泄放至大气。放气阀 2 的阀芯在高压空气和弹簧力的作用下，被推离阀座而打开，使 C 路与大气相通。此时，止回阀 4 以前管路中的压缩空气，以及空压机二级气缸中的压缩空气，经 C 路和放气阀的放气口 D 泄放至大气。至此，空气管路和空压机两级气缸中的压缩空气全部放出，其压力均为大气压力，为空压机的下次轻载起动做好了准备。

当空压机重新起动时，电磁阀 1 通电而关闭，使 A 路与大气的通道关闭。此时，一级气缸排出的压缩空气即可经 B 路进入放气阀 2 橡皮膜 3 的下部空间，建立一定气压后，推动放气阀 2 的阀芯向上移动，关闭 C 路与放气口 D 的通道，空压机进入正常的吸、排状态，压缩空气经 E 路和止回阀 4 开始向气瓶供气。

放气阀关闭后，阀芯下部虽然作用的是低压空气，而阀芯上部虽然作用的是高压空气，但阀芯下部作用的面积比阀芯上部高压空气作用的面积要大得多，其阀芯向上的气体压力大于向下的气体压力。因此，在空压机运行中，放气阀 2 始终处于关闭状态，保证了空压机的正常供气。

（六）空压机自动安全保护

一般空压机自动控制装置中应包括温度、压力、油位等安全保护措施。其中包括排气温度、冷却水温继电器，当空压机排气温度或冷却水温超高时，自动停机；冷却水压力继电器、曲轴箱油位继电器等，在压力或油位低于设定值时，这些保护继电器动作，空压机自动停机。

五、排气量调节的方式

为了保证柴油机间歇性起动、换向的需要和压缩空气系统的安全，既需保证空气瓶有足够压力的压缩空气，又要防止气瓶的压力过高，因而有必要对空压机的流量进行调节，以便维持空气瓶的压力在规定范围内。在以压缩空气起动的内燃机船舶上，一般规定空气瓶的压力维持在 2.5~3.0 MPa。

1. 停车调节

停车调节是指当空气瓶的压力达到上限值时，停止空压机运转，停止向气瓶供气；当空气瓶压力下降至下限值时，起动空压机向气瓶供气，从而维持空气瓶中的压力在规定的范围内，这种用来调节空压机排气量的方法称为停车调节。这种调节方法适用于功率不大的电动空压机。

2. 空转调节

空转调节指的是空压机在不停地运转，只是根据空气瓶压力的变化，时而供气，时而停止供气。实现这种调节的具体方法有：

（1）余隙容积调节。是指空压机排气压力达一定值后，空压机只有压缩和膨胀两个过程，不能向空气瓶供气，这样以保证空气瓶内压力不再继续升高，将压力保证在要求范围。

（2）压开吸气阀调节。是指当空气瓶的压力达上限值时，将空压机的吸气阀顶开，让空压机空转运行，以保证空气瓶内压力在要求压力范围。此法常用限压阀和释载阀等组成的气控装置控制。

（3）旁通调节。是指当空气瓶的压力达上限值时，通过控制设备，将排气管路上的放气阀打开，将空压机的排气排入大气，以保证空气瓶内压力在要求压力范围。此调节方式，需在空压机排气管路上安装止回阀和电磁阀放气阀等才能实现。

第五节 船舶活塞式空压机的管理

空压机的管理主要是针对日常事务进行维护，对运行参数、现象进行监视和调整，对常见故障进行分析与处理。

一、活塞式空压机的日常管理

1. 压力监视

观察各压力表读数是否正常。排出压力随背压增大而升高,各级压缩比分配是否均匀,工作压力有无超过规定值。采用压力润滑的空压机,油压应保持在 0.1~0.3 MPa。

2. 温度监视

(1)冷却水温监视。注意检查冷却水进出口温度,一般进出口温差在 10~15 ℃。发现空压机在运行中已经断水,必须立即停机,待自然冷却后再检查是否损坏,切忌立即通水以防炸缸。

(2)排气温度监视。监视空压机各级排气温度,国标规定各级排气温度不大于 200 ℃。空气进气瓶的温度不超过进水温度 30 ℃(水冷)或不超过环境温度 40 ℃(风冷)。

(3)滑油温度监视。监视曲轴箱内滑油温度不超过 70 ℃。

3. 润滑油监视

空压机的润滑油量应保持适中,润滑油量过多或过少均会对空压机造成危害。

(1)油量过多(或油位过高)造成的危害包括空压机的耗功增大、润滑油变质速度加快、滑油耗量增大、空气品质下降,甚至产生空压机发生爆炸事故。

(2)油量过少(或油位过低)造成的危害是空压机润滑不良。

(3)对空压机润滑油量的要求是油位应严格控制在滑油标尺两刻度线之间或视油镜 1/3~2/3 高度;对滴油杯润滑的空压机,其油位应不低于 1/3 油杯高度。

对轮机管理人员,要求每班至少检查两次曲轴箱的润滑油位。

4. 负荷监视

监视电流表、压力表读数,分析负荷状态,防止超负荷。

5. 定时排放

气液分离器上的泄放阀应定期打开排污,一般每隔 2 h 左右打开气液分离器的泄放阀,以排除积聚其中的油和水。从气液分离器内放出来的油污水,应是在水面上看到有油渍,而沾在手上捻起来又无油腻感。如果从气液分离器内放出来的油污水中含有大量的滑油,则说明空压机串油量非常大。

6. 倾听声响

注意倾听空压机有无异常的响声,若有应立即停车检查。每班至少检查一次电动机的连接和地脚螺丝的紧固情况,并注意是否有异常振动。

二、空压机常见故障分析与处理

(一)机械方面的故障分析与处理

机械方面的故障分析与处理如表 9-1 所示。

表 9-1 机械故障产生的原因及排除方法

故障现象	故障原因	排除方法
1. 气缸与缸盖发热	①冷却水供应不足	适当加大冷却水流量
	②冷却水管路堵塞	检查并疏通
	③飞轮装反或风向不对	重新安装飞轮
	④各缸负荷不均;负荷增大或排气阀漏气	检查并排除气阀工作不正常的原因
2. 突然冲击	①气缸中积聚水分,产生“水击”	检查原因并排除,修复损伤部分
	②阀片折断或吸气阀紧固螺母松脱	换新阀片或拧紧螺母
3. 吸、排气阀的敲击声	①气阀定位螺钉未到位,气阀受到气流的冲击而上、下跳动	松开并紧螺母,旋紧气阀定位螺钉
	②阀片折断	更换
	③弹簧松软或失去弹性	更换
	④阀座深入气缸与活塞相撞	用加垫片的方法使阀座升高

(二)排气量降低的故障分析与处理

排气量降低的故障分析与处理如表 9-2 所示。

表 9-2 排气量降低的原因及排除方法

故障现象	故障原因	排除方法
1. 空滤器故障	①空滤器部分被污垢堵塞	吹扫或清洗空滤器
2. 气阀故障	①阀片变形或阀片与阀座磨损	更换阀片或研磨阀片和阀座
	②阀片与阀座接合面有污物,造成气阀关闭不严	清洁气阀
	③阀座与阀孔结合面不严密或垫片忘记而造成漏气	研磨接合面或加装垫片
	④气阀弹簧弹性不当	更换弹簧
	⑤气阀通道被炭渣部分堵塞	清除积炭
3. 气缸和活塞的故障	①气缸与活塞、活塞环磨损,间隙过大,漏气严重	更换缸套、活塞或活塞环
	②缸盖与缸体贴合不严漏气	刮研结合面或更换垫床
	③气缸冷却不良,新鲜空气预热	加强冷却
	④活塞环咬死或折断	换环、调整间隙并加强润滑
	⑤活塞环搭口在一个方向	重新安装活塞环
	⑥传动带过松或打滑	调节皮带松紧或更换皮带
	⑦余隙容积过大	调节气缸垫片
4. 中间冷却器故障	①冷却水量过小或次级进气温度升高	加大冷却水流量
	②热交换器脏污或积水垢	清洗热交换器

（三）排气压力和温度不正常及其他故障

排气压力和温度不正常及其他故障如表 9-3 所示。

表 9-3　排气压力和温度不正常及其他故障

故障现象	故障原因	排除方法
1. 高压级排气压力高于额定值	①安全阀失灵	检修安全阀
	②高压压力继电器失灵或故障	检修或更换
2. 低压级排气压力偏高	①高压级进、排气阀漏	检修气阀
	②中冷器冷却效果差	清洗滤器
3. 低压级排气压力偏低	①低压级进气阀或排气阀漏	研磨气阀或更换阀片
4. 高压排气温度过高	①高压缸排气阀漏	检修高压缸气阀
	②气缸或中间冷却不良	加强气缸或中间冷却
5. 低压缸排气温度过高	①低压缸排气阀漏	研磨气阀或更换阀片
	②高压级进气阀漏	研磨气阀或更换阀片
	③第一级进缸气温度太高	适当降低进气温度
	④中冷器冷却效果太差	检修中冷器
6. 储气瓶中有过量滑油	①曲轴箱油位过高	放掉多余滑油
	②活塞环磨损、咬死、折断或搭口转至一边	更换活塞环或重新安装
	③刮油环装反	将刮油环倒角朝上安装
	④气液分离器失效	检修气液分离器

第六节　船舶活塞式空压机实际操作与训练

项目一　空压机的起动操作

（1）紧固检查。检查空压机的所有连接螺栓、地脚螺栓、电机与空压机间的调距螺栓等是否均坚固；管路连接接头是否上紧。

（2）灵活检查。主要是针对检修以后，或新安装的空压机，在第一次起动前，应将曲轴转动 1～2 圈，检查运动部件转动是否灵活，有无卡阻现象。

（3）松紧检查。皮带传动的空压机，应检查皮带的松紧程度，一般用手压在皮带中部，皮带的下沉量为 10～15 mm 为宜。

（4）转向检查。为了保证风冷空压机的冷却，油勺飞溅润滑的空压机的润滑，必须保证空压机的转向正确，否则空压机得不到冷却或润滑。检查转向采用“点动”的方法进行，所谓“点动”是指按下“起动”按钮后，立即按下“停止”按钮，观察空压机停止时的转向是否与要求的转向一致。

(5)润滑检查。检查曲轴箱的油位是否在油尺两刻度线之间,不够加足。若低压级气缸采用滴油润滑,则油位不应低于滴油杯高度的1/3,并将滴油速度调至每分钟4~6滴。

(6)冷却检查。风冷空压机,只要转向正确就能保证。对于水冷空压机,开启冷却水管上的截止阀,供水;开启机身下部的放水阀,检查冷却水供应情况。

(7)阀件开关检查。检查空压机排气管路上各截止阀是否开启,一定要保证空压机至空气瓶管路的畅通。

(8)电气检查。检查电气系统的接线紧固无松动,接触器、压力继电器等是否处于正确位置,开关是否完好。

(9)释载检查。对于有自动释载装置的空压机,起动前无须进行释载检查。对于手动释载的空压机,起动前应打开手动释载阀或气液分离器上的泄放阀,以减轻空压机的起动负荷。

(10)起动。检查工作完成后,按下起动按钮,待空压机达到额定转速后,关闭手动释载阀或气液分离器的泄放阀,空压机投入正常工作。

项目二 空压机停车操作

(1)开启气液分离器上的泄放阀并排污。

(2)切断电源,停止空压机。

(3)关闭冷却水截止阀和滴油杯的油量调节阀。

第十章 船用泵的操作与管理

泵是用来输送流体或提高流体机械能的设备。泵是船上类型最多、数量最多、应用最广的机械设备,凡是需要移位的流体基本均是由泵来进行输送的。本章主要介绍泵的基本概念,介绍各种泵理论知识。

第一节 船用泵的分类与性能

一、船用泵的分类

泵的种类繁多,为了便于管理和应用,在此将船用泵按用途和工作原理进行分类,并重点掌握按工作原理的分类方法。

1. 按泵在船上的用途分

(1)船舶动力装置用泵:如燃油泵、润滑油泵、锅炉给水泵等。

(2)船舶通用泵:如舱底水泵、压载水泵、消防泵等。

(3)特殊船用泵:如货油泵、洗舱泵、泥浆泵等。

2. 按泵的工作原理分

(1)容积式泵——依靠工作部件的运动或转动,使泵内容积空间周期性变化而实现吸、排液体的泵称为容积式泵。根据工作部件是移动或转动,容积式泵可分为往复式和回转式。往复式包括往复泵和柱塞泵。回转式包括齿轮泵、叶片泵、螺杆泵等。

(2)叶轮式泵——是靠叶轮带动液体高速回转而把机械能传递给所输送液体的泵。根据泵的结构特点,可分为离心泵、旋涡泵和轴流泵等。

(3)喷射泵——利用工作流体产生的高速射流引射所输送流体的泵。根据工作液体的不同,包括水喷射泵、蒸汽喷射器和空气喷射器等。

二、泵的性能参数

为了表明泵的性能优劣、流量的大小、压头的高低、吸入性能的好坏,便于进行比较和选用,在泵的铭牌和说明书上通常给出泵的各种性能参数。

1. 流量

流量是指泵在单位时间内所输送液体的数量,包括体积流量 Q 和质量流量 G,其关系为 $G=Q\rho$,单位有 m^3/h、L/min。泵铭牌标注的流量为额定体积流量。

2. 扬程

扬程又称压头或排出压力,它是指泵传递给单位重量液体的能量,或单位重量液体通过泵后所获得的机械能。常用符号“H”表示,单位用液柱高度“m”表示。

扬程又可以理解为泵能克服管路系统的阻力,吸、排液面的压差和排送几何高度的能力。其工作扬程可用下式进行估算:

$$H=\frac{p_d-p_s}{\rho g} \tag{10-1}$$

式中:p_d——泵的排出压力表读数,Pa;

p_s——泵的吸入压力表读数,Pa;

ρ——液体密度,kg/m^3;

g——重力加速度,9.8 m/s^2。

应当指出,容积式泵铭牌上标注的往往为额定排出压力,它是指按照实验标准泵连续工作所允许的最高排出压力。容积式泵工作时的实际排出压力是不断变化的,且不允许超过额定排出压力。压力和扬程可按下式进行换算:

$$H=p/\rho g \tag{10-2}$$

由(1-2)式可知,1 MPa≈100 m 水柱高度,即 1 MPa 的压力能将液体压送至约 100 m 高度。

3. 功率

泵的功率有输出功率和输入功率之分。

(1)输出功率(有效功率)——是指泵排出的液体在单位时间内实际获得的能量,用 p_e 表示,单位用 W 或 kW 表示,泵的输出功率可用下式计算:

$$p_e=\rho hQh\approx(p_d-p_s)Q\approx p_dQ \tag{10-3}$$

式中:Q——泵的体积流量,m^3/s;

H——泵的工作压头,m。

(2)输入功率(又称轴功率)——是指泵轴在单位时间内所得到的能量,用 P 表示。在泵铭牌上标注的功率是额定工况下的轴功率。

4. **效率(总效率)**

效率(总效率)是指泵的输出功率与输入功率之比值,用 η 表示。即:

$$\eta = p_e/P \tag{10-4}$$

在实际工作中,泵不可避免地会产生各种能量损失,不可能将轴功率全部转变为有效功率,因此有效功率总是小于轴功率。可见,效率是表明泵在工作时经济性好坏或能量损失大小的参数,其值越大,经济性越好。泵的能量损失包括以下几方面:

(1)容积损失——是因液体泄漏、液体中含气体等造成的流量损失,用容积效率 η_v(实际流量与理论流量之比)表示。

(2)水力损失——是指液体在泵内流动因摩擦、撞击、旋涡等造成的损失,用水力率 η_h(实际扬程与理论扬程之比)表示。

(3)机械损失——是指运动部件与运动部件和液体间的摩擦所造成的能量损失,用机械效率 η_m(水力功率与轴功率之比)表示。

5. **转速**

转速是指泵轴每分钟回转次数,用 n 表示,单位是 r/min。

6. **允许吸上真空高度[H_S]**

允许吸上真空高度是指泵在不发生气蚀的前提下,泵进口处能达到的最大真空度用水柱高度来表示的,单位为 m。

允许吸上真空高度是泵吸入性能好坏的重要指标,铭牌上所标注的允许吸上真空高度是通过试验得到的,一般约在 2.5~7 m 之间。

7. **气蚀余量**

为了保证泵不产生气蚀,泵吸入口处单位质量液体所具有的能头(压力水头和速度水头)相对于汽化压力能所富余的能量,称为“气蚀余量”,用 Δh 表示。

三、泵的正常工作条件

泵的正常工作条件包括泵正常吸入的条件和正常排出的条件两方面。

(一)泵正常吸入的条件

要使泵能正常输送液体,就必须保证泵能正常吸入液体,要保证泵能正常吸入液体就必须满足以下两个条件:

(1)在泵内必须形成足够大的真空度或足够低的吸入压力 P_s,以便于液体能顺利地吸入。

(2)必须保证泵内的最低吸入压力($p_{s\min}$)大于被输送液体在输送温度下所对应的饱和汽化压力(p_v)即 $p_{s\min}>p_v$,以避免液体汽化而产生“气蚀”现象。

(二)影响泵吸入压力的主要因素

1. **吸入液面的压力**

在其他条件一定的条件下,吸入液面压力越低泵的吸入压力也就越低,其吸入性能越差,泵越容易发生“气穴”。

2. 吸入高度

吸入高度是指泵在液面之上,泵距离吸入液面的垂直距离称为吸入高度。泵的吸入高度越大,泵越不容易吸入液体即吸入压力就越低。当吸入液面作用的是标准大气压时,大多数泵的允许吸上高度一般为 5~6 m。

对于吸入条件很差的泵(如热水泵、凝水泵等),应将其装于吸入液面之下,以提高泵的吸入性能,避免"气穴"发生。泵吸入口低于吸入液面的垂直距离称为注流高度或负吸高。

3. 泵的流量

在其他条件一定的情况下,泵的流量越大,吸入压力越低,吸入性能越差,泵越容易发生"气穴"。

4. 液体温度

输送液体温度越高,其汽化压力值越大,泵输送过程中越容易发生"气穴"。为避免泵"气穴"的发生,尽可能降低输送液体的温度。

5. 吸入管路阻力

当其他条件不变,吸入管路的阻力越大,吸入压力越低,泵越容易发生"气穴"。管路的阻力与泵的流量大小、管径粗细、泵阀开度、吸入管路的弯曲情况、滤器是否脏堵、液体的温度高低等因素均有关。

(三)泵正常排出的条件

(1)泵必须能产生足够高的排出压力,以克服排出液面的压力、排吸液面的高度差和排出管路的阻力。

(2)容积式泵的工作压力不允许超过额定工作压力;叶轮式泵的扬程不超过关闭扬程,但尽可能接近额定工作扬程。

第二节 离心泵

离心泵是属于叶轮式泵的一种,它是依靠叶轮的高速回转将能量传递给液体,使液体能量提高,从而实现液体的输送。由于离心泵结构简单、重量较轻、造价低廉、规格齐全,故使用广泛。

一、离心泵的基本结构和工作原理

离心泵的型式很多,按泵轴的布置方式分为立式离心泵、卧式离心泵;按液体进入叶轮的方式分为单吸式离心泵、双吸式离心泵;按叶轮的数目分为单级离心泵、多级离心泵;按泵壳结合面方式分为轴向分裂式、径向分裂式。下面以卧式单级离心泵为例说明其结构和工作原理。

(一)离心泵的基本结构

如图 10-1 所示,离心泵主要由泵壳 3、叶轮 1、叶片 2、泵轴 6、泵盖和轴封等部件构成。叶轮装于泵轴的一端,靠键传动并用螺母压紧在泵轴上,泵轴的另一端伸出泵壳与原动机相连。在泵轴伸出泵盖处设有轴封装置,以控制泵的泄漏,泵轴由电机传动并带动叶轮高速回转。

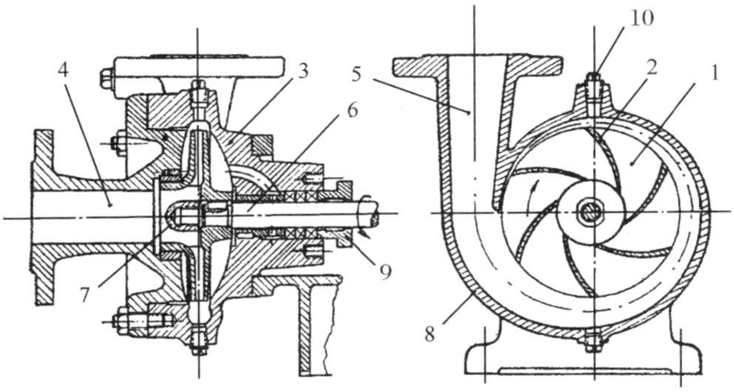

图 10-1 离心泵的基本结构

1—叶轮;2—叶片;3—泵壳;4—吸入接管;5—扩压管;6—泵轴;7—固定螺帽;8—蜗室;9—填料压盖;10—放气旋塞

1. 叶轮

叶轮是将原动机的机械能传递给被输送液体的传递部件,对泵的工作性能有决定性影响。如图 10-2 所示,叶轮按有无盖板分为闭式叶轮(a)、半开式叶轮(b)和开式叶轮(c);按叶片的出口角不同分为前弯叶片、后弯叶片和径向叶片;按泵吸入方式不同分为单吸式和双吸式离心泵。由于闭式叶轮效率高,后弯叶片产生的总压头中静压头所占的比例大。所以,在内河船舶上,绝大多数的离心泵均采用单吸、后弯叶片的闭式叶轮。

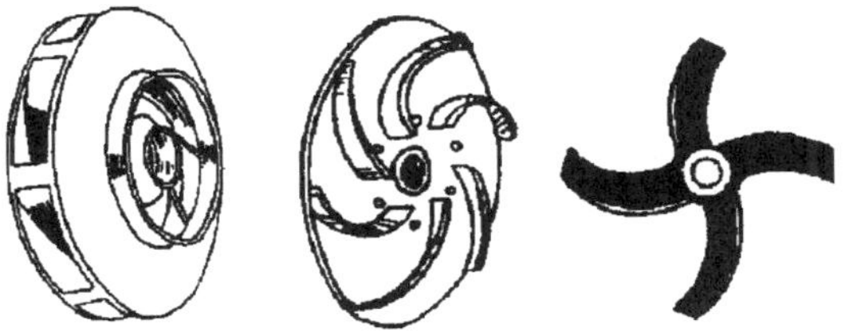

(a) 闭式叶轮　(b) 半开式叶轮　(c) 开式叶轮

图 10-2 离心泵叶轮

2. 泵壳

离心泵的泵壳常用铸铁、钢或青铜制造。其作用是将从叶轮甩出的液体收集起来,在流经扩压管时将动能转换为压力能。单级离心泵均采用蜗壳式泵壳;多级离心泵一般均采用导轮式。

3. 阻漏环

阻漏环一般设置在泵壳或泵盖与叶轮进口之间,其目的是控制叶轮进口处的径向间隙,减小泵内液体漏回吸入口的数量,以提高泵的容积效率。

如图 10-3 所示,阻漏环的基本型式有平环式[见图 10-3(a)与图 10-3(b)]和曲径式[见图 10-3(c)]两种。装在泵体上的为静环,装在叶轮上的为动环。动、静环可成对设置;若只设置一个环,通常设为静环。平环式阻漏效果稍差,但结构简单,制造与安装工艺要求不高;曲径式阻漏效果较好,但制造与安装工艺要求越高。所以,一般多采用平环,曲环仅用于压头较高的离心泵中。

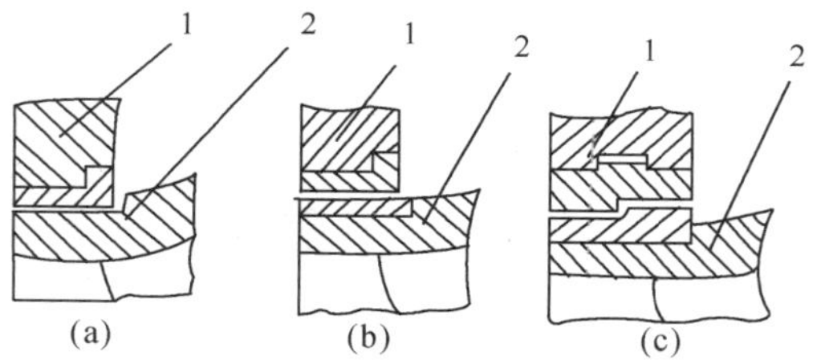

图 10-3　阻漏环

1—泵壳;2—叶轮

阻漏环的径向间隙会因磨损而增大,故工作中应注意检查与测量。当径向间隙超过规定值时,则应修理或更换。

4. **填料轴封**

在泵轴穿出端盖处设置轴封装置,以阻止泵内液体的外漏和空气渗入泵内。填料密封是离心泵中最常用的一种轴封装置,在内河船舶上使用的离心泵中,基本上均采用填料密封。

如图 10-4 所示,在填料函 6 中装有多根软填料 3,填料通过压盖 4 用螺栓压紧并调节,允许有少量滴漏。填料函内加装了一个青铜制的水封环 2(有的填料轴封未装)。水封环是由断面呈"H"形的两半圆环组成,内径约大于泵轴直径。泵工作时,少量排出液体经水封管或泵壳内的流道引入水封环内,然后沿轴向沿两侧的填料渗出,形成良好的水封。水封的作用是防止空气从轴封处进入泵内;也可冷却和润滑泵轴。安装水封环时,应注意水封环一定要对准泵体上的引水孔,以免失去水封作用或泵轴烧坏。

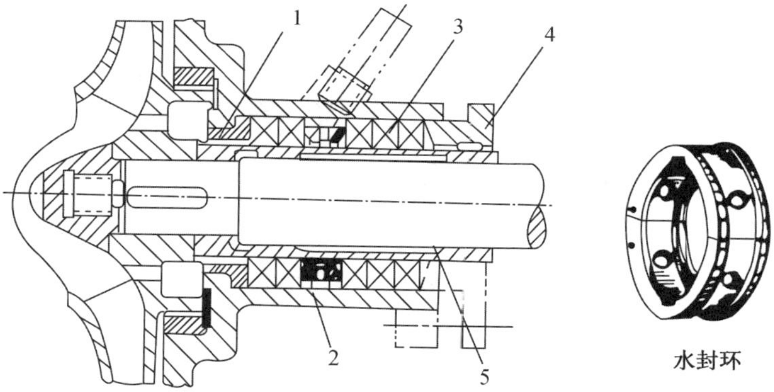

图 10-4　带水封环的填料轴封

1—填料内盖;2—水封环;3—填料;4—填料压盖;5—轴套

5. **机械轴封**

如图 10-5 所示,在泵轴伸出端盖处设静环 2,静环通过静环密封圈 1 实现与端盖间的密封,并借助防转销钉 8 定位于端盖上;动环 3 与泵轴的密封是靠动环密封圈 4 实现的,以控制泵内液体沿泵轴向外泄漏;弹簧座 6 由固定螺钉 7 固定在泵轴上,动环靠弹簧 5 的张力紧压在静环端面上,并使动、静环磨损后间隙能得到自动补偿。

机械轴封装置有四个密封面。

(1)动环与静环间的动密封面。它是机械式轴封装置中最重要的密封面,借助于动环、静

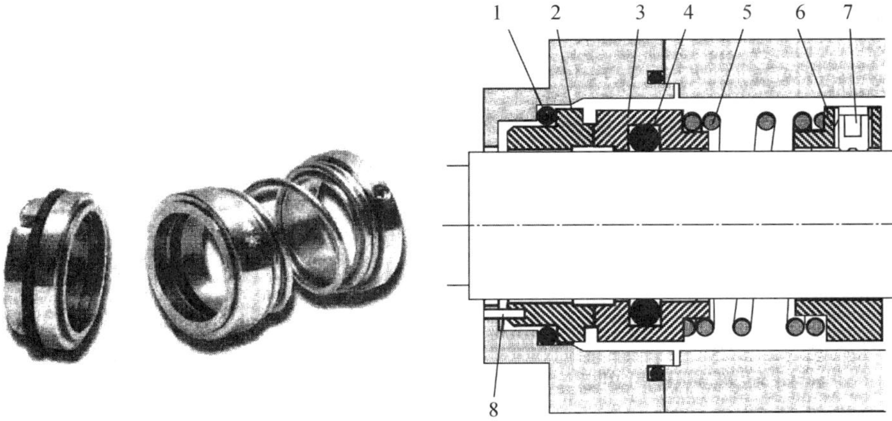

图 10-5 机械轴封的结构和原理

1—静环密封圈;2—静环;3—动环;4—动环密封圈;5—弹簧;6—弹簧座;7—固定螺钉;8—防转销钉

环精密配合和合适的弹簧张力,从而形成了良好的动密封。

(2)动环密封圈紧箍于轴上构成的静密封面,要求动环密封圈箍紧于轴上的力要合适。

(3)动环密封圈与动环之间构成的静密封面。

(4)静环密封圈与泵壳之间构成的静密封面。

机械密封与填料密封相比,机械轴封密封性能好,泄漏量少,使用寿命长,摩擦损失的功率小。但制造和安装工艺复杂,价格昂贵,含固体杂质的液体不宜使用。

(二)离心泵的工作原理

如图 10-1 所示,在吸入管路和泵内充满液体时,叶轮在原动机带动下高速回转,叶轮中的液体受叶片的推压,随叶轮一起回转,液体受离心力作用,自叶轮中心向外甩出,其流速得以很大提高,并由泵壳收集起来,在流经扩压管时,将绝大部分动能转变为压力能而排出。与此同时,叶轮中心由于液体甩出而形成真空,吸入口的液体就源源不断地进入叶轮内,进入的液体获得能量又被甩出。由此可见,只要泵不停地运转,液体就能连续不断地吸入和排出,实现液体的连续输送。

由离心泵压头方程可知,离心泵产生的压头主要取决于叶轮的直径和转速外,还与叶片出口安装角有关。为获得较高的压头,除增大离心泵叶轮外径和转速外,还可采用后弯叶片的叶轮,所以在管理中,应防止泵反转或双吸叶轮前、后方向装反。

离心泵的压头仅与液体在叶轮中的运动速度有关,而与被输送液体的性质无关。当泵用于输送空气时,由于空气的密度很小,所获得的能量也很少,此能量不能足以克服管路阻力将空气排出泵外,即离心泵空泵起动时,没有将泵内空气排出泵外的能力,泵内不能形成足够大的真空而吸入,即无自吸能力。

(三)离心泵轴向力的产生与平衡

离心泵叶轮两侧,在吸入口以外两侧压力相等,吸入口与对应部分是高压,存在压差,就产生了将叶轮推向吸入侧的一个力即轴向力。此力的大小正比于泵的工作压头和叶轮吸入口面积,为了避免叶轮受轴向力而造成叶轮与泵壳碰撞与摩擦,就必须平衡轴向力,其平衡有以下几种方法。

1. 采用止推轴承

利用推力轴承来承受不平衡的轴向推力。此法适用于单级、小型离心泵。

2. 采用双吸叶轮

对于大型离心泵,采用双吸叶轮,让液体从叶轮的两侧进入,使叶轮两侧的液压力自然平衡,轴向力自动平衡。此法适用于低压头大流量的离心泵。

3. 采用叶轮对称布置

如图10-6所示,根据双吸叶轮能自动平衡轴向力的原理,对于多级离心泵,可将叶轮两两一组,对称地安装在泵轴上,这样在泵轴的受力将自然平衡。特别注意的是,离心泵的级数必须为偶数。

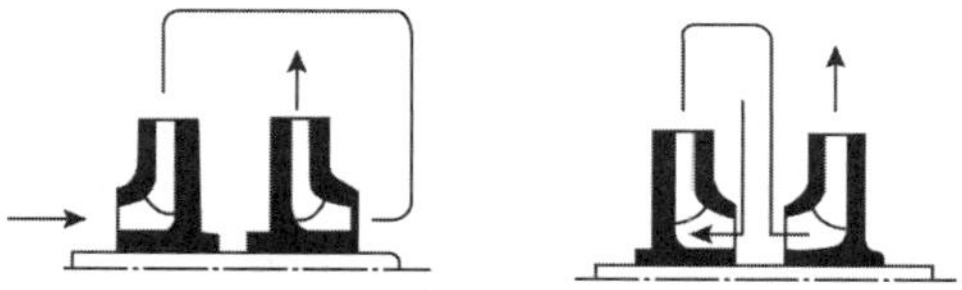

图10-6　叶轮对称布置

4. 采用平衡环—平衡孔(管)

如图10-7所示,在叶轮的后盖板加工一圆环或装一个直径与叶轮吸入口直径相同的平衡环2;在平衡环以内的后盖板上钻有几个小孔即平衡孔1,平衡环用以阻止叶轮背面的液体进入其内,平衡孔1(或平衡管3)用以把平衡环以内腔室的液体引至叶轮吸入口,以平衡轴向力。图10-7(a)所示为平衡环—平衡孔式,此法比较简单,但有一部分液体经平衡孔直接流回叶轮吸入口,使容积效率降低(一般降低3%~6%),并使泵的吸入性能恶化。图10-7(b)所示为平衡环—平衡管式,此法结构比较复杂,虽然容积效率同样降低但不影响吸入性能。此种方法适用于单级、小型离心泵,在内河船舶上的离心泵广泛采用。

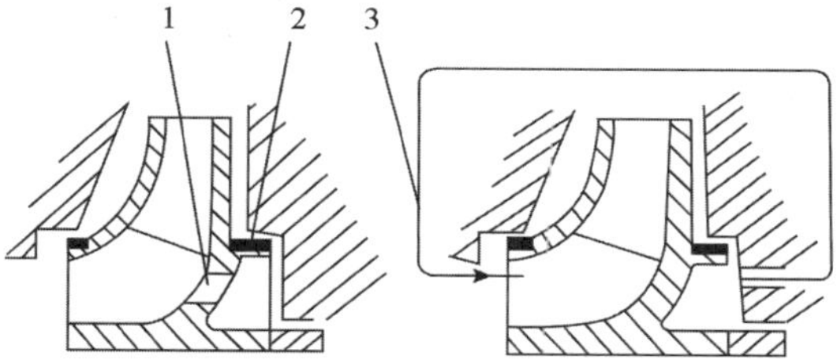

图10-7　带平衡环—平衡孔(管)的结构

1—平衡孔;2—平衡环;3—平衡管

5. 采用液力自动平衡装置

此装置适用于多级离心泵轴向推力的平衡,由于内河船舶上多级离心泵使用较少,故在此不做介绍。

二、离心泵的特性曲线

在转速一定时,表征泵压头、轴功率、效率、允许吸上真空高度与流量之间的关系曲线,称

为定速特性曲线。离心泵的特性曲线是通过实验得到的。如图 10-8 所示,下面对定速特性曲线做定性分析:

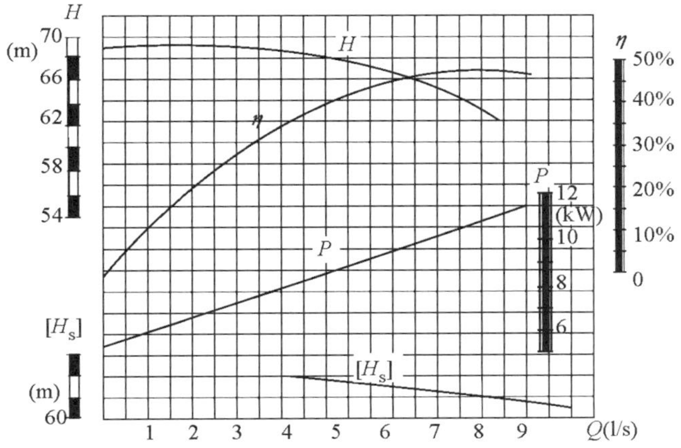

图 10-8 离心泵的定速特性曲线

(1)由扬程与流量(H—Q)曲线可知,压头随流量的增大而降低,当泵的流量为"0"时(排出阀关闭),离心泵的压头最大,此压头称为离心泵的封闭压头。封闭压头比额定压头大一些,但大不了多少,即使短时间将排出阀关闭运行,泵也不会过载。因此,在离心泵排出端不需要设置安全阀。

(2)由功率与流量(P—Q)曲线可知,泵的轴功率随流量的增大而增加。当流量为"0"时,离心泵的轴功率最小(一般为额定功率的 35%~50%)。由此可知,为了减小离心泵的起动负荷,将排出阀关闭起动离心泵,即离心泵"封闭"起动。但泵"封闭"运行的时间不能太长,否则液体获得的能量将转化为热能,导致泵过热,发生碰擦甚至咬死现象。

在此应当指出的是容积式泵决不允许采用"封闭"起动。

(3)由效率与流量(η—Q)曲线可知,离心泵在额定转速下有一个最高效率点,在 H—Q 曲线上与其相应的点称为最佳工况点。一般最佳工况点就是设计的额定工况,此工况下的性能参数定为额定参数。显然,从经济的角度出发,应尽量使泵运行在最佳工况点上。

一般把比最高效率低 5%~7%的区间定为泵的适宜工况区。显然,η—Q 曲线上效率最高点的左右越平缓,泵的适宜工况区就越宽。

三、离心泵的工况调节

离心泵的特性曲线和管路特性曲线的交点称为工况点,通过改变工况点就可以得到离心泵不同流量和压头的方法,称为"工况调节"。工况调节既可用改变泵的特性,也可用改变管路特性来实现。船用泵常用的工况调节方法有以下几种:

1. 节流调节法

通过改变排出阀的开度,改变泵运行工况,从而得到不同流量和压头的方法,称为节流调节法。

节流调节法简便易行,被广泛采用,但经济性较差。关小吸入阀开度也能调节流量,但会造成吸入压力降低,泵的吸入性能恶化,严重时会发生"气蚀",故不宜采用。

2. 回流(或旁通)调节法

回流(或旁通)调节法是指用改变旁通阀的开度,使部分液体经旁通阀回流,以改变供入主管路的流量来调节流量。回流调节的范围较广,但经济性很差。

3. 变速调节法

当泵的转速升高或降低时,泵的压头特性曲线就平行地上移或下移,使泵的工况点沿管路特性曲线上移或下移,从而使泵的流量增大或减小。变速调节能在较大范围内改变泵的流量,并保持较高的效率,但因泵一般为交流电动机驱动,转速难以调节,故它的使用受限。

四、离心泵的串、并联工作

(一)离心泵的并联工作

当一台泵的流量无法满足系统需要时,可将两台或多台泵进行并联工作,以满足系统对流量的要求。

如图 10-9 所示,具有压头 H_1、H_2 特性的两台不同规格泵,当单独向管路 R 供水时,流量分别为 Q'_A、Q'_B。当两台泵并联工作时,可按“压头相等,流量累加”的原则做出并联后的压头特性 H,此时工况点移到 C 点,相应的流量也就改变为 Q_C,且 $Q_C<(Q'_A+Q'_B)$。这是由于并联工作时,系统中的流量增大,流阻增高,而使泵在较高的压头下工作,因此,泵的实际流量也就相应减少。

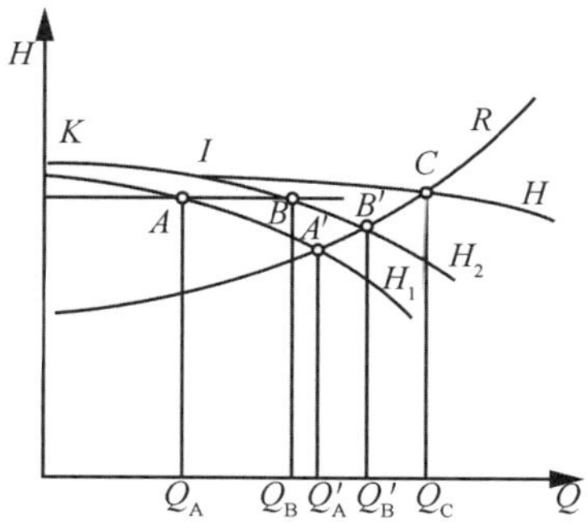

图 10-9　离心泵并联工作

必须指出,并联工作的泵的封闭压头,均高于管路的静压头,最好是同型号或压头相近,以防止发生压头较低的泵无法排液或液体倒灌。

(二)离心泵的串联工作

当一台泵的压头无法满足管路系统的需要时,可将两台或多台泵进行串联工作,以满足对压头的要求。

如图 10-10 所示,串联工作特性曲线 H 可按“流量相等,压头累加”的原则做出。串联后的工况点为 C,$H_C=H_A+H_B$,$Q_C=Q_A+Q_B$。

串联工作时,各泵的特性不一定要相同,但其额定流量应相近,否则有的泵将不能在高效率区工作。串联在后面的泵吸、排压力都比单独工作时高,应注意密封性和强度是否满足要求。

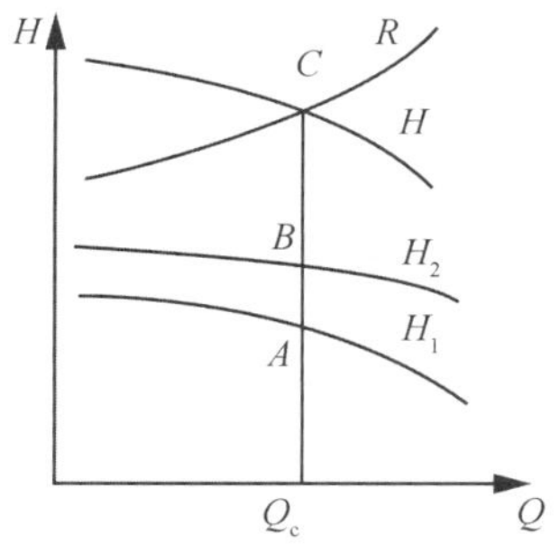

图 10-10　离心泵串联工作

五、离心泵的气蚀现象

(一)泵的气蚀现象

在吸入过程中,泵进口处的吸入压力高于或接近液体在输送温度下的饱和蒸发压力 p_v 时,在泵内叶片根部附近的液体压力可能已经达到或低于了汽化 p_v,液体就会发生汽化,溶解于液体中的气体也会逸出,会产生大量的气泡,此现象称为“气穴”。“气穴”发生在泵内压力最低的地方即在叶轮的叶片根部。

当气泡随液体流动,进入压力较高区域(叶轮外缘的叶片和盖板、蜗壳、导轮等处)时,由于蒸汽的迅速凝结,气体重新溶于水中,气泡在周围压力的作用下破裂,产生局部的高真空,周围的液体质点以极高的速度冲向真空中心,造成非常大的冲击与振动。若这些气泡正好处于叶轮外缘叶片、盖板、蜗壳、导轮等处的壁面上,液体质点就会以极高的速度冲击和打击此处的金属表面,此现象称为“水击”。“水击”发生在泵内压力较高的地方,一般是在叶轮出口处的叶片、盖板或泵壳处发生。

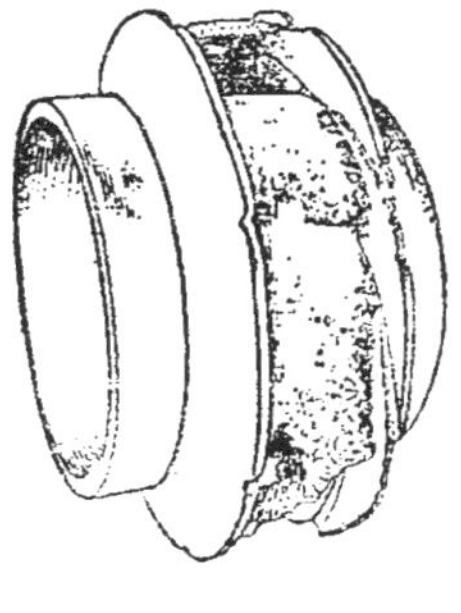

图 10-11　叶轮的气蚀现象

如图 10-11 所示,在工作中,泵长期发生“气穴”,叶轮外缘的叶片、盖板、蜗壳、导轮等就会长期受到“水击”作用而发生疲劳;另外,由液体中逸出的氧气等借助气泡凝结时的放热,也会对金属起化学腐蚀作用。泵长期在“水击”和化学腐蚀的作用下,其结果是造成叶轮外缘的叶片、盖板、蜗壳、导轮等处发生疲劳破坏,产生腐蚀麻点、金属疲劳脱落、发生蜂窝状甚至穿孔。这种由“气穴”加“水击”而造成泵零件材料破坏的现象,称为“气蚀”现象。

在船上最容易发生气蚀现象的离心泵主要有以下几种:

(1)输送液体温度较高的泵,如锅炉给水泵、热水循环泵等。

(2)吸入液面真空度较大的泵，如海水淡化装置中的凝水泵等。

(3)工作过程中吸高会显著变化的泵，如液货泵等。

(二)泵发生气蚀的危害

离心泵在设计不合理，安装不符合要求，维护管理不当的情况下，均容易发生“气蚀”现象。特别是在维护管理中，由于轮机人员的疏忽，很容易造成泵在工作中发生气蚀，从而对泵的工作造成危害，产生不利的影响。具体危害主要包括以下几方面：

1. 产生疲劳破坏

如果泵长期发生“气蚀”现象，会造成叶轮外缘的叶片、盖板、蜗壳、导轮等处产生腐蚀麻点、疲劳脱落、穿孔或蜂窝状的破坏。

2. 引起振动、噪声

发生“气蚀”的过程中，会造成泵内局部、瞬时高压，引起频率为 600~25 000 Hz 的噪声和振动。

3. 降低压头、流量和效率

发生“气穴”的过程中，由于产生了大量的气泡，使泵的吸入减少，叶轮传给液体的能量减小。所以，发生“气蚀”现象后，泵的流量、压头和效率均要降低。

4. 附加化学腐蚀

水中逸出的氧气等借助蒸汽凝结时的放热，也会对金属产生化学腐蚀。

(三)减免泵发生气蚀的措施

1. 从维护管理方面减免泵发生气蚀的措施

(1)减小吸入管路的阻力 h_W。开足吸入阀，定期清洗吸入滤网，减少吸入管路的弯头(尽可能避免直角转弯)和阀件，尽可能采用大直径的吸入管，尽可能缩短吸入管的长度。

(2)减小泵的流量。减小泵的流量，实际上就是降低了液体在吸入管路中的流速，使其在吸入管路中的速度水头 $v_s^2/2g$ 和阻力损失 h_W 下降，提高了液体实际具有的气蚀余量，避免气蚀的发生。在实际工作中，如遇到离心泵发生“气蚀”，就可以采取关小排出截止阀的开度，降低泵流量的方法，就可以消除泵的气蚀。

(3)降低泵的安装高度 H_g。泵的安装高度即吸水高度，在同等条件下，泵的安装高度越低，液体在泵吸入口处所具有的有效气蚀余量就越多，越能保证液体进入泵后，到达压力最低处所具有的能量大于输送温度下的饱和蒸汽压力值，这样就不会发生“气穴”。为了泵不发生气蚀，必须保证 $H_g \leqslant [H_g]$(允许几何安装高度)。

(4)降低输送液体的温度。降低输送液体的温度实际就是降低了输送液体的饱和蒸汽压力 p_v，p_v 越小，不发生气蚀的条件就越容易满足即 $p_s > p_v$。当然降低输送液体的温度是有条件的，不是什么地方均能实现。但是，在船上对有的离心泵是可以的。如锅炉给水泵、热水循环泵等，当这些泵在工作中发生气蚀了，就可以采取降低输送热水的温度，可避免气蚀的发生。

2. 从设计制造方面减免气蚀的措施

(1)改进泵和叶轮入口处的形状和粗糙度，以降低液体在泵内流动时的阻力损失。

(2)叶轮前加装导轮。

(3)加大叶轮进口直径或采用双吸叶轮。

(4)采用铜合金或不锈钢材料来制造叶轮。

六、离心泵的自吸装置

离心泵没有自吸能力,为实现离心泵的自吸,船上常在需要自吸的离心泵上加装自吸装置。自吸装置可为手动或自动控制,自动控制应用较多,不经常使用或使用时间较短的离心泵可手动控制。空气喷射器和水环泵是常用的两种离心泵自吸装置。

(一)离心泵的水环泵自吸装置

水环泵有单作用和双作用两种,主要用作真空泵来排送气体,可作为离心泵的自吸泵。如图 10-12 所示为单作用水环泵。在泵体 3 内部的圆环形空间内,偏心地装有带若干前弯叶片的开式叶轮 1(小型泵采用径向叶片),叶轮两侧紧贴着侧盖 2。在与泵体连成一体的侧盖上靠近叶轮轮毂处有较大的吸入口 4 和较小的排出口 5,分别与吸入管和排出管相通。

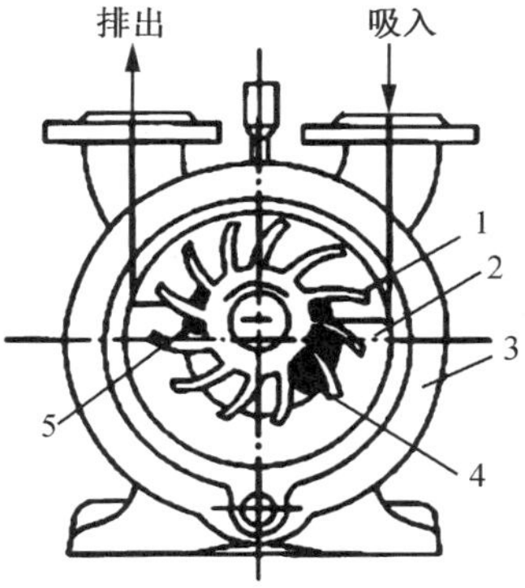

图 10-12 单作用水环泵

1—叶轮;2—侧盖;3—泵体;4—吸入口;5—排出口

工作前,泵内须充满工作水。当叶轮带动水一起旋转时,形成紧贴泵体内壁的水环。于是,在水环内表面、叶轮轮毂表面及两面侧盖之间形成月牙形工作空间,该空间被叶轮的叶片分隔成若干互不相通且容积不等的空间。空间按图示箭头方向转过右半周时,容积不断增大,吸入管中的气体通过吸入口 4 不断吸入。而当空间转过左半周时,容积又不断减小,使其中气体被压缩压力升高,气体最终从排出口 5 排出。水环泵工作中,工作水会因汽化、漏泄和排气携水等原因而不断减少,为此,需连续向泵内补水,以保证水环泵的正常工作,同时也使部分工作水随气体不断排出而得以更换,限制泵的温升。

图 10-13 示出了水环泵作为离心泵自吸装置的工作原理。电动机 4 在驱动离心泵 1 的同时,还通过摩擦离合器 5 驱动水环式真空泵 6。装满水的气液分离柜 3 通过下部补水管向水环泵预充工作水。工作前,打开截止止回阀 2。起动离心泵,水环泵也同时运转,将离心泵及其吸入管路中的空气经水环泵吸气管路抽走,排往气液分离柜。在分离柜中气、液分离,空气经逸气管逸出,而分出来的水则落入柜中,再经下部补水管向水环泵连续补水。一段时间后,离心泵吸入管中的气体全部被抽走,水即进入离心泵。当离心泵自吸成功并建立起相应的排

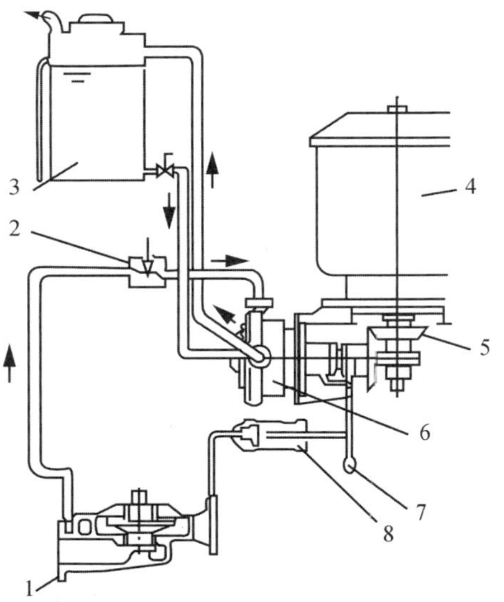

图 10-13　离心泵的水环泵自吸装置

1—离心泵;2—截止止回阀;3—气液分离柜;4—电动机;5—摩擦离合器;6—水环真空泵;7—控制杆;8—液压缸

出压力后,排压克服液压缸 8 中的弹簧力而推动活塞,使摩擦离合器脱开,水环泵即停止运转。此时,水环泵吸、排管内的压力恢复为大气压力,止回阀 2 在重力作用下自动关闭,使水环泵与离心泵隔离。松开控制杆 7 与液压缸中活塞杆的连接插销,可手动操纵控制杆来控制离心器。

离心泵的水环泵自吸装置在使离心泵完成自吸以前离心泵处于干转状态,因而离心泵不允许使用机械轴封和以水润滑的轴承。

(二)离心泵的空气喷射器自吸装置

如图 10-14 示出了空气喷射器作为离心泵自吸装置的工作原理。将控制箱 5 上的选择开关置于 AUT(自动)位置,按下起动按钮起动离心泵,因泵尚未建立排压,压力继电器 4 的常闭触头闭合,电磁阀 1 开启,0.5~0.7 MPa 的压缩空气通过该阀,一路去打开常闭式气动阀 3,另一路作为工作液体进入空气喷射器,开始抽吸离心泵及其吸入管中的气体。在按下起动按钮的同时,控制电路中的时间继电器也开始计时。

当计时时间到达时间继电器的设定值后,其常开触头闭合,控制电路使主电路接通,离心泵起动运转。此时,若离心泵自吸已成功,泵即会建立起排出压力,使压力继电器 4 的常闭触头断开,电磁阀 1 关闭,空气喷射器停止工作,泵进入正常运转。运转中如因吸入过多气体使排压降低而使压力继电器 4 常闭触头闭合,喷射器 2 又会自动重新投入工作,抽吸离心泵中的气体。

这种自吸装置靠 0.5~0.7 MPa 的压缩空气为离心泵抽气引水,结构简单可靠,离心泵可延时起动。但延时时间需根据泵的实际状况在 0~180 s 内准确调节,正确的调节是使延时时间较短,但不能短于自吸所需时间,避免自吸成功前起动泵而造成干转。另外,可通过将选择开关置于“MAN(手动起动)”和“STP(关闭)位置”,手动控制空气喷射器 2 的工作。

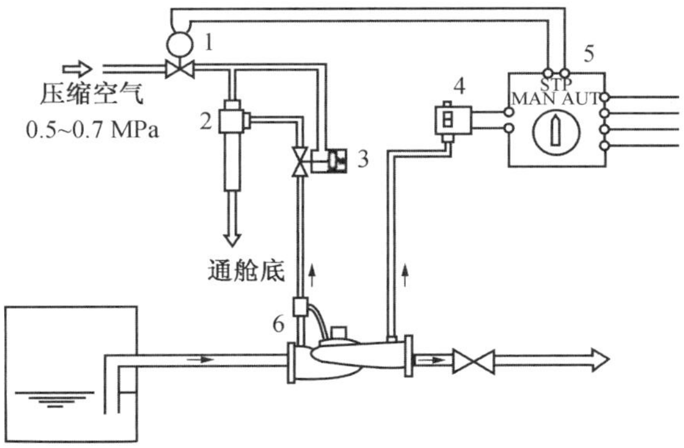

图 10-14 离心泵的空气喷射器自吸装置

1—电磁阀;2—空气喷射器;3—气动阀;4—压力继电器;5—控制箱;6—离心泵

七、离心泵的运行管理

1. 仪表监视

仪表主要是监视吸入真空、排压力表、电流表等仪表的读数是否正常、稳定。

2. 声响监听

注意监听泵在运行中,有无异常振动、机械敲击声等。

3. 润滑监视

检查润滑油量是否符合要求,轴承室液位一般在视液镜 1/2 高度左右;检查轴承的润滑油温是否正常,轴承工作温度不宜超过 70 ℃。

4. 轴封监视

对机械轴封装置,允许微量泄漏,要求轴封不应发热;对于填料轴封,要求有一定的泄漏,一般以"一滴一滴"的泄漏为宜,不允许泄漏成线。

八、离心泵的操作

(一)离心泵的起动前检查与起动操作

1. 外部检查

检查泵周围有无妨碍其运转的杂物,如有加以清除;检查机座及所有连接部件,如有松动加以紧固。

2. 润滑检查

检查轴承室的油位是否在观察镜 1/2 高度左右,若油量不足则加油;油脂润滑的离心泵加足油脂。

3. 灵活性检查

新安装或经检修后的离心泵,第一次起动前,必须用手盘动联轴器,检查泵转动是否灵活、有无卡阻、轴线失中等情况。

4. 转向检查

对新安装或经过检修的泵,在第一次起动前,必须检查其转向是否正确。其方法是采用“点动”进行检查,所谓“点动”,是指按下控制箱上的“起动”按钮后,立即按下“停止”按钮使泵停转,观察泵在停止前的转向是否与泵要求的转向一致,若转向不一致,可将电机的三根接线中的其中任意两根交换连接即可。

5. 引水排空

由于离心泵没有自吸能力,所以起动前就需要将吸入管路和泵内的空气驱除干净并充满水。具体做法是,先将泵壳顶部的空气旋塞拧下,从排出管路灌水,驱除吸入管路和泵内空气,直至从放气孔流出不带气泡的水为止,然后旋上并拧紧空气旋塞即可。在船上,离心泵一般不需要引水,若需要自吸的离心泵,一般均设有自吸装置或真空箱进行自吸。

6. 封闭起动

为了减少泵的起动负荷和对电网的冲击,离心泵起动时需要采用“封闭起动”。所谓“封闭起动”,是指开足吸入阀,关闭排出阀,起动离心泵的方式。

7. 起动泵

当泵起动前的检查工作完成后,按下起动按钮,泵就运转起动了。此时要仔细观察转速表、吸入真空表、排出压力表读数是否正常,并注意聆听运转有无异响。

8. 开阀供水

当泵的转速和排出压力正常后,可慢慢开启排出阀供水。应避免泵长时间“封闭”运行,泵封闭运行时间一般不超过 2 min。

(二)离心泵的停止操作

1. 卸载

停止离心泵前,先关闭排出阀,以减小停泵时的负荷。

2. 停泵

按下控制箱上的“停止”按钮,停止泵的运转。

3. 关阀

待泵完全停止后,关闭吸入阀及其他管路上的相关阀件。

4. 维护

离心泵停转后,若发现离心泵在运行中有异常情况应以消除,根据天气状况或停用时间长短,决定是否放掉泵内存水以防冻结,做好停泵后的清洁工作等。

九、离心泵的常见故障分析与处理

离心泵的常见故障分析处理见表 10-1。

表 10-1 离心泵常见故障与处理

故障现象	故障原因	排除方法
1. 泵起动后不出水	①未引水、引水装置失灵或底阀漏	检查引水装置和底阀并引水
	②吸入端漏气严重	消除漏气
	③吸入管露出液面	加接吸入管或提高吸入液面
	④吸高太大	降低吸高
	⑤吸入管流阻太大	清洗滤器,开足吸入阀
	⑥吸、排阀未开或底阀锈死	打开、排阀或检修底阀
	⑦吸液温度过高	降低水温
	⑧叶轮松脱、淤塞或损坏	检查或更换叶轮
	⑨转速太低或反转	检查泵或电源
2. 流量不足	①转速不足	检查泵或电源
	②阻漏环磨损严重	修理或更换阻漏环
	③吸入管或轴封漏气	消除漏气
	④吸入液面低以致吸入部分液体	提高吸入液面
	⑤吸、排阀未开足	开足吸、排阀
	⑥发生了“气蚀”现象	提高吸入压力
3. 填料轴封泄漏严重	①填料轴封处间隙过大	压紧填料压盖
	②填料失效	更换填料
	③轴封处产生裂痕	修理或更换
	④轴弯曲或轴线不正	校直或更换泵轴,校正轴线
4. 工作时发生噪声和振动	①地脚螺栓松动	上紧地脚螺栓
	②联轴器对中不良或轴线不正	校正轴线
	③轴承磨损或损坏	更换轴承
	④泵轴弯曲	校直或更换
	⑤泵内有杂物	清除杂物
	⑥发生“气蚀”	提高吸入压力

第三节 往复泵

一、往复泵基本结构和工作原理

（一）往复泵的基本结构

往复泵是容积式泵的一种，它是靠活塞的往复运动，泵缸容积发生周期性变化而实现吸、排液体的泵。如图 10-15 所示，往复泵的主要部件包括活塞 2、泵缸 1、吸入阀 3、排出阀 4、活塞杆、传动装置、密封装置等。并由活塞 2、泵缸 1、吸入阀 3 和排出阀 4 构成了往复泵内的工作容积。

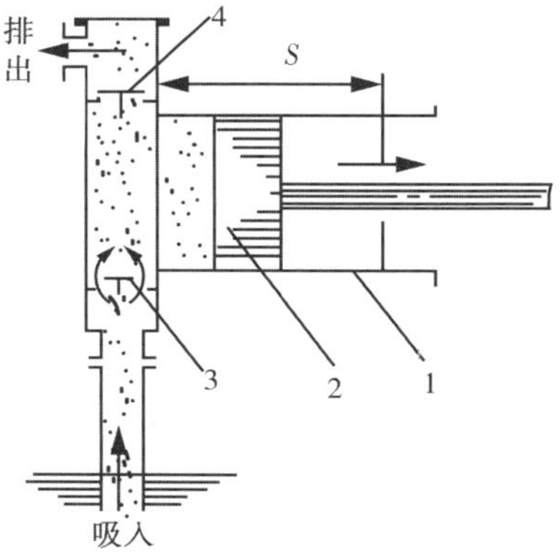

图 10-15 往复泵工作原理图

1—泵缸；2—活塞；3—吸入阀；4—排出阀

（二）往复泵的工作原理

如图 10-15 所示，活塞杆在原动机或人力的作用下，当活塞从左边止点位置往右边止点运动时，泵缸容积增大，排出阀关闭 4，吸入阀 3 开启吸入液体，直至活塞到达右边止点位置。当活塞从右边止点位置往左边止点运动时，泵缸容积减小，压力升高，迫使吸入阀关闭，排出阀打开而排出液体，直至活塞到达左边止点位置。因此，只要活塞不断地做往复运动，液体就能不断地被吸入和排出，从而实现液体连续的输送。

往复泵的流量是随时间在不断变化的、是不均匀的，往复泵流量的不均匀可采用多作用泵和在泵的排出口安装空气室进行改善。

二、往复泵的容积效率和作用数

（一）往复泵的容积效率

由于往复泵内存在各种间隙、惯性、气体等因素的影响，使实际流量总是小于理论流量。

实际流量与理论流量之比值称为容积效率，影响其值主要包括以下几方面的因素。

1. 漏泄的影响

泵的外漏包括活塞杆填料、管路接头、泵盖与缸体接合面之间等处的泄漏；泵的内漏包括吸、排阀关闭不严，活塞与缸套间隙等处的泄漏。

2. 运动部件惯性的影响

由于受惯性的影响，使阀的动作迟滞，吸、排阀不能即时开启和关闭而造成液体的流失。

3. 气体的影响

由于吸入压力较低，溶解在液体中的气体逸出，甚至液体本身汽化而产生气体；从吸入管路和填料等处漏入气体。

4. 液体黏度和泵本身结构的影响。

(二)往复泵的作用数

作用数是指泵轴每回转一周所吸、排液体的次数。往复泵作用数常有一、二、三、四作用，其中以三作用往复泵的流量为最均匀的。

1. 单作用往复泵

单作用往复泵是指往复泵的泵轴每回转一周，往复泵吸、排液体各一次的泵称为单作用往复泵。如图 10-16 所示，这种泵只有一个工作空间，吸入与排出过程是交替进行，所以它的流量是断续且是最不均匀的。

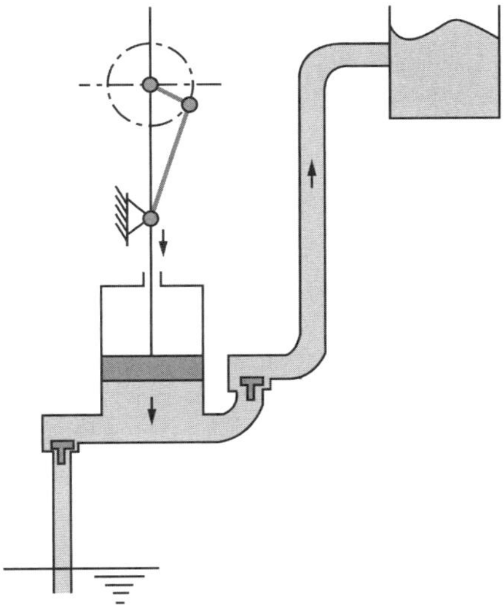

图 10-16　往复泵的单缸单作用图

2. 双作用往复泵

双作用往复泵是指往复泵轴的泵轴每回转一周，泵吸、排液体各两次的泵称为双作用往复泵。如图 10-17 所示，这种泵有两个工作空间，吸、排液体在各自的空间进行，流量比相同尺寸的单作用泵几乎大一倍，且流量要均匀得多。

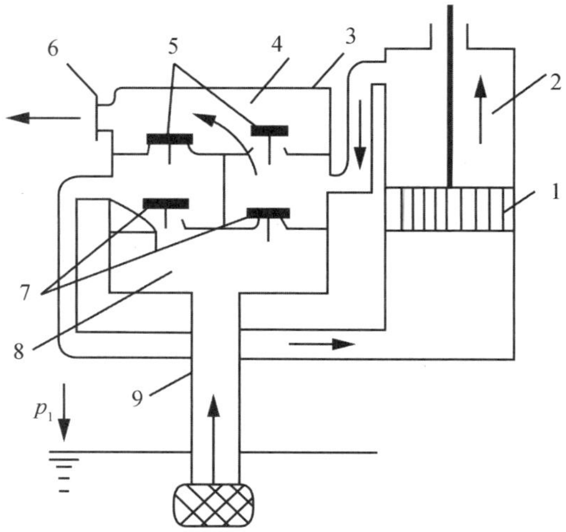

图 10-17　往复泵的双作用图

1—活塞;2—泵缸;3—阀箱;4—吸入腔;5—排出阀;6—排出口;7—吸入阀;8—吸入腔;9—吸入管

3. 三作用往复泵

三作用往复泵是指往复泵的泵轴每回转一周,泵吸、排液体各三次的泵称为三作用往复泵。如图 10-18 所示,三作用往复泵往往是一根曲轴上有三个曲柄,每一个曲柄各带一个单作用缸所构成的。

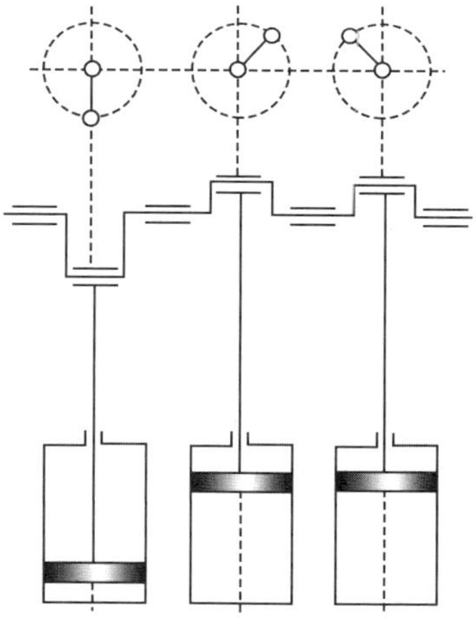

图 10-18　往复泵的三作用图

4. 多作用泵

多作用泵是指泵轴每回转一周,泵吸、排液体各多次的泵称为多作用泵。

一般奇数多作用泵由多个单作用泵组合而成,而偶数多作用泵则由两个或多个双作用泵组合而成。如三作用泵由三个单作用泵构成,四作用泵则由两个双作用泵构成。

三、往复泵的特性

1. 有自吸能力

泵在起动时,靠自身工作就能抽除泵内与吸入管路中的空气,从而吸入液体的能力,称为自吸能力或干吸能力。自吸能力的好坏与泵的型式和吸入管路的密封性能有重要关系。

2. 理论流量与工作压力无关

理论流量取决于转速、缸径、活塞行程和作用次数。在额定工作压力范围内,实际流量几乎与工作压力无关。因此,往复泵不能采用改变排出阀开度的方法来调节流量,否则会引起排出压力很高、功率消耗很大,甚至发生超负荷的危险。往复泵流量只能采用变速、回流(或旁通)和吸入部分空气的方法来调节。

3. 额定排出压力与泵的尺寸和转速无关

往复泵能产生的最高压力主要取决于原动机的功率、泵的强度、密封性和轴承承载能力。实际工作压力却取决于管路特性和泵的特性,若使用不当,可能出现实际工作压力高于额定工作压力,造成泵损坏或原动机过载。为了限制泵的最高工作压力,保证泵的安全,所以,在往复泵的排出口必须设置安全阀。

4. 流量不均匀

泵缸内的活塞是做不等速运动,造成泵的流量不均匀;管路中的液体做变速运动而产生惯性影响。单作用泵尤甚,多作用泵也只能有所改善而已。

5. 转速不能太高

泵的转速过高,阀迟滞所造成的容积损失会相对增加,水阀撞击引起的噪声和磨损将加剧。此外,液流的惯性阻力损失也将增加,特别是在吸入行程,易导致缸内压力过低而发生气蚀现象。所以,电动往复泵的转速一般为 200~300 r/min,最高不超过 500 r/min。

6. 不宜输送含有固体杂质的液体

由于液体与泵缸、活塞、水阀、阀座直接接触,且它们之间均是较精密的配合面,如有杂质进入,会加快工作表面的磨损,甚至将水阀搁起,使泵工作失常。

7. 结构较复杂,易损件较多

以上为往复泵的特点,特别指出的是其中第 1、2、3 点是所有容积式泵的共同特点。

四、往复泵的维护管理

往复泵在运行和停运中,经需要进行必要的维护与保养,在运行中主要通过看、听、摸、闻等方式进行管理。

1. 查看

查看主要是通过观察吸、排压力表读数是否在正常范围内,发现异常情况应即时采取措施,以免损坏泵;观察填料箱泄漏情况,其泄漏以滴漏不成线为宜;观察润滑油量是否足够,特别注意滑油压力是否在要求范围内,滑油压力在说明书要求范围内即可;观察油温是否正常,油温一般小于 60 ℃。

2. 聆听

留心聆听运转中的往复泵，各连接部件有无异响。

3. 触摸

用手触摸填料箱、减速箱、十字头及各轴承是否发热，一般轴承温度不超过 70 ℃，用手触摸时以不烫手为宜。

4. 吸闻

仔细吸闻并辨别往复泵在运行中，有无异常的气味，特别是电机或电线因高温而发出的胶臭味。

5. 防冻

停用泵时，若外界温度低于 0 ℃，应将泵缸内的存水全部放干净，以防泵缸或管路冻裂。

6. 防锈

泵长期停用时，泵应拆开，将水擦干净，涂抹油脂后再装配保管。

五、往复泵的操作

（1）检查泵各部件的技术状况，检查泵内、外有无妨碍泵运转的物件，有则进行清除，保证泵的正常起动与运转。

（2）检查灵活性。对刚检修过的泵，起动前应先用人力转动泵轴 1~2 圈，检查泵有无卡阻，转动是否灵活。

（3）检查润滑油量。检查润滑油箱内的滑油量是否足够，需要进行人工加油的摩擦部位，进行适量加油。

（4）检查泵的转向。对于用油润滑的电动往复泵，或刚进行检修后往复泵，检查其转向是否与要求一致。

（5）正确开关阀件。全开吸、排管路的截止阀。

（6）起动泵。检查工作完毕后，按下起动“按钮”泵即起动，泵起动后应立即观察各仪表的读数是否符合要求。

六、往复泵的常见故障分析及处理

往复泵的常见故障分析处理如表 10-2 所示。

表 10-2 往复泵常见故障与处理

故障现象	故障原因	排除方法
1. 不能供液或流量不足	①吸入容器无液体	向容器内充注液体
	②吸入阀未开足或温度高导致汽化	开足吸入阀或降低温度
	③吸入管路漏气	检查管路消除漏气
	④吸入滤器堵塞	清洗滤器
	⑤泵阀损坏、泄漏或搁起	维修或更换泵阀，清除搁起脏物
	⑥活塞环、缸套或填料磨损	维修活塞环、缸套或更换填料
	⑦安全阀调压值太低或泄漏或弹簧太松	调节或维修安全阀或换新弹簧
	⑧检修时漏装泵阀	重新安装安全阀
2. 安全阀顶开或电机过载	①排出截止阀未开或排出管路堵塞	开足排出阀或消除堵塞
	②排出压力太高但安全阀失灵	消除排压高，校验安全阀
	③轴承、填料太紧或活塞因故咬死	调整间隙、松紧或检修
	④泵缸中有异物卡死	拆卸检修
3. 异响	①泵缸中有敲击声，可能是泵缸中异物或活塞固定螺帽松动	拆卸检修
	②泵缸中有摩擦声，可能是活塞环断裂或填料过紧	拆卸检修
	③泵阀撞击，可能是弹簧断裂或弹性不足	换新弹簧
	④传动部件摩擦间隙过大	调整间隙或换新部件
4. 摩擦部件发热	①间隙过小	调整间隙
	②润滑不足	改善润滑
	③摩擦表面脏污	清洗滑油滤器和摩擦表面
5. 阀箱有异响	①泵阀弹簧断裂或弹性不足	换新弹簧
	②泵阀升程过大	减小泵阀升程
	③泵阀阀盘压盖螺帽松动	打开阀箱盖上紧螺帽

第四节 齿轮泵

齿轮泵的种类型式很多，齿轮泵按齿形可分为正齿泵、斜齿泵和人字形齿轮泵；按啮合方式可分为外齿轮泵和内齿轮泵；按转动方向可分为可逆转和不可逆转齿轮泵。

一、齿轮泵的基本结构和工作原理

(一)齿轮泵的基本结构

如图 10-19 所示,齿轮泵的主要部件包括泵体 3、主动齿轮 1,从动齿轮 2、主从动轴、轴承、端盖、轴封装置等。主、从齿轮装于泵体内,泵体两侧是端盖,并用螺栓将其连接为一体,这样由泵体 3、主动齿轮 1,从动齿轮 2 和两侧端盖在泵内构成两个空间即吸入腔和排出腔。主动轴的一端伸出泵盖,此处需要设置轴封,主动齿轮由原动机传动;从动齿轮由主动齿轮传动。在齿轮泵的泵体与端盖之间装有调节垫片,此垫片用以调节齿轮泵的轴向间隙和密封两方面的作用。齿轮泵内存在三个间隙,其分别为轴向间隙(或端面间隙)、径向间隙(或齿顶间隙)和啮合间隙。

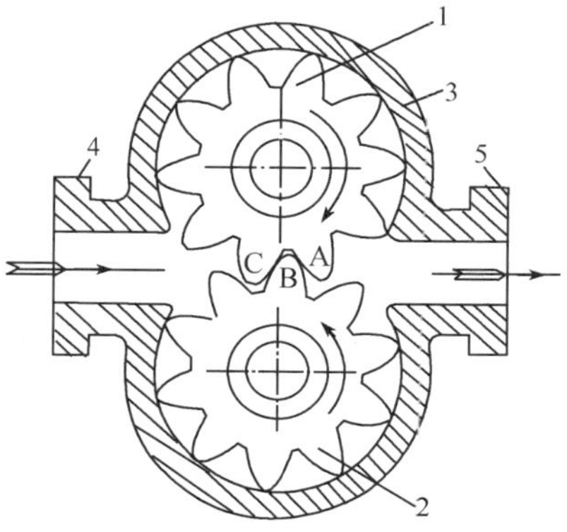

图 10-19　齿轮泵的工作原理图

1—主动齿轮;2—从动齿轮;3—泵体;4—吸入口;5—排出口

(二)齿轮泵的工作原理

如图 10-19 所示,当原动机带动主动轴转动,主动齿轮按图示方向转动时,在左侧(吸入腔)一方由于轮齿退出啮合,吸入腔容积增大,压力降低,油液从吸入口进入并充满整个吸入腔。随着齿轮转动,吸入腔油液通过齿槽带至右侧;右侧(排出腔)因轮齿进入啮合,容积减小,挤压液体压力升高而排出。因此,只要齿轮泵在原动机带动下连续不停地运转,油液就能不断地被吸入和排出,从而实现油液的输送。

从齿轮泵工作原理分析可知:

(1)齿轮泵不能反转。转向决定泵的吸、排方向,改变泵的转向就会改变泵的吸、排方向。

(2)齿轮泵存在径向不平衡力。由于排出腔压力高,吸入腔压力低,吸、排腔两侧存在压力差和主、从齿轮的机械传动,从而产生径向不平衡力。

(三)齿轮泵的困油现象

1. 困油现象

为了保证齿轮运转平稳,吸、排油的连续,同时避免吸、排腔相互沟通,就会出现两对轮齿同时啮合的情况,这样就会在两啮合线与泵端盖间形成一个封闭容积,此容积称为齿封容积或困油容积。随着齿轮的连续转动,此容积先缩小(困油压缩),压力骤然增加;然后突然增大

(困油膨胀),压力骤然降低产生真空,从而引起该空间压力骤变的现象,此现象称为困油现象。

2. 困油的危害

在工作中,齿轮泵发生困油时,会对泵造成很多不利影响和危害,最主要的危害包括:

(1)造成油温升高而加快滑油变质。

(2)齿轮和轴承负荷增加而降低泵的使用寿命。

(3)导致泵的流量减小。

(4)泵及系统产生振动和噪声,工作不平稳。

3. 消除困油的方法

齿轮泵的困油,为泵的工作带来了许多危害,消除齿轮泵困油主要的方法包括:

(1)卸压槽法;

(2)卸压孔法;

(3)修正齿形法;

(4)采用斜齿轮或人字齿轮等。

下面主要介绍消除齿轮泵困油最常用的卸压槽法,卸压槽是指在油泵的两端盖内侧,沿两齿轮节圆公切线方向,相应于排、吸腔位置各挖的一个或两个凹槽(称为卸压槽)。

如图 10-20 所示,在困油压缩阶段,排油侧的凹槽将困油空间与排出腔沟通,使困油空间的油压不至急剧升高;在困油膨胀阶段,吸油侧的凹槽将吸入腔与困油空间提前沟通,从而使困油空间的压力不会积聚降低而形成太大的真空。通过卸压槽就解决了在困油过程中,困油空间压力骤升和骤降的问题,从而消除了困油现象。

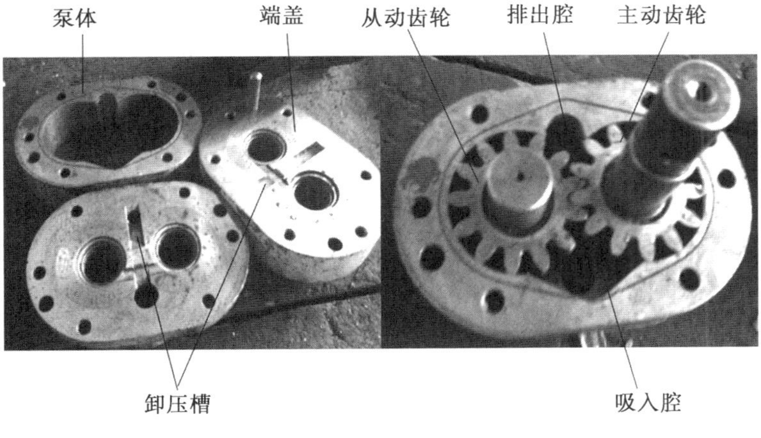

图 10-20 齿轮泵零件图

卸压槽的型式有对称卸压槽、非对称卸压槽和单卸压槽三种。卸压槽法消除困油现象是我国对齿轮泵的生产、设计所推荐的方法,也是最常用的一种卸压方法。

(四)齿轮泵的容积效率及影响因素

1. 容积效率

容积效率是指泵的实际流量与理论流量的比值,称为容积效率。齿轮泵的容积效率值总是小于 1 的。

2. 影响齿轮泵容积效率的因素

主要包括以下几个方面:

(1)吸入过程因油液不能完全充满泵的吸入腔。主要原因是油液流动阻力过大、泵的转速过高和泵吸高太大等造成油液不能充满吸入腔。

(2)气体的影响。由于油温和吸入阻力的影响,使吸入压力较低,从而使外界气体进入、溶于油中的空气析出、油液自身的汽化而占据一部分吸入腔空间。

(3)泄漏的影响。泄漏包括外漏和内漏。外漏主要发生在轴封处;内漏包括轴向间隙、径向间隙和啮合间隙处,其中以轴向间隙影响最为严重。

(4)泵工作压力的影响。泵的工作压力越高,漏泄量就越大,泵的容积效率也就越低。

(五)齿轮泵径向力

1. 齿轮泵径向力的产生

如图 10-21 所示,在工作过程中,齿轮泵的吸入腔是低压,排出腔是高压,由于吸、排腔存在压差,排出腔的液体沿着径向间隙往吸入腔方向泄漏,在两齿轮面上均产生一个指向吸入侧的液压径向力。从动齿轮是由主动齿轮传动的,在两齿轮的轮齿啮合处,由机械传动产生的一个机械径向力。以上两种径向力分别作用在两个齿轮上,分别将其合成后作用在两个齿轮上的合力大小不相等,方向不相同,且作用于从动齿轮上的径向力大于主动齿轮。

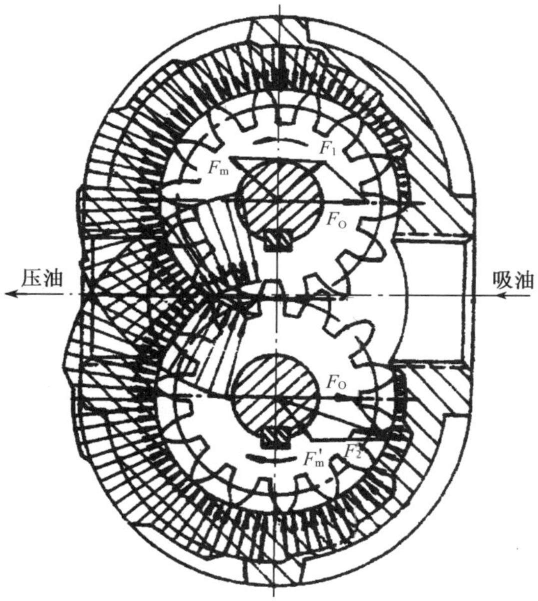

图 10-21　齿轮泵径向力分布图

2. 齿轮泵径向力的危害

泵在工作过程中,由于齿轮上存在不平衡的径向力,齿轮与泵轴被推向泵的吸入一侧,造成轮齿、泵壳、轴承磨损加剧,泵间隙快速增大,泵的功耗增加等。

3. 齿轮泵径向力减小的方法

减小齿轮泵径向力的方法有多种。如图 10-21 所示为减小齿轮泵径向力最常用的方法,即是缩小排出腔作用于轮齿上的面积。必须指出的是齿轮径向力只能减小,不能消除。

二、齿轮泵的工作特点

齿轮泵除具有容积式的共同特性(有自吸能力、理论流量与工作压力无关、额定压力与泵尺寸和转速无关)外,还具有如下特点:

(1)齿轮泵的吸、排方向取决于原动机的回转方向,齿轮泵不能反转。

(2)流量连续,但存在脉动。流量脉动率与齿数和齿形有关。齿数多,脉动率小。

(3)主、从动齿轮存在不平衡径向力。这是由于沿主、从齿轮圆周方向液压力分布不均匀所致。工作压力越高,不平衡的径向力就越大。常采用缩小排油口油液的作用面积,以减小径向力。

(4)齿轮泵结构简单,价格低廉。

(5)齿轮泵内部摩擦面较多,且间隙较小,适用于输送洁净且具有润滑性的油液。

三、可逆转齿轮泵

可逆转外齿轮泵与普通外齿轮泵在结构上的差别主要是在泵内多安装了四个单向阀,由于应用较少,在此不述。下面主要介绍可逆转内齿轮泵。

(一)带月牙形隔板可逆转内齿轮泵

图 10-22 所示为带月牙形隔板可逆转内齿轮泵,俗称月牙泵,它常用作制冷压缩机轴带润滑油泵。

内齿轮 3 通常与泵轴制成一体,为主动齿轮;外齿轮 1 直径较小,由主动齿轮传动,为从动齿轮,滑套在底盘 2 的偏心短轴上。底盘 2 的正面还加工有月牙形隔板 9,背面装有限位销钉 6,销钉一端伸入盖板 5 的半圆形凹槽中;底盘的直径与内齿轮的外径相同,两者圆心重合;在底盘背面的中心孔内装有弹簧 7 和钢珠 8,既使内齿轮与外齿轮的端面贴合,又使底盘于盖板之间有合适的间隙。内齿轮包容外齿轮并带动其做同向旋转,同一泵中,外齿轮比内齿轮转得快。

如图 10-22 所示,在 *A—A* 剖面左图中,当泵轴做逆时针方向旋转时,内齿轮对外齿轮啮合齿的作用力传至偏心短轴上,使底盘以钢球为中心也逆时针回转,直至销钉 6 转至半圆凹槽的终端为止,月牙形隔板刚好处在左图所示位置。此时,内、外齿轮在下半周脱离啮合而吸油,在上半周进入啮合而排油。

当泵轴做顺时针方向旋转时,内齿轮对外齿轮啮合齿的作用力传到偏心短轴上,该力对底盘的中心产生一转矩,使底盘以钢球为中心做顺时针回转,直至销钉 6 由凹槽的下端转至上部终端,月牙形隔板也相应随底盘转过 180°,如 *A—A* 剖面右图所示位置。此时,内、外齿轮仍在下半周脱离啮合而吸油,在上半周进入啮合而排油,即泵的吸、排方向保持不变。

(二)转子泵的基本结构及工作原理

如图 10-23 所示。其外转子 2 比内转子 1 多一个齿,两者的圆心 O_2、O_1 偏心,转向相同,转速不等。转子啮合线与前盖 5 和后盖 6 形成若干个密封腔。转轴 3 带动内、外转子转动时,密封腔容积发生变化,通过前、后盖上的吸、排口即可进行吸排。

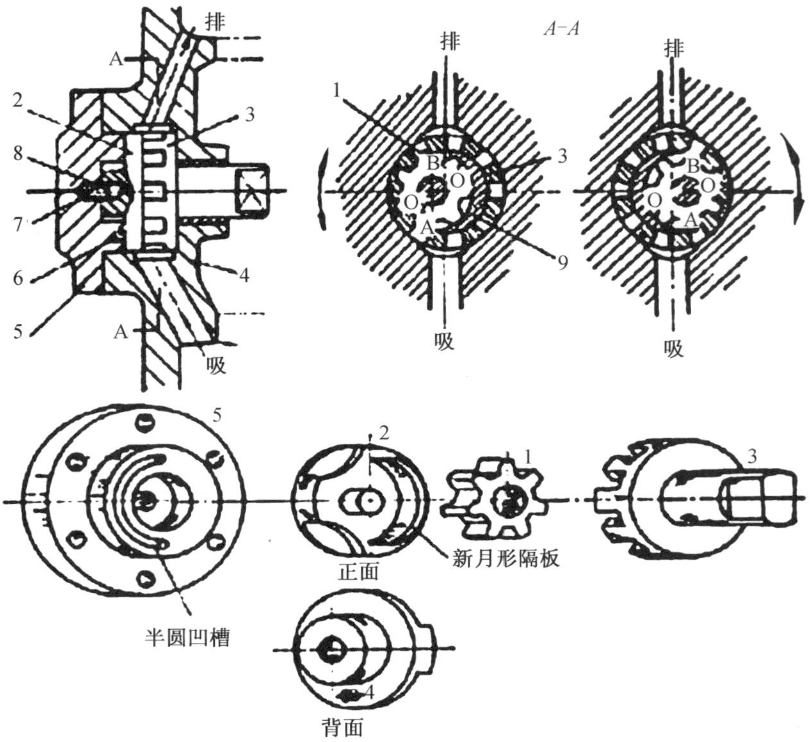

图 10-22　可逆转内齿轮泵结构图

1—外齿轮；2—底盘；3—内齿轮；4—泵体；5—盖板；6—销钉；7—弹簧；8—钢球；9—月牙形隔板

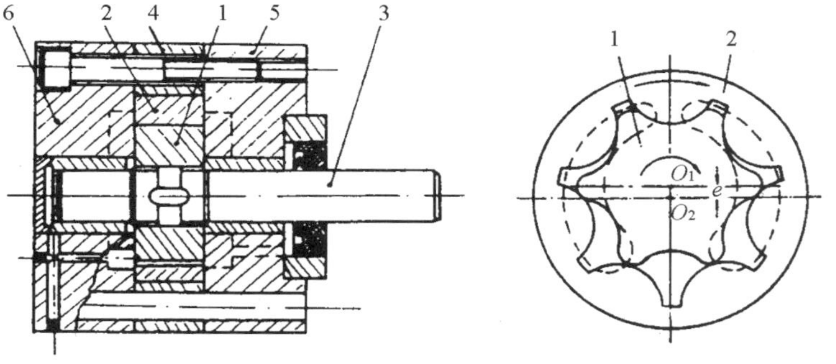

图 10-23　转子泵结构图

1—内转子；2—外转子；3—转轴；4—泵体；5—前盖；6—后盖

转子泵吸入（侧向吸入）性能好，转速一般为 1 500～2 000 r/min，最高可达 10 000 r/min 以上；而且齿数少，工作空间容积大，流量大，结构简单紧凑，相对滑动速度很小，运转平稳，噪声低，寿命长。但转子泵压力脉动较大，密封性较差，容积效率较低。

四、齿轮泵的操作

1. **检查灵活性**

对刚检修过的泵，起动前应先用人力转动泵轴 1~2 圈，检查泵有无卡阻，转动是否灵活。

2. **检查阀件开关情况**

吸、排管路上的截止阀一定要全部打开，以避免泵发生“气蚀”和过载。

3. **检查转向**

新安装或检修后第一次起动的泵，起动前一定要检查泵的转向是否正确，避免泵反转而不能输送油液。

4. **起动泵**

检查工作完毕后，按下起动按钮泵即起动，泵起动后立即观察各仪表的读数是否符合要求。

五、齿轮泵常见故障分析与处理

齿轮泵的常见故障分析处理如表 10-3 所示。

表 10-3 齿轮泵的常见故障分析处理表

故障现象	故障原因	排除方法
1. 泵不能排油或流量不足	①泵不能回转或转速太低	检查电源或拆检油泵
	②电动机转向弄反	重新接线
	③吸入管或吸入滤器堵塞	检查管路或清洗滤器
	④吸油管口露出液面	加油至油尺基准线
	⑤吸入管漏气	检查管子消除漏气
	⑥吸、排阀忘开或开度不足	开足吸、排阀
	⑦内部间隙太大或安全阀漏泄	拆泵检查
	⑧起动前泵内无油	向泵内灌油
2. 泵磨损太快	①油液含磨料性杂质	加强过滤或更换油液
	②长期空转	防止空转
	③排出压力过高	设法降低排出压力
	④泵装配失误	检修校正

续表

故障现象	故障原因	排除方法
3. 工作噪声太大	①吸入滤器堵塞	清洗滤器
	②吸入滤器容量太小	换用大容量的滤器
	③吸油管太细或堵塞	更换或疏通管路
	④漏入空气	消除漏气
	⑤油箱内有气泡	检查回油管，防止发生气泡
	⑥油位太低	加油至油标线
	⑦泵产生机械摩擦	拆检泵轴、齿轮、啮合面和轴承

第五节 实际操作与训练

项目一　船舶离心泵的操作与管理

一、离心泵的起动操作

（1）检查环境。清除泵周围杂物，检查泵底座及连接部分的紧固情况。

（2）检查灵活性。用手转动泵组联轴器，观察泵转动是否灵活，有无卡阻和轴线失中。

（3）检查轴封松紧。检查填料轴封压盖的松紧情况，一般用手将压盖螺母拧紧，待泵起动后根据泄漏情况再进行调整。

（4）检查阀件开关情况。开足吸入阀，关闭排出阀，采用封闭起动，以降低泵的起动负荷。

（5）检查润滑情况。采用润滑油润滑的离心泵轴承，观察其润滑油池视油镜的油位高度应保持在 1/3~1/2 之间；采用油脂润滑的离心泵轴承，应加足油脂。

（6）引水驱气。将离心泵泵壳上的空气螺塞拧开，引水驱赶吸入管路以及泵内的空气，待空气螺塞处流出不带气泡的水为止，并将空气旋塞拧紧。

（7）检查转向。采用点动起动方式检查转向是否正确。

（8）起动离心泵。按下起动按钮，仔细观察原动机的运转情况，吸、排压力表读数是否正常；若有异常的振动和噪声，应立即停泵检查处理。

（9）待泵运转正常后，打开排出阀供水。

二、离心泵运行中的管理

（1）监视仪表。仔细观察排出压力表，吸入真空表读数是否正常，若异常时应即时查明原因妥善处理。特别是真空度过高时，要注意检查、防止产生气蚀。

（2）监视润滑情况。若发现润滑油池中无油，手摸轴承发烫，需立即加注润滑油，避免轴承烧毁。

(3)防止空转。当发现压力表无读数,离心泵空运转,应停泵检查原因并排除,避免造成轴封干摩擦而烧毁。

(4)监听噪声。

(5)监视负荷。若泵组负荷过大,会造成电动机过载,电动机发热甚至烧毁。

(6)监视泄漏。监视泵管路连接部位有无泄漏情况,检查填料轴封的工作情况是否正常,允许填料轴封处滴漏,但不能滴漏成线。

项目二 船舶往复泵的操作与管理

一、往复泵的起动操作

(1)检查环境。清除泵周围杂物,检查泵底座及连接部分的紧固情况。

(2)检查灵活性。用手转动泵,使其运转1~2个行程,观察泵运转是否灵活。

(3)检查润滑油。检查油箱滑油量是否充足,人工加油部位添加适量滑油。

(4)检查阀件开关情况。开足吸入阀和排出阀,防止泵超负荷。

(5)检查转向。采用压力润滑的往复泵,一定要注意转向正确,否则润滑部位得不到润滑而烧损,应采用点动起动方式检查转向是否正确。

(6)泵内灌液。避免起动时发生干摩擦而加剧泵的磨损,特别是经检修后的往复泵,第一次起动前一定要向泵内注液。

(7)起动往复泵。按下起动按钮,仔细观察电动机的运转情况,吸、排压力表读数是否正常;若有异常的振动和噪声,应立即停泵检查处理。

二、往复泵运行中的管理

(1)监视排出压力表。仔细观察压力表,不允许泵在超过额定工作压力的情况下工作,防止电动机过载和泵损坏。

(2)监视吸入真空表。仔细观察真空表读数是否正常,避免吸入真空度过高而发生水击。

(3)监视泄漏。监视泵管路连接部位有无泄漏情况;检查填料轴封的工作情况是否正常,允许填料轴封处滴漏,但不能滴漏成线。

(4)监视润滑油温和油压。对电动往复泵,工作时轴承和润滑油温度不应超过70 ℃,用手触摸检查各轴承不应烫手。

(5)监听噪声。仔细倾听泵各运动部件有无异常声响,若缸内有严重敲击声,应立即停车检查。

项目三 船舶齿轮泵的操作与管理

一、齿轮泵的起动操作

(1)检查环境。清除泵周围杂物,检查泵底座及连接部分的紧固情况。

（2）检查灵活性。用手转动泵组联轴器，观察泵转动是否灵活，有无卡阻和轴线失中。

（3）检查阀件开关情况。开足吸入阀和排出阀，避免泵吸入空气和防止泵超负荷。

（4）检查转向。采用点动起动方式检查转向是否正确。

（5）泵内注油。避免起动时发生干摩擦而加剧泵的磨损，特别是经检修后的齿轮泵，第一次起动前一定要向泵内注油。

（6）起动齿轮泵。按下起动按钮，仔细观察电动机的运转情况；检查吸、排压力表读数是否正常；若有异常的振动和噪声，应立即停泵检查处理。

二、齿轮泵运行中的管理

（1）监视排出压力表。仔细观察压力表，不允许泵在超过额定工作压力的情况下工作，以免影响泵的使用寿命和防止电机过载。

（2）监视吸入真空表。仔细观察真空表读数是否正常，避免吸入真空度过高而发生气蚀。

（3）监听噪声。

（4）监视泄漏。监视泵管路连接部位有无泄漏情况，检查填料轴封的工作情况是否正常。

（5）防止吸入空气。空气进入不仅会引起泵流量下降，而且是产生噪声的主要原因。为此应保持吸入油面有足够的高度，确保吸入管路严密。

（6）监视油温。防止工作油温度过高或过低，尽可能提高泵的容积效率和减少泵的吸入阻力。

（7）监视轴封工作情况。轴封允许有少量渗漏，以利于密封面的润滑和冷却。

第十一章

船舶管系的操作与管理

第一节 管路系统的分类与作用

船舶管路系统是指为完成一定作用的管路(管子及其附件)、机械设备、仪表和容器等所成的整体。其作用是用来输送和排除工质,保证船舶航行性能和安全以及满足船舶正常航行和人员生活的需要。

船上的管路纵横交错,遍布全船。现代大型船舶上有多达数十种管系,但概括起来,可将各种船舶管系分为以下两大类:

动力管系,又称动力系统。它是指为船舶动力装置服务的管路系统,有燃油、润滑、冷却、压缩空气、排气系统等。

船舶管系,又称船舶系统。它是指为保证船舶的正常航行和安全以及船员、旅客生活所必需而设置的管路系统。其包括压载水、舱底水、消防水、蒸汽、通风和空调、日用海淡水系统等。

一、动力管系

(一)燃油系统

燃油系统的主要任务是向主机、副机及锅炉提供数量足够和质量可靠的燃油。

1. 燃油系统的组成、布置和要求

燃油系统主要由燃油舱、沉淀柜、日用柜、驳运泵、调驳阀箱、分油机、粗细滤器、低压输送泵、加热设备及有关的管路和阀件等组成。上述设备按其功能不同主要分为:注入、贮存、驳运、净化、供给等几个部分。

(1)注入

在主甲板两舷设有带标准法兰的用以注入的直角截止阀。标准法兰与舷外供油管的法兰对接,可实现预定的注入。

(2)贮存

燃油一般贮存在深油舱或双层底油舱(柜)中,油舱(柜)及系统的布置必须符合下列要求:

①燃油舱(柜)尽可能布置成为船体结构的一部分。布置于双层底内的燃油舱(柜),如与滑油舱(柜)、淡水舱(柜)、锅炉水舱(柜)相邻布置时,应以隔离空舱隔开。

②燃油舱(柜)和管系不得直接位于锅炉或其他高温热表面的上方。一般情况下应避免使用孤立架设的燃油柜。

③除轻油舱(柜)外都必须设有加温设备。

④燃油舱(柜)设有透气管与测深管,还必须有溢流管。

(3)驳运

系统中设驳运泵与调驳阀箱,以便将任一油舱(柜)的燃油驳至沉淀柜,或各油舱(柜)之间的调驳。驳运泵有轻柴油与重油之分,并可互为替代。

(4)净化

燃油的净化主要有重力沉淀、滤器过滤和离心分离三种方法。

燃油在沉淀柜和日用油柜中储存的同时进行重力沉淀。一般燃油在沉淀柜中至少应存放12 h。沉淀柜和日用油柜设有透气管、溢流管和放残阀,以便适时放出水分和残渣,放残阀必须是自闭式的。日用油柜必须设置两个,轻重油各一个。日用油柜的位置应高于主、副机喷油泵位置(若仅依靠重力油柜提供燃油,为保证系统连续供油,则油柜必须位于主、副机喷油泵上方至少1 m处),并尽可能与沉淀柜并排放置。出油管附近设有轻重燃油转换阀。各油柜之间设有旁通阀,供应急时使用。日用油柜和沉淀柜的出口管设有可就地关闭和机舱外(一般为上甲板)遥控的速闭阀,在应急情况下,拉动控制杆使其钩头脱离滑动板,在弹簧的作用下,阀门迅速关闭切断供油。为了保证沉淀效果,沉淀柜和日用油柜须设有加热和保温设备,日用油柜出口管的高度按规定高于柜底80 mm处。

分油机是净化效果最好的设备,一般设置1~2台,根据油中水和杂质的含量确定分水还是分杂,是单独工作还是串联或并联工作。一般重油分油机在燃油含杂较多时,采用串联并且先分水后分杂的顺序工作。分油机将燃油从沉淀柜分至日用柜。

(5)供给

燃油供应设备有日用油柜、燃油输送泵、滤器等。经分油机驳入日用柜的燃油已基本符合燃烧要求,再经燃油输送泵经管路分别输送到主、副机喷油泵和锅炉喷油器处。输送泵一般选用螺杆泵或齿轮泵。

对船舶燃油系统的要求是在船舶横倾10°纵倾7°时仍能正常工作。船用燃油的闪点应不低于60~65 ℃(某些应急动力装置用油可不低于42 ℃)。

2. 燃油系统的管理要点

(1)航行中要密切注意沉淀柜和日用柜的油位,及时驳油与分油,每班要定时放残。大风浪中航行要尽量保持油柜的高油位,注意观察滤器进出口压差,并勤洗滤器,以防油柜底部沉渣泛起堵塞滤器而造成断油停车的事故。

(2)供油系统中要避免空气的存在,特别是拆装滤器和高压油管后,应注意及时驱气。

(3)油舱之间的相互调驳一定要确认各阀门开关是否准确,要杜绝将燃油误驳至舷外造成恶性污染事故。

(4)换油:燃用重质油料的主机,在进出港等机动航行中,按需要可换用轻油,以确保主机正反向起动可靠。也有利于在停机前洗净管系中的剩余重油,避免其在管系中凝固,易于再次起动。当正常航行时再换用重油,这个过程称为换油。

在轻、重燃油(低温轻油与高温重油)转换过程中,必须防止油温的突然升高或降低;否则会使喷油泵的柱塞或喷油器的针阀卡住咬死。

(二)润滑系统

1. 润滑系统的组成

润滑系统的任务主要是向主、副机运动部件提供足量而洁净的润滑油,并且具有减小摩擦,带走部分热量和洗涤摩擦面及密封、防蚀、减噪等作用。

中高速船用柴油机润滑系统也常称为曲轴箱润滑系统,所用滑油为曲轴箱油又称为系统油。曲轴箱润滑系统为循环系统,主要由滑油贮存舱(柜)、滑油循环柜、滑油泵净化设备及滑油冷却器等组成。

(1)滑油贮存舱(柜)

大型船舶常在双层底下设有贮油舱,油舱的四周应设有干隔舱与其他油水舱隔开,并设有测量管。通过滑油驳运泵将舱中滑油驳至重力柜,由重力柜向主、副机循环柜补油。中小型船舶一般常将滑油贮存于滑油储存柜中,滑油储存柜应设有透气管与溢流管。

(2)滑油循环柜

常用于干式曲轴箱的大型低速柴油机,而小型高速柴油机则利用曲轴箱作为滑油循环柜,也称为湿式曲轴箱。

(3)滑油泵

滑油泵常设有两台,其中一台备用。如果主机自带滑油泵的可设一台。为保证滑油压力稳定和流速均匀,常采用螺杆泵,在泵的吸入端管上一般装有真空表,为保证正常吸油,真空度应不超过 0.03 MPa。泵的排出管上装有安全阀和调节压力、流量旁通阀。其调定压力为管路正常供油压力的 1.1 倍。

(4)净化设备

净化设备主要是滑油分油机、滑油滤清器。

①滑油分油机:分油机通过吸入管从循环柜中吸入滑油,经加热器预热后送至分油机进行净化处理,净油返回循环柜中。事实上,这是一个独立的净化系统。在主机运转中可对循环柜中的滑油进行连续的净化处理,其净化速率应保证每一天内的净化油量为循环柜贮油量的 2~3 倍。

②滑油滤清器:滑油泵的进口端和出口端分别设有粗、细滤器,滤器一般为双联式,以便于在运转中对滤器进行拆洗。装在进口端的一般为粗滤器(有时还用磁性粗滤器),装在出口端一般为细滤器,前后装有压力表,平时可根据滑油流经滤器前后的压力差来判断滤器的工作情况(燃油滤器亦同)。若压差增大,超过设定值,表明滤器已变脏堵塞,需立即清洗;若无压力差或压力差变小,则表明滤网破损或滤芯装配不对,需立即拆卸检查。

(5)滑油冷却器

循环流动的润滑油对运行中的主、副机摩擦面有冷却作用，这样润滑油的温度就会逐渐升高，必须通过冷却器进行冷却，让多余的热量通过冷却器中流动的海水(江水)带走，以保持润滑油一定的温度。目前常用的滑油冷却器有管壳式与板式两种。

2. 润滑系统的管理要点

(1)确保滑油的工作压力

滑油工作压力可用滑油泵的旁通阀调节，其值满足说明书要求，同时应满足滑油压力高于冷却介质的压力。

滑油压力过高会加大油泵与管路负荷，滑油易漏泄，易氧化变质；滑油压力过低，则因供油不足加剧机件磨损，严重时会发生重大机损事故。因此，船舶柴油机均应设滑油低压报警装置和失压安全保护装置。

(2)确保滑油的工作温度

滑油温度过低，黏度增大，摩擦阻力增大，滑油泵耗功增加；滑油温度过高，黏度降低，润滑性能变差，零部件磨损增大，滑油易氧化变质。

通常，滑油进口温度应保持 40～55 ℃(中高速机取上限)；最高温度不允许超过 65 ℃(中高速机为 70～90 ℃)；进出口温度差一般为 10～15 ℃，滑油温度一般可通过滑油冷却器的旁通阀调节。

(3)保证正常的工作油位。定时检查循环柜油位，不足时及时补充。油位过低，油温将会升高，加速氧化变质，严重时将有断油危险；油位过高将可能造成溢油危险。

(4)备车和完车时的管理

①备车时应提前对滑油系统进行加温，一般在开航前 2 h 开启分油机，其加热温度掌握在 82 ℃以下循环分离，使系统中的滑油逐步预热到 38 ℃左右，即可起动滑油泵，使滑油在系统中循环并对机件预热，防止柴油机起动时运动部件出现干摩擦现象。

②主机完车后，应继续让系统运转 20 min 左右，使柴油机各润滑表面继续得到冷却。另外，还应做到定期取油样化验分析，定期检查与清洁滑油冷却器等。

(三)冷却系统

冷却系统的任务是维持柴油机部件有一合适的温度；保证正确的配合间隙；保证滑油的合适黏度，以使柴油机正常连续运行。目前柴油机一般采用淡水强制冷却，其淡水是利用海水(或江水)冷却。在系统布置上，淡水属闭式循环，海水(或江水)属开式循环。

1. 海水系统

海水系统主要由海水泵、滤器、热交换器、通海阀等组成。主要作用是通过热交换器对滑油，淡水与增压空气等进行有效的冷却。对海水系统的管理要点：

(1)根据不同的河段、吃水及河水含沙情况，正确选用左、右位海底门，保证海水系统的畅通。

(2)定期清洗海底门，维持稳定的海水压力。

(3)寒冷天气要加强管理，防止系统冻结。

2. 淡水系统

淡水系统主要由淡水泵、淡水冷却器、膨胀水箱等组成,其主要作用是对柴油机内部进行有效的冷却,减小受热部件的热负荷,保证气缸摩擦面间的油膜等。

膨胀水箱的作用主要是为柴油机淡水系统存、补淡水;同时可用作排放系统中的空气,投放药剂、补充淡水等。若箱中有加热装置,可对冷却淡水加热用以暖缸。

3. 对淡水系统的管理要点

(1)淡水压力应高于海水压力,防止冷却器泄漏时海水漏入淡水中。

(2)淡水温度应根据说明书调整至正常工作范围,出口温度一般取接近上限值,进出口温差不大于 12 ℃。

(3)淡水温度常用冷却器管路上的海、淡水旁通阀来调节,淡水合理的流动路径应是自下而上流动,流量可用淡水泵的出口阀调节,进口阀始终处于全开位置上。

(4)定期检查膨胀水箱水位,及时补水,定期进行水质处理。

(5)备车时应开动淡水泵进行冷却系统驱气,还应加热暖缸,使水温达到 45 ℃左右。

(6)航行中,如果发现冷却水压力、膨胀水箱水位剧烈波动,膨胀水箱翻泡,可能是缸套或缸盖有穿透性裂纹。

(7)机动航行时,应控制温度的波动范围。主机完车后,冷却水应继续循环 20~30 min。

(四)压缩空气系统

压缩空气系统主要由空压机、空气瓶、减压阀、安全阀等组成。其作用主要是起动主机、副机、鸣气笛、海淡水压力柜的充气、吹洗海底门等。

船规要求:为主机服务的空压机至少 2 台,其中至少 1 台应为独立驱动。空压机的总排量应在 1 h 内使空气瓶由大气压力升至柴油机连续起动所需要的压力。供主机起动用的空气瓶至少 2 个,其容量要求在额定工作压力的上限且在不补气的情况下,对每台可换向的主机在冷态下正倒车交替连续起动不少于 12 次,对每台不能换向的主机在冷态下连续起动不少于 6 次。

其安全阀的开启压力不应大于工作压力的 1.1 倍。对设置易熔塞的空气瓶,易熔塞的熔化温度不应超过 90 ℃,但不低于 70 ℃。

压缩空气系统的管理要点:

(1)要始终维持空气瓶中足够的工作压力。

(2)定时泄放空气瓶及系统中的凝水。

(3)注意空压机曲轴箱中的润滑状况。

(4)定期清洗系统中的滤器。

(5)定期进行安全阀效用试验。

(五)排气系统

柴油机排气系统主要由排气总管、膨胀接头、废气涡轮增压器、废气锅炉及消声器等组成。排气管不应布置在燃油柜或燃油管法兰接头的垂直下方,且其间距不应小于 450 mm。系统的主要作用是利用废气中的能量驱动废气涡轮增压器和加热废气锅炉中的水,最终将主、副废气排入大气。另外,系统还有降低排气噪声等作用,对于油船,还应有熄灭火星的作用。

除废气锅炉外,锅炉烟道不应与柴油机的排气管相连接,排气管与配电板、燃油柜或燃油管保持一定的距离,以免引起火灾。排气管和消声器要装设冷却水套或包扎绝热层,表面温度不得超过 60 ℃,以免灼伤工作人员。

排气系统的管理要点:

(1)定期清洁废气涡轮及其邻近管道中的积炭。

(2)定期清除废气锅炉和消声器上的烟灰及结焦等。

二、船舶管系

(一)舱底水系统

舱底水系统是由舱底水泵(污水泵)舱底水总管、支管、吸水口滤器、分配阀箱、泥箱和油水分离器等组成。系统的主要作用是将机舱与货舱的舱底积水排除。防止积水过多湿损货物,影响机器的正常工作,妨碍船舶安全航行。另外,在应急情况下,可以排除机舱的大量进水为堵漏争取时间。

1. 舱底水系统的布置原则

(1)在每个舱的最低处设置污水井,污水井内设有吸水口与舱底水管相连。机舱内至少设置 2 个以上污水吸口,并至少有一根吸入支管与舱底水泵吸口相连。每个吸水口均应装设带止回阀的过滤网箱,网孔直径不大于 10 mm,滤孔的总面积不小于吸水管截面积的 3 倍,污水井内还设一个泥箱,使污物和泥沙沉淀,不被吸入管内。但用于应急吸入时吸入口应直通。

(2)舱底水系统不允许水倒流回舱室,因此,舱底水系统的吸口应设止回阀。

(3)为了便于在机舱内对各舱室舱底水的抽吸集中管理,通常采用截止止回式的舱底水吸入阀箱。

(4)舱底水泵要有自吸能力,除设有一台专用污水泵外,还应与排量较大的压载泵或消防泵等接通,必要时可代替污水泵,平时又不妨碍各自的工作。

(5)保证船舶向任何一舷倾斜不超过 5°时,均能排干舱底积水。

(6)舱底水系统必须配有符合《中华人民共和国水污染防治法》要求的油水分离器和向岸上排放的标准排放接头。

2. 舱底水系统的管理要点

(1)定期清洗污水井和吸水口滤器,保持系统通畅。

(2)做好油水分离器的管理维护工作,保证良好的工作状态。

(3)严格按规定程序进行排放含油污水,并按要求认真填写油类记录簿。

(二)压载水系统

压载水系统主要由海底门、滤器、压载水泵、阀箱、压载舱、通海阀等组成。压载水系统的主要作用是通过调整吃水(注入、排出或调驳)使船舶具有适当稳性高度;减小水上受风面积,以利于船舶操纵;空载时使螺旋桨有一定的吃水,减小船体振动;减小船体因空载引起的过大弯曲力矩和剪力等。

1. 压载水系统的布置原则

(1)压载舱

可以用作压载舱的有艏尖舱、艉尖舱、双层底舱、深舱、散货船的上下边舱等。货船的压载水量一般占船舶载货量的50%~70%,油船压载占40%~60%。

(2)压载泵

一般布置2台,通常为离心泵。压载水泵可以兼作主海水泵,也可兼作舱底水泵。但压载管系不可兼作舱底管系。压载泵的排量要满足2~2.5 h内能将最大的一个压载舱灌满或排空,在6~8 h内将全船所有的压载舱灌满或排空。

(3)阀箱

压载水管的注水管和排水管是同一根水管,所以水在管中是双向流动的,要采用截止阀,不能采用止回阀。为了便于集中控制,减少管路数量,通常采用调驳阀箱。

(4)海底门

一般位于机舱的舭部,位于空载水线下300 mm处。在进水口处,沿着船壳板表面装设有海底阀门格栅,防止海水中杂物吸入。在进水口里面装有锌板,防止腐蚀,并且装有吹洗装置(通常为压缩空气或蒸汽),用来吹除进水口处的杂物和结冰。在海底门顶部设有透气管,该管直接引至水线以上主甲板处,该管根部设有铸钢截止阀。

(5)压载水管

一般从双层底内通过货舱,如不可避免要穿过油舱或淡水舱时,则应设有管隧将其隔离。

2. 压载水系统的管理要点:

(1)因压载水泵一般容量较大,在起动前,首先要注意电网负荷,不可盲目起动。

(2)起动时要求采用封闭起动。

(3)起动后的压力根据需要用旁通阀调节。

(4)在排水过程中应注意流量。流量过大,会使舱内水来不及集中而造成低压停泵,此时应稍等一会再起动排水。

(5)如果对舱内注入或调驳,切不可将阀开错。

(三)消防系统

船舶消防系统的作用是预防和制止火灾的发生和蔓延,并可迅速灭火,将火灾的损失减至最低程度。

船舶消防系统实际上是指船舶的灭火系统。根据船舶建造规范和我国有关法规的规定,船舶应设置固定式消防系统,使用有效的灭火剂,如水、二氧化碳、泡沫干粉等。固定消防系统主要分为水消防系统、二氧化碳消防系统、泡沫消防系统和干粉消防系统等。

(四)蒸汽系统

在柴油机型动力装置船舶上。为加热(重油)、润滑油、主机暖缸、机舱保温以及日常生活中供应热水、取暖、厨房用气,需设置蒸汽系统。燃油辅锅炉或废气锅炉产生的蒸汽送入蒸汽分配联箱,再由蒸汽分配联箱送至所需蒸汽处。乏汽凝水通过大气冷凝器(或凝水柜)返回热水井,再由锅炉给水泵泵送至锅炉。蒸汽管路必须布置在机、炉舱内,容易看到且便于接近地方,并包扎有绝热层。除加热管路和吹洗管路外,蒸汽管路一般不应敷设在花铁板下面。若2

台或2台以上锅炉的蒸汽管相连通时，则应每台锅炉至总管的连接管上加设一只截止止回阀。

热水井是锅炉给水和炉水投药处理的场所，锅炉给水泵的额定工作压力至少应大于锅炉额定工作压力的1.3倍。

为保证锅炉正常工作和确保蒸汽质量，锅炉要定期进行上、下排污和水质化验与处理。

（五）通风和空调系统

通风系统主要由风机、风帽、风筒、风管等组成，主要作用是对货舱，机舱、客舱和船员舱室、工作室等进行通风，排除废气，补充新鲜空气。

在炎热的夏季或寒冷的冬季，利用空调站对空气进行温度、湿度、气流速度、净化除尘、噪声等方面的处理，然后通过管路送到各个居住舱室，以改善旅客和船员生活条件的装置称为空调系统。

1. 通风管系的布置要求

（1）通风帽应设在开敞的甲板上，并远离排气口、天窗和升降口，自然通风帽要能转动。

（2）通风筒装设在干舷甲板开敞处和开敞的上层建筑甲板上。穿越甲板时要用接管加强。如果通风筒甲板接管的高度超过900 mm时，则应有适当的加强支撑。

（3）通风管是布置在甲板下面的通风管路，一般做成矩形截面。通风管不允许穿过舱壁甲板以下的水密舱壁，同时还要保证防火分隔的完整性。

2. 通风系统的管理要点

（1）定期清洗通风头、通风管，防止其脏污严重。

（2）定期检查通风管支撑，以防松动。

（3）定期检查通风机的径、轴向间隙，保证其间隙在规定范围之内，若超出应进行调整。

（4）定期检查叶轮的磨损或损坏情况，若过度磨损或损坏应更换。

（5）严格按操作规程操作通风机。

（六）供水系统

供水系统的作用是满足船员和旅客日常生活用水需要，可分为饮水系统、洗涤水系统和卫生水系统。

（1）饮水系统主要供应厨房用水、饮用水和医疗用水等。

（2）洗涤用水系统主要供应浴室、洗衣室、洗物池和洗盆等处的冷热洗涤水。

（3）卫生水系统从舷外吸取的海水供卫生间、洗脸间和浴室等处冲洗用水。

供水方式分为重力供水和压力供水两种形式，目前，船舶基本采用压力供水方式。

1. 对供水系统的要求

（1）采取分区供水，即将全船划分为几个用水区，各区直接从压力水柜的输出管上引出一路供水干管，并设截止阀，分别控制。客船通常按甲板层或客舱等级来划分供水区域。

（2）供水干管应力求避免穿过起居室、粮库和物料舱等处，通常各种供水主管铺设在各层甲板两边走道上方，然后再由主管引出支管到附近的各室内用水设备。

（3）当几个用水区域相距较远时，可按分区设置热水器，分别向集中在各自分区的几个用水处供应热水，以免热水管路过长。

（4）压力水柜应符合压容器的相关规定和要求。

2. 供水系统的管理

日用供水系统的管理主要是保持压力水柜的压力,及时补气,使其压力维持在正常范围内。若压力过大会导致压力水柜水位太低,水泵起停频繁;若压力过低则压力水柜供水高度降低,达不到用水部位。

第二节 管路系统的布置及标识

一、机舱管路系统的布置

(1)船舶管路应能保证其工作可靠性,在部分管路发生故障时,仍然能继续维持工作。

(2)管路应布置成直线,尽可能减少弯头,如需弯曲,曲率半径应大些。在满足需要的情况下,附件的数量应尽量减少,布置的位置应便于检修。

(3)管路应加以固定,以避免因温度变化或船体变形而损坏。一般要求每隔 2~4 m 有一支架,防止管子移动或下垂。但是这些支架应不妨碍管路受热引起的膨胀。

(4)承受胀缩或其他应力的管子,应采取管子弯曲或膨胀接头等补偿措施。

(5)重要管路中的阀都应装上开关标志。

(6)根据管路所输送的工质及工作条件(温度、压力)而选用接头垫片。

(7)在安装或修理管路及附件时,应做好管系内部的清洁工作。

二、机舱管路系统的标识

由于船舶管系种类繁多,为了便于管理人员识别各种管路所输送的工质和流向,按国标(GB)管路外表通常按系统涂有不同颜色的油漆予以标示,如表 11-1 所示。透气、测量和溢流管路则依其介质而定。管路上还有用标志颜色表示的介质流向的箭头符号。

表 11-1 管路识别

管路	颜色
燃油	棕
滑油	黄
海水	绿
淡水	灰
压缩空气	浅蓝
消防水	红
舱底水	黑
蒸汽	银白

三、机舱管路系统的要求

(1)淡水管不得通过油舱,油管也不得通过淡水舱,如不可避免时,应在油密隧道或套管内通过。其他管子通过燃油舱时管壁应加厚,且不得有可拆接头。

(2)钢管应有防止锈蚀的保护措施,并在加工后施以保护涂层。

(3)油管及油柜应避免设在锅炉、烟道、蒸汽管及消声器的上方。如有困难,则应采取有效措施,防止油类物质滴在上述管路或设备的热表面上。

(4)所有蒸汽管和温度较高的管路,应包扎绝热材料,绝热层表面温度一般不应超过60 ℃。可拆接头及阀件处的绝热材料应便于拆换。

(5)在船上的每一个液舱、空舱和污水井中,都装设一根直径为30~50 mm的直管,称为测深管。利用测深尺从测深管上端口坠入舱底,然后把尺收上来观察尺的浸湿长度,从而决定舱中液体的存量和液面高度以及干隔舱中有无液体。

(6)空气管又称透气管,其作用是保证液舱在注入或排出液体时,使空气能自由地从管中排出或进入舱中。

(7)溢流管是指用泵灌注的液舱柜,在舱柜顶部均设一根管子,将可能溢出的液体引入到溢流柜内或有剩余空间的储存柜内,此管称为溢流管。对于装水的液舱柜则引到开敞处所或其溢流柜内,对于滑油和燃油则防止从空气管溢出,导致污染。

(8)应避免燃油舱柜的空气管、溢流管和测量管通过居住舱室,如有困难时,通过该类舱室的管子不得有可拆接头。

第三节 船舶系统

一、舱底水系统

舱底水系统一般由水泵、水管、水吸口、阀件、吸入滤网及有关附件组成。下面以某一客船为例介绍舱底水系统的组成。该系统由机舱舱底水系统和应急舱底水系统组成。

1. 机舱舱底水系统

图11-1所示为某船机舱舱底水系统。机舱中所产生的含油污水会自动向舱底的各污水井汇聚而形成舱底水。如污水井液位达到一定高度,可利用日用舱底泵将其中污水输送至容积较大的舱底水舱进行储存,在适宜的条件下,可使用油水分离器对舱底水舱中的含油污水进行处理,然后在含油浓度低于15ppm的情况下排放入海。

此外,油水分离器也可以直接从各污水井吸入舱底水。日用舱底泵还可以经阀BMV15将舱底水通过通岸接头排到港口接收设施,以满足某些海域不允许任何舱底水入海的要求。日用舱底泵采用的是自吸能力较强的往复泵,一般不需引水便可实现自吸。在必要的时候,也可经阀BMV93将海水引入泵腔,以提高吸入性能。

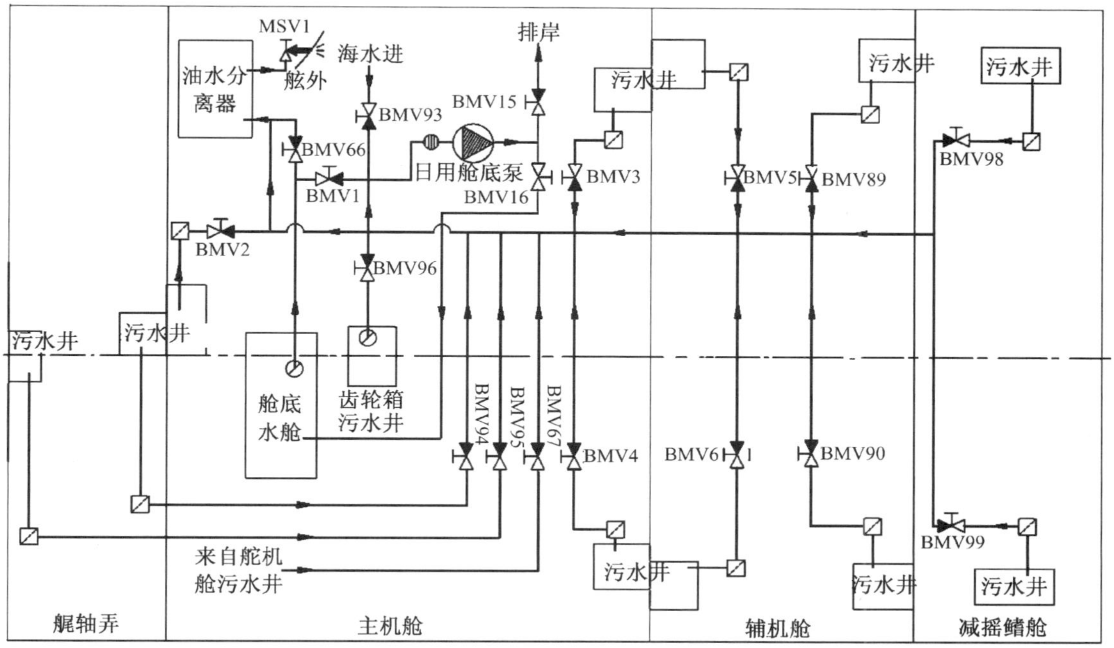

图 11-1　机舱舱底水系统

2. 应急舱底水系统

某船应急舱底水系统如图 11-2 所示。舱底泵和舱底消防总用泵 No. 1/No. 2 均可以将舱底水直接排送到舷外。舱底泵为自吸离心泵，采用的是空气喷射器自吸装置。No. 1/No. 2 舱底消防总用泵还可以作为消防泵，向消防总管提供足够压力的海水。两台舱底消防总用泵结构完全相同，为两级自吸离心泵（采用了水环泵自吸装置），其中，第一级用于泵送舱底水，出口通往舷外；第一、二级串联后泵送消防水，出口通往消防总管。系统中各阀大部分是电液遥控碟阀，可以在驾驶台或集控室控制站进行遥控操作。

机舱之外的健身房、测深仪舱等处的舱底水可以通过本系统排出舷外，但机舱舱底水不能随意通过本系统入海，只有在因船体或管路破损而导致机舱大量积水时，才允许通过本系统向舷外应急排水。

二、压载水系统的布置形式

1. 支管式

各压载舱室和机舱内管系的典型的布置如图 11-3 所示。多用于压载管径较小、舱数不多的普通货船的压载系统，这种情况下，各舱均单独有支管通往机舱的阀门或阀箱，再经压载水总管与压载水泵相连。总管分别与压载水泵进出口接通，泵进口接海水总管以便吸取舷外水，接通总管以便抽排舱内的水；泵出口接通总管以便向舱内注水，还接一路排出舷外的排水总管，水流方向靠阀门控制。艏尖舱作为压载舱时，要在靠艏尖舱舱壁的一侧，安装一只截止阀，该阀材料要用铸钢或青铜。该阀的操纵要在干舷甲板以上进行。在泵的进、出口，一般都安装

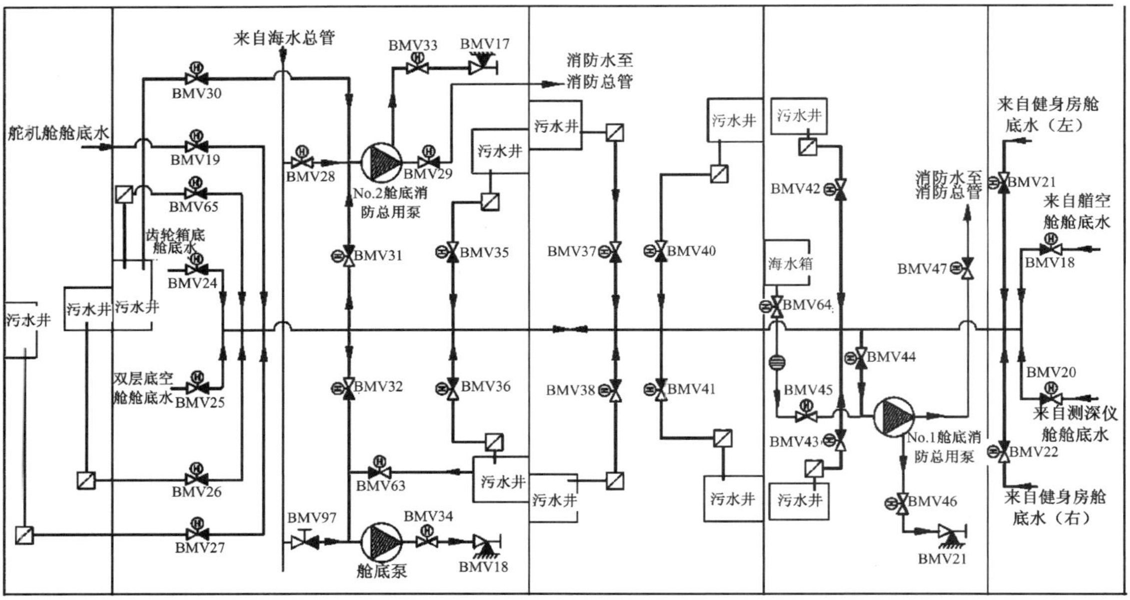

图 11-2　应急舱底水系统

带旋塞真空压力表和压力表。阀件上要有标明用途的铭牌，以便于压载水系统的管理。管子一般采用 10 号或 20 号输送流体的无缝钢管。对于内河简易船舶，也可采用低压流体输送用镀锌焊接钢管。

支管式布置的优点是可将压载水控制阀集中布置在机舱压载水泵附近，便于集中操作和管理；缺点是从压载泵至压载舱，每舱均有单独管子，因而比较浪费管材，增加投资和维护成本。支管式适用于长度适中，压载舱数较少的船舶。

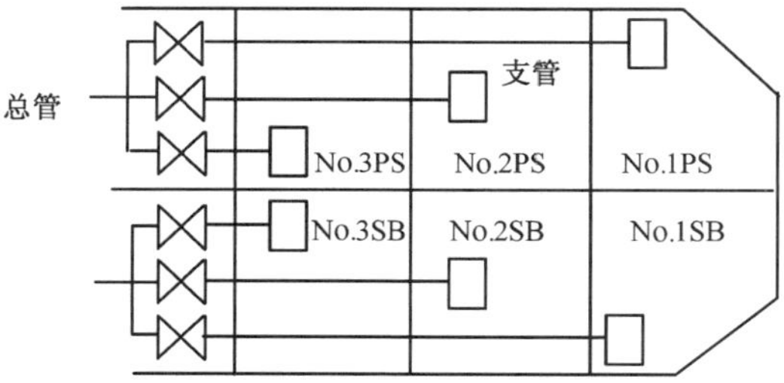

图 11-3　支管式系统压载舱室管系布置

2. 总管式

总管式管系布置如图 11-4 所示。它沿船的纵向铺设总管，从总管分别向各压载舱引出支管，在支管上安装阀和吸口。这种形式被广泛采用，其变形有单总管式、四总管式、环形总管式管隧式和半管隧式等几种，每舱的吸口可能有一个或两个。总管式的优点是节省材料，机舱内的布置则相对简单；缺点是压载舱控制阀门分散布置，不利于现场操作，因而总管式压载系统的阀门适宜采用遥控阀门。另外，采用总管式压载水系统在打开多个舱控制阀时，可能会产生压载舱之间压载水串通。尤其是采用单总管系统、如左右舱之间串通，可能会造成船舶倾斜，操作时应特别注意。

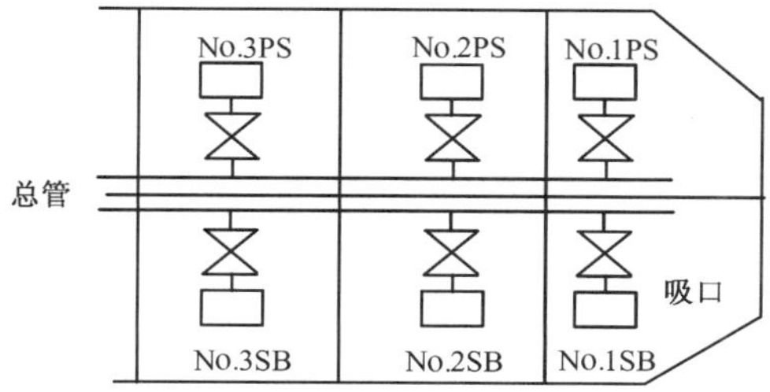

图 11-4 总管式系统压载舱室管系布置

三、水消防系统

图 11-5 为某客船水消防系统原理图。本系统配有主消防泵一台，布置在主机舱中，可在本地、集控室主配电板和消防控制站起停（吸入截止阀、排出截止阀为手动阀），另外，在减摇鳍舱和主机舱还设有舱底消防总用泵 No. 1、No. 2。其中，舱底消防总用泵 No. 1 接应急电源，用作应急消防泵，可在本地起动，也可在驾驶台或消防控制站遥控起动，应急消防泵有单独的海底阀箱。

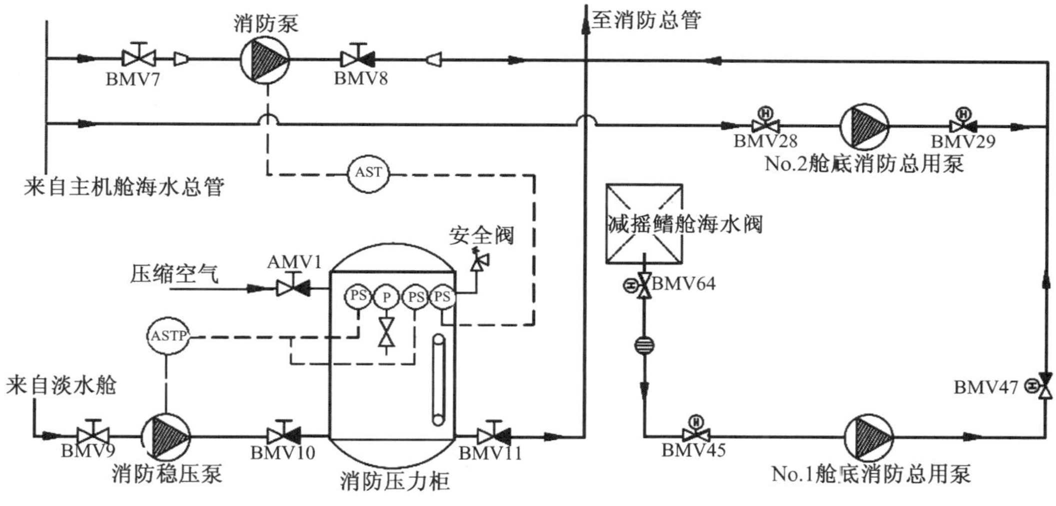

图 11-5 某客船消防水系统

除用于灭火外，消防水还可用于冲洗锚链及舵机、系缆机液压单元冷却水。

根据规范要求，船舶消防水管分为内消防水管（舱室内部）和外消防管，其中内消防管应始终保持压力，能够随时出水。本例消防水系统配有消防稳压泵和压力水柜，通过单向阀向内消防管供水并保压，其他消防泵直接向外消防管供水并通过单向阀向内消防管供水，同时可防止内消防管淡水进入外部管路。

消防压力柜经截止止回阀 BMV11 向消防总管提供一定压力（0. 8~1. 0 MPa）的消防淡水。当柜中压力低于 0. 75 MPa 时，压力开关 PS（低压）会发出信号（ASTP）使消防稳压泵起动，从淡水舱吸入淡水，从而补入消防压力柜；当柜中压力升至 1. 0 MPa 时，压力开关 PS（高压）发出信号（ASTP）使消防稳压泵停止，从而保持消防压力柜内的压力稳定。消防压力柜上设有补气阀 AMV1，在必要时可向柜中手动补充 1.0 MPa 的压缩空气，以保证柜中压力足够。

当消防水被大量使用时，由于消防稳压泵的流量有限，可能导致其连续运转仍不能保证消防总管有足够压力，此时，消防压力柜中压力会逐渐下降。当压力降至 0.6 MPa 时，第三个压力开关 PS 将发出起动信号（AST），使消防泵起动。消防泵从海水总管吸入，可以向消防总管提供足够压力和流量的海水并通过单向阀进入内消防总管。

四、饮用水系统

图 11-6 为船舶饮用水系统图。来自饮用水舱的淡水被饮水泵送入饮水压力柜（0.2～0.4 MPa）。两个压力开关 PS 的设定值分别为 0.2 MPa 和 0.4 MPa，分别决定饮水泵的起、停。当柜中水位较高而压力仍偏低时，需要手动向柜中补充 0.4 MPa 的压缩空气。离开饮水压力柜后，饮用水被压送至饮水矿化装置，并经饮水处理装置的过滤、紫外线消毒后，送往厨房、配餐间以及各饮水机等，供人员饮用。

如果饮用水舱中的水质足以满足要求，可以经阀 FMV47 将饮水矿化装置旁通。当水舱中的水将用完时，可以通过游步甲板上的加水口从岸上加水。

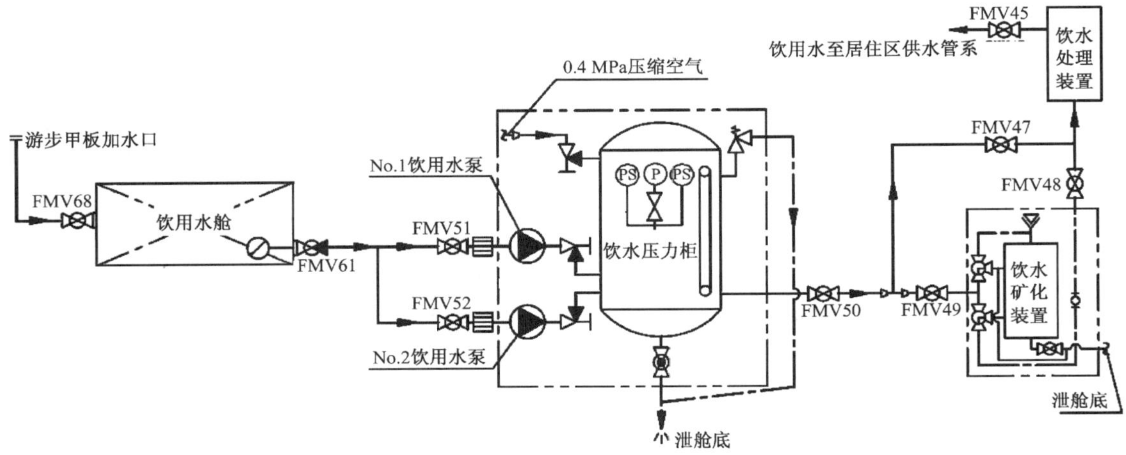

图 11-6　船舶饮用水系统

五、船舶生活淡水系统

图 11-7 所示为船舶淡水系统图。淡水泵从淡水舱吸入，将淡水送至淡水压力柜加压（0.2～0.4 MPa）后，分别经阀 FMV32 和 FMV34 送至居住区供水系统和热水柜。热水柜中压力由淡水压力柜保持，热水由顶部的阀 FMV28 送至居住区供水系统。热水柜中设有蒸汽加热，由温度开关 TS 控制蒸汽流量，从而将水加热至 60～65 ℃。为保证管路中一直有热水，还需要由热水循环泵将系统中的热水回水送入热水柜循环加热。No. 1 日用淡水泵还可用于各淡水舱之间的互相调驳。

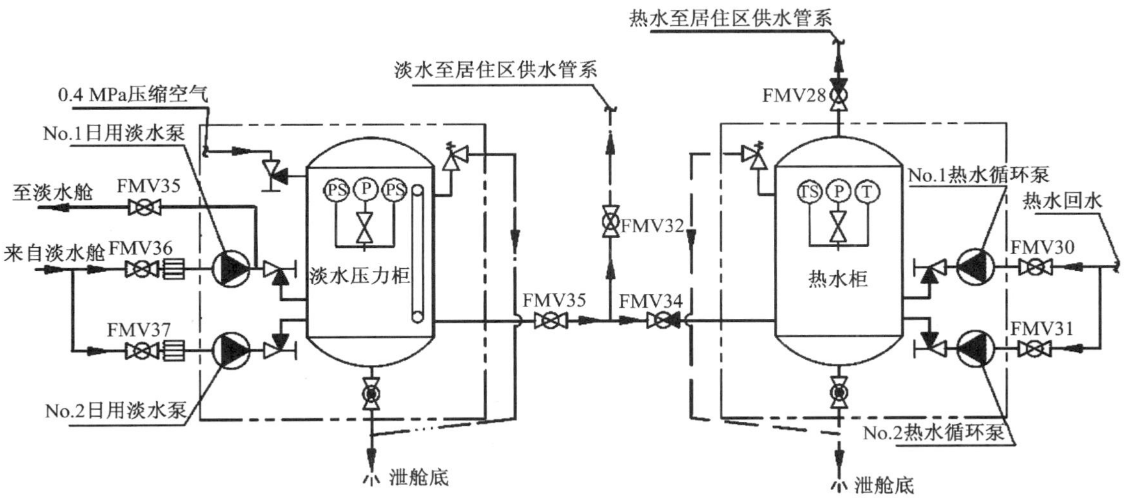

图 11-7　船舶生活淡水系统

六、卫生海水系统

图 11-8 为船舶卫生水系统。卫生水泵从副机舱海水总管吸入海水，将其送入卫生水压力柜加压（0.2~0.4 MPa）。加压的海水经阀 FMV41 和 FMV38 至各居住区，供厕所冲洗所用。卫生水也可经阀 FMV39 和 FMV40 分别进入 No. 1/No. 2 生活污水处理装置，供装置内部清洗所用。

第四节　管系阀件

一、截止阀

截止阀是用来接通或切断管路中介质和控制其流量的。按截止阀的进、出口中心线的位置可分为：直通式，即进出口中心线在一条直线上；直角式，即进、出口中心线相互垂直呈直角分布。按截止阀与管路连接方式可分为：法兰连接、内螺纹或外螺纹连接。

直通式截止阀结构如图 11-9 所示，阀座 2 直接安在阀体 1 内，阀杆 4 的下部与阀盘 3 采用浮动连接，这样阀盘 3 在下降过程中可以有些摆动，可使阀盘 3 与阀座 2 的配合准确，保证了截止阀的密封性。阀杆 4 上部的梯形螺纹与阀盖 7 互相啮合，阀杆 4 方头上装有手轮 8，手轮 8 用螺母 9 固定。阀杆通过阀盖 7 处装置填料 5，由填料压盖 6 压紧，保证工作介质不会从阀杆处溢出。直通式截止阀可用于海水、淡水、燃油和温度低于 225 ℃蒸汽的管路中，是船用阀件中应用最多的一种。

逆时针转动手轮，阀杆带动阀盘离开阀座，此时截止阀呈打开状态，介质从图示方向进入和流出截止阀，管路呈流通状态。反之，则关闭管路。

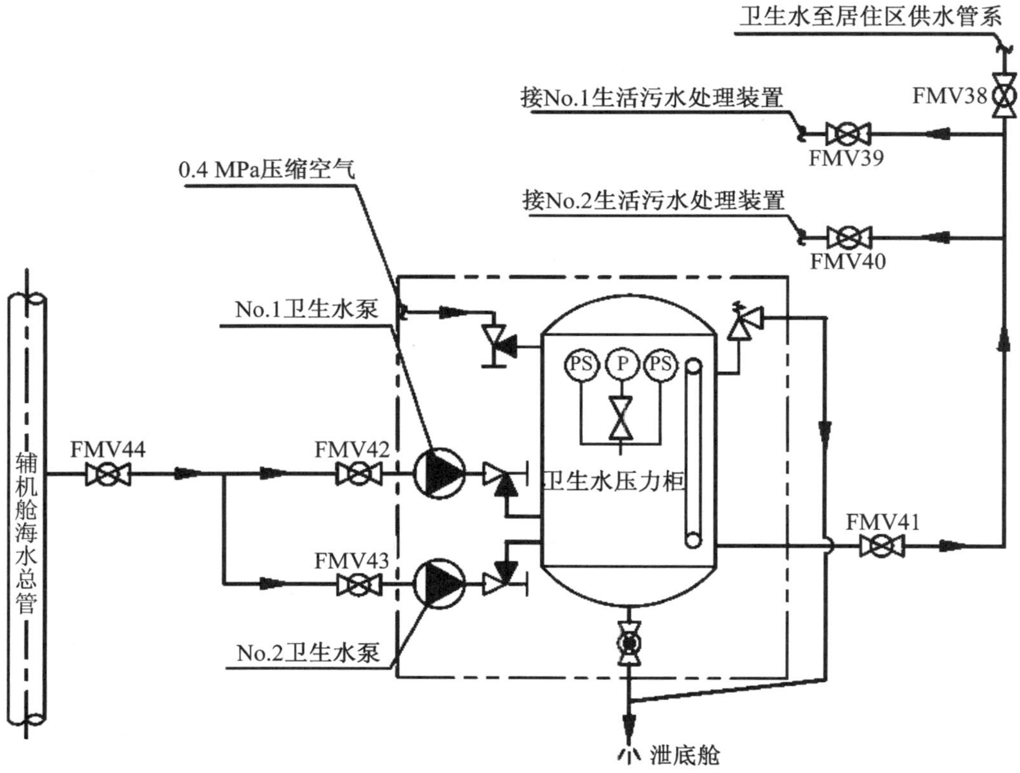

图 11-8 船舶卫生水系统

截止阀在管路中安装时，一定要保证阀体上箭头方向与介质的流动方向一致。若箭头标志不清则可按“低进高出”的原则判断。若截止阀进出口装反，会造成管路流动阻力大幅度增加。

二、止回阀

止回阀又称单向阀，它只让介质沿一个方向流动而不能倒流。按结构分为升降式和旋转式两种，升降式在船上应用较多，其结构如图 11-10 所示。由阀体 1、阀座 2、阀盘 3 和阀盖 4 组成。阀座 2 直接压在阀体 1 内，为了保证阀盘 3 正确地关闭，阀盘 3 上部有导向杆伸入阀盖 4 孔内为阀盘上下运动导向。当工作介质按图示方向进入阀盘的下部时，如果工作介质作用于阀盘下部的力大于阀盘重量和上部的作用力，阀盘就被抬起而离开阀座，此时，止回阀通道被打开，工作介质从止回阀的出口流出。当工作介质逆向流动时，在工质压力和阀盘重力作用下，阀盘紧压在阀座上，工质不能反向流过。

一般而言，尺寸较小的止回阀需要设置弹簧；而尺寸较大的止回阀，由于阀盘足够重，一般没有弹簧，仅靠阀盘自重关闭。由于阀盘靠重力落座，止回阀需要直立安装在管路上。

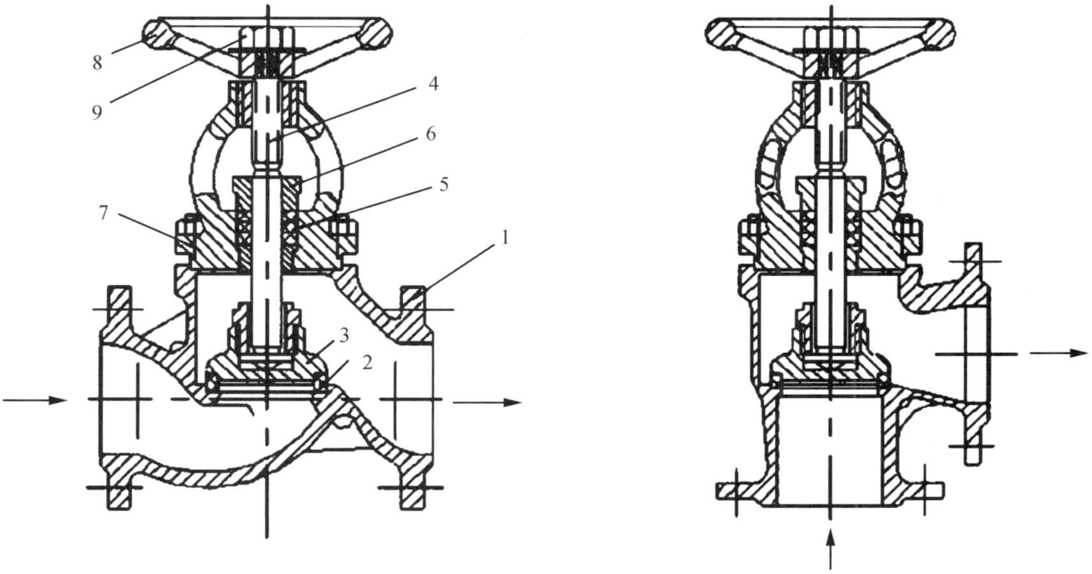

图 11-9　直通式法兰铸铁截止阀

1—阀体;2—阀座;3—阀盘;4—阀杆;5—填料;6—填料压盖;7—阀盖;8—手轮;9—螺母

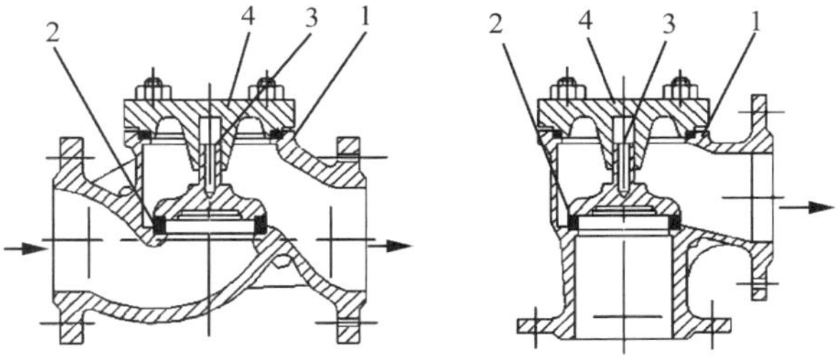

图 11-10　升降式止回阀

1—阀体;2—阀座;3—阀盘;4—阀盖

三、截止止回阀

截止止回阀是截止阀和止回阀的组合阀门,具有截止和阻止介质逆向流动的双重作用,一般用于泵的出口管路,以避免介质逆向流动使压力作用于泵上,其结构如图 11-11 所示。截止止回阀不能强制开启阀盘,阀杆上升阀盘不能随之提升,仅当阀盘下面介质的作用力大于阀盘上面的作用力时,才能开启阀盘,顶起高度取决于阀杆上升的高度和介质的流动情况;反之,当阀盘上部作用力(阀盘重量、弹簧弹力和介质压力)大于下部作用力时,阀盘下降而自动关闭,从而阻止介质逆向流动。转动阀杆可压紧阀盘,将阀强制关闭,从而截断介质的流动。同止回阀一样,尺寸较大的截止止回阀一般不设弹簧,也需要直立安装在管路上。

四、闸阀

闸阀是一种截断式阀门,其阀盘为一楔形板,开关过程中产生平移而改变开度,其作用与

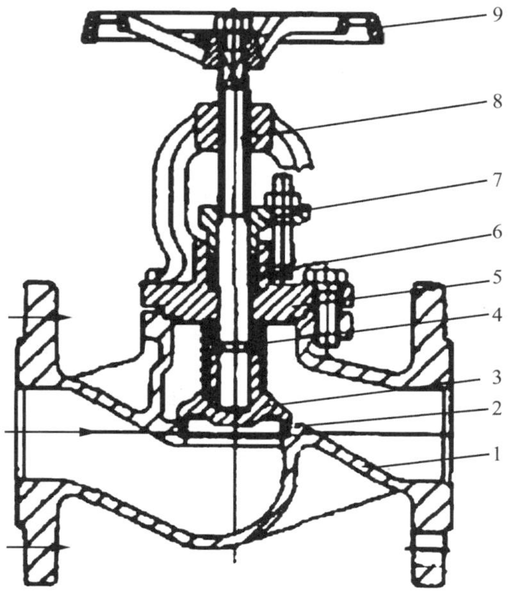

图 11-11　截止止回阀

1—阀体；2—阀座；3—阀盘；4—弹簧；5—阀盖；6—填料；7—压盖；8—阀杆；9—手轮

截止阀相似。闸阀有暗杆式（阀杆固定式）和明杆式（阀杆上升式）两种形式。

1. 暗杆式闸阀

图 11-12 所示为暗杆式闸阀，转动手轮时，可使闸板上下移动，阀杆只能随之转动而不能上下移动，从而使阀在开启与关闭过程中外形尺寸不变。暗杆式闸阀不能显示阀处于什么状态，若要知道阀板在阀内的具体位置，需在阀的上部加设一套行程指示器。

2. 明杆式闸阀

转动手轮时，阀杆随之转动并带动闸板上下移动。阀杆外移的高度可显示闸板开启高度，阀杆不与介质接触。但阀的高度尺寸较大。由于闸阀流通截面大，对介质的流动阻力较小，介质流向不受限制，故常用于低压管路的截断位置。

五、碟阀

碟阀是启闭件（碟板）绕固定轴旋转的阀门。由于碟阀转矩小、重量轻、尺寸小密封性好，维修也较简便，目前碟阀在船上已广泛应用。碟阀的结构有偏心式和中心式。图 11-13 所示为中心式碟阀结构原理图，其阀杆位于圆饼形阀盘的中轴线上，其阀体呈球形，内有密封圈。当阀盘垂直于管路时，碟阀为关闭状态；当阀盘平行于管路时，碟阀为全开状态。手动碟阀上一般都标注有 0°～90°的角度，对应于不同的开度。在开关过程中，阀杆只是在 90°的范围内转动，其高度保持不变。碟阀的密封面积较大，对工作介质的洁净程度和温度有较高要求，并且不宜频繁开关，否则易导致泄漏。在全开状态下，碟阀对工质产生的阻力非常小，与截止阀和闸阀等相比，在通径相同时，碟阀的重量要小很多。所以，在船上，碟阀广泛用在低压、大流量的场合，如各种冷却系统、压载水系统、消防水系统等。

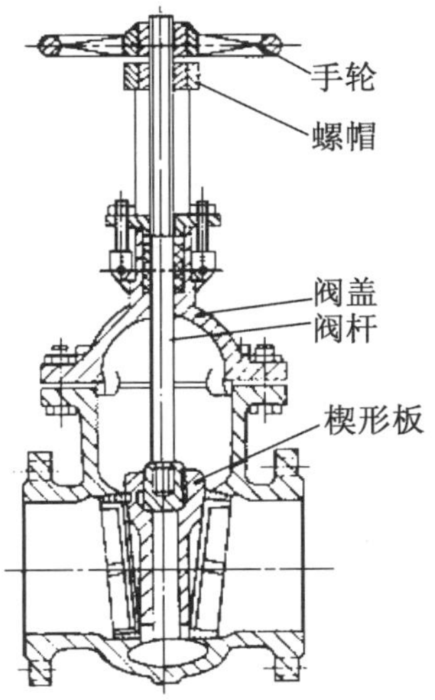

图 11-12 闸阀

除上述常用阀件以外，管路中还有吸入阀箱、排出阀箱、旋塞、安全阀等阀件以及滤器、泥箱（用于舱底水系统）、流量计、疏水器（用于蒸汽凝水管路）、通舱件、管子吊架等附件，在此不做详细论述。

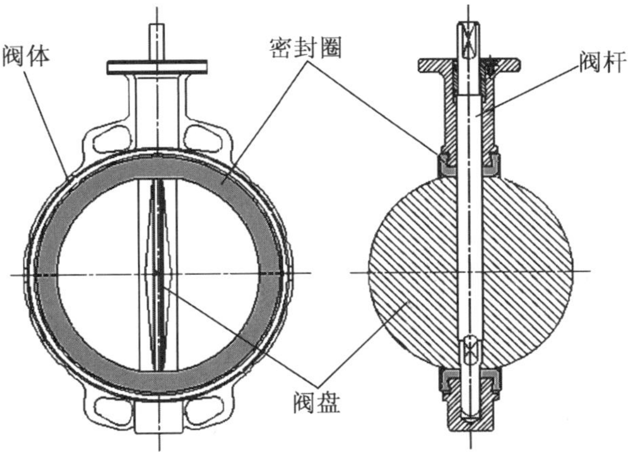

图 11-13 碟阀

第五节 船舶系统日常维护管理及注意事项

一、熟悉管系资料

船舶管系资料反映本船管系设计和施工布置的情况，说明了管路的走向和管路中附件的情况及所在位置，是轮机人员必须掌握的资料之一。不掌握管路情况，在管理上必然会因开错阀、关错阀而引起事故或造成机损。因此，熟悉并掌握管系资料是做好管系管理工作的基础。

二、日常维护管理

(1)检查管路附件使其处于正确工作状态,各阀门处于正确的开关位置。

(2)检查管路连接是否可靠,机械设备连接是否紧固。

(3)检查管路系统的密封状况,不得有泄漏现象。

(4)检查润滑油(或脂)油量是否充足,不够加足。

(5)定期清洗滤器,减小管路阻力。

(6)观察系统的各种仪表读数是否正常。

(7)经常手摸检查轴承的温度,一般不要超过 70 ℃。

(8)在工作过程中,系统及设备是否有异常振动和噪声。

(9)寒冷天气注意及时放掉有关管路附件中的积水,防止管子冻裂。

(10)拆卸或维修管路时,谨防杂物落入管内。

三、管路系统破损的应急处理

船舶上的管路很多,管子的维修焊接工作量往往很大,对于铜管和小直径的钢管,一般均用气焊。在实际工作中,对于各种不同直径、不同壁厚的钢管均可采用电弧焊接。

1. 焊补法

由于管路尤其是海水管路被腐蚀,局部变薄而形成空洞的现象,这时可选用稍大于同孔的一块铁板,将其弯成与管子外径相同的圆弧形贴到管壁上盖上洞孔,然后将铁板边缘焊牢。焊补燃油和滑油管子时,必须将管子拆下来焊补,以防引起爆炸或火灾。

2. 管箍法

在腐蚀烂穿的洞口外面贴上一层橡皮,厚度适中,然后用卡子或管箍卡牢,卡子与管箍的尺寸要与管径相符。若船上无备品,呈两瓣半圆形的卡子亦可自制。有时也可用铁丝代替,但在橡皮外表必须再贴一块与管子外圆相贴合的金属板,然后多扎几道铁丝。这种方法多用来堵直径较小的低压海、淡水管或蒸汽管路上的漏洞。

3. 打水泥

打水泥多用来堵直径较大的海水管子上的漏洞。对于靠近船底板的大直管子尤为实用。事前应先将漏洞处管壁上的油污清洗干净,用木板或铁皮制作一个简单(托)架,再用铁丝将框(托)架与管子相对固定,最后将拌和好的水泥灌注于框(托)架与管壁之间。水泥干固后撤除架子即可。拌和水泥时宜掺入一定比例的沙子。水泥灌好后应隔 2~3 h 洒上点淡水,以防产生裂纹。

4. 铁水泥修补

铁水泥可作应急时管子修补之用。

第六节 船舶管路系统实际操作与训练

项目一 压载水系统的实际操作与训练

1. 起动前的检查

(1)起动前检查有无妨碍泵运转的异物并进行清理;检修后或长期停用的泵起动前,应手动盘车数转,检查转子有无卡阻、轴线对中不良或其他不正常的现象。

(2)检查填料箱的压盖压紧程度是否适中。有水封环的填料箱应开启水封管的截止阀。

(3)检查各轴承滑油量是否适当,油质是否良好。有油环的轴承,滑油应浸 15 mm 左右;油脂润滑的轴承,油脂量应充满轴承室的 1/3~1/2 为好,过多过少都不好。

(4)检查水泵的地脚螺丝和其他固定连接螺丝是否松动。

(5)检查泵吸入真空和排出压力表及接头有无损伤、泄漏。

(6)打开水泵的海水吸入阀,关闭水泵的排出阀,同时开启泵壳上的放气考克(旋塞)直至喷出水柱后关闭。

2. 压载水的压载(注入)操作

如图 11-14 所示,现以向 2 号左边舱进行压载为例,说明船舶压载的操作过程。

(1)打开压载水泵海水吸入阀,并关闭泵吸入管路上其他吸入阀。

(2)打开调驳阀箱上 2 号左压载水舱的压入阀(支阀)并关闭其余压入阀,关闭压载水泵出口管路上所有排出阀。

(3)起动压载水泵,打开压载水泵至调驳阀箱管路上的截止阀。

(4)舷外海水经海水总管 3→吸入管路→压载泵→调驳阀箱→左 2 压入阀→2 号左边压载水舱,直到压载水达到要求的压载水量。若同时需要向 3 号舱右边进行压载,只需要开启右 3 压入阀即可向 3 号右边压载水舱压载。

(5)所有水舱均压载完毕后,关闭压载水泵排出阀,停泵并关闭管路上其他阀件。

3. 压载水的排载(排出)操作

如图 11-14 所示,现以将 2 号左边舱进行排载为例,说明船舶排载的操作过程。

(1)打开 2 号左压载水舱抽出阀(支阀),检查并关闭其他抽出阀。

(2)打开压载水泵抽出总阀,检查并关闭压载水泵吸入管路上的其他吸入阀,关闭排出管路上的所有截止阀。

(3)起动压载水泵,打开压载水泵通舷外管路上的截止阀和舷外阀。

(4)2 号左边压载水舱→左 2 抽出阀→调驳阀箱→压载泵→舷外,直到 2 号左边压载水舱抽空为止。

(5)所有水舱均排载完毕后,关闭压载水泵排出阀和舷外阀,停泵并关闭管路上其他阀件。

4. 压载水的调驳操作

如图 11-14 所示,现以 2 号左边舱的水调至 3 号右边舱为例,说明船舶压载水的调驳操作过程。

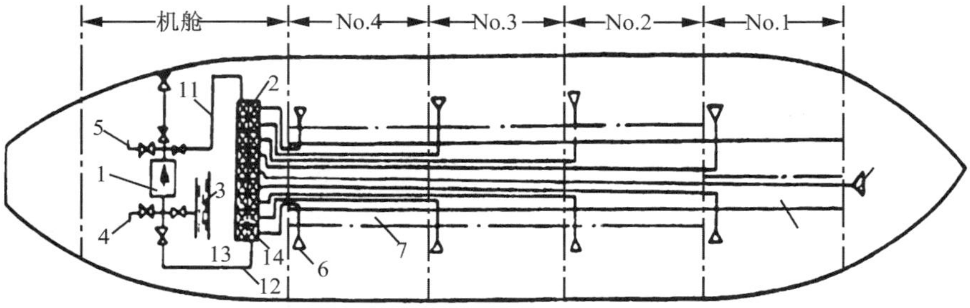

图 11-14 压载水系统图

1—压载泵;2—压载调驳阀箱;3—海水总管;4—接舱底水系统(或机舱应急吸口);5—接消防水系统;6—压载舱吸口;7—燃油舱;8—艏尖舱吸口;9—管隧;10—液压阀油缸;11—压水管;12—抽水管;13—压水阀;14—抽水阀

(1)打开 2 号左压载水舱抽出阀(支阀),检查并关闭其他抽出阀。

(2)打开压载水泵抽出总阀,关闭压载水泵吸入管路上的其他吸入阀,关闭排出管路上的所有截止阀。

(3)打开调驳阀箱上 3 号右压载水舱的压入阀(支阀),关闭调驳阀箱上其余排出阀。

(4)起动压载水泵,打开压载水泵至调驳阀箱管路上的截止阀。

(5)2 号左边压载水舱→左 2 抽出阀→调驳阀箱→压载泵→调驳阀箱→右 3 压入阀→3 号右边压载水舱,直到调驳水量达到要求的为止。

(6)关闭压载水泵排出阀,停泵并关闭管路上其他阀件。

项目二 舱底水系统实际操作与训练

1. 舱底水排至舱底水舱的操作

现以主机舱污水井排至舱底水舱为例,说明其操作过程,如图 11-1 所示。

(1)打开主机舱污水井至日用舱底泵吸入管路上的止回阀 BMV3 和止回阀 BMV4,关闭其余所有污水井至日用舱底泵吸入管路上的止回阀。

(2)起动日用舱底泵。

(3)开启日用舱底泵至舱底水舱排出管路的截止阀 BMV16,主机舱污水井中污水被排入舱底水舱。

(4)主机舱舱底水抽吸完毕后,关闭截止阀 BMV16,停止日用舱底泵,关闭止回阀 BMV3 和和止回阀 BMV4。

2. 油水分离器从舱底水舱中抽吸处理排放操作

舱底水舱污水处理排放的操作过程,如图 11-1 所示。

(1)打开舱底水舱至油水分离器管路上止回阀 BMV66,关闭各污水井至油水分离器管路上的止回阀如 BMV2、BMV3、BMV4 等。

(2)打开海水总管至油水分离器管路上的海水阀 BMV93。

(3)打开油水分离器至舷外出口阀 MSV1。

(4)起动油水分离器,海水→经海水阀 BMV93→进入油水分离器内进行冲洗,待油水分离器冲洗一段时间后,开启油水分离器排出管路上的油分浓度检测器,对分离器排放进行检测。

(5)打开油水分离器吸入阀 BMV66,关闭海水阀 BMV93,舱底水舱油污水→经油水分离器吸入阀 BMV66→进入油水分离器,进行正常分离工作。

(6)当舱底水舱污水分离完毕后,打开海水阀 BMV93,关闭油水分离器吸入阀 BMV66,对油水分离器进行冲洗。

(7)油水分离器冲洗后,关闭海水阀 BMV93,关闭油分浓度检测器,关闭相关件,操作结束。

3. 油水分离器直接从舱底抽吸处理排放操作

舱底污水直接处理排放,以减摇鳍舱的排放为例说明操作过程,如图 11-1 所示。

(1)打开海水总管至油水分离器管路上的海水阀 BMV93。

(2)打开油水分离器至舷外出口阀 MSV1。

(3)关闭油水分离器吸入管路上吸入止回阀 BMV66,关闭油水分离通所有舱底污水井管路上的吸入阀。

(4)起动油水分离器,海水→经海水阀 BMV93→进入油水分离器内进行冲洗,待油水分离器冲洗一段时间后,开启油水分离器排出管路上的油分浓度检测器,对分离器排放进行检测。

(5)打开油水分离器吸入管路上的吸入阀 BMV98 和 BMV99,减摇鳍舱油污水→经阀 BMV98 或 BMV99→进入油水分离器,进行正常分离工作。

(6)当减摇鳍舱污水分离完毕后,打开海水阀 BMV93,关闭油水分离器吸入阀 BMV98 和 BMV99,对油水分离器进行冲洗。

(7)油水分离器冲洗后,关闭海水阀 BMV93,关闭油分浓度检测器,关闭相关件,操作结束。

4. 舱底水排岸操作

(1)关闭截止阀 BMV16,海水阀 BMV93。

(2)若是抽吸“舱底污水”中污水,关闭所有舱底通日用舱底泵吸入管路上的止回阀,开启舱底水舱至日用舱底水泵管路上的止回阀 BMV1。

(3)起动日用舱底水泵,待压力正常后,打开排出阀 BMV15,舱底水舱中的污水即排到岸上。

(4)污水排送完毕后,停止泵,关闭相应的阀件。

(5)若要抽吸某一舱的舱底水,只需关闭 BMV1,开启该舱通日用舱底泵的吸入管路上的相关止回阀即可。

项目三　通风系统实际操作与训练

(1)通风机起动前应做好起动前的检查、准备工作。如检查轴承润滑条件是否良好,新装或修理后复装的通风机,起动前还应用手盘叶轮试转,观察有无卡死、摩擦或影响运转的因素,检查所有紧固件。对于带传动风机,应注意驱动轮与带轮之间的平行与平齐,传动带松紧合适。另外起动前还应检查电机接线是否正确,绝缘是否在要求范围内。

(2)风机起动时,先点起动1~2次,观察起动状态,叶轮转向。风机起动后观察风机振动、运行及风机轴承润滑情况,轴承表面测得的轴承温度一般不得高于环境温度40 ℃,振动速度有效值不得超过6.3 mm/s,如有异常,应立即停机。

(3)通风机在运行中操作人员应注意其风量、风压及电动机电流的变化,必要时进行工况调节。风机运行中必须经常观察风机振动、润滑及整个通风系统的工作情况并做好运行记录。

(4)通风机停机,只需关闭电源即可。但如果是停机检查或维修,应在其电源处悬挂"禁止合闸"警告牌。

项目四　消防水系统实际操作与训练

(1)消防泵一般为离心泵,起动操作参照压载水泵的起动操作。

(2)定期起动并做喷水试验,检查泵及系统工作是否正常。

(3)如有自动喷淋系统,应保持压力水柜正常,必要时通过充或放气调整,并注意所用淡水舱应保持适当水量,以免抽空。

(4)冬季需防止外消防水管冻裂,使用后应注意放残。

第十二章 舵机的操作与管理

内河船舶甲板机械主要包括舵机、锚机、绞缆机、吊艇机等设备和装置，其驱动主要以电力和液压等方式，液压传动具有许多优点，在现代化船舶上，电力驱动越来越多地被液压传动所取代，应用越来越广泛。本章主要介绍液压传动的基本知识，常用液压元件及图形符号，液压油，电动液压舵机的种类、结构和工作原理及内河船舶液压舵机的实际操作训练等内容。

第一节 液压传动的基本知识

一、液压传动装置的基本组成及功用

液压传动是通过液压油来传递能量的一种传输方式。其功用是借助于液体的压力能实现能量的传递和转换。

如图 12-1 所示。一套完善的液压传动装置（又称液压系统）是由动力元件、执行元件、控制元件和辅助元件组成的。

1. 动力元件

在液压系统中，动力元件就是指液压油泵 8，其功用是将机械能转换为压力能，向液压系统提供洁净足量的压力油。

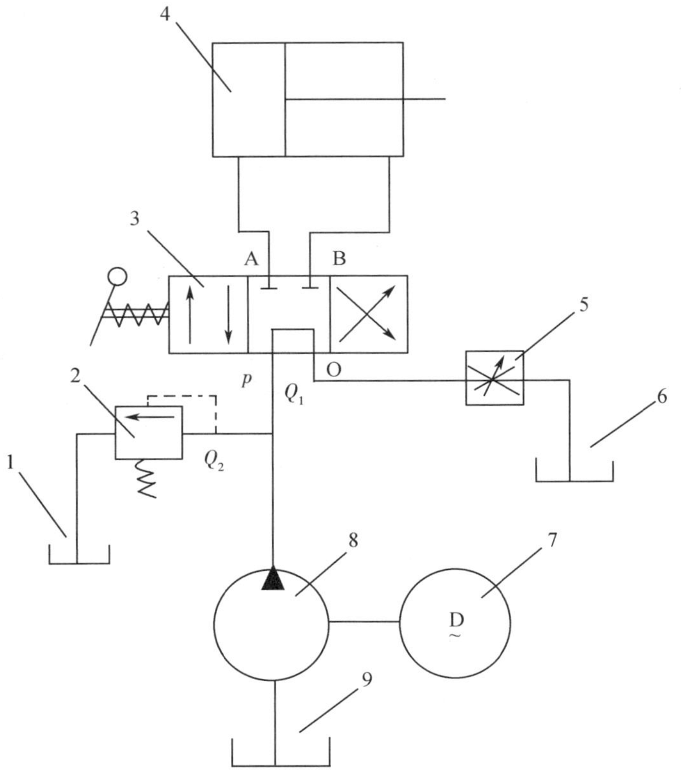

图 12-1　液压装置的基本组成图

1、6、9—油箱;2—溢流阀;3—三位四通换向阀;4—液压油缸;5—节流阀;7—交流电动机;8—液压油泵

2. 执行元件

在液压系统中,执行元件就是指液压油缸 4 或液压马达,其功用是将液压油的压力能转换成带动工作部件运动、转动或摆动的机械能。

3. 控制元件

在液压系统中,控制元件是指各种液压控制阀,包括溢流阀 2(压力控制阀)、三位四通换向阀 3(方向控制)和节流阀 5(流量控制)等,其功用是控制液压系统中油液的压力、流向和流量,从而满足工作部件对运动输出力(力矩)、方向和速度的要求。

4. 辅助元件

油箱 1、过滤器、蓄能器、热交换器、压力表、油管、连接件等均为辅助元件。

液压系统按油液循环方式分为闭式系统、开式系统和半闭式系统。闭式系统中,油液的循环线路为:"从油泵→至油缸(或油马达)→再回油泵";开式系统中,油液的循环线路为:"从油箱→至油泵→至油缸(或油马达)→再回油箱"。

根据液压技术手册的划分标准,液压系统按其额定工作压力通常分为:低压系统(<2.45 MPa);中压系统(2.45~7.85 MPa);中、高压系统(7.85~15.7 MPa);高压系统(15.7~31.4 MPa);超高压系统(>31.4 MPa)。

二、液压传动的主要优缺点

1. 液压传动的主要优点

(1)液压传动装置(同功率)体积小、重量轻、结构紧凑。

(2)液压传动装置运动平稳、反应快、惯性小。

(3)执行元件与动力元件可远距离分开布置。

(4)能输出较大的扭矩,易于实现转动、摆动和直线等多种运动形式的输出。

(5)操作性能好,易于大范围内实现无级调速(调速比可达 2 000 : 1)和微速运动。

(6)能高速起动、制动和换向。

(7)易于实现自动控制和过载保护。

2. 液压传动的主要缺点

(1)对液压油、系统的清洁和元件的精度要求很高。

(2)液压传动对油温变化较敏感,工作稳定性较差。

(3)泄漏和高压时油可压缩性影响传动比的精确性。

(4)压力、流量损失大,效率较低。

(5)液压元件造价较高,系统较昂贵。

三、国标规定的液压元件的图形符号

液压系统是较复杂烦琐的系统,设备元件众多,为了能较清楚表达系统的组成情况,系统图中的所有元件均是采用图形符号表示,其相应的符号,国家做出了统一的标准和规定。

第二节 常用液压元件及图形符号

一、常用液压泵

在液压机械中,液压泵是将机械能转换为压力能的元件,为液压系统提供足够流量和足够压力的液压油。

(一)液压泵的分类

(1)按流量是否可改变分为定量泵和变量泵。

(2)按流向是否可改变分为定向泵和变向泵。

(3)按流向与流量是否可改变分为变向变量泵和定向定量泵。

(4)按泵的结构形式分为齿轮泵、螺杆泵、叶片泵(单、双作用)和柱塞泵(轴向和径向)。

叶片泵、柱塞泵是液压泵中专门化和技术含量较高的一类泵,主要用于液压系统。而前面所学的齿轮泵、螺杆泵除用于液压系统外,还常用于其他场合。在此主要介绍液压系统中常用的柱塞泵。

(二)柱塞泵

柱塞泵分为轴向柱塞泵和径向柱塞泵两大类,现在径向柱塞应用较少,在此做基本结构和工作原理介绍。

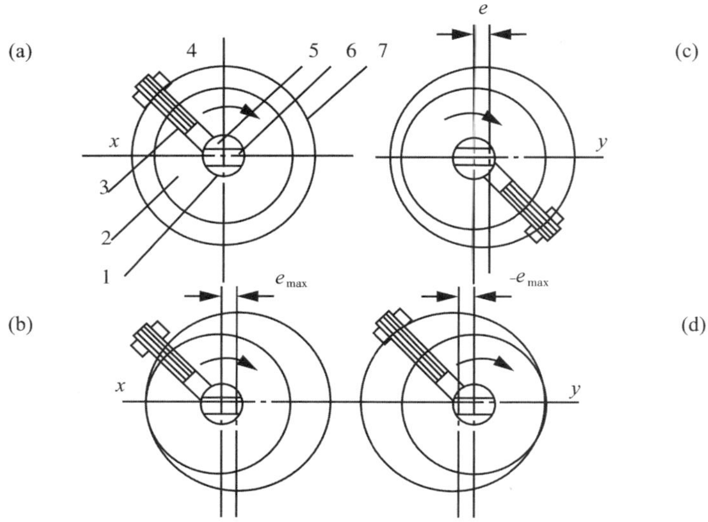

图 12-2　径向柱塞泵工作原理图

1、5—吸、排油道;2—缸体;3—柱塞;4—滑履;6—配油管(中央阀);7—浮动环

1. 径向柱塞泵的基本结构和工作原理

径向柱塞泵如图 12-2 所示。配油管 6 与缸体 2 为间隙配合,缸体绕配油轴旋转,并在缸体中心形成吸、排油道 1、5;柱塞装于缸体的径向油缸中,通过滑履 4 与浮动环 7 相连,随同缸体 2 由原动机带动回转;装于缸体外侧的浮动环的中心,相对于缸体中心可进行左右调节,从而改变浮动环中心与缸体中心的偏心方向和偏心距的大小,实现油泵的变向和变量。其工作原理概括为:

(1)当浮动环与缸体同心时,油泵不吸、排油即空转;

(2)当改变浮动环与缸体偏心的方向时,可改变油泵吸、排油的方向;

(3)当改变浮动环与缸体偏心距 e 的大小时,可改变油泵吸、排油油量的大小。

2. 轴向柱塞泵的基本结构和工作原理

轴向柱塞泵分为斜盘式和斜轴式(摆缸式)两类,这里只介绍在内河船舶应用最多的斜盘式轴向柱塞泵。斜盘式轴向柱塞泵的基本结构如图 12-3 所示。其基本结构包括斜盘 5、缸体 3、柱塞 4、配油盘 2、泵轴 1、泵体 9 等主要部件。缸体沿轴向均匀分布 7 个油缸,柱塞一端装于缸体的油缸中,另一端与滑履铰接,通过弹簧和缸内液压力,通过回程盘将滑履始终压紧在斜盘 5 上。油缸左端靠弹簧力和液压力的作用,与定位于泵体上的配油盘 2 紧密贴合;缸体与泵轴通过花键连接,并由电动机带动使其回转;配油盘 2 上的两个配油窗口 6 分别与缸体端面以及泵盖上进、出油口 7、8 连通。其工作原理为:

(1)当斜盘平面与泵轴轴线垂直时,油泵既不吸油也不排油即空转;

(2) 当改变斜盘倾斜的方向时,即改变油泵吸、排油的方向;

(3) 当改变斜盘倾斜角度的大小时,即可改变油泵吸、排油量的多少。

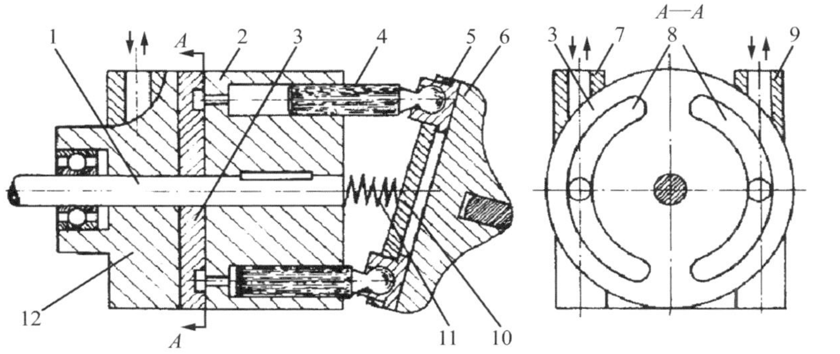

图 12-3 斜盘式轴向柱塞泵工作原理图

1—泵轴;2—配油盘;3—缸体;4—柱塞;5—斜盘;6—配油窗口;7、8—吸、排油口;9—泵体;10—斜盘;11—复位弹簧;12—泵盖

3. 斜盘式轴向柱塞泵实例

斜盘式轴向柱塞泵常用的有 CY 型和 ZB 型,下面以 CY 型轴向柱塞泵为例说明其结构。如图 12-4 所示为 CY14-1 型轴向柱塞泵的结构。

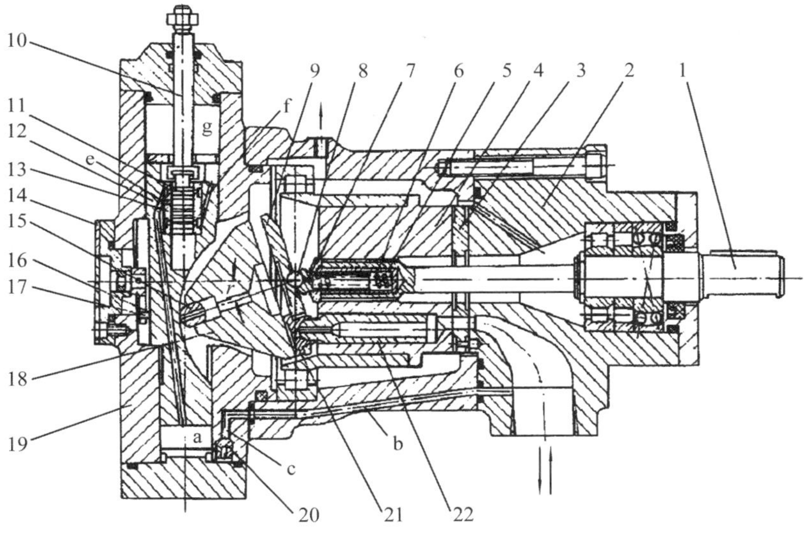

图 12-4 CY14-1 型轴向柱塞泵

1—传动轴;2—泵盖;3—配油盘;4—缸体;5—外套;6—定心弹簧;7—内套;8—钢球;9—回程盘;10—拉杆;11—伺服滑阀;12—差动活塞;13—伺服滑阀套;14—刻度盘;15—销轴;16—拨叉;17—销子;18—斜盘;19—变量机构壳体;20—单向阀;21—滑履;22—柱塞;23—泵体

(1) 主体部分结构

缸体 4 由一大型圆柱滚子轴承支承于泵体上,与传动轴 1 为花键连接。缸体上沿轴向均匀分布 7 个油缸,每个油缸中的柱塞 22 的端部均铰接滑履 21。定心弹簧 6 通过内套 7、钢球 8 和回程盘 9 把 7 个滑履压紧于斜盘 18 上;通过外套 5 将缸体压紧于配油盘 3 上。配油盘与泵体 2 以定位销定位。斜盘 18 以其两侧的耳轴支承于变量机构壳体 19 上。运行中,斜盘处于

倾斜位置时,柱塞靠吸入压力和定心弹簧的张力通过回程盘和滑履从油缸拉出,靠斜盘对滑履的约束压入油缸。

斜盘式轴向柱塞泵,其内部泄漏的部位主要包括:

①配油盘与缸体端面之间的泄漏;

②配油盘与泵盖之间的泄漏;

③柱塞与油缸之间的泄漏;

④柱塞与滑履铰接处的泄漏;

⑤滑履与斜盘之间的泄漏;

⑥差动活塞 12 与差动油缸之间的泄漏。

其中以配油盘与缸体端面之间的泄漏对泵容积效率影响最大。泄漏的油汇集于泵壳内,为了保证油泵内各轴承的润滑,油泵的回油必须从泵壳上部的回油接头引回油箱。

(2)变向变量机构

常用的有手动和机动(随)动变向变量机构。图 12-5 所示为带液压放大器的机(随)动变向变量装置,由图 12-4 中的拉杆 10、伺服滑阀 11、差动活塞 12、单向阀 20 和斜盘 18 等组成。

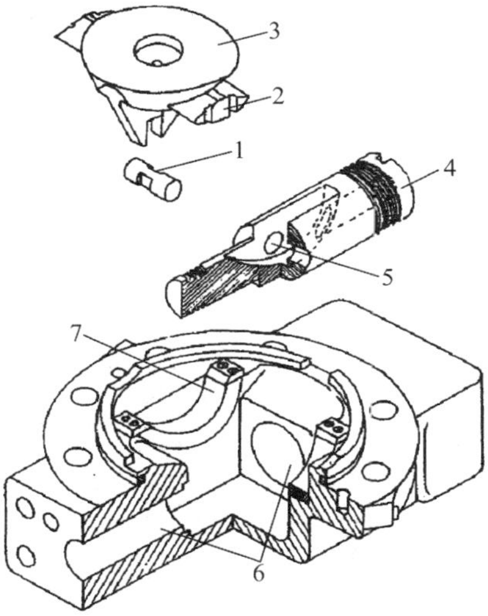

图 12-5　伺服变量机构

1—销轴;2—耳轴;3—斜盘;4—差动活塞;5—销轴孔;6—差动油缸;7—耳轴承

斜盘、差动活塞和变量机构壳体的结构,如图 12-5 所示。斜盘 3 的下叉口插于差动活塞 4 中槽内,销轴 1 装于孔 5 内,并从斜盘的叉口穿过。如图 12-4 所示,从油泵排出腔或由辅泵供入吸入腔的压力油,可经泵体上的油道 b 和单向阀 20(油道和单向阀各有两个,图中只示出一个)进入差动活塞 12 下端的 a 腔。当伺服滑阀 11 处于中位时,油孔 f 和 e 均关闭,由于差动活塞上端 g 腔的油液被锁闭,故差动活塞上、下端的液压力平衡,差动活塞也处于中位,斜盘平面与轴中心线垂直,泵空转。

若通过拉杆 10 将伺服滑阀上拉一段距离,使油孔 f 开启,则差动活塞上端 g 腔中的油液就会被泄入泵体内,在差动活塞下腔的油压作用下,差动活塞即上移,并通过销轴 15 驱动斜盘 18 向右偏转,直至油孔 f 重新被伺服滑阀关闭,差动活塞上、下端液压力重新平衡为止,油泵以一定方向和流量进行吸、排油。

若通过拉杆把伺服滑阀从中位向下压一段距离，油孔 e 开启，则 a 腔中的压力油便经 e 油道进入 g 腔，虽然 a 腔与 g 腔油压相等，但由于差动活塞上大下小，上端作用的液压力大，故差动活塞下移，并通过销轴驱动斜盘反向偏转，直至孔 e 油孔重新被伺服滑阀关闭，活塞上、下端的液压力重新平衡为止，泵即以一定流量反向吸、排油。

若通过拉杆把伺服滑阀从上位或下位，压、拉回中位时，则伺服滑阀开启油孔 e 或 f，使差动活塞下移或上移，直至孔 e 或 f 重新被伺服滑阀关闭，斜盘也就回至与轴线垂直的位置。

显然，伺服滑阀从中位上拉或下压的距离越大，差动活塞的行程就越长，斜盘的倾角越大，泵的流量也越大。由于差动活塞的行程总是等于伺服滑阀的移动距离，所以又有随动变量装置之称。

差动活塞移动时还通过其上的销子 17 驱动拨叉 16，在刻度盘 14 上示出泵流量的大小。刻度盘共 10 格，每一格相当于 10%的额定流量。

若泵的吸油未设辅泵供油时，而伺服滑阀又处于中位，因无从引入控制油压，则需通过拉杆直接拉、压差动活塞移动，泵才能吸、排油。

手动变向变量机构无液压放大器，用与差动活塞（或活塞）螺纹连接的螺杆代替拉杆和伺服滑阀。只要用手动与螺杆固接的手轮，就可使差动活塞（或活塞）移动，改变斜盘的倾角。手动变向变量轴向柱塞泵在液压系统中常作定向定量泵用，不同者只是排量可以调整。

（3）配油盘

如图 12-6 所示为配油盘的结构。左右两弧形配油窗口分别与泵体上吸、排口和容积增、减的油缸连通。两弧槽之间为密封区，也是油缸内油压发生变化的过渡区。*M—M* 为斜盘中心线（油缸容积增减的分界线），*N—N* 为配油盘的中心线。*M—M* 线与 *N—N* 线重合者为对称配油盘，不重合者为非对称配油盘，对于非对称配油盘，油泵工作时不能反转。阻尼孔 D_1（或三角形节流沟槽）与左侧排油口和 D_2 与右侧吸油口靠漏泄相通。此时，密封区为阻尼孔与弧形配油槽之间，其圆心角为 *A*。油缸配流孔的圆心角为 *B*。设计制造为负重叠，当油缸的配流孔刚离开吸（或排）油口时，就与靠近另一配油窗口的阻尼孔相通，既可消除困油现象，又可实现密封（微小角度的负重叠对容积效率影响不大）。随着缸体的转动，油缸配流孔与阻尼孔的重叠度增大，油缸中的油压就平缓地或升或降，待油缸转至与另一配油窗口相通时，缸内油压与相应配油窗口油压相差不大，有效地减小了缸内液体与窗口中液体的液压冲击和噪声。密封区内的 5 个盲孔 E，用以贮油供润滑用。

（三）柱塞式液压泵管理要点

（1）泵与电动机应采用弹性连轴节直接相连，轴线同心度误差应不超过 0.1 mm。

（2）泵内流道较复杂，流动阻力损失较大，具有一定自吸能力，一般吸入高度小于 125～500 mm，有的泵（如 ZB227 型）不允许自吸。故吸入管上不允许装过滤器，以免降低泵的吸入压力，容积效率下降，甚至发生气蚀现象。为了避免柱塞与滑履铰接处，在吸入过程受拉而损坏，轴向柱塞泵一般采用辅泵供油。

（3）对于初次使用或刚刚拆修过的柱塞泵，起动前应检查泵的转向，并应向泵内灌油，以避免起动过程中烧伤轴承和摩擦面。

（4）安装柱塞泵时，泵壳上的泄油口接头应向上，保证泵在工作中，泵壳内充满油，确保轴承的润滑；回油管应单独接至油箱，回油压力一般不高于 0.05 MPa，以保证泵壳的密封和变量

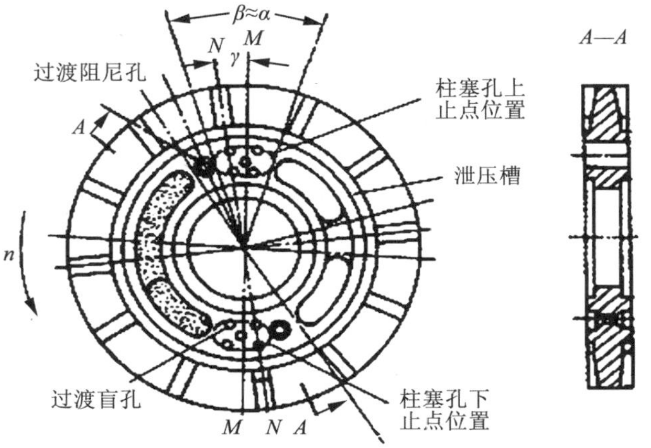

图 12-6　配油盘结构

装置工作可靠。

(5)泵不宜长时间在“零”流量状态下运行,以避免各摩擦面失去渗漏油的润滑与冷却,使磨损加快。

二、常用液压马达

液压马达是液压系统的执行元件,其作用是将液压油的压力能转换为驱动机械设备的机械能。

按照液压马达的转速和扭矩大小,主要分为两类:

(1)高速小扭矩液压马达(n>500 r/min)主要有齿轮式、螺杆式和为轴向柱塞式液压马达等,它们的主要特点是转速高、转动惯量小,便于起动和制动,调速和换向灵敏度高,但扭矩较小,通常只有几十牛·米到几百牛·米,难以直接驱动大型机械设备,在船舶中应用不多。

(2)低速大扭矩液压马达(n≤500 r/min)主要有活塞连杆式、静力平衡式、内曲线式、叶片式等型式。低速大扭矩液压马达的特点是输出扭矩大,转速低,可不经减速机构而直接与工作机构连接。低速大扭矩液压马达的每转排量很大,故外形尺寸也很大。它适用于各种低速、大负载的机械,如起货机、锚机、绞缆机和滚装船的甲板绞车等。

按照液压马达的工作原理,液压马达分为径向柱塞式和叶片式两种。其中径向柱塞液压马达按其结构各工作原理分为连杆式、静力平衡式和内曲线式液压马达三种。

连杆式液压马达是船舶起货机、绞缆机等系统统中常见的执行元件之一,应用较早,以英国卓别林公司斯达法(Staffa)厂的产品最为著名,所以连杆式马达俗称斯达法式马达。静力平衡式液压马达实在连杆式基础上发展而来,国外称为罗斯通(Roston)马达。内曲线式液压马达实际也是径向柱塞式马达的一种,不同于前两种马达(连杆式和静力平衡式)的单作用,内曲线式属于多作用式,在船舶中应用广泛。内曲线式液压马达易于做成壳转式,具有体积小,低速稳定性好等特点,在船舶液压锚机、绞缆机系统中应用较多。叶片式液压马达分为高速小转矩和低速大转矩两类,船舶中常见的为低速大转矩叶片式马达。液压马达一般为定量式,所以船用低速大转矩叶片马达多为多作用式,在定量泵系统中,通过调节作用数可实现有级调速。

1. 连杆式液压马达的性能特点

(1)结构:结构简单,但采用了带球铰的连杆,壳体内开流道,工艺性差。

(2)受力条件不好:连杆大端与偏心轮接触面处和小端球铰处的比压较大,磨损较严重,有时会发生咬合;径向力不平衡,径向载荷较大,影响轴承寿命。

(3)起动扭矩比较小,机械效率低。连杆下端圆弧形底面摩擦损失是引起液压马达扭矩损失的主要原因,除此之外,柱塞和油缸侧面之间、柱塞和连杆球头之间、配油轴和轴套之间均有摩擦,所以这种液压马达起动扭矩较小,通常只有理论扭矩的 80%~85%。

(4)工作时柱塞运动速度不均匀,油马达瞬时排量波动大,造成转矩和转速脉动率大(约为 7.5%),低速稳定性较差,在 3~10 r/min 以下即会产生“爬行”现象。引起“爬行”的原因不仅是受液压马达脉动率影响,另一个重要原因是连杆底面比压较大,低速时润滑条件差,即滑动配合面处油膜厚度减薄,甚至破坏,以至转化为干摩擦,引起摩擦和发热急剧增大,从而造成液压马达转速不稳。摩擦力变化还会产生油压波动,加剧漏损,促使液压马达低速稳定性更差。因此,这种液压马达不宜在 3~10 r/min 以下工作。

(5)配油轴处易泄漏。

2. 静力平衡式液压马达的性能特点

(1)与连杆式相比,五星轮所需空间较大,在每转排量相同时,外形尺寸和重量较大。取消了带球铰的连杆,壳体内无流道,工艺性好;可做成双出轴轴转式或壳转式。

(2)瞬时排量均匀性好,转矩和转速脉动率比连杆式小,为 4.9%,最低稳定转速为 2 r/min 左右。

(3)主要部件实现油压静力平衡,具有较高的机械效率。柱塞、压力环、五星轮等处的摩擦力显著减小,起动效率高。采用双列式可使轴承负荷大为减轻,工作寿命延长。

(4)柱塞侧向力较大,是相同参数连杆式液压马达的 7~14 倍,缸壁易磨损,柱塞易卡死;日本研制的 SH 型液压马达将缸体和柱塞置于五星轮中,可解决柱塞承受侧向力的问题。

(5)柱塞与压力环的密封不易保证,在采用油压封闭制动时,压力环易啃伤,产生喷油现象,容积效率较低;故宜采用机械制动。

(6)弹簧往复频繁,易产生疲劳损坏。

3. 内曲线式油马达的性能特点

(1)零件数目较多,结构复杂,对工艺和材料要求较高,尤其是内曲线部分受柱塞滚轮的较大压力,表面处理的要求高。

(2)径向力完全平衡,机械效率高,起动转矩高。只要作用次数与柱塞数目的最大公约数 $m \geqslant 2$ 时,则全部柱塞可分为受力状态完全相同的 m 组,使作用在壳体、油缸体和配油轴上的径向力完全平衡,这对适用更高的工作压力和提高机械效率十分有利,起动扭矩可达理论值的 90%~98%。

(3)无扭矩脉动,低速稳定性好。选用合适的壳体曲面,能使瞬时进油量保持不变,扭矩脉动率理论值为零,量低稳定转速可达 0.5 r/min 左右。

(4)扭矩范围大,可方便地做成双列或三列结构。多列多作用式可使液压马达的每转排量较大,从而使输出扭矩较大,增大了液压马达的扭矩应用范围。

(5)调速范围广,可方便地做成有级变量液压马达。

(6)适用场合广,轴转壳转易实现。

4. 叶片式液压马达的性能特点

(1)结构简单,重量轻。

(2)密封面较多,容积效率低(小于90%),适用于中低压场合。

(3)叶片顶端对定子内表面摩擦力较大,机械效率和起动效率较低(小于85%)。

(4)低速稳定性差(n_{min} 为4~6 r/min)。

三、常用液压辅件

液压系统的辅助元件是指滤油器、蓄能器、油箱、密封件、管件、压力表和热交换器等液压件。从液压传动的工作原理来看,它们只起着辅助作用,然而从保证液压系统有效的传递力和运动以及提高液压系统其他工作指标来看,它们却是系统不可缺少的重要组成部分。实践证明,它们对液压系统的性能、效率、温升、噪声和寿命等的影响极大。如果选用或使用不当,会影响整个液压系统的工作性能,甚至使之无法正常工作。所以,在设计、制造和使用液压设备时,必须重视辅助元件。其中油箱可供选择的标准件较少,常常是根据液压设备和系统的要求自行设计,其他一些辅助元件则做成标准件,供设计时选用。本章节主要介绍一下滤油器、蓄能器、油箱和密封装置等液压辅件的主要功能作用。

(一)滤油器

滤油器的功用是在工作中不断滤除流经的液压油中的固体杂质,降低油液污染度,提高液压装置工作的可靠性和耐用性。有统计资料表明,液压系统的故障有75%以上是由于油液污染造成的。因此,过滤是控制污染最有效的方法之一,对滤油器的维护保养工作是轮机管理人员最常见的日常工作之一。

按滤芯的过滤机理,滤油器可分为表面型过滤器、深度型过滤器和磁性过滤器。

1. 液压系统中污染物来源

液压油中混入的各种杂质,其大致来自以下几方面。

(1)一开始就残留在液压系统中的杂质,例如水锈、铸砂、焊渣、铁屑、油封剂、油漆皮以及清洗时残留的棉纱屑等。

(2)外界进入液压系统的杂质,例如从加油口、防尘圈等处进入的灰尘,液压油在运输过程中,从空气和输送设备中混入的杂质等。

(3)工作过程中产生的杂质,例如密封材料受液压作用形成的碎片,运动件磨损产生的金属粉末,水、空气、液压油在高温下经化学作用产生的酸类、胶状物、沥青质和炭渣等以及密封材料、橡胶软管、容器内壁涂料等在油中溶解生成的硬化杂质等。

据统计,液压系统的故障中有70%以上是由液压油中的杂质造成的。因此,保持油液的清洁和防止油液的污染必须给予足够的重视。

消除液压油中固体杂质的最有效办法,除利用油箱沉淀一部分大颗粒杂质外,主要是应用各种滤油器滤除各种机械杂质。油液经过滤油器的无数的微小间隙或小孔时,油液中所含的尺寸大于这些间隙或小孔的杂质便被阻隔住,而达到滤清油液的目的。

2. 对滤油器的基本性能要求

针对在液压系统中的不同用途,滤油器也有多种形式,但其基本要求都是一致的,这些要

求是:

(1)能满足液压系统对过滤精度的要求;

(2)能满足液压系统对过滤能力的要求;

(3)滤油器材料具有一定的机械强度,不致因液体压力作用而被破坏;

(4)在工作温度下性能稳定;

(5)有良好的抗腐蚀性;

(6)便于清洗维护,便于更换滤芯;

(7)造价便宜。

3. 滤油器的选用

过滤器的主要参数为过滤精度、压力损失、公称流量和公称压力。一般按系统的类型与压力选择,当系统压力小于 14 MPa 时,过滤精度为 25 μm;压力为 14~32 MPa 时,过滤精度小于 25 μm;压力大于 32 MPa 时,过滤精度小于 10 μm;液压伺服系统过滤精度小于 5 μm。

选择过滤器时应考虑以下三个因素。

(1)滤孔尺寸

滤芯的滤孔尺寸可根据系统要求的过滤精度的要求来选取。

(2)通过能力

滤芯应有足够的通流面积。通过的流量越大,则要求的通流面积越大。一般可根据所通过的流量,从产品样本手册中选取相应规格的滤芯。若以较大流量通过小规格过滤器,则压力损失增大,滤芯堵塞加快。

(3)耐压

耐压包括滤芯的耐压和壳体的耐压。一般滤芯的耐压为 $10^4 \sim 10^5$ Pa。设计时滤芯应有足够的通流面积,使滤芯上的压降足够小,以避免滤芯破坏。

(二)蓄能器

蓄能器的主要作用是获取一定数量的压力流体并加以储存,在必要时释放出满足系统需求,是液压系统中存储能量的一种装置,在液压系统中应用非常广泛。

蓄能器的基本工作原理都是利用弹性元件的压缩来储能压力或流量,在系统需要利用弹性元件的膨胀向系统中释放压力或流量。按产生液体压力的方式不同,蓄能器有弹簧式、重力式和充气式三种类型。充气式最常用,它利用气体的压缩和膨胀储存、释放压力能,在蓄能器中气体和油液被隔开;而根据隔离的方式不同,充气式又分为活塞式、气囊式和隔膜式等三种。

蓄能器在液压系统中的主要功用是储存能量、吸收脉动压力、吸收冲击等。

蓄能器在安装维修和日常管理用,应注意以下问题。

(1)以油口向下垂直安装为宜,以免其中杂质沉淀妨碍工作。

(2)装在管路上的蓄能器需用支架固定,但不能用焊接固定,以免妨碍热胀冷缩。

(3)蓄能器与管路之间应安装截止阀,以便系统长期停用及充气、检修时将其切断。

(4)蓄能器与液压泵之间应安装单向阀,以防止泵停转时蓄能器内的压力油向泵倒灌。

(5)禁止充氧气或空气,以免气体漏入油中引起氧化,空气还可能带入水分。允许的最高充气压力视蓄能器的结构形式而定,例如,皮囊式蓄能器的充气压力为 3.5~32 MPa。

(6)吸收冲击压力和脉动压力的蓄能器应尽可能装在振源附近。

(7)至少每隔6个月检查一次压力。

(三)油箱

油箱是液压系统中用来储存油液、散发系统工作中产生的热量、沉淀油中固体杂质,逸出油中气泡的容器,结构虽然简单,作用却不小,是液压系统中必备元件,也是船员日常维护、保养中需经常关注的液压设备。

油箱在液压系统中的主要功能是:

(1)提供足够的储油空间,既能适应油液因温度变化而引起的胀缩,又能容纳系统元件的漏油和便于向系统补油;

(2)帮助油散发工作中产生的热量;

(3)分离油中的气体,沉淀固体杂质。

按油箱内液面是否与大气相通,可分为开式油箱和闭式油箱(充气式),还可按是否与主机结合为一体,分为整体式油箱和分离式油箱。

为保证液压系统的正常工作,油箱必须满足如下要求。

(1)容量足够

油箱容积应根据泵的额定流量和工作压力来选取,额定流量和压力越高则要求油箱容积越大。对低压系统可取泵额定流量(L/min)的2~4倍,中压系统取5~7倍,高压系统取10~12倍,当机械停止工作时,油箱中的油位高度不超过油箱高度的80%。

(2)便于吸入和泄油

泵吸入管口与箱底距离应大于管径的2倍,与侧壁距离应大于管径的3倍。泵吸入管口装滤油网,通流能力大于泵流量的2倍以上。吸油管和回油管管口应在最低油面之下适当深度,否则油会吸入空气和溅起泡沫;为避免增加液压控制阀的泄油阻力,或为避免安装高度与油箱相同的泵、马达的泄油管产生虹吸现象,泄油管出口常在油面之上。

(3)便于散热

系统回油管口与箱底距离应大于管径的3倍,端头切成45°斜角,斜口面对箱壁,便于散热。

(4)便于纳杂,便于逸气

油箱内部要用隔板将进、回油管隔开,其高度一般为油面高度的2/3,以使油液能在油箱内平稳地流动,从而有利于积纳污垢和分离气体。油箱底部应距地面150 mm以上,以便散热和放油。底面应做成倾斜或凹形,在最低处设置油塞。

(5)防止污染

油箱的通气孔应有空气滤网及孔罩,盖板与管接头要密封良好,加油口应有盖子和滤网,滤网精度与系统过滤精度相同,防止外部污物的侵入。

油箱内壁为防止锈蚀,必须涂有防锈保护层,采用的保护涂料与所用的液压油具有相容性。

(6)便于维护

油箱盖板或人孔导门应便于拆卸,以便于清洁;油箱底面应向系统排出口倾斜,并应设有放液塞或放液阀,以便于放出液体;油箱侧面应设置液位指示器,以指示液面位置;应设置有温度计或测温接口,以指示油箱温度。

(四)密封件

在液压元件及其系统中,密封件用来防止工作介质的泄漏及外界灰尘和异物的侵入以保证系统建立起必要的压力,使其能够正常地工作。液压系统中密封件类型较多,较易损坏,日常维修保养中需经常更换。

1. 密封件的功用和要求

在液压元件及其系统中,某些有耦合关系的零件之间存在着平面间隙或环行间隙,不仅高压区的油液会经此间隙向低压区转移形成外泄漏和内泄漏,而且空气中的灰尘或异物会乘隙侵入系统,从而导致容积损失,油温升高,污染环境及工作介质。密封件是用来防止系统油液的内泄漏、外泄漏,以及外界灰尘和异物的侵入,以保证系统建立所需要的压力。

密封件应能满足以下几点要求。

(1)在一定的压力、温度范围内具有良好的密封性能;

(2)密封件和运动件之间的摩擦力要小,摩擦系数要稳定;

(3)抗腐蚀能力强,不易老化,工作寿命长,耐磨性好,磨损后能在一定程度内自动补偿;

(4)结构简单,使用、维护方便,价格低廉。

2. 密封件的种类

密封按耦合面间有无相对运动,可分为动密封和静密封两大类;按其工作原理可分为非接触式密封和接触式密封。非接触式密封主要指间隙密封(如圆柱滑阀阀芯与阀体孔);接触式密封指线密封(如锥阀芯与阀座孔)和密封件密封。除存在相对运动的耦合面可以采用间隙密封或线密封外,一般应在耦合面之间增设密封件。液压系统中最常用的密封件有O形密封圈、Y形密封圈、V形密封圈、防尘圈等(以上统称密封圈)。密封圈即可用于动密封,也可用于静密封。

密封件在选用时必须考虑以下因素。

(1)密封的性质,是动密封,还是静密封;是平面密封,还是环行间隙密封。

(2)动密封是否要求静、动摩擦系数要小,运动是否平稳,同时考虑相对运动耦合面之间的运动速度、介质工作压力等因素。

(3)工作介质的种类和温度对密封件材质的要求,同时考虑制造和拆装是否方便。

四、液压阀

在液压系统中,液压控制阀按用途可分为三类:

(1)方向控制阀——在液压系统中,用于控制油液的流动方向,包括单向阀、换向阀等;

(2)压力控制阀——用于控制液压系统中油液的压力,包括溢流阀、减压阀、顺序阀等;

(3)流量控制阀——用于控制液压系统中油液的流量,包括节流阀、调速阀等。

上述三类阀又可组合成各种复合阀。

(一)方向控制阀

1. 单向阀

(1)普通单向阀

普通单向阀(又称止回阀),其作用是只允许油液正向(单向)流过。结构形式有直通式和直角式之分，阀芯较多采用导向性和密封性较好的锥阀，小流量的也可采用结构简单的球阀。

（1）普通单向阀

如图 12-7 所示为直通式单向阀的结构图。当压力油从阀的 A 口流入时，油压力 p_1 克服弹簧 3 的张力、阀芯 2 的摩擦力和惯性力，阀芯 2 被推离阀座而开启，油液经阀芯与阀座间的间隙，阀芯上的径向孔和轴向孔，从阀的 B 口流出；而当压力油从阀的 B 口流入时，在弹簧力和液压力的作用下，阀芯迅速关闭，截断油路。

单向阀仅用于控制油液单向流过时，可选用较软的弹簧，以减小正向流动的压力损失，其阀的开启压力一般为 0.03~0.05 MPa；单向阀在回油管路中作背压阀用时，其开启压力一般为 0.2~0.6 MPa；单向阀作为细滤器的安全阀（或旁通阀）使用时，其开启压力一般不大于 0.35 MPa。

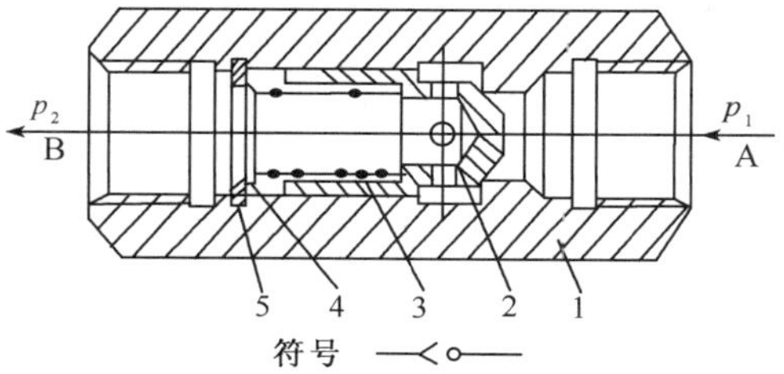

图 12-7　单向阀

1—阀体；2—阀芯；3—弹簧；4、5—挡圈

（2）液控单向阀

液控单向阀是指在控制油压作用下，可实现油路油液反向流动的单向阀，其结构如图 12-8 所示。当无控制压力油供入时，它相当于普通单向阀，油液从 A 流向 B；当 K 控制油口供入压力油时，控制活塞 7 上移，通过顶杆 6 将阀芯 1 强行顶开，从而实现油液的反向流动，即油液从 B 流向 A。

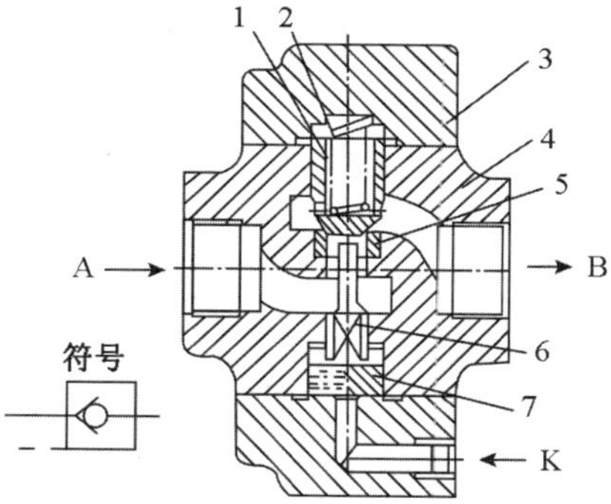

图 12-8　液控单向阀

1—阀芯；2—弹簧；3—上盖；4—阀体；5—阀座；6—顶杆；7—控制活塞

（3）液压锁

液压系统中还常使用一种布置在同一阀体中的双联液控单向阀，亦称液压锁。图 12-9 所示为带卸荷阀芯的液压锁。在 A 或 B 口有压力油通入时，不仅能将该侧单向阀芯顶开，

让油液通过，而且可借助控制活塞 2，顶开另一侧的卸荷阀芯 3 卸荷后，再将该侧单向阀芯 4 顶开，使回油油路畅通。当 A、B 皆无压力油进入时，两侧单向阀的阀芯在弹簧作用下均

关闭，使执行元件的油路隔断而锁闭。

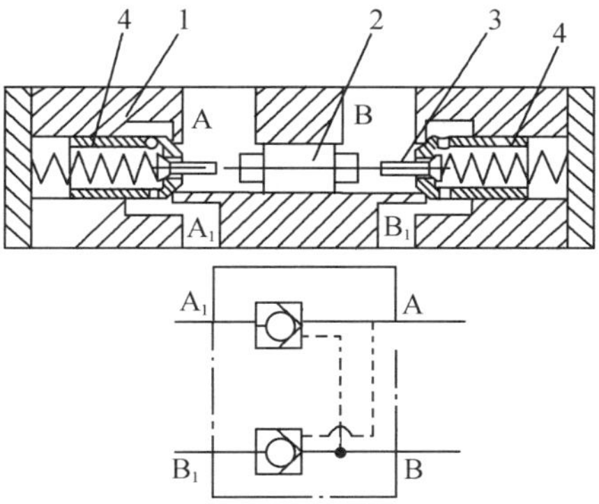

图 12-9　液压锁

1—阀体；2—控制活塞；3—卸载阀芯；4—单向阀芯

2. 换向阀

换向阀是靠阀芯相对阀体的位移控制油路的通断和油液流向改变的阀件。按推动阀芯位移的动力，可分为手动、机动、电动、液动和电液动；按阀控制的油路接口数，可分为 2 通、3 通、4 通、5 通等；按阀芯工作时停留的位置数，可分为 2 位、3 位等。在舵机液压系统中，使用较多的是手动、液动、电液动三位四通换向阀。

（1）三位四通手动换向阀

图 12-10（a）所示为三位四通自动复位式手动换向阀的结构。通常规定 P 表示通压力油的接口（简称进油口），A、B 分别表示通往执行机构（液压缸或液压马达）工作油腔的接口（简称工作油口），T 表示通往油箱的接口（简称回油口）。

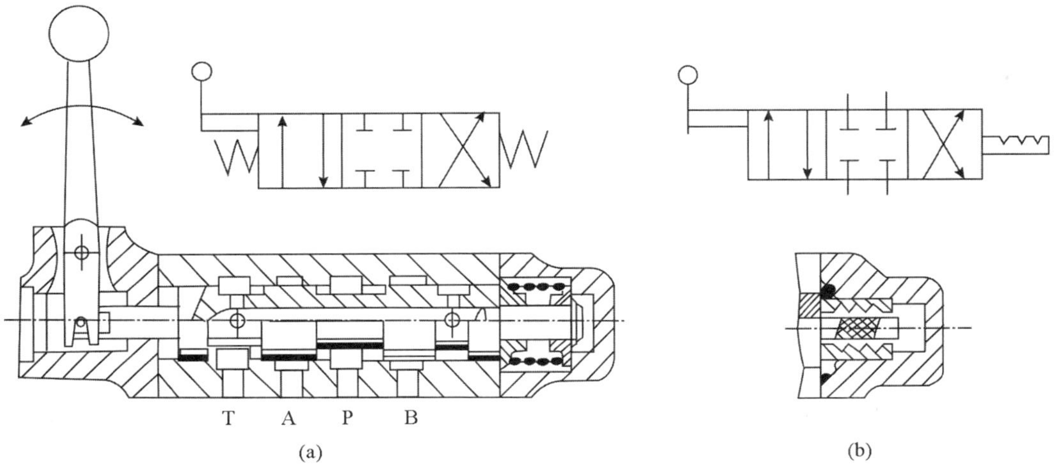

图 12-10　手动三位四通换向阀

将换向手柄向右侧扳动时，阀芯左移，此时阀内油路的沟通情况为 P→A，B→T。将换向手柄向左侧扳动时，阀芯右移，此时阀内油路的沟通情况为 P→B，A→T，实现了换向阀对系统油路流向的改变。松开换向阀手柄后，换向阀的阀芯在回中弹簧的作用下，阀芯回到中位，此时换向阀的 P、A、B、T 四个油口互不相通。

三位四通换向阀左位和右位的油路沟通形式只有平行沟通和交叉沟通两种，而中位时的油路沟通形式有很多种，可实现液压系统不同的功能，称为中位机能。其相应的职能符号与功能见表 12-1。

表 12-1　三位四通换向阀的中位机能

滑阀类型	符号	中位油口状况、特点及应用
X 型	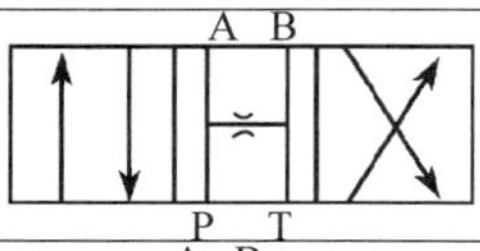	P、A、B、T 四油口处于半开启状态，泵基本上卸荷，仍保持一定压力
M 型	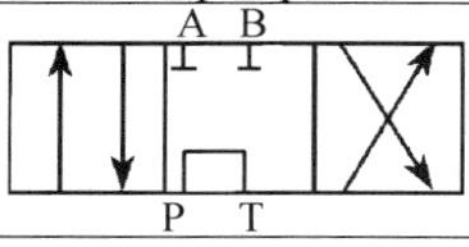	P、T 相通、A 与 B 均封闭，活塞闭锁不动，泵卸荷，也可多个 M 型换向阀的并联工作
H 型	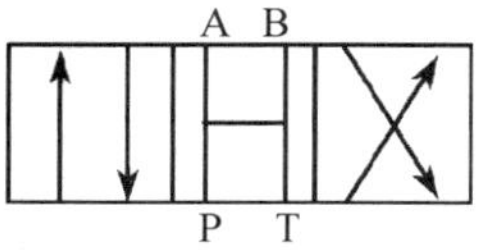	P、A、B、T 四口全中通，活塞处于浮动状态，在外力作用下可移动，泵卸荷
O 型	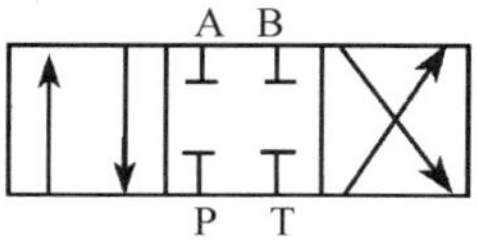	P、A、B、T 四口全封闭，液压泵不卸荷，液压缸闭锁，可用于多个换向阀的并联工作
Y 型	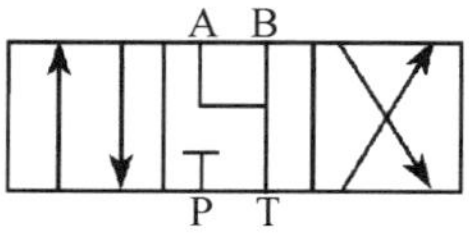	P 口封闭，A、B、T 三口相通，活塞浮动在外力作用下可移动，泵不卸荷
J 型	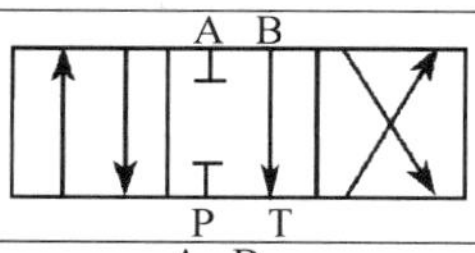	P 与 A 封闭，B 与 T 相通，活塞停止，泵不卸荷
P 型	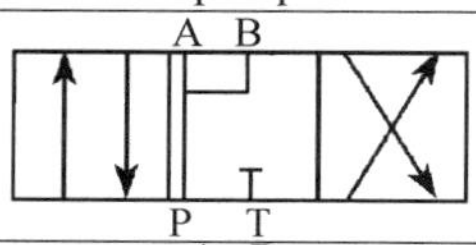	P、A、B 相通，T 封闭，泵与缸两腔相通，可组成差动回路
K 型	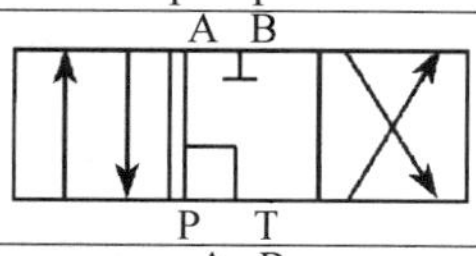	P、A、T 相通、B 口封闭，活塞处于闭锁状态，泵卸荷
N 型	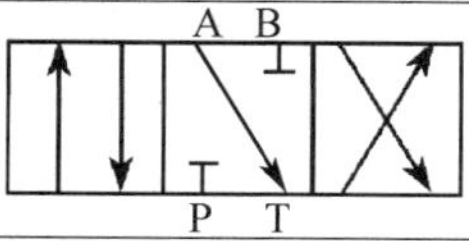	P 和 B 与皆封闭，A 与 T 相通，与 J 型机相似，只是 A 与 B 互换了，功能也类似
V 型	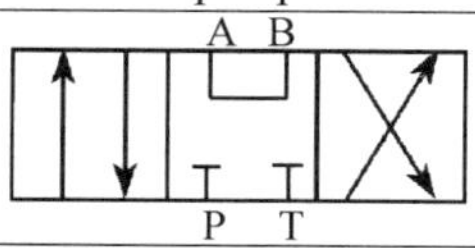	P 口封闭，T 口封闭，A 和 B 两口相通，执行机构浮动，泵不卸荷
C 型	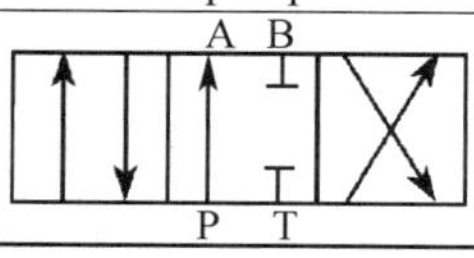	P 与 A 相通，B 与 T 皆封闭，活塞处于停止位置

（2）三位四通电磁换向阀

如图 12-11 所示，为三位四通电磁换向阀的结构和主要部件，其工作过程如下：

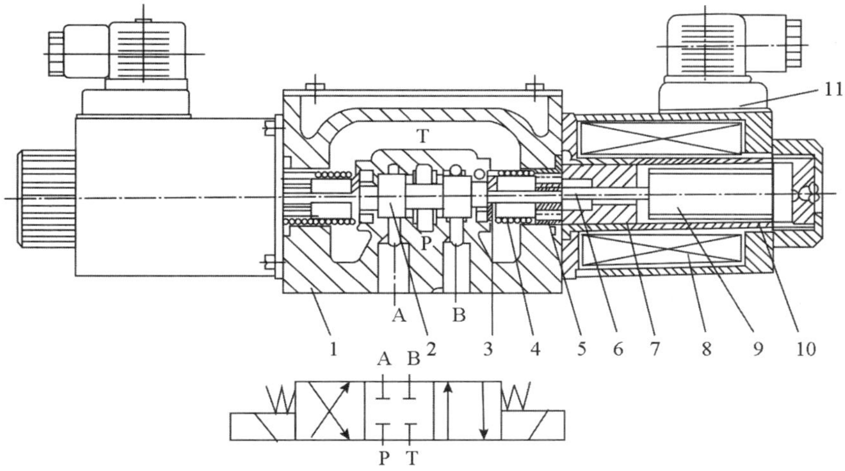

图 12-11 三位四通电磁换向阀(O 型)

1—阀体;2—阀芯;3—定位套;4—对中弹簧;5—挡圈;6—推杆;7—环;8—线圈;9—衔铁;11—导套;12—插头组件

①当左、右两端电磁线圈 8 均断电时,阀芯 2 在两端对中弹簧 4 的作用下处于中间位置,此时,油路沟通情况按符号“中框”所示通、断,即 P、A、B、T 四个油口互不相通。

②当右端电磁线圈 8 通电、左端电磁线圈断电时,衔铁 9 通过推杆 6,克服左端弹簧力和阀芯移动阻力将阀芯推到左端位置,油路沟通情况按符号“右框”所示通、断,即 P→A,B→T。

③当左端电磁线圈通电、右端电磁线圈断电时,阀芯被推到右端位置,油路沟通情况按符号“左框”所示通、断,即 P→B,A→T。

(3)液动换向阀

液动换向阀是靠液压力来推动阀芯移动而改变位置的换向阀。如图 12-12 所示为三位四通液动换向阀的结构。

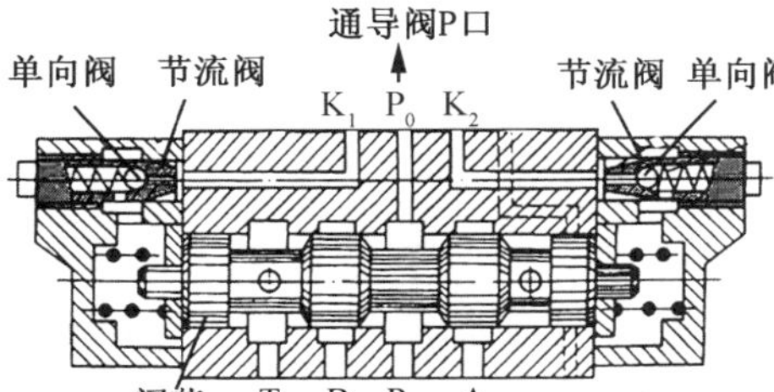

图 12-12 三位四通液动换向阀

当控制油从控制油口 K_2 进入阀芯的右侧油腔时,阀芯被推向左端,符号右框为工作位置,油路的沟通情况为 P→B、A→T。

当控制油从控制油口 K_1 进入阀芯的左侧油腔时,阀芯被推向右端,符号左框为工作位置,油路的沟通情况为 P→A、B→T,从而实现换向阀油路的换向。

当两端控制油口均不通控制油时,阀芯在两端弹簧力作用下回复至中位,油口 P、A、B、T 互不相通。

为了减缓液动换向阀的阀芯移动速度,减小液压冲击,提高换向性能,可在液动换向阀两端的控制油路中装设可调单向节流阀。

(4)电液换向阀

电液换向阀由电磁换向阀与液动换向阀组合而成,如图 12-13 所示。电磁换向阀为导阀,液动换向阀为主阀,主阀的动作由导阀控制。

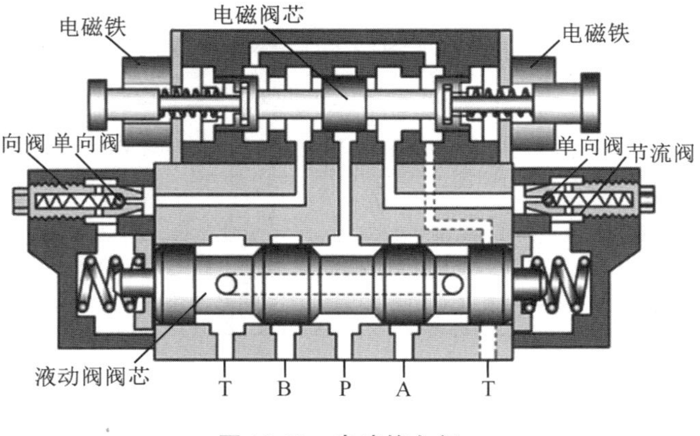

图 12-13　电液换向阀

电液换向阀的结构简图和职能符号,如图 12-14 所示。当导阀右端的电磁线圈 5 通电时,导阀阀芯 4 左移,控制油由导阀经右侧阻尼器(单向节流阀)的单向阀 7 进入主阀芯 8 的右端油腔,而主阀芯左端的控制油则由左侧阻尼器节流阀 2 经导阀流回油箱。于是,由主阀芯两端压差产生的液压力,克服主阀芯左侧弹簧力和阀芯移动阻力,将主阀芯推到左端,主阀油路通断情况为 P→B、A→T。反之,电磁阀左端电磁线圈 3 通电时,主阀芯则被推到右端,主阀油路通断情况为 P→A、B→T。当导阀两侧电磁线圈均不通电时,导阀阀芯回中,使主阀阀芯两端控制油路沟通,主阀芯两端压力平衡,在主阀芯两侧弹簧力作用下,主阀芯回中,主阀油路通断情况为 P、A、B、T。四个油口互不相通。

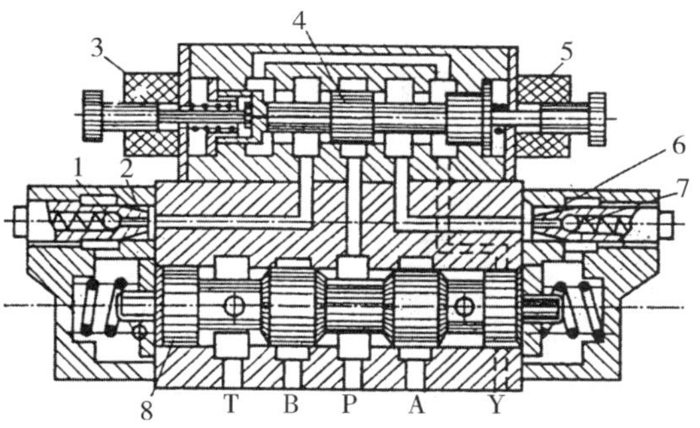

(a)结构简图

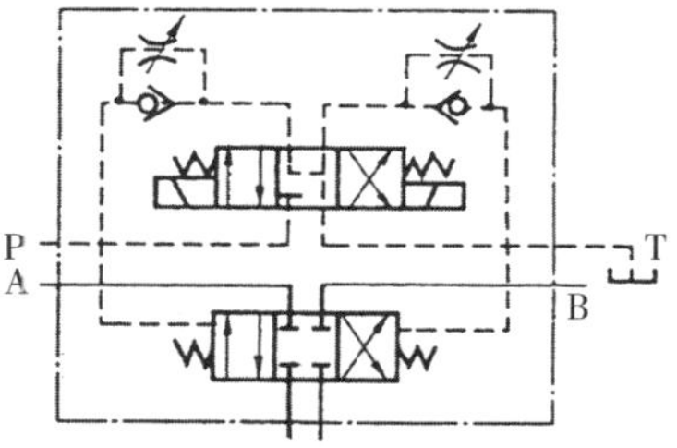

(b)详细符号

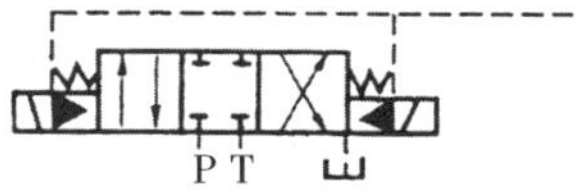

(c)简化符号

图 12-14　弹簧对中型电液换向阀

1、7—单向阀;2、6—节流阀;3、5—电磁线圈;4—导阀阀芯;8—主阀芯

在导阀两侧线圈均断电回中时,主阀阀芯也一定要能够回到中位,主阀芯两端液压力就必须平衡,那么主阀芯两端的控制油路就必须沟通且通油箱。所以,对于弹簧对中型电液换向阀导阀的中位机能,只能选用 Y 型或 H 型。

阻尼器节流阀的开度是由节流针阀调节的，节流针阀的调节要求是既能满足换向阀的换向速度要求，又能减小换向时的液压冲击。调小阻尼器一侧节流针阀的开度，可使主阀芯向该侧移动速度减慢，换向时的液压冲击减小。

导阀控制油是从外部专设油口向导阀供油，则称为外控；若控制油是来自主阀的压力油经阀内通道供给导阀，则称为内控；导阀的泄油如果是经阀内油道通向主阀的回油口，与主阀一起泄油的，称为内泄；若导阀的泄油是从单独的泄油口通油箱，则称为外泄。

阀体上油口数量的多少决定于控制油的供入与泄出的方式。内控内泄有 4 个油口接四根油管；外控内泄或内控外泄有 5 个油口接五根油管；外控外泄有 6 个油口接六根油管。如图 12-12 所示，电液换向阀结构图中为内控外泄；图形符号中为外控外泄。

3. 换向阀的常见故障分析与处理

换向的常见故障主要有阀芯不能离开中位或移动不到位，阀芯不能回中等。其具体分析见表 12-2。

表 12-2　换向阀常见故障分析与处理

故障现象	故障原因	排除方法
阀芯移不动或不到位	①电路不通或电压不足	检查电路或调整电压
	②激磁线圈脱焊或烧毁	焊接或更换线圈
	③控制油压过低	调高控制油压力
	④阀芯或阀孔加工精度较差，配合间隙太小	提高加工精度，保证配合间隙
	⑤阀芯或阀孔碰伤变形	修理或更换
	⑥弹簧太硬	更换较软弹簧
	⑦油液太脏，有脏物进入间隙	加强过滤和清洁阀件
	⑧油温过高，阀芯因膨胀而卡死	加强系统冷却
	⑨电磁铁推杆密封处的油压过高，摩擦阻力过大	更换密封圈
	⑩控制油路中节流阀开度过小或控制油液黏度过高	调节开度或更换控制油
阀芯不能回中	①回中弹簧太软	更换弹性较大弹簧
	②阀芯卡阻	修理阀芯
	③电磁铁不能释放	检修电磁线圈或电磁铁
	④控制油压不能泄压	检查控制油路

(二)压力控制阀

在液压系统中，压力控制阀是用于控制液压系统中油液压力高、低的阀件，根据压力控制阀功能不同，压力控制阀可分为溢流阀、减压阀和顺序阀三类。

1. 溢流阀

溢流阀的功用是在液压系统的油压超过调定值时，将油液溢回油箱，以保证阀前液压系统中的油压稳定或防止超压。按其在液压系统中的功用可分为定压阀和安全阀两类。作定压阀用时处于常开状态,借改变溢流量来保持系统的油压基本稳定;作安全阀用时处于常闭状态,溢流阀仅在液压系统油压超过调定值时才开启溢油。按控制型式,溢流阀可分为直动式、差动式和先导式三种。在此只介绍先导式溢流阀。

先导式溢流阀的结构和主要组成部件如图 12-15 所示。该阀由先导阀和主阀两部分组成,先导阀实际上是一个小流量直动式溢流阀,其锥形导阀芯 1 在调压弹簧 9 的作用下紧压在导阀座 2 上。转动调压手轮 11,通过调压螺钉 10,可以调节液压系统的工作压力。主阀芯 6 的下部锥形阀面与主阀座 7 相配合,中部圆柱面(又称平衡活塞)与主阀体 4 相配合,上部圆柱面与导阀体(又称主阀盖)3 相配合,此三处均起密封作用。主弹簧 8 作用在主阀芯的上方,将主阀芯压向主阀座 7。主阀芯平衡活塞与主阀体 4 和主阀体盖构成的油腔,通过油道 a 与导阀锥面相通。

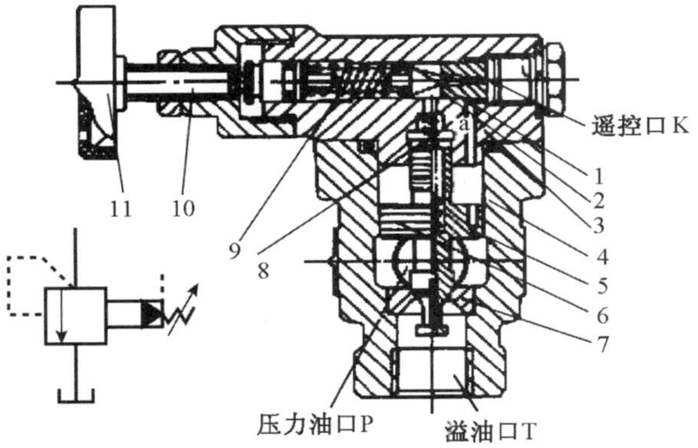

图 12-15　先导式溢流阀

1—导阀芯;2—导阀座;3—导阀体(主阀盖);4—主阀体;5—阻尼孔;6—主阀芯;7—主阀座;8—主阀弹簧;9—调压弹簧;10—调压螺钉;11—调压手轮

工作时,压力油从压力油口进入主阀芯下腔室,并经主阀芯上的阻尼孔 5 进入主阀芯上腔室,再经油道进入导阀前腔并作用于导阀锥面上。当进油压力低于导阀的开启压力时,先导阀关闭,阀内无油流动。此时,主阀上、下腔和先导阀前腔的油压力均等于进油压力,又由于主阀上、下腔的承压面积大小相等,因此主阀芯在弹簧力的作用下紧压在阀座上,主阀与导阀一样处于关闭状态。当进油压力超过导阀的开启压力时,导阀即被顶开,使少量油液经导阀座 2 和主阀中心孔流至回油口。由于阻尼孔 5 的孔径很小(一般为 0.8~1.2 mm),有节流作用,使主阀上腔油压力 p_1 小于下腔油压力(进口油压力)p,此时,主阀在油压差($p-p_1$)的作用下,产生一个向上的启阀压力 $F_0=(p-p_1)A$。随着阀前油压力的继续升高,导阀开度增加,主阀上、下腔的压差($p-p_1$)也增大,主阀启阀压力也随之增大。此后,只要主阀进口压力稍有增加,导阀的开度和流量就增加,主阀上、下腔的压力差就增加,主阀溢流口的开度也增加,主阀溢流量增加;反之,主阀溢流量减小。从而保证主阀进口系统油压基本稳定。

先导式溢流阀主弹簧的张力 F_0 与平衡活塞上下的油压差($p-p_1$)相平衡,而非平衡主阀进口系统的压力 p,故即使系统压力较高,主阀弹簧也可以选得较软;由于阻尼孔和导阀承压面均很小,导阀弹簧也比较软,所以先导型溢流阀所控制的阀前压力波动较小,调压精度高,适用于高压大流量系统。先导式溢流阀的稳态特性较直动式溢流阀好,静态调压偏差或稳态压力超调量(整定压力与开启压力之差)较小,稳态压力变化量一般为5%~10%,适合作定压阀。动态性能直动式较先导式好,适合用作安全阀。先导式动态超调量(阀前瞬时压力最大值与整定压力的差值)最高可达10%~15%,稳定时间一般为0.1~0.3 s。

在先导式溢流阀中,主阀和导阀的作用是不相同的。导阀起控制主阀动作的作用;主阀是根据导阀的信号开大或关小主溢流口。导阀弹簧主要起调压作用,主阀弹簧主要起复位作用,调压性能主要取决于导阀的性能。顺时针转动调压手轮11,增大调压弹簧9的预紧力,阀的整定压力升高;反之,整定压力降低。

若用管道外接一直动式溢流阀于远控油口K,把先导式溢流阀的弹簧预紧力调至最大,便可实现其整定压力的远程控制(即外控)

若外接一换向阀于油口K,使主阀凸肩上腔泄油,则主阀会完全升起,使系统泄油,此阀便可用作卸荷阀。

先导式溢流阀的常见故障见表12-3。

表12-3 先导式溢流阀的常见故障

故障现象	故障原因		消除方法
阀全开,系统不能建立油压	(1)主阀不能关闭	①主阀芯在开启位置卡死主阀芯不能复位	拆卸清洗
		②阻尼孔被堵塞主阀芯不能复位	拆卸疏通
		③复位弹簧折断、弯曲使主阀芯不能复位	更换弹簧
	(2)导阀不能关闭	④导阀弹簧漏装或折断	重装或更换弹簧
		⑤导阀漏装或碎裂	重装或更换导阀
	(3)远控口泄压	⑥外接控制阀常开通油箱	外接控制阀
		⑦外接油管破裂	更换油管
系统压力调不高	(1)主阀关闭不严	①阀芯与阀座间搁有杂物	拆卸清洗
		②制造不圆、偏心	更换
		③磨损	研磨
	(2)导阀关闭不严	④导阀弹簧太短、弱或弯曲	更换弹簧
		⑤阀与座间有杂物、磨损	拆卸清洗、研磨
		⑥制造不良	更换
	(3)远控口漏油	⑦外接管漏油	换管
		⑧控制阀漏油	检修控制阀
	(4)主阀体与先导阀体间泄漏	⑨密封圈损坏	更换密封圈
		⑩螺钉松动	上紧螺钉

续表

故障现象	故障原因		消除方法
系统的压力调不低	(1)主阀卡死于关闭位置		拆卸清洗
	(2)导阀不通	①导阀与阀座粘住	拆卸清洗
		②导阀孔堵塞	拆卸清洗疏通
	(3)导阀弹簧弯曲而卡阻		更换弹簧
压力波动、不稳定	(1)主阀动作不灵活		检修主阀
	(2)主阀阻尼孔时堵时通		清洗疏通阻尼孔
	(3)主阀阻尼孔径太大		更换阀芯
	(4)台肩与阀体配合间隙过大使阻尼作用过小		更换阀体或阀芯
	(5)主阀或导阀密封面与阀座磨损不均匀，接触情况不稳定		拆卸研磨
	(6)导阀调节螺杆锁紧螺母松动		上紧紧螺母
	(7)弹簧弯曲导致开启压力不稳定		更换弹簧

2. 减压阀

减压阀的功用是保持阀后压力或压差基本恒定，以便从系统中分离出一路或多路压力较低的支路。减压阀主要有定值输出和定差输出两种。定值减压阀能根据出口压力的变化，自动改变其开度，保持阀后压力稳定，定值减压阀最为常用，通常将其称为减压阀。定差减压阀能根据阀的进、出口压力差的变化，改变其开度，保持阀进、出口压差稳定。下面介绍性能好、应用广泛的定值减压阀。

(1)直动型定值减压阀

直动型定值减压阀的结构和图形符号，如图 12-16 所示。从 A 油口进入油腔的压力油 p_1

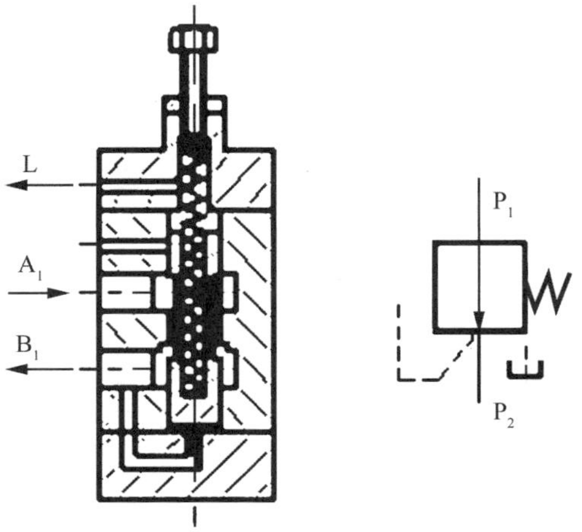

图 12-16　直动型定值减压阀

经减压口减压后，进入油腔，其压力为 p_2，经 B 油口流出，同时经油道 f 进入滑阀的底部油腔，产生一个向上的作用力，滑阀上压差产生的液压力与调节弹簧弹力平衡。当出口压力 p_2 降低时，弹簧力大于滑阀上的作用力，滑阀下移，减压口开度增大，油腔进入油腔的油量增多而使 p_2 升高；反之，p_2 降低。从而保持减压阀出口压力稳定在设定值。为了保证作用于滑阀上的液压力与弹簧力平衡，必须将油腔泄漏至油腔中的油液从油道泄至油箱。

转动上部调节螺钉，改变调节弹簧的弹力，就可以调节减压阀出口油压 p_2 的大小。顺时针转动调节螺钉，弹簧力增大，阀出口油压 p_2 升高；反之降低。

（2）先导型定值减压阀

如图 12-17 所示为先导型定值减压阀结构。主要由主阀和导阀两部分组成，导阀起设定压力的作用，主阀起减压作用同。工作时，从进油口进入，压力为 p_1 的高压油经主阀芯 7 的减压口节流后，压力降为 p_2 从出口流出。出口油液一部分经阀内通道引至主阀芯下部的油腔，再经主阀芯中心的阻尼孔 9 节流降压后，油压降为 p_3，进入主阀芯上部的油腔，以及导阀阀芯 3 的右腔。

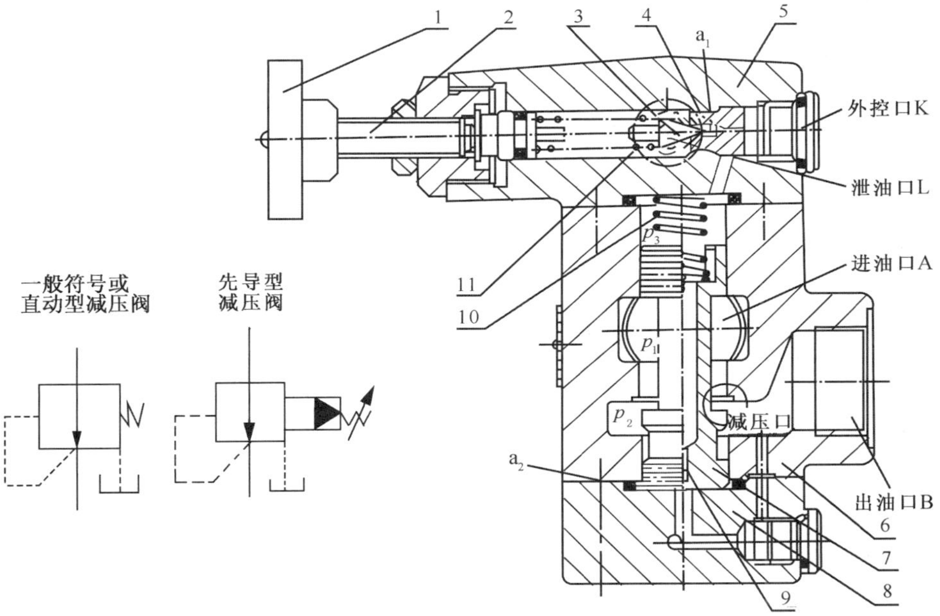

图 12-17 先导型定值减压阀

1—调压手轮；2—调节螺钉；3—导阀；4—导阀座；5—阀盖；6—阀体；7—主阀芯；8—端盖；9—阻尼孔；10—主阀弹簧；11—调压弹簧

正常工作时，压力 p_3 大于导阀开启压力，导阀被顶开，少量油液经阻尼孔 9 和导阀 3 向泄油口泄油。由于阻尼孔的节流作用，主阀芯下腔的油压 p_2 高于上腔油压 p_3，该压差产生的液压力与主阀弹簧力平衡，使主阀芯的减压口保持一定。如果 p_2 升高，主阀芯上、下端的油压差 (p_2-p_3) 随之增大，主阀芯克服主阀弹簧 10 的张力上移，使主阀芯与阀体间的减压口开度减小，从 p_1 流入 p_2 的油液量减少，阻止 p_2 增加。反之，如果 p_2 降低，则主阀芯减压口开度就会开大，以阻止 p_2 降低。这样可维持阀出口压力基本稳定在调定压力附近。

转动调压手轮 1，改变调压弹簧 11 的弹力，就可以调节减压阀出口压力 p_2 的大小。顺时针转动调压手轮 1，调压弹簧 11 的弹力增大，减压阀出口压力 p_2 就增大；反之，减压阀出口压力 p_2 就降低。

减压阀的泄油口必须直通油箱（外泄），这与溢流阀（内泄）不同，减压阀工作时的外泄流量一般小于1.5~2.0 L/min。先导式减压阀也有外控口K可实现远程控制。先导式减压阀的常见故障分析与处理见表12-4。

表12-4 先导式减压阀常见故障分析与处理

故障现象	故障原因	排除方法
出口无压力	①主阀卡死于关闭位置	拆检并清洁
	②阻尼孔堵塞	疏通阻尼孔
	③主阀弹簧失效	更换弹簧
不起减压作用	①主阀在全开位置卡死	拆检并清洁
	②泄油口不通或泄油阻力过大,主阀全开	检查泄油孔道使其畅通
	③导阀打不开,使主阀全开	检修导阀
出口压力调不高	①主阀体与导阀体间的密封圈或外控口螺塞漏油造成使主阀上腔油压太低	更换密封圈或将螺塞涂抹密封原料上紧
	②导阀关闭不严或弹簧太弱,使主阀上腔油压太低	研磨导阀或更换弹簧
出口压力不稳	①主阀移动不灵敏,调节不灵活(阀与阀体的几何精度差,弹簧太弱或弯曲受卡,阻尼孔时堵时通)	检修各零件或更换零件
	②油中有太多气体	排除系统中空气
	③导阀与阀座加工精度差或磨损而接触不良或弹簧弯曲变形	研磨导阀或更换弹簧

3. 顺序阀

顺序阀是一种用油压信号控制油路通、断的控制阀,用于控制执行元件动作的先后顺序。按结构顺序阀有直动式和先导式之分。如图12-18所示,为顺序阀的结构和职能符号图,现以先导式顺序为例说明其工作原理。

工作时,进口油压经控制油路a、阻尼孔2引至主阀芯上方,再经阀盖的油道作用于导阀锥面。当进油压力低于导阀的开启压力时,导阀关闭,主阀芯上、下腔油压相等,在弹簧力作用下关闭,进、出口油路即被隔断。若需要阀后执行机构工作时,提高阀进口油压,当进口油压超过导阀的开启压力时,导阀即被顶开,主阀芯上腔泄压,主阀芯在上、下端油压差的作用下上移,处于打开位置,进、出口油路即被接通,阀后相应的执行机构便获得压力油而开始动作,从而实现油路系统的自动控制。

根据顺序阀的控制信号是来自内部还是外部,顺序阀分为内部控制(直控)和外部控制(远控)两种方式。图示结构为内部控制,如果该阀要采用外部控制,只需将该阀的下盖转过90°安装,以便把a油路封闭,同时拆除远控制油口K的螺塞,接入外部控制油即可实现阀的顺序动作。

顺序阀在液压系统中,当用于控制多个执行机构的动作顺序时为顺序阀;当顺序阀与单向阀组合时,可作平衡阀或单向顺序阀;当采用外控且出口接油箱时可作卸荷阀。

各种压力控制阀的特点见表12-5。

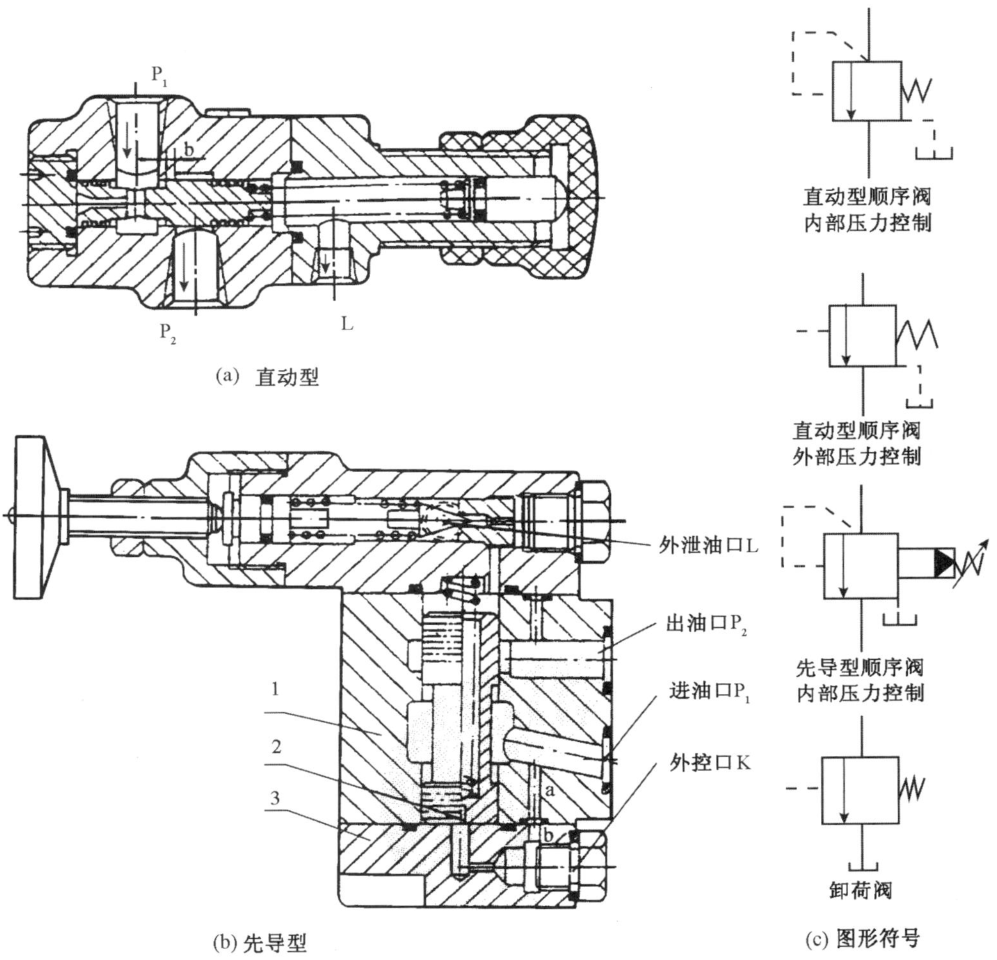

图 12-18 顺序阀

1—阀体;2—阻尼孔;3—阀盖

表 12-5 各种压力控制阀的特点

	溢流阀	顺序阀	减压阀
超过调定压力	开启	全开	关小
阀的出口压力	接近油箱压力	接近进口压力	低于进口压力
节流损失	大	小	较小
功用	作定压阀或安全阀,与其他控制阀配合也可作卸荷阀	控制执行机构的动作顺序;外控也可作卸荷阀	使油液减压,获得稳定的低于液压泵排出的油压
控制油的引入	进口	进口或外部	出口
泄油方式	内泄	外泄,作卸荷阀时可内泄	外泄

(三)流量控制阀

靠改变阀的开度实现流量控制的液压阀,称流量控制阀。常在定量泵液压系统中用以调整执行元件的运动速度。常用的流量控制阀有节流阀和调速阀。

1. 单向节流阀

节流阀是靠改变阀的开度实现流量控制的液压阀。它装于定压液压源后的油路中或定量液压源的分支油路上,起调节流量的作用。

压力油自 A 口进入阀内后,通过阀芯径向小孔将压力油引入至阀芯 4 底部,产生向上的液压力;A 口压力油还通过阀体 5 内小孔引入顶杆 3 上部容腔,产生向下的力。由于阀芯圆柱部分截面面积与顶杆最大圆柱部分截面面积相等,这样作用在阀芯上液压力平衡。调节阀芯开度时就只需克服弹簧 6 的弹力即可。因此,调节手轮时所需力矩很小,操作轻便。

当油液从 A 口进入时,阀起节流阀作用,油液经 A 口→阀芯与阀体间的节流口→从 B 口流出,如图 12-19(a)所示。

当油液从 B 口进入时,阀起单向阀作用,油液经 B 口→顶开阀芯(液压力)→从 A 口流出,如图 12-19(b)所示。

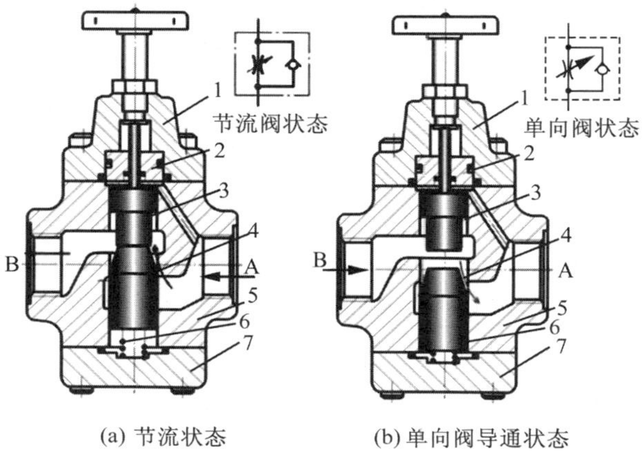

图 12-19 单向节流阀

对于开度既定的节流阀,影响流量的主要因素有节流口前后的压差、油温和节流口阻塞等因素。为保证节流阀能良好的工作,对其主要要求是:

(1)流量调节范围宽,调速比(最大流量与最小稳定流量之比)一般要在 50 以上;

(2)调定流量后受负载(出口压力)和油温的影响尽可能小,小流量时不易堵塞;

(3)调节时流量变化均匀,微调性好;

(4)全关而进油压力达到公称值时通过出口的漏泄量要小(一般小于 0.01~0.03 L/min),全开时流过公称流量的压力损失要小(一般小于 0.4 MPa)。

使用中,节流口的开度不能调得过小,以免节流口发生阻塞,过阀流量不稳定,造成执行机构出现走走停停的“爬行现象”。为此,节流阀有正常工作的最小流量限制。

节流阀流量可调,对开度调定后的阀,由于阀前、后压差变化,流过阀的流量不能保证稳定。若要满足执行元件对速度稳定性要求较高时,必须采用压力补偿的办法,使节流阀前后压差近似保持不变。常用办法是把“定差减压阀和节流阀”串联或“定差溢流阀和节流阀”并联。

2. 调速阀

如图 12-20 所示,调速阀是由定差减压阀和节流阀串联而成的组合阀,其使用条件是必须与定压油源配合使用。

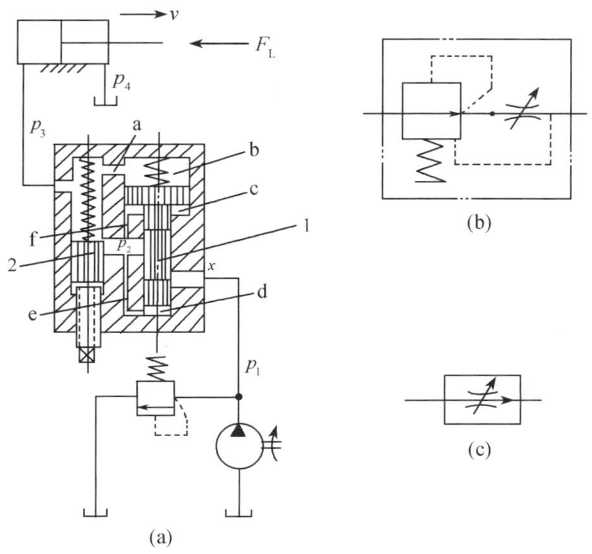

图 12-20　调速阀

1—减压阀阀芯;2—节流阀阀芯

来自定压油源,压力为 p_1 的油液,先经减压阀降压至 p_2,然后再经节流阀降压至 p_3。当液压系统的负荷 F_L 未变化时,在节流阀前、后的压差(p_2-p_3)基本保持恒定,节流阀的流量也基本不变,执行元件的运动速度也保持稳定。当液压系统的负荷 F_L 增大时,p_3 必须增大,此时,p_3 油压通过油道 a 作用于减压阀阀芯 1 上部,其作用力增大而阀芯下移,减压阀的开口 X 加大,因而 p_2 就增大,当 p_2 增大的幅度与 p_3 增大的幅度一致时,减压阀阀芯停止下移;由于减压阀的作用,其结果是在负荷增大前后,节流阀前、后的压差保持不变,流过节流阀的流量与负荷增大前一致,执行元件的运动速度就保持不变。当负荷减小时,反之亦然。从以上分析可知:

(1)必须保证调速阀进口压力恒定,否则无意义。

(2)在液压系统中,用调速阀来调速的执行元件,无论负荷怎样变化,执行元件的运动速度基本不变。

3. 溢流节流阀

溢流节流阀,又称旁通型调速阀,由定差溢流阀与节流阀并联而成,必须与定量液压源配合使用,为了防止过载,在节流阀的进口或出口设安全阀。如图 12-21 所示为溢流节流阀原理图和职能符号图。

来自定量油源,压力为 p_1 的油液进入溢流节流阀后,一路经节流阀降压至 p_2 后进入执行机构;另一路经溢流阀的溢流口泄回油箱。在此过程中,定差溢流阀根据节流阀前后的压差(p_1-p_2)来控制溢流阀阀芯的动作,自动调节溢流量,以保持节流阀前、后的压差基本恒定,从而保持节流阀流量基本稳定。当 p_2 因负荷增加而升高时,溢流阀阀芯因上部压力增大而下移,溢流阀的溢流口减小,油压力 p_1 增加,当 p_1 增加的幅度与 p_2 增加的幅度相同时,溢流阀阀芯停止下移,从而使节流阀前、后压差与负荷增大前一致。反之,当 p_2 因负荷减小而降低时,阀芯上移,使溢流量增加,p_1 也随之降低,当 p_1 降低的幅度与 p_2 降低的幅度相同时,溢流阀阀芯停止上移,又使节流阀前、后压差与负荷减小前一样。因此,不管系统负荷怎样变化,流过溢

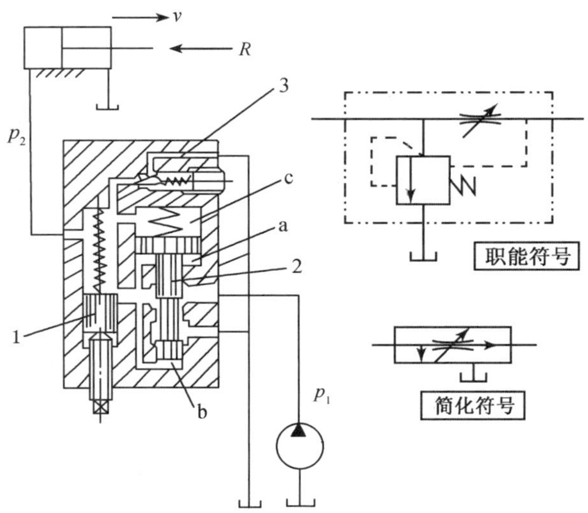

图 12-21 溢流节流阀原理图和职能符号图

1—节流阀；2—定差溢流阀；3—安全阀

流节流阀的流量始终基本保持不变，从而使执行元件的运动速度保持基本稳定。

第三节 液压油

在液压系统中，液压油不仅是用来传递能量的介质，也能对机器设备起到润滑、冷却和防锈作用。其性能对液压装置的工作和使用寿命有重要影响。

一、液压油的使用

（1）选用黏度适宜和黏度指数较高的液压油。液压油的黏度太大，会造成各种阻力较大，泵的自吸能力和装置的效率下降，据资料推荐不同泵最适宜的液压油工作黏度范围一般在 17~40 mm^2/s，黏度指数在 90 以上，润滑油具有较好的润滑性和黏温性。

（2）选用液压油的闪点要高（大于 135 ℃），凝点要低（小于最低气温低 10~15 ℃），以保证液压油的防火性能和良好流动性。

（3）新安装的液压系统，运转 3 个月后需要更换一次液压油；液压油的使用期一般为 2~4 年，若维护管理得好，使用期限可达 4~6 年，甚至更长。

（4）在使用中过程中，应定期清洗系统中的过滤器，防止系统油液外漏和空气进入，油柜的油位应保持在油位计 2/3 左右。

（5）主泵的排油压力不应超过额定工作压力，吸油压力不应低于补油条件（闭式系统）或吸油条件（开式系统）所确定的正常值。

选择液压油时应根据液压泵的种类、工作温度和工作压力来选用合适的品种和黏度等级。液压系统实际工作温度通常比环境温度高出 15~25 ℃（室内工作）、25~35 ℃（温带室外）或 40~50 ℃（热带室外），具体因工作条件和散热好坏而异。

二、液压油的污染控制

(1)定期对液压系统油液进行取样化验检查。用试管将新、旧油进行对比,若旧油色暗且有恶臭时,说明油已变质,需更换;若旧油色变化不大,只是浑浊,说明油中混入了水分,需排除水分并掺入适量新油,以调整油的黏度。

(2)防止不同牌号或新、旧液压油混用。更换油时,应放净旧油并将系统清洁干净,以免新、旧油混合在一起;若更换不同牌号的液压油时,充油前应用溶剂将油箱和管路清洁干净。

(3)新装油时,应经过铜布滤网过滤或经滤油车加入油箱。

(4)液压油在使用过程中尽量避免灰尘、水分和杂质进入油液中。

(5)在使用中,严格控制油温过高而引起油的黏度、性能变化。

(6)适量加入添加剂。

三、工作油温的控制

油温越高,氧化变质的速度越快,使用寿命越短。油温超过 55 ℃后,油温每升高 9 ℃,油的使用寿命约缩短一半。因此,规定油温超过 50 ℃时应使用冷却器对油液进行冷却;油箱进口处油温一般不应超过环境温度 30 ℃,通常油温不超过 60 ℃。环境温度较高时,液压甲板机械连续重载工作应特别注意油温。负荷不大的室内液压装置,可将油液的最高工作温度定为 65 ℃;舵机通常将最高工作油温定为 70 ℃;起货机工作时间长、负荷重,最高工作油温可放宽至 85 ℃。超过极限温度使用,不仅液压油会很快变质,而且液压设备得不到良好润滑,属于破坏性使用。液压油的最佳使用温度范围为 30~50 ℃。

第四节 电动液压舵机

操舵装置是保证船舶安全航行最重要的设备之一,主要包括转舵动力设备、转舵机构和操纵系统。目前人们习惯将整个操舵装置称为舵机。

一、对舵机的基本要求

根据中国船级社《钢质内河船舶建造规范》(2016 年),对舵机的基本要求如下:

(1)自航船舶应根据其用途和航区设置 1 套动力或人力(机械或液压)操舵装置。

(2)动力操舵装置应具有 2 台操舵能力相同的舵机装置动力设备。

(3)2 台舵机装置动力设备的布置应:

①对转舵扭矩大于 16 kN · m 的电控型舵机,其动力设备的管系和附件应互相独立设置,仅在油缸入口隔离阀处汇合。当其管系或 1 台动力设备发生单项故障时,此缺陷能被隔离,且能迅速转换至另 1 台使用,转换时间应不大于 10 s,并应设有转换的信号标识。

②对转舵扭矩不大于 16 kN · m 的电控型舵机,如动力设备的管系和附件非互相独立设

置，则共用部分的管路尽可能短，并应在换向阀处设置手动转向器。当 1 台动力设备发生故障时，此缺陷能被隔离，且能迅速转换至另 1 台使用，转换时间应不大于 10 s，并应设有转换的信号标识；当换向阀发生故障时，此缺陷能被隔离，操纵手动转向器，使操舵能力能够保持。

（4）对航行于非急流航段的船舶转舵扭矩大于 16 kN · m 的液控型和机控型舵机，均应设置备用换向阀，正常操舵的换向阀与备用换向阀之间应能有效地隔离，并设有转换装置进行切换。

（5）舵机装置动力设备可采用由 2 台主机分别驱动液压泵的形式，也可采用 1 台液压泵由主机驱动，另 1 台液压泵由独立的动力驱动。

主机驱动的液压泵应采用恒流泵，否则应另设蓄压器或手动泵。

（6）对动力操舵装置，船舶在最大营运航速前进时，每台操舵装置动力设备的转舵时间应满足下列要求：

①对转舵角度为±35°的舵机，舵从一舷 35°至另一舷 30°时：

i. 急流航段的船舶≤12 s，对于船长小于 30 m 的船舶≤15 s；

ii. 非急流航段的船舶≤20 s。

②对转舵角度为±45°的舵机，舵从一舷 45°至另一舷 40°时：

i. 急流航段的船舶≤15 s；

ii. 非急流航段的船舶≤25 s。

（7）对人力（机械或液压）操舵装置，船舶在最大营运航速前进时，舵从一舷 35°至另一舷 30°的操纵手轮的力和转舵时间应符合表 12-6 的规定。

表 12-6 操纵手轮的力和转舵时间

	急流航段船舶	非急流航段船舶
操纵手轮的力（N）	≤147	≤147
转舵时间（s）	≤15	≤20

（8）急流航段船舶的电动或电动液压操舵装置，还应设置应急能源；转舵扭矩大于 16 kN · m 的船舶还应设置应急操舵装置控制系统、应急操舵动力设备。其配置和性能应满足下列要求：

①除转舵扭矩大于 16 kN · m 的船舶应采用蓄电池组作应急能源外，其余船舶可采用蓄压器或手动液压泵作应急能源。

②转舵扭矩大于 16 kN · m 船舶的应急操舵装置控制系统及应操舵动力设备的管系和附件，应与正常操舵装置互相独立设置，仅在油缸入口隔离阀处汇合，但 2 台正常动力设备可共用同一输入油缸的管路。其应布置成当正常动力设备或管系发生单项故障时，此缺陷能被隔离，并自动起动应急操舵系统，转换时间应不大于 10 s。

（9）对转舵扭矩大于 16 kN · m 的应急操舵动力设备，其转舵时间应满足上述“（6）①i”或“（6）②i”的要求；对转舵扭矩不大于 16 kN · m 的操舵装置动力设备的应急能源，应能满足船舶在 60%最大营运前进航速时（一般相当 36%的转舵扭矩），舵从一舷 15°至另一舷 15°的转舵时间不大于 15 s。

（10）对于三峡库区船舶要求：

①需通过三峡大坝的船舶,应分别符合上述“(6)①i”或“(6)②i”中对急流航段船舶的规定。

②航行于三峡库区非急流航段且不通过三峡大坝的船舶,船舶在最大营运航速前进时,时间分别符合下列规定:

i. 对转舵角度为±35°的舵机,舵从一舷 35°至另一舷 30°时的船舶:

——动力操舵装置的船≤15 s;

——人力操舵装置的船≤18 s。

ii. 对转舵角度为±45°的动力舵机,舵从一舷 45°至另一舷 40°时的船舶≤18 s。

③通过三峡大坝的船舶以及航行于三峡库区长江干流非急流航段的客船(包括Ⅰ型客滚船、Ⅱ型客滚船、车客渡船)、油船、散装运输液化气体船、散装运输危险化学品船的电动和电动液压操舵装置,应备有应急能源且符合相关规定。

(11)当采用非随动操纵方式时,阀控型液压操舵的冲舵角应不大于 2°,舵在任何位置均不应有明显的跑舵现象;当采用液压或机械操纵方式时,滞舵时间应不大于 1 s,操舵手轮(如有时)的空转应不大于半圈。

(12)电动舵角指示器的最大误差应不±1°;对其他舵角指示器的最大误差应不±1. 5°。当采用随动操舵方式时,舵的实际转角与驾驶台舵角指示器指示的舵角最大误差不超过±1°。

二、电动液压舵机转舵机构的类型、结构及特点

转舵机构是液压舵机系统的执行元件,将油泵提供的液压油的压力能转换成机械能,输出转舵扭矩的装置。转舵机构的类型包括往复式和回转式两大类。其中往复式又包含十字头式、拨叉式、滚轮式和摆缸式几种型式;回转式包含转叶式和弧形柱塞式两种。下面对内河船舶上使用较多一些转舵机构进行介绍。

(一)十字头式转舵机构

十字头式转舵机构是因具有十字头形状接头而得名,其结构如图 12-22 所示。柱塞 2 与油缸 1 和 5 位于同一中心线上,油缸固定于主甲板上,左、右柱塞靠中央连接部分 11 连成一体,油缸与柱塞为滑动配合,两者之间装有密封环 6,以阻止油液的泄漏。舵柄 4 的一端插于十字头 12 的中孔内,为滑动配合;另一端用键与舵柱 14 连接。

当左端油缸 1 的油路与动力油源接通、右端油缸 5 的油路与油箱接通时,柱塞在油压差的作用下右移,通过十字头 12 与舵柄 4 带动舵柱 14 逆时针转动,固定于舵柱水下部分的舵叶向右侧偏转;同理,当右端油缸进油和左端油缸回油时,舵叶将向左侧偏转。

柱塞左、右移动时,通过中央连接部分 11,使滑块 9 在导板 10 上滑移,为柱塞运动导向,并承受由舵传给柱塞的侧推力;带动机械舵角指示器的指针或标尺移动,以示出舵的实际转角。行程限位器 7 用以限制柱塞左、右移动的最大行程,以限制舵左、右转动的最大舵角。行程限位器有机械式、液压式和电气式。

对于既定的舵机,十字头式转舵机构产生的转舵力矩随舵角 α 的增大而增大,这恰好与舵的负荷力矩(水动力矩)的变化规律相适应,因而可以减小舵机的额定功率。

十字头式转舵机构具有如下特点:

(1)扭矩特性良好,承载能力较大,能可靠平衡撞杆所受的侧推力,可用于转舵扭矩很大

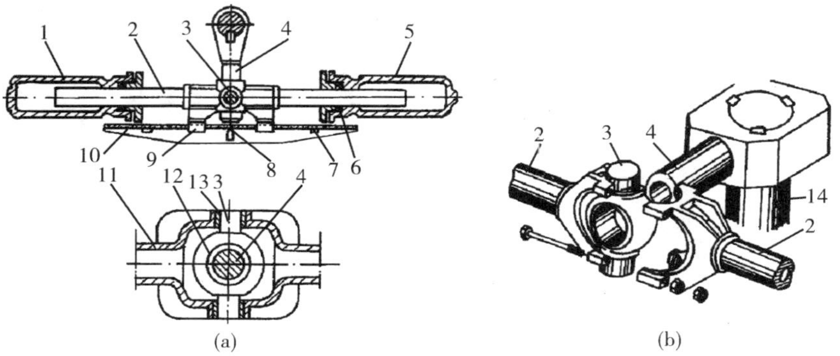

图 12-22　十字头式转舵机构

1—左油缸；2—柱塞（撞杆）；3—耳轴；4—舵柄；5—右油缸；6—密封环；7—柱塞行程限位器；8—机械式舵角指示器；9—滑块；10—导板；11—中央连接部分；12—十字头；13—轴承；14—舵柱（舵杆）

的场合；

（2）撞杆与油缸间的密封大多采用 V 形密封圈，密封性好且能自动补偿，更换方便；

（3）油缸内壁除靠近密封端的一小段外，不与撞杆接触，可不经加工或仅作粗加工；

（4）油缸为单作用，必须成对工作，故尺寸、重量较大；

（5）安装、检修比较麻烦。

（二）拨叉式转舵机构

拨叉式转舵机构如图 12-23 所示。柱塞采用整体式，在柱塞中部插入并固定有圆柱销，销上下两端通过免油轴承套有圆柱形滚轮。柱塞移动时，滚轮绕圆柱销转动，同时在舵柄一端的叉形滑槽内滑移，以实现舵柄的伸长或缩短。

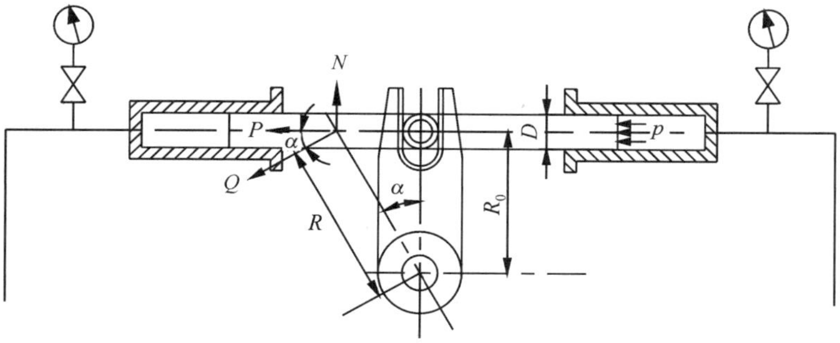

图 12-23　拨叉式转舵机构

拨叉式转舵机构与十字头式转舵机构的扭矩特性类似，两者都属于滑式转舵机构。拨叉式转舵机构省去了十字头和导板，结构比十字头式简单，体积小，公称转舵扭矩和最大工作油压相同时，占地面积较小。侧向推力直接由转舵油缸承受，在同样情况下，柱塞移动时的阻力和侧推力较大，输出相同转舵扭矩时，舵机功率较大。其强度和刚度不如十字头式，不宜用于大扭矩的转舵机构，在内河船舶小型功率的液压舵机上应用较广。

（三）滚轮式转舵机构

如图 12-24 所示，滚轮式转舵机构，采用装在舵柄端部的滚轮替代滑式转舵机构中的十字头或拨叉来传递转舵动力。工作时，柱塞端面直接顶动滚轮，推动舵柄摆动，传动舵杆转动，以实现舵的偏离转。

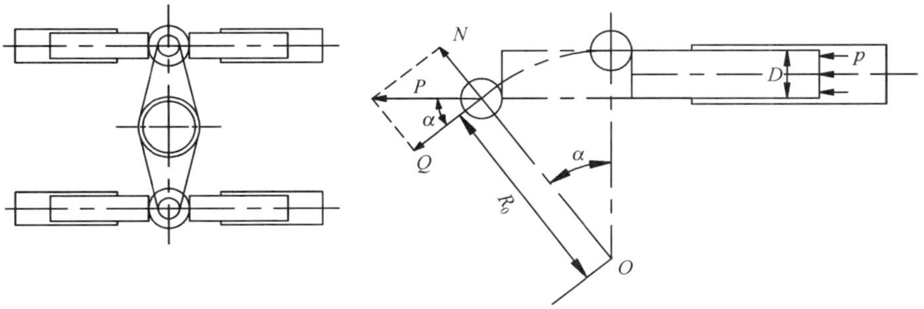

图 12-24　滚轮式转舵机构

滚轮式转舵机构具有以下特点：

(1)结构简单，布置灵活，安装、拆修比较方便；

(2)柱塞与舵柄的轮之间靠接触传动，工作时无侧推力，磨损后自动补偿，不会像滑式机构那样因轴承或滑块等磨损后间隙增大而产生撞击；

(3)扭矩特性差，大、小舵角时的工作油压相差较大，与滑式相比，要达到同样的转舵扭矩，必须采用更大的结构尺寸或更高的工作油压，故可适用的转舵扭矩不如滑式大；

(4)当舵叶在负扭矩作用下转动过快，或稳舵时油路锁闭不严时，则滚轮可能与某侧柱塞脱离而导致撞击，故滚轮式转舵机构在滚轮与柱塞端部之间增设板簧拉紧机构。

(四)摆缸式转舵机构

摆缸式转舵机构如图 12-25 所示。它的转舵油缸采用与支架铰接的双作用活塞式摆动油缸，活塞杆的伸缩直接推动与其铰接的舵柄转舵。为了适应油缸的摆动，连接油缸的油管必须采用高压软管。

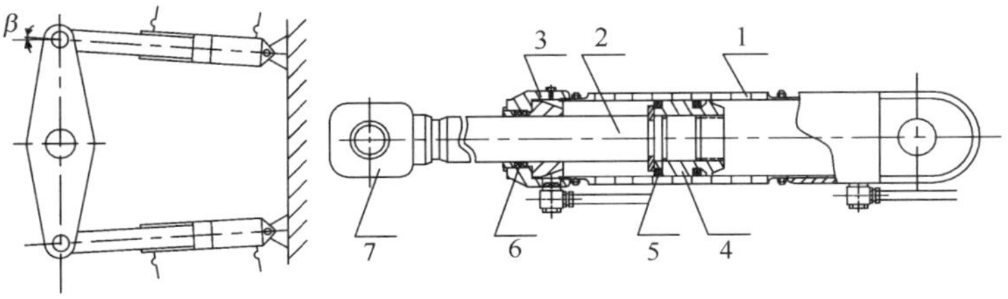

图 12-25　摆缸式转舵机构

1—油缸；2—活塞杆；3—端盖；4—活塞；5—活塞环；6—密封环；7—接头

摆缸式转舵机构的主要特点是：

(1)使用双作用油缸，故外形尺寸和重量可显著减小；

(2)结构简单，拆装方便，油缸选用的数目和布置灵活；

(3)双作用油缸对缸内表面的加工精度及活塞杆与油缸的同心度要求较高。活塞的密封磨损后内漏不易发现。铰接处磨损较大时工作中会出现撞击；

(4)以奇数双作用缸工作时，油缸的进、排油量显然不等；即使以图示的同侧双缸工作，两活塞的位移也略有差异，这会导致油缸进、排油量不等。所以系统中必须采取相应的补油和溢油措施。

(五)转叶式转舵机构

转叶式转舵机构的承压和传动部分组合在一起,利用油压产生的扭矩直接驱动舵柱转动。图 12-26 所示为其原理图。圆柱形的缸体 2 以其支座弹性固定在船体甲板上。经精加工的缸体内固定有三片定叶 5,转毂 3 上装有三片转叶 4,把油缸分成六个小腔室。转毂与舵柱用键连接。转叶与缸体和端盖之间,定叶与转毂和端盖之间,均装有密封件,以保证工作腔室的密封。当动力油路的油源如图中箭头所示接通时,转叶 4 两侧的腔室分别与进、回油路相通,在缸内油压差的作用下,转叶就驱动舵柱和舵沿顺时针方向偏转;当改变进、回油的方向时,舵将反时针方向偏转。

转叶式转舵机构输出的转舵扭矩与结构尺寸和工作油压成正比,而与舵的转角无关,故负荷匹配特性就不如滑式转舵机构好。目前主要用于中、小功率油压 4 MPa 以下的液压舵机中。随着密封性能的改进、材料的优选和加工装配精度的提高,现已有应用于大型油船上,工作油压达 15 MPa,转舵扭矩达 6 000 MPa。

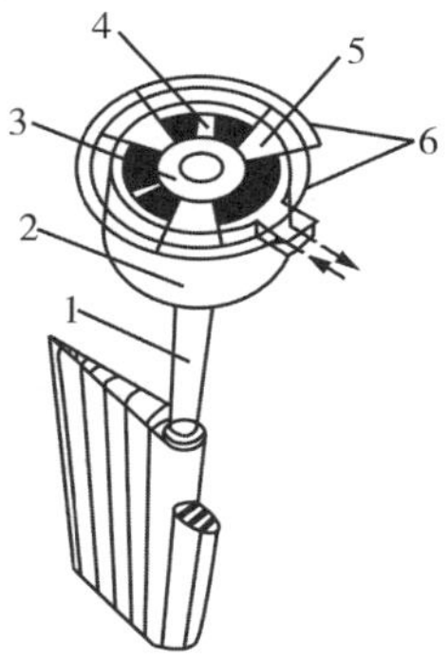

图 12-26 转叶式转舵机构原理图

1—舵柱(舵杆);2—缸体;3—转毂;4—转叶;5—定叶;6—油管

转叶式转舵机构具有以下特点:

(1)占地面积小,重量轻,外形尺寸小;

(2)舵杆不受侧推力,转毂浸没于油中,舵承磨损轻;

(3)无须外部润滑,管理方便;

(4)扭矩特性一般,不如十字头式和拨叉式好,但优于滚轮式和摆缸式;

(5)内漏严重,因内部泄漏部位较多和压力较高,其泄漏量较大。

三、电动液压舵机液压系统的基本组成及工作原理

电动液压舵机的类型主要包括阀控型和泵控型两大类。阀控型液压舵机是指舵偏转的方向和转角大小,是通过换向阀来实现的液压舵机;泵控型液压舵机是指舵偏转的方向和转角大小,是通过改变油泵的变向变量机构来实现的液压舵机。

(一)阀控型液压舵机

1. 阀控型液压舵机的原理简介

如图 12-27 所示为阀控型电动液压舵机的工作原理示意图。阀控型电动机舵机液压系统,转舵力矩 30 kN·m 以下者常采用单回路,以上者常采用双回路。在双回路系统中,一个是操纵油路(又称副油路),一个是动力油路(又称主油路)。主、副油路中的油泵,分别称为主泵和副泵。主油路的供油方向由副油路控制的三位四通换向阀间接控制。在单回路系统中,供油方向则由驾驶人员操纵的三位四通换向阀直接控制。驾驶人员通过操纵机构,就可停止油泵向转舵机构供油或改变供油方向,从而达到稳舵或左、右转舵的目的。这种舵机一般未设追随机构,当舵转至要求舵角时,应立即停止操舵,舵才能停在要求的舵角上。在现代船舶上,许多船舶均采用电液换向阀进行换向,所以,基本均采用了单油路液压舵机系统。下面以实际应用中,阀控型液压舵机系统对其基本组成和工作原理加以说明。

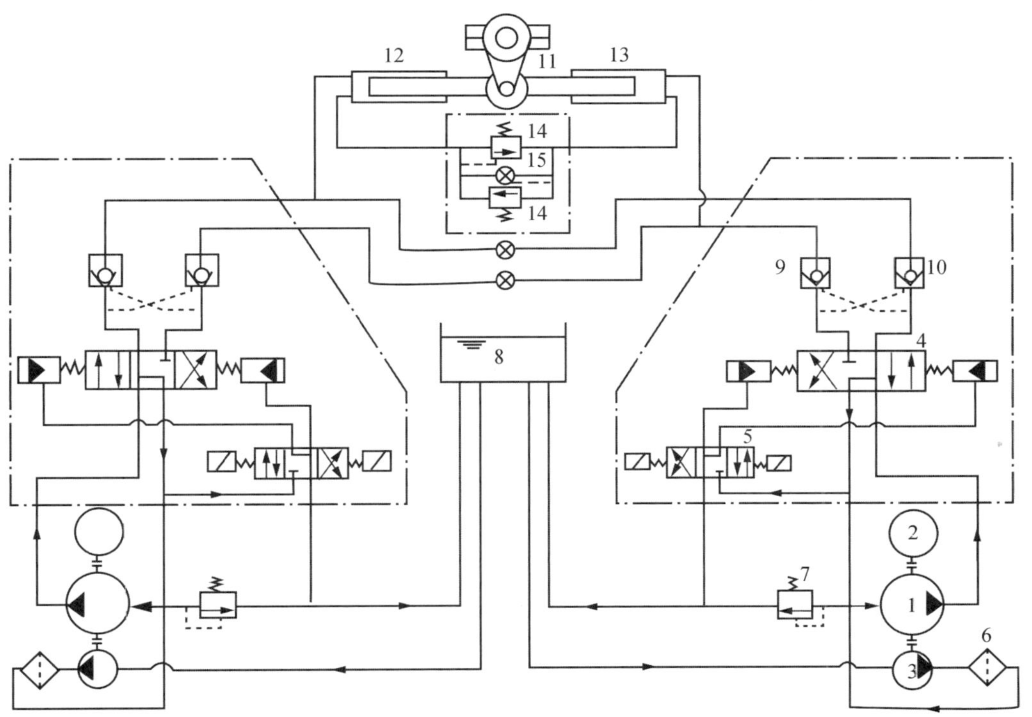

图 12-27 阀控型电动液压舵机工作原理图

1—主油泵;2—电动机;3—辅油泵;4、5—电磁换向阀;6—滤器;7—溢流阀;8—油箱;9、10—液控单向阀;11—撞杆;12、13—油缸;14—防浪阀;15—手动旁通阀

2. 阀控型液压舵机的基本组成与工作原理

(1)阀控型液压舵机系统的主要设备

如图 12-28 所示为阀控型液压舵机的组成和原理图。该舵机主要由单向定量油泵 1、转叶式转舵油缸 6、三位四通电磁换向阀 3、反馈发信器 7、安全阀 2、防浪阀 5、油柜 8 等构成。

①操舵机构。设于驾驶台,由驾驶人员操纵,控制三位四通电磁换向阀(控制元件)不同的通电方向,从而实现进入转舵油缸中油液的流向。

②单向定量油泵(动力元件)。在航行过程中,油泵连续不停地运转,油泵供油方向和供油量均不变化,不断地向舵机系统提供洁净、足量的压力油。

③转舵油缸(执行元件)。转舵油缸采用转叶式转舵机构,它是将送入油缸中油液的压力能转换为机械能,推动舵杆转动而使舵叶偏转。

④反馈发信器(反馈元件)。当舵开始偏转时,将舵角信号转换为电信号,并与转舵指令电信号进行比较,当舵转至与指令信号相同时,舵角信号与指令信号抵消,换向阀的线圈断电,阀芯回中,舵停止转动,同时油泵卸载运行。

⑤安全保护。安全阀 2 是用于防止系统油压过高,保护油泵、管路系统及设备不被损坏;防浪阀 5 是用于在不操舵时,由于风浪作用,造成系统压力过高,保护管路系统及设备不被损坏。

⑥油柜。向闭式系统补油或容纳受热膨胀的油液。

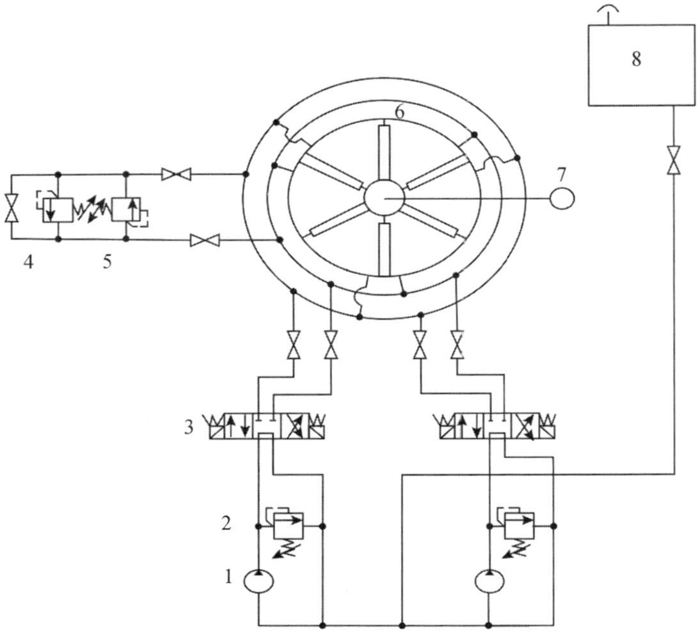

图 12-28　阀控型液压舵机的组成和原理图

1—单向定量泵；2—安全阀；3—三位四通电磁换向阀；4—旁通阀；5—防浪阀；6—转舵油缸；7—反馈发信器；8—油柜

(2)阀控型液压舵机系统的工作原理

当驾驶台发出指令舵角信号后，电磁换向阀一侧电磁线圈通电，阀芯偏离中位，压力油进入相应的转舵油缸中，舵沿相应的方向偏转；舵开始转动后，带动反馈发信器工作，将实际舵角产生的电信号反馈回电气控制系统，与转舵指令电信号进行比较，当舵转至与指令舵角相同时，实际舵角信号与操舵指令舵角信号抵消，换向阀的线圈断电，阀芯回中，舵停止在要求的指令舵角上，同时油泵卸载运行。

当驾驶台无控制信号输入换向阀电磁线圈时，换向阀处于中位，舵停止在要求舵角上，并利用换向阀的中位机能，使油泵处于卸载状态。

在稳舵过程中，由于风浪作用或系统泄漏等原因，造成实际舵角偏离了指令舵角时，反馈发信器产生反方向的电流信号，使三位四通电磁换向阀另一侧电磁线圈通电，阀芯反向移动，将油液反向供入转舵油缸中，从而使舵回到要求舵角上。

(3)阀控型电动液压舵机系统的特点

①在内河船舶上，舵机主要是采用开式系统液压，开式系统散热好，但污染较大。

②采用定向定量油泵，油泵的流量和排油方向不变，在舵机运行过程中，油泵始终处于供油工况。操舵时，油泵向转舵机构供油；停止操舵时，油泵直接将油送回泵吸入端或油箱。

③阀控型液压舵机采用换向阀直接换向，在换向时，系统的液压冲击较大。

④适用转舵力矩较小的液压舵机系统。

3. 15.68 kN·m 电动液压舵机实例

该舵机装置的公称扭矩为 15.68 kN·m (1.6 t·m)，最大工作压力为 2.45 MPa，安全阀调定压力为 2.65 MPa，舵机油泵为齿轮泵。

(1)舵机系统的组成与特点

如图 12-29 所示为该舵机的液压系统图。该舵机系统的组成与特点如下。

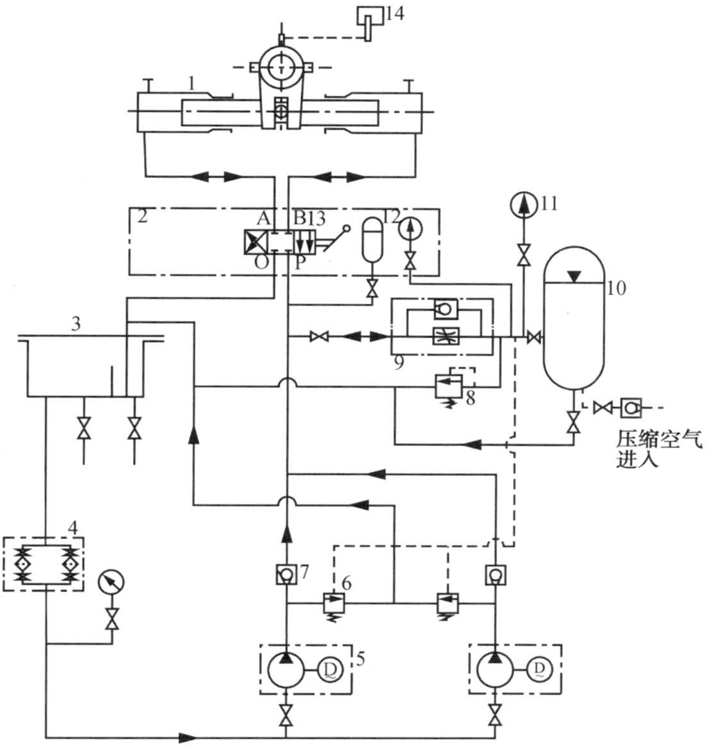

图 12-29 15.68 kN · m 舵机液压系统图

1—转舵机构;2—驾驶台;3—油箱;4—滤油器;5—油泵;6—远控顺序阀(卸荷阀)7—单向阀;8—溢流阀;9—单向节流阀;10—蓄能器;11—压力表;12—缓冲器;13—三位四通手动换向阀;14—舵角指示器

①舵机系统。采用开式循环系统,操纵方式为非随动式。

②三位四通换向阀。由设于驾驶台的手动三位四通换向阀 13 直接控制(俗称直控式)舵机换向,采用中位机能为 O 形的换向阀,兼作转舵机构油路的锁闭阀,以防止跑舵。

③油泵。两台油泵 5 均由交流电动机驱动,并定期轮换使用;两台油泵出口均装有单向阀 7,避免系统油液倒灌至备用泵而影响转舵;在卸荷阀 6 开启后,油泵卸载运行。

④单向节流阀。在不操舵时,通过单向节流阀 9 的单向阀向蓄能器充液蓄能;在油泵停止工作或高峰负荷时,通过单向节流阀的节流阀向转舵油缸供液,以实现快速转舵或作应急能源。节流阀的流量,可通过节流针阀对其开度进行调节,以满足转舵速度的要求。

⑤缓冲器。在系统管路上设有缓冲器 12,用以减小在油路换向时的液压冲击。

⑥蓄能器。蓄能器 10 又称蓄压器,其内充以压缩气体(氮气或干燥空气)的耐压容器。在油泵停止工作或高峰负荷时,蓄能器向转舵油缸供油;在不操舵时,油泵向蓄能器充液贮能。主要功能是贮存压力能,缓和冲击或吸收压力脉动。安装了蓄能器液压系统,可使进入转舵油缸中的油液流量大于油泵流量,因而油泵的流量就可以不按短时所需最大供油量选用,只需按平均供油量选择油泵,这样不但减小了泵的功率,降低了费用,而且使整个装置尺寸缩小。

蓄能器作应急能源时,要求在油泵停止工作和 60%最大营运航速下,其容量不少于 6 次将舵从一舷最大舵角转至另一舷最大舵角。

本舵机适用于主机功率 376.6 kW 以下的各类船舶。

(2)舵机系统的工作情况

①操正舵。当驾驶人员扳动换向阀手柄，使舵角指示器处于“0°”舵角时，立即将换向阀回中，转舵机构 1 左、右油缸油路被断开，油缸中油液被换向阀锁闭，舵稳定在“0°”舵角即正舵位置上。

②操左舵或右舵。当扳动换向阀手柄进行操舵时，泵和蓄能器共同经换向阀向转舵油缸一侧供液，转舵油缸另一侧则回油，柱塞在油缸内压差作用下，或左或右运动，通过舵柄带动舵左转或右转。当舵转至要求舵角时，操舵者松开换向阀手柄，换向阀回中，切断转舵油缸油路，舵停止在要求的舵角上。

③蓄能器充液与油泵卸载。操舵完成后，油泵至转舵油缸的油路被换向阀切断，油泵排出的压力油经单向节流阀的单向阀向蓄能器充液，蓄能器压力达到 2.45 MPa，远控顺序阀 6 开启，油泵排出口与油箱沟通，油泵卸载运行。

④最大舵角限位。操舵时，若因操作不当或系统发生故障，舵转至左或右舷最大舵角(±35°)时，油缸供、回油路不能切断，柱塞将继续运动，舵继续偏转，则舵转至限位舵角(一般为 36.5°)时，因柱塞的一端抵在该侧油缸的末端(由油缸的安装定位保证)，使柱塞的移动受阻，舵就被限制在最大舵角即 36.5°的位置上。

⑤安全保护。在系统操舵完成，蓄能器压力达到 2.45 MPa 后，若远控顺序阀不能开启，系统油压会急剧上升，这样会造成油泵过载或损坏系统设备。为了保证安全，在系统安装了溢流阀 8 作为安全阀，当系统压力升至 2.65 MPa 时，溢流阀开启溢油，压力不会继续上升，从而保证了系统安全。

(3)舵机系统的充液调试

①将油箱 3 内注入经过滤的干净油液，直至液面达最高油位。关闭蓄能器 10 前的截止阀和下部的泄放阀，向蓄能器充压缩空气直至压力达 0.98 MPa。

②开启缓冲器 12 前的截止阀，向缓冲器充气(若为气囊式蓄能器可按说明书充以一定压力的氮气或干燥空气；若为一般缓冲器，可旋开其顶部螺塞自然充气后旋紧螺塞)。

③开启油泵 5 吸油管路的截止阀，分别转动两泵的泵轴，使油液充满油泵。从转舵油缸 1 的放气螺塞处向左、右油缸中灌注一定量的油液，作油缸与柱塞间的“液垫”，以免向油缸充液时产生机械撞击而损坏设备。

④压紧左侧油泵卸荷阀 6 的调压弹簧，放松溢流阀 8 的调压弹簧。开启单向节流阀 9 前的截止阀，起动左侧油泵，调节溢流阀，使泵的排压为 0.5 MPa 左右，开启管路上和换向阀上的放气阀或螺塞排空气。

⑤调整溢流阀，使泵的排压稳定于 2.65 MPa，然后开启蓄能器前的截止阀，向蓄能器充液，若油箱油位明显下降，则应向油箱补油；当蓄能器的油压升至 2 MPa 左右时逐渐放松卸荷阀的调压弹簧，直至蓄能器油压达 2.45 MPa，油泵卸载运行，然后停泵。

⑥稍微向左或向右扳动换向阀 13 的手柄，使部分油液充入转舵油缸，蓄能器的油压下降，放松右侧油泵卸荷阀的调压弹簧后，起动右侧油泵，然后逐渐压紧卸荷阀的调压弹簧，直至蓄能器的油压重新达 2.45 MPa，油泵卸载运行。

⑦左、右扳动换向阀 13 的手柄，分几次交替地向左、右油缸充液，并交替开启左、右油缸上

的空气螺塞或阀排空气。

⑧调节电舵角指示器 14 传动杆的长度，使其指示舵角与转舵油缸的机械舵角指示器指示的实际舵角相符。

⑨扳动换向阀的手柄试舵，实际舵角与指示舵角的误差不应超过 1°；无负荷下的工作油压应小于 0.3 MPa，否则应检查转舵油缸密封装置的压盘是否压得过紧，油缸允许微量渗漏。

⑩调节单向节流阀 9 中的节流阀的开度（一般为 1/3～1/2），使舵从一舷 35°转至另一舷 30°所需时间符合要求。

气液直接接触式的蓄能器 10，应定期重新充入规定压力的气体。

（二）泵控型液压舵机

1. 泵控型液压舵机的原理简介

如图 12-30 所示为泵控型液压舵机的工作原理示意图。操舵时，泵向转舵机构供油；停止操舵时，泵空转，停止向转舵机构供油。驾驶人员只要通过操纵机构改变泵的吸、排方向，就可以实现左、右转舵。当舵转至操舵要求的舵角时，追随机构就自动停止油泵供油，舵也稳定在所要求的舵角上。

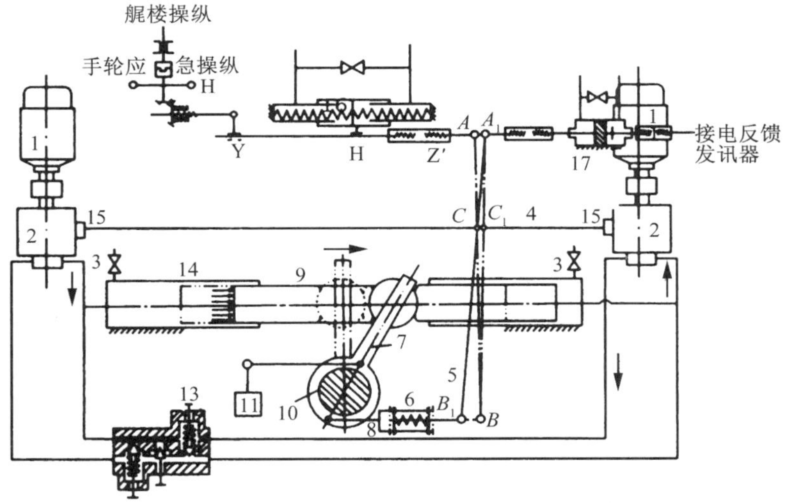

图 12-30　泵控型液压舵机工作原理示意图

1—电动机；2—双向变量泵；3—放气阀；4—变量泵控制杆；5—浮动杆；6—储能弹簧；7—舵柄；8—反馈杆；9—撞杆；10—舵杆；11—舵角指示器的发送器；12—旁通阀；13—安全阀；14—转舵油缸；15—调节螺母；16—液压遥控受动器；17—电气遥控伺服油缸

2. 泵控型电动舵机液压系统的基本组成及工作原理

如图 12-31 所示为泵控型液压舵机的组成和原理图。该舵机主要由设于驾驶台的发送器和舵机室伺服油缸 2 组成的远操机构、双向变量液压泵 1、转舵机构、浮动杆 18 等机构组成。

（1）控型电动舵机液压系统的基本组成

①双向变量泵（动力元件）。双向变量泵由两台双向变量泵 1 构成，两台泵可单独使用亦可同时使用；油泵变向变量机构由油泵控制杆 4（C 点）控制，通过控制 C 点的位置，实现油泵

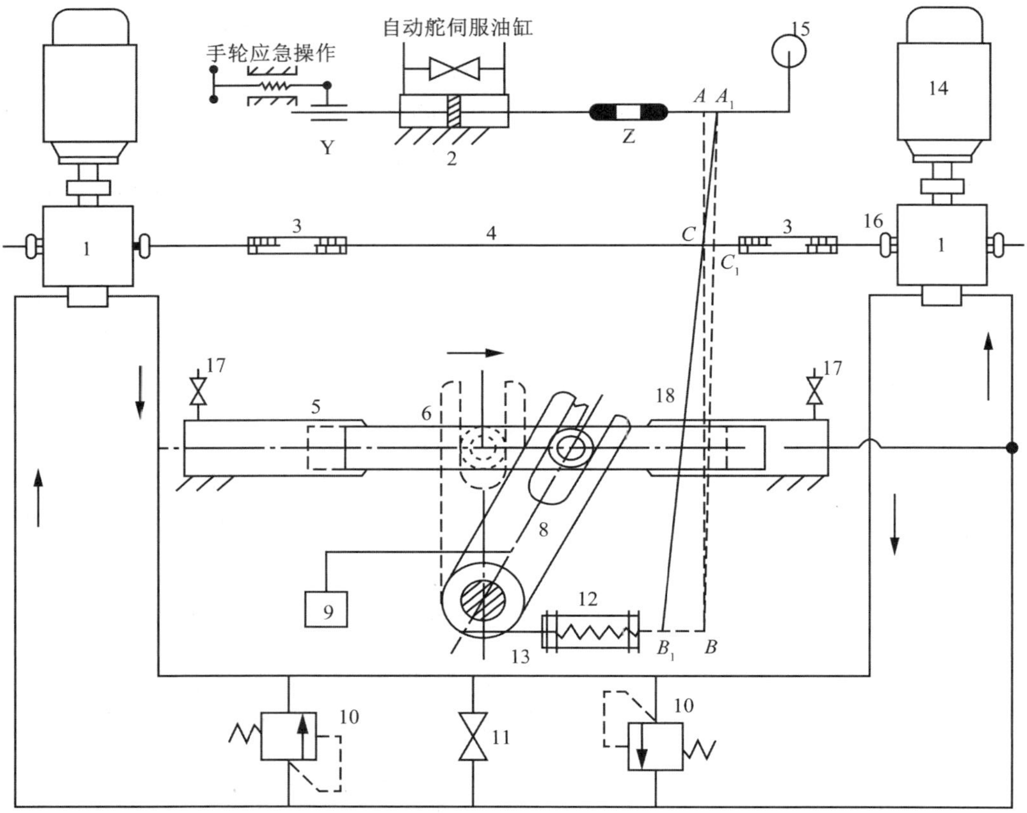

图 12-31 泵控型液压舵机的组成和原理图

1—双向变量泵;2—伺服油缸;3—调节螺套;4—油泵控制杆;5—转舵油缸;6—撞杆;7—滑块;8—舵柄;9—舵角指示器的发送器;10—安全阀;11—旁通阀;12—储存弹簧;13—舵角反馈杆;14—电动机;15—反馈发信器;16—泵变量机构限位器;17—放气阀;18—浮动杆

吸、排方向和油量大小的改变。

②转舵机构(执行元件)。转舵机构由转舵油缸 5、撞杆 6、滑块 7、舵柄 8 等组成。其作用是将油泵送来的压力油的压力能转换为推舵扭矩,实现舵的左、右偏转。

③控制系统。控制系统由远操机构和追随机构组成。

i. 远操机构,由设于驾驶台发送器和设于舵机室液压伺服油缸 2 组成。

ii. 追随机构。追随机构的主要设备是浮动杆 18,在浮动杆上的 *A*、*C*、*B* 三点,其中 *A* 点(操纵点)与伺服油缸的活塞杆相连;*B* 点(反馈点)通过舵角反馈杆 13 与舵柄相连;*C* 点(控泵点)与油泵控制杆相连。

iii. 储存弹簧。储存弹簧 12 连接于舵角反馈杆上,一端连接舵柄,另一端连接浮动杆上的 *B* 点。储存弹簧无论是受拉或受压,起初张力应足以克服推动油泵变向变量机构时所受到的反力。因此,在油泵变量机构达到最大行程之前,储存弹簧并不会因受拉或受压而伸长或缩短,此时追随杆上的储存弹簧就像普通的刚性杆件一样参与工作,如图 12-32(a)所示。当操舵过程在油泵柱塞达到最大行程后,仍需继续操舵时,此时泵控点 *C* 就会受到油泵最大行程限制器的约束而无法继续移动,浮动杆却因尚未追随或追随滞后而使追随杆上 *B* 点受力骤增，致使弹簧受压（或拉）而缩短（或伸长），如图 4-32（b）所示。这样为追随杆上 A 点继续运动带来可能，从而使操大舵角得以实现。当操舵角达到要求的大舵角时，弹簧会因舵转动的实际舵角落后而被压缩（伸长）了一定长度，这一长度正好给舵柄继续追随预留了一段行程。在弹簧长度恢复到原有安装长度之前，由舵转动所造成的追随被弹簧的伸长所补偿，而不会对油泵变量机构所处的最大行程位置有所影响，即在此过程中 C 点保持不动，在弹簧长度恢复至自然长度之前，油泵一直保持在最大供油量下工作，从而缩短了转舵时间，如图 12-32（c）所示。

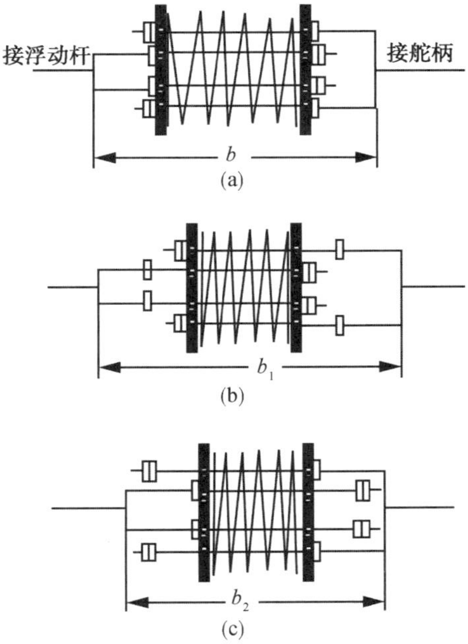

图 12-32　储存弹簧的工作原理图

从上述分析可知，储存弹簧弹力应适中，若弹簧太硬，在操大舵角时所需操舵力太大（舵重），甚至造成大舵角操舵难于一次连续完成；若弹簧太软，在操小舵角时因弹簧被压缩而发生空舵和滞舵，严重时甚至不来舵。所以，储存弹簧的作用是保证操大舵角时得以顺利实现；在操大舵角时加快转舵速度；在稳舵时能起到安全保护作用。

iv. 反馈元件，是指舵角指示器的发送器 9 和反馈发信器 15 两部分。舵角指示器的发送器连接在舵柄或舵杆上，将舵实际偏转的角度发送至驾驶台、集控室、船长室、轮机长室等处显示出舵角。反馈发信器是向控制系统反馈伺服油缸的活塞位移信号，当活塞位移与指令舵角要求的位移相同时，伺服油缸进、回油立即中断，活塞的运动立即停止，活塞杆上的 A 点停止不动。

v. 安全阀（控制元件）。安全阀 10 由溢流阀充当。作用：一是在转舵过程中，当油压太高时，将高、低压管路旁通，避免高压侧油压过高而损坏系统；二是在稳舵（舵停转）过程中，当舵受外力作用而使油缸或管路中超压时，通过安全阀将高、低压管路旁通，此时会“跑舵”，但在外力作用消失后，舵会自动推回至要求的舵角上。

（2）控型液压舵机系统三点式追随机构的工作原理

如图 12-31 所示，三点式追随机构由 A、C、B 三点式浮动杆 18 和反馈杆 13 及其上的储存弹簧组成。当发送器的舵轮处于正舵位置时，浮动杆18与反馈杆13处于垂直位置，与C点相连的变量机构拉杆正好使油泵处于“0”油位（不在“0”油位上，可通过调节螺套3调节），油泵1不吸、排油空转。当转动舵轮操舵，使伺服油缸活塞杆右移时，三点式浮动杆以B点为支点向右摆动，A移至A_1，C移至C_1，如图12-33所示。于是，油泵从转舵油缸右侧吸油，向左侧油缸排油，撞杆6右移，舵柄8向右摆，舵开始偏转，并通过反馈杆13带动B点左移。在此过程中，C_1逐渐被拉回向C靠拢，油泵排油量逐渐减小。当舵的转角与A_1位置要求舵角相符时，B被拉至B_1，C_1刚好被拉回到C。油泵停止排油，撞杆停止运动，舵停止在所要求的舵角上。此时，浮动杆的位置如图12-33中A_1CB_1所示。

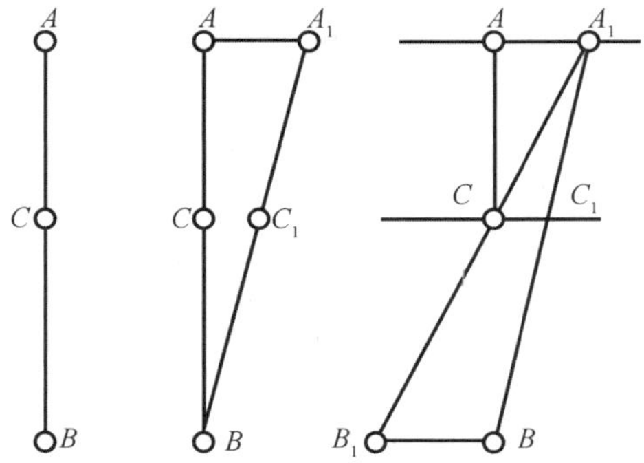

图 12-33　浮动杆式追随机构工作原理图

显然，当回舵时，三点式浮动杆会以B_1为支点向左摆动，A_1左移；当由正舵位置向另一侧操舵时，浮动杆会以B为支点向左摆动，B也是左移。两种情况均使C点左移，油泵吸、排油的方向改变，从而使舵向相反方向转动，追随行程反向。

（3）控型液压舵机系统的工作情况

①操正舵。当舵轮置于正舵（操舵角为“0°”）位置时，发送器和伺服油缸2均处于中位，浮动杆18与油泵控制杆处于垂直位置，C点正好将油泵变量机构处于“0”油量，泵空转不吸、排油；舵正好处于“0°”舵角，即“正舵”位置。

②操左舵。驾驶人员发出转舵指令信号使伺服油缸右移，A右移至A_1，由于反馈信号器作用而停止，假定舵还未来得及偏转，浮动杆处于A_1B状态。C点移至C_1点，油泵变向变量机构动作，油泵从转舵机构右侧油缸吸油，向左侧油缸排油，柱塞右移，通过舵柄带动舵杆顺时针转动，舵左偏转。此时连接于舵柄的反馈杆带动B点左移而使C_1逐渐回至C点，当B移至B_1点，浮动杆正好将C_1拉回至C点，油泵空转不吸排油，舵停于要求的左舵舵角上。

③操右舵。操右舵的过程正好与操左舵过程相反。

显然，追随机构除了在舵转至操舵指令舵角时自动停止转舵外，还能在舵受风浪等作用偏离原舵角时，当外力减小或消失时，能自动将舵转推回至要求舵角上。

（4）控型液压舵机系统的特点

①舵机油泵采用变向变量油泵，采用闭式液压回路，舵机运行过程中，油泵的工况是变化的。

②采用带反馈装置的远操电气控制系统。操舵时，驾驶人员只需将操舵装置转至指令舵角上即可，无须考虑舵的工作情况。

③采用舵角能自动跟踪的追随机构。追随机构根据操舵指令信号，自动将舵转至要求的

指令舵角上；并且在不操舵时，由于各种原因舵偏离了指令，追随机构也能自动将舵推回至原来的舵角上。

④采用带储存弹簧的反馈杆，使液压舵机系统在操大舵角时得以实现，并且可使油泵在较长时间内处于最大供油量供油，加快了转舵速度。

⑤安全阀能在液压舵机系统操舵与不操舵时，均能起到安全保证作用。

3. 88.2 kN · m **电动液压舵机实例**

88.2 kN · m 电动液压舵机，属于泵控型电动舵机液压舵机，其公称扭矩为 88.2 kN · m，安全阀调定压力为 7.84 MPa。

(1)液压系统的组成与特点

如图 12-34 所示为电动液压舵机的液压系统图。该舵机系统的组成与特点如下。

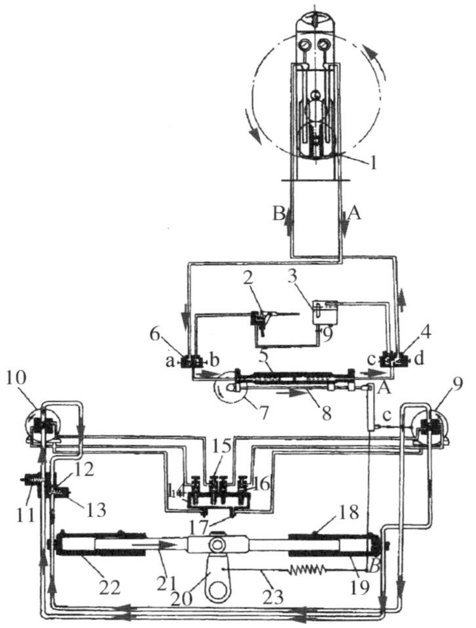

图 12-34　88.2 kN · m 电动液压舵机液压系统图

1—发送器；2—手摇泵；3—充液柜；4—转换阀组；5—受动器；6—转换阀组；7—操纵手柄；3—拉杆；9、10—油泵；11—安全阀；12—旁通阀；13—安全阀；14—补给油箱；15—截止阀；16—止回阀（自动补给阀）；17—放油螺塞；18—空气螺塞；19—转舵油缸；20—舵柄；21—柱塞；22—转舵油缸；23—追随杆

①采用设于驾驶室发送器 1 和舵机房的受动器 5 组成的液压式远操机构，推动泵的变向变量机构工作，使油泵由空转，转换为吸、排油工况，实现偏舵或回舵。

②设有由追随杆 23 和 *A*、*C*、*B* 三点式杠杆组成的追随机构，当舵转至操舵指令舵角时把油泵的变向变量机构推回中位而自动停止转舵。它与远操机构组成随动遥控系统。

③两台交流电动机泵组，可交换使用，一台作备用。其中一台泵也可由直流电动机驱动，作应急能源。为防止系统中油液倒灌至备用泵，使备用泵变为油马达运转而影响转舵，两泵均设有防逆转机构。

④设有由转换开关、直流电动机、传动齿轮和电磁离合器等组成的电气式应急远操机构。

⑤最大舵角限位。最大舵角限位是靠限制受动器油缸（或拉杆）的最大行程间接控制的。在拉杆的两侧还设有行程开关，以便应急操舵时拉杆向左或向右移至相应最大舵角的操舵行

程时,切断应急电动机的电源。

(2)舵机系统的工作情况

①操正舵。转动舵轮使其处于正舵(操舵角为零)位置时,发送器1和受动器5均处于中位,三点式杠杆处于与油泵变向变量拉杆垂直,油泵空转,舵停止在正舵位置上。

②操左舵或右舵。当向左或向右转动舵轮操舵时,通过发送器上的传动齿轮,一方面使其上的舵角指示器显示出操纵舵角的大小,另一方面使受动器油缸一侧进油另一侧排油或左或右运动,并带动其拉杆8向左或向右移动,使三点式杠杆上的C点左右移动,从而改变油泵的变向变量机构,使油泵由空转工况变为供油工况,舵即或左或右偏转,直至舵转至指令要求的舵角时,追随机构把泵的变向变量机构推回至中位,油泵又转至空转工况运行,舵停止在要求舵角上。

③回舵。回舵或向相反方向操舵,情况类同,只是此时油泵变向变量机构的运动方向相反,舵反向偏转而已。

④应急操舵。当常用远操机构发生故障不能正常操舵时,提起顶升机构的手动杆,强行开启交通阀,接通受动器电磁离合器的电源,扳动操纵台上的转换开关即可进行应急操舵。

四、电动液压舵机的日常运行管理

(一)液压舵机系统的充油

(1)液压油的品种和牌号应符合说明书的规定,严禁不同品种和牌号的液压油混掺使用,一般选用黏度为15.5~100 cSt(40 ℃时的黏度)。

(2)液压油应经过滤充入油柜,并达最高油位。用油泵向系统充油时,应随时向油柜补充液压油,以保证油柜中的吸油管口始终浸没在油中。

(3)防止泵干转。新装或拆检的油泵,起动前一定要灌入液压油,并用手转动油泵,让油箱的油液逐渐充满泵。若系统设有手动泵,宜用其向系统充油。

(4)防止转舵机构的柱塞撞击油缸。左、右转舵油缸设有旁通阀者,向油缸充油时可开启旁通阀;未设旁通阀者,可利用机房的操纵机构控制动力泵,间断交替地向左、右油缸充油。为可靠起见,在充液前,最好拆下转舵油缸上的放气螺塞或位置较高的管路接头,向左、右油缸内灌入一定量的液压油。

(5)驱除空气。充液过程中,应开启系统中位置较高的放气阀、空气螺塞或松开压力表接头进行排空气。

液压油的使用时间一般为2~4年,若维护管理得好,使用期限可达4~6年甚至更长。液压系统中的油质,可通过取样化验检查,通常采用外观检查。一般外观检查是通过对液压进行“看、嗅、摇、摸”几种方式检查。对液压油进行检测时,若发现液压油颜色变深发黑且有恶臭气味时,说明液压油已经氧化变质,必须立即更换;若液压油颜色变化不大,只是有些浑浊,说明液压油中混入了空气,需要对液压油进行静置分离处理即可;若液压油颜色发白,说明液压油中混入了水分,需要对液压油进行分离处理,并掺入一定量的新液压油,以调整液压油的黏度;若液压油透明但有小黑点,或光照射时有闪光点,说明液压油混有杂质或金属粉末,需要对液压油进行过滤处理。

(二)船舶开航前的试舵

船舶每次开航前,值班轮机员应会同值班驾驶员在舵机房和驾驶室一起试舵,以检查各种舵角是否满足要求,操舵控制系统和舵机装置是否完好。试舵时主要应注意以下几方面的问题:

(1)验明主换向阀或油泵的变量机构处于中位后,脱开遥控机构或把转换开关置于舵机房操舵位置。

(2)起动一台泵组,通知驾驶室后在机房操舵,使舵从0°转至一舷35°,然后回中。在此同时,间断地开启压力侧油路上的放气阀或螺塞排空气;观察电流、油压、密封和机电运转情况;注意有无异常响声和气味;核对转舵时间是否符合要求。

(3)分别起动其他泵组,进行同样的检查。

(4)接通遥控机构或把转换开关置于遥控位置,通知驾驶台试舵。分别起动各泵组,分别向两舷作5°、15°、25°、35°的操舵试验。观察舵机运转情况,核对指令舵角(操舵角)、实际舵角和指示舵角是否一致(零舵角的偏差应为0,其余舵角的偏差应小于±1°);校验有否明显跑舵现象,非随动操纵者的冲舵舵角是否在2°范围内,舵轮的空转是否不超过半圈或滞舵时间是否不大于1 s。

(5)将备用的遥控机构或其他应急操舵装置做同样试验。

(6)试验完毕后,通知驾驶台,停泵,等待开航。

(三)航行中的管理

船舶航行中,每小时对舵机房巡回检查一次,船舶用急倒车时,轮机员应到舵机房监视舵机的工作,发现异常情况应及时处理,并报告轮机长和做好相关记录。舵机巡回检查的内容主要包括:

(1)油位检查。补油柜或循环油柜的油位应保持在油位计2/3左右。

(2)油温检查。油箱油温通常不应超过室温30 ℃以上,一般不应超过60 ℃。若油温超过80 ℃,则须停泵。

(3)油压检查。主泵的排油压力不应高于系统调定最大工作压力,吸油压力不应低于补油条件(闭式系统)或吸油条件(开式系统)所确定的正常值。

(4)外露滑动表面检查。适时加注一定量的工作油、设有油杯者,亦应适时地加油。

(5)密封情况检查。油柜、油缸、阀件、油管和管路接头等地方不应漏油,舵杆的舵承填料不应漏水。转舵油缸的外露柱塞滑动表面应有一层薄油膜,但不得滴漏,若有滴漏,可适当压紧填料压盘。

(6)倾听噪声。若有异响和冲击声,则应查明原因,及时处理。

(7)泵组检查。检查油泵、电动机不应有过热现象。

(8)备用油泵检查。停用时不能反转,否则表明泵排出管处的单向阀泄漏或防逆转机构损坏。

(9)应急操舵系统检查。检查应急操舵系统是否处于良好的状态。

(10)电气控制箱检查。检查工作中的电气设备是否正常,线路接头有否松动。

(四)船舶停航时的管理

(1)清洁柱塞等外露的滑动表面,并加注工作油。若长期停用,则应涂覆润滑脂。

(2)消除管子、接头、阀件和各密封填料处的漏油现象。若油缸柱塞的皮碗填料处滴油,压紧压盘不能消除,则应换新(一般使用四年左右最好换新)。更换填料时,宜逐步放松压盘,每次松开 2 mm 左右,用手摇泵或主泵以小排量运行,利用油压将皮碗慢慢推出。然后用竹或木质工具将新填料推入,以免损伤柱塞滑动面、内套密封面和填料。

(3)定期清洗油滤器。但新船首次航行后必须清洗。

(4)清洁换向器和控制箱中的电器触头,检查并消除连接松动现象;测量电气设备绝缘电阻,不合格者应纠正或换新。

(5)每半年对油样至少进行一次外观检查,每年对油样进行一次化验检查,对已超过使用极限的液压油,则应换用同样品牌新液压油。一般新船第一次换油时间不超过 2 000 h。油箱换新油时必须彻底清洗,使用中约两年清洁一次。

第五节 船舶液压舵机实际操作与训练

项目一 舵机的日常操作

1. 起动前的准备

(1)检查舵机机械传动部分有无障碍物,减速装置滑油量是否充足,各连接、紧固螺栓是否正常。

(2)检查各电气设备是否正常,电源是否供电,舵角指示器与实际角度是否相符。

2. 起动与运行

(1)当确认正常后,供电起动运转,检查电机组及变流机的运转是否平稳,有无振动和异响,察看直流电机铜头火花是否在允许的范围内,供电电压是否符合电机要求。

(2)工作中,应检查舵机系统有无振动和异响,注意电机组轴承及火花情况,在加减负荷时,注意其工作参数是否正常。

(3)检查伞齿轮转动情况,缓冲弹簧及导滑轮使用是否良好,润滑油量是否足够,齿轮箱是否有漏油现象。

3. 停止运转

舵机使用完毕后,应将舵放在中央位置,停止电机供电,保持其系统的清洁,消除运转中出现的缺陷。

4. 试舵

(1)停航检修或厂修后,应在舵机间操纵控制手柄做左右 30°转舵试验,此时主要注意电机组执行电机、离合器的工作是否正常、可靠。负荷变化时电流、电压指示器是否正常,有无异响。

(2)与驾驶台共同进行驾驶台远操机构的转舵试验,核对舵角、判定远操机构、追随机构的可靠、准确性。检查行程开关是灵敏、可靠(蓄电池供电的备用舵电机,只做上述短时间的试验、校对,并只准在特殊情况下段时间使用)。待一切正常后,方可投入运转。

项目二 舵机的应急操作

为了保证船舶的安全,船舶在航行过程中,无论发生怎样的紧急情况,必须保证舵机能良好工作,随时均能按要求进行转舵,并有良好的舵效。根据中国船级社《钢质内河船舶建造规范》(2009 年)对舵机的基本要求可知,每艘船舶至少应具有两套及以上的操舵动力设备。对于内河船舶的电动液压舵机一般为两套,一套为主操舵装置,液压泵由交流电机驱动;另一套为应急操舵装置,液压泵由直流电机驱动,由蓄电瓶供电。舵机失灵的原因多种多样,下面就舵机失灵后,进行应急使用的情况做简单介绍。

(1)舵机系统设置有两台交流电机驱动的液压泵,两台泵组自动互为备用,即当运转中的一台泵组失电或损坏后,另一台泵组自动投入工作,继续向系统供油,其操纵还是按原来的方式进行。

(2)当交流电机驱动的液压泵均失电或损坏,不能向系统供液时,直流电机泵组自动起动,驾驶人员只需扳动设于操纵台的转换开关手柄,控制电液换向阀的工作,实现应急操舵。

(3)当交流电机驱动的液压泵均失电或损坏,不能向系统供液时,直流电机泵组不能自动起动的,此时,驾驶人员应将设置于驾驶室内的转换装置,置于应急操舵位置,直流电机泵组投入工作,扳动设于操纵台的转换开关手柄,控制电液换向阀的工作,实现应急操舵。

(4)如果油泵能正常工作,只是控制线路或电磁(电液)换向阀线圈故障,电磁(电液)换向阀不能换向时。轮机人员可在舵机室内,根据驾驶人员的操舵指令,手动操纵电磁(电液)换向阀的应急按钮移动阀芯,使油路换向,以实现应急操舵。

(5)无论是自动转换还是手动转换,要求转换的时间不能超过 10 s。

项目三 舵机常见故障分析

电动液压舵机在使用中,由于管理不当、维护不好、设备或技术原因,总会发生各种各样的故障。为了尽量减少舵机系统故障的发生,要求轮机人员平时要做好日常维护管理工作外,还应对整套舵机系统的构成非常熟悉、系统中的各设备的结构与原理要非常清楚、系统的操作与调整要非常的熟练,方可保证舵机系统良好工作,即使舵机系统发生了故障,也能迅速地根据故障现象找出故障发生的原因、地方,给出解决问题的方案,使故障快速得以排除。由于舵机系统有阀控型、泵控型,控制的方法又有液压式、电气式等多种方式,笼统很难分析并说清楚。所以,下面只用“阀控型电气遥控式”电动液压舵机系统中一些常见的故障进行分析与处理。

(一)操舵指令发出后舵不能转动

操舵指令发出后,造成舵不能转动的原因主要包括遥控系统失灵、主油路旁通或严重泄漏、主油不通或转舵受阻等。

1. 遥控系统故障,不能转舵

具体判断方法是在舵机室进行人工手动操舵,若舵能够正常转动,说明是遥控系统的故障造成不能转舵。其主要原因及排除方法分析如下:

(1)电气遥控系统的故障原因,具体包括控制电路断路、电器元件损失、接头接触不良、保险丝烧断等,造成电磁换向阀的线圈不能通电,电磁换向阀不能换向供液,不能转舵。解决的办法是检修控制电路的线路或更换电器元件。

（2）电气遥控系统电路正常，电磁换向阀不动作。用手摸电磁换向阀的线圈常温不热，用万用表（“电阻”挡）检查，其阻值无穷大，说明电磁线圈断路。解决的办法是更换电磁换向阀。

（3）电磁换向阀的阀芯卡死于中位。用手摸电磁线圈发热，甚至发烫，说明电磁线圈是通电的，就是阀芯在中位不能移动，其原因可能是电磁力不足或移动阻力大。解决的办法是检查电源与电路，拆检换向阀。

（4）电气遥控系统电路正常，电磁换向阀不动作。用手摸电磁换向阀的线圈常温不热，用万用表（“电阻”挡）检查电磁线圈正常，其原因可能是最大舵角限位装置，行程控制开关断开，使控制油路旁通或电路断电而不能操舵。解决的办法是检修限位旁通阀或将行程控制开关复位。

2. 主油路旁通或严重泄漏

若主油路旁通或严重泄漏，主泵排出压力一定会很低，从排出压力表的读数可判断，具体包括以下原因：

（1）安全阀搁起或调定压力太低，造成系统工作油压太低，转舵机构产生的推舵力矩不能克服水动力矩，舵不能转动。解决的办法是拆检安全阀或重新调节安全阀设定值。

（2）旁通阀未关，造成系统工作油压太低甚至没有油压，转舵机构产生的推舵力矩不能克服水动力矩，舵不能转动。解决的办法是关闭旁通阀。

（3）系统严重泄漏，造成系统工作油压太低，转舵机构产生的推舵力矩不能克服水动力矩，舵不能转动。解决的办法是消除系统中泄漏的地方。

3. 主油路不通或转舵受阻

若主油路不通或转舵受阻，安全阀开启，主泵排压达最大值，通过安全阀和排出压力表可判断，具体包括以下原因：

（1）泵阀或缸阀未开，压力油不能进入转舵油缸，舵不能转动。解决的办法是打开泵阀或缸阀。

（2）主油路的锁闭阀因不能引入控制油压或卡死打不开，进、出转舵油缸的油路未畅通，压力油不能进、出转舵油缸，舵不能转动。解决的办法是检修主油路的锁闭阀，使其能正常工作。

（3）舵或转舵机构的运动受阻，转舵油缸产生的最大转舵力矩，不能克服柱塞运动需要的摩擦力矩、舵承摩擦力矩和水动力矩之和，舵不能转动。解决的办法是检查油缸密封是否压得过紧、舵承是否损坏，舵叶是否被抵死。

（二）只能单向转舵

1. 遥控系统故障

遥控操舵时，只能单向转舵，且电磁换向阀线圈一侧发热另一侧不热；换用舵机室操舵又正常，说明是遥控系统故障所造成的。具体包括以下原因：

（1）遥控操作系统一侧电路断路或相关电器元件损坏，使其在该侧操舵时，电路不通而不能转舵。解决的办法是检查该侧电路或更换相关元件。

（2）电磁换向阀线圈一侧电路断路，在该侧操舵时，电路不通而不能转舵。解决的办法是更换电磁换向阀。

（3）一侧行程控制开关断开，造成在该侧操舵时控制线路无电，电磁换向阀无动作而不能转舵。解决的办法是使行程控制开关复位或更换行程控制开关。

2. 主油路单向不通

在一侧操舵时，主泵排压达最大值，安全阀开启，换用应急操舵，情况亦然，说明该侧管路发生堵塞。其原因是主油路另一侧的液控单向阀的控制油路堵塞或可调节流阀关闭造成这侧的单向阀回油时无法开启。解决的办法是检修或调整系统中的液压锁。

3. 主油路单向旁通

在进行一侧操舵时，主泵排压低，不能转舵；在进行另一侧操舵时，转舵正常。其原因可能是主油路在该侧安全阀的调整压力过低或阀芯搁起，造成在该侧操舵时，油压起不来，舵转不动。解决的办法是检修或调整安全阀。

（三）舵转动得太慢

1. 主油路旁通或泄漏

遥控操舵舵转动得太慢，换用舵机室操舵情况一样，说明在操舵时进入油缸的油量太少。造成油量太少具体包括以下原因：

（1）主油路外漏，解决的办法是消除泄漏的地方。

（2）旁通阀未关严，解决的办法是关闭旁通阀或研磨旁通阀。

（3）安全阀关闭不严，解决的办法是拆检、研磨安全阀。

（4）主油路换向阀内漏严重，解决的办法是更换换向阀。

（5）备用泵出口单向阀锁闭不严。现象是工作中，备用泵反转。解决的办法是更换或拆检研磨单向阀。

2. 主泵流量太小

遥控操舵舵转动得太慢，换用舵机室操舵情况一样，说明在操舵时进入油缸的油量太少。造成油量太少的具体原因包括以下几方面：

（1）电动机转速下降，解决的办法是检查电压是否正常，检查线路接头的接触情况。

（2）主泵内漏严重或局部损坏，解决的办法是检修或更换油泵。

（四）滞舵

滞舵是指操舵指令信号发出后，舵开始转动的时间超过了要求的时间，称为滞舵。

1. 主油路有较多气体

其现象是在转舵过程中，转舵油缸的柱塞出现走走停停的“爬行现象”，开启供油侧的放气阀（或旋塞）可放出气体。造成主油路有较多气体具体包括以下原因：

（1）充液或检修后排空气不彻底，解决的办法是开启系统中位置较高处的放气阀（或旋塞）或接头放气。

（2）系统漏油或补油不足，解决的办法是消除泄漏的地方或加强补油。

（3）开式系统油柜油位太低或回油管布置不合理，解决的办法是向油柜回油至要求的油位，重新改造回油管路，使其布置合理。

（4）吸入管堵塞，解决的办法是清洗过滤器。

2. 遥控系统操舵动作迟滞

遥控操舵时滞舵，在舵机室操舵正常，说明是遥控系统故障。具体包括以下原因：

（1）限位旁通阀关闭不严，解决的办法是检修限位旁通阀。

（2）控制油路上的可调液动换向阀的节流针阀开度过大，解决的办法是将可调液动换向阀的节流针阀开度调小。

（3）三位四通阀内漏严重，解决的办法是更换三位四通阀。

3. 主油路旁通

系统设置了两台互为备用的主动力油泵，若发现备用泵反转，小舵角滞舵明显，转舵速度变慢，说明动力油倒流。其原因是备用泵出口单向阀锁闭不严，解决的办法是检修单向阀。

（五）冲舵

冲舵是指在操舵过程中，舵的实际转角超过指令舵角称为冲舵。

1. 主换向阀不能及时回中

舵达指令舵角时主换向阀未回中，舵还继续转动，甚至冲到最大舵角。具体包括以下原因：

（1）主换向阀阀芯卡阻或弹簧断裂、漏装、弹力不足，解决的办法是检修换向阀。

（2）电气反馈元件的机械连接松脱，解决的办法是将机械连接件修复。

（3）电气元件变质或触头脏污、断路，解决的办法是检查电路或更换电器元件。

2. 控制杆系间隙过大

控制杆系各连接销子磨损严重，导致间隙过大，使机械反馈动作不准确。解决的办法是修理磨损杆件，恢复连接销间隙，使机械反馈动作准确。

（六）跑舵

跑舵是指在未操舵时，舵偏离了所停舵角的位置称为跑舵。

当舵停止于某一舵角位置，由于舵叶受到很大的水动力矩作用，通过舵杆、舵柄作用于撞杆上，此时在一侧油缸中会产生很高的油压，特别是在大风大浪时更为严重，若油路锁闭不严或管路泄漏，就会造成撞杆移动而跑舵。所以，主油路锁闭不严或两侧管路泄漏是造成跑舵的主要原因，其具体包括以下原因：

（1）换向阀、液控单向阀、舵机专用阀等主油路锁闭阀泄漏严重，解决的办法是检修系统中各锁闭阀，保证油路锁闭严密。

（2）安全阀或旁通阀关闭不严，解决的办法是检修安全阀或旁通阀，保证其密封性。

（3）主油路锁闭阀后的油路和转舵油缸内积存有较多气体，解决的办法是排除系统中的气体。

（4）油缸的柱塞填料泄漏，解决的办法是压紧压盖螺栓或更换密封圈。

（七）舵机系统发生异常的振动、噪声

1. 系统中有气体

若系统中有气体，在转舵时振动、噪声特别大，而且会造成滞舵。系统有空气的具体原因包括：

(1)对于闭式系统,充液时空气未排尽;在工作过程中,系统补油不足,这样均会造成管路系统中积存气体,在舵机工作过程中,发生异常的振动、噪声。解决的办法是排除系统中的气体,加强对系统补油。

(2)对于开式系统,油箱油位太低,可能造成空气进入系统,解决的办法是向油箱加油至要求油位。

(3)对于开式系统,吸油滤器堵塞或吸入管漏气,均会造成空气进入系统,解决的办法是清洗滤器或封堵管路漏气之处。

(4)对于开式系统,油温太低或黏度太大,造成吸入阻力增大而进入空气,解决的办法是油温太低时,利用加热装置对油液进行适当加热。

2. 油泵机组故障

泵组空转运行时同样会发出异常噪声,换用备用泵可能会改善。造成泵组异常噪声的原因主要包括:

(1)油泵或电动机的轴承损坏,解决的办法是更换轴承。

(2)油泵与电动机轴线对中不良,解决的办法是重新校正轴线。

(3)油泵内其他运动部件损坏,解决的办法是检修油泵。

3. 管路或其他部件固定不牢

管路与阀件有明显的振动,主要原因是由于地脚螺栓松动、管路支撑刚性差等。解决的办法是旋紧地脚螺栓,加强管路的支撑。

4. 转舵油缸柱塞填料过紧

不转舵时无响声,转舵时产生噪声,主要原因是填料安放不对或压盘压得过紧。解决的办法是重新安装填料或放松压紧螺栓。

5. 内泄式液控单向阀用作油路锁闭阀产生的噪声

在负扭矩工况时产生振动噪声,其原因是在转舵时,回油侧主油路液控单向阀反复急速启闭产生敲击。解决的办法是适当关小节流针阀增加其阻尼可缓解。

第十三章

锚缆机械的操作与管理

船舶在港口停泊时，以克服作用在船体上的水流力、风力和船舶纵倾、横倾时所产生的惯性力，保持船位不变，就需设置锚设备。此外，锚设备还是船舶操纵的辅助设备，如靠离码头、系离浮筒、狭窄水道掉头或紧急减刹船速等，都要用到锚设备。

锚设备主要由锚 1、锚链 5、制链器 3 和锚机 6 等组成。锚机是用来收放锚和锚链的机械。锚设备及其在船首的布置如图 13-1 所示。

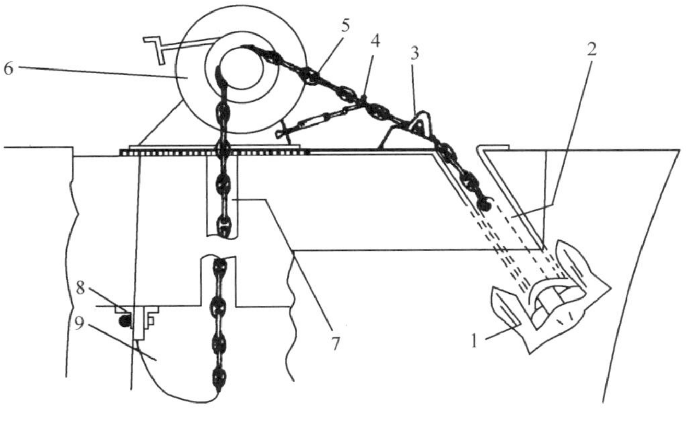

图 13-1 锚设备及其在船首的布置

1—锚；2—锚链筒；3—制链器；4—制链钩；5—锚链；6—锚机；7—锚链管；8—弃链器；9—锚链舱

按原动力的不同，锚机可分为人力锚机、电动锚机和液压锚机。按驱动轴的布置方式，锚机又分为立式锚机和卧式锚机。

系缆设备是船舶为停靠码头、系带浮筒、旁靠他船和进出船坞等所使用的机械设备。主要由系缆索、带缆桩、导缆装置（导缆孔、导缆钳或导缆滚轮等）、绞缆机，以及绳车、碰垫等所组成。利用绞缆机收绞缆索，即可使船舶系靠。在船首，系缆卷筒通常和锚机一起，用同一动力驱动，并可以通过离合器合上或脱开；有的起货机同时带有系缆筒；在船尾则大多设置独立的系缆机。系缆机按所用动力的不同可分为电动系缆机和液压系缆机。

第一节 《钢质内河船舶建造规范》对锚缆机械的技术要求

锚机在工作时,负荷变化很大,起锚时的最大拉力通常发生在拔锚破土时,为适应其负荷变化大的特点,电动锚机一般采用三速交流异步电动机驱动。液压锚机常采用有级变量液压马达来限制功率,也可采用恒功率液压泵或液压马达。中国船级社《钢质内河船舶建造规范》(2019)对锚机的基本技术要求如下:

(1)起锚机一般应由独立的原动机或电动机驱动。对于液压起锚机,若其液压管路与其他甲板机械液压管路相连接时,则应保证起锚机的正常工作不受影响。

(2)起锚机的平均速度应不小于 9 m/min。对 C 级航区船舶以及所有非自航船舶,其起锚速度可适当降低;对急流航段船舶,起锚速度不小于 12 m/min。

(3)起锚机应能在过载负载下连续工作至少 2 min,此时不规定速度。其过载负载应不小于 1.5 倍的工作负载。

(4)液压起锚机的液压装置应设置安全阀,锚机装置应装有有效的止链器。

(5)起锚机的链轮与驱动轴之间应设置离合器。动力操作的离合器应能手动脱开,且应有可靠的锁紧装置。

(6)起锚机的链轮或卷筒应装有可靠的制动装置。当锚链轮脱开时,制动装置制动时,不应有打滑现象;制动装置制动时,取锚链破断负载的 20%。

第二节 电动锚缆机械的结构和工作原理

一、立式电动锚机

立式电动锚机多用于军用船舶和内河大型拖船,其总体布置如图 13-2 所示。链轮 5 以下部分设于主甲板以下。立式锚机的主体结构如图 13-3 所示。

立式电动锚机的结构如图 13-2 所示,减速器 2 由三级减速齿轮和润滑油泵组成,减速器借助于油泵输送的滑油进行润滑和冷却。制动器 4 由刹车带和制动轮等构成,顺时针转动手轮 7 可使刹车带抱紧制动轮,逆时针转动手轮 7 可使刹车带松开制动轮。牙嵌式离合器 3 用以控制立轴(驱动轴)与减速器的合上或脱开。

如图 13-3 所示,螺杆 7 与驱动轴 13 为螺纹连接,绞缆卷筒 9 靠升降器的外壳 6 等支承于螺杆上。当转动手轮 1 使螺杆转动时,卷筒可沿驱动轴上的长键 8 上下滑动,使卷筒与链轮 10 脱开或合上。驱动轴与衬套 11 为紧配合,并靠衬套支承于链轮上。链轮与衬套 11 和 21 均为间隙配合,由固定于甲板套筒 14 上的衬套 21 支承。绞缆卷筒的下端和链轮的上端加工

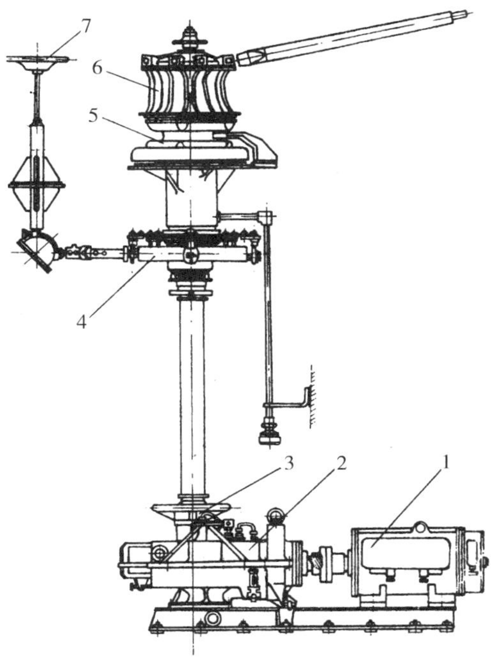

图 13-2 立式电动锚机总体布置图

1—电动机;2—减速器;3—牙嵌式离合器;4—制动器;5—链轮;6—卷筒;7—手轮

有同样几何形状和尺寸的牙与牙槽,构成牙嵌式离合器 22,以便卷筒与链轮合上或脱开。在链轮的销轴 20 上装有棘爪,它与甲板套筒上端面沿圆周均匀分布的牙槽(棘轮)构成人力绞缆时的防反转机构。制动轮 15 用键固接于主甲板以下链轮套筒部分,当刹车带紧抱制动轮时,链轮即被刹住。在衬套 11、19 和 21 的相应部位均装有油封,用以防止润滑脂流失。油杯 16 用以加注牛油。

二、卧式电动锚机

图 13-4 所示为卧式锚机的结构图。蜗轮 5 与蜗杆 4 构成锚机的一级减速,齿轮 6、7 构成锚机的二级减速,电机的转速经两级减速后传到驱动轴 11 上。在驱动轴 11 上,左、右两端各装有一链轮 3、制动轮 2、牙嵌离合器 8 和卷筒 1,故该锚机可以左、右起锚或左、右绞缆。制动轮和链轮为整体制造,并空套(孔与轴间隙很大)于驱动轴上,靠牙嵌式离合器 8,可将链轮与驱动轴脱开或合上。

三、电动绞缆机

图 13-5 所示为绞缆机的结构简图。电动机 2(或液压马达)通过齿轮减速机构 3 带动主卷筒 4 及副卷筒 6 运转。主卷筒在卷绞的同时还能储绳,它既能绞缆,又能靠手控刹紧,带式刹车 5 来系缆,缆绳张力太大时允许刹车打滑松缆,以免拉断。若是自动绞缆机则系缆时无须刹紧刹车。副卷筒只能卷绞缆索,收储缆绳需靠另设的人力控制的绳车。下面介绍自动绞

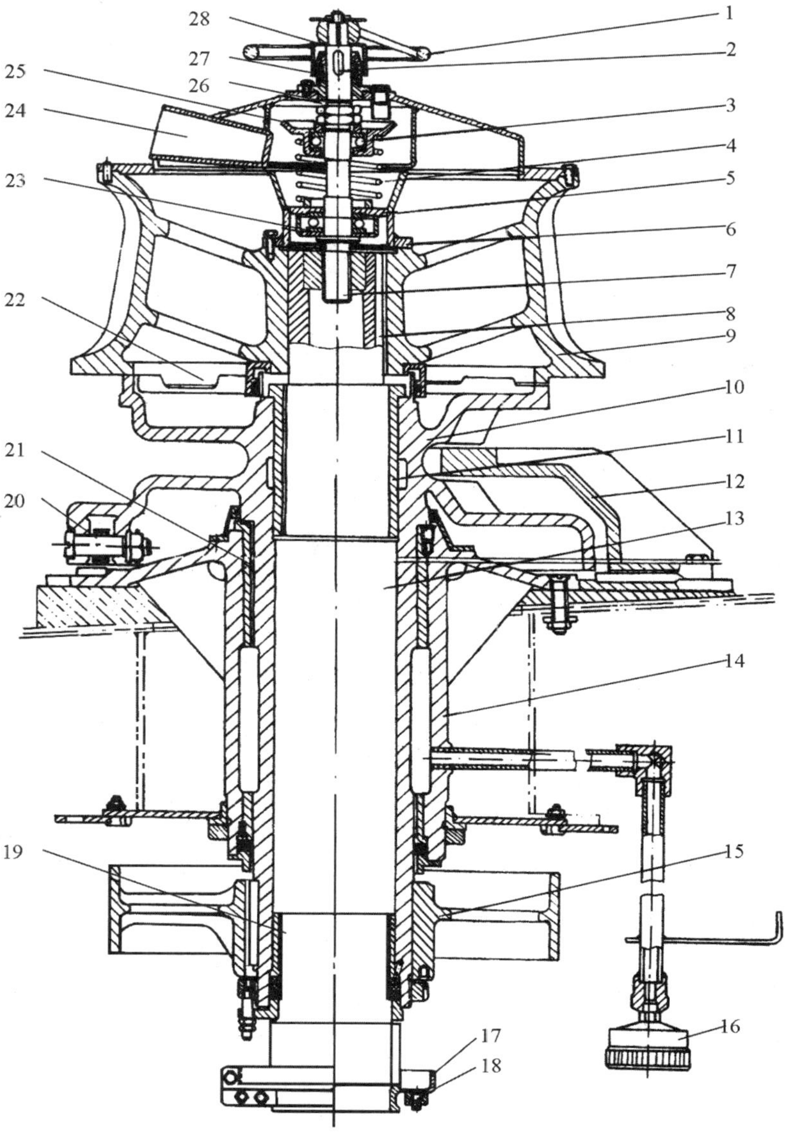

图 13-3　立式锚机主体结构图

1—手轮;2—键;3—单向推力球轴承;4—弹簧;5—弹簧下座;6—升降器外壳;7—螺杆;8—键;9—卷筒;10—链轮;11—衬套;12—分链器;13—驱动轴;14—甲板套筒;15—制动轮;16—油杯;17—滑油盘;18—泄放旋塞;19—衬套;20—销轴;21—衬套;22—牙嵌式离合器;23—滑油盘;24—推棒孔;25—弹簧上座;26—套筒;27—导向螺母;28—护罩

缆机。

普通绞缆机在停泊期间,当潮汐涨落和船舶吃水变化时,需人工相应松出或收紧缆绳,不仅麻烦费事,稍有疏忽还可能造成缆绳松弛失去系缆作用,或因过载而拉断。因此,许多船均采用了自动绞缆机,即能将缆绳的张力保持在一定范围内,拉力过大则自动放缆,而缆绳松弛又能自动收缆。

电动绞缆机通常采用有级变速交流异步电动机,在缆绳收紧后采用低速挡。当缆绳张力较低时,电动机正转收缆,其转差率 $s<1$;当缆绳收紧后张力增加,电机扭矩达到额定值 M_H 时,

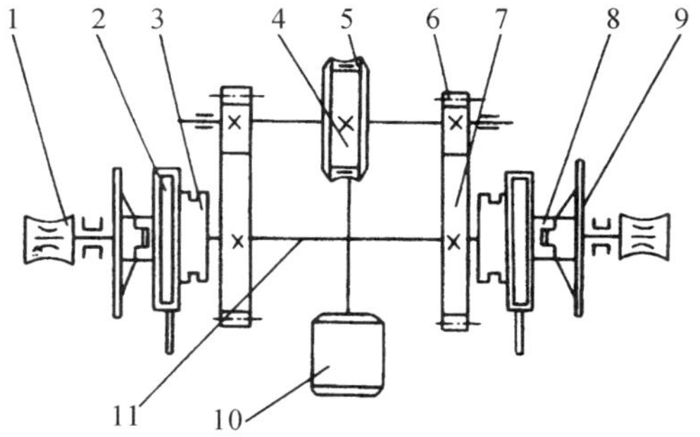

图 13-4 卧式锚机结构图

1—绞缆卷筒;2—制动轮;3—链轮;4—蜗杆;5—蜗轮;6、7—减速齿轮;8—牙嵌式离合器;9—手轮;10—电动机;11—驱动轴

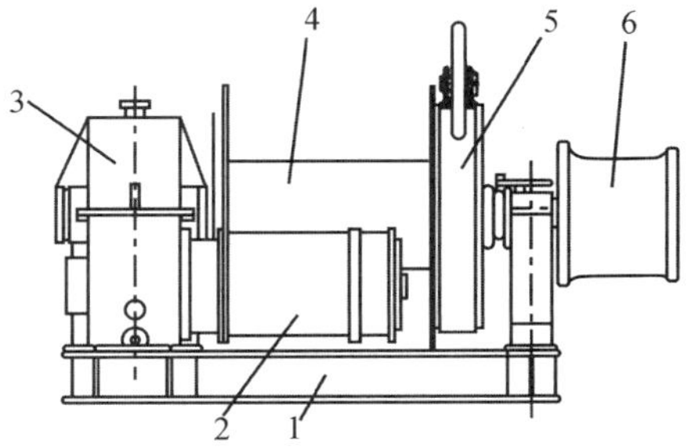

图 13-5 绞缆机的结构简图

1—底座;2—电动机(或液压马达);3—减速机构;4—主卷筒;5—手控带式刹车;6—副卷筒

电动机堵转,$s=1$;而当缆绳张力过大时,电机反转松出缆绳,$s>1$。

四、电动锚机的日常管理

(1)检查电机制动器控制电器与主电机是否联锁,即起动电机工作制动器松闸,停止主电机则工作制动器制动,且只有安全制动器松闸才能起动主电机。

(2)减速器采用合适的气缸油润滑,其油面应保证蜗杆全部浸入油中。减速器使用一年换一次油。

(3)锚机在船舶上安装时,锚链与链轮的包角一般应为 117°~120°。

(4)检查安全制动器各传动系统是否灵活可靠,并调整松闸时闸瓦与制动轮间间隙在说明书要求范围内。

(5)应保证锚链引出时三眼(锚链筒、制链器、链轮)成一线。

(6)锚机在额定拉力和额定速度下,应能连续工作 30 min,并应能在不小于 1.5 倍额定拉力的过载拉力作用下连续工作 2 min;此外锚机还应设有过载保护装置,过载时能转到中速运转。

(7)锚机主轴轴承及减速器输出轴端的轴承应定期更换,一般要两年换一次油。

(8)锚机检修后可对各润滑部位加油润滑,进行空载试运转,起锚为带负荷运转,逐渐加载至额定负荷。在标准电压下,电流不超过额定值,带刹车起重电机、减速器以及其他部位均不发热。

五、电动绞缆机的日常管理

(1)对于带式刹车电动绞缆机,应该经常检查和校准刹车带的摩擦面,以保证良好的摩擦力。同时,要注意缆绳在滚筒上的正确缠绕方向,以发挥刹车的最好制动效果。

(2)电动绞缆机的驱动马达上,装有弹簧式刹车。当操纵手柄置于"空挡"位置时,刹车在弹簧的作用下自动处于刹牢状态;当操纵手柄置于"绞进"或"送出"的位置时,刹车自动处于放松状态。大多数输入端是刹车不适合作为主刹车使用的,所以,船靠好码头以后,必须刹牢滚筒上的刹车。同时,通过离合器与驱动轴分离。如果离合器不脱开,两个刹车同时发挥制动作用,则这种联合制动力将超过缆绳最小破断负荷100%,其后果将导致断缆。

(3)船员在操作绞缆机时,应严格按照特定绞缆机的说明书进行,不能仅凭经验盲目操作。缆绳必须按正确方向缠绕在滚筒上;带有滚筒刹车和输入端刹车的双刹车绞缆机,在船靠泊期间应使用一个刹车。如滚筒刹车是主刹车,则滚筒与驱动轴之间的离合器在船靠泊期间应当脱开,并插上定位销。

第三节 液压锚缆机械的组成和工作原理

一、液压锚机的一般组成

液压锚机具有重量、尺寸小;可在较大范围内实现无级调速和微速运转;具有自动制动性能,易实现过载保护,能吸收冲击负荷,工作安全可靠;起停对电网的冲击小,可频繁起停和换向;易于实现遥控和自动化。其应用日趋广泛,并大有不断发展的趋势。

图 13-6 所示为定量叶片泵和二级变量叶片式油马达,阀控型闭式系统的液压锚机,以此说明其液压系统的组成和工作原理。

(一)主要组成部件

1. 液压泵

液压泵 P 为双作用叶片式液压泵,由电动机带动恒速回转,最大使用压力为 6. 86 MPa。为防止压力过高,液压泵上还设有安全阀。

2. 液压马达

液压马达 M 采用双作用叶片式液压马达,结构与双作用叶片泵类似,由定子、转子和叶片等所组成。在转子上均匀分布的 8 个叶片槽,并在槽中设置有叶片,为使叶片能紧贴在定子的内表面上,在转子端面的弧形凹槽中,每两个叶片之间,设有矩形截面的弧形推杆。工作时,叶片在压力油的作用下,带动转子在定子中转动。由于转子是用键与轴相连,所以,当转子转动时,即可直接带动锚链轮回转,从而完成起锚或抛锚任务。

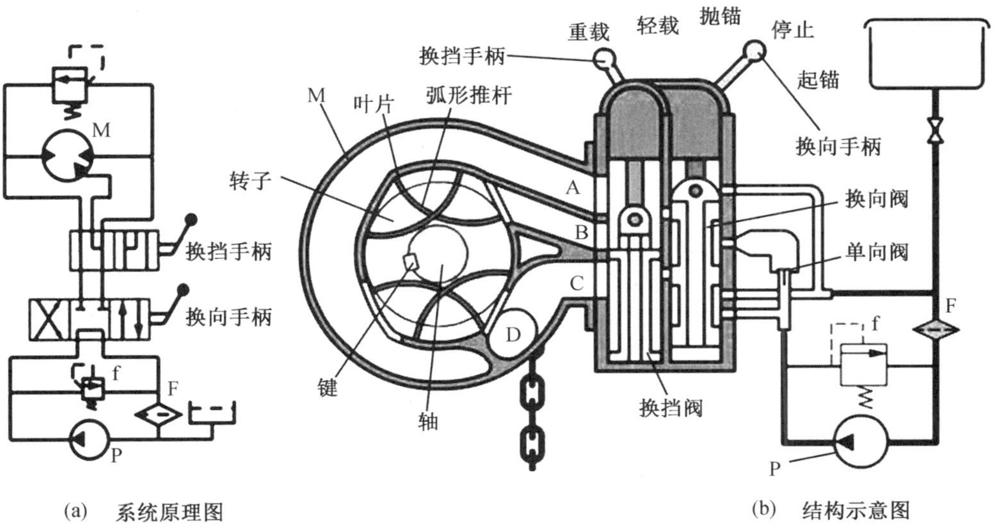

图 13-6　锚机液压系统原理图

3. 控制阀

控制阀具有两个油腔：一个是换向阀腔，内装换向阀和单向阀，用以控制液压马达的正转、反转或停转；同时，它又是一个开式过渡滑阀，可通过并联节流，对液压马达进行无级调速。另一个是换挡阀腔，内装换挡阀，控制液压马达的低速或高速工况。

4. 重力油箱

重力油箱中的液压油靠重力产生的静压保持液压泵的吸入压力，并对系统进行补油。

5. 磁性滤油器

叶片式马达液压的叶片与定子内表面比压较大，会产生一定的磨损，另外其他摩擦副在运行中也会产生磨屑，而叶片与叶片槽是选配偶件，对磨屑很敏感，因此必须配置磁性滤油器。

（二）工作原理

如图 13-6(b)所示，将换向手柄置于中央位置，则换向阀处于中位，并打开旁通孔，于是自油泵来的压力油经换向阀的下部直接返回油泵，系统不能建立起足够的油压，单向阀处在关闭状态，压力油不能进油马达，则油马达停止不动。

如图 13-7(a)所示，将换向手柄向后扳(起锚)，这时换向阀上移，逐渐将旁通孔 13 遮闭，于是油泵的排油压力升高，油就会顶开单向阀，经换向阀腔和换挡阀腔进油马达，进行起锚，这时油马达的 A、B 两个腔室同时工作，故为重载低速工况。假如扳动换挡阀手柄，使换挡阀关闭油道 B，则压力油将仅能从油道 A 进油马达，而油道 B 则与口油口相通，亦即油马达只有一个胶室工作，此时即为轻载高速工况，如图 13-7(b)所示。这时，最大输出拉力仅为重载工况的 1/2，但速度却较前者增加一倍。显然，改变换向手柄的操纵角度，控制压力油进入油马达的流量，则可对油马达进行节流调速。

如图 13-8(a)所示，将换向手柄向前扳(抛锚)，这时换向阀下移，于是，自油泵来的压力油，就会经油道 C 进入油马达，使油马达反向转动，进行抛锚。图示情况为重载低速工况。同

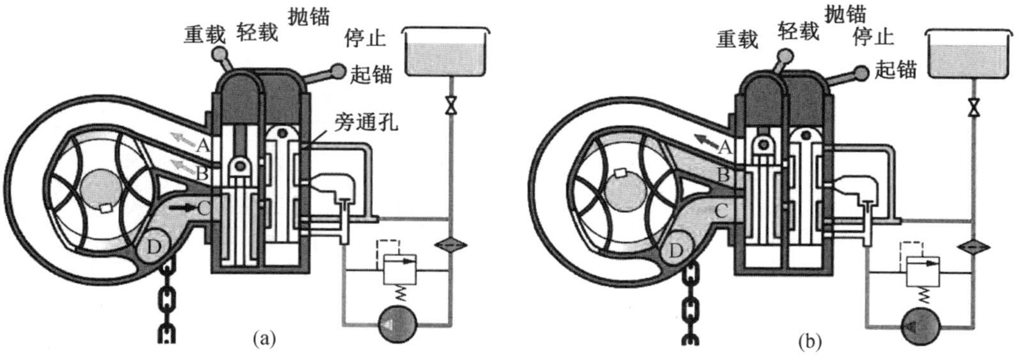

图 13-7　**液压锚机起锚工况**

理，若通过手柄 9 使换挡阀上移，则油道 B 与 C 相通，油马达就会获得轻载高速工况，如图 13-8(b)所示。并同样可通过控制换向手柄 8 的操纵角度而使油马达实现节流调速。

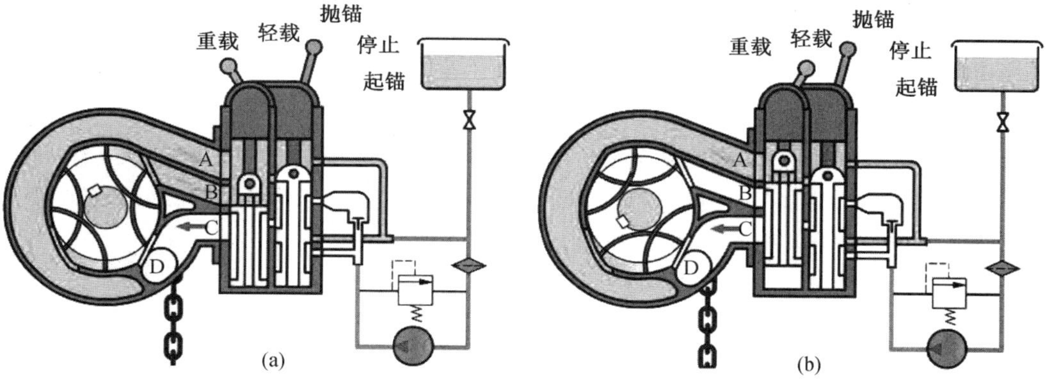

图 13-8　**液压锚机抛锚工况**

高置油箱中的液压油依靠重力产生的静压保持油泵的吸入压力，并对系统进行补油。这种锚机的限速除闭式系统本身能再生限速（向油泵反馈能量）外，靠控制换向手柄节流也可进行能耗限速。起、抛锚过程将手柄回中则可进行液压制动，油马达的安全阀即相当于制动溢流阀。此外，还设有手动的刹车手柄，借以控制锚链轮旁的带式机械制动器。

该液压锚机的运行工况和工作原理见表 13-1。

二、液压绞缆机

液压绞缆机的液压马达在排量既定时，扭矩与工作油压成正比。因此，只要能自动控制马达的工作油压，就能控制马达扭矩，即自动控制系缆张力。具体方法主要有以下两种。

表 13-1 叶片式液压锚机工况与液压系统工作原理

工况		换挡手柄	换向手柄	油液流向	使用注意事项
低速挡	正车（起锚）	左位	右位	泵出口—单向阀—换向阀—换挡阀—油口 A、B—油口 C—换挡阀—换向阀—磁性滤器—滤网—泵吸入口	拔锚破土或入水锚链长、负载大时用，以及锚将就位时用
	倒车（抛锚）	左位	左位	泵出口—单向阀—换向阀—换挡阀—油口 C—油口 A、B—换挡阀—换向阀—磁性滤器—滤网—泵吸入口	控制入水锚链长度时用，及停车前用
	停车	中位	中位	泵出口—单向阀—换向阀—油路被阀芯封闭	液压制动和停车时用
高速挡	正车（起锚）	右位	右位	泵出口—单向阀—换向阀—换挡阀—马达油口 A—马达油口 B、C、D（马达油口 B 和 C 为一有效作用工作组，A 和 D 为另一有效作用工作组。B、C 相通，自我循环，使该作用失效；A 口进油，D 口回油，因而马达仅按单作用工作，扭矩减小一半，转速提高一倍）—换挡阀—换向阀—磁性滤器—滤网—泵吸入口	常在收系锚链时或系缆时用，不可在拔锚破土或重负载时用，否则会造成高压，安全阀起跳，甚至油管爆裂
	倒车（抛锚）	右位	左位	泵出口—单向阀—换向阀—换挡阀—马达进出口 B、C、D（由于 B、C 相通，自我循环，油仅从 D 口进入，马达呈单作用，扭矩减半，转速提高一倍）—马达油口 A—换挡阀—磁性滤器—滤网—泵吸入口	放锚初期或系缆时使用
	停车	中位	中位	泵出口—单向阀—换向阀—油路被阀芯封闭	液压制动时用

（一）定量泵式

图 13-9 所示为定量泵式液压自动绞缆机的原理图。收缆时，缆绳张力较小，系统油压较低，溢流阀 2 关闭，泵排出的全部油液进入马达，马达带动卷筒快速回转，进行快速收缆。缆绳逐渐收紧，其张力增大，当马达进口油压升高至溢流阀的调定压力时，溢流阀 2 开启，将油泵排出的油液，除少量经马达泄漏 Q_L 外，全部溢回油箱。此时，缆绳上张力与马达进口液压力平衡，绞缆机进入系缆工况。在系缆过程中，若缆绳松弛而张力减小，液压力驱动马达正转，收紧缆绳；若缆绳上张力继续增加，当张力增加到能克服马达的液压力和摩擦力时，马达反转而放松缆绳，此时溢流阀的流量大于液压泵的流量。从而保持缆绳上的张力在一定范围内。

为了减小功率损失和油液的发热，常设小流量辅泵专供系缆工况用，也可采用蓄能器加上压力继电器来控制液压泵间断工作，实现自动系缆。

（二）变量泵式

图 13-10 所示为变量泵式液压自动绞缆机的原理图。其工作原理与定量式类似，所不同

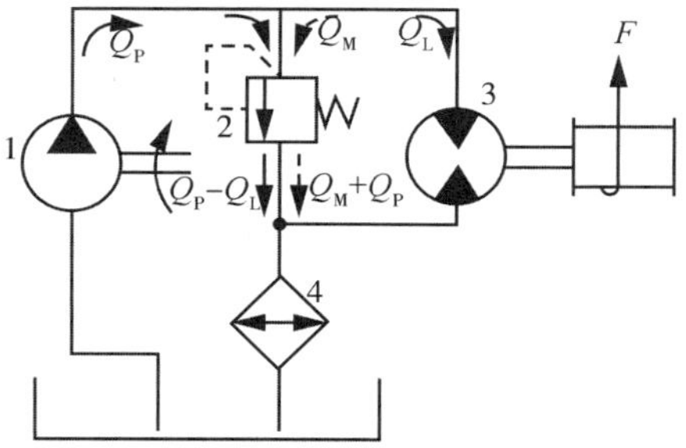

图 13-9　定量泵式液压自动绞缆机的原理图

1—定量泵；2—溢流阀；3—液压马达；4—油冷却器

的地方在于，当自动绞缆机进入系缆工况时，系统油压力达到压力继电器的动作值时，压力继电器控制换向阀 2 换向，从而推动变量泵的变量机构动作，使油泵流量减至最小流量，从而使自动系缆机，在系缆工况时泵的流量很小，以满足马达泄漏即可，此时油泵功率损耗低，油液发热较轻微。

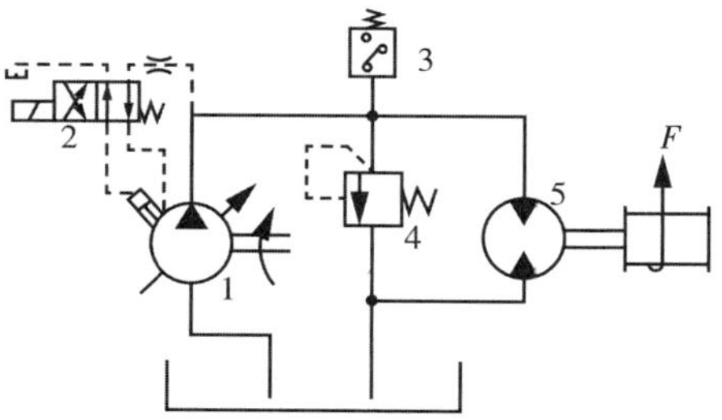

图 13-10　变量泵式液压自动绞缆机的原理图

1—二级变量泵；2—电磁换向阀；3—压力继电器；4—溢流阀；5—液压马达

三、液压锚缆机械的日常管理

锚机和绞缆机工作时，由于未能及时检查和维护，系统存在空气、液压油发热、过冷或油质等问题，经常导致使用中的液压管路和设备发生强烈振动和噪声，是其根本原因。

（1）日常检查机座和固定螺栓、固定部件的除锈油漆。

（2）使用前，检查液压油量，放出液压系统的空气；运行中，检查油的温度，热带是否过高，冷却器的冷却情况；寒冷地区预热或加热设备，油是否过冷，液压油过热和过冷加剧油马达和油泵的磨损在船上常见发生；使用中，检查吸入排出液压油的压力，船上主管人员对压力范围不清楚是常事；运转情况、部件是否发热，未及时的巡查导致的故障是常有的事、液压系统有无漏泄；各运动部件的检查及使用中声响、振动和发热情况。

（3）每月进行一次的维护和检查电气控制箱和接触器元部件。

（4）每三个月的检查和清洗各种液压滤器、检查液压油无水、无锈、无金属屑；保养一次各接触器的主触头、间隙、热继电器的动作电流值；对各零部件摩擦面的润滑。

（5）每半年清通冷却器、检查防腐的保护；对液压油取样化验；维护和检查电气元部件及油泵电运机。

（6）每年检查液压系统管路固紧状况、安全阀、溢流阀或流量控制阀的整定值，安全阀设定螺丝的振松导致发生强烈振动和噪声更为多见。

第四节 船舶液压锚缆机械的实际操作与训练

项目一 电动锚缆机械起停操作

（一）电动锚机的起停操作

1. 起锚

起动锚机并将控制旋钮置于慢速挡运转，逆时针转动手轮松开制动轮的刹车带，然后顺时针转动手轮，螺杆即通过弹簧上座、单向推力球轴承和弹簧带动升降器外壳下移，使卷筒沿驱动轴上的长键下滑。若牙嵌离合器的牙与牙槽刚好对正，则离合器顺利合上；若离合器的牙与槽未完全对正，则卷筒的下落受阻，手轮的继续转动势必压缩弹簧，由于卷筒被驱动作慢速转动，一旦离合器的牙与牙槽瞬时对正，在弹簧力和卷筒重力作用下，卷筒即迅速落下，离合器也就合上。此时，链轮在卷筒驱动下转动，即可进行起锚作业。

2. 手控抛锚

逆时针转动手轮使牙嵌离合器脱开，逆时针转动制动机构的手轮，松开刹车带，靠锚和锚链的重力驱动链轮转动，放出锚链，将锚抛入水中。调节刹车带的松紧度，可控制抛锚速度。手控抛锚只适宜在浅水区域进行。

3. 电控抛锚

合上离合器，松开制动轮的刹车带，起动锚机，利用电动机经驱动轴施加链轮的与锚和锚链的重力矩反向的扭矩，产生制动作用，使锚慢速抛出。只要改变电动机反向扭矩的大小，就可获得不同抛锚速度。电控，适用于慢速抛锚。

4. 绞缆

顺时针转动制动机构手轮，使刹车带抱紧制动轮，脱开离合器，将缆索卷绕于卷筒上，起动锚机，即可进行绞缆作业。

5. 人力起锚

当船舶电站发生故障不能供电，又必须将锚链与锚拉起来时，可脱开主甲板下面的牙嵌离合器，使驱动轴与减速器脱开，放下装于销轴上的棘爪，合上离合器，松开制动轮，将推棒插入推棒孔中，即可进行人力起锚作业。

（二）电动绞缆机的起停操作

（1）起动前脱去帆布罩，检查确认传动齿轮箱滑油充足，周围无障碍物，各部紧固螺栓正常。

（2）起动后，正反车空转，并检查工作电压、电流及控制线路中的保护装置是否良好、稳定。

(3)运转时,负荷应由小到大,不准在重负荷下使电机快转,防止超负荷,如加重负荷,电动机不转,应立即停止转动,等负荷变小后再行运转。

(4)运行时,应注意电机、轴承、传动机构的温度变化情况,若有异常现象时,应立即停机,进行检查。

(5)使用完毕,停机后切断电源,罩好机械上的帆布罩。

项目二　液压锚缆机械起停操作

(一)液压锚机的操作

1. 使用前的准备

(1)使用前对液压锚机应起动油泵并确认油压、油温及运转正常,无异声,无泄漏,高位油柜油位正常。

(2)对电动锚机应检查马达运转是否正常,温度是否正常。

(3)检查刹车带、制链设备、导链设备、离合器等是否正常。

2. 抛锚操作

(1)根据锚地及周围情况,风、流压及本船状况选择抛锚方法。

(2)把船舶对地停住,用锚机倒出锚和锚链至适当位置,用刹车刹住锚链,脱开锚机离合器,把握时机,用刹车控制出链速度将锚抛下,松链时把锚链拉紧伸直,避免锚链在海底堆积起来。如为深水抛锚,应尽早将锚松至海底后,再按上述步骤抛锚。另外,在已松出两节锚链或足以使锚抓底之后,暂停松链,使船舶回转到朝着盛行的风或流作用力的方向上,然后再继续松出锚链,必要时根据需要运用主机实现或制止对地移动。

(3)视情况也可采取把船对地停住,用锚机动力倒出锚和锚链的方法使船锚泊,直到所需的锚链长度完全松到海床上。

(4)抛妥锚后,关上制链设备,刹好刹车带,停止油泵。

(5)大风浪中船舶一般不宜在无遮蔽区抛锚,以避免断链、丢锚和损坏锚机。

3. 起锚操作

(1)提前通知供应动力及锚链水;

(2)起动油泵或马达、合上离合器。

(3)松开刹车带及制链设备,按指令进行起锚操作。

(4)收绞过程中注意观察锚链松紧和方向,避免超负荷运转,收妥锚后刹车,关上制链设备,脱开离合器。

(5)停止油泵或马达,做好收尾工作。

(二)液压绞缆机的操作

1. 起动前准备

(1)首先进行外部检查,确认机械设备周围没有任何障碍物,能正常工作。

(2)用手转动油泵和电动机的联轴节,确保油泵各运动部件没有任何卡阻现象。

(3)全面检查系统中各阀件是否都处于正常工作位置。

(4)检查系统各密封处的密封情况,确保油泵、油缸(油马达)和管系等都不漏油。

(5)检查油箱中油位与油温。若油箱中油位低于正常油面时,应补充使其保持正常油位。当油温低于10 ℃以下时,装有加热器的油箱应先进行油的预热;预热时为防油液局部过热,应开启副泵使油液处于循环状态,至油温满足要求对再起动主泵。当油温低于-10 ℃时禁止泵起动。

(6)检查各摩擦部件的润滑情况,并向各油杯加注润滑油。

(7)检查电气设备工作情况是否可靠。

(8)一切准备就绪,合上电源开关,起动液压油泵。

2. 运行中管理

(1)注意检查液压系统中各元件结合处是否有漏油现象。

(2)注意检查和倾听油泵、液压油缸(油马达)运转是否平稳,有无异常噪声。

(3)注意观察系统的各测压点压力是否在规定的范围内,压力是否稳定。

(4)注意保持系统中适当的油温,一般在30~50 ℃范围内比较合适,最高不超过60 ℃。起货机、锚机等在露天作业,环境温度较高,规定最高工作温度不超过85 ℃。

(5)经常注意油箱油位,避免油泵吸空。及时清洗滤器。

(6)注意电气控制或连锁的换向阀工作是否灵敏可靠。

(7)注意热交换器的工作性能。

3. 停用

(1)切断电源,对机械设备,电气设备、油泵机组和管路系统等进行全面检查,以观察有无因运行而引起的缺陷或故障。如有应及时排除。

(2)用干净的布擦拭液压缸外露的部位,清除污物和污油,然后在各摩擦部位涂上新润滑油。

(3)检查各固定螺帽和锁紧螺帽的紧固情况。

第十四章 制冷装置的操作与管理

船舶为了储存食品，大多设有伙食冷库，用于船上人员的伙食冷藏。有些船上，由于航程较短，配员较少，食品补充方便，也可设置大容量冰箱或冰柜储存食品。尽管冰箱或冰柜的容量比伙食冷库要小得多，但其制冷的基本组成是相同的。制冷装置的主要作用是用于伙食冷藏、空气调节和冷藏运输。

第一节 制冷方法和制冷装置的种类

所谓制冷，就是用人工的方法从被冷却对象中移出热量，使其温度降低到环境温度以下，并维持该低温的过程。

一、制冷的方法

1. 天然制冷

天然制冷是以天然的“冰”作为冷源，利用冰在融化过程中要从周围介质吸取融解热，从而实现某一空间或物质的温度降低的过程。天然制冷在内河某些短途小船和近海捕鱼船上应用广泛。

2. 机械制冷

机械制冷也叫人工制冷。机械制冷方法很多，主要方法包括液体汽化制冷、气体膨胀制冷和热电制冷（又叫温差电制冷或半导体制冷）等。其中以液体汽化制冷应用最为广泛。液体汽化制冷又分为蒸气压缩式、蒸气喷射式、吸收式等。其中以蒸气压缩式应用最为普遍。

二、制冷装置的种类

用于强制地从被冷物体取出并转移热量的装置,称为制冷装置。根据制冷的方法不同,制冷装置的种类繁多,若按液体汽化制冷原理可分为:

(1)蒸气压缩式制冷装置,主要由压缩机、冷凝器、节流元件、蒸发器组成。它是现今应用最普遍也是船舶使用最广泛的制冷方式。

(2)蒸气喷射式制冷装置,主要由喷射器、冷凝器、节流元件、蒸发器线成。它利用喷射器代替压缩机,制造和管理简单,但需要大量低压蒸汽。

(3)吸收式制冷装置,主要由吸收器、发生器、冷凝器、节流元件、蒸发器组成。它是利用吸收器代替压缩机吸入侧,利用发生器代替压缩机排出侧;可利用废热作为动力取代压缩机,运行时几乎无噪声和振动,但寿命短。

第二节 单级压缩制冷装置的基本组成和制冷原理

一、单级压缩制冷装置的基本组成

蒸气压缩式制冷装置,按制冷剂的流向排序主要由制冷压缩机、冷凝器、节流元件(膨胀阀或毛细管)和蒸发器四个基本部件组成,且四个部件通过管路相互连接构成一个密闭的系统,所以称制冷装置或制冷系统。

如图 14-1 所示,在蒸发器内处于低温低压的制冷剂液体与被冷却对象发生热交换,吸收被冷却对象的热量并汽化。产生的低压蒸气被压缩机吸入,经压缩后以高压排出。压缩机排出的高压气态制冷剂进入冷凝器,被常温的冷却水或空气冷却,凝结成高压液体。高压液体流经膨胀阀节流,成为低压低温的气、液两相混合物,进入蒸发器,其中的液态制冷剂在蒸发器中蒸发制冷,产生的低压气体再次被压缩机吸入。如此周而复始,不断循环。整个系统主要分为高、低压两部分,其中从制冷压缩机的排出口至膨胀阀前为高压部分;从膨胀阀出口至制冷压缩机的吸入口为低压部分。

二、制冷循环的基本热力参数

(1)蒸发温度:在一定压力下,液体制冷剂在蒸发器内汽化的温度,即对应于蒸发压力的饱和温度。

(2)蒸发压力:制冷剂在蒸发器内气化时的压力,即蒸发温度下的饱和压力。

(3)过热度:在相同压力的条件下,过热蒸汽温度与饱和蒸汽温度的差值。

(4)吸气压力:压缩机进口处气体制冷剂的压力。

(5)排气压力:压缩机排出口的气压。

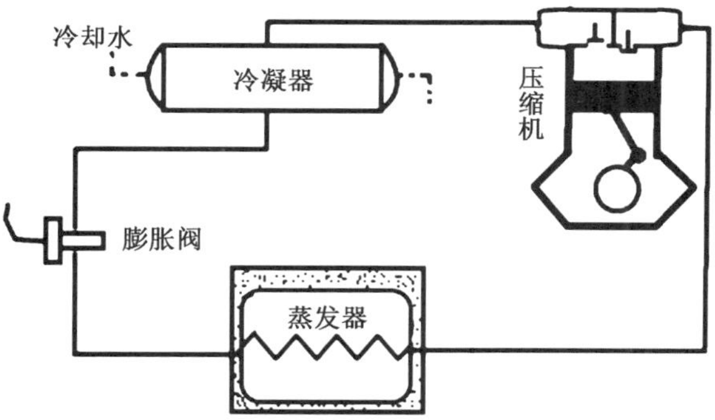

图 14-1 蒸气压缩式制冷原理图

(6)冷凝温度:气体制冷剂在冷凝器中放热,冷凝的温度。即对应于冷凝压力下的饱和温度。冷凝温度随冷凝压力升高而升高。

(7)过冷度:在相同压力的条件下,冷凝温度与膨胀阀前液体制冷剂的温度之差。即饱和温度和过冷温度之差。

(8)装置的热负荷:为了达到降温或保温的目的,单位时间装置需从冷库移出的热量,称为装置的热负荷。

(9)制冷量:蒸发器中的吸热量。

三、单级压缩制冷装置的制冷原理

(一)理论制冷循环

在没有任何损失下的制冷循环称为理论制冷循环。

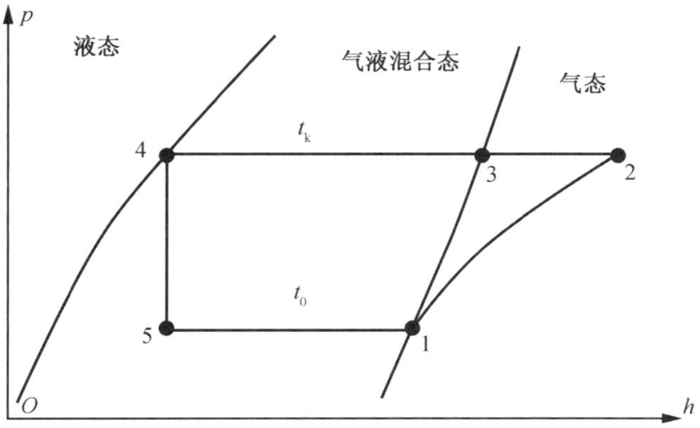

图 14-2 理论制冷循环

如图 14-2 所示,经节流元件节流降压(4—5)的低压低温的冷剂湿蒸气(绝大多数为液体),进入蒸发器(5—1)后一边流动一边等压汽化吸热,将冷库中的热量带走。在蒸发器中蒸发的冷剂蒸气由压缩机不断地抽吸,以维持蒸发器中的低压;然后进入压缩机(1—2)进行绝热压缩,以提高冷剂蒸气的饱和压力与饱和温度,为其在冷凝器中放热液化创造了条件。压缩机排出的高温高压的冷剂蒸气,在冷凝器中等压(2—4)的冷凝,放出液化热,凝结为冷剂液体。高温高压的冷剂液体经膨胀阀等焓节流降后,成为低压低温的冷剂湿蒸气。至此,冷剂在制冷装置中完成了一个工作循环。只要制冷循环不断地进行,冷库的热量就连续地被冷剂转移给外界的冷却介质水或空气,从而产生并维持冷库的低温。可见,制冷循环是由等压汽化吸热(5—1)、绝热压缩(1—2)、等压冷凝放热(2—4)和等焓节流降压(4—5)四个过程组成的。

(二)回热循环

采用来自冷凝器的高压液态工质和来自蒸发器的低压气态制冷工质在热交换器内的方法进行热交换,使液态工质过冷,同时气态工质过热。采用回热器过冷、过热的循环称为回热循环。其热力过程如图 14-3 所示。

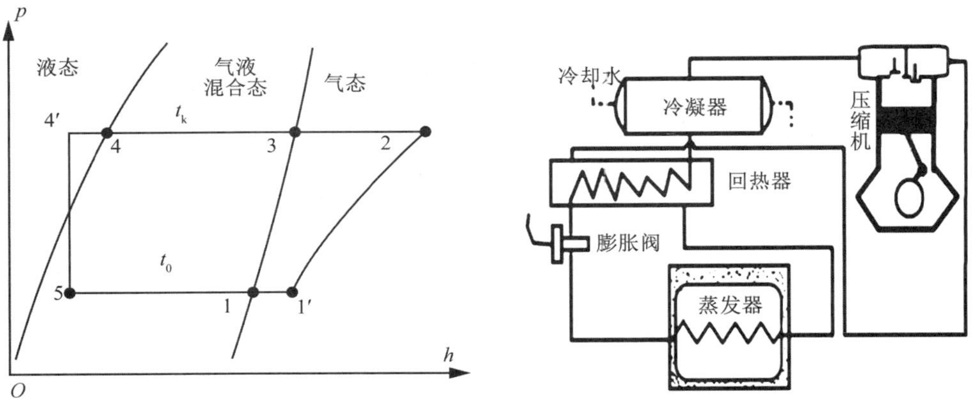

图 14-3 有过热和过冷的制冷循环

其中 5—1′为冷剂的吸热气化过程,1′—2 为绝热压缩过程,2—4′为放热冷凝过程,4′—5 为节流降压过程,5—1′为过热过程,4—4′为过冷过程。为了确保压缩机不产生“液击”,要求吸入的蒸气冷剂具有一定的过热度。为了提高装置的制冷能力,膨胀阀前的液体冷剂一般都具有一定的过冷度。

实际制冷循环与回热循环的主要差别在于:冷剂在制冷系统中循环存在流阻损失,压缩过程是多变过程。由于冷剂在蒸发器和冷凝器中的实际降压一般很小,压缩过程的进行很快,热交换的影响小,因此为方便起见,在讨论实际制冷循环时,仍认为冷剂的蒸发和冷凝过程是在等压下进行的,压缩过程为绝热压缩过程。

第三节 船舶制冷装置的组成

一、船舶制冷装置概述

蒸气压缩式制冷装置由构成系统的基本设备、辅助设备和自动控制元件组成。

图 14-4 所示为某船舶伙食制冷装置的系统图。在该系统中,基本设备包括制冷压缩机 1、冷凝器 6、热力膨胀阀 17(节流元件)和蒸发器 19 四部分。辅助设备包括油分离器 5、储液器 10、干燥剂过滤器 12 和冷剂观察镜 13 等。自动控制元件包括压力继电器 4、水量调节阀 8、供

液电磁阀 16、热力膨胀阀 17、温度控制器 18、蒸发压力调节阀 21（背压阀）、油压差继电器等构成。

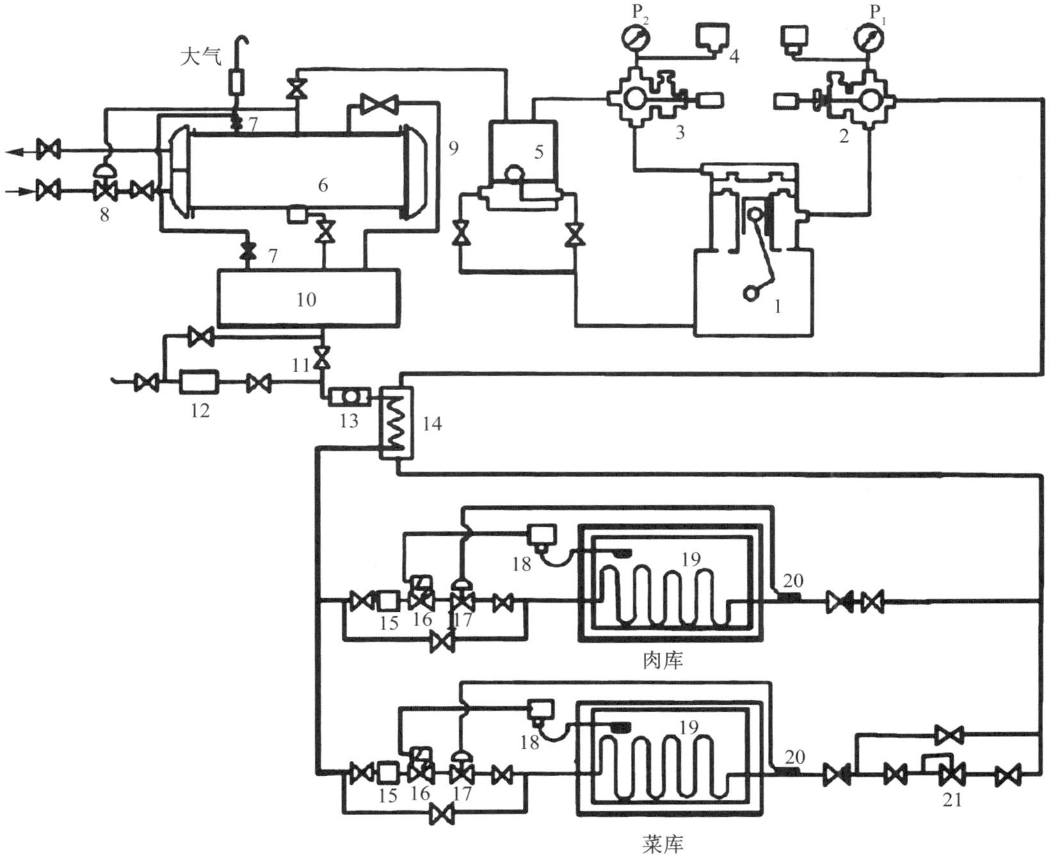

图 14-4　制冷装置系统图

1—压缩机；2—吸入阀；3—排出阀；4—压力继电器；5—油水分离器；6—冷凝器；7—安全阀；8—水温控制阀；9—平衡管；10—储液器；11—出液阀；12—干燥剂过滤器；13—冷剂观察镜；14—回热管；15—滤器；16—供液电磁阀；17—热力膨胀阀；18—温度控制器；19—蒸发器；20—温感包；21—蒸发压力调节阀

二、基本设备

（一）制冷压缩机

为了实现制冷剂的连续流动，并造成低温蒸发所需的低压和常温冷凝所需的高压，就需要设置制冷压缩机。

制冷压缩机是将低压气体压缩为高压气体的机械，是制冷系统的心脏。它从吸气管吸入低温低压的制冷剂气体，通过电机运转带动活塞对其进行压缩后，向排气管排出高温高压的制冷剂气体，为制冷循环提供动力，从而实现压缩、冷凝（放热）、膨胀、蒸发（吸热）的制冷循环。

在蒸气压缩式制冷装置中，制冷压缩机的作用有两个：其一是不断地从蒸发器中抽吸气体冷剂，以产生和维持蒸发器的低压，使冷剂在低压下蒸发；其二是通过压缩提高了气体冷剂的压力和温度，为冷剂在冷凝器中向冷却介质放热液化的创造了条件。所以，压缩机是制冷装置的最重要的设备之一。

制冷压缩机包括活塞式、螺杆式、离心式和涡旋式等，其中活塞式制冷压缩机应用最为广泛。

活塞式压缩机是一种把电机的旋转运行转化为活塞的往复运行，从而使气体压力增压和输送气体的压缩机，属于容积式压缩机。活塞式压缩机主要由气缸、传动部件、机身及辅助部件组成。活塞使气缸容积不断地变小和增大。容积增大压力降低，通过吸气阀吸进气体，容积变小过程对气体进行压缩，使压力增大并从排气阀排出，从而实现吸气、压缩、排气的过程。活塞式制冷压缩机按壳体结构可分为：

1. 开启式

压缩机曲轴伸出压缩机机体之外，再通过传动装置与原动机连接。在伸出部位要用轴封装置防止轴段和机体间的泄漏。如图 14-5 所示，通常较大的压缩机采用开启式。

2. 半封闭式

把电机和压缩机连成一整体，装在同一机体内，共用一根轴，没有轴封装置，有可拆卸的缸盖、端盖，以便检修气阀、油泵等易损件，避免了泄漏的可能性，半封闭式压缩机电动机绕组和油及制冷剂直接接触，因此不适应于氨制冷剂，绕组的绝缘材料必须耐油及耐制冷剂的侵蚀，如图 14-6 所示。我国国标规定的半封闭压缩机缸径≤70 mm。

图 14-5　开启式制冷压缩机

3. 封闭式

全封闭式压缩机也像半封闭式压缩机一样，把电机和压缩机连成一整体，共用一根主轴。它与半封闭式的差异在于，连接在一起的压缩机和电机组安装在一个密闭的薄壁机壳中，机壳由两部分焊接而成，露在机壳外表的是只焊有一些吸排气管、工艺管以及其他（如喷液管）必要的管道、输入电源接线柱和压缩机支架等。如图 14-7(a)所示。因整个压缩机和电机组装在一个不能拆开的密封机壳中，不易打开进行内部修理，因而要求压缩机使用可靠性高、寿命长，对整个制冷系统安装要求也高。这种全封闭结构形式一般用于小型空调装置或小型制冷设备中。

关于压缩机吸、排阀多用接头，有的压缩机的吸、排阀采用双阀座结构，如图 14-7(b)所

图 14-6 半闭式制冷压缩机

示,它在阀体上设了常通接头 1 和多用接头 2(多用孔道)。其操作方法是:将阀杆旋出到底,多用孔道 2 关闭,压缩机与吸入(或排出)管路接通(或称全开);将阀杆旋入到底,压缩机与吸入(或排出)管路关闭(或称全关);压缩机正常工作时,阀芯应处于三通状态,即将阀杆旋出到底关闭多用孔道后再反向旋转 1~2 圈。

(a)

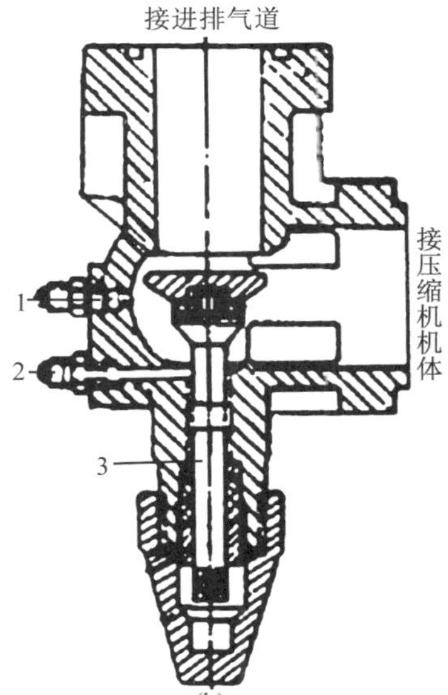

(b)

图 14-7 封闭式制冷压缩机及双阀座截止阀

1—常通接头;2—多用接头;3—阀杆

(二)冷凝器

冷凝器是将压缩机排出的气态冷剂冷凝成液态的热交换设备。其工作过程是:来自压缩机的过热制冷剂蒸汽进入冷凝器后先被冷却成饱和蒸汽,继而被冷凝成饱和液体。若冷却介质流量大、温度低时,饱和液体还可进一步冷却成过冷液体。制冷剂蒸汽在冷凝器中冷凝液化时的压力温度基本保持不变,相应的温度和压力称为冷凝温度和冷凝压力。按冷却介质的不同,冷凝器可分为水冷式和空冷式两种。船舶制冷装置多采用壳管式水冷冷凝器。

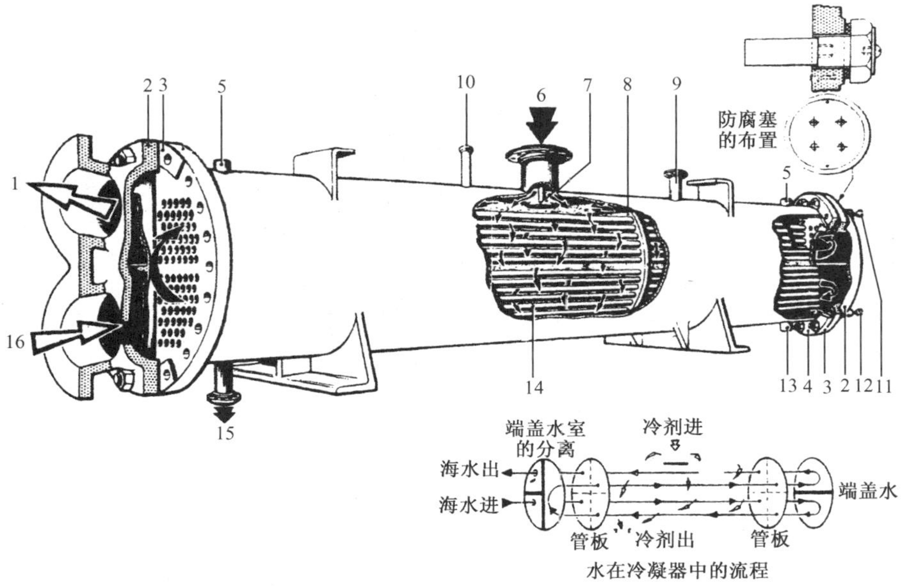

图 14-8 壳管式水冷冷凝器

1—冷却水出口；2—端盖；3—垫片；4、15—管板；5—放气阀接头；6—冷剂进口；7—挡气板；8—管架；9—平衡管接头；10—安全阀接头；11—水室放气旋塞；12—水室泄水旋塞；13—泄水阀接头；14—冷却管；15—冷剂出口；16—冷却水进口

1. 壳管式水冷冷凝器

壳管式水冷冷凝器的结构如图 14-8 所示，主要由圆筒型的壳体、管群和端盖等组成。制冷剂在管外冷凝，冷却水在管内流动而将热量带走。冷却水进出口设在端盖上，并从下部流进，上部流出。冷剂气体从壳体上部进口进入，冷凝后的冷剂液体从壳体下部出口流出。大型的壳管式冷凝器上装有：安全阀（容量小于 100 L 时，也可用熔点为 65 ℃的易熔塞代替）、放空气阀、水室放气阀、泄水旋塞、液位计和平衡管接头等附件。连接冷凝器和储液器的管子称平衡管，用以均衡两者压力，便于液体冷剂流入储液器和把储液器内的蒸气引回冷凝器。

此外，冷凝器兼作储液器使用时，下部一般还装有液位镜或液位计。

2. 空冷式冷凝器

以空气作为冷却介质的冷凝器称为空冷式冷凝器，这种冷凝器结构较简单，常为外带肋片的盘管（单排或多排），如图 14-9 所示。冷剂在管内流动，靠从管外掠过的空气冷却，吸收管内制冷剂蒸气的热量。由于空气的换热系数较小，管外常常要设有肋片，以强化换热。多用于家用冰箱、厨房用冰柜和窗式空调器中。空冷式冷凝器分为空气自由流动和空气强制流动两种型式。

（三）蒸发器

蒸发器的功用是使冷剂与被冷物体或冷媒体在此进行热量交换。它是将节流元件送来的液体冷剂在此汽化吸热，而被冷物体或冷媒则放热降温达到制冷的目的。按被冷物体与冷剂之间热量传递方式，蒸发器可分为直接冷却式和间接冷却式。

1. 直接冷却式蒸发器

直接冷却式蒸发器有蒸发盘管和空气冷却器两种类型。多为盘管式，由铺设在冷库内壁

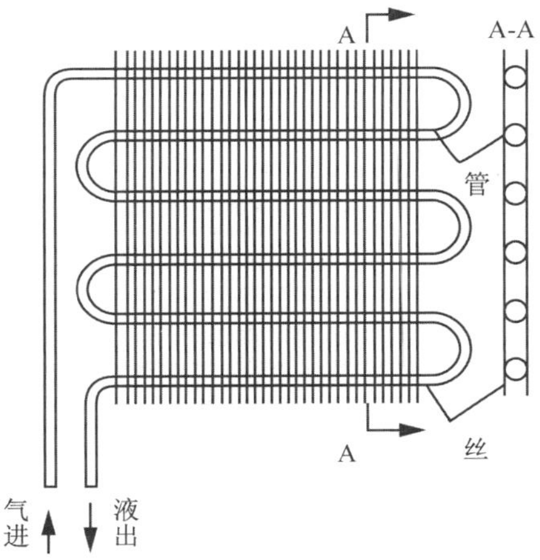

图 14-9 空冷式冷凝器

四周的盘管组成,故又成为蒸发盘管。冷剂在盘管内蒸发,直接从冷库中吸热。按库内空气流动方式又分为自然流动和强迫对流。若靠空气强迫对流换热,这类蒸发器又称为空气冷却器(也叫冷风机),如图 14-10 所示。冷风机传热系数大,安装方便,能使库内空气循环好,不仅高温库几乎全部采用冷风机,目前新造船舶低温库大多数也采用冷风机。

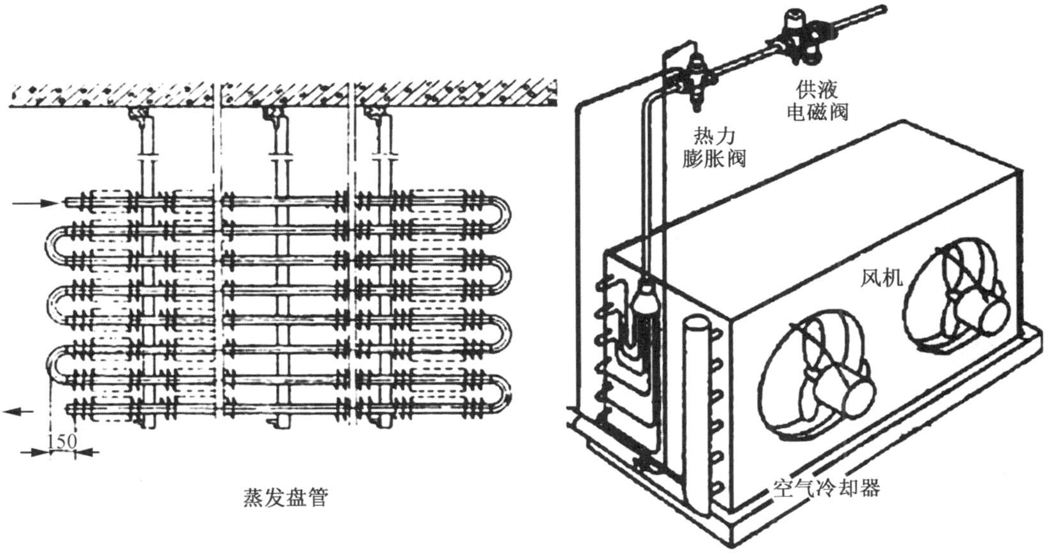

图 14-10 直接冷却式蒸发器

2. 间接冷却式蒸发器

间接冷却式蒸发器由筒形外壳和其内的管群组成,结构与一般热交换器类同。按工作方式的不同分为干式和满液式。

如图 14-11 所示为干式蒸发器,冷剂在管群内蒸发,吸收管外流过的载冷剂的热量,流出蒸发器时已成为过热蒸气。被冷却的载冷剂则被泵至空调器内的热交换器,升温后又回至蒸发器,如此不断地循环。一般蒸发温度高于 0 ℃,用水作载冷剂;蒸发温度低于 0 ℃,用盐水作载冷剂。干式蒸发器供入冷剂量由热力膨胀阀控制,一般不会引起压缩机的“液击”现象。满

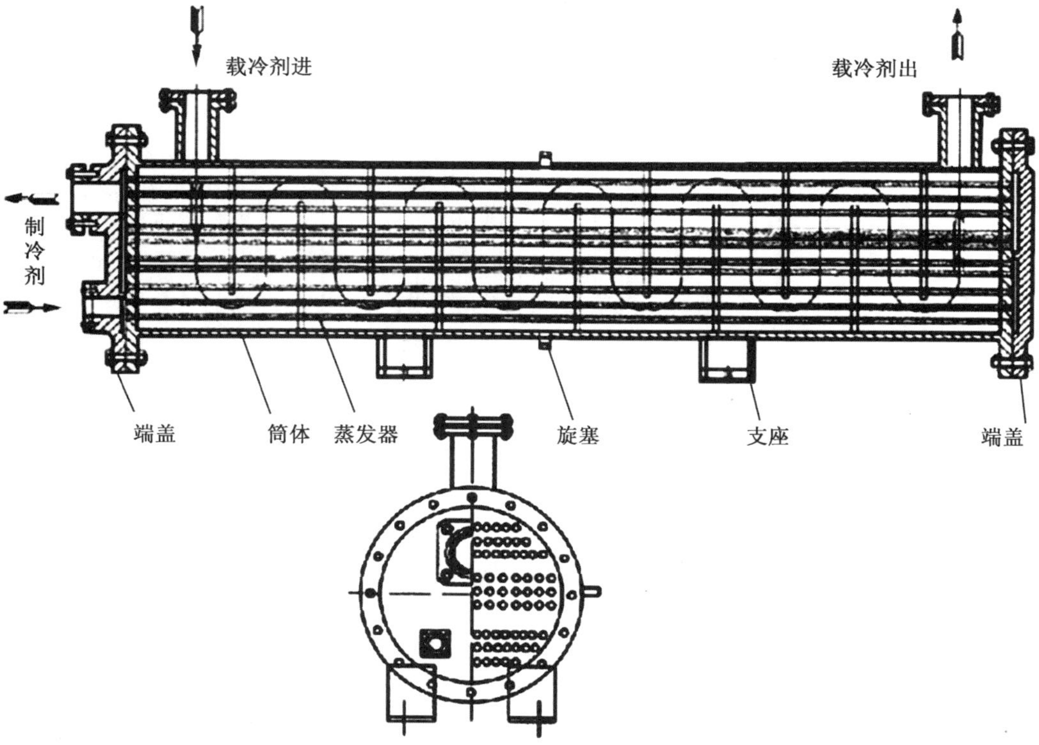

图 14-11　间接冷却式蒸发器

液式蒸发器筒体内约一半容积是液体制冷剂。制冷剂在管群外蒸发，冷媒在管群内流动。为了防止液击，在蒸发器上部都设有集气室或气液热交换器。

间接冷却式要增设载冷剂和相关的循环管路和设备，会增加管理工作量，而且二次换热会造成能量损失。主要好处是能使制冷剂管路缩短。内河船舶上很少使用。

三、辅助设备

（一）油分离器

油分离器位于压缩机压缩机出口处，用以分离出压缩机排气中的大部分滑油，并将分离出的滑油送回压缩机曲轴箱，从而避免压缩机曲轴箱的油量减少过快，同时避免大量的滑油进入系统污染换热面影响传热效果。

油分离器按分离原理分为撞击式、过滤式（氟利昂）和洗涤式。

如图 14-12 所示为常用的过滤式油分离器的结构图。压缩机的排气进入气液分离器后，由于流速的突然降低和流向的改变，使气流易于与器壁相撞，部分油雾粘于壁面；气流流经滤网时，与滤网面接触的油粒也粘在其上。这些黏附的油粒积聚成滴后，掉落于分离器的底部。当底部油位上升至一定高度时，浮球式回油阀开启，滑油经回油接管流回曲轴箱；当油位下降至一定高度时，浮球式回油阀关闭，一次回油结束。两次回油的时间间隔与机型和油分离器容积大小有关，一般来说至少 1 h 以上才正常。回油时，回油管路是热的；不回油时，回油管是冷的。若回油管一直发热，且停机后压缩机的低压压力很快升至高压压力，则说明回油阀泄漏，应修理。若回油管始终是冷的,则说明浮球回油阀不能自动开启回油,应定时开启手动回油阀回油;同时应对浮球式回油阀进行检修。

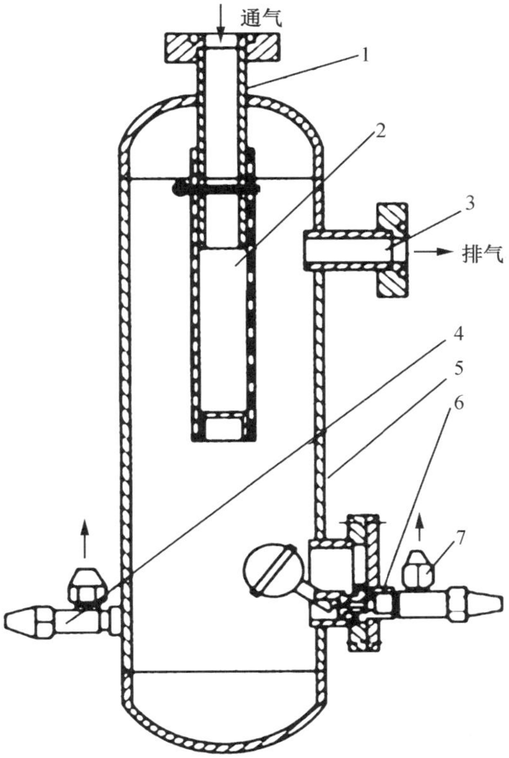

图 14-12 过滤式油分离器的结构

1—进气管;2—滤网;3—排气管;4—手动回油阀;5—筒体;6—浮球阀组;7—自动回油出口阀

氟利昂制冷装置滑油分离器多采用过滤式,滑油被金属滤网分离,返回压缩机的方法有两种:

(1)由浮球阀控制。

(2)由电磁阀控制,电磁阀靠延时继电器控制在压缩机起动 20~30 min 后开启,以免刚起动时分出的油不多,气态冷剂向压缩机回流;而压缩机停车时电磁阀同步关闭。回油还要经过带阻尼孔的节流元件以控制回油速度。

小型氟利昂制冷装置由于系统管路不长一般不设油分离器,排气带入系统的滑油,靠压缩机吸气时把滑油带回吸气腔,滑油经回油均压孔返回曲轴箱。

(二)储液器

储液器的功用:一是存放冷剂,以满足热负荷变化时冷剂循环量的增减,通常安装于冷凝器下方;二是在装置检修或长期停用时,收储系统中的全部冷剂。某些小型的制冷装置,冷凝器为水冷者,往往以冷凝器兼作储液器,而不专设储液器。储液器多为卧式的圆筒形容器,其上有进、出液口和截止阀,其顶部与冷凝器常接有平衡管,如图 14-13 所示。贮液器通常设有液位观察镜和安全阀(或易熔塞)。大小应保证系统全部制冷剂存入后不超过其容积的 80%,正常工作时保持液位的 1/3~1/2。液器不允许完全充满液体,否则温度升高无膨胀的空间会有压力过高的危险。

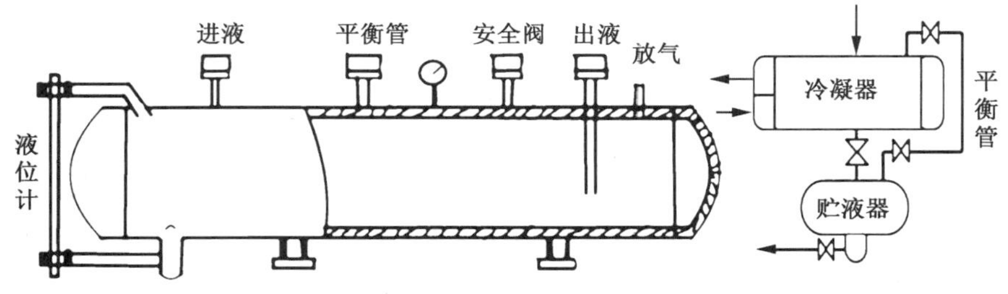

图 14-13 储液器

（三）干燥器和过滤器

干燥器和过滤器装于储液器与膨胀阀之间的供液管路上。过滤器用以滤阻铁屑、焊渣和污物等固体颗粒，以免堵塞通道。干燥器用以吸收随冷剂循环的水分，以免低温通道（特别是在膨胀阀处）发生“冰塞”。系统中水分来源于冷剂、滑油的不纯，以及拆检操作和管理不当渗入的空气。随冷剂循环游离状态的水，当其到达低温处时，会结冰而堵塞通道，阻碍甚至完全停止冷剂的循环，从而破坏装置的正常运行，这种现象称为“冰塞”。

过滤器和干燥器通常组合在一起，构成干燥过滤器，其结构如图 14-14 所示。干燥剂的两端均装有滤网。为避免干燥剂颗粒在液体冷剂的冲击下相互摩擦而产生粉末被带出，填充干燥剂时应墩压结实。为此，有些干燥器还装有弹簧使干燥剂处于压实状态。

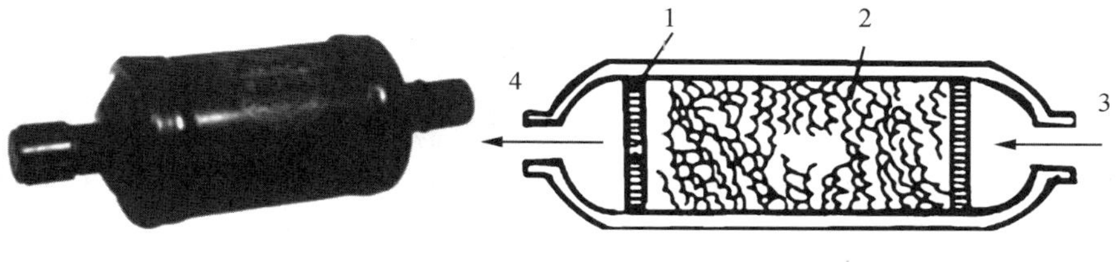

图 14-14 干燥过滤器结构图

1—金属网；2—干燥剂；3—制冷剂进口；4—制冷剂出口

常用的干燥剂可分为吸收性和吸附性两类。

吸收性的有无水氯化钙、氧化钙等。此类干燥剂价格低，吸水能力强，但吸水后易溶解成糨糊状，只能短时间临时使用。

制冷装置一般使用吸附性干燥剂，靠内部的许多细孔吸附水分。最常用的有硅胶，硅胶呈颗粒状，吸水后其颜色会发生变化，通常加染色剂，以便判断其吸水程度。吸水后的硅胶可在 140~160 ℃下烘烤 3~4 h 再生，便可继续使用。用久了的硅胶的细孔会被油和杂质堵塞，便需更换。

分子筛是一种人工合成的泡沸石——多水硅盐晶体，呈小丸或小圆棍状。其吸水能力比硅胶和无水氯化钙强，可再生，再生温度为 450~550 ℃，一般要加热 6 h，再冷却 2 h。

干燥过滤器的安装，应使液流的方向与其上箭头的方向一致，以保证其出口端的毡垫阻止干燥剂的粉末进入系统。在充入或补充冷剂、更换滑油、系统发生“冰塞”时，可接入干燥器运行一段时间，水分吸完后，旁通干燥器，以减小冷剂的流阻，避免“闪气”，防止干燥剂粉末被气体冷剂冲入系统。

(四)气-液热交换器

气-液热交换器又称回热器,它是液体冷剂与气体冷剂的热交换器。其作用一是提高液体冷剂的过冷度,以提高单位质量制冷量;二是提高气体冷剂的过热度,以利于防止压缩机发生“液击”。

气-液热交换器结构如图 14-15 所示。外形多为圆筒形,其内装盘管的容器,液体冷剂从盘管内流过,而气体冷剂则从管外流过。某些小型厨房冰柜和家用冰箱中,常不设专用的气-液热交换器,而只是将进液管与回气管紧靠在一起,并覆以隔热材料。

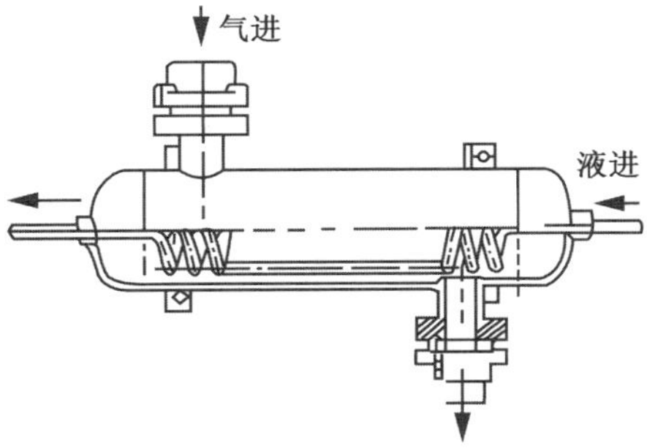

图 14-15　气-液热交换器结构

四、自动控制元件

(一)热力膨胀阀

制冷装置所采用的节流元件有毛细管、手动膨胀阀和自动膨胀阀(如热力膨胀阀、电子膨胀阀)等。一般冷库和空调装置最常用的是热力膨胀阀,热力膨胀阀在制冷装置中既是主要设备,又是自动控制元件,装于冷凝器和蒸发器之间。

1. 热力膨胀阀的作用

(1)使高压常温的制冷剂液体节流降压为低温低压制冷剂湿蒸汽。

(2)感温包感受蒸发器出口制冷剂蒸汽过热度的变化,自动调节膨胀阀开度以调节流量,使制冷剂流量与蒸发器的蒸发量相匹配。

(3)使冷剂气体在蒸发器出口的过热度保持在一定范围内,防止压缩机液击。

热力膨胀阀分为内平衡式和外平衡式两类,如图 14-16 所示。小型冷库采用排管式蒸发器,常用内平衡式膨胀阀;采用冷风机为蒸发器时,多用外平衡式膨胀阀。

2. 内平衡式热力膨胀阀的结构

内平衡式热力膨胀阀的结构如图 14-17 所示。内平衡式热力膨胀阀的结构主要由热力头、节流元件、过热度调整机构和阀体四大部分组成。其中热力头部分包括膜片 1(用 0.1~0.2 mm 厚不锈钢片或波纹管)、传压管 10(内径为 0.1~0.2 mm)和感温包 6。节流元件部分包括顶杆、阀座 8 和针阀 7。过热度调整机构部分包括过热弹簧 3 和调节杆 5。阀体部分包括冷剂进口接头(其内装有可拆洗的滤芯 9)和冷剂出口接头。

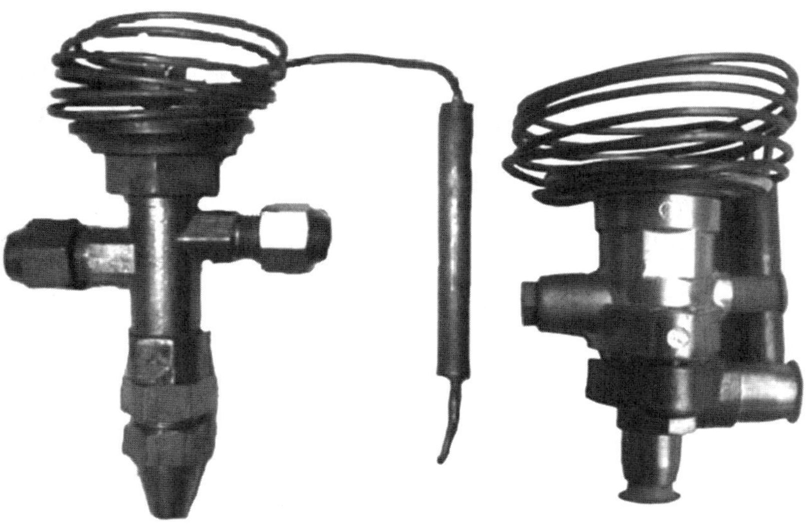

(a)内平衡式　　(b)外平衡式

图 14-16　热力膨胀阀

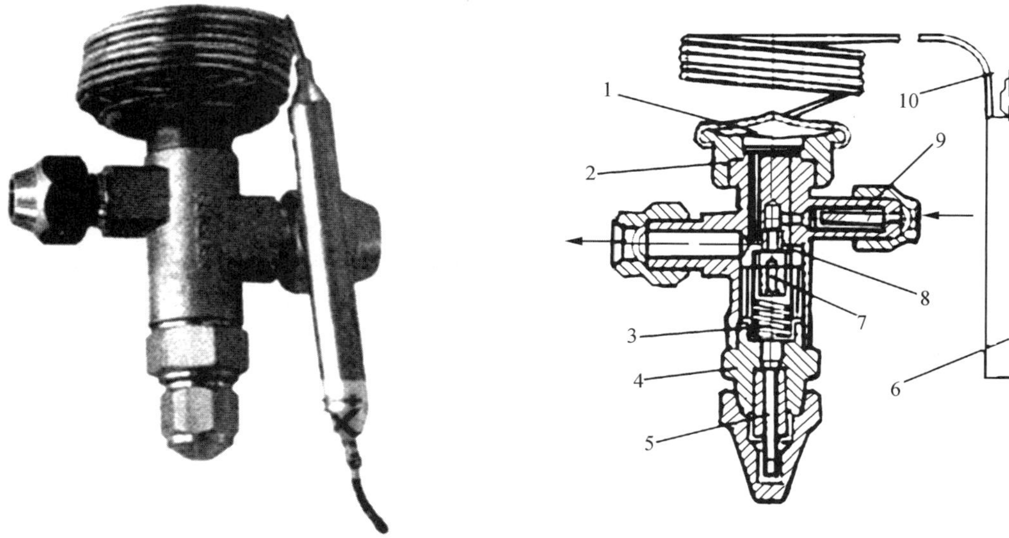

图 14-17　内平衡式热力膨胀阀结构

1—膜片；2—阀体；3—过热弹簧；4—调整螺母；5—调节杆；6—感温包；7—针阀；8—阀座；9—滤芯；10—传压管

3. 内平衡式热力膨胀阀的工作原理

如图 14-18 所示，高压常温液体冷剂流经膨胀阀时，由于受窄小通道限制，被节流，压力降低（蒸发压力）。紧贴于蒸发器出口管段的膨胀阀的感温包内，充有易挥发的液体，用以感受蒸发器出口处冷剂蒸气的过热度，并把其转换为与之对应的饱和压力信号 p_1。p_1 经传压管 9 传至热力头上部的腔室内作用于膜片上方。而膜片的下方作用着蒸发器进口处冷剂的蒸发压力 p_2，膜片上、下方压差产生的作用力经顶杆 2 作用于针阀 3 上。若弹簧力为 p_0，若装置工况稳定时，针阀的开度一定，存在 $p_1=P_0+P_2$ 的关系式。显然，当热负荷增大时，蒸发器内冷剂蒸气“过热段”就会增长，出口蒸气过热度增大，作用于膜片上方的信号压力 p_1 增高，针阀开大，

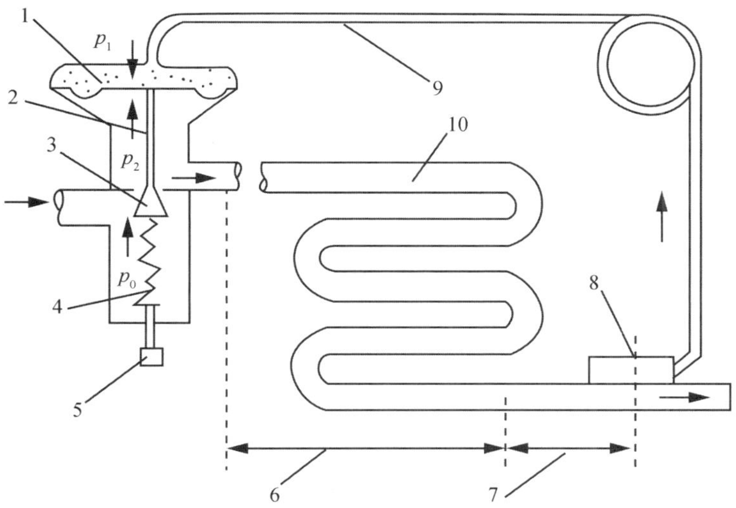

图 14-18 内平衡式热力膨胀阀结构和原理图

1—膜片;2—推杆;3—针阀;4—过热弹簧;5—调整螺母;6—湿蒸汽部分;7—过热蒸汽部分;8—感温包;9—传压管;10—蒸发器

供入蒸发器的冷剂流量增加,直至向上与向下的作用力重新平衡。反之,当热负荷减小时,出口的蒸气过热度减小,针阀关小,供入蒸发器的冷剂流量减小。于是,随着热负荷的变化,膨胀阀开度就会自动开大或关小,使供入蒸发器的冷剂流量与热负荷相适应,并维持蒸发器出口的蒸气过热度在一定范围内。

蒸发器出口过热度随热负荷的升降而增减,针阀刚好关闭时的出口过热度,称为"关闭过热度"或"静止过热度"。关闭过热度的大小决定于调节弹簧的预紧力。弹簧预紧力增大,关闭过热度升高;反之,关闭过热度降低。一般可在 2~8 ℃范围内调节。

4. 热力膨胀阀的安装

热力膨胀阀安装前应做粗略性检查,一般是从阀进口吹气,通道畅通,膨胀阀正常可用;若通道堵塞不通,则表明膨胀阀已损坏。热力膨胀阀经检查无误后可进行安装,但安装时应注意以下问题。

(1)阀的安装位置应尽可能靠近蒸发器,且应垂直安装,其所处的环境温度应高于蒸发器出口冷剂的温度,以减小冷量损失和防止感温传压机构因部分充剂凝结而失效。

(2)蒸发器出口的管路若上行,通常设有集油弯,温包应装在集油弯上游的水平段,不应靠近质量较大的阀体或其他金属件。管径小于 21 mm 者,温包应置于水平管的顶部;管径大于 21 mm 者,温包可置于水平管下侧 45°角左右处。温包安装好后,出口处毛细管应朝上,其余部分毛细管应防止贴靠或冷或热的管路上;避免被挤压而堵塞通道。

(3)温包与管路接触部分应彻底清除污物、油漆和铁锈,并涂以银粉,尽量减小冷剂与感温包传热热阻,温包用管箍或铁丝箍紧在出口管段,然后包扎隔热材料,以尽量减小环境温度的影响。

(4)若是外平衡式热力膨胀阀,平衡管连接点应设在温包之后,以免有少量液态制冷剂从膨胀阀顶杆填料处漏入平衡管而影响温包对过热度的感应。平衡管应从蒸发器出口管的顶部引出,以免管底部有液体或积油而影响引出压力。

(5)蒸发器出口管路上若装有背压阀,温包应装于背压阀和平衡管接点之前。蒸发器出口管路上若装有回热器,温包应装于回热器之前。

(二)毛细管节流装置

毛细管是最简单的节流元件。制冷机所用的毛细管内径一般为 0.6~2.0 mm、长度为 0.5~5.0 m 的紫铜管。毛细管的越细或越长,节流作用越强,冷剂流量越少。当装置的热负荷变化时,它不能自动调节流通面积,只能靠进出口的冷剂状态的变化,稍微改变冷剂流量。于是,当制冷机偏离设计工况时,就会出现冷剂的流量与蒸发器的热负荷不适应的情况,不是供液不足就是供液过量。故采用毛细管节流降压且未设储液器的空调器和冰箱,冷剂的灌注量一定要准确。冰箱一般充剂量以蒸发器均匀挂满白霜,压缩机的回气有冰冷感而不挂霜为宜。

由于毛细管是装在高、低压部分常通的通道,停机后可使高、低部分的压力趋于平衡,从而减小压缩机的起动负荷,这就为压缩机采用价格低廉的低起动转矩的电动机提供了条件。所以,停机后不宜立即强行起动压缩机,避免高、低压还未平衡时起动压缩机,造成电机过载而烧坏。停机后需 3 min 以上才能重新起动。

(三)温度控制器

1. 温度控制器的作用

温度控制器用于控制库温、箱温或室温。温度控制器(又称温度继电器或温度开关)是以温度作为控制信号的电开关。其控制方式有两种:一是用来控制供液电磁阀电路的接通与断开,如伙食冷库或中央空调;二是直接控制压缩机起动与停止,如冰箱、冰柜或家用空调等。

2. 温度控制器的结构和工作原理

(1)温度控制器的结构

温度控制器的种类繁多,但其结构和工作原理基本类同。如图 14-19 所示为温度控制器。其结构主要由主调螺杆 7、波纹管 3、幅差螺杆 4、主调弹簧 6、幅差弹簧 5、感温包 1、接线头 9 和触头 10 等组成。

(2)温度控制器的工作原理

当压缩机停止运转,制冷装置停止制冷后,冷库温度开始回升,温度控制器的感温包 1 感应温度所对应的饱和压力升高,波纹管 3 内压力升高,当库温升高至调定值上限时,克服幅差弹簧弹力,带动主杠杆 12 做逆时针方向转动,拨臂 11 使触头 10 闭合,将控制电路接通,使供液电磁阀通电开启或压缩机通电起动;制冷后,温包压力随库温下降而降低,主杠杆在幅差弹簧张力作用下顺时针偏转,当转至调定下限时,克服主调弹簧的弹力和幅差弹簧的拉力,拨臂带动触头 10 断开,将其控制电路断电,使供液电磁阀断电关闭。

主调螺杆 7 的调节旋钮 8 是用来调节冷库上限温度(下限温度跟随改变)的,幅差调节螺杆的调节螺钉 4 是用来调节冷库下限温度的。

3. 温度控制器的安装与使用注意事项

(1)选用温度控制器的温度适用范围和差动值可调范围应符合要求,不要搞错接线方式。

(2)本体应可靠地固定于无振动和环境温度高于所控温度之处。

(3)感温包应放在空气流通和能代表库温的地方。其安装高度宜低于本体,以提高测量

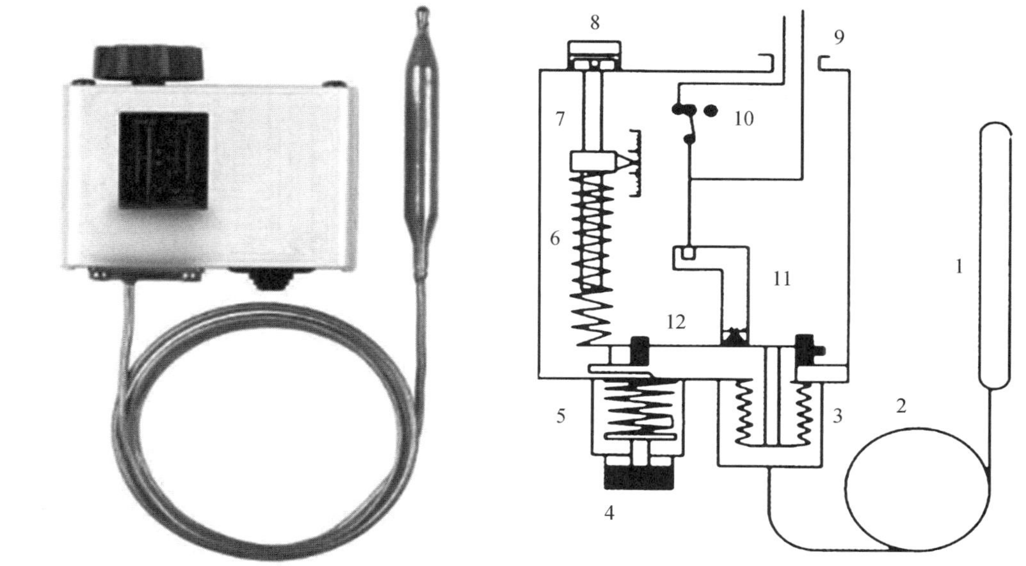

图 14-19 温度控制器

1—感温包;2—毛细管;3—波纹管;4—幅差螺杆;5—幅差弹簧;6—主调弹簧;7—主调螺杆;8—温度设定旋钮;9—接线头;10—触头;11—拨臂;12—主杠杆

和控制精度,但切忌与蒸发器管壁碰贴(家用冰箱温控器的感温管除外)。室内空气为强制流通者,温包应置于空气流道中。

(4)传压管应引直,每隔 300 mm 左右用扎头固定,其弯曲半径应不小于 50 mm,以免折裂或压扁。

(四)供液电磁阀

电磁阀是由电磁力控制启、闭的阀,在制冷装置中它常装在热力膨胀阀之前的液体管路上,由装置中的温度继电器控制,决定是否向蒸发器供冷剂的阀件,电磁阀按工作原理不同分为直接作用式(直动式)与间接作用式(先导式)。

1. 直接作用式电磁阀

如图 14-20 所示,其结构主要由阀盘 4、铁芯 2、电磁线圈 1 和阀体等组成。库温达上限,温度继电器触头闭合,电磁阀通电产生电磁力,吸上芯铁,阀开启供液。库温达到下限,温度继电器切断电路,电磁阀芯铁靠自重下落,阀关闭停止供液。可见,直接作用式电磁阀的启闭直接靠电磁力。直接作用式电磁阀适用于小型制冷装置。

2. 间接作用式电磁阀

如图 14-21 所示,阀芯由主阀和导阀组成。导阀相当直接作用式电磁阀,只是阀孔和阀座装在主阀的阀盘上。主阀 7 为膜片阀,其中央开有导阀孔 6,导阀 5 装在铁芯 3 的底部。其动作过程如图中Ⅰ~Ⅳ所示。当电磁线圈 1 通电时,电磁力克服重力、弹簧力等将衔铁吸起,开启导阀,主阀上方经导阀孔与主阀的出口端相通,主阀上方压力迅速下降,于是主阀膜片在下、上方压差的作用下被顶开(如图中Ⅰ),阀进、进口接通。当电磁线圈断电时,衔铁落下将导阀关闭,使主阀上方与出口断开,主阀上方压力逐渐升高,当主阀上方压力升高至一定值,主阀上

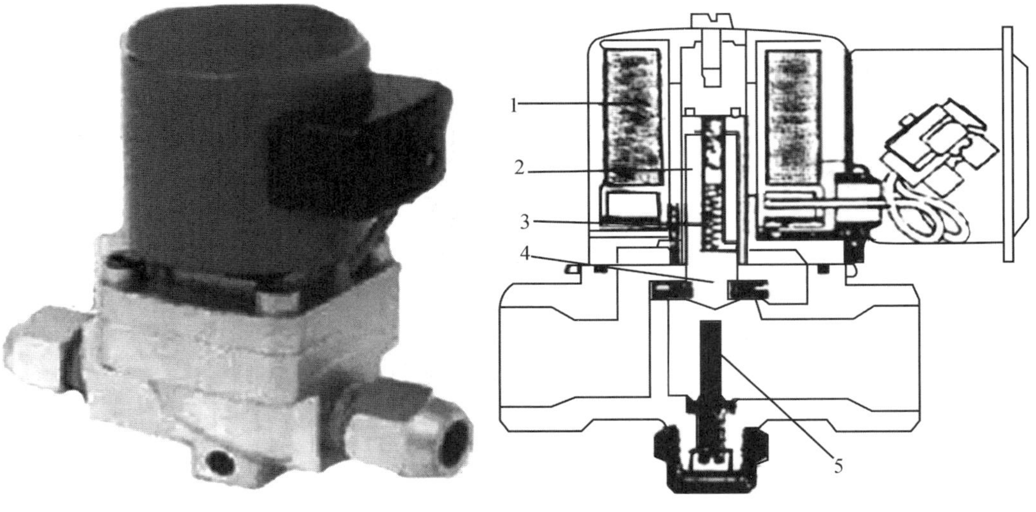

图 14-20 **直动式电磁阀**

1—线圈;2—铁芯;3—复位弹簧;4—阀盘;5—强开顶杆

方的作用力大于下部作用力,主阀关闭在阀座上(如图中Ⅳ)。这种电磁阀的主阀的启、闭靠冷剂压力作用,故启阀力大,适用于大型制冷装置。

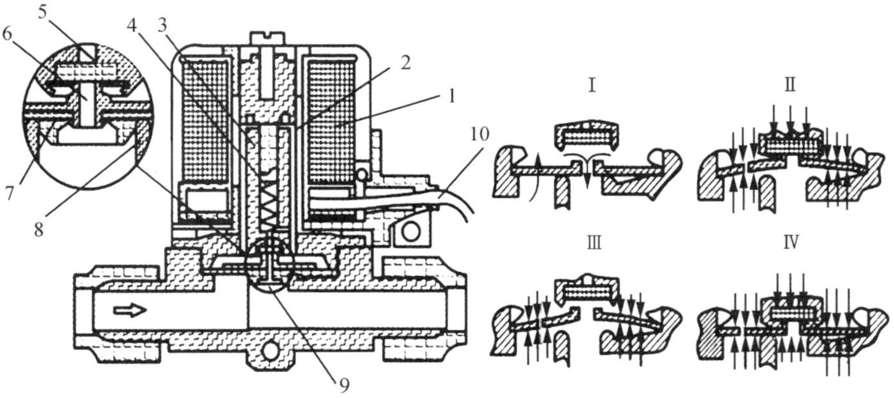

图 14-21 **间接作用式电磁阀**

1—线圈;2—铜套筒;3—铁芯;4—复位弹簧;5—导阀;6—导阀孔;7—主阀;8——主阀座;9—主阀孔;10—连接线

选用或更换电磁阀时,应注意型号、阀进出口通径、适用介质和温度、允许工作压力、电制(交流或直流)和电压等。电磁阀必须垂直向上装于水平管路上,保证冷剂流向与阀体上所标示方向一致。

电磁阀的故障形式主要有:线圈烧断、阀芯卡阻和铁芯剩磁等。线圈是否断路,可在通电时用铁条感知磁力或用手感知是否温热进行判断。阀开、关是否正常,可用通、断电的办法听其有无动作声响来判断。若因铁芯有剩磁,断电后不能下落,可取出铁芯进行加热或摔打,以消除剩磁。

(五)压力继电器

1. 压力继电器的分类和作用

压力继电器是一种以压力作为控制信号的电开关,亦称压力开关。制冷装置一般都设有高压和低压继电器,通常将两者组合成一体,称为高、低压继电器。高压继电器装在压缩机排出端,当压缩机排气压力高于调定值时,强制切断压缩机电路,实现保护性停机,消除产生高压的原因后,需手动复位才能使压缩机重新起动;低压继电器装在压缩机吸入端,是用吸气压力作为控制信号,控制压缩机起动和停机。

2. 压力继电器的结构和工作原理

图 14-22 所示为组合式高低压继电器的结构原理图。它主要由高低压波纹管、高低压调节弹簧、触头开关部分组成。压缩机的吸、排气压力,分别经传压管引入低压波纹管 7 的气室和高压波纹管 8 的气室。

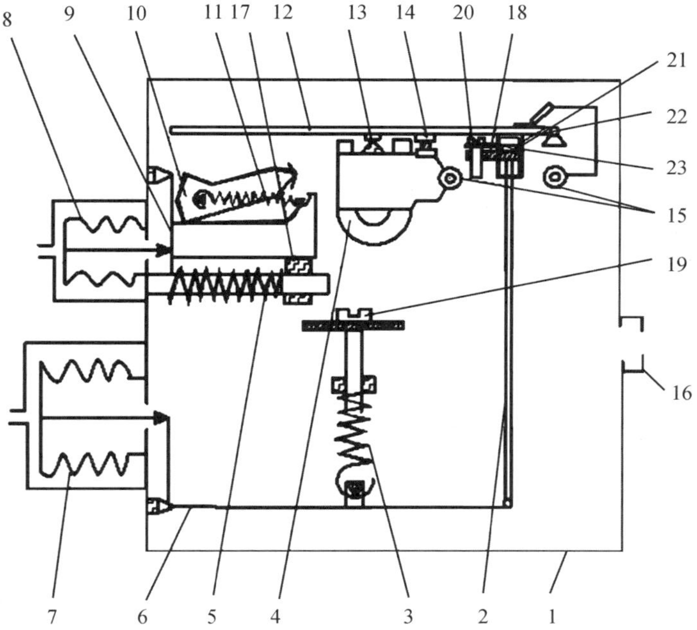

图 14-22 组合式高低压继电器的结构

1—吸入管;2—推杆;3—低压主调弹簧;4—磁钢;5—高压调节弹簧;6—角杆;7—低压波纹管;8—高压波纹管;9—杠杆;10—跳脚;11—跳簧;12—触头板;13—辅助触头;14—主触头;15—接线柱;16—连线孔;17—高压调节螺帽;18—挡板;19—低压主调节螺钉;20—低压幅差调节螺钉;21—夹持器;22—支轴;23—直角曲臂

当吸气压力达到低压继电器设定值的上限值时,压缩机电路接通起动;当吸气压力降至设定值的下限值时,压缩机电路断开而停车。

其动作原理是:当作用于高压波纹管 7 上的吸气压力升高到低压设定值上限时,波纹管被压缩推动角杆 6 克服低压弹簧 3 的拉力做顺时针转动,带动推杆 2 和触头板 12 下移,使触头闭合。反之,当吸入压力低于低压设定值下限时,使触头断开。当作用在高压波纹管 8 上的排气压力升高至设定值上限时,顶针推动杠杆 9 克服高压调节弹簧 5 的弹力做逆时针转动,压缩弹簧使跳脚 10 起跳撞击触头板 12 使触头断开。高压继电器通常有自锁机构，一旦断开后，需要按复位按钮解除自锁，才能在排出压力降低后重新起动压缩机。

（六）蒸发压力调节阀

蒸发压力调节阀又称背压阀，装在高温库蒸发器出口管路上，以阀前蒸发压力为控制信号，自动调节开度，调节蒸发压力，使库温均匀。

在单机多库系统中，安装在高温库蒸发器出口，防止高温冷库温度太低而冻坏菜果，湿度降低，增加干耗；防止制冷剂蒸气进入低温库，导致低温库库温难以降低，在低温蒸发器出口管路上应设止回阀。

在单机单库系统中，安装在冷库蒸发器回气管与压缩机之间，维持要求的蒸发压力，保证冷库蒸发温度，进行吸气节流和调节压缩机制冷量。

蒸发压力调节阀按工作原理可分为直动式和伺服式。图 14-23 所示为直动式蒸发压力调节阀。由蒸发器来的制冷剂蒸气从阀的进口流入，克服主弹簧 4 的张力，推动阀盘 7 上移。蒸发压力稍有增大，则阀开大，避免蒸发压力明显升高；而当蒸发压力下降到调定值，则阀关闭。蒸发压力的调整是通过调节螺钉 3 改变主弹簧 4 的张力来实现的。

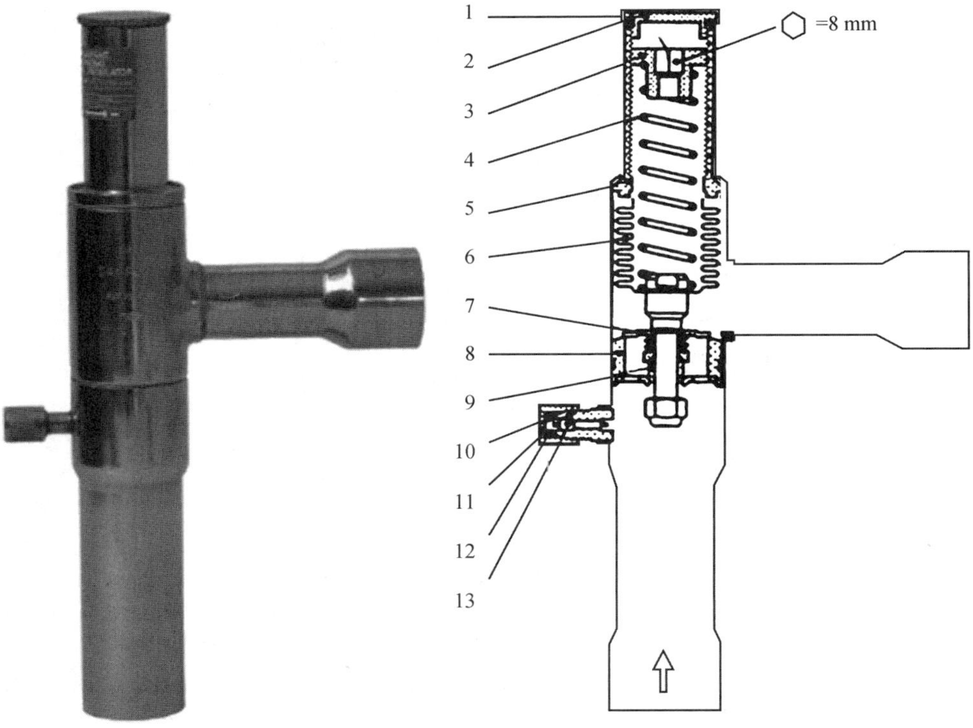

图 14-23　直动式蒸发压力调节阀

1—保护盖；2—垫片；3—调节螺钉；4—主弹簧；5—阀体；6—平衡波纹管；7—阀盘；8—阀座；9—阻尼器；10—压力表接头；11—帽罩；12—垫片；13—单向阀

第四节 制冷装置的操作与管理

一、制冷装置的基本操作

(一)冷剂的充入

新安装的制冷装置,经压力试验和真空试验合格后,需要向系统充注冷剂;运行中的制冷装置,由于对系统进行各种操作要损失一些冷剂,系统中管路接头、轴封、结合面等不可避免地发生程度不同的泄漏,需要向系统补充冷剂。冷剂可从系统高压端的专用充液阀或从低压端的吸入多用孔道充入。

1. 从高压端充剂阀处充入

从高压端充剂阀充入冷剂的方法,如图 14-24 所示,其操作步骤和注意事项如下:

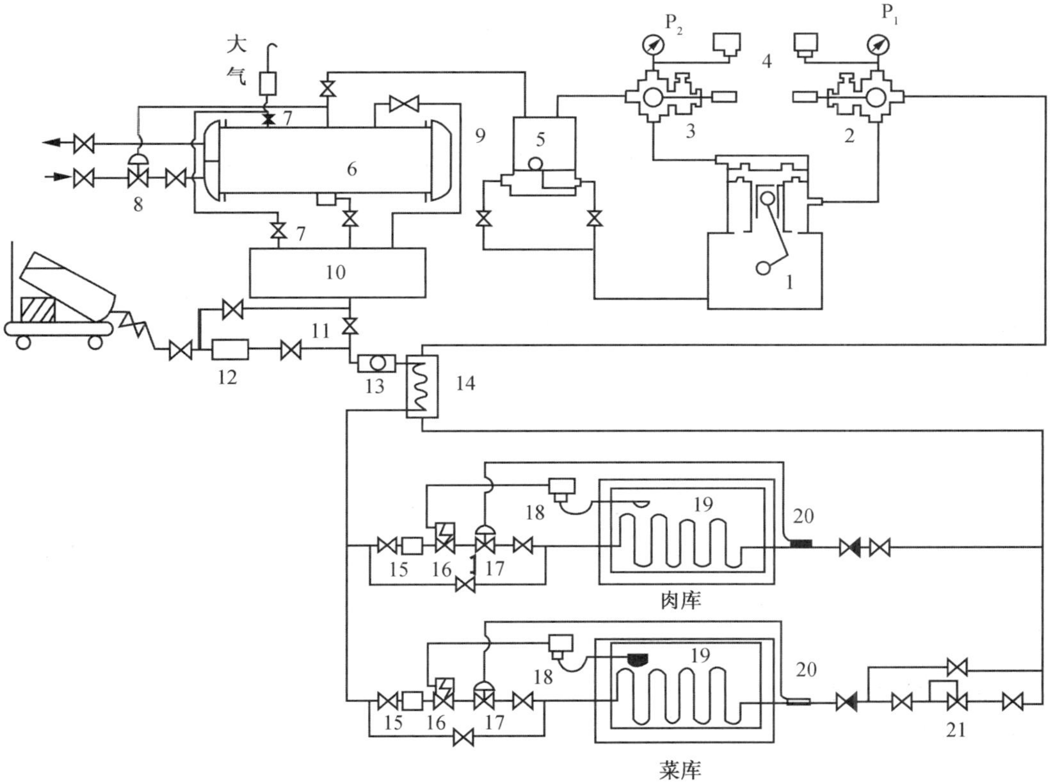

图 14-24 高压端充剂阀处充入冷剂

(1)将冷剂钢瓶的瓶头成约 30°朝下倾斜或倒挂,置于高出储液器的磅秤上,以便随时准确地掌握冷剂的充入量,避免比冷剂轻的水分和空气、比冷剂重的杂质充入系统。

(2)将充剂管一端接于充液阀上,暂不拧紧接头螺母,另一端接于钢瓶瓶头的出口阀上并拧紧。微开钢瓶阀即关，用冷剂驱赶管内的空气后，再拧紧充剂阀的接头螺母。记下此时钢瓶的质量。

（3）大量充入冷剂。开足系统中的冷却水阀、开启从充剂阀通储液器的阀，关闭干燥器后的阀和旁通阀，开启钢瓶阀和充剂阀，使冷剂经干燥器直接充入储液器内，密切监视钢瓶质量的变化，一定要注意充入的冷剂量，宁可少充，不够再充。

（4）小量充入或补充冷剂。关闭系统储液器的出液阀，开启干燥器出口阀，起动压缩机（冷剂经充剂阀—干燥器—膨胀阀—蒸发器—压缩机—冷凝器—储液器），直至冷剂的充入量达到要求的数量。

（5）冷剂充入量的判断。系统中冷剂的充入量，可按说明书的要求数量充入；或根据储液器液位进行判断，一般冷剂液位应为 1/3～1/2 储液器高度；也可根据运行中，系统中的各种参数和现象进行判断。

（6）冷剂充好后，关闭钢瓶阀，用热毛巾从钢瓶阀处开始将管路中的冷剂赶入系统，关闭充剂阀，拆除充剂接管。

2. 从低压端压缩机吸入多用孔道处充入

对于一些小型制冷装置，在系统中没有设置充剂阀，冷剂就只能从吸入端的多用孔道充入。从压缩机吸入多用孔道充剂，如图 14-25 所示。其操作步骤和注意事项如下：

（1）将冷剂钢瓶直立正置于压缩机吸入双向截止阀附近，准备好充剂接管。

（2）旋出吸入端双向截止阀的阀杆，将多用孔道关闭，拆除多用孔道 T 形接头上的一根接管（接压力表或压力继电器），或拧出旋塞并装上一个接头。

（3）将充剂管一端连接螺母旋在多用孔道的接头上不拧紧，充剂管另一端连接螺母上紧于钢瓶阀接头上，微开钢瓶阀并立即关闭，用瓶内冷剂驱赶管内空气，然后拧紧多用孔道上的接头螺母。

（4）关闭储液器的出口阀，起动压缩机，微开钢瓶截止阀，此时是以钢瓶截止阀作为节流阀在使用，所以其开度一定不能过大，避免压缩机发生“液击”。在充剂过程中，若听见“液击”声，则应立即减小钢瓶阀。

（5）确认系统中冷剂充够后，关闭钢瓶阀，停止压缩机，拆除充剂管路，恢复双向截止阀的位置。

（二）冷剂的取出

在制冷装置中，若由于充剂时操作不当，造成充入的冷剂量过多，这时需要取出部分冷剂；若装置运行一定时间后需要大修，装置需要长期停用等情况，这时需要把系统里的制冷剂全部取出。冷剂的取出有部分取出和全部取出两种方式。

1. 部分取出冷剂的操作

取出部分冷剂可在制冷装置运行时操作，取出部分冷剂的方法和操作步骤，如图 14-26 所示。

（1）将未装满的制冷剂钢瓶放在磅秤上，钢瓶正置瓶口朝上，用充液管连接系统充剂阀与钢瓶阀，用瓶中或系统中的制冷剂吹除管中的空气后上紧接管。最好将钢瓶放在冷水或冰水中连续冷却。

（2）开启钢瓶阀和充剂阀，关小冷凝器冷却水进口阀，保持较高的冷凝压力，液态制冷剂

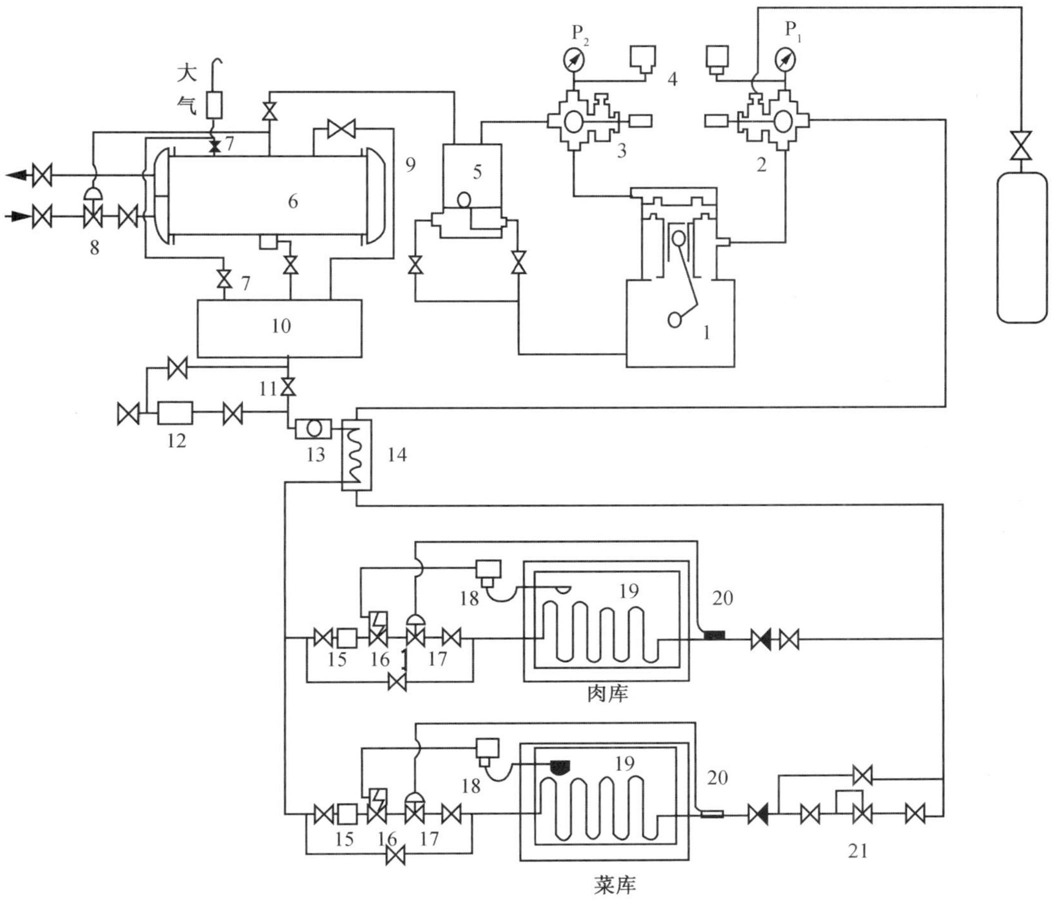

图 14-25 吸入多用孔道处充入冷剂

便会流入钢瓶。观察钢瓶的称重,若重量不再上升,说明制冷剂不再进入钢瓶。

(3)当系统已取出要求的制冷剂量时或钢瓶充注量接近最大充注量 80%~90%时,关闭充液阀,加热连接管(使管中的制冷剂尽量进入钢瓶),最后关闭钢瓶阀,拆除接管。

2. 全部取出制冷剂

当系统存留的制冷剂不多、压力较低时,若要全抽出系统的残存制冷剂,如图 14-26 所示,操作方法如下:

(1)将压缩机排出截止阀的多用接头与钢瓶连接(或利用排气管路上的压力表接头装一T 形接头,一端接钢瓶,一端接压力表接头)。

(2)打开钢瓶阀、压缩机吸排截止阀和系统的各截止阀,旁通蒸发压力调节阀。

(3)起动压缩机,并以最小容量抽气,并调低油压差继电器断开值,关小冷凝器冷却水流量,以提高冷凝压力,利于冷剂进入钢瓶。

(4)缓慢关小排气截止阀,加强钢瓶冷却使冷剂液化,密切关注排气压力。

(5)当排出截止阀已全关闭,吸入压力下降至表压为零时停机,关闭钢瓶阀和排出截止阀多用接头,拆除钢瓶。

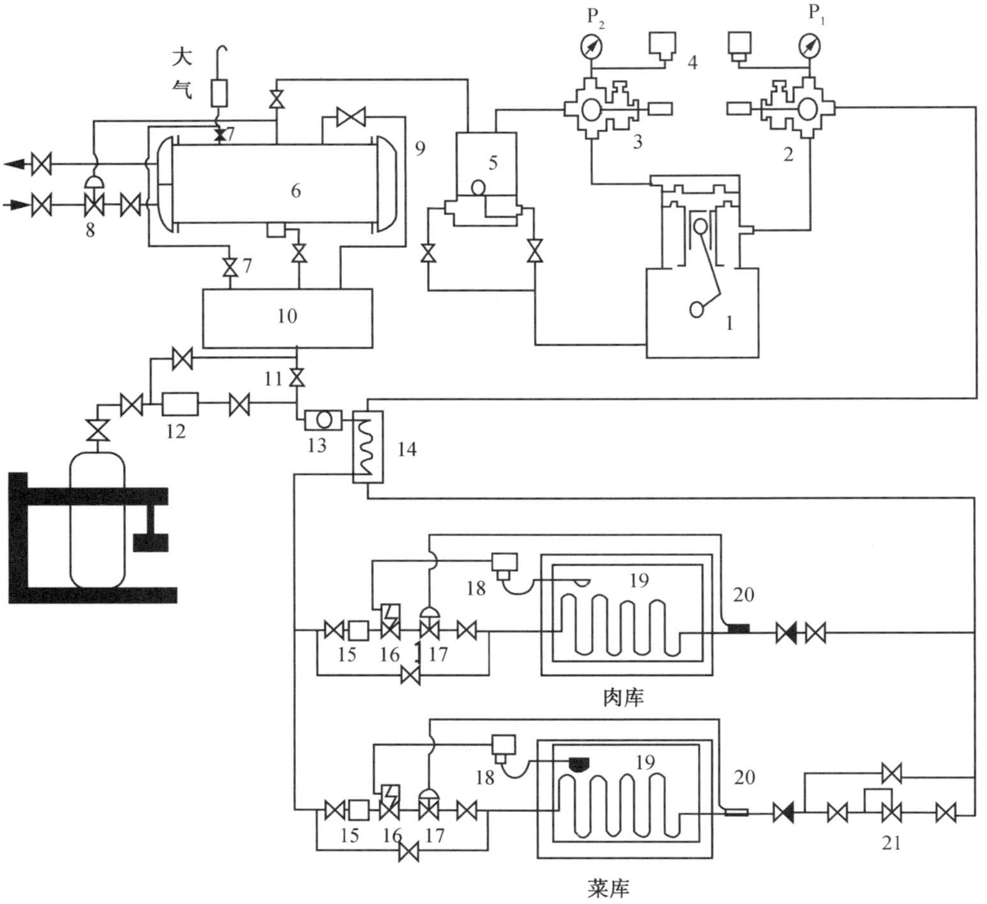

图 14-26　冷剂的取出

（三）滑油的更换与添加

制冷装置运行一定时间后，滑油的质量会下降，甚至发生变质，若发现滑油变质或含有大量的污物，需要更换滑油。若系统因泄漏、回油性能差等原因，造成压缩机曲轴箱油位下降过快，查明原因后补充滑油。

无论是更换滑油或补充滑油，必须保证加入的滑油牌号与原用滑油牌号相同，不同牌号的滑油不能混用，以免滑油变质。添加滑油应适量，加入过量滑油易使压缩机产生液击，导致热交换器传热系数和膨胀阀的冷剂流量降低。

1. 更换润滑油

制冷装置在运行过程中，若发现系统的润滑油老化、污浊、变黑、黏度下降 15%时，需要更换润滑油，其操作步骤如下：

（1）关闭吸入截止阀，起动压缩机将曲轴箱抽成真空，收回溶解在滑油中的冷剂。

（2）停止压缩机，关闭排出截止阀。

（3）拧开放油旋塞，放净脏油，拆除曲轴箱侧盖，清洁曲轴箱，用干净抹布擦干净曲轴箱，装复侧盖和放油旋塞。

(4)从曲轴箱加油接头或旋塞口注入规定牌号的润滑油至4/5视液镜高度,将压缩机侧盖等装复。

(5)打开压缩机排出双向截止阀上的多用孔道,使其通大气,起动压缩机将曲轴箱抽成真空并至稳定状态。

(6)关闭多用孔道,停止压缩机,换油结束。

2. 添加润滑油

根据压缩机容量大小的不同、结构的区别、部件设置的多少不一,对压缩机添加润滑油的方法和地方也有所不同,下面就针对一些中、小型制冷压缩机添加润滑油的方法进行介绍。

(1)从压缩机吸入多用孔道添加润滑油

①将需要添加的润滑油盛在油盆或油桶中,并放置于压缩机旁;准备好加油接管。

②放出双向截止阀阀杆,关闭双向截止阀的多用孔道,拆除T形接头上(已装T形接头)连接压力继电器的接管,将加油接管旋于T形接头上并拧紧,用手指盖住加油管另一端并稍留间隙,微开多用孔道,用压缩机内冷剂驱除接管内的空气,当手指有凉爽感觉时,关闭多用孔道手指堵死管口并放入油盆或油桶里。

③将压缩机吸入双向截止阀的阀杆旋入,使压缩机与吸气管路的通道隔断,与多用孔道的通道相通。此时,压缩机的吸气容积就剩下吸气腔、曲轴箱和加油管路。

④把压缩机控制箱的转换开关置于“手动”位置,“点动”压缩机2~3次,防止“奔油”而发生“液击”。将曲轴箱抽成一定真空后停机。

⑤松开堵住加油接管的手指,滑油在压差作用下,经加油管、多用孔道、吸气腔、回油孔,进入曲轴箱。密切注意观察曲轴箱视油镜油位的变化;若一次加油量不够,可重复以上操作,直至滑油加足为止。

⑥关闭吸入多用孔道,拆除加油接管,接上压力继电器接头并拧紧,将吸入双向截止阀置于正确位置,加油结束。

(2)从压缩机曲轴箱的加油孔添加润滑油

①关闭压缩机的吸入截止阀,起动压缩机,将压缩机曲轴箱、吸气腔内的冷剂收入储液器内,直至压缩机自停机或低压压力抽至表压为“0”时停机。

②关闭排出截止阀,将压缩机从制冷系统中隔离出来,拧开压缩机曲轴箱加油孔旋塞,从加油孔注入滑油,直至油面达到要求的油位线为止。

③开启吸入截止阀,用系统中的冷剂驱赶侵入曲轴箱内的空气后,旋紧加油孔旋塞并开启排出截止阀。

④当油加到位后,先旋紧加油孔旋塞,然后打开压缩机排出双向截止阀上的多用孔道,使其通大气,起动压缩机将曲轴箱抽成真空并至稳定状态,关闭多用孔道,将吸、排双向截止阀置于正确的位置。

(四)不凝性气体的排除

系统中的不凝性气体,主要是来源于在抽真空时不彻底,管路系统漏入,在充冷剂、添加滑油或更换干燥剂时,操作不当进入系统。在系统中存在不凝性气体,会造成冷凝压力和冷凝温度升高、装置的制冷量和制冷系数下降,严重时还可能使压缩机运转不停或因高压继电器动作而自动停机。

若发现压缩机的排气压力和排气温度升高，冷凝器壳体上部很热，排出压力表的指针剧烈摆动，则表明在冷凝器至压缩机段管路中，积聚有不凝性气体。不凝性气体的排放，可在冷凝器上部的放气阀或压缩机的排出多用孔道处排放。不凝性气体的排放操作步骤如下：

(1)关闭储液器出液阀，起动压缩机，将系统中的冷剂和不凝性气体均收回冷凝器与压缩机之间，直至吸入压力表压力略高于“0”停止压缩机，或低压继电器动作自动停机。

(2)让冷凝器的冷却水继续循环，充分冷却，使气体冷剂全部转变为液体，不能转换为液体的气体积存在冷凝器上部至压缩机排出阀之间。

(3)开启冷凝器上部的放气阀或压缩机的排出多用孔道，用手指盖住部分排气口，让气流从排气口的手指处流出，开始只是感觉风在吹动手指，说明放出的是不凝性气体；若当手指感觉到吹出气体有清凉感，则说明不凝性气体已经放完，排出的是气体冷剂了，应立即停止排气。

(4)打开储液器出液阀，恢复装置的工作。

应当指出，压缩机运转中，绝对不能排放不凝性气体，避免大量冷剂被排出。为了提高排放效果，排放宜在压缩机停车后，并让冷凝器的冷却水继续循环一段时间后再进行，若一次排放不彻底，可进行多次重复排放。

(五)干燥剂的更换

在制冷装置中，如果存在游离状态的水分，就会在系统中温度较低的部位发生结冰堵塞，为了避免系统发生冰塞，需要定期对干燥器内的干燥剂进行更换，以提高干燥剂的吸水能力，系统中干燥剂的更换方法和步骤如下：

(1)关闭储液器出口的出液阀，起动压缩机，将系统中的冷剂收回储液器中，在收回冷剂时，要保证系统低压端压力高于大气压力，避免空气进入系统。

(2)关闭干燥器进、出口两端的截止阀，将干燥器从系统中隔离出来。

(3)拆除干燥器，用具有挥发性好的清洗液(如丙酮、无水酒精等)进行清洗，清洗干净后，用压缩空气吹干。

(4)装填新的干燥剂时，一定要将干燥器内部空间填满并墩压结实，避免在工作中，由于冷剂的冲击而产生粉尘。

(5)将干燥器接入系统时，先将进口端连接螺母拧紧，出口端螺母戴上。微开进口截止阀，驱赶空气后将出口阀拧紧。

(六)检漏

在制冷装置中，可能发生泄漏的地方主要有管路连接处、阀杆填料处、压缩机轴封处、焊接处、气缸接合面等。由于氟利昂是无色无味、渗透能力极强的物质，从何处漏出既看不见又闻不着。在维护管理中，只有通过对可能发生泄漏的地方进行检查，以查出泄漏的地方，检漏是经常性的维护工作。检漏的方法有如下几种：

1. 油迹检漏

利用制冷剂与滑油相互溶解的性能，在工作中，冷剂能带着滑油在系统中参与循环，若系统中某一地方泄漏，那么冷剂和滑油均会漏出，由于冷剂挥发性极强，漏出的冷剂被挥发了，余下的就只有滑油。所以，平时只要让整个装置保持洁净，一旦发现系统中什么地方有油迹，说明该处就有泄漏。

2. 肥皂液检漏

将肥皂调制成一定浓度的溶液,然后将肥皂液涂抹在系统中可能泄漏的部位,视其是否冒气泡,若有气泡冒出则该处泄漏,无气泡冒出说明该处不漏。检漏处内部压力需在 0.35~0.4 MPa 以上,否则很难查出微量渗漏。特别注意,此方法不适用于 0 ℃以下环境的检漏。

3. 电子检漏仪检漏

电子检漏仪利用气体电离后测其导电性的原理工作的,适用于检查微量渗漏。使用时,必须保持检漏点附近的空气清新。

(七)融霜

在制冷装置中,低温冷库蒸发器管壁的温度均在 0 ℃以下,空气中的水汽就会在管壁上凝结成霜。由于霜层的导热系数不到金属的 1%,大大地增大传热热阻,使装置制冷量减小,霜层越厚影响越大。所以,蒸发器应定期融霜,常用的方法有自然融霜、电热融霜、喷水融霜和热气融霜等。

热气融霜是把压缩机排出的高温气体冷剂引入结霜的蒸发器中,利用排气热量使霜层融化,这种融霜是船用制冷装置常用的一种方法。热气融霜的制冷装置,需要有两个及以上蒸发器,在融霜时,将其中一个需要融霜蒸发器转换为冷凝器即可。所以,该方法适用于一机多库的制冷装置,且需增设融霜热气管和回液管,热气融霜分为顺流式和倒流式两种。

1. 顺流式热气融霜系统原理

如图 14-27 所示,若 1#蒸发器需要融霜,可让 2#蒸发器制冷,融霜步骤如下:

(1)停止融霜库制冷——关闭 1#蒸发器供液阀 3,停止向该库蒸发器供液,关回气阀 8,以隔断蒸发器与压缩机的通路。

(2)开始融霜——逐渐开启接于油分离器上融霜热气阀 5,逐渐关闭冷凝器的进气阀 1,把压缩机排气引入 1#蒸发器中。开融霜回液阀 10,让在蒸发器中凝结的制冷剂回到冷凝器。

(3)停止融霜——当 1#蒸发器融霜完时,开启冷凝器进口阀 1,再关闭热气阀 5 和融霜回液阀 10。

(4)恢复制冷——若蒸发器有风机则先起动,慢慢开启回气阀,若压缩机进口结霜,则立即将该回气阀暂时关小以防蒸发器中有残留的制冷剂液体被吸入压缩机,造成液击,回气阀开足后无异常情况再开供液阀。

若菜库和乳品库的热负荷过小,融霜的热气就会不足,可开启其中一库或两库的库门,人为地增大热负荷,以加快融霜速度。

2. 逆流式热气融霜系统原理

如图 14-28 所示,这种系统的特点是:

(1)融霜热气管接到蒸发器后吸气管上的吸气阀前,融霜热气与正常工作制冷剂流动方向相反。

(2)可以不设融霜回液管,让热气融霜的凝液经该库供液阀逆流流向工作库供液。

热气融霜的速度在很大程度上取决于工作库冷剂蒸发量的大小。故融霜宜在其他工作库热负荷较大时进行。有的也采取启用空库、开启高温库库门等办法增加工作库热负荷。

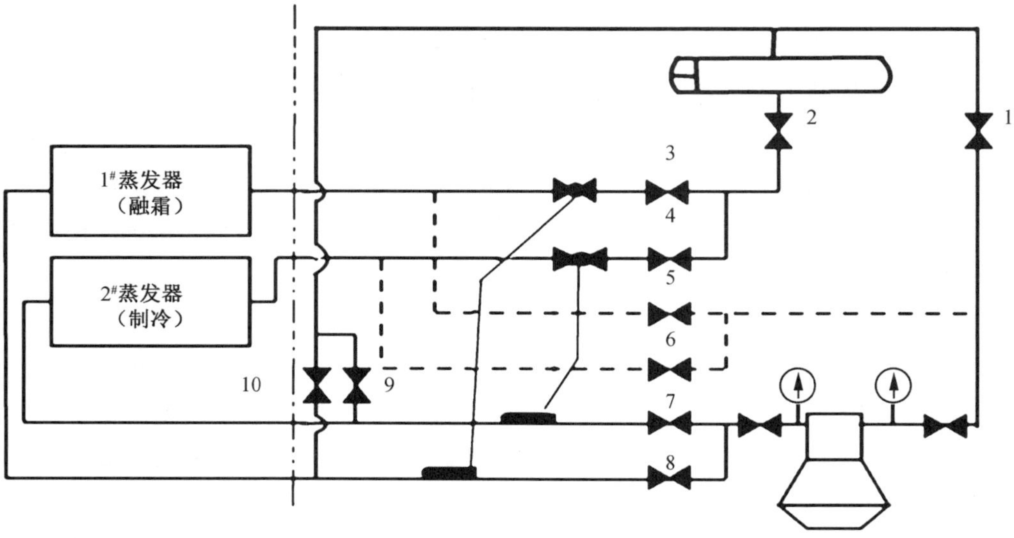

图 14-27　顺流式热气融霜系统原理图

1—冷凝器进口阀；2—冷凝器出口阀；3、4—供液阀；5、6—融霜热气阀；7、8—回气阀；9、10—融霜回液阀

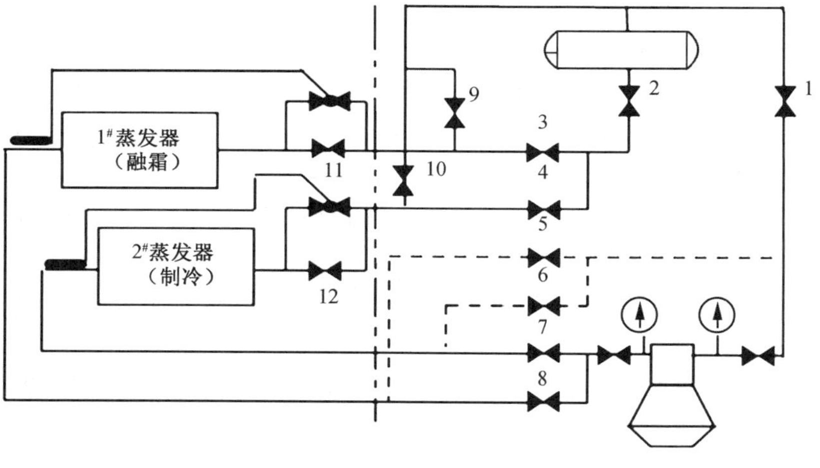

图 14-28　逆流式热气融霜系统原理图

1—冷凝器进口阀；2—冷凝器出口阀；3、4—供液阀；5、6—融霜热气阀；7、8—回气阀；9、10—融霜回液阀；11、12—热力膨胀阀旁通阀

二、制冷装置常见故障分析和处理

制冷装置可能发生的故障有多种形式，某种故障可能由各种不同的原因导致。制冷装置是由许多设备组成的封闭系统，每一设备或元件的工作是相互联系和互相影响的。所以，往往一处有故障，多处出现异常，而同一异常现象又可能由不同故障引起。故对出现的异常现象必须根据装置各部分的内在联系全面分析，找出故障的根源，从而准确而又迅速地排除。

(一)"冰塞"

1. "冰塞"的原因

"冰塞"是指制冷系统中进入了水分而造成结冰堵塞的现象。在膨胀阀针阀处是冷剂温度首先降至0 ℃以下的地方,且通道非常窄小,故"冰塞"最容易在膨胀阀处发生。

2. "冰塞"的危害

当"冰塞"尚未完全堵死通道时,蒸发器的制冷剂流量减少,出口过热度增加,压缩机吸入压力下降,直至低压控制器使压缩机停车;停车后冰塞处的冰部分融化。由于装置的制冷量减小,库温必然缓慢下降甚至无法降至要求的低温而导致压缩机运转不停,最终导致压缩机完全不能正常工作。若冷剂的通道阻塞严重,则压缩机会因吸气压力过分降低造成低压继电器动作而停机;停机后,又会因吸气压力快速回升,低压继电器动作而重新起动。如此反复,造成压缩机起、停频繁。

3. 判断冰塞部位的方法

(1)分析法

膨胀阀与蒸发器的连接管始终小于蒸发器管子,有的有多处弯管,故连接的管子和膨胀阀出口处最易发生"冰塞"。

(2)经验法

一般"冰塞"部位前管子外面附有一层薄霜,后面霜层融化,同时膨胀阀出口处可观察到结霜程度,如膨胀阀出口霜层变为湿霜并逐渐融化(表明非膨胀阀"冰塞"),则可初步判断为"冰塞"。

(3)实验法

当发现有结霜的管子时,在经验法的基础上,可将该结霜处的前后截止阀关闭,彻底清除管子外部的附着物后,将刚关闭的截止阀迅速开启,当一段管子有霜层,而另一段管子没有霜层时,则该临界处即为"冰塞"处。

4. 消除冰塞的处理措施

(1)热水化冰并用干燥剂吸水。该方法适用于系统有少量水时,先换新干燥剂,在冰塞处外敷毛巾并用热水浇,起动制冷装置,水分会随着制冷剂流动,并被干燥剂吸收。采用这种方法时往往很快又在原来"冰塞"处形成"冰塞",必须反复进行上述操作。

(2)用"解冻剂"除"冰塞"后用干燥气体吹除水分。向系统中充入"解冻剂"(方法和充制冷剂类似),其与制冷剂一起在系统中循环。这时系统将有大量水分,需将冷剂收入钢瓶中,用0.6~0.8 MPa的氮气或者二氧化碳吹扫系统,最后抽空使系统干燥干净。

(二)压缩机不起动或起动后立即停车

1. 压缩机不起动或起动后立即停车的原因

(1)电源没电、或未接上、断线、或保险丝烧断。

(2)电控(高压继电器、油压差控制器、过电流继电器、电机过热保护继电器等)跳闸后未复位;

(3)压力控制器未调整好(高压继电器上限调得太低,低压继电器下限调得太高);

(4)冷凝器的冷却水阀未开;

(5)压缩机排出阀门未开;

(6)电动机断路;

(7)压缩机故障,如卡住、咬煞等。

2. 压缩机不起动或起动后立即停机的处理措施

(1)检查主电路的电源。用万用表或试电笔检查输入电源电路是否有电,电压是否正常;检查闸刀开关或熔断器的熔断丝是否烧断;检查空气自动开关的插头或接触器的触头接触是否良好。若控制箱上设有“手动”和“自动”转换开关。当自动无法起动时,可把转换开关扳至“手动”位置,若压缩机仍不能起动,则故障一般出在主电路上;若能起动,则故障一般出在控制电路上。

(2)检查控制电路。

①检查温度继电器的触头是否跳开;

②检查高低压压力继电器的触头是否跳开;

③检查热继电器的触头是否跳开;

④检查油压差继电器的触头是否跳开。

(3)检查电动机的绕组。用万用表或兆欧表检查接线柱与外壳是否短路,并拆下电源线测量各相的电阻。若短路或某相电阻小,则说明绕组绝缘烧毁或匝间短路,应重绕线圈。

(4)检查制冷装置控制系统。

①压力继电器调整好并复位;

②水冷凝器压力;

③盘车检查制冷压缩机;

④检查制冷压缩机的排出阀。

(三)压缩机运转不停

制冷装置在运行过程中,有时会发生压缩机运转不停,产生这种情况的原因很多,其主要原因是库温降不到调定的下限低温,温度继电器的触头不能断开,压缩机不能断电停机或电磁阀不能断电关闭。可能的原因包括:

1. 热负荷过大

冷库的隔热材料受潮变质或库门变形关闭不严,冷库漏冷严重;库内冷藏物过量,空气对流差,均会导致装置的热负荷过大。当装置的热负荷增大到与制冷量相等时,冷库温度就再以不会下降,若此时温度未达到温度继电器的设定下限值,那么压缩机就会因温度继电器不能断电而运转不停。

2. 装置的制冷量不足

(1)膨胀阀发生“冰塞”“脏堵”;开度过小或温包充剂泄漏;系统冷剂量不足;干燥过滤器“堵塞”等;均会造成系统中的冷剂循环量减小,蒸发压力偏低,制冷量减小。

(2)压缩机的排气量下降,使系统的冷剂循环量减小,蒸发压力和温度升高,蒸发器的传热能力变差,造成制冷量的降低。

(3)冷凝压力过高,使冷凝温度升高,制冷量下降。

(4)蒸发器的霜层太厚。由于蒸发器的霜层太厚,使得蒸发器传热热阻剧增,造成蒸发器出口处冷剂蒸汽过热度减小,膨胀阀的开度比正常情况减小,供入蒸发器的冷剂流量减少,装置制冷量减小。

3. 温度控制器的触头黏结或断开温度调得过低

压缩机的电动机常用温度继电器控制其起停。温度继电器的触头黏结或断开温度调得过低(装置不能获此低温),压缩机就会因温度继电器的触头始终处于闭合状态而运转不停。转动温度继电器的主调螺杆使指针向高温标区移动,若压缩机能停机,则属于断开温度调整不当;若仍不停机,而库温又已达下限值,则属触头黏结。为此,可用精确温度计在冷库内显示的温度,调整温度继电器的闭合和断开温度;或断开电源后,强行分离触头,用细砂纸把触头打磨光滑继续使用。

4. 低压继电器的触头黏结断不开

这种故障发生在低压继电器控制压缩机起停的装置。

(四)压缩机起停频繁

压缩机起停频繁时,可能原因是:

(1)温度继电器的幅差值太小。

(2)低压继电器下限调得太高或幅差太小。

(3)系统制冷剂量太少,库温还未降至下限温度,吸气压力就到达了低压继电器动作值,压缩机停机;但由于电磁阀未关闭,制冷剂还在进入蒸发器,很快吸入压力又达到低压继电器动作值,压缩机起动,周而复始,压缩机起停频繁。

(4)系统发生“冰塞”,其原因与上(3)同。

(5)压缩机高、低压端之间有内部泄漏,如气阀、垫片、油分离器回油阀等。

(6)冷库隔热差,库温变化快;或温度控制器感温包位置不对,感受到的温度变化快。

(五)压缩制冷装置其他常见故障的原因及其排除方法

压缩制冷装置其他常见故障的原因及其排除方法见表 14-1。

表 14-1　压缩制冷装置其他常见故障的原因及其排除方法

故障情况	故障原因	排除方法
1. 排出压力过高	①系统中存在不凝性气体	放空气
	②水冷凝器的水阀未开或水量不够,水压太小,水温太高	检查水阀是否开启及管路是否堵塞
	③冷凝器的污垢积得太多	清洗冷凝器
	④制冷剂加入太多	排出多余工质
	⑤压缩机排出阀未开足	将阀门全部打开
2. 排出压力过低	①制冷剂不足	补充工质
	②排出阀片有泄漏	检修气阀
	③冷却水温度过低或冷却水量过大	调节供水量
	④由于吸入压力过低而导致冷凝压力过低	补充冷剂或调节膨胀阀

续表

故障情况	故障原因	排除方法
3. 排气温度过高	①由于各种原因使排气压力提高	参见“1 排出压力过高”
	②吸气温度(过热度)过高	重调膨胀阀
	③排气阀片、气缸垫片、环与回油阀等泄漏	拆开有关部件检查修复
4. 吸入压力过高	①膨胀阀开得过大	调节膨胀阀
	②吸入阀片断裂或有漏	检修气阀
	③系统中有空气	放空气
	④制冷剂加入过多	排除多余工质
	⑤压缩机的高低压腔之间泄漏	更换缸盖密封垫片
	⑥膨胀阀的感温包未扎紧	扎紧感温包
	⑦油分离器回油阀泄漏或未关	研磨回油阀或关闭手动放油阀
5. 吸入压力过低	①膨胀阀关得过小,或膨胀阀冰塞、堵塞	调节膨胀阀或系统去潮
	②膨胀阀感应包中充填剂漏掉	调节膨胀阀或感温包
	③吸入阀未开足	重新调节
	④吸入管道不畅通、或膨胀阀不通畅	检查吸入滤网,检查膨胀阀
	⑤电磁阀未开启	检查电路或拆洗阀
	⑥过滤器堵塞	拆卸检查并清洗
	⑦液管路堵塞;电磁阀不动作;过滤器堵塞;出液阀未开足	检查电磁阀,拆修过滤器打开出液阀
	⑧系统中制冷剂不足	补充工质

第五节 制冷装置的实际操作与训练

项目一 船舶制冷装置起动及停用

(一)船舶制冷装置的起动

(1)油位检查。在压缩机起动前,必须检查压缩机曲轴箱的润滑油量,使油位保持在视油镜的1/3~1/2处。

(2)冷却检查。检查冷却水系统,在压缩机起动之前,应使冷却水系统开始运转。

(3)电气检查。检查电气设备状况,电流、电压和绝缘等,并使之保持正常。

(4)压缩机检查。检查有无妨碍压缩机运转的因素或障碍物,手动盘车检查压缩机是否处于适宜起动状态。

(5)转向检查。对于新安装或检修后的压缩机，点动观察其起动状态和转向，确认无异常。

(6)阀件检查。关闭压缩机吸入截止阀，打开排气阀及高、低压端相关阀件；能量调节阀转至能量最低位置。

(7)起动压缩机。按下起动按钮，压缩机起动，逐渐打开吸入阀和储液器出液阀至正常开度，以免压缩机发生“液击”；观察高低压力表的读数是否正常，仔细聆听是否有异响振动。

(二)制冷装置的停车操作

(1)控制转换。制冷装置停用量，应采用手动方式停机，停机前将控制箱上转换开关，自“自动”转至“手动”控制。

(2)收储制冷剂。为了避免停机后制冷剂的泄漏，停机时应将制冷剂收储在储液器内，关闭储液器出口阀，压缩机运行至吸入压力表表压约高于“0”时停机。

(3)停机关阀。按下停机按钮，压缩机停止运转，关闭压缩机吸、排阀。

项目二　船舶制冷装置日常管理操作

(1)检查油位油压。油压应高于吸气压力 0.1~0.15 MPa。

(2)检查电磁阀状态。可以用手摸电磁阀外壳，若有热感和微小振动，则表明电磁阀已开启。

(3)检验压力继电器工作压力。逐渐关小吸气截止阀，吸气压力缓慢减低直至压缩机停机，此刻为低压继电器的断开压力，逐渐开大吸入阀，吸入压力缓慢升高，此时压缩机重新起动的压力为低压继电器闭合压力；开足吸气截止阀，关小冷却水泵的排出截止阀，减小冷却水量，排气压力逐渐升高，直至压缩机停机，此刻是高压继电器断开。压力继电器工作压力若不符合要求，则应调整。

(4)检查延时停机工作的可靠性。按动压差继电器的试验按钮。

(5)检查膨胀阀的畅通性。倾听膨胀阀是否有制冷剂流动。

(6)检查负荷。查看电流表、电压表和功率表是否超负荷，发现超负荷应立即找出原因并加以解决。

(7)倾听声响。注意倾听压缩机运转声音，发现异常及时找出原因并加以解决。

项目三　船舶制冷装置参数调整

制冷系统主要参数的调整就是热力膨胀阀、温度控制器、压力继电器调整和冷凝压力、蒸发压力的调整。

(一)热力膨胀阀的调整

热力膨胀阀调整过热度。热力膨胀阀配合干式蒸发器工作时，蒸发器出口过热度的调节应适宜。过热度太大，装置制冷量会降低；过热度太小，可能会造成压缩机发生“液击”。一般蒸发器出口处过热 3~6 ℃为宜。旋出调节杆，针阀开度增大，过热度减小；反之，过热度升高。调节时应注意：

(1)应在装置运行正常且工况稳定时进行。

(2)调试应分两步进行。先粗调，每次调节，可转动调节杆一圈左右，但阀的开度不宜调得过大,以防止压缩机发生液击。后微调,当装置接近其正常运行工况时,调节杆以转动1/4至1/2圈为宜,一般调节螺杆每转一圈过热度变化为1~1.5 ℃。无论粗调还是微调,每一次调节后,需等待15~30 min才能看出效果,故每两次调节的时间间隔应在3 min以上。调好后的膨胀阀轻易不要乱动。

在调节时,对于蒸发温度高于0 ℃者,若蒸发器外表面均匀凝露,压缩机的吸气管凝露但无冰冷或粘手感,则表明阀的开度合适;若蒸发器后半部或靠近出口管无凝露,则表明阀开度过小;若凝露延续至压缩机上,则表明阀的开度过大。蒸发温度低于0 ℃者,阀开度大小的判断与蒸发温度高于0 ℃时类似,只是以结白霜代替凝露。但当阀的开度合适时,压缩机的吸气管应有冰冷感而不结霜(装有回热器者),或有粘手感且均匀结一层薄霜(未装回热器者)。

(二)温度控制器的调整

温度控制器形式多样,原理几乎一样,调整方法大致相同,尽量参照温度控制说明书进行调整。以下为KP型温度控制器的调整方法。

(1)旋动主调螺母,温度上限、下限同时改变,幅差不变。

(2)旋动幅差螺母,温度上限不变,下限改变。

主调螺杆的调节旋钮是用来调节冷库上限温度(下限温度跟随改变)的,当顺时针转动调旋钮,冷库上限温度升高;反之降低。幅差调节螺杆的调节螺钉是用来调节冷库下限温度的,当顺时针转动幅差调节螺杆的调节螺钉时,冷库温度上限值与冷库温度下限值的差值增大(即幅差或差动值),则冷库下限温度降低;反之升高。幅差值一般为3 ℃左右。

(三)压力继电器的调整

1. 调节低压

低压主调螺杆的调节螺钉是用来调节压缩机起动时的上限压力(下限压力跟随改变),当顺时针转动主调螺杆,压缩机起动时的压力升高,即上限压力值升高;反之降低。幅差调节螺杆的调节螺钉是用来调节压缩机停机时的下限压力,当顺时针转动幅差调节螺杆时,压缩机上限压力值与下限压力值的差值(即幅差或差动值)增大,即压缩机停机时的压力降低;反之升高。低压继电器的幅差可在0.07~0.4 MPa范围调节,一般低压继电器的设定下限值不应低于0.01 MPa。

2. 调节高压

转动(顺转升高,逆转降低)高压调节螺杆即可调节高压断电压力(上限值),一般情况下限值做成固定幅差。其调节数值可参考表14-2进行。

表14-2 调节数值

冷剂	高压上限值(MPa)	对应饱和温度(℃)
R22	1.7~1.9	46~51
R134a	1.2	50
R404a	2.2	50

(四)冷凝压力的调整

制冷过程中冷凝压力过高,不仅会造成压缩机的耗能增加,而且容易引起设备损坏事故;

而冷凝压力过低,则膨胀阀前后建立不起足够的压差,无法满足对蒸发器供液的要求,使制冷装置的工作失调。为保证制冷装置高效运行,必须控制冷凝压力。调节措施有:

(1)通过调整冷却水的流量调整冷凝压力(若有水量调节阀,则通过调节螺钉设定冷凝压力)。

(2)如采用中央冷却系统,可通过调整低温水温度调整冷凝压力。

(五)蒸发压力的调整

蒸发压力的调整根据蒸发压力调节阀说明书调整,丹佛斯 KVP 蒸发压力调节阀蒸发压力的调整是通过调节螺钉改变主弹簧的张力来实现的。调节步骤如下:

(1)按要求确定蒸发温度(库温减去设计传热温差)的饱和压力,这饱和压力便是蒸发压力。

(2)顶开单向阀。拆下压力表接头的帽罩,拧入压力表的螺纹接头。

拆下保护盖,确保该库蒸发器正在制冷(供液电磁阀开启)时,转动调节螺钉,调节后观察稳定后的压力表读数,直至压力表数值与蒸发压力相等。

第十五章 空调装置的操作与管理

气象条件复杂,气候多变,为了使船员、旅客有一个舒适的生活、工作环境,现代船舶大多设有空气调节装置(空调装置)。

空调装置是用来对空气进行必要的调节和处理,从而营造一种适宜人们学习、生活和工作的舒适环境的设备。

第一节 船舶空调装置的作用与要求

一、船舶空调装置的作用

空调装置的作用就是对空气进行必要的处理,然后以一定的方式送入舱室,从而使室内的温度、湿度、气流速度和空气的清新度等适宜人们工作和生活的需求。

二、船舶空调装置的基本要求

1. 空气温度

温度是用来表述空气冷热的程度,冬季对空气加热和夏季对空气冷却,其目的就是要得到一种适宜的温度。温度在 18~28 ℃范围,人们就感到非常的舒服和适宜。我国船舶空调舱室设计标准是:冬季室温为 19~22 ℃;夏季室温为 24~28 ℃,夏季室内外温差不超过 6~10 ℃。室内各处温差不超过 3~5 ℃;

2. 湿度

湿度是用来表述空气干、湿程度，除要感到舒适除温度满足要求外，湿度也要合适。我国船舶空调舱室设计标准是：冬季湿温为30%~40%；夏季湿温为40%~60%。

3. 清新度

所谓清新程度是指空气清洁（少含粉尘和有害气体）和新鲜（有足够的含氧量）的程度。如果只从满足人呼吸对氧气的需要出发，新鲜空气的最低供给量每人2~4 m^3/h即可，然而要使空气中二氧化碳、烟气等有害气体的浓度在允许的程度以下，则新风量就需达到每人30~50 m^3/h。

4. 气流速度

在室内的活动区域，要求空气能有微微的流动，以使室内温、湿度均匀和人不感到气闷，室内气流速度以0.15~0.20 m/s为宜，最大不超过0.35 m/s，否则人会感到不舒适。距室内空调出风口1 m处测试的噪声应不大于55~60 dB(A)。

第二节 船舶空调装置的主要设备

一、船舶空调装置分类

按空气处理和输送的方式，船舶空调装置可分为集中式和半集中式两大类。舱室的温度调节分为变量调节和变质调节。所谓变量调节是指改变进入舱室的新风空气量而实现改变舱室内温度的调节方式。所谓变质调节是指改变进入舱室的新风空气温度而实现改变舱室内温度的调节方式。

船舶空调装置一般都是将空气经过集中处理再分送到各个舱室，这样的空调装置称为集中式或中央空调装置。有的船舶空调装置还能将集中处理后送往各舱室的空气进行分区处理或舱室单独处理，称为半集中式空调装置。只有某些特殊舱室，例如机舱集中控制室，才单独设专用的空气调节器，称为独立式空调装置。

图15-1所示为集中式空调系统示意图，通风机从新风口3及回风管5吸入新风和回风，两者混合后经中央空调处理器处理，然后由供风管12送至各舱室布风器供入，舱室中多余空气通过房门下部的格栅或空隙流入走廊。

非空调舱室（如厕所、浴室）设有排风机7，这样，非空调舱室有一定低压，空调舱室的空气会自动流入，使其达到一定的空调和换气效果。

集中式和半集中式船舶空调装置根据其调节方法的不同主要有以下几种形式。

1. 集中式单风管系统

在这种系统中，送风由中央空调器统一处理，然后通过单风管送到各个舱室，如图15-2所示。由于各舱室的送风参数相同，所以对各舱室空气参数的个别调节就只能靠改变布风器风门的开度，即改变送风量来实现。这种系统比较简单，初置费较低，在货船上用得最普遍。但

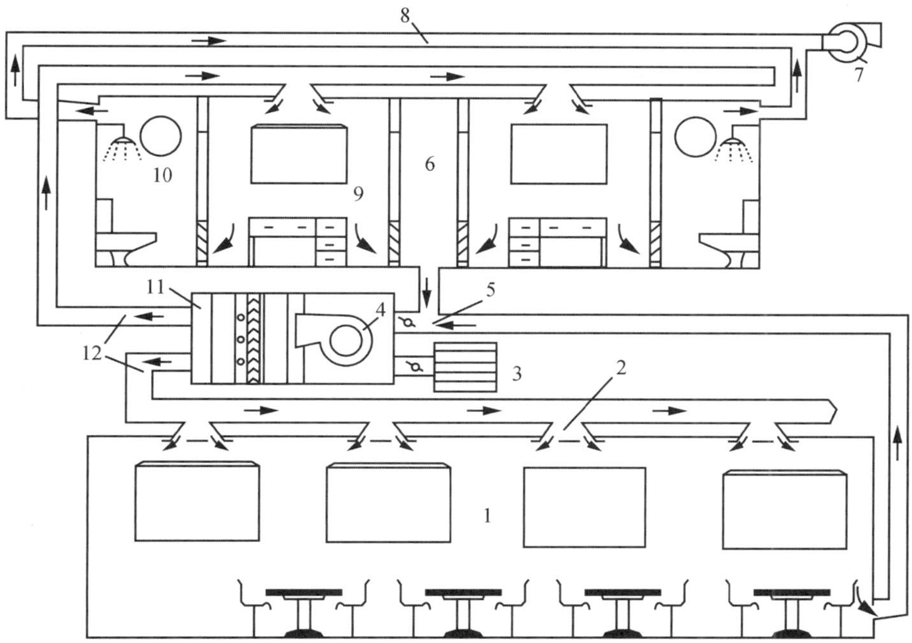

图 15-1 船舶空调装置的示意图

1—厨房;2—布风器;3—新风口;4—通风机;5—回风管;6—走廊;7—排风机;8—排风管;—9—卧室;10—卫生间;11—中央空调处理器;12—供风管

采用变量调节,调节幅度不宜过大,否则难以保证舱室的新风供给量和室内空气参数基本相等。此外,调节时还会对其他舱室的送风量产生干扰。

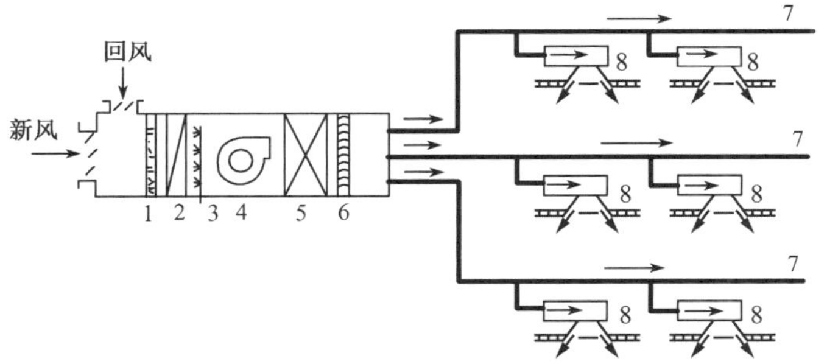

图 15-2 集中式单风管系统

1—滤网;2—加热器;3—加湿器;4—风机;5—冷却器;6—挡水板;7—风管;8—布风机

2. 区域再热式单风管系统

如图 15-3 所示,这种系统是将中央空调器统一处理后的空气,由设在空调器分配室各隔离室内或主风管内的二次换热器对送风进行再加热,即对送风温度做进一步调节,然后再用单风管送至各个舱室。这种系统对热负荷(绝对值)较小的舱室可少进行或不进行再加热(即采用较小的送风温差),故一般可不必把送风量过分调小。

3. 末端再处理式单风管系统

末端再处理式单风管系统除在中央空调器中对送风做统一处理外,还在各舱室的布风器

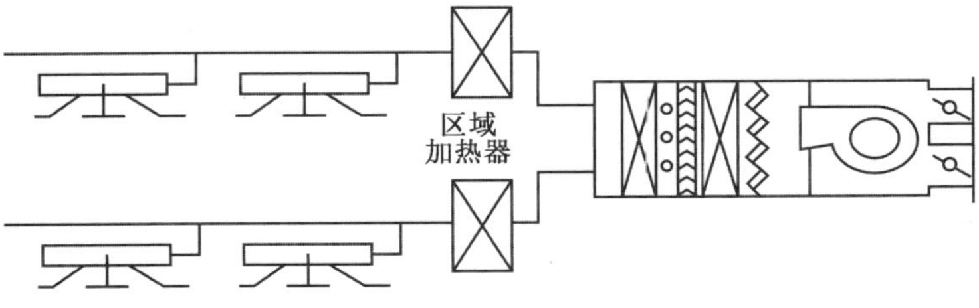

图 15-3　区域再热式单风管系统

内设末端换热器，对送风进行末端再处理。末端再处理的方式通常有两种。

一种是末端电再热式，即在布风器内设电加热器，冬季改变加热电阻的阻值进行变质调节。因该系统能对舱室空气温度进行二次处理，所以，空调器送风温度能满足热负荷较低舱室，最低室温的要求即可，一般为 20～30 ℃。夏季则只能做变量调节，送风温度为 11～15 ℃。这种方法所花费用不多，管理也较简单，常在低温海域航行的货船多有使用。

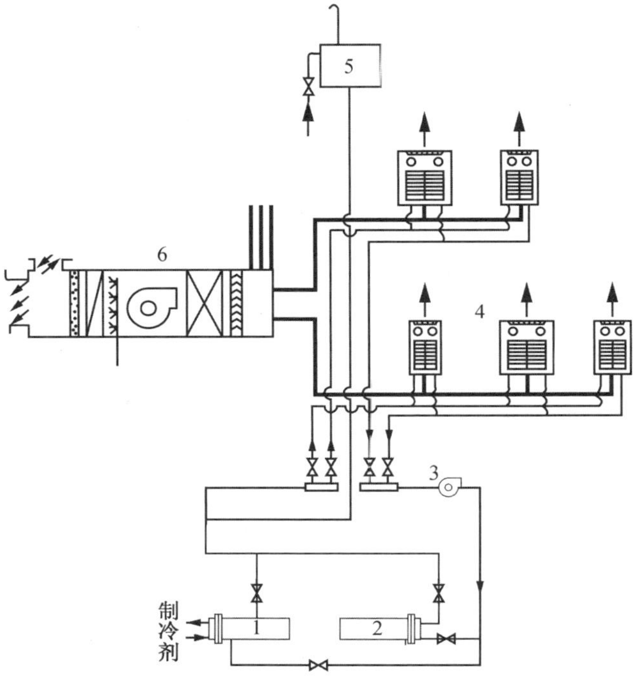

图 15-4　末端再处理式单风管系统

1—水冷却器；2—水加热器；3—循环泵；4—末端加热；5—膨胀水箱；6—中央空调器

另一种是末端水换热式，即在布风器内设水换热器，冬季通以热水，夏季则通以冷水，如图 15-4 所示。这种系统冬、夏均可通过调节水量实现变质调节。取暖工况时送风温度约为 15～25 ℃；降温工况时约为 12～16 ℃。这种系统的空调器只需承担舱室的部分热、湿负荷，故送风量可比其他空调器减少 1/2～1/3，有的即可采用全新风。

4. 双风管系统

双风管系统的中央空调器如图 15-5 所示，由前、后两部分组成，一部分送风经空调器前部预处理后，即经中间分配室 6 送至舱室布风器 13，称为一级送风，而其余部分则经空调器后部再处理，经后分配室送至舱室布风器，称为二级送风。

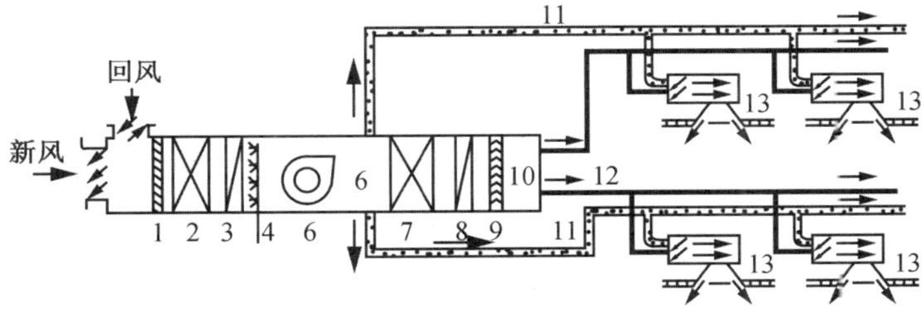

图 15-5 双风管系统

1—滤网；2—空气预冷器；3—空气预热器；4—加湿器；5—风机；6—空气分配室；7—再冷却器；8—再加热器；9—挡水板；10—后分配室；11—预处理送风室；12—再处理送风管；13—布风器

这种系统能向舱室同时供送温度不同的两种空气，因此通过调节布风器两个风门的开度，改变两种送风的混合比，即可调节舱室温度，冬、夏都可变质调节，调节灵敏。虽然空调器和风管系统的重量和尺寸较大，但因不需设末端换热器，可采用较便宜的直布式布风器，故噪声低，管理简单，当布风器数量较多时总造价比末端再处理式低，较适合对空调性能要求高的客船。

取暖工况时：一级送风温度应控制在 15 ℃左右，二级送风温度可视外界气候条件而定，一般在 29~43 ℃的范围内；

降温工况时：一级送风温度为进风温度加风机温升（当不装预冷器时），二级风温度为 11~15 ℃。

二、船舶空调装置的主要设备

（一）中央空调器

中央空调器是对新风与回风进行混合、消声、净化、降温、除湿和加热、加湿的集中处理设备，简称空调器，如图 15-6 所示。

1. 空气的混合、过滤和消声

外界新风和空调舱室的回风分别经新风进口 1 和回风进口被风机 3 吸入。在新风和回风进口处装有铁丝网或百叶窗，以防吸入较大的异物。新风量和回风量的比例可用手动调风门 2、4 进行调节。回风量和总风量之比称为回风比，设计时已经确定。调风门的开度在空调装置调试时已按要求调好，一般情况不予变动。

空调通风机的静压应能克服空调器和送风系统的阻力，故采用风压较高、噪声较低的离心式通风机。高速系统可采用效率较高的后弯叶型风机，而低速系统因所需的风量较大，为减小风机尺寸多采用前弯叶型风机。

空调器的工作噪声较大，必须采取消音措施降低经风管传至空调舱室的噪声。风机出口有风道截面突然增大的消音室用于降低气流的低频噪声；空调器内壁贴多孔吸声材料或直接采用多孔板来降低高频噪声。

2. 空气的冷却和除湿

一般当外界气温高于 25 ℃时，就应使空调装置按降温工况运行。空气的冷却和除湿由空

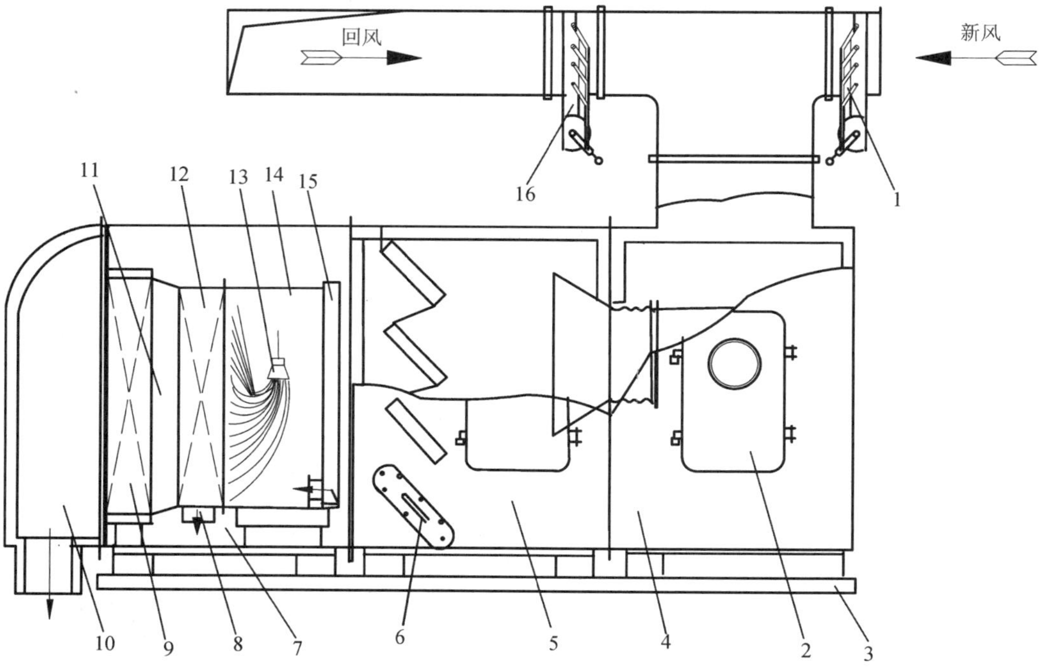

图 15-6　中央空调器

1—新风调风门；2—风机；3—底盘；4—进风混合室；5—消音室；6—空气滤网；7—空气处理室；8—承水盘；9—空气加热器；10—送风分配室；11—加湿器；12—挡水板；13—制冷剂分液器；14—空气冷却器；15—制冷剂回气集管；16—回风调风门

气冷却器完成的。

挡水板在冷却器后，挡水板由许多竖立并列放置的曲板组成，如图 15-7 所示，空气气流不断改变，所带水滴便附着曲板上，流到下面集水盘中。通过挡水板间的风速不宜过大，否则可能失去挡水效果。曲板的出口端常制成挡水沟，提高挡水效果。挡水板只能用于将空气中已经析出的水粒分离出来，不能起除湿作用。

3. 空气的加热和加湿

一般当外界气温低于 15 ℃时，就应使空调装置按取暖工况运行。在空调器中空气的加热和加湿是由空气加热器和加湿器来完成的。

空气的加热可采用电加热、蒸气加热或热水加热等方式。除间接冷却式空调系统在取暖工况利用同一换热器以热水加热外，船用集中式空调器多使用蒸气加热。加热器由带肋片的蛇形管组成。加热蒸汽常用表压为 0.2~0.5 MPa 的饱和蒸汽。

空气的加湿可采用蒸汽加湿或喷水加湿，在某些小型独立的空调装置中还采用电热加湿器。加湿器放置在加热器后比较合适，因为此处空气温度较高，相对湿度较小，喷入的蒸汽（或水）容易被空气吸收，同时还可防止加湿器在进风温度太低时冻结，但应防加湿量过大而造成舱室壁面的结露。

（二）布风器

布风器是空调系统最末端的设备，装于空调舱室内，通过布风器将风送入舱室。

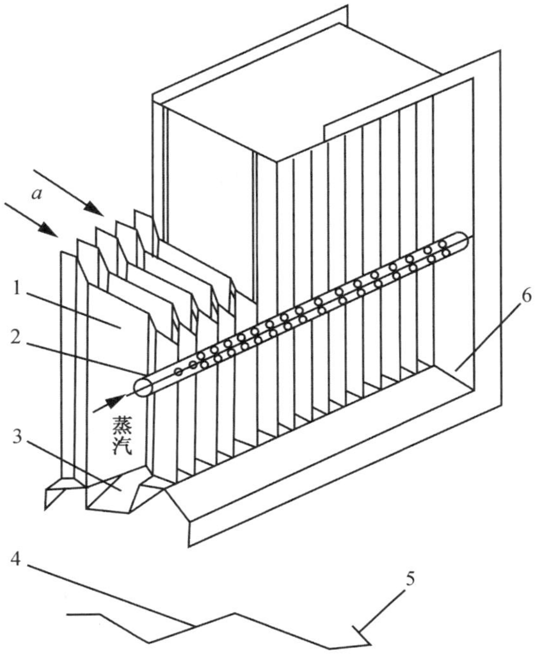

图 15-7 挡水板

1—挡水曲板;2—加湿器;3—集水盘;4—挡水曲线条图;5—挡水沟;6—支架

1. 布风器应满足的要求

(1)能使送风与室内空气很好地混合,从而使室温均匀性好;

(2)能保持人的活动区内风速适宜;

(3)能单独进行调节;

(4)阻力和噪声较小;

(5)结构紧凑,外形美观,价格较低。

布风器按安装位置的不同分为顶式和壁式两类。壁式布风器靠舱壁底部垂直安装,使用方便。顶式布风器装在天花板上,不占舱室地面。所以,在船舶空调系统中采用较多。

2. 布风器按送风诱导作用的强弱可分为直布式和诱导式两类。

(1)直布式布风器

直布式布风器是一种将送风直接送入舱室的布风器,其出口做成有利于送风气流扩散的形状,如喇叭形、格栅形等。直布式布风器的出口风速较低,一般为 2~4 m/s,送风与室内空气混合较慢,所以送风温差不宜过大,一般在 10 ℃以下。直布式布风器一般都设有风门调节机构,当装有末端换热器时,还设有调温旋钮。

直布式布风器形式多样,图 15-8 所示为一种单风管直布式布风器。这种布风器进风管 8 通入处设有消音箱 4,并设有调节旋钮 5 调节风量。

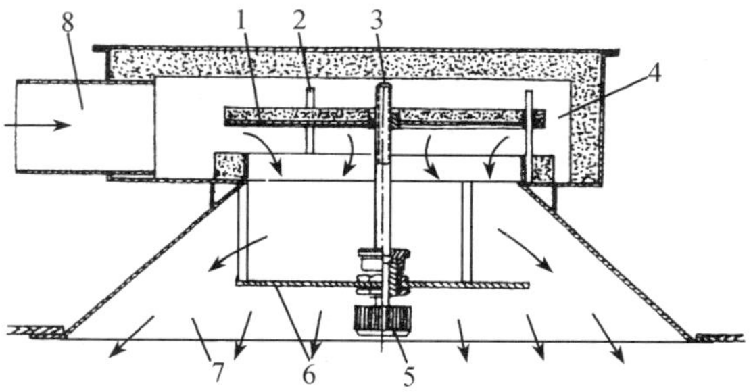

图 15-8　直布式布风器

1—调风门;2—风门导杆;3—调节螺杆;4—消音箱;5—风门调节旋钮;6—挡风板;7—散流器;8—进风管

(2)诱导式布风器(简称诱导器)

诱导式送风(称一次风)从喷嘴喷出,风速较高,能诱导室内空气(称二次风)与送风混合。要求风压高,且噪声大,目前船舶已不使用。

第三节　船舶空调装置的管理

一、管理要点

1. 做好日常管理工作

(1)检查空气滤网。检查滤网前后的风压差(也可以观察滤网的清洁情况),及时换新。

(2)及时调整皮带的松紧情况。

(3)定期给风机轴承注润滑脂。

2. 保持合适的回风比

在满足新鲜空气需要的前提下,采用较高的回风比,能节省空调耗能。对不带末端冷却器的系统,根据空调区定员的多少,回风比约在 0~60%范围内,一般约为 30%;对带末端水换热器的系统,因送风流量较小,回风比约在 0~40%的范围内,有的采用全新风。

3. 在降温工况时的注意事项

(1)制冷压缩机的运转状态,是否有振动、噪声和泄漏等。

(2)制冷系统压力表的压力是否正常。

(3)制冷装置滑油油位是否正常(运转期间油位约 1/2 高)。

(4)冷剂液位是否正常(储液器液位镜的液位在 1/2~1/3 高;若冷凝器兼做储液器,其下部液位显示约 1/2 高)。

(5)风机运转情况。是否有异响或振动。

(6)供风温度是否正常。

(7)冷却水泵情况(如声响、振动和水压等)。

4. 在取暖工况时的注意事项

(1) 风机运转情况。是否有异响或振动。

(2) 供风温度是否正常。

(3) 供风湿度是否正常。

5. 在降温工况和取暖工况时的注意事项

走廊通外界和机舱的门应随手关闭。

6. 注意通风机的开启程序

(1) 在降温工况起动空调装置时,应先开风机,后起动空调制冷装置。因为刚起动时由于膨胀阀的温包降温较慢,致使膨胀阀的开度较大,这时,如风机未投入工作,则进入空气冷却器的冷剂就会因吸热量太小而容易造成压缩机液击。为了安全起见,空调制冷压缩机起动时应慢慢开启吸入截止阀,万一听到液击声,就应立即关小吸入截止阀,以后再逐渐开大。

(2) 在取暖工况起动空调装置时,应先使加热器投入工作,然后再起动通风机,以免外界的冷空气突然灌入舱室。在启用加热器时,应慢慢开启加热器的进汽阀,对加热器进行预热,并注意泄放凝水,否则很容易引起水击。

7. 注意加湿阀的启闭程度

取暖工况时应先使空气加热器投入工作,然后再开加湿阀。而要停用则应先关加湿阀,半分钟后再停风机,如果先停风机再关加湿蒸气,则存留在空调器和风管中的加湿空气就会因温度下降而在壁面上结露,导致腐蚀。

8. 取暖工况舱内空气的含湿量一般不应超过 6.5 g/kg

采用蒸汽加湿时应谨慎地调试加湿阀的开度。当外界气温降低时,就需适当加大加湿阀的开度。加湿器置于加热器之后时,由于该处空气温度较高,吸收水分的能力较强,要防止加湿过量,否则送风进入舱内后温度降低,容易使舱内湿度过高,甚至在舱壁结露。冬季外界空气相对湿度较大,气温在 0~5 ℃以上时一般可以不用加湿。

二、故障分析

(一)风量过大或过小

1. 送风量过大

(1) 风机风量偏大,可用关小总风门或关小进风门的办法减小送风量。

(2) 各支管的风门开度调节不当,风门偏大的支管送风量大,应重新调节各分支管的风门。

(3) 同一支管部分舱室负荷减小或部分布风器关闭,造成另一支管送风量过大,可关小该支管前风门开度的办法调节。

2. 送风量过小

(1) 风机方面的原因或皮带打滑,可检查皮带和维修风机。

(2) 通向风管或风口阀门开度不够,可开大到合适开度。

(3) 送风系统漏风严重,检查并消除漏风。

(4)风机转速不够、空气滤网阻塞或风门开度过小等原因,造成风机的送风量减小,应检查风机、更换空气滤网及检查风门开度。

(二)降温工况送风温度过高

(1)空调制冷设备的容量过小或舱室热负荷过大,可增大回风量予以补救。

(2)制冷系统工作不正常,制冷量下降,检查制冷系统。

(3)空气冷却器的热交换面脏污,应定期清洁,确保空气冷却器的热交换效率。

(4)空气冷却器内有空气,排出内部空气。

(三)采暖工况送风温度过低

(1)空气加热器流量过小或加热温度过低,可提高加热流量和加热温度。

(2)空气加热器热交换面脏污,应定期清除,确保热交换效果。

(3)气温过低,负荷过大,可适当增大回风量。

第四节 船舶空调装置的实际操作与训练

项目一 通风工况操作

(1)检查供风机润滑情况,视情况正确注入润滑脂。

(2)检查风机皮带松紧情况。

(3)全开新风门,关闭回风门,开启所需供风舱室的阀门。

(4)检查空气滤网清洁情况及是否有破损。

(5)手动转动风机,检查风机是否能正常转动。

(6)接通控制箱电源,起动风机。检查风机运转情况(如风压、异响、振动等)。

项目二 降温工况的操作

1. 起动检查与起动操作

(1)检查电源。检查控制箱电源是否接通,开关是否处于正确位置,接线是否牢固。

(2)确定新风比。检查新风、回风门开度,确保新风比要求;检查送风风门的开关情况与开度。

(3)检查压缩机润滑情况。曲轴箱油位是否达到要求。

(4)检查制冷剂储量。检查储液器视液镜液位高度是否满足要求。

(5)检查系统阀件。开启储液器出口阀,开启压缩机排出阀,关闭压缩机吸入阀,其余阀件处于正确的开关状态。

(6)起动风机。开启风机起动按钮,风机运转,开始向舱室供风。

(7)起动压缩机。按下起动按钮,压缩机起动,逐渐打开吸入阀,观察高低压力表的读数,并仔细检查是否有异响振动。

2. 降温工况的停用操作

(1)控制转换。制冷装置停用量,应采用手动方式停机,停机前将控制箱上转换开关,自“自动”转至“手动”控制。

(2)收储制冷剂。为了避免停机后制冷剂的泄漏,停机时应将制冷剂收储在储液器内,关闭储液器出口阀,压缩机运行至吸入压力表表压约高于“0”时停机。

(3)停机关阀。按下停机按钮,压缩机停止运转,关闭压缩机吸、排阀。

(4)停风机。

项目三　取暖工况的操作

1. 冬季使用空调装置，在装置起动时的操作

(1)接通控制箱电源。

(2)视情况向空气加热器供入加热介质或开启电加热。

(3)确定新风比,正确起动风机。

(4)若需要加湿时,再开加湿阀进行加湿。

(5)检查供风管供风温度,根据供风温度调节加热器进口阀的开度(若电加热,可增减加热组数)。

2. 取暖工况的停用操作

(1)停止加湿。在停止空调装置 30 s 之前停止加湿,让风机将系统中已经加湿的空气全部从系统中吹出,以避免系统腐蚀或下次起动后水分吹入舱室。

(2)停风机。待加湿器停止足够时间后,停止风机运转。

(3)停加热。关闭加热蒸汽阀或按下电加热器按钮,停止加热的工作。

第十六章

含油污水处理装置的操作与管理

第一节 含油污水的定义及来源

一、含油污水的定义

含油污水是指油类以一定数量融于水中形成的一种油水混合物;船舶油污水是指船舶在发动、航行过程中不可避免产生的含油水及废水。船舶是油污水产生的主要场所,随意排放油污水会造成水域的污染,破坏海洋、江河、湖泊的生态。为了保护环境,维护水域的生态,国际上设立有相关的公约,国内颁布有相关的法律法规,用以防止船舶油污水造成对水域的污染。

二、含油污水的来源

根据船舶用途、大小不同,产生油污水的数量和来源各异,总体而言,船舶油污水主要来源于三方面。

1. 机舱舱底水

船舶机舱舱底水是由于机舱内各种阀件和管路漏泄的油或水,机器设备在运转过程中涌出的润滑油、燃烧油,设备检修放水等混合形成污油水。机舱年产油污水量一般为该船总吨位的10%左右。油污水水质较为复杂,它是多种油类的混合物,含油量一般在5 000 mg/L左右。舱底水中层平均含油量为250 mg/L左右。

2. 含油洗舱水

油船进厂修理或更换运油品种必须清洗货油舱。采用高压水清洗船舱产生的污油水称为船舶洗舱污油水。洗舱水的水量一般为该船载重量的20%左右。洗舱水含油量一般为15 000 mg/L左右。洗舱水中层油浓度为30~130 mg/L。所以,现在油船均采用原油洗舱技术洗舱,不产生上述大量的油污水,减少对水域的污染。

3. 含油压载水

油船卸完油后,为确保航行安全和提高推进器效率,需在货油舱内或压舱内装一定量的水,装入的水和附着在舱壁上的黏油混合就成了压载油污水。压载水一般占该轮载重量的25%左右,含油量3 000 mg/L左右。压舱水中间层平均含油量一般为12~15 mg/L。由于压载水的排放有一定的时限,因此来源极不均匀。清洁压载水和专用压载水不含有污油,所以为了防污染,油船压载尽可能采用专用压载水舱压载。

第二节 含油污水分离方法与处理方法

油水分离的方法很多,主要有物理分离法、化学分离法和生物处理法等,最常用的油污水处理方法是物理分离法。

一、常用油污水分离方法

(一)物理分离法

物理分离法是利用油、水的密度差或过滤吸附等物理现象使油、水分离的方法,主要特点是不改变油的化学性质而将油、水分离。其方法主要包括重力分离法、过滤分离法、聚结分离法、吸附分离法、气浮分离法、超滤膜分离法、反渗透分离法等。

1. 重力分离法

利用油、水的比重差(或密度差),使油浮于上部排入污油柜中,下部清水符合排放标准排出舷外。重力分离法按作用方式又可分为机械分离、静置分离和离心分离三种。

(1)机械分离是让油污水流过斜板、波纹板、细管和滤器等,使其产生涡流、转折和碰撞,使微小油粒聚结成较大油粒,在密度差作用下而上浮,达到分离的目的。

(2)静置分离是将油污水贮存在舱柜内,靠重力作用油粒自然上浮而达到分离的目的。

(3)离心分离是让油污水高速旋转,在离心力作用下实现油、水分离。

2. 过滤分离法

让油污水通过多孔性介质滤料层,油污水中的油粒及其他悬浮物被截留,去除油分的水通过滤层排出,从而达到油、水分离的目的。

3. 聚集分离法

当油污水通过聚结分离元件时,油粒相互碰撞聚合增大,小油粒聚结成大油粒(此过程称为聚结,也叫粗粒化),粗粒化后的油粒脱离聚结元件表面,在比重差作用下,克服阻力迅速上浮,从而提高分离精度满足排放要求的目的。

4. 吸附分离

利用多孔性的固体吸附材料直接吸附油污水中的油粒以达到油、水分离的目的。

5. 气浮分离法

气浮分离是通过产生气泡将水中细微油粒吸附上浮，从而达到油、水分离的目的。

(二)化学分离法

化学分离法是向油污水中投放絮凝剂或聚集剂，絮凝剂使油凝聚成凝胶而沉淀，而聚结剂则使油凝聚成胶体上浮，从而达到油水分离的一种方法。

(三)生物分离法

生物处理法主要有活性污泥分离法、生物滤池法等。活性污泥分离法是利用好气性微生物的氧化作用来处理含油污水的一种方法，适用于陆地污水处理场所。

二、常用油污水处理方法

油污水来源地方不同，处理方法也不相同，下面以船舶舱底水的处理方法说明。

1. 达标排放处理

船舶在航行过程中，因机舱舱底（或污水舱）的油污水量是越聚越多，油污水积聚至一定程度会影响机舱机器设备和航行安全、减小船舶的载重量，所以当舱底或污水舱中的污水积聚到一定量时，应起动油水分离器对油污水进行处理，达到排放标准后排出舷外。此方法适合长航线、大吨位的船舶。

2. 储存-排岸处理

船舶机舱产生的油污水，不排放而是将其装于船上的储存舱（柜）中，船舶到达港口或停靠点后，将油污水排岸处理或交给油污水接收船舶。这种方法适用于无排放装置的小型船舶或船舶航行于禁止排放水域。

第三节 油水分离设备和排放控制

一、油水分离器种类

船用油水分离器的种类繁多，结构各异，为了达到排放标准要求，根据其分离原理，常用油水分离器可分为以下几类：

1. 重力分离加聚结分离型

该型分离器是利用大颗粒油滴与水自然分离，细颗粒油滴采用聚结元件使其聚集为大颗粒油滴而与水分离，实现油水分离达到排放标准

2. 重力分离加过滤分离型

该型分离器是利用大颗粒油滴与水自然分离，细颗粒油滴采用过滤元件使其聚结为大颗

粒油滴而与水分离，实现油水分离达到排放标准。

3. 重力分离加吸附分离型

该型分离器是利用大颗粒油滴与水自然分离，细颗粒油滴采用吸附元件将其吸附而与水分离，实现油水分离达到排放标准。

二、CYF-B 型油水分离器

船用油水分离器的种类繁多，结构各异，但绝大多数是采用重力分离+聚结分离、重力分离+过滤分离、重力分离+吸附分离等组合结构，以满足国际公约规定的排放标准的要求。下面以 CYF-B 型重力分离+聚结分离的油水分离器，说明其结构、工作原理以及排放控制等。

（一）CYF-B 型油水分离器的结构

CYF-B 型油水分离器，其结构如图 16-1 所示。该分离器外形呈长方体状，在分离器内部主要设置有板式聚结器 4、纤维聚结器 14、加热器 7、油位检测器 8。在分离器壳体上设置有细滤器 16、自动排油阀 11、手动排油阀 10 和安全阀 3 等。

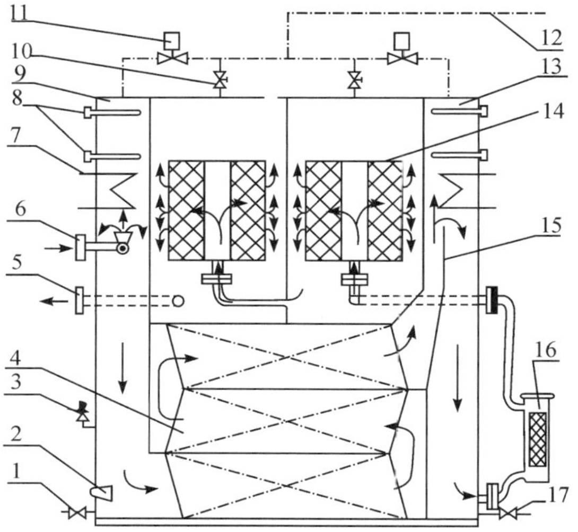

图 16-1 CYF-B 型油水分离器结构图

1—泄放阀；2—蒸汽冲洗喷嘴；3—安全阀；4—板式聚结器；5—清洁水排出口；6—油污水进口；7—加热器；8—油位检测器；9—集油室（左）；10—手动排油阀；11—自动排油阀；12—污油排出管；13—集油室（右）；14—纤维聚结器；15—隔板；16—细滤器；17—泄放阀

（二）CYF-B 型油水分离器的工作原理

其工作过程包括第一级重力分离和第二级聚结分离。

1. 第一级重力分离

第一级重力分离阶段包含静置分离和机械分离两种方式。

（1）静置分离阶段

舱底水由污水泵抽吸，经油污水进口 6 和喷嘴从左集油室中部送入油水分离器内，由于喷嘴的扩散作用，大颗粒油滴快速上浮，积聚于左集油室 9 顶部，完成静置分离。

(2)机械分离阶段

不能靠自身浮力上浮的小颗粒油滴,随污水向下流动进入峰谷对置的多层波纹板式聚结器4(油水在此完成机械分离)。波纹板组湿周大、上浮距离小、流动路径长、流速低,油污水在其内处于层流状态,并在特有的水腔结构内使小颗粒油滴相互碰撞,聚结形成较大的油粒。液流流出波纹管后进入右集油室13,聚合形成的较大油粒在浮力作用下,自动上浮至右侧集油室顶部,完成第一级机械分离。

2. 第二级聚结分离

第二级聚结分离包括第一段聚结分离和第二段聚结分离。

(1)第一段聚结分离

经第一级分离后,含更小油滴的污水经细滤器16过滤后,进入串联布置的聚结器14中,经第一段聚结分离元件,细微油粒经其中经截留、聚结、脱离和上浮,分离出来的少量残油存留于中间集油室右侧顶部。

(2)第二段聚结分离

经上段分离后,更小油粒的污水再次进入第二段聚结分离元件,油粒在其中再次经截留、聚结、脱离和上浮,分离出的微量残油存留于中间集油室左侧顶部,实现分离器的第二级分离。分离出的清水完全能达到排放标准,后经排出口5排出舷外。

(三)CYF-B型油水分离器的排放控制

1. 污油的排放控制

第一级分离出的污油量较大,采用自动排油控制;第二级分离出的污油量非常少,采用手动排油控制。

(1)第一级污油排放控制

排油自动控制是利用油与水的导电性不同,油位检测器得到不同信号,从而触发不同的控制信号使排油电磁打开或关闭,实现排油自动控制。现以第一级左侧集油室的自动排油来说明其控制原理。

第一级左侧集油室污油排放由油位检测器8和自动排油阀11共同控制。在左侧集油室随分离出污油量的增多,左侧集油室油位降低,当油位降至油位检测器的低位电极时,油位检测器触发信号使自动排油阀11通电打开并排油;随排油的进行,水位逐渐上升;当水位升至油位检测器的高位电极时,油位检测器触发信号使自动排油阀11断电关闭,停止排油,从而将左侧集油室的油位控制在油位检测器的两根电极之间。第一级右侧集油室油位控制与左侧控制相同。

(2)第二级污油排放控制

由于分离器第二级分离出来的污油量非常少,所以第二级采用手动排油阀10定期排油。

2. 清水的排放控制

在清水排放管路上设置油分浓度检测器和排放电磁阀。油水分离器工作过程中,分离出的清水,含油量未超标时,正常排出舷外;当排放的清水中含油量达到或趆过排放标准时,油分浓度检测器发出声、光报警,同时发出信号使排放电磁阀断电关闭,超标清水的排放被切断,避免造成污染。

CYF-B 型油水分离器，可使排放的清水中含油量小于 10 mg/L，并能在船舶倾斜 22.5°的条件下正常运行，其配套污水泵为单螺杆泵。

三、ZYF 型油水分离器及系统

（一）ZYF 型油水分离器的结构

ZYF 型油水分离器的结构和工作系统，如图 16-2 所示。该分离器外形呈圆柱体，在分离器内布置有空心圆柱形的第一级集油器 5 和第二级集油器 2、污水进入喷口 10；在分离器外壳上布置有第二级自动排油阀 3、电加热器 6、检油旋塞 7、油位探测器 8、真空压力传感器 9、温度控制器 11、下排污阀 1 和上排污阀 4 等。

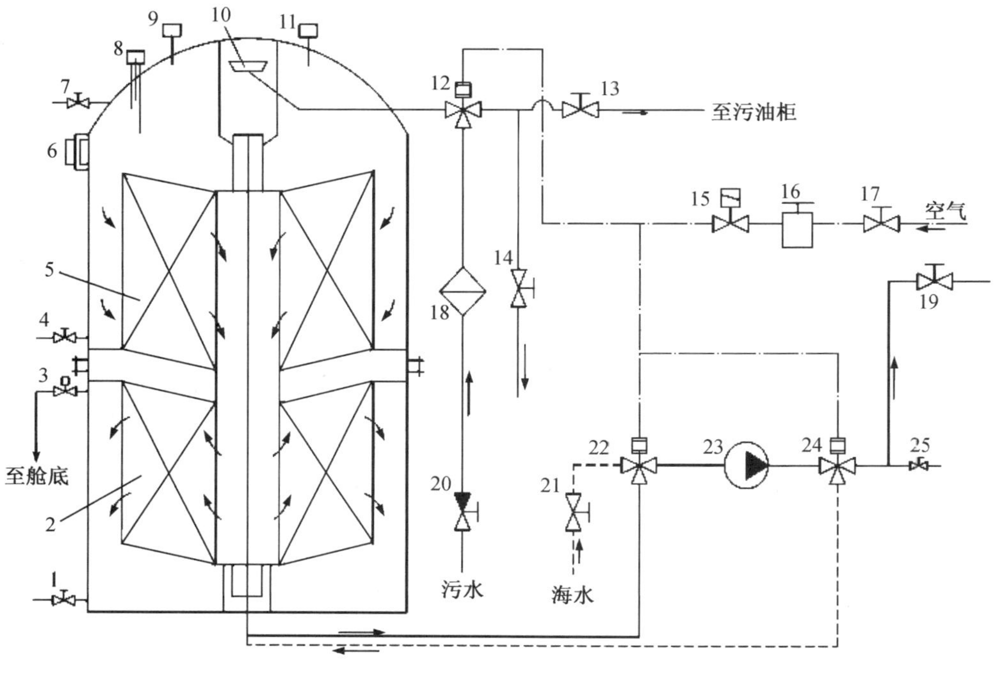

图 16-2　ZYF 型油水分离器结构和工作系统

1—下排污阀；2—第二级集油器；3—第二级自动排油阀；4—上排污阀；5—第一级集油器；6—电加热器；7—检油旋塞；8—油位探测器；9—真空压力传感器；10—污水进入喷口；11—温度控制器；12、22、24—气动三通阀；13—排油截止阀；14—反冲洗管截止阀；15—气源电磁阀；16—空气压力控制阀；17—气源截止阀；18—污水吸入滤器；19—净水出口；20—污水吸入止回阀；21—海水吸入截止阀；23—单螺杆泵组；25—取样旋塞

在管路系统上布置有单螺杆泵 23、气源电磁阀 15、空气压力控制阀 16、气动三通阀 12、22 和 24 等部件。

（二）ZYF 型油水分离器的工作原理

当分离器在运行过程中，单螺杆泵 23 在分离装置排出口处抽吸处理后的清水排出，同时使分离筒内产生真空，舱底水被吸入，舱底水经过滤器 18 和气动三通阀 12 进入分离筒内部扩散喷口，进行重力分离，大油滴上浮至顶部集油室。不能上浮的小油滴随污水向下，并由环形室进入第一级集油器 5，在其内进行第一次聚结分离，聚结形成的较大油滴逆向上浮至顶部集油室。更小油滴随污水继续由中心通道向下，进入第二级集油器 2 后流向外腔，聚结后的大油滴停留在环形室顶部。符合排放标准的水（小于 10 mg/L）则向下经分离器底部流出；经气动三通阀 22，进入单螺杆泵 23，再经气动三通阀 24，最后经净水出口 19 排出舷外。

（三）ZYF 型油水分离器的排放控制

1. 分离器污油排放控制

第一级污油的排放，当分离器内油位到达油位探测器 8 的最长电极端面时，油位探测器 8 触发信号，使电磁阀 15 开启，压缩空气同时进入 12、22、24 三只气动三通阀。下面分两路介绍管路各自通、断情况和作用。

（1）第一路：压缩空气进入气动三通阀 22、24 顶部气缸，推动活塞向下，关闭常通口，开启常闭口。气动三通阀 22、24 控制的管路通、断情况如下：

①分离器（清水）→气动三通阀 22→螺杆泵 23（泵不停）→气动三道阀 24 关闭至截止阀 19 通路，清水暂停排放。

②海水→截止阀 21→气动三通阀 22→螺杆泵 23（泵不停）→气动三通阀 24→分离器内，对集油器 2 和 5 进行反向冲洗，同时提高分离器内部压力。

（2）第二路：压缩空气进入气动三通阀 12 顶部气缸，推动活塞向下，关闭常通口，开启常闭口。气动三通阀 12 控制的管路通、断情况如下：

①油污水→止回阀 20→滤器 18→气动三通阀 12 关闭至分离器通路，舱底污水暂停进入分离器。

②由于分离器内部压力升高，分离器内顶部污油经污水进入喷口 10→气动三通阀 12 开启→截止阀 13→至污油柜。

第二级污油的排放是与第一级污油排放是联动的，即当第一级开始排油时，第二级自动排油阀 3 自动开启将污油或油水混合液排放至舱底或污水舱。

2. 分离器投入工作的控制

随第一级排油的进行，分离器内油位逐渐上升，当油位上升至油位探测器 8 的次长电极端面时，油位探测器 8 触发信号，使电磁阀 15 关闭，压缩空气切断，气动三通阀 12、22、24 恢复原状。下面分两路介绍管路各自通、断情况和作用。

（1）第一路：压缩空气切断后，气动三通阀 22、24 开启常通口，关闭常闭口。气动三通阀 22、24 控制的管路通、断情况如下：

①分离器（清水）→气动三通阀 22→螺杆泵 23（泵不停）→气动三通阀 24 开启→截止阀 19→分离器内清水排出舷外，从而使分离器内部压力降低而产生真空。

②海水→截止阀 21→气动三通阀 22 关闭，冲洗海水被切断。

（2）第二路：压缩空气切断后，气动三通阀 12 开启常通口，关闭常闭口。气动三通阀 12 控制的管路通、断情况如下：

①由于分离器内已经成为真空，污水经止回阀 20→滤器 18→气动三通阀 12 开启→污水进入喷口 10 喷入分离器内，开始分离工作。

②由于气动三通阀 12 关闭，污水进入喷口 10→气动三通阀 12 至截止阀 13 被切断，停止污油排放。

（四）ZYF 型油水分离器的特点

（1）水泵后置，真空抽吸含油污水，进、出水泵的液体为处理后的清水，无杂质和泥沙，泵的磨损小,工作可靠。

(2)避免了油与水的乳化,筒内的真空度同时起到了“气浮分离”的效应,提高了油水分离效果。

(3)可采用电动往复泵和螺杆泵,密封性好、自吸能力强、磨损小、工作可靠。

(4)分离装置中的聚结元件能自动反向冲洗,不会堵塞,长期使用不需要更换。

四、油水分离器的管理

正确使用、定期维护、精心管理是保证油水分离器具有良好性能,发挥正常分离能力必要条件。轮机管理人员应认真阅读使用说明书,了解分离器的结构原理,熟悉操作程序和维护管理的相关要求。

(1)监视吸、排压力表读数。查看吸入真空和排出压力表读数是否在要求范围。若吸入真空度太小,说明管路或泵漏泄,无法抽吸油污水,查明原因并修复;若真空度太大,清洗吸入滤器。如果排出压力太高,开足排出管路上的阀件或清洗油水分离器。

(2)监视油分浓度检测器。经常查看油分浓度检测器读数,若发现读数超过 15 mg/L 未报警,应立即停止分离器,并找查原因并修复。

(3)检查分离器负荷。打开分离器低位检验旋塞,若有油流出,说明分离器超负荷,应立即开启排油阀,并减小分离量或停止工作。

(4)定期排油。油水分离器第一级均采用自动排油,而第二级一般是手动排油,因此需要定期手动排油,防止污油聚积过多。

(5)注意加热。在寒冷季节,分离水温较低时,应将控制箱上加热开关放到自动位置,设定加热温度(最高不超过 60 ℃)。

(6)排水含油检查。经常开启排水管上取样考克检查排水中的含油情况,并定时进行取样化验。

(7)操作记录。油水分离器每次使用后,必须将使用情况记录到油水记录簿中。

第四节 油污水处理系统及设备

船舶因吨位大小、航线长短不同所设置油污水处理系统或装置而异,处理系统形式繁多,现以船舶舱底水系统为例加以说明,如图 11-1 所示为某船舱底水系统图。

一、舱底水系统的作用

舱底水系统的作用是及时将机炉舱、货舱的舱底积水排出舷外。货舱积水一般不含油,可直接排出舷外;机舱积水含油,需要经油水分离器处理,含油量小于 15 mg/L 后才能排出舷外。

二、舱底水系统组成

图 11-1 所示是某船的舱底水布置系统图，主要由日用舱底水泵 BMV16、油水分离器、舱底水舱、止回阀等组成。系统中的设备与作用如下：

1. 日用舱底水泵

日用舱底水泵 BMV16 是舱底水系统最重要的设备之一，其作用之一是收集各舱底油污水储存在舱底水舱中或排岸；作用之二是船舶到港后将舱底水舱或各舱底的油污水排岸。

2. 油水分离器

船舶航行中，将舱底水舱或各舱底的油污水进行处理，达到排放标准后排出舷外。

3. 舱底水舱

舱底水舱为长方体状，是专业用于储存船舶舱底油污水的液舱。

4. 止回阀

在系统管路中均布置有止回阀（如 BMV1、BMV90 等），其作用是只让舱底水泵和油水分离器在各污水井里抽水，不让舷外水倒流进入船舶里面。

三、舱底水系统的功能

1. 将舱底水储存在舱底水舱中

将船舶所产生的舱底积水抽吸储存在舱底水舱中。如将辅机舱舱底水储存在舱底水舱的液流线路为：辅机舱污水井→BMV90 和 BMV89→日用舱底泵→BMV16→舱底水舱。

2. 处理达标排放

利用油水分离器将油污水进行处理，含油量小于 15ppm 后，排出舷外。

（1）将主机舱舱底水处理排放。其液流线路为：主机舱污水井→BMV3 和 BMV4→油水分离器→舷外。

（2）将舱底水舱中的水处理排放。其液流线路为：舱底水舱→BMV66→油水分离器→舷外。

3. 排岸处理

若船舶航行于禁止排放水域，船舶船底产生的油污水只能储存在船底水舱中，待船舶到达港口后，利用船底水系统将积储的油污水排到岸上处理。其液流线路为：舱底水舱→BMV1→日用舱底泵→BMV15→排岸。

第五节 船舶油污水处理装置的实际操作与训练

油污水装置的形式很多，下面以如图 16-3 所示装置说明其操作过程。

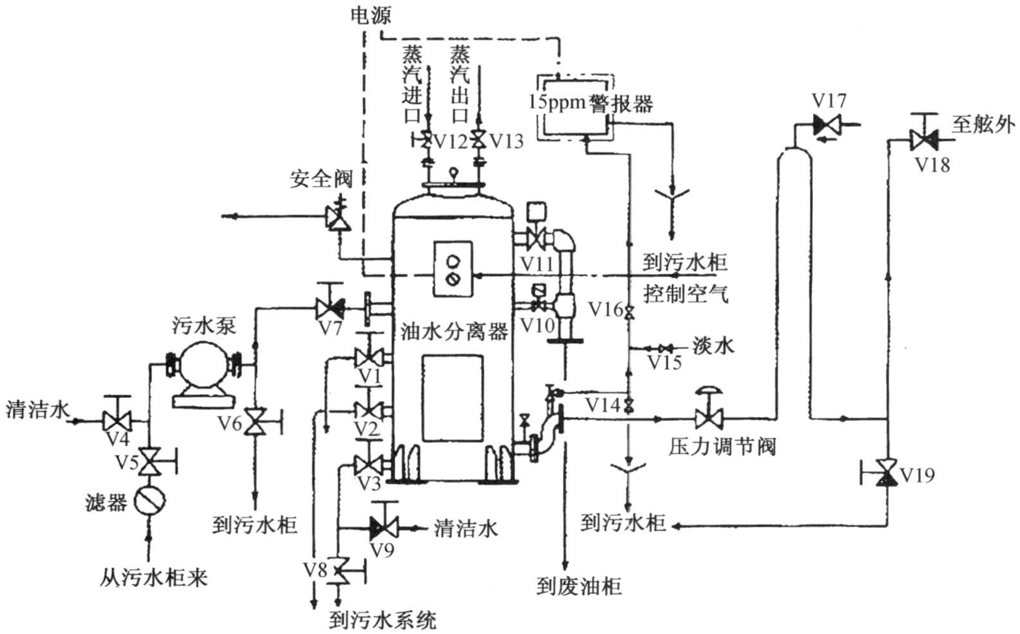

图 16-3 典型油水分离器系统

项目一 油水分离器检查与测试操作

(1)检查油水分离器各管系是否有漏泄,连接是否紧固。

(2)检查油水分离器供电,打开电源,给水泵、自动排油系统、油分浓度检测器供电。

(3)打开从污水泵到出海阀之间管路上所有的阀门,止回阀 V7 和 V18;关闭油水分离器排泄阀 V6、V8 和止回阀 V19。

(4)打开清水充注止回阀 V9 和截止阀 V3,在二级分离室的底部,用干净的海水或淡水充满油水分离器,同时打开第一级和第二级的测试阀 V1 和 V2,排出空气,同时打开油水分离器顶部的放气阀。

(5)打开阀 V4,起动污水泵,观察油水分离器或管路上是否有泄漏,发现泄漏及时排除。测试运行期间,用海水循环。

(6)打开油分浓度检测器电源,打开阀 V16,关闭阀 V14,检查 15ppm 警报器是否正常工作:按下“check”按钮,应发出警报。观察 15ppm 警报器,显示 1ppm 以下为正常。

项目二 油、水分离及排油操作

(1)确认 15 mg/L 油分浓度警报器正常工作。

(2)打开阀 V5,关闭阀 V4,污水进入油水分离器,清水开始排出舷外。

(3)检查各仪表的读数是否正常,泵出口压力不能太高,安全阀整定值为 0.26 MPa,排出管压力值应在 0.05~0.1 MPa。如果泵出口压力值超过规定值,应检查管路是否堵塞;若无堵塞则表明分离筒太脏,应用清水冲洗或更换分离器滤芯,或彻底清分离器。

(4)将控制箱上的排油开关切换到“手动”位置上,手动开启排油电磁阀 V11,观察排油电磁阀动作是否正确。此时，排油信号灯亮，排油电磁阀处于开启状态。正常后将开关置于“自动”位置。

(5)确保15ppm警报器持续正常工作，显示小于15 mg/L正常。

(6)如果水温较低，可以开启蒸汽阀V12和V13，对污水适当加热，提高分离效果，但温度不宜超过60 ℃。

(7)分离器投入正常工作，分离出的清水排出舷外。

项目三　停用油水分离器操作

(1)当油污水处理完毕后，打开阀V4，关闭V5，用海水冲洗油水分离器。

(2)用清水冲洗期间，手动打开自动排油电磁阀V11和二级手动排油阀V10，尽量排空油水分离器内部集油。

(3)连续冲洗分离器15 min后停泵，并关闭装置所有进出口阀，关闭加热装置。

(4)油水分离器停止工作后，打开阀V15，用淡水冲洗15 mg/L警报器5 min左右。

(5)关闭所有阀门，切断电源。装置停止工作后，让其内部充满清水，以防分离器内部污染。

第十七章

生活污水处理装置的操作与管理

船舶生活污水一般分为两大类:一类是来自厨房、盥洗室、洗衣房等处的废水,称为"灰水"。另一类是来自卫生间、医务室、装载活动物处所的冲洗水,称为"黑水"。

船舶生活污水不仅含有有机物和矿物质,而且还有大量的细菌和寄生虫,有的还含有危害人体和水生物的病毒,如不经过任何处理而将其任意排放的话,就可能造成周围水域的污染,会发生一系列生化作用,造成水环境中的鱼类等动物的死亡或迁移。粪便污水如果不经过充分处理以杀死病细菌的话,可传染多种肠道传染病。

第一节 生活污水的概念及排放标准

一、船舶生活污水的概念

船舶生活污水是指由船员、旅客以及船舶所载的动物日常生活所形成的污水和废物。

生活污水是指下列各种水质:

(1)任何形式排放的粪便污水;

(2)从医务室(药房、病房等)排出的污水;

(3)装有活的动物处所的排出物;

(4)混有上述排出物的其他废水。

二、名词解释

(1)生活污水贮存舱(柜)——指收集和贮存生活污水的舱(柜)。

(2)生活污水处理装置——指以生化、物化等手段降低生活污水中的大肠菌群、悬浮固体和生化需氧量等指标的装置。

(3)打包收集设施——指用打包形式收集生活污水(不含冲洗水)的设施。

(4)接收设施——指岸上或船上(生活污水收集船)用于接收生活污水的设施。

(5)排放水——指经生活污水处理装置处理达到排放标准后排往水域的水。

三、船舶生活污水的排放标准

自 2018 年 7 月 1 日起,400 总吨及以上的船舶,以及 400 总吨以下且经核定许可载运 15 人及以上的船舶,在不同水域船舶生活污水的排放控制分别按以下要求执行。

(1)在内河水域,船舶生活污水不得直接排入环境水体,应采用下列方式之一进行处理:

①利用船载收集装置收集,排入接收设施;

②利用船载生活污水处理装置处理,达到排放标准规定要求后在航行中排放。

(2)在内河水域,根据船舶类别和安装(含更换)生活污水处理装置的时间,利用船载生活污水处理装置处理的船舶生活污水分别执行相应的污染物排放限值。

①在 2012 年 1 月 1 日以前安装(含更换)生活污水处理装置的船舶,向环境水体排放生活污水,其污染物排放控制按表 17-1 规定执行。

表 17-1　污染物排放控制(一)

序号	污染物项目	限值	污染物排放监控位置
1	五日生化需氧量(BOD_5)(mg/L)	50	生活污水处理装置出水口
2	悬浮物(SS)(mg/L)	150	
3	耐热大肠菌群数(个/升)	2 500	

②在 2012 年 1 月 1 日及以后安装(含更换)生活污水处理装置的船舶(不包含在 2021 年 1 月 1 日及以后安装(含更换)生活污水处理装置的客运船舶),向环境水体排放生活污水,其污染物排放控制按表 17-2 规定执行。

表 17-2　污染物排放控制(二)

序号	污染物项目	限值	污染物排放监控位置
1	五日生化需氧量(BOD_5)(mg/L)	25	生活污水处理装置出水口
2	悬浮物(SS)(mg/L)	35	
3	耐热大肠菌群数(个/升)	1 000	
4	化学需氧量(COD_{cr})(mg/L)	125	
5	pH 值(无量纲)	6~8.5	
6	总氯(总余氯)(mg/L)	<0.5	

③在 2021 年 1 月 1 日及以后安装(含更换)生活污水处理装置的客运船舶,向内河排放生活污水,其污染物排放控制按表 17-3 规定执行。

表 17-3　污染物排放控制(三)

序号	污染物项目	限值	污染物排放监控位置
1	五日生化需氧量(BOD_5)(mg/L)	20	生活污水处理装置出水口
2	悬浮物(SS)(mg/L)	20	
3	耐热大肠菌群数(个/升)	1 000	
4	化学需氧量(COD_{cr})(mg/L)	60	
5	pH 值(无量纲)	6~8.5	
6	总氯(总余氯)(mg/L)	<0.5	
7	总氮(mg/L)	20	
8	氨氮(mg/L)	15	
9	总磷(mg/L)	1.0	

第二节　生活污水的处理方式

为满足排放标准,目前船上采用的处理方式基本分两种:一种是收集、储存、集中排放的方式;另一种是船上处理后直接排出的方式。

一、收集储存式处理

通过专设的粪便柜收集储存含粪尿的厕所冲洗水,集中排放到岸上接收装置。其粪便柜应将加强筋放在柜的外侧,以方便清洁内部。同时柜内应涂敷环氧树脂或采用玻璃钢衬里,以防锈蚀。

采用这种处理方式的装置,只需从各个厕所汇集粪尿的管路和足够容量的储存柜即可,装置简单,造价低。但是当粪尿储存时间长时,需使用化学药品除臭、杀菌和消毒,增加了药品费用。

该装置主要由储存柜、排出泵、粉碎泵和污水管路组成,如图 17-1 所示。储存柜内壁涂有防腐层,柜底倾斜利于排空。其工作原理如下:污水和废水经粉碎泵处理后流入储存柜,然后由排出泵排至露天甲板的标准排放接头送到岸上接收设备。当船舶航行到禁排水域或在无接收设备的港口时,污水贮存在柜内。

二、排放式处理

船上一般选用的都是排放式生活污水处理方式,并按其净化方式不同有生化处理、物理化

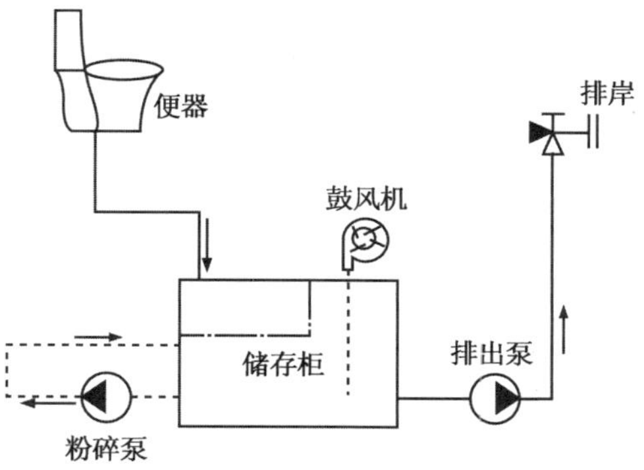

图 17-1　收集储存式示意图

学处理等方式。

1. 生化处理方式

生化处理分为好氧生物法和厌氧生物法。好氧生物法分为活性污泥法和生物膜法。

船上常用的是以好氧菌为主的活性污泥法处理生活污水。其通常是利用好氧性微生物(好氧菌)为主的活性污泥对污水中的有机物进行氧化分解,使其变成无机物,然后使用化学药品或紫外线消毒处理,再排放入水域。

活性污泥的主要成分是粒状或粉末状的活性炭,常取自木质物、果质物、煤质物以及石油残渣和生物骨头等,这种活性污泥对有机物有很强的吸附能力和氧化分解能力。活性污泥所发酵产生的微生物,在有氧的条件下,能透过细菌的细胞壁将污水中的溶解性有机物分解吸收,固体和胶体的有机物先附在细菌体外,由细菌所分泌的外酶分解为溶解性物质再加以吸收。细菌通过其自身的生命活动(氧化、还原、合成等过程),将一部分被吸收的有机物氧化成简单的无机物,同时放出能量,使细菌活动、生长、繁殖,而将另一部分有机物软化为生物体必需的营养物质,使细菌生长繁殖。

消毒化学药品在船舶上常采用氯化物(如氯化钙、次氯化钙、氯氨、二氧化氯等),采用化学药品消毒,处理效果好,比较简单可靠,已广泛使用。

生化处理装置主要是利用好氧菌为主的活性污泥对污水中的有机物质进行分解处理。一般生化处理装置由曝气室、沉淀室、加药器、消毒杀菌室、鼓风机、排出泵等组成,如图 17-2 所示。

其工作原理如下:生活污水由曝气室顶部进入曝气室,由于有鼓风机的空气吹入,好氧菌为主的活性污泥能将污水中的有机物质进行分解,其中一部分变成无机物(如二氧化碳、水),另一部分转化为自身的营养质、供其生长繁殖。曝气室中无机物和新的活性污泥流入沉淀室。在沉淀室中,由于没有空气的扰动,活性污泥形成团状沉淀到室底,并在空气的吹送作用下和顶部的浮渣一起返回曝气室以保持该室内活性污泥的浓度。沉淀室中处理过的清水流入消毒杀菌室。当消毒杀菌室水位升高时,在浮子水位计控制下,起动排出泵将水排出。

2. 物理化学处理方式

生活污水进入固液分离室分离,使液体和固体分开,然后用化学药品对污水进行除臭、消毒、杀菌,达到排放标准排放或循环利用,而泥渣、污泥等固体废物则送到焚烧炉焚烧,如图 17-3 所示。

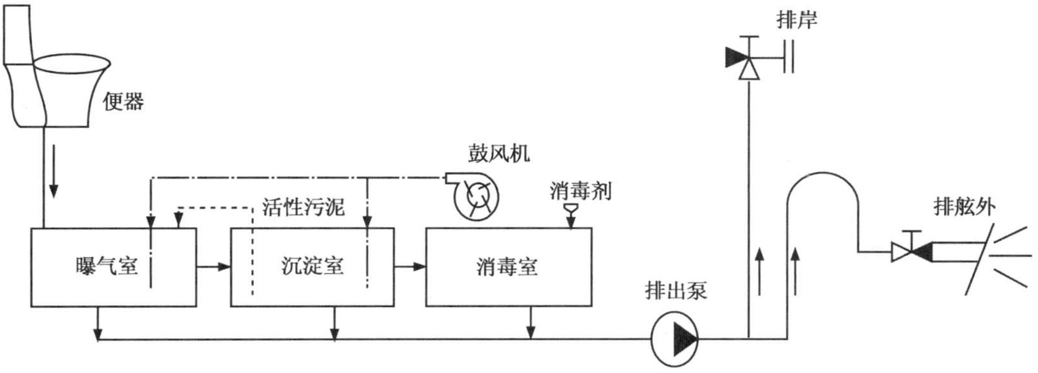

图 17-2 生化处理方式示意图

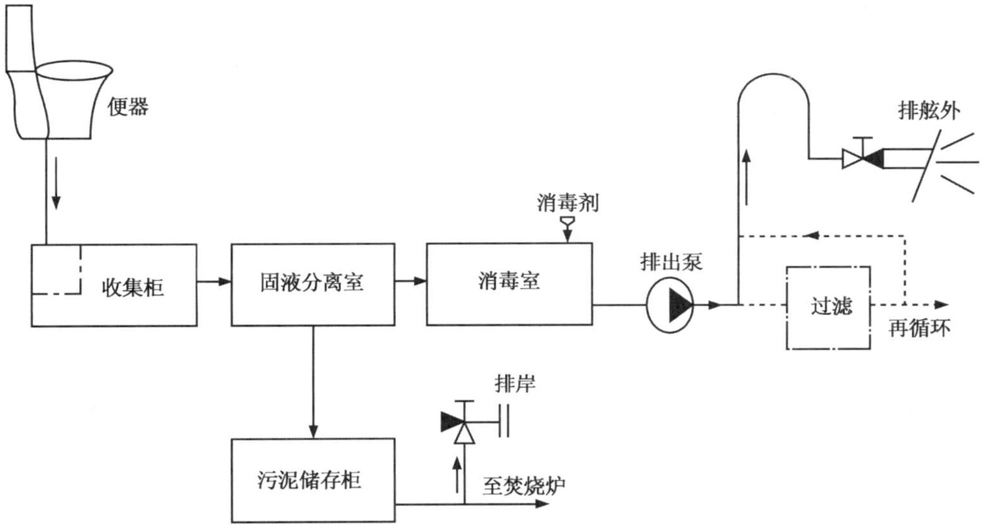

图 17-3 物理化学处理方式示意图

这种处理与生化处理相比较，理化处理装置较轻小，随时可停止或起动，并且可实现自动控制，而且处理后的水质不受船舶摇摆影响，是船舶常用的另一种处理方式。

第三节 生活污水排放控制

一、典型装置排放控制

WCB 型生活污水生化处理装置采用生化法处理生活污水，利用活性污泥与生物膜中的微生物在有氧环境下联合作用来消除污水中的有机污染物。

主要污水处理指标为：生化需氧量≤50 mg/L；悬浮固体≤50 mg/L；大肠杆菌数≤2 500 个/升。其处理流程图如图 17-4 所示。

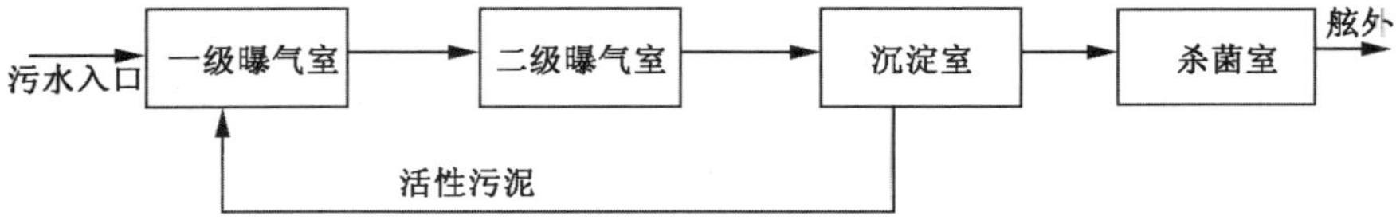

图 17-4　WCB 型生活污水处理流程图

其原理示意图如图 17-5 所示。

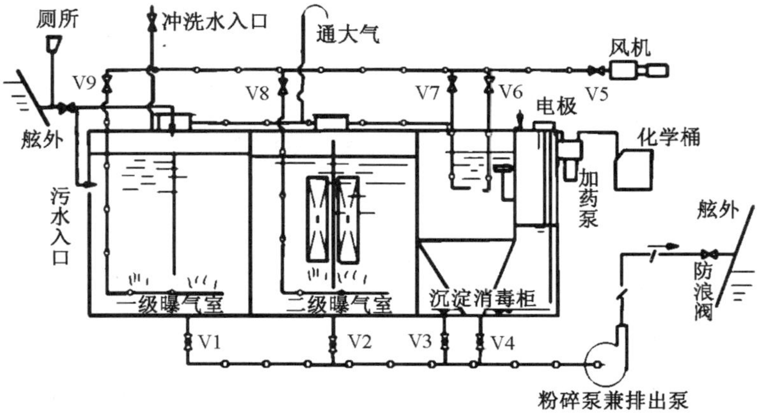

图 17-5　WCB 型生活污水处理原理示意图

在一级曝气室内，以好氧菌为主的活性污泥菌团形成像棉絮状带有黏性的絮体吸附有机物质，在充氧的条件下（风机用于向装置内供送空气），消解有机物质变成无害的二氧化碳和水，同时，活性污泥得到繁殖，在作为菌团营养的有机污染物质减少时细菌呈饥饿状态以致死亡，死亡的细菌就成为附着在活性污泥中的原生物和后生动物的食物所吞噬，粪便污水中95%以上易消解的有机物质，完全被氧化。

在二级曝气室（接触氧化室）内，悬挂有软性生物膜填料，具有吸附消解有机物功能的生物膜在水中自由飘动，大部分原生动物寄居于纤维生物膜内，同样由于充氧的作用，有机物质进一步与生物膜接触氧化分解。

污水在进入沉淀柜时，其中的污泥量已经很少，在沉淀柜内积累的活性污泥沉淀物被返送至一级曝气柜内为菌种繁殖。

经过沉淀清洁的污水最后进入消毒柜用含氯药品杀菌（加药泵用于向装置内添加含氯药品），当液位达到“中位”电极时，排出泵自动起动，最后由排出泵排至舷外。当液位降低到“低位”电极时，泵自动停止，此时，加药泵自动加药。当液位达到“高位”电极时，控制箱将发出报警信号。

生活污水处理装置运行期间，在其周围的水中不应产生可见的漂浮固体，也不应使水变色。

二、法定规则排放控制

（1）为防止船舶生活污水污染水域，船舶应符合下列要求之一：

①装设生活污水储存舱（柜），该贮存舱（柜）应有足够的容积以贮存船舶产生的生活污

水，并应将生活污水排往接收设施；

②装设生活污水处理装置，该装置对船舶产生的生活污水进行预处理或最终处理，最终处理达到排放标准后，方可排往水域。配套装设生活污水储存舱柜，其舱柜应具有足够容积以储存船舶停泊期间或在禁止排放生活污水水域航行期间产生的生活污水；

③装设打包收集设施（免冲），将船舶产生的生活污水打包收集，打包后的生活污水应送到接收设施。

（2）经过处理的船舶生活污水的排放应避开取水源，并不应在停靠码头时排放。

（3）经过处理的船舶生活污水的排放应进行控制，不应顷刻排放。排放应在船舶航行中进行。

（4）航行于京杭运河、漓江等要求生活污水零排放水域的船舶的生活污水应储存在船上，排放给接收设备，严禁将生活污水排往水域。

三、生活污水处理装置的运行管理

（1）经常检查曝气风机，工作时勿停，否则会造成微生物死亡，降低处理效果。

（2）维持装置运行的最佳温度，一般在 20～25 ℃之间，确保处理效果。

（3）定期检查曝气室和沉淀室活性污泥的浓度，一般每三个月检查一次，正常情况下呈巧克力色或淡棕色。如曝气室和沉淀室活性表面浮渣过多，说明活性污泥过大，需要调整，一般活性污泥量为曝气室容量的 1/3～1/2 为宜。

（4）防止超负荷运行，冲洗水量每人每天 60 L 左右。同时应注意不易溶解的物品进入系统堵塞系统或影响处理效果。在清洗便池时，尽可能不采用各种化学药品或将采用清洗化学药品的冲洗水直接排出舷外，以防止杀死微生物。

（5）及时对消毒室补充消毒化学药品，通常 3 个月补充一次，按每人每月 20 g 量投放，充量约占药筒高度的 1/4，消毒化学药品是有毒、易燃、易受潮熔化的物品，需要密封的陶瓷容器存放在阴凉通风处，并注意防止火灾和人员中毒。更换药品时须戴胶皮手套，防止灼伤。

第四节 生活污水处理装置性能要求

一、一般要求

（1）对于装设生活污水储存舱（柜）的船舶，应装有生活污水输送管系，该管系所配备的泵、管路和附件应具备将生活污水粉碎后排往接收设备的能力。

（2）防止生活污水污染系统的舱（柜）、处理柜、生活污水管路及有关附件均应以钢或其他等效材料制成，并应考虑防腐措施。

（3）防止生活污水污染系统的设计及安装应考虑维修和操作的需要。

（4）生活污水管路不应穿过饮用水舱和锅炉水舱。

（5）生活污水管路不应穿过客舱、厨房等舱室，若不可避免时，在这些舱室内不应有可拆接头。

(6)生活污水储存舱(柜)和生活污水处理装置均应设有液位计或其他等效设施。

(7)生活污水储存舱(柜)和处理柜一般应设液位报警装置或采用其他等效措施,避免生活污水的溢流。

(8)生活污水储存舱(柜)和处理柜应设有透气管,透气管应通往大气或适宜处所。对可能产生易燃气体的舱(柜)、处理柜,其透气管端应设有金属防火网。

(9)真空式生活污水储存器可不设液位计和透气管。

(10)船舶不应设有直接通往舷外的生活污水排放管路;生活污水处理装置因维修需要而设的旁通管路应与临时的生活污水储存设施相连。

二、生活污水储存舱(柜)的要求

(1)生活污水储存舱(柜)不应与饮用水舱和锅炉水舱相邻,若不可避免时,应以隔离空舱隔离。

(2)生活污水储存舱(柜)的容积应不小于按下式计算所得之值:

$$V_S = 10^{-3} \cdot f \cdot p \cdot D \cdot q \quad (\mathrm{m}^3)$$

式中:V_S——生活污水储存舱(柜)的容积。

f——营运条件系数。其主要由船舶计划排放生活污水给接收设施的时间 t 确定,当 $t \geqslant 24$ h 时,$f=1$;当 24 h>$t \geqslant 8$ h 时,$f=0.5$;当 8 h>$t \geqslant 4$ h 时,$f=0.25$;当 4 h>$t \geqslant 1$ h 时,$f=0.13$;当 t<1 h 时,$f=0.1$。

p——船上人员。

D——需容纳生活污水的天数;当需容纳生活污水的天数小于 1 时,D 取值为 1。

q——每人每天产生的生活污水量。

三、生活污水处理装置的要求

(1)生活污水处理装置应在船舶处于横倾 10°、纵倾 5°时仍能正常工作。

(2)生活污水处理装置应能手动控制排放水。

(3)在生活污水处理装置排放管路的适当位置应设有取样检测口。生活污水处理装置的布置应能方便地对生活污水及排放水取样。

(4)生活污水处理装置的安装处所应有良好的通风。

(5)生活污水处理装置的布置应便于污泥的排出与接收。

(6)生活污水处理装置产生的污泥及浮渣严禁排往水域。

(7)船舶所选用的生活污水处理装置应与船上所产生的生活污水量相匹配。

(8)生活污水处理装置的排放水质标准和性能试验应符合国际海事组织以 MEPC. 227(64)决议通过的《2012 年生活污水处理装置国际排放标准和性能试验实施指南》或国家标准的相关规定。

(9)为了使接收设备的管子能与船上生活污水的排放管路相连接,在这两组管路上应配有如图 17-6 所示的标准排放接头,标准排放接头应能快速方便与接收设施相连。

①标准接头的法兰应能接收最大内径不大于 100 mm 的管子;

②标准接头应能承受 0.6 MPa 的压力；

③法兰螺栓为 $4\times\Phi16$ mm。

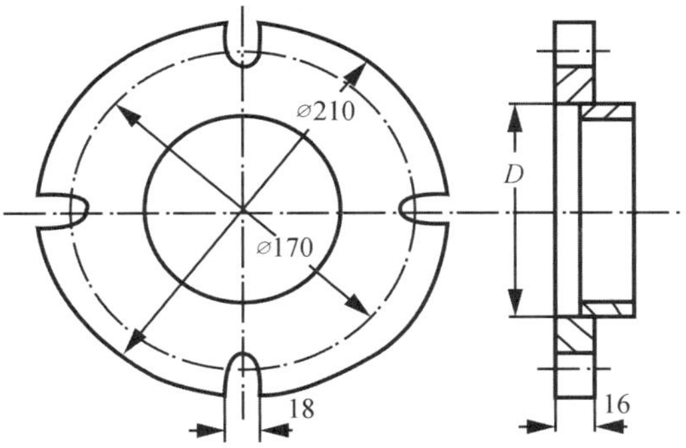

图 17-6 标准排放接头

第五节 船舶生活污水处理装置的实际操作与训练

船舶生活污水处理装置随处理方法的不同而异常，现以生化处理方式为例说明。

项目一 起动前的检查与起动操作

(1)起动前检查装置电路电源。

(2)检查排出泵、曝气风机工作是否正常。

(3)打开污水入口阀，检查曝气室的液位，不够则注水，直到有液体流入杀菌室为止。

(4)按说明书要求的程序开启各阀、泵和风机等，排出泵转至自动位置。若为初次使用或长期停用后第一次使用，需进行微生物的人工移植，并在装置起动运行后 10～15 天内连续投药。

项目二 停用时的操作

(1)关闭污水进口阀，排尽柜内污水，并冲洗干净。

(2)冲洗前应将加药溶解器中的药品取出，防止中毒，冲洗水温不超过 65 ℃。

(3)清洁时不允许用刮刀刮、铲，防止把柜内涂层破坏。

(4)装置重新使用时，应通过微生物的移植来恢复使用。

(5)若是短期停用，曝气风机应连续运行，以免微生物死亡；若是长期停用，关闭曝气风机。

第十八章 机舱辅助设备检修

第一节 离心泵的拆装与检修

一、离心泵的结构

离心泵的结构型式多种多样，现以图 18-1 所示为例，说明离心泵的结构、拆装、检修工艺。

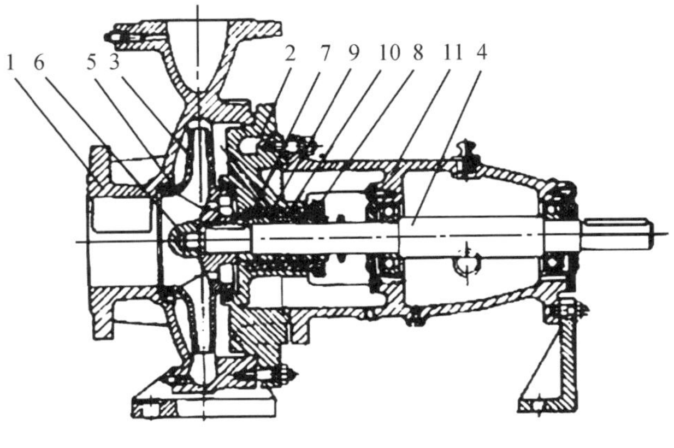

图 18-1 离心泵的结构图

1—泵体；2—泵盖；3—叶轮；4—泵轴；5—密封环；6—叶轮螺母；7—轴套；8—填料压盖；9—填料环；10—填料；11—悬架轴承部件

如图 18-1 所示，离心泵主要由叶轮 3、泵轴 4、泵体 1、泵盖 2 和填料轴封等构成。叶轮装在泵轴上并由键传递动力，叶轮装于泵体中；泵轴伸出端盖并由轴承支撑，轴泵伸出端盖处用填料进行轴封并用填料压盖压紧;叶轮由泵轴传动。

二、离心泵的拆卸

1. 离心泵泵体的拆卸

做好离心泵的结合面的对应记号,拧下泵盖 2 与泵体 1 的连接螺栓,拆掉离心泵吸入端泵体。

2. 离心泵叶轮的拆卸

用套筒扳手或专用扳手拆下叶轮的紧固螺母(左旋),取下止动垫圈,叶轮即可从泵轴上取下。若叶轮拿不下来,可将专用工具的两根螺栓拧入叶轮上有丝牙的平衡孔中,中心丝杆顶正轴端中心,慢慢转动手柄,将叶轮从泵轴上拉出。如果叶轮锈蚀咬死在泵轴上而拉不动,可在键连接处刷上少量渗透剂,稍候片刻,再拉出叶轮,取下轴上平键。

3. 离心泵泵轴的拆卸

拆卸填料压盖,拆卸泵盖螺栓,拆下轴承箱上前后两端轴承盖,然后用一木块(或铜棒)垫在叶轮方向的泵轴端面处,用榔头轻轻敲打木块(或铜棒),就能将泵轴连同轴承一起拆下。

4. 离心泵轴承的拆卸

离心泵泵轴的轴承一般是采用滚珠轴承,拆卸轴承时尽可能不要损伤轴承,拆卸工具是用三爪拉马。拆卸时用拉马的拉钩钩住轴承内圈,丝杆顶正轴端,用扳手慢慢转动丝杆,轴承即可从泵轴上拉出。

三、离心泵部件的检修

(一)离心泵泵壳的检修

检查时用锤子轻轻敲击泵壳,若声音清脆,则泵壳完好;若声音沙哑则说明有裂纹,然后借助放大镜或探伤剂查找。裂纹大概位置确定后,可用煤油-白粉法确定裂纹的大小和形状,以便于修理。

(1)裂纹出现在泵壳不承受压力和不起密封作用的部位时,可在裂纹的两端各钻一个 3 mm 左右的止裂孔即可。

(2)裂纹出现在泵壳承受压力的部位,裂纹长度较短且未穿透,可用焊补或环氧树脂进行修复。

(3)若裂纹是穿透性的,在泵壳承压部位的裂纹较严重,已无修理的价值时,应予换新。

(二)离心泵叶轮的检修

(1)叶轮若出现下列缺陷之一时,应予换新。

①表面出现较深的裂纹或开式叶轮的叶瓣断裂;

②表面因腐蚀而出现较多的砂眼或穿孔;

③轮壁因腐蚀而显著变薄,影响了机械强度;

④叶轮进口处严重磨损而又难以修复。

(2)对于铜质叶轮,若在叶轮盖板上有少许穿孔,可采用黄铜焊补进行修理,以恢复叶轮的使用性能。

(3)叶轮进口密封环上有划痕或偏磨不严重时,可用油石、砂纸进行打磨;在厚度允许的情况下,可进行光车消除损伤。若修理后间隙值能满足使用要求可继续使用;若修理后间隙值超标则可进行镶套修理,具体可见(4)。

(4)叶轮密封环间隙的测量与修理

用外径和内径千分尺分别测量叶轮进口外圆、泵体内孔在上下和左右两个对应位置的直径,然后将对应位置上直径相减,其差值的一半即为密封环的间隙。将所测得间隙值与使用说明书和相关标准进行比较,以便于确定修理方案。

若测量间隙值超标,密封环是可拆的,则只需更换密封环,以满足密封间隙即可。

若测量间隙值超标,密封环是不可拆的,可进行镶套修复,即先对叶轮入口外圆、泵体内孔进行光车,以消除损伤和误差,然后加工一个套子镶嵌在泵体内孔中,以满足密封间隙的要求即可。

(三)离心泵泵轴的检修

1. 离心泵泵轴的外观检查

泵轴清洗干净后先进行外观检查,若发现泵轴已产生裂纹、磨损产生颈缩、腐蚀凹坑而影响泵轴的机械强度、键槽扭裂、叉口等严重损伤情况,应予以换新。

2. 离心泵泵轴弯曲变形的检查

(1)泵轴弯曲在车床上的检查

将清洁干净的泵轴一端装于车床卡盘中,在卡盘处注意垫好铜片。另一端用尾架顶针顶住泵轴定中孔,将百分表架置于车床拖板上,将触头顶压于泵轴中部的外圆柱表面上,用手慢慢转动卡盘,观察百分表指针的变化,记录下最大值和最小值,百分表读数的最大值和最小值之差的一半即为泵轴的弯曲变形量。

(2)泵轴弯曲在平台上的检查

检查时,在平板上放置两 V 形铁块,把泵轴置于 V 槽内,将百分表架放在平板上,装好百分表,将百分表触头顶压在泵轴中间的外圆柱面上,用手慢慢转动泵轴,并观察百分表指针的变化量,记录最大值和最小值,其最大值和最小值之差的一半即为泵轴的弯曲变形量。

上述方法实际上是测量泵轴的径向跳动量,在轴中部径向跳动量不超过 0.05 mm,在轴两端不超过 0.02 mm,否则应进行校直修复。

3. 离心泵泵轴的校直修理

(1)捻打校直泵轴

泵轴校直最简易的方法是捻打,捻打时将泵轴放在硬木或垫有铜皮的铁块上,凸面朝上,用铜锤捻打,并随时进行测量,直至变形量符合要求为止。

(2)手摇螺旋压力机校直泵轴

手摇螺旋压力机来校直泵轴如图 18-2 所示,具体方法是在平台上放置两块 V 形铁,将泵轴置于其上,将泵轴弯曲凸面朝上,然后将校直机的钩头钩住泵轴,丝杠顶住泵轴弯曲部位的凸面,各相应的位置上应垫好铜片,缓慢而连续地转动手柄,旋以一定的压力,直至完全校直为止。

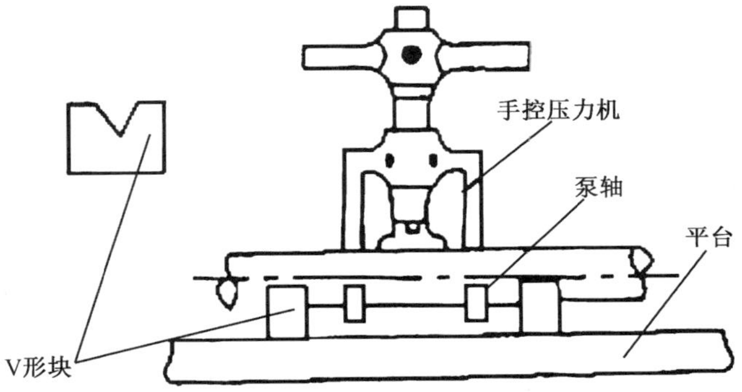

图 18-2　手摇螺旋压力机来校直泵轴图

（四）离心泵轴承的检修

离心泵轴承一般是采用滚动轴承，滚动轴承的检修方法见本章第二节齿轮泵的检修。

（五）离心泵机械轴封的检修

1. 动、静环间动密封面的检修

检查动环与静环的密封面时，若发现密封面上有拉毛或擦伤，可将其密封面在平板进行研磨，以消除损伤后继续使用权；若动环工作面损伤严重，可换面研磨后继续使用。

2. 弹簧的检查

检查发现弹簧断裂、产生裂纹、弹力不足等，则更换弹簧。

3. 动环密封圈的检查与更换

机械轴封经检修后，所有密封圈均应换新。

对新换动环密封圈，一定要进行箍紧力的检查。检查时把泵轴清洁干净，将动环、密封圈和弹簧装于泵轴上，然后用手将动环推入放手，若动环能在弹簧力的作用下缓慢弹出，说明密封圈在泵轴上箍紧力合适；若动环快速弹出，说明密封圈在泵上箍紧力太小，液体会沿泵轴泄漏，其密封无法保证；若动环不能弹出，说明密封圈在泵上箍紧力太大，动、静环磨损后，其间隙得不到补偿，造成动密封面大量泄漏。

四、离心泵的装复

离心泵的零、部件经过检查、测量、修理，其质量达到使用要求后，即可以进行离心泵的装复工作。

（一）离心泵转子部件的安装

1. 轴承的安装

轴承的安装主要有两种方法。

（1）油浴法。先将轴承在滑油中加热，然后再将轴承套装在泵轴上即可。

（2）敲打法。将泵轴竖直在木块上，把轴承内圈套在泵轴上，用导管（空心钢管）顶在轴承内圈上，用榔头打击导管，并将轴承打击到位即可。此法不推荐使用。

2. 转子部件的安装

将装好轴承的泵轴从润滑油室侧装入，敲击泵轴端到位，装上轴承端盖并压紧，轴承端盖压紧必须保证：

(1) 轴承端盖应压住滚动轴承外圈；

(2) 轴承端盖对外圈的压紧力不要过大，轴承的轴向间隙不能消失，用手转动泵轴，应灵活轻便。

(二) 离心泵端盖的安装

套上填料压盖，装上泵盖和轴承支架的连接螺栓，注意轴承支架和泵盖的相对位置。

(三) 离心泵叶轮的安装

将键装入泵轴键槽中，叶轮键槽对准泵轴上的键，将叶轮装到泵轴上，装上锁紧螺母并压紧。转动叶轮，观察叶轮与泵盖是否有碰擦，若有查明原因并加以解决。

(四) 离心泵泵体的安装

按安装对应记号，将泵体对准泵盖，使叶轮装入泵体中，装上连接螺栓并拧紧。转动泵轴，观察叶轮与泵体之间的密封环处是否有碰擦，若有查明原因并加以解决。

(五) 离心泵填料轴封的安装

根据填料函的大小，选择合适的填料(俗称盘根)。将盘根绕在泵轴上，切成 45°左右的斜切口，切口尽可能平整光洁。

将切好的盘根装入填料函中，每装入一根就用压盖推入一根，同时每根填料之间的搭口要错开 180°左右。填料要装至最后一根盘根推入后，压盖既要与填料函端面有一定的距离，又要让压盖螺栓(或螺母)能装上。压盖螺栓的拧紧，在泵装配时用手拧紧，待泵起动运行后，再根据填料轴封处的漏泄情况，调节压盖的松紧，漏水量以滴漏为宜。

第二节 往复泵的拆装与检修

一、往复泵的结构

往复泵的结构型式多种多样，有手动的和电动的，有单作用的和多作用的，有单缸的和多缸的往复泵。现以单缸双作用电动往复泵为例说明其结构和检修过程，如图 18-3 所示。

其结构主要由缸体 2、活塞 6、活塞杆 3、吸入阀、排出阀、阀箱 11、十字头 23、连杆 24、偏心轮与轴等组成。活塞装于泵缸中，两端分别由填料箱和缸盖封闭，活塞两侧空间分别与阀箱的中层空间相通；阀箱的下层和上层分别与吸入管和排出管相连。活塞装在活塞杆上并通过十字头与连杆相连，连杆装于偏心轮上，并由泵轴来传动，同时带动活塞在缸体中做往复运动。活塞杆伸出缸体处用填料进行轴封。

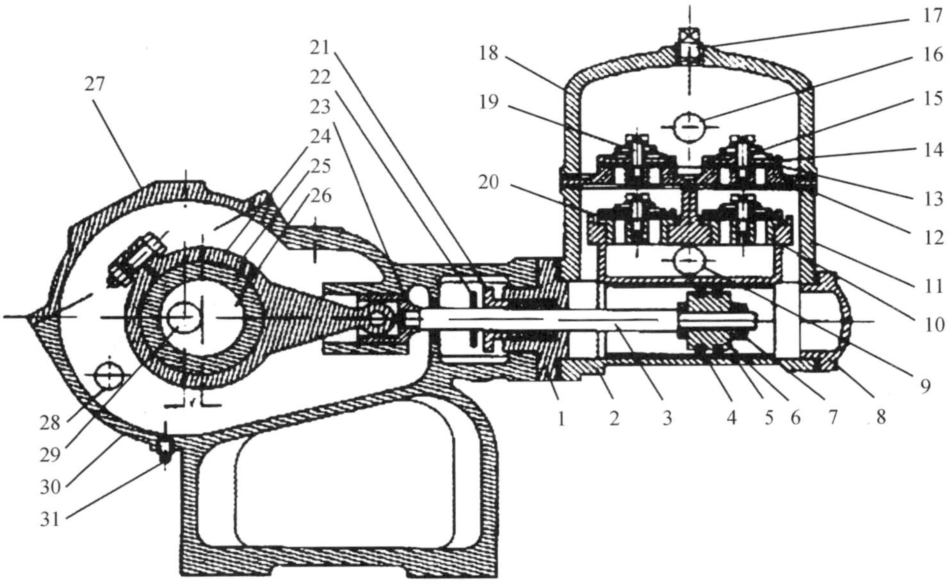

图 18-3　单缸双作用电动往复泵的结构图

1—填料箱；2—缸体；3—活塞杆；4—活塞环（胶木胀圈）；5—缸套；6—活塞；7—螺母；8—缸盖；9—吸入口；10—阀座；11—阀箱；12—垫片；13—阀片；14—排出阀；15—弹簧；16—排出口；17—放气塞；18—排出腔；19—阀杆；20—阀体；21—填料压盖；22—防漏盘；23—十字头；24—连杆；25—轴承；26—偏心轮；27—曲柄箱盖；28—液位镜；29—轴；30—曲柄箱；31—泄放塞

二、往复泵的拆卸

（1）在泵接合面处做好对应记号，以便于装复。

（2）拆除图 18-3 中泵缸盖 8。

（3）拆卸填料压盖 21 的螺栓和缸体 2 的螺栓，托住缸体并小心移出缸体。

（4）逆时针转动活塞，可将活塞杆从十字头拧下。

（5）拆卸活塞杆的锁紧螺母，取出活塞。

（6）拆卸填料压盖，取出填料箱和填料。

三、往复泵部件的检修

（一）泵缸的检修

用煤油或柴油彻底清洗缸套表面，对缸套进行仔细的检查、测量和修理。

若检查发现泵缸有裂纹，缸套两端有较深的磨损凸台，则采用换新缸套。

若检查发现缸套内表面只有轻微的擦伤、拉毛、腐蚀麻点等缺陷时。可用油石、砂纸对缸套表面进行打磨，再用细帆布抛光。

缸套的磨损情况，可用量缸表或内径千分尺进行测量，将测量结果与相差标准或使用说明书要求进行比较。若未超标则继续使用；若超标可采用电镀或更换缸套。

(二)活塞的检修

检查活塞时,若发现有腐蚀的麻点、轻微的划痕等,可采用油石或砂纸打磨以消除。

检查活塞时,若发现活塞圆柱表面有拉痕、擦伤,圆度误差、圆柱度误差超标,可采用对活塞进行车削加工,然后进行电镀以恢复其尺寸。

检查活塞时,若发现有裂纹则更换活塞。

(三)活塞环的检查与更换

往复泵活塞环的材料是根据所输送的液体、温度、压力的不同而异,常用的活塞环有铸铁、青铜和胶木活塞环等。对于输水用往复泵,常用夹布胶木的活塞环,对活塞环主要进行以下几方面的检查。

1. 活塞环外观检查

检查时若发现活塞环断裂、活塞环搭口处有较严重的缺损、活塞环外圆表面有较深的拉痕、活塞环有较严重的翘曲变形,则活塞环换新。

2. 活塞环搭口间隙的检查

将活塞环平放在泵缸中磨损量最小的位置,用塞尺测量其间隙的大小,若间隙超标则更换。

3. 活塞环天地(轴向)间隙的检查

将环装入活塞环槽中,用塞尺插入活塞环与环槽之间,沿环整个圆周(或测量 3~4 点)方向拉动塞尺且有阻滞感,塞尺片厚度即为天地间隙,其值若超标则换新。

更换新活塞环时,必须将活塞环放入热水(80 ℃)中浸泡一段时间,使之完全胀开后再配制活塞环的切口间隙,以保证工作时有合适的间隙。

(四)吸、排阀的检修

本例往复泵的吸、排阀为环片阀,拆开阀箱,解体吸、排阀,解体时一定要将阀片与阀座对应放置,不能搞混,然后对吸、排阀的各零件进行检查与修理。

1. 阀片翘曲变形检查

阀片翘曲变形的检查与空压机气阀检查相近,其检查方法见空压机气阀检查。

2. 阀片磨损检修

检查发现阀片密封面有磨损的划痕、腐蚀的斑点,可将阀片在平板上进行“8”字形研磨,消除其密封面的缺陷即可。

3. 弹簧弹性检查

将弹簧置于平板上,测量自由高度,然后连续按压几次,再测量弹簧高度,其变形量小于5%合格,否则更换弹簧。

(五)阀密封性的检查

检修组装好的阀组在使用前,应进行密封性检查。将组装好的吸、排阀倒置,向阀通道中注入煤油,若 5 min 内无泄漏则说明阀密封性合格。

四、往复泵的装复

1. 活塞组件安装

如图 18-3 所示，将清洁干净的活塞 6 装在活塞杆 3 上，装上螺母 7 并锁紧；将热水浸泡并配制好间隙的新活塞环 4 装在活塞环槽中，搭口错开 180°左右。

2. 安装填料箱

安装填料箱 1，将装好活塞的另一端活塞杆穿入填料箱，同时装上填料压盖 21 和防漏盘 22。

3. 安装活塞杆

逆时针旋转活塞杆 3，将活塞杆拧紧在十字头 23 上。

4. 安装缸体

将活塞从缸体 2 的一端小心套入，并要特别注意活塞环 4 正确进入泵缸中，按螺栓上紧的方法上紧缸体，安装上缸盖 8。

5. 安装填料

填料切成斜切口，填料每装一根就用压盖推入填料函中，注意相邻两根填料的切口错开 180°左右，填料装足后，用手旋上螺栓，待泵起动后，再将压盖螺栓对称均匀上紧至以滴漏为止。

第三节 齿轮泵的拆装与检修

一、齿轮泵的结构

齿轮泵种类繁多，结构各异。下面以常见的外啮合齿轮泵为例，如图 18-4 所示齿轮泵的结构。该齿轮泵主要由主动齿轮 1、从动齿轮 2、泵壳 7、泵轴和轴承等组成。

主、从齿轮分别装于泵壳中的两根平行轴上，并用键连接在各自的轴上，齿轮两端面被前、后端板所封闭，在泵内形成两个密闭的空间即吸入腔和排出腔。如图所示，当主动齿轮沿顺时针方向转动时，左侧为吸入腔，右侧为排出腔。吸入腔轮齿退出啮合，压力降低，吸入液体；排出腔轮齿进入啮合，压力升高，挤压液体而排出，实现泵的输送。

二、齿轮泵的拆卸

（1）准备好拆卸所用的各种工具。

（2）在泵体结合面处做好对应记号，便于装复。

（3）用内六角扳手将泵的紧固螺栓拧松并取下。

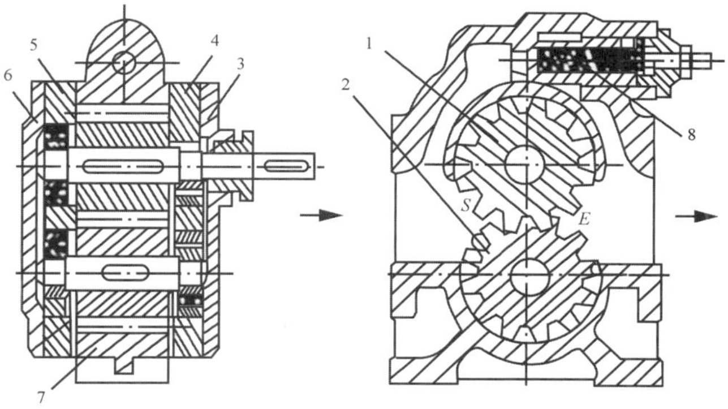

图 18-4 齿轮泵结构图

1—主动齿轮;2—从动齿轮;3—泵壳前盖;4—前端板;5—后端板;6—泵壳后盖;
7—泵壳;8—安全阀

(4)拆卸泵端盖时,若拆卸困难可用丝刀沿端盖与本体的结合面处轻轻将端盖撬松,注意不要划伤密封面。

(5)将拆下的零件摆放于垫有干净软布或油盘中妥善保管,以待检查与测量。

三、齿轮泵零件的检修

(一)齿轮泵零件的外观检查与修理

检查齿轮、泵体、端盖等零件时,若发现其工作表面有轻微的划痕、擦伤等,可采用油石、砂纸等进行打磨,以消除其工作面的损伤痕迹即可。

检查齿轮、端盖时,若发现其端面有磨损的痕迹、锈斑等,可采用在平板上进行“8”字形研磨以消除损伤即可。

检查齿轮泵的各种零件时,若发现其工作表面损伤严重,如有较深的沟槽、轮齿表面有腐蚀的凹坑、金属脱落、裂纹等,则需换新。

(二)齿轮泵间隙的检测与处理

齿轮泵内部间隙包括轴向(或端面)间隙、径向(或齿顶)间隙和啮合(或齿间)间隙。

1. 齿轮泵端面间隙的测量与处理

测量时将铅丝(一般为间隙的 1.5 倍)摆放在齿轮端面齿根与泵轴之间的圆环面上,并用黄油黏着,小型齿轮只需摆放一根铅丝,大型齿轮泵可摆放两根或三根。装复泵盖与螺栓,对称均匀上紧泵盖螺母并达到要求的力矩,然后再拆卸端盖取出铅丝并清洁,用千分尺测量其厚度,所测铅丝数值即为齿轮泵的轴向间隙。

将测量得到的间隙值与相关标准或说明书的间隙极限值进行比较。若测量间隙值未超过极限值,泵继续使用;若间隙值超过了极限值,可用减少泵体与端盖间的垫片来调节端面间隙;若磨损量太大,全部垫片去掉后其间隙仍大于磨损极限,可采用将泵体端面磨去少许的方法来减少端面间隙,以供应急之用。

2. 齿轮泵啮合间隙的测量与处理

齿轮泵啮合间隙的测量方法有压铅法和塞尺法两种。

(1)塞尺法测量齿轮泵啮合间隙

用塞尺测量齿轮泵啮合间隙时,将两齿轮的任意两个齿紧贴,在轮齿的另一侧形成了间隙,将塞尺插入其间隙中,塞尺插入的深度为轮齿宽度 1/3 左右为宜,用手拉动塞尺有一定阻力感,拉出塞尺片测量其厚度即为该齿轮泵的啮合间隙。

(2)压铅法测量齿轮泵啮合间隙

将主动齿轮装入一侧泵盖与泵体中,选用直径合适的铅丝(0.25~0.5 mm),在从动齿轮的某一齿上,沿齿宽方向等距离包裹两根铅丝并用黄油黏住,将该齿对准吸入腔部位装入泵体中,装好泵盖和联轴器。转动联轴器,使黏着铅丝的轮齿直接从吸入腔转至排出腔,注意不要用力过猛,避免泵损伤。拆卸从动齿轮,取下铅丝片并清洁,用千分尺测量每段铅丝在轮齿啮合处的厚度并记录,轮齿啮合点处对应两侧铅丝片厚度之和即为啮合间隙(若一侧已被压断,则断裂处对应点另一侧铅丝的厚度即为啮合间隙)。

无论采用塞尺法或是压铅法,均将所测间隙值与相关标准或说明书中的极限值进行比较,若测量值超过标准,则需修理或更换齿轮。

3. 齿轮泵径向间隙的检测与处理

齿轮泵径向(齿顶)间隙是指齿轮轮齿的顶部与泵体内壁之间的间隙。齿轮泵径向间隙的测量一般均采用塞尺进行测量,测量时将主、从动齿轮装入一侧泵盖与泵体中,用塞尺插入齿顶与泵壳之间的间隙中,插入 1/3 齿宽深度左右,用手拉动具有一定的阻力,并且在齿轮的圆周部分至少测量三齿以上,所测塞尺片的厚度即为泵的径向间隙并做好记录。

将测量的间隙值与相关标准或说明书中的间隙极限值进行比较,若测量值超过标准,可采用“喷涂”或“镶套”或换新。

(三)齿轮泵泵轴的检查与处理

检查泵轴时,若发现泵轴有碰伤、划伤、擦伤和腐蚀麻点等可采用锉刀、油石、砂纸等进行修复。若发现有裂纹则换新。

(四)齿轮泵轴承的检修

齿轮泵的轴承检修有滑动轴承和滚动轴承两种型式。

1. 滑动轴承检修

通过测量孔与轴的直径,可以计算出径向间隙的大小,将测量值与标准值进行比较,若间隙超过磨损极限应换新。轴承与轴的间隙应符合表 18-1 所规定之值。

表 18-1 轴承与轴的间隙规定值

轴颈	安装值	极限值
≤30	0.03~0.05	0.10
>30~50	0.03~0.06	0.12
>50~80	0.04~0.08	0.14

2. 滚动轴承检修

(1)滚动轴承外观检查

对滚动轴承进行外观检查时,若发现轴承发蓝、保持架损坏、转动不灵活、轴承腐蚀严重等情况,轴承应予以换新。

(2)滚动轴承外圈与轴承座孔打滑修理

在工作中,若发现轴承外圈与座孔配合面打滑时,轴承应换新或对座孔进行喷涂修理。

若暂时无备件更换时,可将轴承取下后,用“点冲”在轴承座孔内表面上轻锥一些均匀的小点,然后将轴承装入即可暂时使用。

(3)滚动轴承间隙检查

①滚动轴承径向间隙的测量

滚动轴承径向间隙的测量方法是将轴承平放于平板上,磁性百分表架置于平板上,装好百分表,然后将百分表触头顶在轴承外圆柱面上(径向),一只手固定轴承内圈,另一只手来回推动轴承外圈,仔细观察百分表指针读数的变化,其最大值与最小值之差即为轴承的径向间隙。

②滚动轴承轴向间隙的测量

滚动轴承轴向间隙的测量方法是在平板上放置两等高度的 V 形块,将轴承外圈置于 V 形块上,使轴承内圈悬空,然后将磁性表座置于平板上,装好百分表并将触头顶于内圈的上平面,然后用一只手压住外圈,另一只手托起内圈。仔细观察百分表指针读数的变化量,其最大值与最小值之差即为轴承的轴向间隙。

③经验法检查

经验检查是将大拇指、食指和中指拿住轴承的外圈并来回甩动,若感觉内圈部分有明显的晃动,则轴承换新;或用左、右手分别拿住轴承的内、外圈并轴向来回推移,若感觉内、外有轴向运动,说明间隙过大,轴承应该换新。

(五)齿轮泵轴封的检修

目前,齿轮泵的轴封主要是采用橡胶密封圈和机械式轴封两种形式。

1. 橡胶密封圈轴封检查与更换

小型齿轮泵大多采用橡胶密封圈轴封,拆下橡胶密封圈,检查橡胶圈整体有无破损、橡胶是否老化、密封圈唇边是否磨平、弹簧是否断裂。如果有以上情况,则均需要更换。

2. 机械式轴封的检修

内河船舶上一般使用小型齿轮泵,小型齿轮泵采用机械轴封较少,若有涉及,可参照本章第四节离心泵的检修。

四、齿轮泵的装复

(1)准备好新的密封调节垫片,橡胶密封圈(橡胶轴封)。

(2)清洁泵各零件,擦净吹干并涂上滑油。

(3)将泵体装在一侧(非轴伸出侧)端盖上,再将主、从齿轮(按工作原理或对应记号)从泵体中装入端盖的轴承孔中。

(4)将已经测量出的轴向间隙值的大小,选择好泵的密封垫片。

(5)装上另一侧(轴伸出侧)端盖,装好轴封,然后对称均匀上紧螺栓即可。

第四节 液压阀件的拆装与检修

液压系统由动力元件、控制元件、执行元件和辅助元件构成。液压阀件属于控制元件,是构成液压系统重要的设备。构成液压系统的液压阀件种类复杂、繁多,下面就以溢流阀、换向阀、节流阀等为例说明液压阀件的拆装与检修。

一、溢流阀的拆装与检修

溢流阀的种类较多,结构大同小异,下面以先导式溢流阀为例,说明其结构、拆装过程和检修工艺。

(一)先导式溢流阀的结构

先导式溢流阀的结构和主要组成部件如图 18-5 所示。该阀由先导阀和主阀两部分组成,先导阀实际上是一个小流量直动式溢流阀,其锥形导阀芯 1 在调压弹簧 9 的作用下紧压在导阀座 2 上。转动调压手轮 11,通过调压螺钉 10,可以调节液压系统的工作压力。主阀芯 6 的下部锥形阀面与主阀座 7 相配合,中部圆柱面(又称平衡活塞)与主阀体 4 相配合,上部圆柱面与导阀体(又称主阀盖)3 相配合,此三处均起密封作用。主弹簧 8 作用在主阀芯的上方,将主阀芯压向主阀座 7。主阀芯平衡活塞与主阀体 4 和主阀体盖构成的油腔,通过油道 a 与导阀锥面相通。

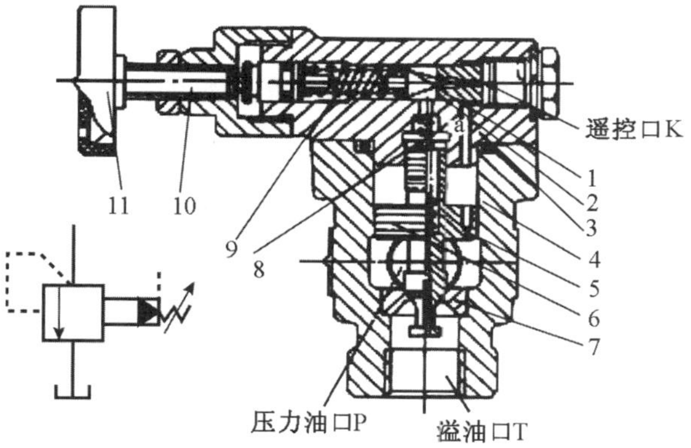

图 18-5 先导式溢流阀

1—导阀芯;2—导阀座;3—导阀体;4—主阀体;5—阻尼孔;6—主阀芯;7—主阀座;8—主阀弹簧;9—调压弹簧;10—调压螺钉;11—调压手轮

(二)溢流阀的拆卸

如图 18-5 所示,将溢流阀夹在虎钳上,用内六角扳手拧松并取出导阀体 3 与主阀体 4 的连接螺栓,取下导阀体,取出主阀弹簧 8 和主阀芯 6 并置于钳台毛巾上。从虎钳上取下主阀体置于钳台上,再将导阀体夹在虎钳上,旋下导阀体右侧端盖,取出调压弹簧 9 和导阀芯 1 放在钳台毛巾上，取下财阀体放在钳台上，拆卸工作就完成了。

（三）溢流阀的检修

1. 主阀芯与主阀座的检修

检查主阀芯外圆柱密封面与主阀体内孔表面有无划痕、擦伤、腐蚀斑点等轻微的损伤，若有可用细砂纸进行打磨以消除损伤即可。

检查主阀芯与主阀座密封面的磨损情况时，若发现有划痕、腐蚀斑点等损伤，可采用将主阀芯与主阀座的密封面进行相互研磨，以消除损伤，保证密封即可。

检查主阀芯上阻尼孔是否堵塞，若有堵塞，可通针将其疏通即可。

2. 导阀与导阀座的检修

检查导阀与导阀座的密封面时，若发现因磨损的划痕、腐蚀斑点造成密封不严而发生泄漏，可对导阀与导阀座之间进行研磨，以消除损伤而避免泄漏。

3. 主阀弹簧与调压弹簧的检修

对主弹簧和调节弹簧进行检查时，若发现弹簧断裂、有裂纹或弹簧性减弱，换新弹簧。

4. 密封垫片的更换

拆检溢流阀，在装配时，主阀体与导阀体之间的垫片均需要换新。

（四）溢流阀的装复

导阀的组装，把修理合格的零件清洁干净，将导阀体夹在虎钳上，小心把导阀装入导阀体中，再装入调节弹簧，最后再装入导阀盖并旋紧，将组装完毕的导阀从虎钳上取下。

将主阀体夹在虎钳上，细心装入主阀芯，装上主阀弹簧。将新的垫片清洁干净，并把垫片装在主阀体的密封面上，再将组装好的导阀体按对应记号装入主阀体上，装入紧固螺栓并拧紧。

二、换向阀的拆装与检修

换向阀的种类繁多，结构大同小异，下面以三位四通电磁换向阀为例，说明其结构、拆装过程和检修工艺，如图 18-6 所示。

（一）三位四通电磁换向阀的结构

三位四通电磁换向阀的结构和主要部件中，阀体内除有阀孔外还有三条沉割槽，中间为进油腔，其左右相邻的是出油腔，两端还有两个相互连通的回油腔。阀芯上有两段大圆柱面，在此两段圆柱面上均铣有几道圆周方向细小的均压槽。阀芯装于阀体之中并处于中间位置时，阀体内形成了几个密闭空间。电磁铁紧固于阀体两端，弹簧的弹力作用于阀芯两端并在无外力作用下使阀芯处于中间位置，电磁铁的推杆顶在阀芯的两端。

（二）三位四通电磁换向阀的拆卸

将三位四通电磁换向阀置于拆装钳台上，拆除换向阀两端的连接螺钉，拆除两端电磁铁，取下弹簧、弹簧座、推杆，然后小心将阀芯从阀体中取出。

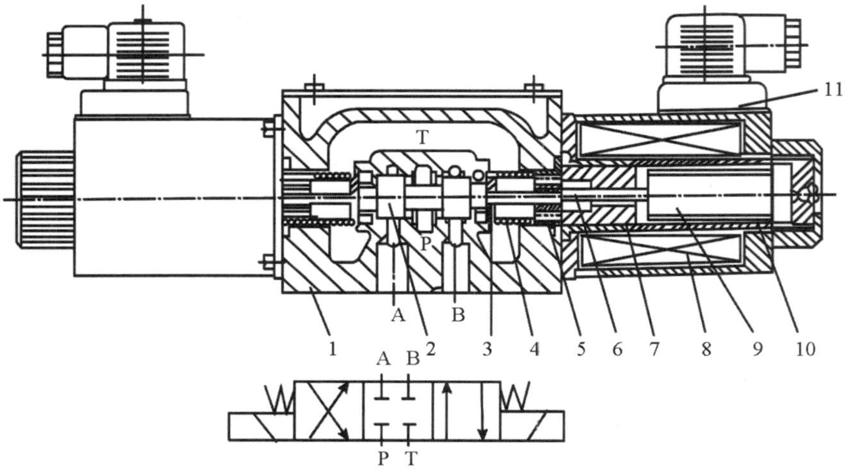

图 18-6 三位四通电磁换向阀(O 型)

1—阀体;2—阀芯;3—定位套;4—对中弹簧;5—挡圈;6—推杆;7—环;8—线圈;9—衔铁;11—导套;11—插头组件

(三)三位四通电磁换向阀的检修

1. 三位四通电磁换向阀阀芯的检修

检查三位四通电磁换向阀阀芯的大圆柱表面以及阀孔内表面,若发现有轻微的拉痕、腐蚀麻点等损伤,可采用帆布加上机油对表面进行擦抹以消除。若发现阀芯的大圆柱表面上的均压槽被填塞,可用划针将其疏通。

2. 电磁铁的检修

电磁铁 2 存在剩磁会严重影响电磁阀的工作,用电磁铁吸附铁磁粉,若能吸住铁磁粉,则说明电磁铁存在剩磁。其处理方法是将电磁铁进行加热以消除剩磁,以恢复电磁阀的正常工作性能。

3. 电磁线圈的检修

电磁线圈断路的检查,其方法是对线圈通电,用手感知若无温热或用锯条感知无吸力,则线圈断路。若线圈断路是属于接线与接线柱虚焊或是接线脱焊,则将断线焊接于接线柱上即可。若线圈断路是属于绕线断裂,则重新绕制线圈或更换线圈。

4. 推杆的检修

检查推杆 5 是否有弯曲变形,若有则可采用校直离心泵泵轴的方法进行校直。

5. 推杆密封圈的更换

经拆检后的电磁阀,推杆密封圈应更换,在更换密封圈时,应检查密封圈在推杆上的箍紧力是否适宜。若未箍紧则会泄漏;若箍紧力过大,推杆在密封圈处的阻力非常很大,使阀芯推动困难甚至不能推动。

(四)三位四通电磁换向阀的装复

把已经修理合格的各零件清洁干净并用压缩空气吹干,在阀体内孔与阀芯大圆柱外表面抹上滑油,小心将阀芯装入阀体孔内。将检查好的密封圈装于推杆上,装上对中弹簧和弹簧座。再将电磁铁装在阀体端面，拧紧连其接螺栓即可。

三、节流阀的拆装与检修

节流阀是用于控制液压系统流量大小，执行元件动作快慢的控制元件。节流阀的种类较多，下面以 L 形节流阀为例，说明其结构、拆装过程和检修工艺，如图 18-7 所示。

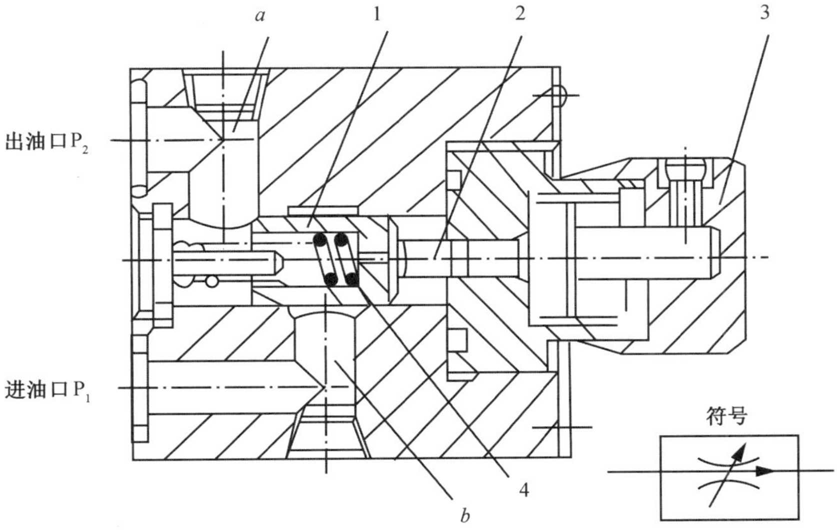

图 18-7　L 形节流阀结构图

1—阀芯；2—推杆；3—调节旋钮；4—弹簧

（一）节流阀的结构

节流阀的结构和主要部件如图 18-7 所示。它主要由有进出油通道的阀体、轴向三角沟槽节流口的阀芯 1、推杆 2、调节旋钮 3 和弹簧 4 等部件组成。阀芯装于阀体内，弹簧力将阀芯推向右端并顶在推杆端面，转动调节旋钮 3 就可以改变阀芯与阀体的相对位置，从而改变阀芯与阀体间节流口开度的大小。

（二）节流阀的拆卸

拧松调节旋钮的定位螺钉，取下旋钮帽；拆除阀体端盖螺钉，取下端盖和推杆 2。拧下阀体另一端的旋塞，取出弹簧座和弹簧，然后小心取出阀芯，拆卸工作完成。

（三）节流阀的检修

1. 节流阀阀体和阀芯的检修

检查阀体孔和阀芯外圆柱表面，若发现有划痕、腐蚀麻点等，可采用帆布和机油擦抹其表面，以消除表面的损伤。

检查阀芯轴向三角沟槽，若三角沟槽被填塞，可用划针将其堵塞的杂物清除，以保证节流口的流通量。

2. 节流阀弹簧的检查

检查节流阀弹簧，若发现弹簧断裂、弹簧变弱，则更换弹簧。

3. 节流阀垫片的更换

每次拆检节流阀后，节流阀所用的垫片均要换新。

(四)节流阀的装复

把各零件清洁干净并用压缩空气吹干，在阀体内孔与阀芯大圆柱外表面抹上滑油，小心将阀芯装入阀体孔内。装入推杆和阀端盖，旋上螺钉并拧紧；装上旋钮帽并用螺钉定位。在阀的另一端装入弹簧和弹簧座，再装入旋塞并拧紧。

第五节 活塞式空压机的拆装与检修

国家标准规定空压机的气缸、气缸盖、冷却器、气液分离器等承压部件，需要进行 1.5 倍额定工作压力的水压试验；承受盐水或冷却水压力的部件，应进行 1.5p（p 为设计压力）的水压试验，但其试验压力应不小于 0.34 MPa。各种水压试验应历时 30 min 不许渗漏。空压机中修期内，主要零件不应发生影响正常运转的损坏或损伤，各主要间隙不超过允许的极限间隙。

一、活塞式空压机的结构

空压机结构型式较多，其中的 0.34/30B 型直立式双缸两级压缩活塞式空压机结构前面已述，在此不重复。

二、0.34/30B 型活塞式空压机的拆卸

切断空压机电源，关闭空压机与外部联系管路的阀件；拆卸进、排气管、冷却器、油水分离器及仪表，拆卸空气滤清器；松开一、二级进、排气阀的压紧接头，取出各级气阀并拆下气缸盖。

打开曲轴箱道门，取下连杆大端螺母开口销，做好标记。将第一级气缸的活塞盘至上止点，拆下连杆螺栓以及大端下轴承，并从缸体上部取出活塞组件；再盘车至下止点，拆下第二级（高压级）气缸的连杆螺栓以及大端下轴承，并从曲轴箱中取出活塞组件。

活塞组件的拆卸与柴油机类同，在此只介绍高压级活塞环的拆卸与装配的方法。在拆装时，由于活塞与活塞环的直径很小，应特别小心，不能采用一般拆装活塞环的方法。拆装时用 3~4 片 5 mm 左右宽的白铁皮（或铜片），拆卸时将白铁皮从活塞环搭口处一片一片地套入环的内表面，并使铁皮沿活塞的外圆柱面均匀分布，这样就可以把活塞环一道一道地抹出。安装时，采用与拆卸同样的方法，将活塞环一道一道地装入相应的环槽内。

三、0.34/30B 型活塞式空压机气阀检修

(一)活塞与活塞环的检修

活塞与活塞环的检查与修理，类同于柴油机活塞与活塞环的检修，在此不述。

（二）空压机气阀的检修

1. 气阀阀座的检修

阀座用于支承阀片，其上开有由阀片控制开关的气流通道，要求阀座与阀片的气密性好，阀座常采用铜合金耐冲击的材料制造。阀座的损伤形式主要包括变形、划痕或擦伤、气流通道堵塞等。

（1）阀座变形的检修。气阀拆卸后，检查阀座时，将其置于平板上，观察整个阀座平面与平板是否均贴合，若发现有变形，则更换阀座。

（2）阀座密封面的检修。气阀拆卸后，检查阀座密封面时，若发现密封面上有擦伤或划痕，则应将阀座密封面在平板上进行“8”字形研磨以消除损伤。

（3）阀座气流通道检修。气阀拆卸后，检查阀座气流通道时，若发现气流通道有堵塞，可用通针或铁钉将其疏通。

2. 气阀阀片的检修

阀片用于开、关气流通，它是空压机最重要的零件和易损件。阀片的受力情况复杂，一般采用强度高、韧性好、耐磨和耐腐蚀的合金钢材料制造；要求阀片与阀座气密性好、配合面光滑平整和无伤痕。阀片的损伤形式主要有翘曲变形、磨损、擦伤、腐蚀等。

（1）阀片翘曲变形的检修

气阀拆卸后，将阀片置于平板上，观察阀片圆周方向与平板贴合情况，若阀片与平板均匀贴合或用 0.03 mm 的塞尺片不能插入则可用，若用 0.03 mm 的塞尺片能插入，说明阀片已经发生较大的翘曲变形，则应换新。

（2）阀片磨损、擦伤、腐蚀的检修

检查阀片工作面，若发现有轻微的磨损、擦伤或腐蚀的斑点，可将阀片在平板上进行“8”字形研磨以消除损伤即可。

检查阀片工作面，若发现有较深的划痕，但强度满足使用要求的情况下，可将阀片换面后研磨使用；若强度不能满足要求，则阀片换新。

3. 气阀弹簧的检查与更换

气阀弹簧的作用是使气阀关闭及时并使阀片与阀座紧密贴合，缓冲阀片与升程限制器的冲击。要求气阀弹簧的弹性软硬适宜，若弹簧弹力太硬则阀开启迟滞，阻力损失和阀片对阀座的冲击均大；若弹簧弹力太软阀关闭不及时，空气回流，排气量降低，而且阀片与阀座冲击将更大。

（1）检查弹簧力是将其置于平板上，先测量弹簧的自由高度，然后连续按压几次，再测量其高度，计算变形量若小于 0.5%则合格；否则换新。

（2）灵活性检查。将组装好的气阀，用细竹签从阀座孔伸入，反复顶压阀片，松手后阀片能快速落座，说明阀片启闭灵活、自如、无卡阻即灵活性检查合格。

（3）牢固性检查。组装吸气阀时，连接件紧固后并装上开口销即为合格。对排气阀，在气阀的连接螺栓处必须要安装弹簧垫圈，以防螺栓松动。

四、空压机的装复

(1)将需要装复的组件、部件表面进行彻底清洁。

(2)将低压缸曲轴转到上止点位置,在曲柄销和缸壁上涂抹润滑油,然后把组装好的低压缸活塞连杆组件吊入气缸内,活塞环搭口互相错开 180°,装上连杆大端下轴承盖,连杆螺栓,按规定上紧螺母并装上开口销。

(3)把高压缸曲轴转到下止点位置,将高压缸活塞连杆组件从曲轴箱装入高压缸的气缸中,装好下轴承盖并按规定上紧螺栓。

(4)盘车数圈,检查空压机转动是否灵活,装上曲轴箱道门。

(5)检查气缸中有无异物,装上缸盖,将气阀装入缸盖阀窝中,装好缸盖附件与连接管路。

(6)接好电源线,检查转向是否正确即可。

参考文献

[1] 谭显坤. 船舶动力装置. 大连：大连海事大学出版社，2016.

[2] 刘德宽. 船舶辅机. 大连：大连海事大学出版社，2016.

[3] 李斌. 主推进动力装置. 大连：大连海事大学出版社，2012.

[4] 费千. 船舶辅机和电气. 大连：大连海事大学出版社，2011.

[5] 潘新祥. 船舶辅机. 大连：大连海事大学出版社，2012.

[6] 潘新祥. 船舶辅机. 大连：大连海事大学出版社，2012.

[7] 林凌海. 船舶辅机和电气. 大连：大连海事大学出版社，2011.

[8] 刘转照. 动力设备拆装与操作. 大连：大连海事大学出版社，2011.

[9] 吕凤明. 动力设备拆装与操作. 大连：大连海事大学出版社，2009.

[10] 王宝军. 本港船员培训教材. 大连：大连海事大学出版社，2014.

[11] 何宏康. 船舶动力装置拆检与操作. 北京：人民交通出版社，2019.

[12] 张跃文. 船舶管理. 大连：大连海事大学出版社，2012.

[13] 韩雪峰. 内河船舶船员实际操作技能手册：轮机分册. 大连：大连海事大学出版社，2019.

[14] 中国海事服务中心. 内河船舶法定检验技术规则. 北京：人民交通出版社，2019.